Wirtschaftspolitik

Von
Prof. Dr. Bruno Molitor

7., erweiterte Auflage

R. Oldenbourg Verlag München Wien

Bibliografische Information Der Deutschen Bibliothek

Die Deutsche Bibliothek verzeichnet diese Publikation in der Deutschen Nationalbibliografie; detaillierte bibliografische Daten sind im Internet über <http://dnb.ddb.de> abrufbar.

Rosenheimer Straße 145, D-81671 München
Telefon: (089) 45051-0
oldenbourg.de

Gedruckt auf säure- und chlorfreiem Papier
Gesamtherstellung: Druckhaus „Thomas Müntzer“ GmbH, Bad Langensalza

ISBN 3-486-58134-1
ISBN 978-3-486-58134-8

Vorwort zur ersten Auflage

Die hier vorgelegte Theorie der Wirtschaftspolitik basiert auf zwei Voraussetzungen.

Institutionell geht es um das Verhalten des Staates als einer gesellschaftlichen Einrichtung neben anderen, die jedoch in der sozialen Arbeitsteilung dadurch herausgehoben wird, daß ihr in unseren Zeitläuften das „Monopol legitimen Zwanges“ (Max Weber) vorbehalten ist. In einer freiheitsliebenden Gesellschaft bleibt Zwang, auch wenn er „legitim“ ist, eine „ärgerliche Tatsache“. Was immer vom Staatsverhalten in der Sache gefordert ist oder erwartet werden kann: die Beweislast für freiheitsbeschränkende Interventionen liegt in jedem Fall auf seiten der politischen Instanz und nicht umgekehrt beim Bürger, der etwa aus der Fülle der expandierenden Staatstätigkeit aufzuzeigen hätte, was davon überflüssig ist und was nicht.

Diese Beweislastverteilung würde selbst dann gelten, wenn die individuelle Freiheit, und zwar der Haushalte wie der Unternehmen, nicht die theoretisch und historisch klar auf der Hand liegende „Nebenwirkung“ hätte, auch in wirtschaftlichen Dingen, soweit der Ordnungsrahmen nur adäquat gesetzt ist, zu überlegenen Resultaten zu führen.

Funktionell wird der Grundentscheidung über die Wirtschaftsordnung das Gewicht beigemessen, das ihr in der wirtschaftspolitischen Gesamtveranstaltung rationellerweise zukommt. Es wäre ein Aberwitz, wollte nicht gerade auch die Wirtschaftspolitik nach dem „ökonomischen Prinzip“ verfahren: je besser die selbsttätige marktwirtschaftliche Ordnung der „inneren Koordination“ funktioniert, desto mehr wird die politische Instanz von punktuellen Interventionen entlastet. Der betroffene Bürger jedenfalls hat kein Interesse an einem „unsinnig dicken Staatsbauch“ (Nietzsche).

Was die einzelnen Sachabteilungen der Wirtschaftspolitik betrifft, war ich bestrebt, die wesentlichen Teilbereiche einzubeziehen, aber in den Einzelheiten selbstverständlich nur insoweit, als das in einer allgemeinen Theorie angängig ist. Unterschiede in den Proportionen ergeben sich aus der unterschiedlichen empirischen Relevanz, die gerade eine erklärende („positive“) Theorie der Wirtschaftspolitik nicht zu vernachlässigen vermag.

Der achte Teil des Buches „Wirtschaftspolitik in der Demokratie“ geht den politologischen Faktoren nach, die ein „Staatsversagen“ in dem Sinne erklären, als das tatsächliche Verhalten der Politiker sich nicht mit dem deckt, was in der Wirtschaftspolitik sachlich zweckmäßig oder gar optimal wäre. (Einen ersten Versuch in dieser analytischen Richtung enthält mein Buch „Vermögensverteilung als wirtschaftspolitisches Problem“, Kap. 5, Tübingen 1965.) Indes, nicht nur didaktisch halte ich die Ableitung rationaler Handlungskonzepte für die vordringliche wissenschaftliche Aufgabe.

Das Literaturverzeichnis folgt, nach einer Zusammenstellung des allgemeinen Schrifttums und der Periodica, der Kapitelgliederung des Buches. Dort werden auch die Zitate aus dem Text nachgewiesen.

Gerne benutze ich die Gelegenheit, um meinen Assistenten, den Herren Dr. Helmut Diehm, Dr. Hans-Martin Blättner und Fräulein Diplom-Volkswirtin Susanne Frank, für Anregungen und technische Hilfen Dank zu sagen. Er gebührt nicht zuletzt meiner langjährigen Sekretärin, Fräulein Karin Schmidt.

Bruno Molitor

Vorwort zur zweiten Auflage

Für die rasch notwendig gewordene zweite Auflage wurden Druckfehler beseitigt. Dem Verlag Oldenbourg und insbesondere Herrn Dipl.-Volkswirt M. Weigert möchte ich auch an dieser Stelle für die gute Zusammenarbeit danken.

Bruno Molitor

Vorwort zur dritten Auflage

Für die nach Jahresfrist fällige dritte Auflage wurde der Text überarbeitet und ergänzt.

Bruno Molitor

Vorwort zur vierten Auflage

Die dritte Auflage war so rasch vergriffen, daß ich mich darauf beschränken konnte, den Text für die vierte Auflage sorgfältig durchzusehen.

Bruno Molitor

Vorwort zur fünften Auflage

Für die fünfte Auflage wurde der Text überarbeitet und um ein Kapitel zur Transformation von Wirtschaftsordnungen ergänzt.

Bruno Molitor

Vorwort zur sechsten Auflage

Für die sechste Auflage wurde der Text, namentlich in § 86 (Währungsunion), überarbeitet.

Bruno Molitor

Vorwort zur siebten Auflage

Die siebte Auflage wurde durch einen Anhang über „Globalisierung" ergänzt.

Bruno Molitor

Inhaltsverzeichnis

Verzeichnis der Übersichten, Tabellen und Schaubilder

1. Teil: Grundlegung

Kapitel 1: Institution „Staat“

§ 1 Politik als Verhalten des Staates

1. „Politik verdirbt den Charakter“, heißt es im Volksmund. „Ich übernehme die politische Verantwortung“, sagt der Minister und nimmt seinen Hut. In kaum einer Fernsehdiskussion dauert es lange, bis sich ein Interessent erhebt und die anstehende Frage zu einem „politischen“ Problem deklariert, womit in der Regel gemeint ist, daß nicht er selbst oder seine Gruppe die Initiative zu ergreifen, sondern eine Staatsintervention die Lösung zu bieten habe. Und die Beispiele für die unterschiedslose Verwendung der Vokabel „Politik“ lassen sich in unseren Zeitläuften beliebig vermehren.

Nun ist der unspezifische Sprachumgang gewiß auch sonst ein Verlust: wie das Geld, verliert ebenfalls eine Sprachmünze an (Informations-)Wert, wenn man sie inflationiert. Im Fall der „Politik“ wird die Angelegenheit jedoch dadurch besonders bedenklich, daß der wahl- und gedankenlose Begriffsgebrauch einen moralisch empfindlichen Sachverhalt verdeckt: wenn es ernst, also „Politik“ praktisch wird, ist sie stets mit **Zwang** verbunden. Das ist ihr harter Kern, den auch die wissenschaftliche Analyse der Wirtschaftspolitik nicht aus den Augen verlieren darf.

Da, wo der Staat für das Verhalten der Einzelwirtschaften Gebote oder Verbote erläßt, liegt der Zwang auf der Hand. Aber auch, wenn er etwa ein Importgut mit einem Zoll belegt, der den Käufer einen höheren Preis zu zahlen zwingt als für ein vergleichbares (und dazu möglicherweise noch qualitativ unterlegenes) Inlandsprodukt, ist der Tatbestand, und sei es in verminderter Intensität, gegeben. Und selbst die Subventionierung einer notleidenden Branche, die diese ihrerseits als Wohltat empfindet, setzt bei anderen Wirtschaftseinheiten einen entsprechend höheren Einkommensentzug voraus, der zwangsweise erfolgt.

Eine wirtschaftspolitische Maßnahme mag von ihrer Zielsetzung her noch so plausibel erscheinen: ihre Durchführung geht stets an irgendeinem Ende mit Zwang einher. Solange die staatliche Entscheidung gilt, müssen sich ihr auch jene Bürger beugen, die den Inhalt des einschlägigen Gesetzes für abträglich, verfehlt oder überflüssig halten. Wo Widerspruch nichts ausrichtet, bleibt allenfalls der Ausweg der Abwanderung ins Ausland; aber auch dann landet der Bürger doch wieder in einer prinzipiell gleichen Situation, nur eben innerhalb eines anderen Staatsverbandes.

2. Wir fassen **„Staat“** im Sinne der Theorie als eine gesellschaftliche Institution, die das **„Monopol legitimen Zwanges“** (Max Weber) innehat, und nur das Verhalten einer solchen Institution soll **Politik** heißen.

Damit wird der Untersuchungsgegenstand der politischen Ökonomie abgegrenzt gegenüber Sozialgebilden, die zwar im eigenen Bereich planen und Konflikte entscheiden können (z.B. „Unternehmenspolitik“) oder die Möglichkeit haben, das Verhalten konkurrierender Institutionen und auch von staatlichen Instanzen zu beeinflussen (z.B. „Verbandspolitik“), aber eben nicht wirksam allgemeinverbindliches „Recht“ zu setzen vermögen, dem notfalls unter Anwendung physischer Gewalt Geltung verschafft wird.

Allerdings gibt es Fälle, in denen der Staat für begrenzte Aufgaben in diesem Sinne **soziale Autonomien** anerkennt, so die lohn„politische“ Autonomie der Arbeitsmarktverbände oder das „selbstgeschaffene Recht“ der Wirtschaft in Form allgemeiner Geschäftsbedingungen. Hier läßt der Staat seine Gerichte nach einem Recht entscheiden, das er nicht selbst geschaffen hat. Indessen fügen sich diese Fälle zwanglos in das theoretische Konzept ein, wenn man bedenkt, daß sie eine Variante der vielerlei Koalitionen darstellen, die der Staat auch sonst bei der Verfolgung seiner Ziele mit gesellschaftlichen Gruppen eingehen kann, nur daß hier im Konfliktfall nicht einfach die Lösung des „Bündnisses“, sondern lediglich die Gegensteuerung mit anderen politischen Maßnahmen als Ausweg offensteht. (§ 16)

3. Daß es heute nur **eine** gesellschaftliche Instanz gibt, die legitim Zwang ausüben kann, und auch dies nicht mehr in aufgesplitterten Duodezfürstentümern, sondern in großen Wirtschaftsräumen („Nationalstaaten“), ist für die mögliche Rationalität der Wirtschaftspolitik sicherlich ein Fortschritt (man denke nur an die nachgerade anarchistischen Verhältnisse in manchen „modernen“ Staatsgründungen Schwarzafrikas).

Das gilt auch für die **Legitimitätserfordernis** in der Zwangsanwendung. Im Unterschied zu faustrechtlichen Verhältnissen, bedarf die staatliche Intervention der Gesetzesform, um allgemeinverbindliches Recht zu werden. Sie ist an ein verfassungsmäßig vorgeschriebenes Verfahren gebunden. Im repräsentativen Staat (Demokratie) geht es dabei um die Mehrheitsentscheidung einer parlamentarischen Körperschaft, die ihrerseits in freien, gleichen und geheimen Wahlen zustandekommt. Und was entscheidend ist: um die Wähler- bzw. Parlamentsstimmen herrscht ein permanenter Konkurrenzkampf zwischen den politischen Gruppen (Parteien). Erst dies, und nicht etwa schon irgendwelche Wahlen und Abstimmungen, läßt gerade heute, wo sich alle Welt zum schieren Publikumsfang „demokratisch“ heißt, die echte von der gefälschten Ware unterscheiden. Die von einer Parlamentsmehrheit getragene Regierung hat zwar das staatliche Monopol legitimen Zwanges inne, aber ihre Bestallung vollzieht sich, wie die Gesetzgebung während der Legislaturperiode, in einem permanenten politischen Wettbewerb. Und beides: der Zeitbedarf des Gesetzgebungsverfahrens wie die argumentative Auseinandersetzung mit der Opposition und ihren intellektuellen Hilfstruppen, kann der Rationalität der Interventionsentscheidung zugute kommen.

4. Gleichwohl, auch das demokratische Verfahren bedeutet im Kern Herrschaft im Sinne der Gesetzes**entscheidung**, die der Staat mit physischer Gewalt durchzusetzen vermag[1]. Es mag noch so lange frei diskutiert worden und die vorgebrach-

[1] In dieser Beziehung versteht auch der demokratische Staat keinen Spaß, namentlich wenn es um den „Schutz“ der eigenen Macht etwa in der Steuereintreibung geht. Dabei erfolgen die Sanktionen oft lediglich aufgrund irgendwelcher Verwaltungsanordnungen, wie im sogenannten Wirtschaftsstrafrecht. Und kaum tritt das ethisch gravierende Problem ins öffentliche Bewußtsein, daß Delikte höchst unterschiedlichen ethischen Stellen-

ten Argumente mögen noch so einleuchtend sein: endlich kommt ein Zeitpunkt, an dem die Debatte in einem dezisionistischen Akt, nämlich durch Abstimmung, ihr Ende findet. Die **Verbindlichkeit** der parlamentarischen Entscheidung hängt nicht von ihren Begründungen, sondern allein vom numerischen Abstimmungsergebnis ab, soweit, versteht sich, die gesetzgeberischen Verfahrensregeln eingehalten wurden.

§ 2 Rechtsstaatliche Schranken

1. Wenn aber auch die Demokratie nicht des staatlichen Zwanges entraten kann, werden wir von der Frage nach dem Verfahren, in dem eine Regierung bestellt und die Gesetzgebung vollzogen wird, zu jener weitergeschickt, wie sich **inhaltlich** die Machtbefugnis der jeweils Herrschenden bändigen läßt. Und diese Frage stellt sich für den freiheitsliebenden Bürger als die entschieden wichtigere heraus; denn was nützten ihm schließlich seine Wahlrechte und selbst die Gleichheit vor dem Gesetz, wenn andererseits Mehrheitbeschlüsse sachlich alles vermöchten, ihm also auch die Luft eines freiheitlichen Lebens abdrücken könnten.

Nach der westlichen „Tradition von Freiheit und Vernunft" (Popper) jedenfalls gilt Demokratie nicht lediglich als eine Methode, Regierungen einzusetzen und zu kontrollieren. Vielmehr sollte und soll mit dem Obrigkeitsstaat auch der Staatszwang selbst zurückgedrängt und die Bürger von jenem „dicken Staatsbauch" (Nietzsche) befreit werden, der Hand in Hand geht mit Bürokratisierung und Bevormundung. Dazu reicht jedoch die Beachtung von Wahl- und Abstimmungsregeln offensichtlich nicht aus. Den **Agenden des Staates** müssen auch **inhaltlich** Grenzen gesetzt werden. Und das umso mehr, wenn davon auszugehen ist, daß der Wählerschaft als solcher kaum je eine initiative Rolle in der Politik zufällt, sondern ihr in der Regel nicht mehr übrigbleibt, als auf das, was ihr die politischen Akteure vorsetzen, zu reagieren (Schumpeter).

2. Die wesentliche inhaltliche Schranke der Staatstätigkeit bietet die verfassungsmäßige Garantie von individuellen **Grundrechten**, die keine, auch nicht eine qualifizierte, Parlamentsmehrheit außer Kraft zu setzen vermag: sie sind der politischen Veränderbarkeit entzogen (in der Bundesrepublik: Art. 79, Abs. 3 des Grundgesetzes). Denn hier geht es nicht um irgendwelche Ansprüche, die dem Bürger durch den Staat „verliehen" würden; vielmehr handelt es sich um eigenständige Rechte des Einzelnen und damit auch der einzelnen Wirtschaftseinheit, die aus der menschlichen Natur fließen, also wesensgemäß vorgegeben sind. Und Einzelne, die in einer Gesellschaft und deren politischen Organisation, dem Staat, zusammengebracht werden, verwandeln sich dadurch nicht in eine „Substanz anderer Art" (J. St. Mill). Entgegen der Ideologie des Kollektivismus hat die Theorie der Politik allen Grund, vom Prinzip des „methodologischen Individualismus" auszugehen.

3. Die verfassungsmäßige Garantie der individuellen Grundrechte zielt im Kern auf die Abwehr von Beschränkungen und Behinderungen im essentiellen Freiheitsspielraum des Bürgers ab. Die Stoßrichtung gilt primär möglichen Eingriffen

---

wertes mit einheitlichen Strafen belegt werden. So kann der Jurist *Coing* von einer „Barbarei" sprechen, wenn ein Staat beispielsweise Notzucht und Devisenvergehen gleichermaßen mit Zuchthaus bedroht.

des Staates, aber nicht ihnen allein. Die Grundrechte besitzen auch, und in der heutigen „Verbändegesellschaft" in wachsendem Maße, eine **„Drittwirkung"**: der Staat hat nicht nur seinerseits alles zu unterlassen, was die wesentlichen Freiheiten des Lebens aushöhlt, sondern den Einzelnen auch vor Grundrechtsbehinderung durch Dritte, etwa gesellschaftliche Organisationen, zu schützen. So wäre etwa die Bindung der Arbeitsaufnahme im Betrieb an eine Gewerkschaftsmitgliedschaft („union shop") ebenso rechtswidrig wie der psychische oder gar physische Druck auf den Arbeitswilligen während eines Streikes. Im übrigen erhöht es die Wahlchancen des Bürgers als wichtigem Freiheitsferment, wenn so, wie die unternehmerischen Anbieter von Waren und Dienstleistungen um die Gunst der Abnehmer konkurrieren müssen, auch zwischen den gesellschaftlichen Verbänden Wettbewerb herrscht.

4. Um die grundrechtlichen Garantien im politischen Prozeß wirksam zu erhalten, bietet sich als Technik die **Gewaltenteilung** zwischen den Staatsorganen an, so wie sie von Sozialphilosophen im Kampf gegen den Absolutismus erfunden wurde (Montesquieu). Die Exekutive (Regierung) und Verwaltung ist von der Legislative (Parlament) getrennt und an deren Gesetzesentscheidungen gebunden, und beider Verhalten unterliegt der Kontrolle der Judikative (Gerichte) im Hinblick auf seine Gesetzes- bzw. Verfassungsvereinbarkeit, soweit Klage erhoben wird: die politischen Instanzen haben sich, wie auch die Bürger, den richterlichen Urteilen zu beugen.

Freilich läßt sich nicht übersehen, daß in unseren Zeitläuften die funktionale Trennung von Regierung und Legislative und namentlich die Beaufsichtigung der Regierungstätigkeit durch das Parlament in der Form, in der das die klassische Gewaltenteilungslehre vorsah, Erosionserscheinungen aufweist: die Gesetzesinitiative ist entscheidend auf die Regierung übergegangen, und die jeweilige Parlamentsmehrheit sieht ihre vordringliche Aufgabe darin, die von ihr getragene Regierung zu stützen. So spricht Schumpeter von dem „unaufrichtigen" Wort „Exekutive"; denn die Regierung tut beträchtlich mehr, als lediglich den Willen der Legislative „auszuführen".

Umso wichtiger bleibt es für den rechtsstaatlichen Charakter des Gemeinwesens, daß die Unabhängigkeit der Gerichte gewahrt ist.[2] Sie wird dann bedroht, wenn parteipolitische Gesichtspunkte bei der Besetzung der Richterstellen eine Rolle spielen oder die politische Führung gar auf die Gerichtstätigkeit Einfluß zu nehmen sucht (etwa Weisungsgebundenheit der Staatsanwälte). Umgekehrt dürfen die Gerichte nicht – von sich aus oder durch die Politik dazu gedrängt – unter dem Mantel der „Rechtsfortbildung" den Ersatzgesetzgeber spielen wollen.

5. Wir stoßen hier auf ein wichtiges Beispiel für die auch sonst zu beachtende institutionelle Maßgabe, daß Demokratie nicht bedeutet, jedwede Funktion des Staates ihrer spezifischen Verfahrensmethode zu unterwerfen. So im Fall der Gerichte: sie sind zwar staatliche Organe, aber bei Strafe ihrer Denaturierung ver-

---

[2] Auch darf die Regierung nicht an der personellen und sachlichen Ausstattung der Gerichte „sparen" wollen, wenn diese ihre Aufgaben zügig erfüllen sollen. Sonst kommt es zu einem Klagestau und Instanzengang über Jahre, die die eigentlich bezweckte richterliche Kontrolle der Regierungstätigkeit praktisch schal werden läßt und schließlich den Bürger abschreckt, überhaupt noch sein Recht zu suchen. Jedenfalls erhöhen sich in restriktiver Weise die „Transaktionskosten", die die individuellen property rights (§42) in ihrer Ordnungsfunktion beeinträchtigen.

bietet es die Sachaufgabe dieser Einrichtung, ebenfalls auf sie das Konkurrenzverfahren um Wählerstimmen zu übertragen.

In diesem Zusammenhang ist auch als wirtschaftpolitisch bedeutsame institutionelle Vorkehrung die **Regierungsunabhängigkeit** der Notenbank (§ 49), der Wettbewerbsbehörde (§ 32) und von Einrichtungen wie dem Bundesaufsichtsamt für das Versicherungs- und Bankenwesen (§ 143) zu sehen. Diese Instanzen arbeiten zwar aufgrund von Gesetzen, sind aber aus dem Parteienstreit herauszuhalten. Was wäre für ihre Funktionswahrnehmung, zu der ebenso die der Rechnungshöfe (§ 143) zu zählen ist, schon gewonnen, würden auch sie „politisiert“ oder gar von seiten der zu Beaufsichtigenden „demokratisiert“.

6. Aus der Rechtsstaatlichkeit folgt, daß bei Eingriffen in den Freiheitsraum des Einzelnen die **Beweislast** auf seiten der intervenierenden Instanz liegt. Es ist nicht so, daß der Bürger dem Staat für seine Maßnahmen nachzuweisen hätte, sie seien überflüssig, kontraproduktiv oder gar kompetenzüberschreitend. Vielmehr hat die Behörde ihrerseits jeweils den Beweis dafür anzutreten, daß die Intervention sachlich unerläßlich ist und nach Umfang, Terminierung und Art der Technik mit den vergleichsweise geringsten „Kosten“ erfolgt. Insbesondere bleibt stets zu fragen, ob die Problemlösung nicht ebenso gut oder besser nichtstaatlichen Institutionen oder gar, jedenfalls in der Marktwirtschaftsordnung (§ 7), dem prozessualen Zeitablauf zu überlassen ist **(Prinzip der Subsidiarität)**.

7. Es wäre in jeder Weise unrational, wenn die Staatsbürokratie, nur weil sie einmal existiert, sich auf die Suche machte, was sie selbstbeschäftigungstherapeutisch noch alles tun und an sich ziehen könnte. Der Staat ist weder ein Tribunal, vor dem sich jedwede Regung in der Gesellschaft gleichsam zu rechtfertigen hätte, noch verkörpert er schlechtweg das Ideal des Vernünftigen oder so etwas wie die „Wirklichkeit der sittlichen Idee“ (Hegel).

Vor diesem Hintergrund ist die schiere Expansion der Staatsbürokratie und ihrer Tätigkeit skeptisch zu beurteilen. Anders als das Wachstum der Unternehmen und die Entfaltung der privaten Haushalte, gibt sie keineswegs ein Indiz für eine wohlstandssteigernde Wirkung ab. Im Gegenteil, selbst wo die Staatstätigkeit wie von selbst zu laufen scheint, bleibt stets zu prüfen, ob die einzelnen Maßnahmen überhaupt bzw. in ihrer überkommenen Form angesichts veränderter gesellschaftlicher Daten jeweils noch „aktuell“ sind: so bei den mannigfaltigen Regulierungen des einzelwirtschaftlichen Verhaltens, aber auch im Fall des Steuerentzuges, der bei gegebenem Progressionstarif mit jedem auch nur nominellen Einkommenswachstum automatisch überproportional zunimmt („heimliche Steuererhöhungen“): was erst einmal an Steuermitteln aufkommt, wird erfahrungsgemäß auch ausgegeben; sachlich ist es jedoch gerade die Frage, ob der Ausgabezweck den Steuerzwang tatsächlich noch rechtfertigt.

§ 3 Staatsfunktionen

1. Müßte man den Staat erfinden, wenn es ihn nicht gäbe? Von aller Historie abgesehen, ist die Frage theoretisch unabweisbar. Denn niemand, dem seine Freiheit lieb ist, käme ohne Not auf den Gedanken, sich einer Institution mit Zwangsgewalt auszusetzen. Die systematische Antwort kann nur lauten, daß die Bürger aus der Gesellschaft eine besondere Institution, genannt „Staat“, ausgliedern, um Aufgaben oder Probleme lösen zu lassen, die, obwohl sie für den Einzelnen

und die „Reproduktion des gesellschaftlichen Prozesses" von existentieller Bedeutung sind, von niemandem sonst gelöst werden können, und das namentlich, weil die Erfüllung dieser Funktion aus der Sache heraus einer allgemein verbindlichen Anordnungsbefugnis bedarf. Mit anderen Worten: die Bürger halten sich einen Staat für Bedürfnisse, die in diesem Sinne „öffentlichen" Charakter tragen, so wie sie sich für „normale" Produktionszwecke der Institution des Unternehmens bedienen.

Im Kern lassen sich drei solcher staatlichen Aufgabenbereiche ausmachen.

2. Obenan steht die äußere und innere **Sicherheit**. Dabei bedeutet Sicherheit **nach außen** nicht nur Schutz vor Aggressionen, vor Wirtschaftsspionage[3] und der Bedrohung produktionsnotwendiger Importe, sondern, positiv gewendet, auch Abkommen zum grenzüberschreitenden Austausch von Waren und Faktorleistungen und die wechselseitige Garantie fremder Vermögensanlagen; natürlich kann „Sicherheit" nicht auch die Konstanz der Außenhandelspreise oder der Anlagewerte einschließen.

Sicherheit im **Inneren** meint zuvörderst Schutz vor Gewalttätigkeiten, Randalierei und Pressionen mit Hilfe eines zuverlässigen Polizei- und Justizwesens. Aber damit ist dieser staatliche Aufgabenbereich keineswegs erschöpft. Ebenso geht es um ein System aus Vertragsrechten (einschließlich der Schuldeneintreibung), Eigentumsrechten und dem Angebot an verschiedenartigen Unternehmensrechtsformen als wichtigen Rahmenbedingungen der Wirtschaftsordnung, die ihrerseits als geschmeidiger Konfliktlösungsmechanismus fungiert (§ 10): sie entlastet die politische Bühne von ständigen einschlägigen Interventionen.

Nicht zuletzt hat der Staat aber auch dadurch Sicherheit zu spenden, daß er **Risiken** abdeckt oder vermindert, gegen die sich die privaten Wirtschaftseinheiten entweder überhaupt nicht versichern können („Staatshaftung" bei Katastrophen oder Verbrechen) oder im Markt kein privates Versicherungsangebot zustandekommt (etwa im Fall des Risikos „Arbeitslosigkeit"). Auch mag es, soweit die Wirtschaftseinheiten erfahrungsgemäß Zukunftsbedürfnisse unterschätzen, geboten sein, sie durch Gesetz zur Vorsorge zum Beispiel für den Krankheitsfall anzuhalten, um dann die Wahl des Vorsorge**weges** der freien Entscheidung und damit dem Wettbewerb zu überlassen. Prinzipiell läßt sich durch Versicherung das allgemeine Wohlstandsniveau erhöhen.[4]

Umgekehrt hat der Staat alles zu unterlassen, was seinerseits den Bürgern zusätzliche, vermeidbare Risiken bescherte. Hier ist an erster Stelle an die **Stabilität der Binnenwährung** zu denken (§ 48): wenn der Staat schon das Geldmonopol innehat, muß er vor allem anderen dafür Sorge tragen, daß der Wert dieses zentralen Gutes nicht abnimmt. Aber auch sonst ist es der Sicherheit der Bürger abträglich, wenn die Politik Zick-Zack-Kurse fährt und ständig neue Daten setzt, mit denen die Kalkulierbarkeit der Verhältnisse abnimmt. In diesem Sinne will das Postulat der „Konstanz der Wirtschaftspolitik" (Eucken) verstanden sein.

3. Der zweite Funktionsbereich des Staates ist die gesellschaftliche **Infrastruktur**. Der einschlägige Bedarf liegt für den Einzelnen und die Chancen seiner Wohl-

[3] Der in der Bundesrepublik Deutschland durch Wirtschaftsspionage namentlich östlicher Agenten entstandene Schaden wird für 1979 auf mehr als 3,2 Mrd. DM geschätzt *(Hammacher)*.

[4] Zur Sicherungstheorie vgl.: *B. Molitor*, Soziale Sicherung, Teil 1, München 1987.

standssteigerung auf der Hand. Gleichwohl käme die Infrastruktur, bliebe hier alles dem Einzelnen oder kleinen Gruppen überlassen, nur unzureichend oder überhaupt nicht zustande; denn die Kosten würden nicht jeweils durch den **individuellen** Ertrag aufgewogen. Das ist bei einer staatlichen Inangriffnahme anders: hier kann die Summe der individuellen Nutzenstiftung, namentlich wenn nicht nur an die Gegenwart gedacht wird, die Gesamtkosten und die entsprechenden partikulären Finanzbeiträge übersteigen. Die Infrastrukturaktivität stellt den genuin wachstumspolitischen Beitrag des Staates dar (§ 96).

Als Hauptbereiche ist an die Verkehrswege, die Kommunikationsvorkehrungen, die Energieversorgung, das Gesundheitswesen und die Bildungseinrichtungen zu denken.

Freilich muß hier nach dem jeweils erforderlichen **Intensitätsgrad** des Staatseingriffes unterschieden werden. Nicht selten ist die Initiativ-, Richtlinien- und Koordinationsfunktion der öffentlichen Instanz ausreichend, so etwa im Medienwesen. In anderen Fällen genügt es, wenn der Staat mit Konzessionen an Private arbeitet (etwa bei Netzmonopolen) oder (regionale) Lücken im privaten Angebot ergänzt (etwa bei Krankenhäusern oder Bildungseinrichtungen) bzw. in Graden die Vorratswirtschaft trägt (Energierohstoffe). Und selbst da, wo die öffentliche Instanz das Infrastrukturangebot in die eigene Hand nimmt, muß Bereitstellen nicht bedeuten, daß der Staat seinerseits auch über die einschlägigen Produktionsstätten verfügt (öffentliche Bauhöfe im Vergleich zur Auftragsvergabe an private Produzenten, etwa beim Straßenbau).

Im schadensabwehrenden Sinne ist der infrastrukturellen Staatsaufgabe der **Umweltschutz** (§ 42) zuzurechnen (Wasser-, Luft- und Nahrungsmittelverunreinigung, Lärmbelästigung, Unfallgefahren gelegentlich der Produktion, der Konsumtion oder der Staatstätigkeit selbst).

4. Die dritte unverzichtbare Staatsfunktion liegt in der **Fürsorge** für notleidende Bürger, soweit die Hilfe innerhalb der Familie und durch freie caritative Einrichtungen nicht ausreicht (Grundrecht auf Leib und Leben im Sinne von Art. 2, Abs. 2 des Grundgesetzes). Jedermann kann im zeitlichen Längsschnitt in Not geraten, und auch der Haushalt, der in der gegebenen Periode durch die Finanzierung der Fürsorge belastet wird, partizipiert an ihrem Nutzen, und sei es durch das Bewußtsein, in einem Gemeinwesen zu leben, in dem niemand das sozial-kulturelle Existenzminimum unterschreitet. Allerdings ist das Fürsorgeangebot technisch als Hilfe zur Selbsthilfe zu konzipieren; es soll rationellerweise nicht Dauerkostgänger des Staates produzieren.

Darüber hinaus erstreckt sich, jedenfalls in Industriegesellschaften, in denen Kinderreichtum nicht unmittelbar eine Produktionshilfe bedeutet, die staatliche **Verteilungsfunktion** auf einen kinderzahlbezogenen Familienlastenausgleich, ohne daß damit gezielt bevölkerungspolitische Absichten verbunden sein müßten. Auch kann es im Interesse aller Mitglieder des Gemeinwesens liegen, dort mit (rückzuzahlenden) Starthilfen einzuspringen, wo, obwohl individuelle Eignung und gesellschaftliche Nachfrage vorliegen, ein beruflicher Aufstieg oder der Übergang von der Arbeitnehmer- zu einer Selbständigentätigkeit durch finanzielle Hürden blockiert wird.

5. Hervorzuheben bleiben die **Querverbindungen**, die zwischen den drei Kernfunktionen des Staates bestehen. So haben die Sicherheits- und Infrastrukturpolitik auch ihre Verteilungswirkungen: die Masse der privaten Haushalte und der

kleinen Betriebe ist sicherlich mehr auf sie angewiesen als die Reichen und die Großunternehmen, die sich notfalls auch private body guards und eigene Energieaggregate leisten könnten. Umgekehrt kann die staatliche Verteilungspolitik auch dem gesellschaftlichen Frieden (Konfliktvorbeugung) dienen.

6. Aus alledem wird deutlich, daß die öffentliche Diskussion der falschen Fragestellung folgt, wenn man nach dem „Minimalstaat" (Nozick) sucht. Worum es tatsächlich geht, ist, daß der Staat jene Funktionen erfüllt, für die die Bürger auf die öffentliche Instanz angewiesen sind, und sich in seinen Aktivitäten nicht verzettelt. Ob die Funktionserfüllung dann viel oder wenig an „Staat" bedeutet, ist eine Frage der Sachkonsequenz.

§ 4 Interventionsmethoden

1. In welcher Funktion die staatliche Instanz auch tätig wird: für die Technik der Intervention ist von vorneherein eine prinzipielle Unterscheidung zu beachten. Einerseits gibt es die Klasse der **diskretionären Eingriffe**, die fallweise, punktuell und ad-hoc erfolgen. Die Juristen sprechen von „Maßnahmengesetzen" im Unterschied zu „allgemeinen" Gesetzen. Die ersteren stehen in der praktischen Politik hoch in Gunst, offenbar weil sie als besonders „werbewirksam" erscheinen und gleichzeitig die Akteure nur partiell binden: die Politik behält freie Hand, weitere oder anders ausgerichtete Eingriffe ebenso punktueller Art folgen zu lassen.

In der Sache jedoch ist diese Klasse von Interventionen mit typischen **Mängeln** behaftet:

a) Sie bringen eine vermeidbare Unsicherheit in die einzelwirtschaftlichen Pläne.

b) Die kurzatmige Maßnahmengesetzgebung verschenkt an sich gegebene Chancen in der längerfristigen Zielrealisierung, was sich nicht zuletzt an der Inkonsistenz der üblichen wirtschaftspolitischen Praxis („selbstproduzierte Probleme" etwa in der Agrarpolitik) und den ständigen „Reformen von Reformen" zeigt.

c) Sie widersprechen dem „ökonomischen Prinzip" des sparsamen Mitteleinsatzes, das nicht nur für das Verhalten von Unternehmen und Haushalten, sondern auch für die Wirtschaftspolitik selbst gilt.

2. Die andere Interventionsklasse läßt sich als **Regelsetzung** umschreiben. Selbstverständlich behält auch hier die staatliche Instanz den Ermessensspielraum, ob, wann und mit welchem Mittel sie sich betätigt. Nur, wenn sie interveniert, geschieht das in der Form von Regeln, die für die einschlägigen Fallgruppen allgemein und auf Dauer gelten, was natürlich nicht Verbesserungen im Zeitverlauf aufgrund der Erfahrung ausschließt. Regeln weisen stets ein gewisses Maß an Abstraktheit auf, die indessen gerade die Voraussetzung dafür ist, Sachprobleme in der Verhaltenssteuerung unbekannt vieler Einzelfälle umfassend und nachhaltig zu lösen, ohne daß damit Zukunftsentwicklungen verbaut würden.

Die **Vorzüge** der Regelsetzung liegen auf der Hand:

a) Sie konveniert dem rechtsstaatlichen Gebot nicht nur der Gleichheit vor dem Gesetz, sondern auch der Gleichbehandlung durch das Gesetz und kommt der Sicherheit des wirtschaftlichen Handelns zugute.

b) Im Vergleich zu Maßnahmengesetzen bindet sie die Politik stärker und wird darum besser durchdacht, also durch die Bank qualitativ günstiger ausfallen.

c) Mit der Methode der Regelsetzung wird, anders als bei gehäuften diskretionären Interventionen, die Expansion der Staatsbürokratie hintangehalten und die Politik den andrängenden Interessentenbegehren weniger zugänglich. Insofern vermindert sich das politische Lavieren. Insgesamt kann, wird diese Interventionsmethode zur Regel, die Rationalität des Staatsverhaltens nur gewinnen.

3. Regelsetzungen für das Verhalten der Bürger machen die Hoheitsgewalt des Staates **„merklich"**, während punktuelle Eingriffe im Vielerlei der diskretionären Politik namentlich mit der Diffusion der steuerlichen Belastungswirkung im öffentlichen Bewußtsein unterzugehen pflegen. Das dürfte der Hauptgrund zur Erklärung des merkwürdigen empirischen Befundes sein, daß in den modernen Demokratien zwar der Einfluß der öffentlichen Hand wächst, aber die Wahrnehmung der genuinen staatlichen Hoheitsfunktionen zu wünschen übrig läßt. Die staatsbürokratische Expansion vollzieht sich über Beplanung, Betreuung und Subventionierung. Sie ist kein Zeichen der Stärke, sondern eher die Folge einer Schwäche des Staates, der in wechselnder Dosierung allen möglichen Interessentenwünschen zu Diensten sein will.

Vor diesem Hintergrund muß im Auge behalten werden, daß eine inhaltliche Beschränkung der Staatstätigkeit (§ 2) nicht eine Schwächung der gesellschaftlichen Institution, sondern ihre Stärkung für jene Funktionen bedeutet, die ihr niemand sonst abzunehmen vermag. So setzt zum Beispiel die Installierung und Bewahrung einer Marktwirtschaftsordnung, namentlich in der Wettbewerbspolitik (§ 20), in der Verbändegesellschaft einen **starken** Staat voraus.

4. Von der Regelsetzung für das Verhalten der Bürger sind Steuerungskonzepte zu unterscheiden, in denen der Staat sich selbst im wirtschaftspolitischen Mitteleinsatz dergestalt einer **Regelbindung** unterwirft, daß bei Abweichungen der einschlägigen Ist- von den Sollwerten automatisch Korrekturen erfolgen („Formelflexibilität"). Ob und in welcher Form eine solche Selbstbindung Vorteile verspricht, ist vor allem im Bereich der Stabilisierungspolitik (§ 51) zu prüfen.

5. Quer zur Unterscheidung zwischen diskretionären Eingriffen und Regelsetzungen liegt die ebenso grundlegende Trennung, die Popper zwischen einer Politik des **„schrittweisen Vorgehens"** zur Problemlösung und **„holistischen Experimenten"** vornimmt, die einen Sachbereich oder gar die Gesellschaft als Ganzes nach einem Reißbrettplan und auf einen Schlag umbauen wollen.[5] Zweifellos besitzt eine solche „Ganzheitsplanung" ihre intellektuellen Reize. Gleichwohl hat eine Politik des schrittweisen Vorgehens alle Gründe der Vernunft auf ihrer Seite:

a) Sie setzt keinen omnipotenten Gesetzgeber voraus, während holistische Experimente ohne eine totale Kontrolle kaum vorstellbar sind, wenn sie nicht chaotische Verhältnisse riskieren wollen.

b) Sie setzt jeweils bei konkreten Mißständen an, muß aber darum nicht in „Flickwerk" bestehen. Schrittweises politisches Vorgehen und Orientierung an einer „idealen Lösung" sind keineswegs Gegensätze.

c) Die Methode entspricht dem Wissen um die Begrenztheit unseres Wissens, namentlich wenn die Zeitdimension gesellschaftlicher Prozesse, also die unerläßlichen prognostischen Daten, einbezogen werden. Schrittweises politisches Vorge-

[5] Dazu: *B. Molitor*, „Piecemeal-Engineering" in der Wirtschafts- und Sozialpolitik, in: **ders.**, Wissenschaft und Politik im Widerstreit, Hamburg 1977, S. 153ff.

hen kann nicht nur auf Erfahrungswerte bauen, sondern durch Erfahrung auch lernen. Notfalls lassen sich Teilschritte, die sich als fehlerhaft herausstellen oder nicht den gewünschten Erfolg zeitigen, zurücknehmen bzw. in ihrer Richtung ändern, ohne daß der politische Ansatz überhaupt zusammenbräche.

Am sichersten fährt die Politik, wenn sie sich in ihren Kodifizierungen auf der Linie dessen hält, was sich in der gesellschaftlichen Entwicklung ohnehin an „spontaner" Ordnung abzeichnet.

§ 5 Untersuchungsobjekt „Wirtschaftspolitik"

1. Wir haben bisher allgemein von Politik als dem Verhalten des Staates gesprochen. Wie läßt sich im Besonderen der Bereich „Wirtschaftspolitik" als Untersuchungsgegenstand der Theorie herausschälen? Hier ist methodologisch zu berücksichtigen, daß Probleme der Abgrenzung **Zweckmäßigkeitsfragen** darstellen; Definitionen sind nicht dazu da, um für die Sachanalyse Vorentscheidungen zu treffen.

2. Gewiß wäre es unzweckmäßig, wollte sich die wirtschaftspolitische Theorie an der gouvernementalen Ressortaufteilung orientieren und ihre Untersuchungen auf das beschränken, was das Wirtschaftsministerium tut. Mindestens ebenso einschlägig ist das Verhalten des Finanz- und Arbeitsressorts. Ja, selbst die Außenpolitik präsentiert sich heute zu einem hohen Prozentsatz als Außenwirtschaftspolitik (einschließlich der Entwicklungsländerpolitik).

Aber auch abgesehen von den spezifischen Trägerschaften: praktisch haben alle Sachbereiche der Politik, so wie sie üblicherweise nach Kultur, Inneres, Verteidigung usw. unterschieden werden, ihre gewichtige ökonomische Dimension. Und das nicht nur, weil der jeweilige administrative Apparat seinerseits knappe personelle und sachliche Ressourcen bindet und im Besteuerungswege alimentiert werden muß. Die Einführung eines allgemeinen Schulzwanges zum Beispiel zeitigt erhebliche Wirkungen ebenso auf das Mengenangebot des Arbeitsmarktes wie für den längerfristigen Produktivitätsfortschritt in der Wirtschaft. Selbst „kostenlose" Reformen pflegen in irgendeiner Weise das wirtschaftliche Verhalten der Bürger zu berühren. Jede Staatstätigkeit hat mithin ökonomische Relevanz, sei es in der Alimentierung des bürokratischen Apparates, sei es in der Budgetfinanzierung von Maßnahmen und/oder in der Verhaltensänderung der Wirtschaftseinheiten.

Schließlich bietet auch die Anwendung bestimmter Instrumentenkategorien oder Verfahrensweisen keine Handhabe, um eine staatliche Maßnahme unbesehen der Wirtschaftspolitik zuzuordnen. Mit Ge- und Verboten oder dem Einsatz von Steuermitteln wird jede Fachpolitik arbeiten, und die Berücksichtigung von Cost-Benefit-Kalkülen und des „ökonomischen" Prinzips beim Mitteleinsatz ist nicht auf wirtschaftspolitische Aktionen beschränkt, sofern überhaupt von einem rationalen Verhalten der staatlichen Instanz die Rede sein soll.

3. Um nicht im Uferlosen zu landen, erscheint es für die Theorie zweckmäßig, alle Staatstätigkeit als Wirtschaftspolitik zu fassen, die **unmittelbar** auf die Beeinflussung von **Höhe, Zusammensetzung oder Verteilung des Sozialproduktes** abzielt, und die mit dieser Aktivität verbundenen kultur-, innen- und rechtspolitischen Aspekte ebenso unter der Kategorie der „Nebenwirkungen" einzustufen wie umgekehrt die mittelbaren Effekte der Kultur-, Innen- und Rechtspolitik ih-

rerseits auf das Wirtschaftsverhalten der Bürger. Dabei ist freilich „Nebenwirkung“ nicht mit „Nebensächlichkeit“ zu verwechseln. Im Gegenteil, je nach Lage der Dinge kann sich die wirtschaftspolitische Theorie gezwungen sehen, solche „Nebenwirkungen“ zuweilen zum Angelpunkt der Sachanalyse zu machen.

4. Indessen ist schon an dieser Stelle eine grundsätzliche Besonderheit des wirtschaftspolitischen Sektors innerhalb der Staatstätigkeit hervorzuheben. Sie wird umso mehr entlastet, je besser die vorgelagerte **Wirtschaftsordnung**, also im Fall der Marktwirtschaftsordnung: der selbsttätige Preis- und Wettbewerbsmechanismus, funktioniert. „Ordnungspolitik“ steht insofern nicht auf einer Ebene mit ablaufs-, struktur- und verteilungspolitischen Maßnahmen. Sie ist aus der Sache heraus übergeordnet. Umgekehrt sind logischerweise prozeß-, struktur- und verteilungspolitische Eingriffe stets auf ihre „Ordnungskonformität“ zu prüfen (§ 16).

Kapitel 2: Wirtschaftsordnung

§ 6 Notwendigkeit einer Wirtschaftsordnung

1. Wir leben nicht in einer Robinson-Crusoe-Wirtschaft, in der jede Wirtschaftseinheit sich selbst versorgt, sondern in einer **Gesellschaftswirtschaft** mit Tausch, Arbeitsteilung und Geld. Jedes dieser Elemente ist zu seinem Teil Bedingung der allgemeinen Wohlstandssteigerung.

Der **freie Tausch** (Sachgut oder Faktorleistung gegen Forderung, Forderung gegen Forderung) kommt nur zustande, wenn sich beide Partner von ihm je einen Vorteil versprechen: der Gesamtnutzen liegt nachher höher als ohne Tausch. Je mehr Wahlchancen objektiv den Wirtschaftseinheiten verfügbar und je besser sie subjektiv informiert sind (Markttransparenz), desto günstiger steht es c.p. um den Wohlstandsindex. Indessen wollen Tauschchancen zur Senkung der Transaktionskosten organisiert und ausgeweitet werden, nicht zuletzt auch international. Darum die Bedeutung der Verkehrserschließung, der überregionalen Information und der Grenzöffnungen.

Die **Arbeitsteilung** und die mit ihr einhergehende Spezialisierung ist das Fundament der gesamtwirtschaftlichen Produktivitätssteigerung und, namentlich in den Industriewirtschaften, die Achse in der Anwendung technischer Fortschritte und der steigenden Kapitalintensität der Arbeit. Freilich bringt die Arbeitsteilung, je mehr sie ausgefächert ist, nolens-volens auch Abhängigkeiten mit sich, so die des Produzenten von Vorleistungen anderer Betriebe und die des privaten Haushaltes vom unternehmerischen Konsumgüterangebot. Darum die Bedeutung funktionierender Märkte.

Das **Geld** (Bar- und Giralgeld) schließlich fungiert als Transportband zur alles durchdringenden Rationalisierung des wirtschaftlichen Verkehrs: als Tausch- und Zahlungsmittel, als Recheneinheit und als Wertaufbewahrungsmittel. Allerdings kann es diese Funktionen bzw. eine einzelne Funktion besser und schlechter (bis hin zur kontraproduktiven Wirkung) erfüllen, je nachdem, wie sich der staatliche Produzent dieses „Gutes höchster Liquidität“ verhält. Darum die Bedeutung einer Ordnung des Geldsystems, die das Währungsrisiko niedrig hält.

2. Jede Gesellschaftswirtschaft bedarf der Ordnung, sie sei nun „spontan“ gewachsen oder politisch gesetzt bzw. eine Kombination aus beidem.[1]

---

[1] *Hayek* reserviert die Bezeichnung „Ordnung“, weil sie es mit Spontaneität zu tun habe, auf Marktwirtschaften im Unterschied zur „Organisation“ von Zentralverwaltungswirtschaften durch Befehl. Faßt man die Vorstellung „spontaner“ Regelmäßigkeiten im gesellschaftlichen Verhalten weit genug und beschränkt sich auf den Koordinationsaspekt, hat die begriffliche Trennung manches für sich.
Indes, was die Rahmenbedingungen anbelangt, bedarf auch die Marktwirtschaft „organisatorischer“ Eingriffe, man denke nur an zentrale politische Akte wie die Einführung der Gewerbeordnung von 1869 im Norddeutschen Bund, aber auch allgemein an institutionelle Setzungen wie das Vertrags- oder Eigentumsrecht. Umgekehrt können auch Zentralverwaltungswirtschaften „spontane“ Elemente enthalten, so etwa in der Sowjetunion notgedrungen die Beziehungen zwischen Kombinaten außerhalb des Planes in der Materialbeschaffung, wenn sonst die Solldaten nicht zu erfüllen sind.

Zum einen muß das Verhalten („Pläne“) der Millionen Wirtschaftseinheiten aufeinander abgestimmt sein, sollen nachhaltige Überschußnachfragen bzw. Überschußangebote vermieden werden. Dabei bezieht sich die **Koordinationsfunktion** nicht nur auf das gegenwärtige Verhalten, sondern ebenso auf die Pläne für die Zukunft. Und da „Produktionsstämme“ gegeben sind, hat die Abstimmung, neben der horizontalen, auch eine wichtige vertikale Dimension.

3. Eng verbunden mit dem Koordinationserfordernis ist das für alles Wirtschaften grundlegende Problem der Dateninformation. Rationales Verhalten setzt einen Mechanismus der Gewinnung, Speicherung und Rückkoppelung der jeweils einschlägigen Daten und ihrer Veränderung im Zeitablauf voraus. In der Erfüllung ihrer **Informationsfunktion** reduziert die Wirtschaftsordnung zentrale Risiken des Wirtschaftens.

4. Der Effizienzgrad einer Gesellschaftswirtschaft hängt aber nicht nur in den Angeln von Koordination und Information. Die Wirtschaftsordnung hat es nicht zuletzt mit einem allgemeinen **Motivierungsproblem** zu tun, und zwar mit dem Anreiz:

a) daß vorhandene Faktormengen und -qualitäten (Arbeit, Kapital) überhaupt zum Einsatz kommen;

b) daß sie rational eingesetzt werden (optimale Allokation, Produktionsoptimum);

c) und schließlich mit dem Anreiz, die Ressourcen ihrerseits durch Investition und Innovation zu vermehren bzw. zu verbessern (technischer Fortschritt, Arbeitnehmerqualifikation).

5. Die Frage ist, ob eine Wirtschaftsordnung diese drei Grundfunktionen simultan oder mit jeweils besonderen Techniken erfüllt. Davon abgesehen, kann ein einmal gewählter Ordnungstyp im periodischen Vergleich für die gleiche Volkswirtschaft mehr der weniger gut funktionieren (Ordnungspolitik).

Beim Vergleich zwischen unterschiedlichen **Ordnungstypen** ist überdies zu beachten, daß der wirtschaftliche **Effizienzgrad** (Wohlstand gemessen am Niveau der Versorgung mit Sachgütern und Dienstleistungen) zwar ein zentrales, aber nicht das einzige Beurteilungskriterium darstellt. Es kommt stets auch auf den **Freiheitsgrad** an, den die Ordnung bei ihrer Funktionserfüllung den einzelnen Wirtschaftseinheiten beläßt.

§ 7 Ordnungstypen

1. Systematisch betrachtet, gibt es zwei und nur zwei Grundtypen in der Organisation einer Gesellschaftswirtschaft: die Planung kann **dezentral** (Individualprinzip) oder **zentral** (Kollektivprinzip) erfolgen, und geplant werden muß in jeder Wirtschaft. Den ersten Typ nennen wir eine **Marktwirtschaft** (Wettbewerbs-, Verkehrswirtschaft), den zweiten eine **Zentralverwaltungswirtschaft** (Schaubild 1). Im letzteren Fall von „Planwirtschaft“ zu sprechen, ist für die Typenunterscheidung unzweckmäßig; denn auch in der Marktwirtschaft wird „geplant“, nur daß hier die dominierenden „Planungsträger“ nicht staatliche Behörden, sondern die Einzelwirtschaften, also Unternehmen und Haushalte, sind.

Gewiß könnte auf dem theoretischen Reißbrett auch an Zwischenformen gedacht werden. So etwa an einen Typ mit dezentraler Planung und „gesellschaftli-

Schaubild 1

Ordnungstypen

	Marktwirtschaft	**Zentralverwaltungswirtschaft**
Planung	dezentral	zentral
Koordination	interdependente Märkte	hierarchische Behörden
Information	freispielende Preise	Berichterstattung
Anreiz	spontane Einkommensdifferenzierung	Einkommensverteilung
Ausrichtung	Abnehmer	politische Funktionäre

chem" Produktionsmitteleigentum **(„Konkurrenzsozialismus")**. Indessen ist für die empirische Relevanz zu fragen, warum der Produktionsmittelbesitz verstaatlicht werden sollte, wenn es nicht darum geht, eine Zentrallenkung ohne Friktionen durchsetzen zu können. Eine gewisse Auflockerung durch „Arbeiterselbstverwaltung" in den „volkseigenen" Betrieben und Veranstaltungen von „sozialistischen Wettbewerben" sind dabei nicht ausgeschlossen; sie können ein Versuch zur Effizienzsteigerung sein.

Andererseits läßt sich für die theoretische Analyse nicht schon dann von einer **„gemischten Wirtschaftsordnung"** sprechen, wenn in der Realität („Realtypen") eine Zentralverwaltungswirtschaft gewisse handwerkliche Dienstleistungen oder ergänzende Nahrungsmittelangebote in privater Hand zuläßt: das kann durchaus Teil der Zentralplanung sein, namentlich wenn die staatliche Versorgung aufgrund ihrer Schwerfälligkeit hier nicht klappt. Ein Gleiches gilt umgekehrt für eine Marktwirtschaft, in der gewisse Güter (§ 40f.) durch die öffentliche Hand bereitgestellt werden und die Geldproduktion nicht einfach der Bankenkonkurrenz überlassen ist (§ 48).[2]

2. In der dezentralen Planung der **Marktwirtschaftsordnung** wird die **Koordinationsfunktion** durch ein System **freispielender Preise** auf interdependenten Märkten wahrgenommen (Preis als Koeffizient der Veränderung).[3] Gleichzeitig dienen die flexiblen Preise als das zentrale ökonomische **Informationsinstrument**, das sich nicht nur durch eine unüberbietbare Geschmeidigkeit (Rückkoppelung), sondern ebenso in der Verarbeitung unzählbarer Einzeldaten auszeichnet.

Es kann keine Rede davon sein, daß eine Marktwirtschaft der „Lenkung" entbehre – das mag lediglich so scheinen, weil mit dem Lenkungsbegriff allzu leicht

[2] Was die zeitweise vielberufene These von der „Annäherung der Wirtschaftssysteme" betrifft, stellt *Tinbergen* als einer ihrer Verfechter in einer Bilanz nach zwanzig Jahren ernüchtert fest, daß die Konvergenztheorie „heute praktisch uninteressant" geworden ist.

[3] Wenn es in Zentralverwaltungswirtschaften „Preise" gibt, so darf die gleiche Bezeichnung nicht den funktional fundamentalen Unterschied in der Sache verkennen lassen: es sind „Verrechnungspreise", die sich **nicht** auf Märkten bilden und keine selbsttätige Lenkungsfunktion wahrnehmen.

Assoziationen zu bewußten Akten einer Behörde verbunden werden. Die marktwirtschaftliche Lenkung erfolgt über einen selbsttätigen Regelmechanismus, nämlich den der Marktpreise, und das auf eine nachgerade seismographische Weise auch im Zeitverlauf („innere Koordination").

Freilich handelt es sich um eine **Ex-post-Koordination**. Gegebene bzw. erwartete Preise gehen als Determinanten in die Pläne der Einzelwirtschaften ein. Aber die Preise ihrerseits sind das Ergebnis der jeweiligen Angebots-Nachfrage-Relation auf dem betreffenden Markt. Ob sich die Erwartungsgrößen der Pläne erfüllen, entscheidet sich also ex post, nachdem der Markt gesprochen hat. Indes, das Ergebnis trägt keinen endgültigen Charakter. Ergibt sich zum Beispiel aufgrund eines Nachfrageüberhangs ein höherer Stückpreis als erwartet, kommt es zu Plananpassungen: die Unternehmen werden zur Angebotssteigerung das betreffende Gut in größeren Mengen produzieren und gegebenenfalls die Produktionskapazitäten erhöhen, um eine nachhaltig überhängende Nachfrage zu bedienen. So sorgt der anfängliche Preisanstieg gleichsam selbst für seine Überwindung. Bei pretialer Wirtschaftslenkung befindet sich die Wirtschaft stets auf dem Weg zu einem Gleichgewicht.

Was endlich die **Anreizfunktion** anbelangt, so dient ihr die **spontane Einkommensdifferenzierung**, wie sie nach Absatzmenge und Stückpreishöhe auf den Märkten zustandekommt. Der Produzent, der bei gleichem Preis das bessere Gut oder bei gleicher Qualität das Gut billiger anbietet, macht das Rennen: für die Gewinnsumme wird der niedrigere Stückpreis durch den größeren Stückumsatz überkompensiert, wobei der erstere die Bedingung des letzteren abgibt.

Der gleiche Mechanismus bestimmt auch über die Differenzierung der Faktoreinkommen. Für das Angebot unmittelbarer Dienstleistungen liegt das auf der Hand. Aber auch da, wo die Faktorleistung in die Produktion eines Gutes eingeht, das seinerseits auf dem Markt abgesetzt wird, also auch im Fall des Faktorentgeltes als eines „abgeleiteten" Einkommens, richtet sich dessen Höhe nach dem jeweiligen produktiven Beitrag zum Güterumsatz (Wertgrenzprodukt): im erzielten Stückpreis stecken anteilig die Entgelte für die bei der Güterherstellung mitwirkenden Faktormengen und -qualitäten. Was für den Unternehmer Kosten der Produktion sind, stellt für die beschäftigten Faktoren Einkommen dar. Entscheidend bleibt auch hier letztlich das Markturteil, also die Kaufentscheidung der Abnehmer.

3. Im **alternativen Ordnungstyp** liegt die wirtschaftliche Koordination bei einem **Zentralplan**, der in seiner Ausfächerung über mehrere Stufen bis zu den Sollzahlfestsetzungen für die letzte Wirtschaftseinheit reicht. Träger der Planung ist der Staat mit seinem **hierarchisch organisierten Behördenapparat**. Die Koordinationsdurchsetzung erfolgt durch administrativen Befehl und einschlägige Sanktionsandrohungen. Ein Kontrollapparat bleibt unerläßlich.

Inhaltlich beruht der Zentralplan im Kern auf **politischen** Entscheidungen, das heißt auf Zielen, wie sie die jeweiligen Staatsfunktionäre anstreben. Es wird periodisch entsprechend festgelegt, was, wann, wo, mit welchen Quantitäten und Qualitäten produziert werden soll, d.h. im Großen: wie die knappen Ressourcen auf die Investitionsgüter-, die Konsumgüterherstellung und die Staatsdienste aufzuteilen und auch, welche Teile dabei der Produktion von Innovationen (neue Produktionsverfahren, neue Güter bzw. neue Qualitäten bekannter Güter, erhöhte Faktorqualitäten) zu reservieren sind.

Die ökonomischen Wünsche der Zentralbehörde sind eines, deren faktische Realisierungschancen jedoch ein anderes. Ein erstes technisches Grundproblem der zentralverwaltungswirtschaftlichen Organisation liegt im Bereich der **Informationsfunktion**. Die Konsistenz des Zentralplanes steht und fällt mit der Qualität der Daten, die in ihn eingehen. Der Monopolisierung der Entscheidungen entspricht aber keine ebensolche des Wissens. Im Gegenteil, gerade in einem so komplexen Gefüge wie dem einer modernen Industriewirtschaft ist hier die Zentralbehörde einem Preissystem auf interdependenten Märkten unterlegen.[4] Verglichen mit dem Wissen von Millionen Einzelwirtschaften über die je eigenen Möglichkeiten, das die pretiale Wirtschaftslenkung verarbeitet, vermag die staatliche Zentrale immer nur einen beschränkten Ausschnitt an Dateninformation zu kollektieren. Und selbst hier besteht permanent die Gefahr „verschmutzter" Informationen. Die Zentralplanung ist letzten Endes auf die Meldungen und Rechnungslegungen der Betriebe vor Ort angewiesen; aber niemand kann garantieren, daß die weiterzugebenden Daten nicht im Eigeninteresse der Basis frisiert sind. Bürokratische Organisationen haben es nun einmal an sich, daß den Erwartungen an der Spitze in der Rechnungslegung von unten nachgeholfen wird und es im übrigen opportun erscheint, nicht alle Karten, über die die Basis verfügt, offenzulegen.

Von **diesem** Problem haben selbst die neuen Computertechniken die Zentralverwaltungswirtschaften keineswegs befreit. Auch die beste Daten**verarbeitung** vermag die mangelhafte Qualität der eingegebenen Daten nicht zu substituieren. Hier bleibt man nach wie vor auf bürokratische Kontrollen innerhalb der bürokratischen Ordnung angewiesen.

Indessen verschärft sich das Problem noch dadurch, daß Zentralpläne auf eine **Ex-ante-Koordination** abstellen. Schon statisch gesehen, müssen die Abstimmungsschwierigkeiten wachsen, je komplizierter die zu erstellenden Produkte und je bedeutsamer die Komplementärgüter werden, die, für sich genommen, geringfügig erscheinen mögen, für das Funktionieren des Hauptgutes jedoch konstitutiv sind. Und erst recht potenzieren sich die Koordinationsprobleme in dynamischer Betrachtung. Kommt es während der Planlaufzeit zu Abweichungen in den Ist-Werten oder gar zu Datenänderungen, ist das keine Angelegenheit gleichsam des Verputzes; in aller Regel wird ein Rattenschwanz von Anpassungen bis in die letzten Detailpläne erforderlich. Vollends bedeutet jede Innovation, daß das mühsam erstrebte Plangleichgewicht ins Wanken gerät. So kann es nicht verwundern, daß die Anwendung technischer Fortschritte in Zentralverwaltungswirtschaften auf strukturelle Widerstände stößt. Die Starrheit ist systembedingt.

---

[4] Dazu mit aller Klarheit schon *M. Weber* (Wirtschaft und Gesellschaft, Tübingen 1947, S. 574): „Überlegen ist der Sachkenntnis der Bürokratie nur die Sachkenntnis der privatwirtschaftlichen Interessenten auf dem Gebiet der ‚Wirtschaft'. Dies deshalb, weil für sie die genaue Tatsachenkenntnis auf ihrem Gebiet direkt eine wirtschaftliche Existenzfrage ist: Irrtümer in einer amtlichen Statistik haben für den schuldigen Beamten keine direkten wirtschaftlichen Folgen, – Irrtümer in der Kalkulation eines kapitalistischen Betriebes kosten diesem Verluste, vielleicht den Bestand. Und auch das ‚Geheimnis' als Machtmittel ist im Hauptbuch eines Unternehmers immerhin noch sicherer geborgen als in den Akten der Behörden. Schon deshalb ist die behördliche Beeinflußung des Wirtschaftslebens im kapitalistischen Zeitalter an so enge Schranken gebunden und entgleisen die Maßregeln des Staates auf diesem Gebiete so oft in unvorhergesehene und unbeabsichtigte Bahnen oder werden durch die überlegene Sachkenntnis der Interessenten illusorisch gemacht."

Ein drittes organisationstechnisches Grundproblem ergibt sich im Bereich der **Anreiz- und Motivierungsfunktion**. Ideologische Erziehungsarbeit, Dekrete gegen „Schlamperei, Schmarotzertum und Korruption“ und Arbeitszeitkontrollen sind ein schwacher Ersatz für den Leistungsanreiz, den die marktbestimmte Einkommensdifferenzierung bietet. Und die Wirkung immaterieller Auszeichnungen („Held der Arbeit“) nutzt sich schnell ab. So bleiben als Ausweg komplizierte Prämiensysteme und materielle Sondervergünstigungen (z.B. Urlaubsplätze). Aber selbst hier ist der bürokratisch-schematische Vollzug nicht vor kontraproduktiven Effekten gefeit, – zu schweigen davon, daß es auch im günstigen Fall immer noch darauf ankommt, welches Konsumgüterangebot den „materiellen Anreizen“ **tatsächlich** gegenübersteht. Mit Arbeitszeitverkürzung müssen Zentralverwaltungswirtschaften, die für das Wirtschaftswachstum ungünstige Arbeitsproduktivitäten durch einen umso stärkeren Faktormengeneinsatz zu kompensieren trachten, ohnehin äußerst sparsam umgehen.

4. Am Ende stellt sich in der Charakterisierung des zentralverwaltungswirtschaftlichen Ordnungstyps die methodologische Frage, ob hier – jenseits der Organisationstechnik – überhaupt von einer **Wirtschaftspolitik** im spezifischen Sinne die Rede sein kann. Schumpeter hat die Frage verneint, weil in dieser Wirtschaftsorganisation die Unterscheidung zwischen öffentlichem Bereich (Politik als Verhalten des Staates) und privater Sphäre (Wirtschaft als Vollzug der Lebensfürsorge) entfällt. Und in der Tat, wenn der Staat alle Wirtschaft in sich aufsaugt und selbst Fragen des technischen Vollzuges zum Politicum werden, haben wir keine profilierten gesellschaftlichen Teilphänomene mehr vor uns, und mit der Gegenüberstellung und dem möglichen Widerstreit der beiden Bereiche entfallen auch die typisch wirtschafts**politischen** Probleme.

5. In **historischer Betrachtung** ist das, was wir heute als Zentralverwaltungswirtschaft bezeichnen, gewiß der älteste Ordnungstyp. Er läßt sich bis zu den frühen Kulturen des Zweistromlandes (Sumer) und des Nil (Ägypten) zurückverfolgen, wo die großen Paläste und/oder Tempel die Wirtschaft beherrschten. Auch diese Ordnung war nicht einfach in der Natur „vorgegeben“, sondern wurde in der Menschheitsentwicklung „entdeckt“, wobei, wenn nicht alles täuscht, als technisches „Kuppelprodukt“ auch die Schrift erfunden wurde: sie diente anfänglich nicht etwa der „Literatur“, sondern der ökonomischen Rechnungslegung.

In der wirtschaftsgeschichtlichen Diskussion wird von der „asiatischen Produktionsweise“ als Paradigma gesprochen. Und es scheint, daß marxistische Althistoriker von daher so etwas wie einen Support für die modernen Zentralverwaltungswirtschaften des Ostens abzuleiten tendieren. Indes, aus dem Umstand, daß etwas, zum Beispiel das Gemeineigentum, am Anfang war, zu schließen, daß es damit auch das „essentiell Wahre“ sei, wie das der Historismus nahegelegt, ist schon logisch unhaltbar. Und in der Sache kennen wir inzwischen einen grundlegend anderen Ordnungstyp, nämlich den der „ungeplanten Planung“ marktwirtschaftlicher Provenienz, der gerade in den komplexen Industriewirtschaften, wie jede vergleichende Messung ergibt, die überragend besseren gesamtwirtschaftlichen Resultate erzielen läßt.

Freilich darf nicht übersehen werden, daß das, was wir in der modernen Theorie als „Marktwirtschaftsordnung“ formalisieren, auch seinerseits einmal als Prinzip „entdeckt“ wurde (und, wie die Gegenwartsentwicklung demonstriert, in einer Reihe von Ländern aus politischen Gründen auch wieder „verlorengehen“ kann). So hat Hirschman in instruktiver dogmengeschichtlicher Analyse aufgezeigt, auf welcher breiten Front im 18. Jahrhundert Sozialphilosophen und Staatstheoretiker sich gerade von einer nicht-etatistischen Wirtschaftsorganisation mit ihren inhärenten Funktionsautomatismen den Sieg über die Regentenwillkür versprachen: „eine moderne Wirtschaft ist... der wirksamste Zügel, der gegen die Torheit der Despotie ersonnen wurde" (J. Steuart).

6. Unermüdliche Sucher nach einem „dritten Weg" zwischen Marktwirtschaft und Zentralverwaltungswirtschaft haben einen eigenständigen Ordnungstyp in dem sehen wollen, was man mit Johansen die **„bargaining society"** nennen kann (es wird auch von einer „Verhandlungsdemokratie" gesprochen). Es handelt sich hier um eine moderne Version ständestaatlich-korporativistischer Bestrebungen, bei der, nüchtern gesagt, Verbände der Wirtschaftsgesellschaft die Preise und Marktkonditionen mit der jeweils anderen Seite als verbindlich aushandeln. Das geht, was die Verbandsmacht betrifft, weit über den Einfluß hinaus, den die Verbände in der Marktwirtschaftsordnung auf die staatliche Wirtschaftspolitik ausüben (§ 145).

Gleichwohl, im Prinzip gehört eine solche Organisationsform der Klasse der Marktwirtschaftsordnungen an, wenn auch als ein denaturierter Typ: zwar bleiben die Preise frei von planerischen Staatseinflüssen, aber der Wettbewerbsgrad nimmt in den bilateralen Monopolen, die die verbandlichen Verhandlungsparteien ökonomisch darstellen, Schaden.

Im einzelnen ist das organisationstheoretische Konzept der Verhandlungslösung mit drei **schwerwiegenden** Mängeln behaftet.

a) Aus taktischen Gründen werden die periodischen Ausgangspreisforderungen stets überzogen und die begleitenden Informationen für das Publikum entsprechend verzerrt. Das bedeutet nicht nur eine Art Selbstbindung, so die Funktionäre nach Verhandlungsablauf vor den Verbandsmitgliedern nicht das Gesicht verlieren wollen. Fataler ist, daß der Kompromiß, der dann doch irgendwo gefunden wird, auf jeden Fall höher als die Ausgangsgröße liegt: in der Periodenfolge bewegt sich das ausgehandelte Preisniveau stufenweise, aber stetig nach oben. Die bei Verhandlungsbeginn existierenden Preise gelten, gleichgültig unter welchen Bedingungen sie sich ergaben, als zementiertes Datum. Korrekturen nach unten sind ebenso unwahrscheinlich wie Preissteigerungspausen.

b) Eine Einigung zwischen den Verhandlungsparteien kommt umso eher zustande, je mehr sich die allfälligen „Kosten" auf unbeteiligte **Dritte** verlagern lassen. Das gelingt natürlich nur, wenn entweder die Prozeßwirkungen der Einigung diffus sind oder die Betroffenen sich nicht wehren können. Um die vielberufene „Verantwortung" der Verbände steht es faktisch schlecht, weil an einem empfindlichen Punkt die verhaltenssteuernde Rückkoppelung unterbrochen ist. Die Leidtragenden sind die Interessen der Allgemeinheit bzw. jener Gesellschaftsgruppen, die sich nur schwer organisieren lassen.

c) Eine „bargaining society" führt unweigerlich zu Verkrustung und Immobilismus in den gesellschaftswirtschaftlichen Verhältnissen. Kaum taucht ein neues Problem auf, und schon gerät es in die Mühlen von Verbandsgründung und Verbandsbemächtigung. Existiert andererseits erst einmal ein entsprechendes Organisationssystem, erweist sich bald seine Unfähigkeit, sich bei Datenänderung im Zeitverlauf selbst zu reformieren. Denn das liefe für die Verbände darauf hinaus, sich mit eigener Hand den Boden unter den Füßen wegzuziehen bzw. dem Verhandlungspartner auf die Füße zu treten, auf dessen Existenz man konstitutionell jedoch angewiesen ist.

§ 8 Marktwirtschaftsordnung: Funktionen des Wettbewerbs

1. Der spezifische Vorzug der Marktwirtschaftsordnung liegt in der **Verbindung** von hohem Freiheitsgrad der einzelwirtschaftlichen Entscheidung und hohem allgemeinen Versorgungsgrad durch permanente Produktivitätssteigerung: die gegebenen Produktionsfaktoren kommen zum optimalen Einsatz, aber in der Periodenfolge werden auch die Ressourcen selbst durch Innovationen und entsprechende Investitionen verbessert und vermehrt. Zu diesem Behufe hält sich die Gesellschaft förmlich eine „Unternehmerklasse", die die Funktion der Faktorkombination wahrnimmt.

Indes, die organisatorische Veranstaltung ist an einem eindeutigen Richtpunkt orientiert. Was immer die Produzenten entdecken und anbieten: die letzte Entscheidung über Erfolg und Mißerfolg ruht beim Abnehmer und das heißt am Ende: bei der Masse der Verbraucher, die in einem tagtäglichen Plebiszit jeweils jene Angebote auszeichnen, die ihre Präferenzen am besten treffen. Zur Erfüllung dieses Versprechens reicht freilich die Vorkehrung eines freispielenden Preissystems allein nicht aus; (vom Staatseinfluß) freie Preise bilden sich schließlich auch auf monopolisierten Märkten. Was hinzukommen muß, ist ein hoher Grad an **Wettbewerb**, der die Anbieter um die Konsumentengunst rivalisieren läßt und sie unter Aufbietung der unternehmerischen Kräfte zu dauernder Leistungssteigerung anhält. Kurz, der Motor des Wettbewerbes entscheidet über den Effizienzgrad der Marktwirtschaftsordnung.

2. Dabei hat der Wettbewerb einmal eine **Kostenkontrollfunktion**. Er hält die Kosten der Produktion in Schach und zwingt schon im unternehmerischen Eigeninteresse zum sparsamen Einsatz knapper Ressourcen. Der Produzent, der billiger anbietet, ist auf dem Markt erfolgreich; aber gleichzeitig bleibt dem Rivalen keine andere Wahl, als auch seinen Betrieb zu rationalisieren, will er nicht an Marktanteil verlieren. Es kommt, um mit Karl Marx zu sprechen, zur Senkung der „gesellschaftlichen Kosten der Produktion", und das in Permanenz.

3. Zur Frage steht jedoch nicht allein der rationelle Umgang mit einem gegebenen Produktionsapparat. Der Wettbewerb besitzt gleichzeitig auch eine unmittelbare **Fortschrittsfunktion**. Die zu Buche schlagenden Pioniergewinne winken jenen Unternehmen, die jeweils aus dem Troß der traditionell Produzierenden ausbrechen und grundlegende Innovationen im Produktionsverfahren oder bei der Produktart bzw. Produktqualität entdecken und anwenden. Da aber kein Produzent sicher sein kann, wie und mit welchem Erfolg sich tatsächliche oder potentielle Konkurrenten auf diesem Felde betätigen, gebietet es schon die unternehmerische Vorsicht, ebenfalls selbst, in welchem Ausmaß auch immer, in die Erforschung und Entwicklung von Neuerungen zu investieren, um gegen die Gefahr eines plötzlichen Wettbewerbsvorsprunges der Rivalen gewappnet zu sein. Demgegenüber hat der nach allen Seiten abgeschottete monopolistische Anbieter keine Veranlassung, sich besonders um Innovationen zu bemühen.

So befindet sich eine Wettbewerbswirtschaft, in größeren oder kleineren Schüben ständig intra- und intersektoral auf dem Wege zu neuen „Produktionsfunktionen" und zur Umstrukturierung des Produktionsapparates, die den Ertrag der Faktorallokation erhöhen. Alte Produktionsstämme werden laufend erneuert. Wettbewerb herrscht auch zwischen den Branchen um die Anlage des knappen Kapitalfaktors.

4. Mit Produktivitätssteigerungen allein ist es jedoch nicht getan. Es kommt darauf an, daß sie an die Konsumenten weitergegeben werden. Auch das produktivste Unternehmen garantiert als solches noch keineswegs die Erfüllung des marktwirtschaftlichen Sozialversprechens. Hier stoßen wir auf eine dritte, nämlich die **Entmachtungsfunktion** des Wettbewerbs. Er sorgt dafür, daß die Gewinnbäume nicht in den Himmel wachsen. Er hindert die Pioniergewinne, Ewigkeitswert zu besitzen. Früher oder später werden die Gewinne „sozialisiert", wobei das Tempo davon abhängt, inwieweit die Konkurrenten rechtlich (z.B. Patentgesetzgebung) und faktisch in der Lage sind, ihrerseits mit Neuerungen nachzuziehen.

„Entmachtung" bedeutet aber nicht minder, daß da, wo eine Mehrzahl von Anbietern in Konkurrenz steht, der Abnehmer vom einzelnen Produzenten unabhängig wird; es bieten sich ihm in wechselnder Zusammensetzung Wahlchancen. Wettbewerb streut die relative Anbietermacht in einer Weise, die kein Staatseingriff je zu erreichen vermöchte.

§ 9 Marktwirtschaftsordnung: Institutionelle Voraussetzungen

1. Ein freispielendes Preissystem und der Wettbewerb unter den Anbietern hängen in den Angeln der **Dispositionsfreiheit** von Unternehmen und Haushalten, die das Erfolgs- und Einkommensstreben für die Überwindung der jeweiligen Knappheitsverhältnisse wirksam macht. Ihre institutionellen Voraussetzungen sind private Eigentumsrechte, auch und gerade an den Produktionsmitteln, der freie Zugang zu Gewerben und Berufen und die Vertragsfreiheit.

2. Das **Institut des Privateigentums** regelt die Zuständigkeit von Personen in der Verfügung über knappe Güter und deren Nutzung und schließt den Zugriff von Nichtberechtigten aus. Erst dadurch werden die Wirtschaftsverhältnisse kalkulierbar. Andererseits bietet das Eigentumsinstitut die Möglichkeit, die Handlungs- und Entscheidungsfolgen individuell zuzurechnen (Haftung); es hält zum rationalen Umgang mit den knappen Ressourcen an und stimuliert die Neigung zu Angebotssteigerung und Innovation.

Privateigentum an Produktionsmitteln bedeutet ordnungstheoretisch, daß von Zentralplänen unabhängige Unternehmer über sachliche Produktionsmittel verfügen, die sich im Vermögen von Privatpersonen befinden. **Nicht** vorausgesetzt wird dabei:

a) daß im Idealfall Unternehmerfunktion und Produktionsmittelbesitz in einer Person zusammenfallen müßten. De facto erhält der wirtschaftliche Fortschritt wichtige Impulse von Unternehmen, bei denen Eigentum und Unternehmerfunktion getrennt sind (Kapitalgesellschaften). Die unternehmerischen Qualifikationen sind, wie die Erfahrung lehrt, nicht an Besitz und Herkunft gebunden. Andererseits dienen körperschaftliche Unternehmensformen als Kapitalsammelbecken für eine Vielzahl von je limitierten Anlagen. Und die Beschränkung der Vermögenshaftung auf die Kapitaleinlage tut ein Übriges, um diese Art der Investitionsfinanzierung zu erleichtern.

b) daß die personelle Verteilung des Produktivvermögens konzentriert sein müßte, etwa weil nur bestimmte Gruppen von Wirtschaftssubjekten zur rationalen Kapitalanlage in der Lage wären. De facto spielen heute institutionelle Kapitalanleger in der Investitionsfinanzierung eine bedeutsame Rolle, und es gibt erprobte Wege, die dem kleinen Anleger, über die traditionellen Forderungsrechte hinaus, eine Unternehmensbeteiligung ermöglichen (z.B. Investmenttrusts).

c) daß es gesamtwirtschaftlich erstrebenswert wäre, die erzielten Gewinne im einzelnen Unternehmen zu belassen. Im Gegenteil können sich hier Gefahren für die Rationalität der Investitionsentscheidungen und zumal für eine gesamtwirtschaftlich optimale Kapitalverteilung ergeben. Ein verstärkter Druck zur Gewinnausschüttung und damit die Begrenzung des Spielraumes zur Selbstfinanzierung vermag kapitalmarktpolitisch rationalisierend zu wirken.

Selbstverständlich ist damit nichts gegen das traditionelle Rückgrat einer Marktwirtschaftsordnung, nämlich die mittelständische Produktion bei Einzelunternehmern und in Personengesellschaften, gesagt; sie dürfte in der sich abzeichnenden „Dienstleistungsgesellschaft" eher noch an Bedeutung gewinnen. Worauf es ordnungspolitisch ankommt, ist die Mischung im rechtlichen Angebot von Unternehmensformen für ihre je spezifischen Zwecke. So haben in der Marktwirtschaft durchaus auch Genossenschaften, ja selbst „alternative Betriebe" Raum, soweit sie nicht eine politische Bevorzugung verlangen; in Zentralverwaltungswirtschaften dagegen pflegen „alternative" Produktionen als „Sabotage am Volkseigentum" zu gelten.

3. Durch die institutionelle Sicherung der **Gewerbe- und Berufsfreiheit** soll der Zugang zu den gewinn- und einkommensgünstigen Märkten offengehalten und der Wettbewerb verstärkt werden. Natürlich darf nur derjenige einen Betrieb eröffnen, der die je einschlägigen Sicherheits- und Umweltschutzbedingungen erfüllt. Ebenso muß es „Berufsordnungen" zum Mindestqualifikationsnachweis geben, um das Publikum vor Scharlatanen und Kurpfuschern zu schützen: man kann es etwa bei ärztlichen oder juristischen Dienstleistungen, die der Laie schwer selbst zu beurteilen vermag, nicht darauf ankommen lassen, daß der Konsument erst durch Schäden an Leib oder Vermögen klug wird.

Der Rubikon zur ordnungspolitischen Inkonformität wird jedoch überschritten, wenn Gewerbe– und Berufsordnungen darüberhinaus den Marktzutritt beschränken, indem zum Beispiel in einer Region nur eine bestimmte Zahl von Warenhäusern zugelassen oder die Zahl der Ärzte und Rechtsanwälte nach dem Umfang der Wohnbevölkerung limitiert wird („Bedürfnisprüfungen"). Das läuft auf einen Naturschutzpark für die jeweils etablierten Anbieter und ihre Einkommensposition nach zünftlerischem Muster hinaus. Der konsumentenfreundliche Wettbewerb und das Innovationstempo haben das Nachsehen.

Freilich pflegt der Neuzutritt eines Produktions- oder auch Dienstleistungsbetriebes Startkapital zu erfordern, und selbst der Erwerb einer höheren beruflichen Qualifikation setzt in der Regel nachhaltige finanzielle Investitionen voraus. Indessen steht hier in der Marktwirtschaft ein eigener Finanzierungssektor zur Verfügung: der Bankkredit bietet Mittel, um die Hürde des mangelnden Eigentums zu überspringen. Im übrigen kann ein staatliches Starthilfeprogramm assistieren, vor allem wo Neulinge (noch) nicht die für das Bankenengagement erforderlichen Sicherheiten zu bieten vermögen.

4. Es bleibt, gleichsam als Transportband des marktwirtschaftlichen Verkehrs, die dritte institutionelle Voraussetzung der **Vertragsfreiheit**. Sie ist die unerläßliche Bedingung dafür, daß Transaktions**möglichkeiten** aufgespürt werden. Andererseits bedarf sie der rechtlichen Hilfestellungen, um die Kosten bei der tatsächlichen Abwicklung von Transaktionen, also namentlich die der zügigen Durch-

setzung von Ansprüchen aus Verträgen, zu reduzieren (§ 6). Bemerkenswerterweise zeigt jedoch die Erfahrung, daß es am ehesten öffentliche Auftraggeber sind, deren Zahlungsmoral zu wünschen übrig läßt.[5]

Die Mutation der Vertragsfreiheit durch **Allgemeine Geschäftsbedingungen** und **Vertragsstandardisierung** kann der Rationalisierung der verwickelten Wirtschaftsbeziehungen zugute kommen. Allerdings müssen politische Vorkehrungen dafür sorgen, daß das „selbstgeschaffene Recht der Wirtschaft" nicht zur einseitigen Risikoverlagerung auf die Abnehmer führt. Und mit der Vertragsstandardisierung, etwa in der Wohnungsvermietung, dürfen nicht von vorneherein individuelle Absprachen ausgeschlossen, also nichtig sein, die die spezifischen Umstände des Einzelfalles im Vertrag einzufangen suchen.

Vor allem jedoch ist mit der Vertragsfreiheit ein **Grundproblem** verbunden, das paradoxalen Charakter trägt und sich nicht prinzipiell beseitigen läßt: Einerseits bedarf es der umfassenden Wirtschaftsfreiheiten, wenn es überhaupt zu Wettbewerb und Fortschritt kommen soll; aber andererseits kann gerade die Vertragsfreiheit dazu benutzt werden, um den Wettbewerb zwischen den Anbietern zu beschränken oder auszuschalten. Und die Versuchung dazu ist groß und permanent, weil vergleichsweise hohe Prämien für dieses, gesamtwirtschaftlich gesehen, abträgliche Verhalten winken. Darum ist Wettbewerbspolitik ein ebenso grundlegender wie dauerhafter Bestandteil der Wirtschaftspolitik in der Marktwirtschaft; namentlich in evolutorischen Wirtschaften kann hier Rasten nur zu leicht Rosten bedeuten. Der Wettbewerb ist eben kein „Naturgewächs", sondern eine „Kulturpflanze" (Röpke): er muß gegen seine bewußte Selbstbeschränkung, auch wenn sie im gegenseitigen Einvernehmen der Anbieter erfolgt, geschützt werden.

Ein wichtiges Teilproblem stellen dabei Patentschutz und Lizenzverträge dar; die individuellen Eigentums- und Vertragsrechte kollidieren hier mit dem gesamtwirtschaftlichen Interesse an einer schnellen Verbreitung und allgemeinen Anwendung innovatorischen Wissens. (§ 33ff.)

§ 10 Marktwirtschaftsordnung: Ethische Aspekte

1. Zur Beurteilung einer Wirtschaftsordnung ist der Produktivitätsaspekt nicht alles. Sie will, gerade in der politischen Theorie, ebenfalls unter ethischen Kategorien analysiert sein. Hier gilt es, mehrere Ebenen zu unterscheiden. Was zunächst die Gesamtausrichtung der Marktwirtschaftsordnung anbelangt, so haben freispielendes Preissystem und ein hoher Wettbewerbsgrad einen eindeutigen Richtstrahler: die Ordnung ist an den **Präferenzen der Konsumenten** orientiert. Die Produzenten sind gewiß frei in Innovation und Angebot; über den Erfolg bestimmen jedoch die Entscheidungen der Abnehmer. Mißt man die Zielerfüllung der Wirtschaft im Kern daran, daß die Produktion der Masse der Verbraucher und ihren Präferenzen dient, so ist die marktwirtschaftliche Organisationstechnik ein unüberbietbar zweckmäßiges Instrument, um den Wirtschaftsprozeß „gemeinwohlorientiert" zu regulieren. Im Vergleich zu den Produzenten, die das

[5] Für die einschlägigen Ergebnisse systematischer empirischer Erhebungen beispielsweise im Bereich der Industrie- und Handelskammer Koblenz vgl.: *Institut für Mittelstandsforschung* (Hrsg.), Zahlungsweise bei öffentlichen Aufträgen (5), Bonn 1983.

Absatzrisiko tragen, fällt hier den Konsumenten der leichtere Part zu, während es sich in den bürokratisierten Zentralverwaltungswirtschaften genau umgekehrt verhält (Güterzuteilung, Versorgungslücken, Warteschlangen).

Sozialphilosophen, die die Markt**ergebnisse** kritisieren („Konsumerismus"), versäumen es zumeist, eine für die rationale Argumentation unerläßliche Unterscheidung zu machen: die allokative Durchsetzung **gegebener** Präferenzen, die das marktwirtschaftliche System in idealer Weise leistet, ist eines, die Präferenzbildung bei den nachfragenden Haushalten jedoch etwas anderes. Bei Licht betrachtet, sind, wenn die Marktergebnisse kritisiert werden, regelmäßig die Präferenzen gemeint, die die Konsumenten äußern. Wer sie für abwegig hält, kann sie in seinem Sinne zu beeinflussen suchen, etwa durch sozialphilosophische Publikationen. Der Marktmechanismus arbeitet auch bei veränderten Präferenzen gleich gut. Nur, vorschreiben läßt sich hier nichts; die Konsumentenentscheidungen sind frei.

Die Kritiker der Marktergebnisse verbessern ihre Sache auch dann nicht, wenn sie den Umfang der **Werbung** und ihre Wirkung als „geheimer Verführer" zum Sündenbock stempeln. Die Expansion des Marketing und des Handelssektors ist die natürliche Begleiterscheinung einer entwickelten Volkswirtschaft mit ihrer Angebotsvielfalt und der regionalen Erschließung bis in letzte Dorf; sie signalisiert gerade die allgemeine Wohlstandsentwicklung, wenn man mit den uniformierten Bedarfen einer Armutsgesellschaft vergleicht. Selbstverständlich unterliegt auch die Werbung, wie alle zwischenmenschlichen Aktivitäten, den Rechtsregeln von „Treu und Glauben", der Preiswahrheit, des Anstandes usw., und für gefährliche und gesundheitsschädliche Produkte kann sie mit gutem Grund ganz untersagt oder nur mit Auflagen gestattet werden. Aber dies vorausgesetzt, muß man schon ein grimmiger Puritaner sein, um Reklame schlechtweg zu perhorreszieren. Das hieße, dem privaten Haushalt Informationen über neue Güter, neue Qualitäten bekannter Güter und namentlich über ein preisgünstiges Angebot vorzuenthalten, die ihm den Nutzen in der Verwendung seines Einkommens zu steigern erlaubten.

Und was die „geheime Verführung" betrifft, gehört dazu immerhin jemand, der sich verführen läßt. Oder sollten mündige Bürger, die sich auch anders entscheiden können, erst gar nicht einschlägigen Einflüssen ausgesetzt werden dürfen? Das wäre eine Bevormundung, die weite Kreise ziehen muß: sie würde, recht gesehen, auch die politische Werbung, die wahrlich nicht minder Mündigkeit der Angesprochenen voraussetzt, obsolet machen, ja, selbst den Kritikern der Marktwirtschaftsordnung ihrerseits Schweigen auferlegen. Wo es tatsächlich zu einer „Verführung" kommt, handelt es sich allenfalls um bisher unbekannte Produkte. Aber auch hier ist sie kaum je von langer Dauer; selbst das beste Frühlingsbild in der Reklame vermag nicht nachhaltig den Absatz eines schlechten Produktes zu retten.

2. Freilich dürfen im hohen Lied auf die Konkurrenz als wirtschaftlicher Antriebs- und Steuerungsmechanismus nicht die **„Kosten"** verschwiegen werden, ohne die, wie anderswo auch, die Vorteile des gesellschaftlichen Institutes nicht zu haben sind. Konkurrenz ist Rivalität und nicht Solidarität. Im Gegenteil, wo immer sich Anbieter solidarisieren, hat in der Regel der Konsument die Zeche zu zahlen. Die Unternehmerfunktion in der Wettbewerbswirtschaft setzt bei ihren Trägern eine bestimmte Mentalität und bestimmte Verhaltenskriterien voraus, die nicht jedermanns Sache sind. Gleichwohl, ohne ein spezifisches Training und,

was das anbelangt, ohne dic entsprechende Anerkennung mag sich eine Gesellschaft bald in der Lage befinden, nicht mehr über die erforderliche Zahl und Qualität an unternehmerischem Nachwuchs zu verfügen, der die Mühlen des Wettbewerbs und damit des Fortschritts überhaupt noch treibt („Flucht aus der Selbständigkeit“).

Zum anderen muß es das Konkurrenzinstitut deroutieren, wenn im **Gewinn** nichts als ein „arbeitsloses Einkommen“ und an der Unternehmensbesteuerung kein anderer Makel gesehen wird, als daß sie nicht hoch genug ausfiele. Ohne einen (hinreichend differenzierten) Gewinn**anreiz** kann der Wettbewerb nicht bestehen. Da Unternehmer zu rechnen verstehen, gibt der verfügbare Ertrag, also der Gewinn nach Steuern, den verhaltenssteuernden Ausschlag. Staatliche Interventionen pflegen, wenn auch ungewollt, oft nichts anderes als Ausweichhandlungen zu prämieren. Unternehmerische Energien, die wahrlich nicht im Übermaß vorhanden sind, werden jedoch zweckentfremdet, wenn sie sich etwa auf die Steuerumgehung oder den Kampf mit dem „Behördenrisiko“ (Giersch) konzentrieren. Die gesamtwirtschaftliche Allokation nimmt Schaden.

Schließlich bedeutet Wettbewerb im Wirtschaftsleben nicht die wohlige Ruhe eines immer Gleichen, sondern ständigen Wandel. Herstellungsverfahren und Produktionsstrukturen, die heute noch die Spitze des Fortschrittes innehaben, können morgen schon wirtschaftlich veralten. Das erfordert Anpassungsfähigkeit und Mobilität auch des Produktionsfaktors Arbeit. Ohne sie kann der faktoranbietende private Haushalt nicht mit den Segnungen rechnen, die ihm die Wettbewerbswirtschaft als Konsumenten verspricht.

3. Es ist richtig, wenn gesagt wird, daß eine marktwirtschaftliche Organisation vom **Eigeninteresse** der einzelnen Wirtschaftseinheiten ausgeht. Dafür sprechen schon anthropologische Fakten: der (erwachsene) Einzelne vermag in Faktorangebot und Güternachfrage seine elementaren Bedürfnisse immer noch am besten zu beurteilen, und ein „heroisches Ethos“, das Leistungen ohne Gegenleistungen erbringen oder erwarten läßt, müßte im tagtäglichen Wirtschaftsverkehr bald erlahmen. In der Tat wird in der Marktwirtschaft nicht verlangt, daß der Produzent den Abnehmer „glücklich machen“ will, der Arbeitgeber den Beschäftigten „liebt“ oder der Händler den Konsumenten „selbstlos“ bedient. Es genügt, wenn die Beteiligten zu erkennen geben, was ihnen die jeweilige Leistung wert ist, und sich im übrigen an die Spielregeln des Marktes halten. In der Welt des Tauschbaren, mit der Wirtschaft sich allein befaßt, wäre die Voraussetzung eines „heroischen“ Ethos sogar abträglich; denn mit ihm sind notwendig personenorientierte Gefühle und selektierende Leidenschaften verbunden, die just dort Ungleichheiten und Konflikte buchstäblich fabrizieren würden, wo es für die Funktionsfähigkeit, nämlich das Zustandekommen von Transaktionen, auf Gleichberechtigung, personale Unabhängigkeit und den nüchternen, sachbezogenen Kompromiß ankommt (Non-Tuismus). Vor diesem Hintergrund wird verständlich, wieso die Frage: „what does the economist economize?“, mit der „Nächstenliebe“ beantwortet wird: sie ist so knapp und wertvoll, daß die gesellschaftliche Organisation gut daran tut, mit ihr äußerst sparsam umzugehen und sie tunlichst dem personenbezogenen Privatbereich zu reservieren.

Das heißt nun nicht, daß die Welt des Tausches überhaupt der ethischen Basis entbehrte. Es ist das **Ethos der Gegenseitigkeit**, der Reziprozität im Verhalten („do ut des“), zu dem die Marktwirtschaft die Beteiligten in gleicher Weise anhält, wie es andererseits das Funktionieren der Wirtschaftsordnung stützt.[6] „Abweichendes" Verhalten zahlt sich zumindest längerfristig nicht aus. Der Versuch zum Beispiel, den Tauschpartner übers Ohr zu hauen, müßte mit Gegenreaktionen, etwa in der Form der „Abwanderung", rechnen. Und es ist kein Nachteil, wenn sich das Ethos der Gegenseitigkeit im wirtschaftlichen Verkehr so zu habitualisieren pflegt, daß es in der Normalsituation des tagtäglichen Kaufes und Verkaufes die Bewußseinsschwelle nicht überschreitet. Im Gegenteil muß die Entlastung des individuellen Seelenhaushaltes, der nicht unbegrenzt dem Entscheidungsdruck offensteht, als gewichtiger Pluspunkt der Marktwirtschaftsordnung gebucht werden.

Wenn das marktwirtschaftliche Arrangement, die Verfolgung des Eigeninteresses der gesamtwirtschaftlichen Wohlstandssteigerung dienstbar zu machen, erfahrungsgemäß manchen Beobachtern Schwierigigkeiten bereitet, so mag der Systemvergleich mit dem demokratisch-politischen Prozeß hilfreich sein. So wie im Wirtschaftsprozeß das Angebot qualitativ hochstehender und preisgünstiger Güter als „Nebenprodukt" unternehmerischen Gewinnstrebens abfällt, ist die Gesetzgebung in der Demokratie lediglich „Material" im Konkurrenzkampf der Parteien, bei dem es seinerseits um den Erhalt der Regierungsgewalt geht. Daß dabei auch sachlich gute Gesetze herauskommen, ist allerdings auf der Enge der politischen Bühne mit ihrem schon zeitlich begrenzten feed-back (Legislaturperioden) weniger sicher als im Marktsystem, das mit seinen Millionen ständiger Teilnehmer und seinen dichten Interdependenzen ganz andere massenstatistische Wahrscheinlichkeiten aufweist.

Im übrigen mag die Qualifizierung der Kategorie „Eigeninteresse" Mißverständnisse ausräumen. Die Ordnungstheorie stellt allein auf den individuellen Handlungs**zweck**, nämlich für sich das Beste aus den jeweiligen Marktdaten herauszuholen, und auf das objektive Faktum ab, daß die Entscheidung unabhängig vom Kommando Dritter erfolgt. Davon zu unterscheiden ist das **Motiv** des wirtschaftlichen Handelns, das subjektiv unterschiedlich, zum Beispiel auch altruistisch, orientiert sein kann. So wird ein Caritasdirektor, der den Armen helfen will, bei den einschlägigen Güterkäufen rationellerweise sich ebenso für das preisgünstigste Angebot entscheiden, wie er andererseits die von ihm betriebenen Sozialstationen, um Verschwendungen zu vermeiden, nach dem „wirtschaftlichen Prinzip" organisieren wird, und das zumal, wenn er auch noch in Konkurrenz mit anderen Anbietern steht.

4. Die Freiheiten, die die Marktwirtschaftsordnung voraussetzt, sind nicht lediglich Mittel zum Zweck der Produktivitäts- und Wohlstandssteigerung. Sie haben einen moralischen Eigenwert, und das nicht nur individual-, sondern auch sozialethisch betrachtet. Das Signum einer freiheitlichen Wirtschaftsordnung ist **Offenheit**. Mit dieser Eigenschaft wird sie zu einem selbsttätigen Mechanismus der **Lösung von Konflikten**, wie sie in jedem gesellschaftlichen Zusammenleben an der Tagesordnung sind:

a) Wo eine Mehrzahl von Anbietern in Konkurrenz steht, wird der Abnehmer unabhängig vom einzelnen Produzenten oder Faktoranbieter. Durch freie Ab- und Zuwanderung vermindert sich im Marktsystem das Konfliktpotential.

---

[6] *Fr. Nietzsche:* „Der Charakter des Tausches ist der anfängliche Charakter der Gerechtigkeit" (Werke, Bd. 3, (Hrsg. K. Schlechta), München, Wien 1980, S. 501).

b) Der freie Tausch überbrückt Gegensätze. Natürlich strebt der Anbieter einen möglichst hohen Preis an, während die Interessen des Abnehmers in der entgegengesetzten Richtung verlaufen. Aber gerade die Anonymität des Marktes nimmt dem Ausgleich, der auf ihm schließlich zustande kommt, den psychischen Stachel, und das auch darum, weil das Marktergebnis heute stets die Chance offen läßt, morgen unter veränderten Daten, etwa mit verbesserter Information, günstiger abzuschneiden. Würden demgegenüber die vielerlei Konflikte des täglichen Wirtschaftslebens auf die politische Bühne transportiert, wäre jedenfalls die demokratische Regierungsform bald gesprengt.

c) Die Offenheit der Wettbewerbswirtschaft bietet dem offenbar unausrottbaren gesellschaftlichen Reservoir an Regungen des Neides, der Habgier und der Besserwisserei ein reibungsverminderndes Ventil: jedermann hat die Chance zu dem Versuch, gleichzuziehen, zu überholen oder es seinerseits besser zu machen, ohne daß dafür anderen in den Arm gefallen werden müßte. Die Marktwirtschaft steht einer Vielfalt von Talenten, individuellen Zielvorstellungen und Lebensstilen offen. In ihr läßt sich auch asketisch leben und jede Art privater Caritas üben.

5. Freilich bleibt die Einkommensdifferenzierung in der Primärverteilung ein unverzichtbares Ferment des systemadäquaten Funktionierens einer Marktwirtschaft (§ 7). Daß die Differenzierung nach der Leistung erfolgt, kommt gewiß der allgemeinen Gerechtigkeitsvorstellung entgegen. Indes, was als Leistung gilt, darüber bestimmt nicht die individuelle Anstrengung oder die subjektive Wertschätzung des Anbieters, sondern allein das Urteil des Marktes, also die Masse der Abnehmer.

Fragen wir, was die Marktwirtschaftsordnung von sich aus („spontan“) zur Lösung des „Verteilungsproblems“ leisten kann, so ist einmal, statisch gesehen, der Umstand zu nennen, daß, je besser der Wettbewerb funktioniert, Nicht-Leistungseinkommen in Form von **Monopolrenten** verhindert werden oder jedenfalls keinen Bestand haben.

Dynamisch gesehen, ist es die allgemeine Hebung des **Wohlstandsniveaus**, die an nachhaltigem Sozialeffekt alle staatliche Umverteilungsaktivität in den Schatten stellt. Sie erfolgt systemimmanent: mit der zunehmenden Kapitalintensität steigt die Produktivität der Arbeit und gemäß ihrem erhöhten Wertgrenzprodukt die Entlohnung; in dem Maße, in dem im Vergleich zum wachsenden Kapitalangebot der Arbeitsfaktor knapper wird, sich also die relative Seltenheit zugunsten des Letzteren verschiebt, erhöht sich tendenziell auch die Lohnquote (funktionelle Verteilung), wobei natürlich auch die um sich greifende Familienplanung ihre Rolle spielt, die aber ihrerseits wiederum eine Folge von Wohlstandssteigerung und technisch-medizinischem Fortschritt darstellt.

Nicht zuletzt ist bedeutsam, daß der freie Markt keine Schichtenbarrieren kennt, die nach ständischen Regeln das beschränken, was „man sich leisten“ darf (zum Beispiel „Kleiderordnungen“ mit Schmuckverbot im Feudalismus). In der Marktwirtschaft wird der Konsum **„demokratisiert“** bis hin zu den Urlaubsreisen, die früher ein besonderes Zeichen von Privilegierung und „sozialer Distanz“ waren. Und wiederum handelt es sich um eine systemimmanente Folge: schon aus Gründen des Skalenertragseffektes werden die Abstände im Übergang von der Luxus- zur Massenproduktion immer kürzer.

Das alles läßt jedoch Faktum und Erfordernis der personellen Einkommensdifferenzierung in der Marktwirtschaft unberührt. Sie würde sich bald von selbst auch dann wieder einstellen, wenn man für die Ausgangssituation den utopischen Fall einer Gleichverteilung unterstellte. Denn die (gefragten) Talente sind nun einmal verschieden verteilt; die eine Wirtschaftseinheit strengt sich mehr an als die andere; und nicht jedermann hat den Willen, sich unternehmerisch zu betätigen. Indes, so ließe sich fragen, was sollte es schon für das eigene Wohlbefinden ausmachen, daß, wenn es einem selbst gutgeht, andere noch mehr und gar (vor Steuern) erheblich mehr verdienen? Jedenfalls, vor die Wahl zwischen einer gleichmäßigeren Primärverteilung, aber dafür einem faktisch niedrigeren allgemeinen Lebensstandard und der gegenteiligen Kombinationen gestellt, dürfte die Prognose nicht schwerfallen, für welche Alternative sich die Masse der Bürger entscheiden würde.

Gleichwohl mag im Einzelfall die Einkommensdifferenzierung nach der Marktleistung (wenn auch nicht ungerecht, so doch) hart erscheinen: der (bislang) invariable Faktor der Vererbung wirkt sich determinierend aus; Glück, Moden und windfall-profits spielen ihre Rolle; und im Wege des rekurrenten Anschlusses hat derjenige günstigere Einkommenschancen, der jeweils schon mit einer besseren Ausstattung startet. Inwieweit und mit welchem Erfolg hier der Staat intervenieren kann, bleibt im Teil 7 über „Verteilungspolitik" zu untersuchen. Im Vordergrund steht die Eingriffsebene der **sekundären Einkommensverteilung**. Aber auch dabei gilt es mit Rücksicht auf die Ordnungskonformität darauf zu achten, daß die Maßnahmen nach Umfang und Technik nicht die Anreizfunktion der Marktwirtschaftsordnung schädigen und zu einer dysfunktionalen Moral führen (§ 7).

6. In der Bundesrepublik verfügt man über den für die Wirtschaftstheorie seltenen Fall einer geradezu experimentellen Erfahrung, wie eine ordnungspolitische Zäsur die individuelle und öffentliche Moral berührt. Vor 1949 gab es eine Art „Lenkungswirtschaft", die mit Preisstopps, Abgabesolls, Konsumrationierung, konfiskatorischen Steuersätzen und massiven Devisenkontrollen arbeitete; die einschlägigen Strafvorschriften waren drastisch. Und es fehlte nicht die publizistische Begleitmusik, die zum „politischen" Mittun, zu Opfern und zur Verantwortung gegenüber der Gesamtheit aufrief. Wer solches aus der Ferne verfolgte, mochte den Eindruck haben, daß hier die Sittlichkeit dabei war, eine Schlacht zu gewinnen, und sich eine ausnehmende Solidarität Bahn brechen könnte.

Aber der Schein trog. Nie hat es – und das will für deutsche Verhältnisse etwas heißen – so viel Korruption, mehr Steuerhinterziehungen, zahlreichere ungeahndete Gesetzesverstöße, mehr Übervorteilungen auf schwarzen bzw. grauen Märkten und mehr unproduktive Profitmacherei gegeben. Wechselseitige moralische Vorwürfe ganzer Berufsstände waren an der Tagesordnung: einmal ging es gegen die Bauern, die die Knappheitssituation ausnutzten, dann gegen die Produzenten und Händler, die Waren zurückhielten oder nur an Bevorzugte abgaben, und schließlich gegen die Arbeiter, die bei den entwerteten Geldlöhnen verständlicherweise nicht das Beste gaben und vielfach auf Schwarzarbeit gegen Naturalentgelt auswichen.

Staatlicher Zwang vermochte da wenig auszurichten. Im Gegenteil, je zahlreicher die gesetzlichen Ver- und Gebote wurden, die die immer neuen Lücken in der Verhaltenssteuerung auszufüllen trachteten, desto weniger war das eigentlich Gewollte erzwingbar, desto eher wurde die Strafandrohung schartig. „Die einen wurden – um der schieren Selbsterhaltung willen – zum Rechtsbruch gezwungen, die anderen ließen sich zwingen, die nächsten schlossen sich freiwillig an, und je größer das Chaos wurde, desto größer wurde auch die Zahl derjenigen, die gute Gründe für sich in Anspruch nehmen oder mindestens vorschützen konnten" (Miksch). Mit anderen Worten: das Niveau der Grenzmoral (Schoellgen) sank. Wer sich treu an die angestammten Normen der Anständigkeit hielt, war der Dumme. Und es konnte keine Rede davon sein, daß das Lenkungssystem über den Gewöhnungseffekt Aussicht gehabt hätte, sich mit der Zeit von selbst in einem Gleichgewicht zu stabilisieren.

Mit der Währungsreform und dem Übergang zur Marktwirtschaftsordnung ging es nicht nur fast schlagartig mit der Sozialproduktsentwicklung bergauf. Es endete ebenfalls die Strapazierung der individuellen Moral zur Ausbügelung wirtschaftlicher Lenkungsmängel. Man kann auch sagen, daß sich „die Moral der Truppe" zum Besseren wendete.

Das heißt natürlich nicht, daß es in den entwickelten Marktwirtschaften keine **Wirtschaftskriminalität** gäbe. Aber es ist aufschlußreich, daß es hier die großen „Posten" heute bevorzugt mit einer Staatsintervention zu tun haben, deren Prämien hoch genug sind, um eine Ausnutzung durch Gesetzesdehnung oder schlicht contra legem zu riskieren. Neben der obligaten Manipulation der Abgabenlast bei extremen Steuersätzen ist der „Grenzausgleich" in den Brüsseler „Agrarmarktordnungen" (Export-Reimport-Manipulationen) ein sprechendes Beispiel.

Kapitel 3: Analytischer Dreischritt: Ziel-Lage-Maßnahme

§ 11 Logik der wirtschaftspolitischen Situation

1. Wenn es Aufgabe der Theorie ist, das wirtschaftspolitische Verhalten des Staates zu erklären und aufzuklären, bleibt zu fragen, wie sie dabei **methodisch** vorgehen soll. Der Sachlogik der wirtschaftspolitischen Situation entspricht die Unterscheidung nach Ziel, Lage und Maßnahme. Ob es sich nun um ordnungs-, stabilitäts- oder verteilungspolitische Aufgaben handelt, stets ist die wissenschaftliche Disziplin gehalten, dem Dreischritt aus Zielinterpretation, Lageanalyse und Maßnahmenprogrammierung zu folgen.

Dabei wird mit der Kategorie **„Ziel“** ein für die Zukunft angestrebter gesellschaftlicher Zustand bezeichnet, der mit dem vergleichbaren Ausschnitt der Ausgangssituation kontrastiert und sich nicht automatisch im Zeitverlauf oder nicht in der gewünschten Frist prozessual von selbst einstellt. In gleicher Weise kann es sich bei der Zielsetzung um einen gegebenen Zustand handeln, der durch alle Dynamik des Wirtschaftsprozesses aufrechterhalten werden soll.

Mit der Deklaration des Zieles ist es jedoch nicht getan. Es müssen **Informationen über die Lage** hinzukommen, namentlich darüber, aus welchen Gründen die Ausgangssituation vom erstrebten Zustand abweicht. Denn sonst stochert die Maßnahmenprogrammierung, gerade was die probaten Ansatzpunkte der politischen Intervention betrifft, im Nebel.

Der dritte Schritt des theoretischen Vorgehens besteht dann in der **systematischen Prüfung der denkbaren Möglichkeiten**, eine gegebene Ausgangslage auf das angestrebte Ziel hin zu verändern. Es gilt herauszufinden, welches Mittel oder welche Mittelkombination aus dem wirtschaftspolitischen Instrumentenkasten zur Zielrealisierung geeignet ist. Die systematische Möglichkeitsanalyse stellt das Kernstück der wirtschaftspolitischen Disziplin dar. Richtmaß ist, unter den denkbaren Alternativen die Maßnahme mit dem relativ höchsten Erfolgsgrad in der Zielrealisierung zu ermitteln.

Mit diesem Vorgehen wird die Theorie jedoch nicht einfach zum Abbild der Realität. Im Gegenteil, im tatsächlichen wirtschaftspolitischen Prozeß werden die Ziele oft vage oder gar in der Form von „Leerformeln“ verkündet, und zuweilen gilt den Politikern schon der Weg als das Ziel. Analysen der Ausgangslage werden leicht verdrängt, zumal wenn sie als unangenehmes Ergebnis zutage fördern, daß die Zielabweichung just durch voraufgegangene politische Interventionen erst produziert wurde. Und an sich erfolgsträchtige Maßnahmearten kommen schon darum nicht zum Zuge, weil sie ungewohnt sind oder als „politisch unmöglich“ erscheinen. Hier überall kann die wissenschaftliche Analyse, auch mit Hilfe des internationalen Vergleiches, Akteure und Publikum durch Erklärung aufklären (§ 19), gegebenenfalls mit dem Ergebnis, daß bei gegebener Lage die Verfolgung eines anderen als des deklarierten Zieles vordringlich oder im Kreis der zu programmierenden Maßnahmen gerade die Anwendung eines zunächst ausgeschlossenen Mittels angezeigt ist.

2. Dazu muß freilich mit der **Verhaltensannahme** gearbeitet werden, daß die staatliche Instanz **rational** handelt. Das heißt **auf dieser Ebene der Analyse**: a) der Wirtschaftsminister als Figur der Theorie respektiert die ordnungspolitische

Grundentscheidung, in unserem Fall: zugunsten der Marktwirtschaftsordnung; b) Motiv und Zweck seines Handelns fallen zusammen, das Verhalten ist also allein an wirtschaftlichen Sachzusammenhängen orientiert; c) der Wirtschaftsminister ist über diese Zusammenhänge voll informiert und bewertet die Mittel im gegebenen Aktionszusammenhang ausschließlich nach ihrer Zielkonformität („Zweckrationalität" im Sinne Max Webers); d) Aspekte der politischen Durchsetzbarkeit und deren „Kosten" bleiben unberücksichtigt.

Wenn die Verhaltensannahme, wie in jeder Theoriebildung, auch abstrakt ist – wie anders sollte, im Unterschied zur historischen Beschreibung, ein allgemeines analytisches Instrumentarium zu gewinnen sein, das sich in erklärender Absicht auf den Einzelfall anwenden läßt? –, so entbehrt sie doch nicht des empirischen Gehaltes. Denn der institutionelle Rahmen industrieller Gesellschaften, in dem der Wirtschaftsminister handelt, drängt zur Rationalität, und gerade im Hinblick auf die Information über Sachzusammenhänge befindet sich der Wirtschaftsminister in einer relativ günstigen Situation, da er hier nicht in gleicher Weise wie der einzelne Betrieb oder Haushalt durch Kosten-Ertrags-Rücksichten gebunden ist und Auskünfte legal auch erzwingen kann.

3. Natürlich weiß der Theoretiker, daß das tatsächliche Verhalten des Wirtschaftsministers nicht allein an wirtschaftlichen Sachzusammenhängen orientiert ist: es unterliegt den **Gesetzmäßigkeiten des demokratischen Prozesses**, in dem der Politiker seine Position erhält und verteidigen muß, wenn er überhaupt in der Lage sein will zu handeln.

So können beim politischen Akteur Verhaltensmotiv und Sachzweck der Maßnahme auseinanderfallen. Auch entscheidet der Wirtschaftsminister nicht allein und in einem Zuge; in der Regel haben noch andere „Träger der Wirtschaftspolitik" (§ 143ff.) mitzureden, und die endgültige Entscheidung fällt in einem politischen Phasenablauf (§ 146ff), nach dem das ursprüngliche Maßnahmenkonzept zuweilen nurmehr schwer wiederzuerkennen ist. Nicht zuletzt gibt es die wie Diplomaten am Regierungssitz akkreditierten Vertreter von Interessenverbänden, die ihren eigentlichen Daseinszweck darin sehen, gewünschte Staatsinterventionen zu befördern und ihnen unliebsame zu verhindern (§ 145).

Die Theorie hat keinen Anlaß, vor solchen Einflußfaktoren in der wirtschaftspolitischen Situation die Augen zu verschließen. Sie wird sie in einem **zweiten analytischen Durchgang** in die Untersuchung der praktischen Wirtschaftspolitik einbeziehen und dabei politologisch arbeiten, was interessanterweise jedoch nicht ausschließt, daß Denkinstrumente zur Anwendung kommen, die in der Wirtschaftswissenschaft erfunden wurden. Ziel ist es zu erklären, warum das, was politisch tatsächlich geschieht, vom sachlich optimalen Programm abweichen kann. Und wiederum bedeutet Erklärung gleichzeitig Aufklärung des Publikums, gegebenenfalls mit der Folge, daß offensichtlich wird, was an den **politischen** Verfahrensweisen zu ändern wäre, um eine sachlich bessere Wirtschaftspolitik zu erhalten (§ 151).

Gleichwohl liegt der Schwerpunkt der analytischen Arbeit bei der Ermittlung des Optimalprogramms. Denn nur mit ihm als Referenzsystem läßt sich ableiten, worin schließlich die „Kosten" des politischen Entscheidungsprozesses bestehen.

Zu erklären sind immerhin **wirtschafts**politische Akte. Daraus ergibt sich, etwa im Vergleich zu außenpolitischen Entscheidungen, eine Erleichterung der Aufgabe. Denn einmal darf man vermuten, daß in der Figur des Wirtschaftsministers die Qualität des Politikers enger als sonstwo an die des Fachmannes gebunden ist. Zum anderen steht hier, im Unterschied zur Außenpolitik, die Mehrzahl der relevanten Aktionsparameter unter binnenländischer Kontrolle. Und schließlich bietet sich den wählenden und einflußnehmenden Gesellschaftsmitgliedern in diesem Bereich eine günstigere Chance der Erfolgswürdigung: sie sind schon darum besser informiert, weil sie die Wirkungen wirtschaftspolitischer Maßnahmen vergleichsweise schnell und deutlich zu spüren bekommen.

§ 12 Zielherleitung

1. Welche Ziele soll die theoretische Wirtschaftspolitik dem Untersuchungsgegenstand zugrundelegen? Als **Erfahrungswissenschaft** wird sie jene Zielsetzungen aufgreifen, die in der wirtschaftspolitischen Realität dominieren. Wie der historische und internationale Vergleich zeigt, ist es alles andere als zufällig, welche Ziele in einer gegebenen Situation tatsächlich verfolgt werden. Aus dem weiten Kreis der denkbaren Zwecke, die sich Menschen in der Gesellschaft setzen können, ist immer nur ein bestimmtes Sortiment in einem anspruchsvollen Sinne „aktuell“, und die Frage, wovon dessen Zusammensetzung abhängt, verweist die Analyse auf die jeweilige Entwicklungsphase der Gesellschaftswirtschaft, für die in gleicher Weise die Realfaktoren wie die Bewußtseinslage von Bedeutung sind. Der erste Schritt einer erklärenden Theorie besteht mithin darin, aus der gesellschaftlichen Wirklichkeit die dominierenden Interessen abzuleiten, mit denen sich der Wirtschaftsminister, ob sie ihm nun gelegen sind oder nicht, auseinanderzusetzen hat.

2. Die empirische Herleitung selbst kann durch Befragung der Bevölkerung, durch Auswertung von Regierungserklärungen und von Gesetzesbegründungen, von Parteiprogrammen und parlamentarischen Diskussionen und nicht zuletzt durch Rückschluß von dem geschehen, was die Politiker tatsächlich tun. Im Ergebnis stellt sich heraus, daß es stets ein beschränkter Kanon von Hauptzielen ist, auf den sich das Vielerlei der Absichtserklärungen zurückführen läßt.

3. Indessen bleibt es dem Theoretiker unbenommen, auch auf eigene Faust, nämlich bekenntnismäßig oder rein experimentell, Ziele einzuführen und über die Maßnahmenprogrammierung ihre Auswirkungen aufzuzeigen, soweit nur die Ausgangsprämisse entsprechend offengelegt wird. Der Informationsgehalt einer solchen Operation kann erheblich sein. Freilich hat sie unmittelbar wenig erklärenden Wert für das, was in der Realität tatsächlich vorgeht.

§ 13 Zielinterpretation

1. Ein aus der politischen Wirklichkeit abgeleitetes Ziel (und die Dringlichkeitsskala – „Rangordnung“ – gleichzeitig verfolgter Ziele) bedarf in der theoretischen Wirtschaftspolitik nicht der Begründung, wohl aber der Interpretation. Sein Rohzustand muß aufbereitet werden, damit das Ziel für die analytischen Zwecke operational wird. Erst die Artikulierung auf eine Ausgangslage macht einen Wert oder ein Interesse zu einem für die Maßnahmenprogrammierung brauchbaren Ziel. Offenbar genügen Formulierungen wie „Gerechte Einkommensverteilung“ oder „Der Mensch hat im Mittelpunkt der Wirtschaft zu stehen“ dieser Anforderung nicht. Sie bieten kein formalisierbares Kriterium, an dem

sich die Realisierung eines gewünschten gesellschaftlichen Tatbestandes ablesen ließe.

2. Nun pflegt die Interpretation eines fixierten Einzelzieles zu ergeben, daß der Tatbestand aus unterschiedlichen Gründen angestrebt werden, also mehreren **vorgelagerten Zwecken** dienen kann. Unter dem Aspekt eines philosophischen Systems, dem der Regreß auf einen verbindlichen obersten Wert am Herzen liegt, mag das eine Verlegenheit bedeuten, nicht aber für die erklärende Theorie. Da es ihr nicht um die philosophische Konsistenz eines gesellschaftlichen Leitbildes, sondern um ein analytisches Instrument geht, das im abgesteckten Rahmen bei wechselnden politischen Konstellationen anwendbar ist, verwandelt sich die „Heterogonie der Zwecke“ *(Wundt)* im Gegenteil in einen Vorteil: Für eine allgemeine Theorie sind gerade die Ziele interessant, die in mehreren politischen Zweckreihen eine notwendige Durchgangsstufe bilden. Darum gilt es, den angestrebten Tatbestand jeweils so zu fassen, daß das Ziel bei gegebener Ausgangslage nach Allgemeinheitsgrad und Konstanz für die theoretische Arbeit zweckmäßig erscheint. Im gleichen Zuge vermindert sich als Nebenerfolg auch die Zahl der theoretisch aufzugreifenden Zwecke. In diesem Sinne sprechen wir von „dominierenden“ politischen Interessen.

3. Aber man muß noch einen Schritt weitergehen. Regelmäßig werden mehrere, nicht aufeinander reduzierbare Ziele gleichzeitig angestrebt. Das führt zur Frage der **Zielbeziehungen**. Formal gesehen, können Ziel A und Ziel B im Verhältnis der **Harmonie** (gegenseitige Begünstigung), der **Neutralität** oder der **Antinomie** stehen. Der analytisch kritische Fall ist der Letztere, in dem sich das eine Ziel nur auf Kosten des anderen verwirklichen läßt. In dieser Situation hat ein rationales wirtschaftspolitisches Vorgehen zur Voraussetzung, daß die Ziele verschiedene Grade der Realisierung erlauben und damit für die Maßnahmenprogrammierung vergleichbar werden. Ein Mittel oder eine Mittelkombination mag zur Verwirklichung eines Einzelzieles ideal sein; ob es sich im gegebenen Zeitpunkt oder im Zeitablauf auch um ein Optimalprogramm für die Wirtschaftspolitik als Gesamtveranstaltung handelt, entscheidet erst die Abwägung der (negativen und positiven) Nebenwirkungen auf die Realisierung der übrigen Zwecke. **Die Verträglichkeit von Zielen läßt sich wissenschaftlich immer nur über die Abschätzung der Maßnahmenwirkungen feststellen**. Daraus ergibt sich die Notwendigkeit, die fixierten dominierenden Interessen für die wirtschaftspolitische Analyse so zu fassen, daß ihre Verwirklichung nach Graden abzustufen, man kann auch sagen: quantifizierbar ist, wenn darunter die Möglichkeit von Aussagen über Größenunterschiede (mehr oder weniger), nicht aber notwendig die einer exakten Messung (wieviel mehr und weniger) verstanden wird.[1]

4. Mit dem Aufbereitungsverfahren gewinnt die theoretische Wirtschaftspolitik eine hinreichende **Elastizität**. Im gesellschaftlichen Entwicklungsprozeß neuaufkommende Ziele oder, was methodisch das Gleiche bedeutet: Veränderungen in

[1] Wenn *G. Weisser* (Distribution (II) Politik, in: Handwörterbuch der Sozialwissenschaften, Bd. 2 (1959), S. 638) begründet: „quantifizierte Angaben kommen bei Wertungen und Postulaten nur als Hilfsgrößen in Betracht, da am Erstrebten stets nicht quantifizierbare Anliegen geistiger Art beteiligt sein können“, so liegt eine Vermischung von zwei Aspekten vor. Der Grund, warum ein Ziel angestrebt wird (Interesse aus...), mag sich der Quantifizierung entziehen, aber der Inhalt des Erstrebten (Interesse an...) muß sich fixieren und auf angebbare Weise messen lassen, soll überhaupt eine Möglichkeit der Erfolgswürdigung wirtschaftspolitischer Maßnahmen bestehen.

der Dringlichkeitsskala gleichzeitig verfolgter Interessen lassen sich, soweit sie nur den operationalen Grundanforderungen zugänglich sind, einbauen, ohne daß das System gesprengt würde. Was sich jeweils verschiebt, ist das Optimalprogramm der Mittel.

Aber es wird auch eine Begrenzung deutlich. Holistische Ziele, die die Gesellschaftswirtschaft als Ganzes und auf einen Schlag umstülpen wollen, liegen außerhalb des theroretischen Rahmens. Das liegt daran, daß ein Totalziel, daß alle Bedingungen ändert, der rationalen Kontrolle des Mitteleinsatzes den Boden entzieht und den Handelnden bei auftretenden Widerständen Dinge zu tun zwingt, die nicht beabsichtigt waren. Es sind also methodologische Gründe, nicht etwa Werturteile, die revolutionäre Akte für die wissenschaftliche Wirtschaftspolitik obsolet machen.

§ 14 Zielsystem

1. Systematisch gesehen, wird ein Zielkanon eine ordnungspolitische, eine prozeßpolitische und eine strukturpolitische Abteilung aufweisen. (§ 5) Zentrales **Ordnungsziel** unter marktwirtschaftlichen Verhältnissen ist ein hoher Grad des Anbieterwettbewerbs. Die **Strukturziele** können sektoraler (Problem Landwirtschaft) und regionaler Art (Problem Grenzgebiete) sein oder auch die Zusammensetzung der Betriebsgrößen betreffen (Mittelstandsproblem). Die **Prozeßziele** endlich lassen sich danach gliedern, ob sie sich auf die Größe des Sozialproduktes („Stabilität" und „Wachstum") oder seine Verteilung beziehen. Im realen Wirtschaftsprozeß stehen Wachstum und Verteilung des Sozialproduktes natürlich nicht im Verhältnis voneinander unabhängiger Variablen.

2. Das seit dem 8.6.1967 in der Bundesrepublik geltende „Gesetz zur Förderung der Stabilität und des Wachstums der Wirtschaft" (Stabilitätsgesetz) verpflichtet in seinem § 1 Bund und Länder, „bei ihren wirtschafts- und finanzpolitischen Maßnahmen die Erfordernisse des gesamtwirtschaftlichen Gleichgewichtes zu beachten. Die Maßnahmen sind so zu treffen, daß sie im Rahmen der marktwirtschaftlichen Ordnung gleichzeitig zur Stabilität des Preisniveaus, zu einem hohen Beschäftigungsstand und außenwirtschaftlichem Gleichgewicht bei stetigem und angemessenem Wirtschaftswachstum beitragen." Und nach § 16 sollen auch die Gemeinden und Gemeindeverbände „ bei ihrer Haushaltswirtschaft den Zielen des § 1 Rechnung tragen".

a) Diese Gesetzesbestimmungen beziehen sich offensichtlich auf die Prozeßziele in der Abteilung „Größe des Sozialproduktes"; Verteilungs-[2] und Strukturziele sind ausgeklammert, während der Berücksichtigung der ordnungspolitischen Grundentscheidung das gebührende Gewicht zugemessen wird („im Rahmen der marktwirtschaftlichen Ordnung").

b) Es handelt sich nicht einfach um Absichtserklärungen, sondern um geltendes Recht, das den Staat bindet. Wenn als Adressaten ausdrücklich auch nur die Gebietskörperschaften im föderalen Staat, diese allerdings umfassend, genannt wer-

[2] Lediglich im gesetzlichen Auftrag des „Sachverständigenrates zur Begutachtung der gesamtwirtschaftlichen Entwicklung" (Gesetz v. 14.8.1963, §2) sind „Untersuchungen über die Bildung und Verteilung von Einkommen und Vermögen" einbezogen.

den, so ist doch anzunehmen, daß ebenso andere staatliche Instanzen, wie etwa die Bundesbank oder die Bundesanstalt für Arbeit, einbezogen sind.

c) Als Substrat des Staatsverhaltens, das an den Stabilitäts- und Wachstumszielen gebunden ist, werden „finanz- und wirtschaftspolitische Maßnahmen" bzw. bei den Kommunen die „Haushaltswirtschaft" angesprochen. Andere einschlägige staatliche Aktivitäten, wie etwa der gewichtige Komplex sozialpolitischer Maßnahmen, fehlen.

d) Die Formulierungen bezüglich der Bindungsintensität, wie etwa „Erfordernisse beachten", „beitragen" oder „Rechnung tragen", können theoretisch vage erscheinen; in der Gesetzgebungspraxis ist solches jedoch das Übliche. Für die analytischen Zwecke können die Bindungsbestimmungen als affirmativ gelten.

e) Was das „ablaufspolitische Grundgesetz", wie das Stabilitätsgesetz auch apostrophiert wird, inhaltlich auszeichnet, ist, daß es nicht bei dilatorischen Formelkompromissen stehen bleibt, sondern Schritte ins Detail unternimmt. Freilich wollen die aufgeführten Einzelziele **nach ihrem prozeßanalytischen Zusammenhang** in eine systematische Ordnung gebracht werden.[3] (Übersicht 2)

Übersicht 2

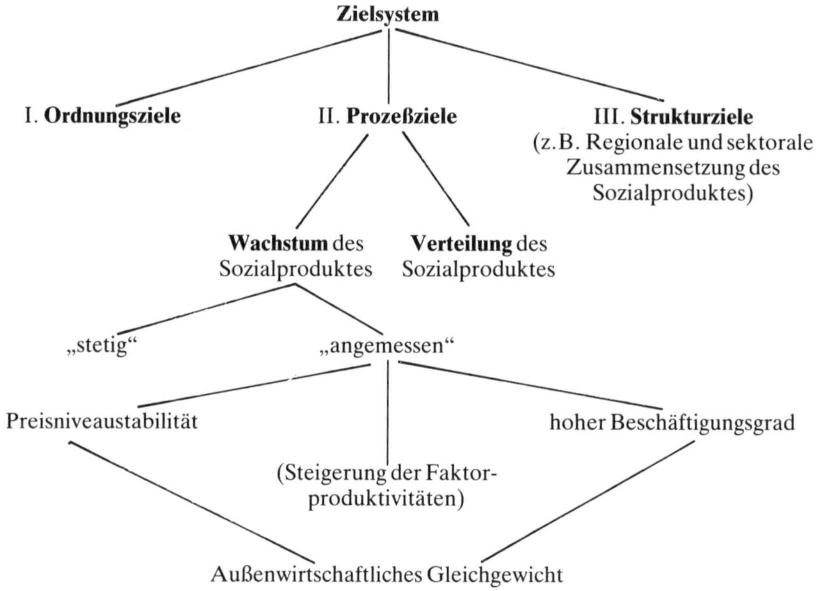

[3] Dabei kann die im Obersatz von §1 des Stabilitätsgesetzes gebrauchte Formel „Erfordernisse des gesamtwirtschaftlichen Gleichgewichtes" vernachlässigt werden. Der Gesetzgeber wollte hier kaum die in den modelltheoretischen Ableitungen der Lehrbücher üblichen Fassungen von „Gleichgewichtsbedingungen" (etwa: $I_{gepl.} = S_{freiw.}$) übernehmen. Vielmehr legt der Textduktus nahe, daß lediglich eine Zusammenfassung dessen gemeint ist, was im folgenden Satz des Paragraphen näher ausgeführt wird.

aa) Obenan steht, daß das Sozialprodukt **wachsen** soll („bei stetigem und angemessenem Wirtschaftswachstum").

bb) Als erste Nebenbedingung („Unterziel") wird **„Stetigkeit"** genannt, wobei offen bleibt, ob hier der absolute Zuwachs oder die Wachstumsrate gemeint ist oder ob es bereits genügt, daß es überhaupt bergauf geht.

cc) Immerhin setzt die zweite Nebenbedingung der **„Angemessenheit"** des Wachstums quantitative Richtpunkte, wenn man diese juristisch so beliebte Formel in ökonomische Kategorien überträgt.

dd) Als Minimum gilt ein **„hoher Beschäftigungsstand"** oder Beschäftigungsgrad, was **nicht** „Vollbeschäftigung" bedeuten muß. Wo die befriedigende Höhe liegt, bleibt ebenso offen wie die Frage, ob hier am Arbeitsfaktor, am Kapitalfaktor oder an beiden zu messen ist.

ee) Als Maximum für die „Angemessenheit" des Wachstums gilt die **„Stabilität des Preisniveaus"**. Wie technisch-statistisch das Preis**niveau** zu fassen ist, wie es um die Zeitdimension des Stabilisierungsauftrages steht (evolutorische Wirtschaft), und daß schließlich Stabilität nicht unbedingt Konstanz heißen muß, darüber läßt sich theoretisch relativ leicht Übereinstimmung erzielen.

ff) Offen läßt das Gesetz jedoch die Frage, was in Fällen zu geschehen hat, in denen die Wachstumsrate zwar mit Preisniveaustabilität vereinbar ist, aber nicht ebenfalls zu einem befriedigend hohen Beschäftigungsgrad führt und umgekehrt. Die im Gesetzestext gebrauchte Formel der **„gleichzeitigen"** Realisierung der beiden „Nebenbedingungen" entscheidet die Frage keineswegs; die Formel kann schlicht auf das Oberziel bezogen werden, nämlich derart, daß Wachstum im gleichen Zuge den aufgeführten Unterzielen entgegenkommt. Jedenfalls ist die kühne Volte, die der **Sachverständigenrat** (Jahresgutachten 1968, Vorwort, Ziff. 4) zu schlagen versucht, indem er „gleichzeitig" mit „gleichrangig" identifiziert, schon logisch unhaltbar. Aber auch prozeßanalytisch spricht alles dagegen, etwa wenn das Opfer an Preisniveaustabilität, mit dem kurzfristig ein höherer Beschäftigungsgrad des Arbeitsfaktors erkauft wird, sich für die Periodenfolge als Strohfeuer herausstellt und am Ende beide Unterziele, vom tatsächlichen Wachstum ganz zu schweigen, Schaden nehmen.

Etwas anderes ist es, aus der Formel der „Gleichzeitigkeit" die **taktische** Schlußfolgerung zu ziehen, daß politisch jeweils jenem Ziel die bevorzugte Aufmerksamkeit zu gelten hat, das in der gegebenen Situation am wenigsten realisiert ist.

gg) Man kann erwägen, als drittes Unterziel der Wachstumspolitik die **„Steigerung der Faktorproduktivitäten"** einzufügen. Sie würde gewiß die Amplitude des Wachstums, die mit Preisniveaustabilität vereinbar ist, vergrößern. Und auch das Beschäftigungsziel könnte gewinnen. Allerdings sind Konstellationen denkbar, in denen eine erhöhte Produktivität des Arbeitsfaktors, zumindest kurzfristig, zu Freisetzungen führt, die je nach der Qualifikation der betroffenen Arbeitsanbieter nicht ohne weiteres durch eine unternehmerische Mehrnachfrage an anderer Stelle zu kompensieren sind.

hh) Das im Gesetz an dritter Stelle genannte Unterziel **„Außenwirtschaftliches Gleichgewicht"** klingt zwar griffig, macht aber schon bezüglich seiner begrifflichen Fassung dem Konsens Schwierigkeiten (etwa: „ausgeglichene Grundbilanz" im Sinne der Zahlungsbilanztheorie; oder: „Außenbeitrag" als Saldo der Leistungsbilanz gleich Null, wobei noch zu entscheiden wäre, ob die Nettoübertragung ans Ausland als Saldo der Schenkungsbilanz einzubeziehen ist; oder gar längerfristige „Stabilität der Wechselkurse“).

Darüberhinaus ist es prozeßanalytisch fraglich, ob dies Unterziel auf der gleichen Ebene wie die Nebenbedingungen „hoher Beschäftigungsgrad“ und „Preisniveaustabilität“ anzusetzen ist. Jedenfalls liefe das auf eine harte Einschränkung des Wachstumszieles hinaus, namentlich in einer traditionell exportabhängigen „kleineren“ Volkswirtschaft. Denn hier kann ein positiver Außenbeitrag (ohne Kompensation durch einen größengleichen **autonomen** Netto-Kapitalexport) ein Motor zur Steigerung von Wachstum und Beschäftigung mit multiplikativen Wirkungen sein, der erst da zu bremsen wäre, wo er der binnenländischen Preisniveaustabilität gefährlich wird, soweit das flexible Wechselkurse nicht von selbst besorgen. Freilich ist einzuräumen, daß ständig wachsende, massive Exportüberschüsse die Gefahr in sich bergen, international politische Gegenmaßnahmen zu provozieren, die den freien Welthandel zu beeinträchtigen tendieren (Protektionismus).

3. Ginge es allein um die wirtschaftlichen Sachzusammenhänge, so käme, was die **Rangordnung** im Zielsystem anbelangt, **im Konfliktfalle** den Ordnungszielen die Priorität vor den Prozeß- und Strukturzielen, und beiden der Vorrang vor dem des Außenwirtschaftlichen Gleichgewichtes zu. Freilich ist Sachpriorität nicht mit der jeweiligen zeitlichen Dringlichkeit im wirtschaftspolitischen Handlungsbedarf zu verwechseln (Punkt 2, Ziff. e, ff).

§ 15 Lageanalyse

1. Nach der Interpretation der Ziele und ihrer jeweiligen Implikationen ist die Lageanalyse der zweite methodische Schritt der wirtschaftspolitischen Analytik. Hier handelt es sich zunächst darum, das allgemein deklarierte Ziel auf eine gegebene Lage hin zu artikulieren, um es für die Maßnahmenprogrammierung operational zu machen; d.h. es muß **Grad oder Intensität der Abweichung** des gegebenen vom erstrebten gesellschaftswirtschaftlichen Zustand ermittelt werden (statistische Messung).

2. Sodann geht es darum, die **Ursachen** festzustellen, die erhellen, warum in der gegebenen Lage das Ziel nicht oder nicht im gewünschten Grade realisiert ist. Für die diagnostische Aufgabe bedient sich die Lageanalyse der Erkenntnisse über die Gesetzmäßigkeiten des Wirtschaftsprozesses, wie sie die allgemeine Wirtschaftstheorie ableitet. Ohne Kenntnis der einspielenden Ursachen als Lagedeterminanten lassen sich weder die gehörigen Ansatzpunkte noch die optimale Maßnahmendosierung für eine rationale Wirtschaftspolitik herausfinden.

3. Nicht zuletzt enthält die Lageanalyse ein **prognostisches** Element. Hier gilt es zu ermitteln, ob und gegebenenfalls in welcher Frist, läßt man den marktwirtschaftlichen Prozeß unbehelligt arbeiten, das Ziel sich auch ohne staatliche Intervention realisieren würde oder ob der sich selbst überlassene Wirtschaftsprozeß im Vergleich zur Ausgangslage immer nur weiter vom angestrebten Ziel wegzuführen tendiert.

Die prognostische Aufgabe erstreckt sich auch auf die Frage, ob und inwieweit für ein Ziel, das in der gegebenen Lage hinreichend realisiert ist, Abweichungen in der Periodenfolge abzusehen sind (vorbeugende Wirtschaftspolitik).

Im Unterschied zur Erklärung einer gegebenen Lage aus den Daten der Vergangenheit, ist eine Vorausschätzung stets mit mehr der weniger großen **Unsicherheiten** behaftet. Keine Prognose kommt ohne Annahmen über die Bedingungen aus, die in der Zukunft einspielen. Es kann keine Allzweckprognose geben. Politiker, die über fehlerhafte Prognosen wettern, haben in der Regel die Datenannahmen übersehen, unter denen die Prognose abgeleitet wurde.

§ 16 Maßnahmenprogrammierung

1. Ist das Ziel aufbereitet und die Ausgangslage geklärt, sind die Grundbedingungen für die Programmierung der Maßnahmen gegeben, die versprechen, die Zielgröße nach Richtung und Stärke erreichen zu lassen. Das ist der zentrale Schritt im wirtschaftspolitischen Entscheidungsprozeß. Basis der einschlägigen Analyse sind die (mehr oder minder) stringenten prozessualen Beziehungen zwischen den als Ziel und den als Mittel charakterisierten Tatbeständen, wie sie aus der allgemeinen ökonomischen Theorie nach dem Ursache-Wirkungs-Muster abzuleiten sind.

2. Da rationales Verhalten der Wirtschaftsminister vorausgesetzt wird (§ 11), gilt es, durch Vergleich zwischen den denkbaren Alternativen die Maßnahme mit dem **höchsten Erfolgsgrad** in der Zielrealisierung zu ermitteln.

Als **Vergleichskriterien**, die systematisch zu prüfen sind, dienen:

a) die Eingriffsart (etwa Datenänderung oder direkte Verhaltensregulierung, Mitteleinsatz mit öffentlichem Ankündigungseffekt oder unter Diskretion);

b) Ansatzpunkt der Intervention (etwa Geld- oder Fiskalsystem);

c) Eingriffsintensität, insbesondere Dosierung der Mittel;

d) Zeitbedarf der Maßnahmewirkung

e) und vor allem die (positiven oder negativen) Nebenwirkungen auf die Verwirklichung anderer, gleichzeitig verfolgter Ziele.

3. Oft wird die optimale Maßnahme in einem **„Programm“** bestehen, das mehrere Mittel in unterschiedlicher Dosierung und in zeitlicher Abstufung einsetzt **(wirtschaftspolitische Strategie)**. Ein solches Programm läßt regelmäßig auch das Erfordernis der ordnungspolitischen Konformität am besten erfüllen.

4. Ob es nun um ein Programm oder ein Einzelmittel geht: auch die Maßnahme mit dem höchsten Grad der Zielrationalität steht immer noch unter dem Vorbehalt, daß sie mit der voraufliegenden Grundentscheidung für einen bestimmten Typ der Wirtschaftsordnung (§ 7) vereinbar ist, also in unserem Fall: mit den Funktionserfordernissen einer Marktwirtschaftsordnung.

Natürlich gibt es Grade der **Ordnungskonformität**. Im Fall einer Sozialisierung von Sätzen an Produktionsmitteleigentum liegen die Dinge eindeutig negativ (§ 9). Beim Beispiel des Zinsparameters ist es, ordnungspolitisch gesehen, sicherlich akzeptabler, für definierte, begrenzte Förderungszwecke den Zinssatz zu subventionieren, als unmittelbar in den allgemeinen Marktzins einzugreifen. Schließlich bleibt selbst bei einer Maßnahme des „kleinen Schrittes“ (§ 4), die für sich genommen ordnungskonform erscheinen mag, der **Summationseffekt** zu berücksichtigen, da eine Intervention gewöhnlich nicht auf einer wirtschaftspolitischen tabula rasa ansetzt, sondern auf das Wirkungsplafonds früherer Eingriffe trifft. So können Steuer- oder Subventionserhöhungen, die jeweils als Einzelmaßnahmen keine ordnungspolitischen Probleme aufzuwerfen scheinen, doch in ihrem Gesamteffekt die Wirtschaftsordnung in der wichtigen Anreizfunktion (§ 6) schädigen.

5. Am Ende bleibt das Problem, daß der Wirtschaftspolitik zwar ein reichhaltiger, aber **kein unbegrenzter** Werkzeugkasten zur Verfügung steht. Ist die gleichzeitige Realisierung mehrerer Ziele angestrebt, kann sich der Wirtschaftsminister leicht in der Lage befinden, daß ihm die hinreichende Zahl freier Instrumentenvariablen fehlt. Der Belegung ein und desselben Mittels mit mehreren Zielfunktionen sind aus der Sache heraus enge Grenzen gesetzt. Und auch der Mehrfacheinsatz für das gleiche Ziel kann das Mittel schartig machen, stellt man den Gewöhnungseffekt und die **„rationalen Erwartungen“** in Rechnung, die die Betroffenen sich auf die absehbaren Wirkungen der wirtschaftspolitischen Aktivität „vorbeugend“ einstellen lassen.

Wenn auch nicht auszuschließen ist, daß gerade die wissenschaftliche Analyse zur Entdeckung neuer oder verbesserter Maßnahmearten führen kann, so gilt es doch zum gegebenen Zeitpunkt, die akut deklarierten Ziele jeweils den Möglichkeiten der verbliebenen Instrumentenvariablen anzupassen.[4]

6. Die aufgeführten Gesichtspunkte können das Verfahren der Mittelprogrammierung je nach dem angestrebten Exaktheitsgrad der Aussagen komplizieren. Die Schwierigkeiten, die sich hier stellen, sind jedoch im Kern technischer Art. Ein grundsätzliches Problem liegt für unseren Zusammenhang darin, daß theoretische Aussagen über die Eignung eines wirtschaftspolitischen Mittels unter einem generellen **Vorbehalt** stehen. Die Unterscheidung von gesellschaftlichen Tatbeständen nach einem Ziel- oder Mittelcharakter ist jeweils nur in einem bestimmten **Aktionszusammenhang** vollziehbar: was hier Mittel ist, kann unter anderen Bedingungen Ziel sein und umgekehrt.

Bei gegebenem Aktionszusammenhang interessiert die Theorie ein Mittel allein in seinem **instrumentalen Wert** zur Verwirklichung des angestrebten Zweckes. Sie abstrahiert also vom möglichen Eigenwert des Mittels, der wissenschaftlich ebensowenig zu begründen ist wie der des Zieles. Aber Abstraktion bedeutet nicht Negation. Selbst wenn die Analyse auf eine Maßnahmenkombination hin verfeinert wird, die einen minimalen Einsatz des einzelnen Mittels erlaubt, bleibt der methodische Vorbehalt, daß dessen Anwendung, unbeschadet der Zielkonformität, von Wertungen abhängen kann, die dem als Mittel charakterisierten Tatbestand in anderem Zusammenhang gelten. Die Theorie fördert nicht die Moral, daß der Zweck die Mittel heiligt.

---

[4] *Schumpeter* macht auf einen weiteren Richtpunkt der wirtschaftspolitischen Rationalität aufmerksam: „ein System, das zu jedem gegebenen Zeitpunkt seine Möglichkeiten möglichst vorteilhaft voll ausnützt, kann dennoch auf lange Sicht einem System unterlegen sein, das dies zu keinem gegebenen Zeitpunkt tut, weil diese seine Unterlassung eine Bedingung für das Niveau oder das Tempo der langfristigen Leistung sein kann“.

§ 17 Wirtschaftspolitisches Instrumentarium

1. Bei der **Klassifizierung** des für die Maßnahmenprogrammierung verfügbaren Instrumentariums („Mittel“) der Wirtschaftspolitik legen wir das Schwergewicht auf den material-funktionalen Aspekt (Übersicht 3), ohne jedoch auf die Einbeziehung formaler Kriterien zu verzichten.

2. Das der Eingriffsintensität (aber darum nicht notwendig auch der Wirksamkeit) nach schwächste Instrument ist die **„Moral Suasion“**, die in verbaler oder schriftlicher Form erfolgen kann, also: Aufklärung, Appelle, Empfehlungen, Mahnungen, Androhungen. Das Instrument hat indikativen, nicht imperativen Charakter. Es kann auch flankierend zur Wirksamkeitserhöhung eines direkt regulierenden Eingriffs eingesetzt werden.

3. **Setzung, Änderung bzw. Ergänzung von institutionellen Rahmenbedingungen** für die Wirtschaftstätigkeit von Privaten und/oder öffentlichen Instanzen. Hier wäre zum Beispiel an neue Unternehmensrechtsformen, wie seinerzeit die Einführung von Investmenttrusts, oder die Bereinigung von „Berufsordnungen“ zu denken, aber auch an Ergänzungen im Wettbewerbsrecht, etwa was die Vergabe von Lizenzen betrifft (§ 35).

Diese Abteilung des wirtschaftspolitischen Werkzeugkastens muß nicht unbedingt mit der Setzung staatlicher Rechtsnormen arbeiten, deren Zwangswirkung im übrigen auf jene beschränkt ist, die sich einschlägig betätigen. Es kommen auch Absprachen mit Verbänden über eine Selbstkontrolle des Verhaltens für deren Mitgliederkreis in Frage (zum Beispiel bei der Werbungskontrolle für Pharmaprodukte). Andererseits können sich bestehende Gentlemen’s Agreements als unzulänglich erweisen und durch eine gesetzliche Kodifizierung ersetzt werden (zum Beispiel Insiderkontrolle im Wertpapierhandel).

4. **Ausnutzung der staatlichen Finanzhoheit zu wirtschaftspolitischen Zwecken**. Die einschlägigen Instrumente können auf der Einnahmenseite der öffentlichen Budgets (Steuer, Gebühren, Beiträge, differenziert nach Entzugshöhe, Abgabenstruktur und Tarifgestaltung) oder auf deren Ausgabenseite ansetzen (monetäre Transfers an private Haushalte, Subventionen an Unternehmen, Realtransfers, Kreditvergabe). Hinzu kommt die Staatsverschuldung, sei es auf dem Kapitalmarkt, sei es (zinslos) bei der Notenbank. Schließlich kann ihrerseits die Steueraufteilung zwischen den Gebietskörperschaften („Finanzausgleich“), zumindest mit indirekter Wirkung, wirtschaftspolitischen Zielen etwa in der Strukturpolitik dienstbar gemacht werden.

Auch wenn zum Beispiel Steuerermäßigungen, Subventionen und staatliche Kreditangebote mit ihrem Verteilungseffekt als individuelle Begünstigungen wirken und als freibleibender Anreiz zur Verhaltensbeeinflussung nicht angenommen werden **müssen**, basieren letztlich selbst sie auf einem staatlichen Zwang in der Abgabenerhebung. Ebenso müssen Verzinsung und Amortisation von Staatsschulden, an denen zum Beispiel die Banken verdienen, schließlich durch steuerlichen Entzug finanziert werden.

5. Das gilt ebenfalls – zumindest beim Start, aber in der Regel auch später – für die **eigene Wirtschaftstätigkeit des Staates**. Hier ist nicht an Beteiligungen an privaten Unternehmen zur Einnahmenerzielung für das öffentliche Budget zu denken – sie sind in der Marktwirtschaft ordnungspolitisch alles andere als unbedenklich. Vielmehr geht es um öffentliche Güterproduktionen zur Güterbereitstellung und auch Konzessionierungen mit Auflagen an Private, mit denen wirt-

Übersicht 3

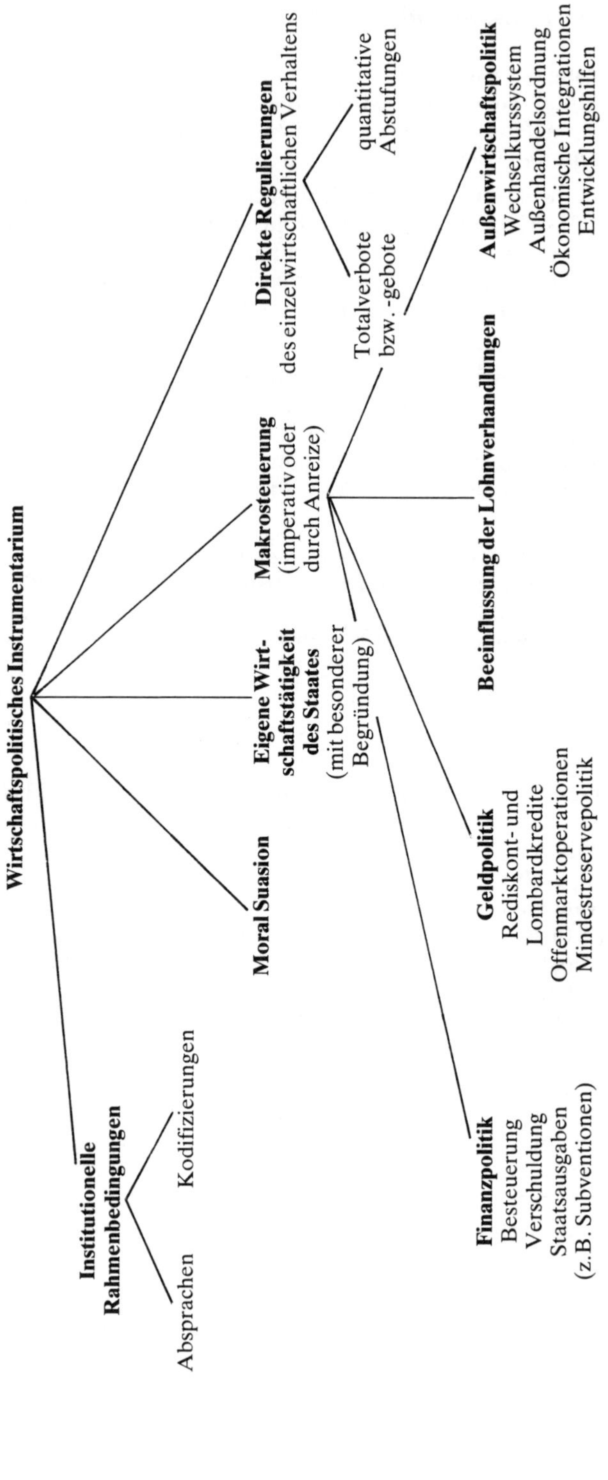
Wirtschaftspolitisches Instrumentarium
Institutionelle Rahmenbedingungen
Absprachen
Kodifizierungen
Moral Suasion
Eigene Wirtschaftstätigkeit des Staates (mit besonderer Begründung)
Makrosteuerung (imperativ oder durch Anreize)
Direkte Regulierungen des einzelwirtschaftlichen Verhaltens
Totalverbote bzw. -gebote
quantitative Abstufungen
Finanzpolitik
Besteuerung
Verschuldung
Staatsausgaben
(z.B. Subventionen)
Geldpolitik
Rediskont- und Lombardkredite
Offenmarktoperationen
Mindestreservepolitik
Beeinflussung der Lohnverhandlungen
Außenwirtschaftspolitik
Wechselkurssystem
Außenhandelsordnung
Ökonomische Integrationen
Entwicklungshilfen

schaftspolitische Zielsetzungen verfolgt werden und die von daher einer besonderen Begründung bedürfen. Die Verzahnung mit der Instrumentengruppe „institutionelle Rahmenbedingungen" zeigt sich bei der Frage, ob öffentliche Betriebe Ausnahmen von den allgemeinen Wettbewerbsregeln beanspruchen können (§ 21).

Auch in der Instrumentenabteilung „öffentliche Wirtschaftstätigkeit" spielt, namentlich was die Technik der Finanzierung von Infrastrukturinvestitionen anbelangt, wiederum die Aufteilung zwischen den Gebietskörperschaften wirtschaftspolitisch eine signifikante Rolle (zum Beispiel „Mischfinanzierung") (§ 57).

6. **Ausnutzung des staatlichen Geldmonopols zu wirtschaftspolitischen Zwecken.** Der Werkzeugkasten weist in dieser Abteilung ein reichhaltiges Instrumentarium auf, das ständig verfeinert worden ist (zum Beispiel Wertpapieroptionsgeschäfte). Freilich kommt es auch vor, daß traditionelle Instrumente wie die Verpflichtung zur Mindestreservehaltung in prinzipielle Kontroversen über ihre Erforderlichkeit geraten (§ 53).

Zentraler Ansatzpunkt ist die direkte (zum Beispiel Offenmarktpolitik) oder indirekte (zum Beispiel Diskontsatzpolitik) Steuerung der umlaufenden Geldmenge. Denkbar ist auch eine primär zinsorientierte Geldpolitik.

Ein Sonderproblem stellt das Verhältnis der notenbankgetragenen Geldpolitik zur staatlichen Haushaltswirtschaft dar, und das nicht nur hinsichtlich der Chancen des Finanzministers, Zentralbankkredite in Anspruch zu nehmen, sondern auch in der Frage, ob die Notenbank als Unternehmen, das formal dem „Staat" gehört, „Gewinne" als Einnahmequelle an das öffentliche Budget zu überweisen hat.

Schließlich kann im föderalen Staat das Verhältnis Bundesbank-Landeszentralbanken Probleme aufwerfen, da es nicht ausgemacht ist, daß sich die wirtschaftspolitischen Interessen der Gebietskörperschaften untereinander stets decken (§ 143).

Die Geldpolitik ist, vernachlässigt man die Möglichkeiten ihres selektiven Einsatzes, der Prototyp eines an makroökonomischen Größen ansetzenden Instrumentariums. Freilich gibt es beim Vergleich der einzelnen Mittel erhebliche Unterschiede im Grad der Ordnungskonformität (etwa Diskontsatzpolitik einerseits, Kreditplafondierung andererseits).

7. **Ausnutzung der staatlichen Hoheitsgewalt beim grenzüberschreitenden Wirtschaftsverkehr**, wobei die „Grenzen" sich auf eine einzelne Volkswirtschaft oder mehrere integrierte Nationalwirtschaften beziehen können. Das Instrumentarium reicht von der Wechselkurspolitik über die Ordnung des internationalen Handels und Formen der ökonomischen Integration bis zu Entwicklungshilfemaßnahmen. Der ordnungspolitische Idealfall sind flexible Wechselkurse mit voller Währungskonvertibilität und die durchgehende Anwendung des Freihandelsprinzipes.

8. Am Ende der Instrumentenskala stehen die direkten **Regulierungen** (Kontrollen) **des einzelwirtschaftlichen Verhaltens** durch staatliche Ge- und Verbote, möglicherweise mit quantitativer Abstufung (etwa beim Verbot, Devisen gelegentlich von Reisen zu exportieren). Sie sind der Prototyp der mikro- (oder meso-) ökonomisch ansetzenden Politik. Zumeist ist es um den ordnungspolitischen Konformitätsgrad von direkten Regulierungen schlecht bestellt. Umso erstaunlicher bleibt, daß, wie *Kirschen* bei den westlichen Industrieländern er-

mittelt hat, in der Praxis zumindest für den Zeitraum 1949-1961 direkte Kontrollen, nächst den finanzpolitischen Interventionen, die bevorzugte Instrumentenkategorie abgaben.

9. Abstrakt gefaßt, lassen sich alle Einzelmittel der staatlichen Wirtschaftspolitik einer der drei **Grundkategorien** zuordnen:

a) Institutionelle bzw. diskretionäre Regulierungen.

b) Vergünstigung bzw. Subventionierung bei den öffentlichen Einnahmen oder Ausgaben.

c) Eigene Wirtschaftstätigkeit der öffentlichen Hand.

§ 18 Werturteilsfrage

1. **Werturteile** sind Aussagen über das, was sein soll (Kriterium: gut oder schlecht); sie haben normativ-präskriptiven Charakter. Im Unterschied zu bloßen Äußerungen des Meinens und des Glaubens können sie als „Urteile" durchaus reflektiert, etwa aus philosophischen Systemen oder Offenbarungen abgeleitet sein. Indessen erhalten sie damit keine „Begründung" im Sinne einer allgemeinen und überzeitlichen Gültigkeit; denn es gibt keinen logisch gangbaren Weg, der jemanden zwingen könnte, eine Offenbarung, ein philosophisches System oder eine Intuition als verbindlich zu akzeptieren. Werturteile vermögen nicht mehr, als an Einstellungen, Gesinnungen und Gefühle zu appelieren.

Seinsurteile sind Aussagen über das, was ist, und warum es ist, wie es ist (Kriterium: richtig oder falsch). Sie informieren über Tatsachen und Beziehungen zwischen bzw. Folgerungen aus Tatsachen. Sie haben analytisch-erklärenden Charakter. Über ihre Geltung entscheidet die empirische Überprüfung und die Bestätigung aufgrund von Fakten. Solange sie nicht falsifiziert werden, stellt sich die Frage der Akzeptanz nicht: wer bei Verstand ist, d.h. wer logisch denkt, muß sich ihnen beugen.

2. Nicht eben selten wird die **Trennung** von „reiner" und „angewandter" Wirtschaftswissenschaft darin gesehen, daß sich die theoretische Wirtschafspolitik vom sicheren Boden der Seinsurteile auf das unsichere Gelände von Werturteilen begebe und insofern im Vergleich zur allgemeinen Wirtschaftstheorie eine methodologische Sonderstellung einnehme. Diese Ansicht ist jedoch unhaltbar.

Denn einmal ist nicht einzusehen, wieso die Untersuchung des Verhaltens der gesellschaftlichen Institution „Staat" im Vergleich zu dem von Unternehmen und privaten Haushalten einen prinzipiell abweichenden Aussagestatus erfordern sollte, zu schweigen davon, daß auch die „reine" Theorie Modelle einer geschlossenen oder offenen Volkswirtschaft **mit** staatlicher Aktivität kennt. Alles Verhalten von Menschen ist an einem Ende von Interessen und Wertungen bestimmt, und die Kategorie „Staat" meint nichts anderes als eine abkürzende Bezeichnung für die Mannschaften von Regierungen, Parteien und Bürokratien, die „Politik" machen.

Wertungen gehören selbstverständlich zum **Objekt**bereich einer Erfahrungswissenschaft: die Theorie kann ihre Implikationen analysieren, ihre faktischen Wirkungen aufzeigen und ihrem Wandel nachspüren, so wie sich auch Institutionen, etwa eine Marktwirtschaftsordnung, auf ihre moralischen Voraussetzungen und Folgen hin untersuchen läßt (§ 10).

Damit wird nicht prinzipiell die Zweckmäßigkeit der Trennung von allgemeiner Wirtschaftstheorie und theoretischer Wirtschaftspolitik bezweifelt. Nur, der Grund liegt nicht darin, daß letztere sich mit Werturteilen herumzuschlagen habe oder gar: daß sich in ihrem Bereich keine Verhaltensgesetzmäßigkeiten ableiten ließen, sondern primär darin, daß den „Staat" die Besonderheit charakterisiert, als (heute) einzige gesellschaftliche Institution auf das Verhalten anderer Gesellschaftsmitglieder legitim Zwang ausüben zu können (§ 1).

3. Auch die theoretische Wirtschaftspolitik ist Erfahrungswissenschaft, die **wertneutral** arbeitet. „Ziele" werden nicht begründet, sondern auf ihren sachlichen Gehalt hin interpretiert und in eine operationale Fassung gebracht; freilich nimmt der Theoretiker hier die einschlägigen Deklarationen der Politiker beim Wort. Eine Lageanalyse wird nicht dadurch „wertgeladen", daß sie für das frühere Staatsverhalten unangenehme Ergebnisse zeitigen kann. Die Maßnahmenprogrammierung, die aufgrund von Sachgesetzlichkeiten aufweist, daß ein als „Mittel" charakterisierter Sachverhalt geeignet oder nicht geeignet ist, einen als Ziel angestrebten Zustand herbeizuführen, hat es mit Seinsurteilen und nicht mit Wertungen zu tun.

Und ein Gleiches gilt für die Analyse der Durchsetzungsmöglichkeit wirtschaftspolitischer Maßnahmen, also der Filterwirkung des politischen Entscheidungsprozesses, und die Würdigung des Erfolges einer Wirtschaftspolitik in der Sache (§ 142 ff.).

Dabei darf der in der wirtschaftspolitischen Analytik übliche Sprachgebrauch nicht irritieren: wenn von **„Zweckmäßigkeit"** oder **„Rationalität"** die Rede ist, geht es nicht um die Zwecke oder Werte als solche, sondern um die Sachbeziehungen zwischen Mittel und Ziel bzw. Unter- und Oberziel, die sich empirisch nachprüfen lassen (teleologische Aussagen). So etwa im Fall der Aussage über den „Vorrang" der ordnungspolitischen Grundentscheidung und des Prüfungskriteriums der Ordnungskonformität. Trotz des verbalen Anscheins handelt es sich hier keineswegs um ein Werturteil, sondern schlicht um die analytische Anwendung des „ökonomischen Prinzips": es wäre kontraproduktiv, wollte die praktische Wirtschaftspolitik Interventionen für Ziele vornehmen, die die Marktwirtschaftsordnung schon von sich aus realisiert, oder in anderem Zusammenhang: wollte sie unter den denkbaren Maßnahmen just jene ergreifen, die das Ordnungsfundament schädigt.

4. Nun kann argumentiert werden, daß auch mit der wertneutralen Arbeitsweise der Theorie die Werturteilsfrage noch nicht zur Gänze „erledigt" ist. In der Tat, für jeden Erkenntnisprozeß gilt, daß die **Motive** zur Problemwahl, mit der er ansetzt, wertbesetzt sein können; auch geht jede erfahrungswissenschaftliche Theoriebildung „im unendlichen Meer der Wirklichkeit" notwendigerweise **selektiv** vor (was keinen Widerspruch zum Gebot des systematischen Arbeitens darstellt). Indes, „das erkenntniskritisch Entscheidende ist hier, daß die Wertmaßstäbe für die Auswahl der Fragen nicht als Prämissen in die Urteile eingehen, die der Beantwortung der aufgeworfenen Fragen dienen. Sie können daher auch nicht das Ergebnis der Untersuchung problematisch machen" *(Weisser)*. Und über die **Relevanz** einer selektierenden theoretischen Operation entscheidet, soweit sie in sich logisch schlüssig ist, wiederum die empirische Überprüfung anhand von Fakten.

5. Schließlich bleibt ein **moralischer Einwand**, den der Normativismus seinerseits gegen die „positive" wirtschaftspolitische Theorie erhebt: ihr Vorgehen sei an-

fechtbar, da der Forscher, der seine Arbeit methodisch an die empirisch vorgegebenen Ziele der Politiker bindet, Gefahr laufe, damit möglicherweise auch Zwekken zu nützen, die von seinem eigenen moralischen Standpunkt aus als abträglich erscheinen.

Recht besehen, würde dieser Einwand nicht nur die politische Disziplin, sondern in gleicher Weise die allgemeine ökonomische Theorie, ja alle Erklärung zumindest des menschlichen Verhaltens treffen. Denn es gibt keinen Grund, der den möglichen Widerstreit mit den Wertungen des Forschers auf die Ziele des Politikers beschränkte, ihn dagegen für das Unternehmer- und Konsumentenverhalten ausschlösse.

Vor allem aber verkennt der Einwand den **informativen** Wert, den die konsequente Analyse der Auswirkungen bestimmter politisch verfolgter Interessen für die Öffentlichkeit hat, aber eben nur als erfahrungswissenschaftliche Aussage haben kann – auch und gerade dann, wenn der Forscher selbst die untersuchten Ziele für problematisch hält. Es muß doch zu denken geben, daß keine Diktatur es je versäumte, sich an erster Stelle aller „positivistischen" Theorie der Politik zu entledigen, um auf „normativer Wissenschaft", natürlich nur im Rahmen der jeweils genehmen Doktrinen, zu bestehen.

Im übrigen sind normative Systeme der theoretischen Wirtschaftspolitik auch ihrerseits nicht gegen die Gefahr eines Mißbrauchs gefeit. Denn die Kenntnis der in ihnen abgeleiteten Maßnahmen kann ebenso anderen Interessen dienstbar gemacht oder auch dazu benutzt werden, die Realisierung der bekenntnismäßig eingeführten Ziele zu verhindern.

§ 19 Politikberatung

1. In einem Punkt geht allerdings auch die positive Theorie der Wirtschaftspolitik, wie jede Erfahrungswissenschaft, von einem Werturteil aus: daß es nämlich sinnvoll ist, Fakten und Folgen aus Fakten zu erklären. Und das nicht nur, weil jede Erkenntnis einen Wert in sich trägt. In unserem Fall kommt der praktische Nutzen hinzu, der in der **Aufklärung** von Politikern und Publikum besteht, auf daß sie **wissen**, was sie tun bzw. wählen. Diese (freilich nicht kostenlose) Aufklärung hat keineswegs platonischen Charakter. Dafür sorgt die List des Umstandes, daß die Theorie in aller Öffentlichkeit und jedermann informiert, den Politiker genauso wie den, den seine Maßnahmen betreffen. Mit dem wissenschaftlichen Fortschritt wird es immer schwieriger, ungestraft auf Ignoranz zu spekulieren oder sich mit Sachirrtum zu entschuldigen. Denn stets muß damit gerechnet werden, daß, jedenfalls in der Demokratie, der politische Konkurrent und die Betroffenen die auch ihnen zugänglichen Informationen zu nutzen wissen. Öffentlich über Sachzusammenhänge zu informieren, ist mithin alles andere als politisch bedeutungslos. Aber nur eine wertneutrale Theorie der Wirtschaftspolitik vermag diese Funktion wirksam und allgemein glaubhaft wahrzunehmen.

Man kann hier von einer **Beratungsfunktion** oder andersherum formuliert: von der **ideologiekritischen Funktion** der theoretischen Wirtschaftspolitik sprechen.

2. Die öffentliche Informationsfunktion kann nicht nur durch Publikationen, Vorträge oder vom Katheder aus, sondern auch durch unabhängige **wissenschaftliche Beiräte** bei den politischen Instanzen wahrgenommen werden. So existiert in der Bundesrepublik zum Beispiel durch Gesetz vom 14.8.1963 ein „Sachver-

ständigenrat zur Begutachtung der gesamtwirtschaftlichen Entwicklung", der jedoch bemerkenswerterweise laut § 2 des Gesetzes in seinen Jahresgutachten keine direkten wirtschaftspolitischen „Empfehlungen" aussprechen darf. Indessen können die Fixierung von Ursachen der „gesamtwirtschaftlichen Entwicklung" und Aussagen nach dem Muster von „Wenn-dann-Beziehungen" Aufklärung genug sein, um den verständigen Leser sich ein Urteil über die Konsequenzen für die praktische Wirtschaftspolitik bilden zu lassen. Im übrigen kann das Publikum mit der „Stellungnahme der Bundesregierung" einen Vergleich ziehen, die diese gemäß § 6, Abs. 4 des Gesetzes dem Parlament zuzuleiten hat: in ihr sind „insbesondere die wirtschaftspolitischen Schlußfolgerungen darzulegen, die die Bundesregierung aus den Sachverständigengutachten zieht". Ohnehin ist die Regierung nach dem Stabilitätsgesetz (§ 13) verpflichtet, einen „Jahreswirtschaftsbericht" mit Darlegung der von ihr angestrebten wirtschafts- und finanzpolitischen Ziele „in quantifizierter Form" zu erstatten.

3. Faßt man die Informationsfunktion enger als Beratung eines einzelnen politisch Handelnden durch einen Wissenschaftler, wird immerhin verständlich, wieso es selbst in diesem so problemlos erscheinenden Punkt nicht an ethischen Bedenken gefehlt hat. *Hensel* zum Beispiel sieht hier eine Ungereimtheit im Konzept der wertneutralen wirtschaftspolitischen Theorie: die Politikerberatung soll beim Wissenschaftler eine Art Bewußtseinsspaltung voraussetzen.

In Wahrheit handelt es sich, von technischen Fragen abgesehen, jedoch ausschließlich um ein **individual**ethisches Problem. Einmal ist festzuhalten, daß das Wissenschaftskonzept dem Forscher weder gebietet noch verbietet, über Sachzusammenhänge gleichsam auch einzeln und privat zu informieren; es kann höchstens, da auch eine Beratung ein knappes Gut darstellt, zur Beachtung des „ökonomischen Prinzips" anhalten. Sodann: Die Kriterien, nach denen er im positiven Fall eine Auswahl trifft, muß der Wissenschaftler schon darum allein verantworten, weil sich der beratene Politiker für seine **Entscheidungen** über Ziele und Mittel allenfalls auf einen Gesinnungsfreund, nicht jedoch auf eine wissenschaftliche Erkenntnis berufen kann. Und endlich: Ob der beratende Forscher Sachzusammenhänge öffentlich anders darstellt als im privaten Gespräch, ist zwar nicht für die individuelle Moral, wohl aber für die demokratische und erst recht für die wissenschaftliche Diskussion irrelevant.

4. Ließe sich der gordische Knoten durchhauen, indem man Wirtschaftswissenschaftler zu den politischen Akteuren machte, so wie das seinerzeit Platon für die Philosophenkönige vorschlug? Das ist unwahrscheinlich. Die konstitutiven Akte der Wissenschaft sind methodisches Denken und Erklären, die der Politik Entscheiden und Durchsetzen. Und es besteht wenig Aussicht, daß sich je die einen in die anderen auflösen ließen. Auch eine Wirtschaftspolitik, die **unter Berücksichtigung** theoretischer Erkenntnisse erfolgt, bleibt zentral an eine spezifische Entscheidungs- und Durchsetzungsart gebunden.

2. Teil: Ordnungspolitik

Kapitel 1: Wettbewerbsförderung

§ 20 Notwendigkeit einer Wettbewerbspolitik

1. Ist in der Marktwirtschaft eine staatliche Wettbewerbspolitik im spezifischen Sinne erforderlich? Die Frage muß bejaht werden. Denn es gibt in dieser Wirtschaftsorganisation ein Grundproblem, das sich nicht ein für allemal beseitigen läßt: die Wirtschaftsfreiheiten, so unerläßlich sie dafür sind, daß es überhaupt zu Wettbewerb und Fortschritt kommt, können auch dazu benutzt werden, um just die Konkurrenz zwischen den Anbietern zu beschränken (§ 17). Die Versuchung dazu ist groß, allgemein und permanent, weil sich auf diese Weise ohne (gesamtwirtschaftlich erwünschte) Leistung der Gewinn oder zumindest die Gewinnsicherheit erhöhen läßt. Gerade hier wird deutlich, was das Konsumenteninteresse einem hohen Wettbewerbsgrad verdankt. Von dem genannten Grundproblem leiten sich alle Maßnahmen einer ordnungspolitisch konsistenten Wettbewerbspolitik her.

2. Im Mittelpunkt der wettbewerbspolitischen Programmierung steht die **Anbieterkonkurrenz**. Das entspricht der Ökonomie des Vorgehens. Jede Wirtschaftseinheit, die Waren oder Dienste anbietet, ist ihrerseits auch Nachfrager nach Gütern auf den vorgelagerten Märkten. Würden nun zum Beispiel unbesehen Großfusionen etwa im Handelssektor zugelassen, darf man sich nicht wundern, wenn dann auch auf den Märkten der Zulieferer und den einschlägigen Faktormärkten der **Nachfrager**wettbewerb Schaden nimmt. Die Bekämpfung von Wettbewerbsbeschränkungen auf der Anbieterseite dient also im gleichen Zuge der Konkurrenz unter den Nachfragern.

3. Der Schutz des Wettbewerbs vor bewußter Selbstbeschränkung setzt einen „unbeteiligten Dritten“ voraus. Das kann in diesem Fall nur der Staat sein. Damit jedoch die politische Aufgabe nicht zu einem Einfallstor dirigistischer und dazu möglicherweise noch parteiischer Bestrebungen wird, ist, was die Regulierungs**technik** anbelangt, eine grundsätzliche Unterscheidung zu beachten. (§ 4) Gefragt sind nicht sich repetierende, diskretionäre Staatseingriffe in die freie Entscheidung der Einzelwirtschaften, was nur vermeidbare Unsicherheit produzieren und, marktwirtschaftlich gesehen, den Bock zum Gärtner machen würde. Vielmehr geht es um **allgemeine Regeln**, die den Aktionsspielraum, der den Wirtschaftseinheiten offensteht, abstecken und an die sich jedermann zu halten hat, der sich an der Wettbewerbswirtschaft beteiligt.

Dieser Typ von Regulierungen ist durch drei Merkmale gekennzeichnet. Regeln zwingen nicht zu irgendeinem Handeln, sondern schließen definierte Verhaltensweisen aus. Sie sind abstrakt in dem Sinne, daß sie generell, also unabhängig davon vollziehbar sind, wer im Einzelfall der Adressat ist. Und sie gelten auf Dauer, was natürlich nicht Verbesserungen im Zeitablauf aufgrund der Erfahrung ausschließt.

4. Die Regeln sollen **willkürliche** Wettbewerbsbeschränkungen verhindern. Nun gibt es auch das Phänomen der **„natürlichen Monopole“**. Dabei wird „Natürlichkeit“ aufgrund spezifischer produktionstechnischer Bedingungen vermutet (Netz- oder Leitungsmonopole). Schon daraus erhellt, daß die behauptete Notwendigkeit einer Angebotsmonopolisierung im Zeitverlauf (technischer Fortschritt) entfallen kann. Im übrigen entsteht, was die Häufigkeit der Fälle anbelangt, leicht dadurch eine optische Täuschung, daß historisch der Staat durch die Übernahme von einschlägigen Produktionen diese erst zu Monopolen **machte**, die unter anderen ordnungspolitischen Bedingungen durchaus aufgelassen werden können (etwa Postmonopol im Bereich der Telekommunikation). Der Frage nach der ordnungspolitischen Behandlung von Netzmonopolen wird im Rahmen des Kapitels 4 über „Marktversagen“ nachgegangen.

§ 21 Determinanten des Wettbewerbs

1. Fragen wir nach den Hauptfaktoren, die über den Grad des Anbieterwettbewerbes bestimmen, so ist zunächst auf der Abnehmerseite die direkte und indirekte **Preiselastizität der Nachfrage** zu nennen. Bei einem Wert höher als Null setzt sie selbst dem Verhalten eines strikten Angebotsmonopolisten Grenzen. Überdies stellen gegebene Elastizitäten keine ein für allemal fixierten Größen dar; sie können sich in der Periodenfolge verändern. So läßt sich mit zunehmendem Wohlstandsniveau vermuten, daß ihr (absoluter) numerischer Wert ansteigt.

Allerdings kommt es darauf an, daß die Konsumenten die sich ihnen reichlich bietenden Möglichkeiten der vergleichenden Information über Preise, heterogene Qualitäten und Substitute auch tatsächlich nutzen und Reklamen zu wägen verstehen. (§ 38)

2. Abweichungen von dem in den theoretischen Lehrbüchern mit didaktischem Zweck konstruierten „Idealmarkt“ werden traditionell als „Marktunvollkommenheiten“ bezeichnet. Indes, einige dieser „Unvollkommenheiten“ sind durchaus geeignet, den Wettbewerb zu fördern, wenn nicht gar eine Bedingung, daß er überhaupt wirksam wird. Für die „Unvollkommenheiten“ der **nicht** vollen Teilbarkeit der angebotenen Güter, der **nicht** unendlich hohen Reaktionsgeschwindigkeit in der Anpassung an Datenänderungen und vor allem der **nicht** vollen Voraussicht der Marktteilnehmer liegt das auf der Hand. Aber auch die „Heterogenität“ von Gütern und Märkten aufgrund persönlicher, räumlicher oder zeitlicher Präferenzen vermag, soweit sie nicht einfach auf Unwissenheit beruhen (Markttransparenz), die Konkurrenz zu stimulieren.

Wettbewerb ist ja gerade ein Entdeckungsverfahren *(Hayek)*, das erst herausfinden läßt, welche Produkte, in welcher Qualität, von wem und mit welcher Intensität begehrt werden oder welche Produkt- und Verfahrensinnovationen Erfolg versprechen, so wie andererseits ein Mindestmaß an Ungewißheit gleichsam das Salz zur unternehmerischen Anstrengung im Kreis der Mitanbieter abgibt. Darum sind wettbewerbs**politische** Konzepte, die für die staatliche Intervention auf **voraussehbar zu normierende Einzelergebnisse** des Marktes abstellen, obsolet (§ 22); sie gleichen dem Passagier, der hinter einem fahrenden Zug herläuft.

3. Zentrale Wettbewerbsdeterminante auf der Anbieterseite ist die **Streuung der Marktanteile**. Die schiere Zahl der Produzenten, die das gleiche Gut anbieten, besagt über den Konkurrenzgrad noch wenig: eine große Teilnehmerzahl schließt weder die dominierende Marktposition eines einzelnen Anbieters aus, noch wird sie, wenn alle lediglich als Mengenanpasser zu reagieren vermögen, zu kaum mehr als einer „Schlafmützenkonkurrenz" *(Lutz)* führen.

Für die effektive Wettbewerbsintensität ist in aller Regel die Marktform des weiten **Oligopols** am günstigsten, wobei, was die empirische Häufigkeit anbelangt, zu beachten bleibt, daß der jeweils erhebliche Marktanteil des einzelnen Anbieters keineswegs Großunternehmen voraussetzt. Die oligopolistische Konkurrenz zeichnet sich durch unmittelbare Rivalität der Anbieter aus, die sich mannigfaltiger Wettbewerbsparameter bedienen können, angefangen bei der unternehmerischen Bezugsstrategie, über die Qualität der Produkte und den Innovationswettlauf, bis hin zur Absatzpolitik und ihren Konditionen. Für den Abnehmer bleibt freilich der Stückpreis entscheidend, auf den sich alle unterschiedlichen Qualitäts- und Serviceleistungen als gemeinsamen Nenner umrechnen lassen.

4. Damit die Wettbewerbsintensität durch Streuung der Marktanteile zustandekommt und namentlich auch auf Dauer wirksam bleibt, muß der Markt **offen** sein. Der **Zutritt** darf weder rechtlich noch faktisch, etwa durch Abschirmungstaktiken der etablierten Anbieter, blockiert werden. Das gilt nicht zuletzt in bezug auf ausländische Anbieter.

5. Nur offene Märkte lassen auch den gewichtigen Faktor des **potentiellen** Wettbewerbs seine disziplinierende Wirkung entfalten: nicht erst der tatsächliche Marktzugang eines zusätzlichen Anbieters, sondern bereits die Möglichkeit bzw. Wahrscheinlichkeit, daß dies geschieht, kann genügen, um die etablierten Unternehmen daran zu hindern, ihr Angebot in gewinnmaximierender Absicht monopolistisch zu beschränken.

Dabei ist der relevante **Brancheneinzugsbereich** weiter zu ziehen, als Außenstehende gemeinhin vermuten. Potentieller Wettbewerb geht nicht nur von Produzenten von Substitutionsgütern aus, deren Qualitäten sich anpassen lassen, sondern nicht minder von Unternehmen, deren Produktionsprogramm zwar bislang anders orientiert war, die sich aber in der Lage befinden, ohne großen Investitionsaufwand ihren Herstellungs- und Vertriebsapparat auf ein verändertes Warensortiment umzustellen. Aber es kann sich auch um Produzenten aus Branchen handeln, wo ein nachhaltiger Nachfragerückgang ohnehin dazu zwingt, sich nach neuen Marktchancen umzusehen, selbst wenn die erforderliche Produktionsumstellung kostspielig ist. Man sieht, die potentielle Konkurrenz ist nicht erst auf Neugründungen durch bislang nicht existierende Unternehmer angewiesen. Und selbst in diesem Falle würde sich die empirische Relevanz dieser Determinante nicht auf den bloßen Zufall oder gar auf Null reduzieren.

6. Wichtiges Ferment des Wettbewerbs sind gerade in den entwickelten Industriewirtschaften **Innovationen**. Soweit sie im engeren Sinn auf Erfindungen zurückgehen, hat der **Patentschutz** wettbewerbspolitisch erhebliches Gewicht (Kapitel 2).

7. Endlich und heute wahrlich nicht zuletzt ist es die **Staatstätigkeit** selbst, die bei sonst gleichen Daten über den Grad des effektiven Wettbewerbs bestimmt (Problem des freien Marktes). Was nützt schließlich das beste Gesetz gegen Wettbewerbsbeschränkungen im privaten Sektor, wenn die Regierungspolitik nun ihrerseits mit wettbewerbsverzerrenden Interventionen aufwartet. Das aber ist in un-

seren Zeitläuften massiv der Fall: durch „gezielte“ Subventionen, die Arbeitsplätze „erhalten“ oder einzelbetriebliche Forschungen „fördern“ wollen; durch eine diskretionäre Steuerpolitik, die bestimmte Unternehmensformen und bestimmte Anlagearten bevorzugt; und durch punktuelle Regulierungen. Die Berufung auf ein „öffentliches Interesse“, mit der die Politiker hier leicht bei der Hand zu sein pflegen, läßt das vorrangige ordnungspolitische Erfordernis außer acht, daß die Wettbewerbswirtschaft funktionstüchtig bleibt. Und überdies sind staatliche Konkurrenzbeschränkungen gravierender als solche durch Private, weil die hoheitliche Zwangsgewalt hinter ihnen steht und sie sich durch Dauerhaftigkeit auszeichnen.

Im gleichen Spital liegt die staatliche Wirtschaftstätigkeit durch öffentliche Unternehmen krank, deren größte Teile von den Bestimmungen des in der Bundesrepublik seit dem 1.1.1958 geltenden **„Gesetz gegen Wettbewerbsbeschränkungen“** (Kartellgesetz) mehr oder minder total ausgenommen sind (§§ 99-103 GWB).[1] Wenn es schon staatliche Betriebe gibt (dazu unten § 43f.), dann haben sie den gleichen Wettbewerbsbedingungen, namentlich den gleichen Besteuerungs- und Kapitalbeschaffungsregeln zu unterliegen wie private Unternehmen auch. Wie sonst sollte sich auch zeigen können, ob sie tatsächlich ebenso effektiv oder besser arbeiten?

Ginge es lediglich um mehr Wettbewerb, könnte auf die Masse der öffentlichen Unternehmen getrost verzichtet werden. Daß die staatliche Wirtschaftstätigkeit Konkurrenz „veranstaltet“, läßt sich allenfalls dort behaupten, wo ein einschlägiger Betrieb als Nachfragemonopolist bei der Auftragsvergabe an wenige große Anbieter, wie im Beispiel der Beziehung Bundesbahn – Waggonbau, eine Art Konkurrenzpreisbildung organisiert, und das vor allem in der Periodenfolge; freilich braucht die Bundesbahn dazu keineswegs über entsprechende eigene Betriebe zu verfügen.

§ 22 Wettbewerbspolitisches Leitbild

1. Unter den denkbaren Konzepten einer Wettbewerbspolitik verdient das des **„freien Wettbewerbs“** ordnungspolitisch den Vorzug. Freiheit des Wettbewerbs meint – positiv formuliert –, daß der Anbieter (rechtlich und faktisch) die Möglichkeit hat, Marktinitiativen zu ergreifen, Innovationen vorzunehmen, aber auch Vorbilder nachzuahmen, und der Nachfrager die Chance, zwischen Alternativen zu wählen. Negativ umschrieben, bedeutet Wettbewerbsfreiheit die „Abwesenheit von Zwang durch andere“ *(Hoppmann)*, soweit der „Zwang“ nicht in staatlicher Regelsetzung besteht.

Aufgabe der Wettbewerbs**politik** ist es, den Handlungsspielraum (ökonomisch relevante Aktionsparameter) der Einzelwirtschaft von willkürlichen Einschränkungen freizuhalten, also in diesem Sinne Hemmnisse der Wettbewerbsfreiheit zu **verbieten**. Prinzipiell soll jeder Wirtschaftseinheit die Freiheit zum rivalisie-

---

[1] Nimmt man die übrigen „Bereichsausnahmen“ (etwa für den Banken- und Versicherungssektor) hinzu, wird deutlich, daß das Kartellgesetz (selbst mit seinen bisherigen Novellen von 1965, 1973, 1976 und 1980) nur mit Abstrichen als das „ordnungspolitische Grundgesetz“ der Wirtschaft in der Bundesrepublik bezeichnet werden kann.

renden Marktvorstoß, die Reaktionsmöglichkeit auf Aktionen anderer und die Freiheit, zwischen Alternativen zu wählen, gewahrt sein.

Natürlich kann Wettbewerbsfreiheit nicht heißen, daß nun alles erlaubt wäre. Geschützt wird der **Leistungswettbewerb**, nicht etwa auch ein unfaires Vorgehen („unlauterer Wettbewerb", „ruinöser Wettbewerb"). Im Gegenteil haben die allgemeinen staatlichen Regeln, die für die Wettbewerbsfreiheit sorgen, gleichzeitig derartige abträgliche Verhaltensweisen im Wettbewerbsprozeß auszuschließen.

In dem so abgesteckten Rahmen kann das wettbewerbspolitische Konzept mit gutem Grund davon ausgehen, daß in aller Regel die Wettbewerbsfreiheit mit gesamtwirtschaftlicher Vorteilhaftigkeit einhergeht, und das gerade auch in evolutorischen Wirtschaften. (§ 8) Von allgemeingültigen, eindeutigen und damit auch justiziablen Verboten „künstlicher" Wettbewerbshemmnisse gewinnt unter rechtsstaatlichen Bedingungen nicht nur die individuelle Freiheit; es lassen sich nach Art von „Muster-Voraussagen" auch die besseren gesamtökonomischen Ergebnisse absehen (Orientierung an den wechselnden Konsumentenpräferenzen, Leistungssteigerung bei den Produzenten, Reallohnentwicklung).

Freilich können mit der Sicherung der Wettbewerbsfreiheit immer nur – objektiv – die **Möglichkeiten** für ein einschlägiges Verhalten offengehalten werden. Hinzutreten muß – subjektiv – der Wille, sie zu nutzen („spirit of competition"). Indessen ist es die List des Arrangements der Wettbewerbswirtschaft, daß, wer sich als Produzent überhaupt an ihr beteiligt, schon durch die Existenz von Mitanbietern dazu gezwungen wird, sich initiativ zu verhalten, soll er nicht an Marktanteil verlieren und schließlich wider Willen ausscheiden. Umgekehrt ist es erfahrungsgemäß schwierig, den freien Wettbewerb, haben sich einmal Einschränkungen eingenistet, wieder zurückzugewinnen. Auch das spricht für das Konzept, sie durch Verbot erst gar nicht aufkommen zu lassen, statt sie nachträglich „kontrollieren" zu wollen.

2. Daß die **„vollständige (polypolistische, atomistische) Konkurrenz"** als Referenzsituation der Wettbewerbspolitik **keine** Alternative zum Konzept des freien Wettbewerbs sein kann, liegt auf der Hand: es bedürfte schon eines allmächtigen Diktators, um überall diese Marktform durchzusetzen und durchzuhalten, zu schweigen von den Wohlstandsverlusten, die die zu erwartende „Schlafmützenkonkurrenz" (§ 21) mit sich bringen würde.

3. Gegenüber dem Leitbild der **„workable competition"**, einschließlich dem der „optimalen Wettbewerbsintensität" *(Kantzenbach),* vermeidet das Konzept des freien Wettbewerbs die Klippe, um bestimmter, gewünschter Marktergebnisse willen, bestimmte Marktstrukturen wettbewerbspolitisch zu normieren, denen ihrerseits bestimmte Verhaltensweisen zugeordnet werden, von denen man erwartet, daß sie die angestrebten Ergebnisse herbeiführen. Mit einem solchen Verfahren wird der praktischen Wettbewerbspolitik eine kaum tragbare **Beweislast** aufgeladen. Immerhin geht es um **politische** Entscheidungen, die nach rechtsstaatlichen Regeln „gerichtsfest" sein müssen.

a) Abgesehen von der dornigen Frage hinreichender exakter Kriterien, an denen sich das gewünschte Marktergebnis, das erforderliche kompetitive Verhalten und die korrespondierende Marktstruktur messen lassen, ist der vorausgesetzte **Kausalnexus** zwischen Marktstruktur (etwa ein bestimmter Grad der Konzentration) und Marktergebnis (etwa eine bestimmte Rate der Innovation) keineswegs gesichert. Vielmehr ist es gerade das Signum der vielschichtigen Wettbewerbsprozesse, daß die konkreten Ergebnisse ständig variieren können. (§ 21) Folglich läßt sich auch keine verläßliche einschlägige Prognose stellen, die es rechtfertigen könnte, eine bestimmte Markt**struktur** zu normieren.

b) Aber selbst wenn dem nicht so wäre, **verengt** das Leitbild den Blick für die „Funktionsfähigkeit" des Wettbewerbs in ungebührender Weise. Nehmen wir an, daß eine bestimmte Anbieterkonzentration tatsächlich einer gewünschten Innovationsrate förderlich erscheint, so kann das noch kein hinreichender Grund sein, daß der **Staat** durch Intervention auch überall sonst die entsprechenden Unternehmenszusammenschlüsse durchzusetzen versucht. Und das schon darum nicht, weil es auch unter anderen Marktstrukturen Innovationen gibt und niemand ex ante wissen kann, ob nicht gerade sie (etwa längerfristig und was die Nebenwirkungen betrifft) besonders vorteilhaft sind.

c) Schließlich schwebt eine **Politik** der „workable competition" stets in der Gefahr, durch ihre marktstrukturellen Normierungen zu einem Interventionismus zu gelangen, der de facto wettbewerbs**beschränkend** wirkt, zumindest was die bereits vorhandene und namentlich die potentielle Konkurrenz betrifft.

4. Vollends ist es kein erfolgsversprechender Lösungsweg, eine durch Wettbewerbsbeschränkung entstehende Marktmacht der Anbieter hinzunehmen und die politische Reaktion auf den Versuch zu konzentrieren, sie durch den Aufbau gegengewichtiger Marktpositionen, und das nicht zuletzt auf der Abnehmerseite, zu „neutralisieren", wie es das Konzept der **„countervailing power"** *(Galbraith)* vorsieht.

a) Das Konzept läuft auf eine staatliche Förderung von Konzentrationen hinaus: Wettbewerbsschädigungen werden mit bewußten Wettbewerbsbeschränkungen beantwortet.

b) Hat der Staat erst einmal damit begonnen, wirtschaftlicher Macht durch den Aufbau einer Gegenmacht zu begegnen, bleibt er ständig im Geschäft: es muß dafür gesorgt werden, daß keine der Seiten sich in der Periodenfolge zur Übermacht aufschwingt, also auch nicht die „Gegenmacht".

c) Das wahrscheinlichste Ergebnis im Zeitverlauf ist, daß sich Macht und Gegenmacht zu Lasten Dritter verbünden. Auf der neuen Ebene stellt sich das Wettbewerbsproblem erneut. Aber jetzt ist es, als Folge der früheren Staatsinterventionen, weitaus schwieriger, wenn nicht aussichtslos, mit dem verfügbaren wettbewerbspolitischen Instrumentarium noch erfolgreich gegenzusteuern.

5. Als die andersseitige extreme Gegenposition zum ordnungspolitischen Konzept des freien Wettbewerbs präsentiert sich das Programm der **Chicago-School** (*Posner, Brozen, Bork* u.a.)[2]. Sie läßt als alleiniges Paradigma die Steuerung der (produktiven und allokativen) **Effizenz der Einzelunternehmung** gelten, gleichgültig durch welche Verhaltensweise sie erreicht wird. So soll auch das, was gemeinhin als wettbewerbsbeschränkende Strategie klassifiziert wird, für die Konsumentenwohlfahrt unbedenklich, ja unerläßlich sein, wenn sie der einzelwirtschaftlichen Effizienzerhöhung zugute kommt; staatliche Eingriffe würden in

[2] Auffassungsnuancen innerhalb der Chicago-School können hier ebenso vernachlässigt werden, wie die Besonderheiten der nordamerikanischen Antitrustgesetzgebung und die Auffassungen der Harvard-Gruppe, die den Chicagovertretern durchweg als Zielscheibe ihrer Distanzierung dienen.

diesem Fall lediglich die selbsttätige Steuerung im Marktprozeß stören. Für die politische Praxis führt das weit.

a) Vertikale und konglomerate Unternehmenszusammenschlüsse werden als reine Marktergebnisse in der Herausbildung langfristig vorteilhafter Strukturen angesehen: es kommt nach Meinung des Chicago-Konzeptes nur dann und solange zu Fusionen, als die damit verbundenen „Organisationskosten" im einzelwirtschaftlichen Kalkül die alternativen „Transaktionskosten" des Preismechanismus unterschreiten – es sei denn, die Unternehmer wären „irrational" genug, „to trade profits for position". Daß solche Konzentrationen die Gefahr von **Marktzutrittsbeschränkungen** mit sich führen, wird niedrig gehangen: es handle sich um die Folge von Betriebsgrößenvorteilen und Unterschieden in der Managementqualität; allenfalls die ausschließliche Kontrolle über einen spezifisch knappen Inputfaktor könne ein wettbewerbspolitisches Problem aufwerfen.

b) Natürlich wird nicht die Möglichkeit auch „künstlicher" Monopolisierungseffekte, etwa durch Behinderungs- und Verdrängungspraktiken, geleugnet. Indes, die Mehrzahl der Chicagovertreter vertraut, da solche Verhaltensnormen dem Einzelunternehmen etwas „kosten", auch hier auf die disziplinierende Wirkung der Effizienzabwägung: da die Praktiken in der Regel dem Handelnden mehr schaden als nützen, bleibt – rationales Verhalten vorausgesetzt – ihre Wahrscheinlichkeit im Zeitablauf gering und entsprechend gering auch der Handlungsbedarf einer einschlägigen Wettbewerbspolitik.

c) Niemand wird bestreiten, daß das einzelne Unternehmen durch wettbewerbsbeschränkendes Verhalten den eigenen Gewinn erhöhen kann. Die Frage ist jedoch, ob damit auch die Effizienz der Marktwirtschaft als **Gesamtveranstaltung**, nämlich im Konsumenteninteresse, gesteigert wird. Die Chicago-School vernachlässigt die spezifischen **ordnungspolitischen** Funktionen des Wettbewerbs. Eine bestimmte Verhaltensweise mag den einzelwirtschaftlichen Gewinn erhöhen; aber wenn dieses Verhalten darin besteht, die **Freiheit des Wettbewerbs** bei (tatsächlichen oder potentiellen) Mitanbietern einzuschränken oder auszuschalten („Marktbarrieren"), ist der Funktionsmechanismus der Marktwirtschaftsordnung an einem empfindlichen Punkt, nämlich an dem der sozial produktiven Konkurrenz, amputiert.

d) Das Chicago-Programm erscheint streckenweise wie eine Apologie von „big business". Natürlich ist die Unternehmensgröße, für sich genommen, noch kein Grund für wettbewerbspolitische Bedenklichkeit, freilich auch kein Indiz für überlegene marktwirtschaftliche Effizienz. Das Credo der Chicago-School vom „survival of the fittest" entpuppt sich, bei Licht betrachtet, als kaum mehr als eine Tautologie: wer im Markt überlebt, muß der Beste gewesen sein. Das Problem liegt aber gerade im Kriterium, was „fitness" in einer bestimmten Ordnung zu bedeuten hat. So ist es wettbewerbswirtschaftlich nicht dasselbe, ob etwa ein Großunternehmen durch internes oder externes Wachstum zustandekommt und „überlebt" (§ 30).

§ 23 Wettbewerbsbeschränkungen

1. Wir fassen Wettbewerbsbeschränkungen als Verhaltensweisen, die über marktrelevante Aktionsparameter den **freien Wettbewerb** zu reduzieren bzw. auszuschalten suchen. Entscheidend ist hier das **objektiv nachprüfbare** Handeln,

nicht dessen Motiv, das unterschiedlich sein bzw. aus einer Kombination mehrere Beweggründe bestehen kann: man will sich dem Druck der Leistungskonkurrenz entziehen, um seine Ruhe zu haben, um leichter Gewinne machen zu können, um Risiken auszuweichen oder „Macht" zu arrondieren.

2. Die Wettbewerbsbeschränkungen können

a) eine **horizontale** und/oder eine **vertikale** Dimension haben (etwa Zusammenschluß von Unternehmen der gleichen Produktionsstufe im Vergleich zu Preisbindungen der zweiten Hand).

b) Sie können auf eine **kollektive** oder **individuelle** monopolistische Stellung abzielen (etwa kartellarische Absprachen im Vergleich zu einzelwirtschaftlichen Akten der Behinderung, Diskriminierung und Verdrängung von Mitanbietern).

c) Und schließlich ist nach dem **Summationseffekt** zu differenzieren, sei es, daß mehrere einschlägige Verhaltensformen kombiniert oder sei es, daß einzelne Formen in Zeitabständen wiederholt angewendet werden (zum Beispiel Fusionen).

3. Die im Konzept des freien Wettbewerbs **maßgeblichen Formen** der Wettbewerbsbeschränkung sind in der Übersicht 4 zusammengestellt.

Übersicht 4

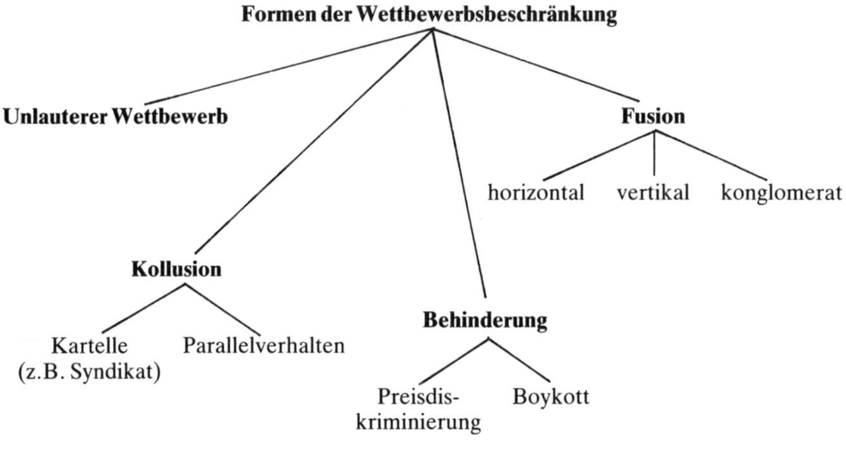

§ 24 Verhinderung unlauteren Wettbewerbs

1. Die Bezeichnung „unlauterer" Wettbewerb ist nicht eben glücklich gewählt; schon Bismarck mokierte sich, daß sie sich „wie ein Wachtelschlag auf dem Felde" ausnimmt. In der Sache geht es um den Schutz und den Informationsanspruch des **Konsumenten:** kein Anbieter soll sich durch Mängelbetrug, Übertölpelung oder Irreführung der Abnehmer, die auch im Anschwärzen von Mitanbietern bestehen kann, ungerechtfertigte Vorteile gegenüber seinen Konkurrenten verschaffen können.

2. Unter dieser Zielsetzung muß ein **Ensemble von Rechtsregeln** als Einheit gesehen werden, die über den Rahmen des „Gesetzes gegen den unlauteren Wettbewerb“ (UWG v. 7.6.1909) nebst „Rabattgesetz“ (RabattG v. 25.11.1933) und „Zugabeverordnung“ (ZugabeVO v. 9.3.1932) hinausgehen. Der Katalog beginnt mit staatlichen Vorschriften zur Präventivkontrolle für Produkte, um Gesundheits- bzw. Sicherheitsgefährdungen der Konsumenten auszuschließen (Lebensmittel-, Arzneimittel-, TÜV-, Baurecht usw.) und der gesetzlichen Haftpflicht des Produzenten für Konstruktions-, Fabrikations- und Instruktionsfehler (§ 823 BGB).

Er setzt sich fort in Geboten zur Preisauszeichnung von Waren, zu Gewichts- und Substanzangaben des Verpackungsinhaltes und zur Haltbarkeitsdeklaration, die die Markttransparanz erhöhen. Und er endet mit der gesetzlichen Regelung von Schluß- und Sonderverkäufen, dem Verbot, mit fremden Marken- und Gütezeichen zu werben, und nicht zuletzt mit der Aufdeckungspflicht (tatsächlicher Zinsbelastung) bei Abzahlungsgeschäften.

3. Allerdings muß es mißtrauisch stimmen, wenn Politiker und Verbandsfunktionäre sich allzubemüht für den Kampf gegen unlautere Konkurrenz ins Zeug legen, so als ob ein Zuviel an Wettbewerb die eigentliche Gefahr darstellte. Nicht selten hat der vielberufene Schutz des Verbrauchers für etwas herzuhalten, was sich, bei Licht betrachtet, als **Protektion des Anbieters** vor unliebsamer Konkurrenz entpuppt. Warum soll etwa eine „vergleichende Werbung“ anrüchig sein, wenn sie auf Wahrheit beruht? Warum sollen Rabatte und Zugaben nicht der Entscheidung des einzelnen Produzenten überlassen bleiben? Auch ist das Nachahmen fremder Vorgaben, soweit die einschlägigen Kenntnisse nicht unrechtmäßig beschafft wurden, ebenso wenig wettbewerbswidrig wie die Preisunterbietung, selbst wenn zu Spottpreisen angeboten werden sollte, die ohnehin nicht lange durchzuhalten sind. Und muß es tatsächlich einheitliche Ladenschlußzeiten geben, wenn für den einzelnen Beschäftigten die erlaubte Arbeitszeit nicht überschritten wird?

Jedenfalls kann unter dem Aspekt des freien Wettbewerbs ein Anbieterverhalten nicht schon darum als „unlauter“ gelten, weil es den Rahmen gängiger Gewohnheiten und Bräuche überschreitet. Wettbewerb bedeutet, nicht nur neue Kunden, sondern auch solche zu gewinnen, die sich in ihrer Nachfrage bislang anders orientierten.

§ 25 Kollusionsverbot

1. Der zweite Pfeiler einer konsistenten Wettbewerbspolitik besteht im prinzipiellen Verbot von **konkurrenzeinschränkenden Verhaltensabstimmungen** zwischen rechtlich selbständigen Unternehmen, und zwar unabhängig davon, ob es sich nun um eine vertraglich abgesicherte Absprache oder – zumeist als Umgehungstaktik – um ein abgestimmtes Parallelverhalten handelt und ob die Absprachen ihrerseits horizontal oder vertikal[3] dimensioniert sind. Damit soll im Kern alle Ex-ante-Koordination im „gegenseitigen Einvernehmen“ der Anbieter unterbunden werden, wo es in der Wettbewerbswirtschaft doch auf die Ex-post-

---

[3] Vgl. etwa § 18 GWB.

Koordination durch den Markt ankommt, auf dem die Abnehmerpräferenzen entscheiden.

2. Im klassischen „Kartelland“ Deutschland bedeutet das Verbot insbesondere von preiskartellarischen Absprachen, wie es in der Bundesrepublik seit 1958 mit dem Kartellgesetz gilt, einen wesentlichen Fortschritt zur allgemeinen Wettbewerbsintensivierung.

Freilich wurde diese Umkehr politisch mit einer Reihe von **Ausnahmebestimmungen** erkauft, die ordnungspolitisch immer schon problematisch waren und die heute, wo die Schockwirkung des erstmaligen Kartellverbotes verkraftet ist, in einem Reformanlauf zu tilgen wären. Denn ob nun die Ausnahmegenehmigung für ein Konditionen-, Rabatt-, Rationalisierungs-[4], Spezialisierungs- oder gar „Strukturkrisenkartell“[5] zur Frage steht: stets muß die Kartellbehörde in ihrer Entscheidung die rule of reason bemühen, etwa nach der Art, ob die Anbieterabsprache noch einen „wesentlichen“ Wettbewerb auf dem Markt bestehen läßt (§ 5a GWB) oder der einzelwirtschaftliche Vorteil in einem „angemessenen“ Verhältnis zur Wettbewerbsbeschränkung steht (§ 5 GWB), oder die Erlaubnis gar „unter Berücksichtigung der Gesamtwirtschaft und des Gemeinwohls“ gerechtfertigt erscheint (§ 4 GWB). Aber gerade ein solches Vorgehen widerspricht dem ordnungspolitischen Erfordernis einer allgemeinen Regel; es durchlöchert das Verbot durch die Befugnis zu diskretionären Behördenentscheidungen, wobei es im Prinzip keinen Unterschied ausmacht, ob es bei der Ausnahmebeantragung zur „zwischenbetrieblichen Zusammenarbeit“ nun um große oder kleinere Unternehmen geht.

Das zeigt sich auch beim **„Submissionskartell“** als Unterfall des Preiskartells, das in Reaktion auf öffentliche Ausschreibungen vor allem in der Bauwirtschaft immer wieder angestrebt wird: es bezweckt, ein gegenseitiges Sich-Unterbieten zu verhindern und jedem Kartellmitglied in zeitlicher Reihenfolge einen Zuschlag zu sichern. Hier, wo es um die öffentliche Hand als Nachfrager geht, denkt niemand an eine Ausnahmegenehmigung. Werden solche Kartelle entdeckt, pflegt im Gegenteil die Empörung groß zu sein. Indes, ist es in der Sache nicht ebenso bedenklich, wenn unmittelbar private Konsumenten die Zeche (genehmigter) kartellarischer Absprachen zu zahlen haben?

---

[4] Unter den Kartellausnahmen führt das Kartellgesetz (§ 5, Abs. 3) gemeinsame Rationalisierungsabsichten sogar „in Verbindung mit Preisabreden“ oder durch Bildung von Syndikaten auf.

[5] Ein instruktives Beispiel aus den fünfziger Jahren ist die ministeriell genehmigte „Mühlenkonvention“ in Form eines Preis- und Quotenkartells (mit Investitionsverzichtsvereinbarung und Stillegungsfonds), die zur Verhinderung eines Außenseiterwettbewerbs 1957 sogar durch ein „Mühlengesetz“ verschärft wurde. Reklamiertes Ziel war der „geordnete“ sektorale Kapazitätenabbau unter Vermeidung „ruinöser“ Konkurrenz. Nun fallen Überkapazitäten nicht vom Himmel. Zu fragen ist, wer sie verschuldet hat: sicherlich nicht die Nachfrage, deren Entwicklung im Gegenteil über lange Jahre voraussehbar war. Praktisch lief die Kartellgenehmigung auf eine Verlagerung der Kosten eines unternehmerischen Fehlverhaltens auf die Abnehmer hinaus. Und was den „Erfolg“ der Maßnahme betrifft: zwar wurden zwischen 1958 und 1961 rund ein Viertel aller Mühlen stillgelegt, die sektorale Überkapazität blieb jedoch im wesentlichen erhalten. Was sich verändert hatte, war der Konzentrationsgrad des Angebotes: er war erhöht. Diesen Effekt hätte man jedoch einfacher auch ohne Kartellgenehmigung haben können.

Ein Fremdkörper bleibt nicht minder die nach wie vor erlaubte vertikale **Preisempfehlung**[6], obwohl sie faktisch zumeist wie eine Preisbindung der zweiten Hand wirkt, und die Zulässigkeit einer **vertikalen Preisbindung** für Verlagserzeugnisse[7].

3. Daß Kartelle, namentlich Preis- und Quotenkartelle, regelmäßig **keine hohe zeitliche Stabilität** aufweisen, weil es etwa bei Syndikaten leicht zu Quotenkämpfen kommt oder weil gerade durch den überhöhten Kartellpreis Außenseiter angelockt werden, ist wettbewerbspolitisch alles andere als ein Trost. Denn zur „Bestrafung“ abtrünniger Mitglieder können nun auch noch andere wettbewerbsschädigende Mittel wie Boykott und Diskriminierung (§ 26) zur Anwendung kommen; und um dem Außenseiterproblem zu begegnen, bietet sich die Kartellausweitung an. Solchen Strategien ist nicht mit “Kontrollen“, sondern nur mit einer allgemeinen Verbotsgesetzgebung beizukommen.

§ 26 Unterbindung wettbewerbsschädigender Behinderungen

1. Damit stehen wir bei der dritten unverzichtbaren Säule in einem konsistenten wettbewerbspolitischen Konzept. Der Konkurrenzgrad kann nicht nur durch Kollusion zwischen den Anbietern, sondern auch durch ein Verhalten des einzelnen Produzenten beeinträchtigt werden, das Marktteilnehmer bewußt behindert oder diskriminiert. Solche Praktiken sind **per se** zu untersagen.

2. Das liegt für Liefer- und Bezugssperren auf der Hand: jeder **Boykott**, was immer sonst an Verhaltensbeeinflussung damit bezweckt sein mag, ist wettbewerbswidrig[8]. Aber ebenso fällt die **Preisdiskriminierung** unter das Verbot. Wenn ein Anbieter für das gleiche Gut und bei gleichen Serviceleistungen den Stückpreis danach differenziert, um welchen Abnehmer es sich handelt, widerspricht sein Verhalten nicht nur dem Gleichheitsgrundsatz. Für unseren Zusammenhang entscheidend ist, daß mit der Bevorzugung bzw. Benachteiligung bestimmter Abnehmergruppen der Markt künstlich gespalten wird – mit den unausbleiblich restriktiven Wirkungen auf die Wahlfreiheit der Nachfrager und die Bewegungsfreiheit anderer Anbieter, einschließlich der potentiellen Konkurrenz (§ 21), auf die es für die Wettbewerbsintensität gerade ankommt.

Um Mißverständnissen vorzubeugen, sollte angefügt werden, daß natürlich nicht jede Preisdifferenzierung schon den Tatbestand der Diskriminierung erfüllen muß: ein Umsatzrabatt zum Beispiel gehört nicht dazu, soweit er jedermann gewährt wird, der die gleiche Menge abnimmt. Ebenso ist zu beachten, daß eine Preisdiskriminierung das bleibt, was sie ist, auch wenn ein relativ kleines Unternehmen sich der Verhaltensweise befleißigt. Freilich wird man zugeben, daß in praxi die wettbewerbsbeeinträchtigende Gefahr bei relativ großen und namentlich monopolistischen Anbietern besonders akut ist. Das in der Bundesrepublik

---

[6] Vgl. dazu die Scholastik des § 38a, der seinerseits als Ausnahme von § 38 GWB gefaßt ist, der über „Ordnungswidrigkeiten“ (!) handelt.

[7] Vgl. § 16 als Ausnahme von § 15 GWB. Indessen erlaubt § 17 GWB der Kartellbehörde, unter bestimmten Bedingungen nun wieder diese Ausnahme zurückzunehmen.

[8] Daß dazu auch die Nicht-Aufnahme eines Unternehmens in eine Wirtschafts- oder Berufsvereinigung zählt, zumal wenn diese „Wettbewerbsregeln“ aufzustellen befugt ist (vgl. § 2ff. GWB), erscheint nur logisch (§ 27 GWB).

geltende Wettbewerbsgesetz stellt hier denn auch ganz auf „marktbeherrschende" Unternehmen ab. Nur so läßt sich die bereits semantisch verunglückte Formel vom „Behinderungsmißbrauch" erklären.

Bleibt schließlich das Gegenargument, daß eine Preisdiskriminierung von Fall zu Fall in anderer als der Wettbewerbsbeziehung auch vorteilhafte Wirkungen zeitigen könne. Das mag vorkommen. Indes, eine allgemeine Verhaltensregel „bedeutet nicht, daß... wir nicht alles Unerwünschte verhindern können, sondern auch, daß wir gelegentlich gewisse Praktiken allgemein verbieten müssen, auch wenn sie manchmal in besonderen Fällen günstige Folgen haben mögen" *(Hayek)*. Und daß der Wettbewerbsregel vor anderen Rücksichten der Vorrang zukommt, liegt in ihrem ordnungspolitisch grundlegenden Charakter begründet. Aber es gibt auch einen mehr pragmatischen Grund: Würde die wettbewerbspolitische Behandlung von Diskriminierungen nach dem „Abwägungsprinzip" Abweichungen vom Verbot zulassen, so müßte sie, statt auf die eindeutig feststellbare Verhaltensweise, auf ein Handlungs**ergebnis** abstellen, das für die Zukunft erwartet wird. Da aber kein Mitglied einer Kartellbehörde und erst recht kein Gericht vorweg wissen kann, ob, wann und in welchem Maße der reklamierte Nettoerfolg der Ausnahme sich im Marktprozeß tatsächlich einstellt, erhält die Abwägungsentscheidung nolens-volens eine arbiträre Schlagseite, die gerade im Rechtsstaat nicht akzeptiert werden kann.[9]

3. Wir haben den Boykott für Abnehmer bzw. Lieferanten und die Preisdiskriminierung als Prototypen einer bewußten wettbewerbsschädigenden Behinderung herausgegriffen. **Andere Formen**, die den Tatbestand erfüllen, sind: Ausschließlichkeitsbedingungen (für Lieferanten bzw. Abnehmer), Koppelungsvereinbarung (ein Produkt ist nur zu haben, wenn gleichzeitig ein anderes mitgeordert wird), erzwungene Gegenseitigkeitsgeschäfte oder Vertriebsbindungen, die den Abnehmern vorschreiben, welche Kunden bzw. Regionen sie ihrerseits beliefern dürfen. Der Widerspruch zum freien Wettbewerb liegt auf der Hand: hier überall wird der Versuch gemacht, den Gewinn nicht durch Marktleistung, sondern durch Konkurrenzbeschränkung zu sichern bzw. zu erhöhen, was, gesamtwirtschaftlich gesehen, auf eine Fehlleitung unternehmerischer Energien hinausläuft.

§ 27 Klagerecht

Es ist angezeigt, an dieser Stelle auf die Frage einzugehen, **wem** in der Rechtsverfolgung der Verbote von unlauterem Wettbewerb, kartellarischen Absprachen und von diskriminierendem Anbieterverhalten ein Klagerecht zusteht. Um des durchschlagenden Erfolges der Wettbewerbspolitik willen ist der Kreis soweit wie nur technisch-organisatorisch möglich zu ziehen. Im Prinzip sollte jeder betroffene Abnehmer, Lieferant oder Mitanbieter gegen Wettbewerbsverstöße klagen können, soweit der Fall nicht der Bagatellklausel unterliegt. Aber auch nicht unmittelbar Verletzte, jedoch am gleichen Markt Beteiligte müssen die

---

[9] Das gleiche Bedenken gilt auch für das Konstrukt eines „Leistungsmißbrauches" im Wettbewerbsprozeß, mit dem das Berliner Kammergericht in der Anwendung von § 22 GWB arbeitet. Dazu *E. Hoppmann,* Behinderungsmißbrauch, Tübingen 1980, S. 53.

Möglichkeit haben, eine begründete Anzeige zu erstatten. Ein gleiches gilt für einschlägige Verbände. Und natürlich kann die Wettbewerbsbehörde auch von sich aus Verbotsübertretungen aufgreifen.

§ 28 Fusionen: Wettbewerbspolitische Besonderheit

1. Mit der Frage, wie Fusionen – die Bezeichnung im weiten Sinne für Unternehmenszusammenschlüsse verwandt – wettbewerbspolitisch einzuordnen sind, betreten wir ein weniger eindeutiges Terrain als im Fall von Absprachen zwischen Unternehmen und bewußten Behinderungen, die nachgerade auf Wettbewerbsbeschränkung angelegt sind. Einerseits muß es, um der Beweglichkeit der Produktionsfaktoren willen, einen Markt auch für „gebundene Ressourcenpakete" geben, auf dem bestehende Unternehmenseinheiten ver- und gekauft werden können. Zum Beispiel wären bald keine Eigentümer-Unternehmer mehr vorhanden, könnte ein Firmeninhaber nicht davon ausgehen, daß im Fall seines alters- oder sonstwie bedingten Ausscheidens oder seines Todes ohne einschlägigen Erben sich ein Käufer für den Betrieb finden ließe, der natürlich zumeist ein anderes Unternehmen sein wird. Ein weiteres Beispiel sind konkursreife Betriebe, für die anderenfalls nur die Alternative des endgültigen Untergangs bestünde. Aber auch sonst läßt sich sagen, daß mit dem Erwerb eines Unternehmens marktwirtschaftlich erwünschte Rationalisierungen im Ressourceneinsatz verbunden sein können, ja, daß bereits die nie auszuschließende Gefahr einer Firmenübernahme durch andere Eigentümer auf das kompetitive Verhalten des etablierten Managements stimulierend zu wirken vermag.

2. Andererseits **verliert** aber mit einem Zusammenschluß die Volkswirtschaft jeweils an **selbständigen Einzelwirtschaften**. Wo vorher zwei oder mehrere Betriebe mit entsprechend gestreutem Unternehmerpotential auf eigene Rechnung produzierten, präsentiert sich nun eine größere Wirtschaftseinheit unter konzentrierter Leitung. **Insofern** ist, wie man die Dinge auch wendet, der Wettbewerb tangiert, und sei es nur, weil sich die faktischen Marktzutrittschancen entsprechend verschlechtern. Es kann also keine Rede davon sein, daß es im Grunde unerheblich sei, ob die gleiche Unternehmensgröße durch **„internes"** oder **„externes Wachstum"** zustande kommt.

3. Eine Politik des freien Wettbewerbs wird aus dieser Lage nun nicht den Schluß ziehen, daß im Prinzip jede Fusion von dritter Seite in „Abwägung" ihrer spezifischen Vor- und Nachteile zu „kontrollieren" sei. Vielmehr geht es darum, primär die einschlägigen **Rahmenbedingungen** so zu setzen, daß in der Regel sich von selbst nur solche Konzentrationen herausbilden, die auch gesamtwirtschaftlich annehmbar sind, und im übrigen die direkte Regulierung auf jene **Falltypen** zu beschränken, wo eine Unterbindung geboten und ein grundsätzliches **Verbot** praktikabel ist.

§ 29 Fusionen: Wettbewerbspolitische Rahmenbedingungen

1. An erster Stelle unter den Rahmenbedingungen haben die **Regierungen** ihrerseits alle Aktivitäten zu unterlassen, die den Zusammenschluß von Unternehmen befördern. Was immer etwa eine Landesregierung in Konkurrenz mit anderen Bundesländern an Industriestandorten für sich wünschen mag: es widerspricht

der wettbewerbswirtschaftlichen Ordnung, Fusionen, sei es zwischen privaten oder im Bereich der öffentlich-rechtlichen Unternehmen, künstlich zu betreiben. Das gilt auch für sog. Rüstungsbetriebe. Der Staat sollte die Nachfragemacht, die er hier zwangsläufig besitzt, lieber dazu verwenden, um unter den Anbietern für Wettbewerb zu sorgen. Auch ist der Produktivitätsgrad der einschlägigen Betriebe sicherlich nicht an eine staatliche Kapitalbeteiligung, sondern an die Fähigkeit der dort tätigen Unternehmer gebunden.

2. Sodann stehen die offensichtlichen fusionsfördernden Wirkungen der in der Bundesrepublik gegebenen **Bankenorganisation** zur Frage. Dabei ist nicht in erster Linie an die Konkurrenzverhältnisse im Bankensektor selbst zu denken, wiewohl, nächst dem Zutritt ausländischer Anbieter, die Aufrechterhaltung des (tatsächlichen oder potentiellen) Wettbewerbsdruckes von seiten der Versicherungen (und umgekehrt) gerade heute alle Aufmerksamkeit verdient: es sollte nicht dazu kommen, daß Kreditinstitute und Assekuranzunternehmen über Beteiligungen sich gegenseitig zu beherrschen suchen.

Im Vordergrund stehen die Gefahren für den Wettbewerb im Industrie- und Handelssektor, wenn hier Banken mehr oder minder aktiv vor allem Großfusionen befördern. Die Chance dazu hängt nicht zuletzt mit dem **Universalbanken-Prinzip** zusammen. Die Geldinstitute haben nicht nur Einflußmöglichkeiten als Kreditgeber und Hausbanken; sie nehmen nicht nur (mit Genehmigung) die Stimmrechte von Kunden wahr, deren Wertpapierportefeuilles sie verwalten. Sie treiben auch Wertpapierhandel und dürfen gleichzeitig Eigenbeteiligungen an Unternehmen halten, und das auf Dauer. Auf dieser Basis lassen sich Gesellschaftszusammenschlüsse, so sie im Bankeninteresse liegen, ziemlich leicht bewerkstelligen: durch Hilfestellung für ein „befreundetes" Unternehmen, das Einfluß auf eine andere Gesellschaft gewinnen will, sich aber schon für den Erwerb einer Sperrminorität behindert sieht, da nach dem Kartellgesetz bei einer Beteiligung von 25 Prozent die „Fusionskontrolle" einsetzt[10]; durch personelle Verflechtungen insbesondere auf der Ebene des Aufsichtsrates in mehreren Unternehmen[11]; und nicht zuletzt durch Verkauf eines Aktienpaketes aus Bankenbesitz an eine Gesellschaft, die mit einer anderen, an der das Kreditinstitut auch beteiligt ist, nach Bankenmeinung fusionieren sollte.

Dem gilt es, wettbewerbspolitisch Riegel vorzuschieben. Die Beschränkung der Zahl an Aufsichtsratsmandaten, die das einzelne Mitglied eines Bankenvorstandes in anderen Unternehmen wahrnehmen kann („Lex Abs")[12], ist da sicherlich unzureichend. Mindestens muß die Auflage hinzukommen, daß die gleiche Bank bei konkurrierenden Unternehmen prinzipiell nur in einem Aufsichtsrat vertreten sein darf. Immerhin hat das Aufsichtsorgan die Pflicht, für das eigene, und nur das eigene Unternehmen das Beste zu tun. Auch erscheint es nicht sehr sinnvoll, in Repräsentanten eines Unternehmens, nur weil es eine Bank ist, schon so

---

[10] § 23, Abs. 2, Satz 1, Nr. 2a GWB.

[11] Das Kartellgesetz (§ 23, Abs. 2, Satz 1, Nr. 4) sieht allgemein einen „Zusammenschluß" auch als gegeben an, wenn mehr als die Hälfte des Aufsichtsrates (oder der Geschäftsführung) zweier Gesellschaften identisch sind. Die Bestimmung ist jedoch nicht nur quantitativ zu weitmaschig. Was vor allem stört, ist, daß sie auf „Personengleichheit" abstellt und nicht auf die Gleichheit der Herkunft aus ein und demselben kontrollierenden Unternehmen.

[12] § 100 AktG: Beschränkung auf maximal zehn Mandate.

etwas wie Ephoren der Volkswirtschaft zu sehen und ihnen die Fähigkeit einer Art Supermanager für jedwede Branche zuzutrauen, mag diese produzieren was immer. Und für die Sicherung vergebener Kredite ist die Bank wahrlich nicht auf einen Aufsichtsratssitz angewiesen.

Wettbewerbspolitisch am wichtigsten ist indessen eine gesetzliche Regel, die angesichts der spezifischen Finanzierungsfunktion von Kreditinstituten die eigene **Dauerbeteiligung einer Bank** an einem anderen Unternehmen allgemein auf einen niedrigen Prozentsatz von dessen (stimmberechtigten) Kapital limitiert.[13] Emissionsgeschäfte und ein Anteilserwerb zum Zwecke baldiger Veräußerung bleiben unberührt, sofern die Bank das Stimmrecht aus diesen Anteilen zwischenzeitlich nicht ausübt.[14]

3. Zu den Rahmenbedingungen, die die Fusionsneigung zu zügeln haben, zählt auch das **Gesellschaftsrecht**: für eine Wettbewerbswirtschaft kann die rechtliche Organisation gerade von körperschaftlichen Unternehmen nicht „konzentrationsneutral" sein wollen. Anknüpfungspunkt ist einmal die Kontrolle des Managements durch die Eigentümer einer Kapitalgesellschaft und insbesondere die Rechtsstellung von Anteilseignern, die sich in der **Minorität** befinden. Wenn zum Beispiel im geltenden GmbH-Gesetz[15] schon eine einzelne Stimme genügt, um eine geplante „Vermehrung" der den Anteilseignern nach dem Gesellschaftsvertrag obliegenden Leistungen zu verhindern, so sollte mit sicherlich nicht geringerem Grund auch die Übernahme der Gesellschaft durch ein anderes Unternehmen zu jenen Grundsatzbeschlüssen gehören, die nicht gegen eine Minderheit von Gesellschaftern durchgesetzt werden können; als Grenze nach unten könnte ein Anteil von fünf Prozent des Stamm- oder Grundkapitals angesetzt werden[16]. Das Recht, lediglich die Einberufung einer Hauptversammlung zu verlangen,[17] reicht da nicht aus. Wohlgemerkt, mit einer solchen Vorkehrung wird die freie Entscheidung für einen Zusammenschluß zwar qualifiziert, aber nicht verbaut.

4. Ein weiterführender Ansatzpunkt wäre die Regulierung der **Stimmrechtsausübung** bei Beteiligungen, die von körperschaftlichen Unternehmen gehalten werden. Daß eine Kapitalgesellschaft in einem anderen Unternehmen, um des Ertrages willen, Finanzanlagen tätigt, ist eines, die Absicht jedoch, mit Hilfe der Beteiligung diese Gesellschaft zu kontrollieren, ein anderes. Und wenn sich auch die Meinung vertreten läßt, daß es eigentlich nicht die Gewinne eines anderen Unternehmens sein sollten, mit denen die eigene Bilanz geschmückt wird, so steht doch wettbewerbspolitisch allein der zweite Fall zur Diskussion. Hier wäre – im Unterschied zu natürlichen Personen – eine generelle Beschränkung der Stimm-

---

13 Die unabhängige „Monopolkommission" (vgl. § 24b GWB) hat hier bereits 1976 (Hauptgutachten 1973-1975, Baden-Baden 1976, Ziff. 657) eine Fünf-Prozent-Grenze vorgeschlagen.

14 Solche Fälle nimmt selbstverständlich auch das Kartellgesetz (§ 23, Abs. 3, Satz 2) von den „Zusammenschlüssen" aus.

15 § 53, Abs. 3 GmbHG.

16 Die Rechtsprechung des Reichsoberhandelsgerichtes zu Art. 224 des Handelsgesetzbuches von 1861 ging hier entschieden weiter: „Der Aktionär braucht die Fusion seiner Gesellschaft mit einer anderen Aktiengesellschaft auch dann nicht zu dulden, wenn er in Aktien der aufnehmenden Gesellschaft oder durch Zahlung des Kaufpreises der Aktien abgefunden werden soll" (ROHG 19/141; 11/118). Vgl. *E. J. Mestmäcker,* Verwaltung, Konzerngewalt und Rechte der Aktionäre, Karlsruhe 1958, S. 8.

17 § 122, Abs. 1 AktG.

rechtsausübung für beteiligte Körperschaften vorzusehen: etwa auf fünfzig Prozent des Anteils, der jeweils am Kapital des anderen Unternehmens gehalten wird.[18]

Das ist gewiß eine stark konzentrationshemmende Vorkehrung. Sie läßt, stimmrechtlich gesehen, zum Beispiel die Sperrminorität erst mit einer fünfzigprozentigen Kapitalbeteiligung erreichen. Der Kauf von „Kontrolle" wird teuer gemacht. Damit würde jedoch das alternative wettbewerbspolitische Instrument, nämlich Fusionen unmittelbar zu verhindern, erheblich entlastet. Zwar bleibt nach wie vor der Ertragsanreiz der Finanzanlage (einschließlich der Vorteile des steuerlichen Schachtelprivilegs, das seit 1984 nurmehr einen mindestens zehnprozentigen Anteilsbesitz voraussetzt). Aber die Zusammenschlußneigung aus Beherrschungsabsicht wird reduziert.

Gleichwohl, schottendicht ist auch diese Vorkehrung nicht. Man denke nur an die Möglichkeit, daß der Paketbesitzer mit Eigentümern kleinerer Anteile zusammengeht bzw. auch sonst schon psychisch stimmführend wirkt, an das Strohmannphänomen und die Hilfe „befreundeter" Banken. Wer freilich das Unternehmen „umstandslos" beherrschen will, muß es zu hundert Prozent aufkaufen. Eine gegebene „Beteiligungskasse" reicht also, was die Zahl (bzw. Größe) der in Kontrollabsicht anvisierten Unternehmensbeteiligungen anbelangt, weniger weit als bei der geltenden Regelung, die auch für sich beteiligende Körperschaften nach dem Muster: „eine Aktie, ein Stimmrecht" verfährt.[19]

§ 30 Fusionen: Falltypisches Verbot

1. Die aufgeführten Rahmenbedingungen können jedoch nicht davon dispensieren, für bestimmte Falltypen ein **direktes Fusionsverbot** auszusprechen, und zwar da, wo der Zusammenschluß, auf welchen Wegen er auch zustande kommt, von vorneherein und offensichtlich einen stark wettbewerbsverschlechternden Akt darstellt. Das trifft für die Fusion von Großkonzernen zu, selbst wenn sie, im Extremfall, bislang auf keinem Einzelmarkt („relevanter" Markt) unmittelbare

---

[18] Auch heute schon praktizieren Unternehmen die Möglichkeit, durch Satzung das Stimmrecht des einzelnen Aktionärs auch bei größerem Anteilsbesitz auf einen bestimmten Prozentsatz des Grundkapitals der Gesellschaft zu begrenzen; so etwa die Rosenthal AG auf fünf oder die Phoenix AG auf zehn Prozent (Frankfurter Allgemeine Zeitung Nr. 129 v. 7.6.1986, S. 16, Nr. 144 v. 26.6.1986, S. 17).
Was die in manchen Hauptversammlungen geäußerte Kritik an diesem Vorgehen anbelangt, bleibt festzuhalten, daß die im Text vorgeschlagene Regelung **nicht** mit einem fixierten Höchststimmrecht arbeitet und die prozentuale Beschränkung allein auf beteiligte körperschaftliche Unternehmen anwendet.
Im übrigen bleibt erwähnenswert, daß auch dem Kartellgesetz das Instrument einer Beschränkung in der Stimmrechtsausübung nicht fremd ist: vgl. § 24, Abs. 7, Satz 1, Nr. 2, gelegentlich der Auflösung eines vollzogenen Zusammenschlusses.

[19] Der Vollständigkeit halber wäre auf der anderen Seite auch die mögliche Gegenwehr eines zusammenschluß**un**willigen Managements im bedrohten Unternehmen zu bedenken, etwa durch vorbeugenden Aufkauf eigener Aktien. Indes, das geltende Aktiengesetz (§ 71, Abs. 2) ist aus vordringlichen anderen Gründen (Managementkontrolle durch die Eigentümer) gut beraten, den erlaubten Aufkauf auf maximal zehn Prozent des eigenen Grundkapitals zu beschränken.

Konkurrenten waren, hier also auch die „Entstehung oder Verstärkung einer marktbeherrschenden Position" kein ausschlaggebendes Beurteilungskriterium zu sein vermag.

2. Denn solche „Elefantenhochzeiten" **verschlechtern** den Wettbewerb nach Flurschädenmanier allgemein, **erstens**, weil mit der Konzentration auf jedem Markt, auf dem ein Mitgliedsunternehmen tätig ist, hinter dessen Aktivität nun die Schubkraft der Mammutgesellschaft tritt, und das nicht zuletzt, was die Finanzkraft betrifft[20].

Zweitens üben solche Zusammenschlüsse zwangsläufig eine Sogwirkung zu Folge- und Aufholfusionen bei anderen Unternehmen aus **(Spillover-Effekt)** und beschränken nolens-volens in weiten Bereichen die faktischen Marktzutrittschancen, also auch den potentiellen Wettbewerb. Zur „Disziplinierung" aktueller tritt die Abschreckung potentieller Konkurrenten.

Drittens wächst dem Mammutkonzern in aller Regel auch politisch eine **Privilegierung** zu, und das ist die vielleicht gefährlichste Konsequenz dieser Art von Fusionen. Das konzentrierte Unternehmen wird seinerseits selbst zu einem Faktor, der die Wirtschaftspolitik beeinflussen kann. Andererseits vermag es sich, bei gegebener Gesetzgebung, Subventions- und Steuervermeidungsquellen zu erschließen wie kein anderer Marktteilnehmer sonst. Vor allem aber ist es insofern der unerbittlichen Kontrolle des Marktes entzogen, als eine derartige Mammutgesellschaft praktisch keine Insolvenz mehr zu befürchten hat. Schon die konzentrierte Beschäftigtenzahl pflegt heute, wie die Erfahrung lehrt, die Staatshilfe auf den Plan zu rufen. So gesehen, ist eben nicht jedes unternehmerische Verhalten in gleicher Weise „politisch relevant".

3. Auch die Gegenprobe auf **denkbare Vorteile**, die eine Großfusion mit sich bringen mag, fällt nicht günstig aus.

a) Gewiß weitet sich der Aktionsradius der Gesellschaft aus; aber dieser Vorteil wird, schon betriebswirtschaftlich gesehen, durch zunehmende Bürokratisierung, Komplizierung der Führungsorganisation und die potenzierten Auswirkungen möglicher zentraler Fehlentscheidungen erkauft, so daß die reklamierten Rationalisierungschancen, einschließlich der „Synergie-Effekte", im Nettowert keinesweg über jeden Zweifel erhaben sind („diseconomies of scale", „X-inefficiencies" nach *Leibenstein*).

b) Zum anderen präsentieren sich die „Unternehmensphilosophien", die hinter den Konzentrationstendenzen stehen, als ein schwankendes Rohr. Risikostreuung durch „Diversifikation" und die darauf ausgerichtete Welle der branchenübergreifenden Mischkonzernbildung war eine solche Modeerscheinung. Aber es hat sich gezeigt, daß straffe Unternehmenseinheiten sich in der Wirtschaftsentwicklung durchweg besser behaupten. Die Zahl der Konglomeratfehlschläge ist beträchtlich[21], und das vor allem darum, weil mit der Kontrollfunktion des zentralen Managements nicht auch schon eine Kompetenz für die spezifischen Geschäftsbedingungen der zusammengestückelten, verschiedenartigsten Einzelun-

[20] So mißt auch die Monopolkommission „dem Kriterium der Finanzkraft zentrale Bedeutung bei der Beurteilung diversifizierender Zusammenschlüsse" bei (Hauptgutachten 1982/83, Baden-Baden 1984, Ziff. 786).

[21] Vgl. etwa für die USA: „Konzern-Entflechtung", in: Wirtschaftswoche, Nr. 12 v. 14.3.1986, S. 68ff.; „Minus auf lange Sicht", ebenda, Nr. 17 v. 18.4.1986, S. 69ff.

ternehmen verbunden zu sein pflegt. Für den Bereich der vertikalen Konzentration stand lange Zeit das Ideal Pate, einen Konzern in möglichst tiefer Gliederung zu arrondieren: von der Urproduktion bis zum Vertrieb. Nunmehr scheint „Divestion" die Devise zu sein. Offenbar nicht unbeeinflußt durch die erstaunlichen Erfolge japanischer Unternehmen, sieht man immer da, wo sich Funktionen aus der eigenen Produktion auf Zulieferer ausgliedern lassen, die besseren Chancen für Produktivität und Elastizität („Kanban-System").[22]

c) Bleibt zum dritten das Argument der gesteigerten „Unternehmenskraft", um in Zukunftsentwicklungen zu investieren und in der internationalen Konkurrenz mitzuhalten. Dazu ist **einmal** zu sagen, daß bereits die Anhäufung von Unternehmensschätzen („Kriegskassen"), die ja die Voraussetzung für Mammutfusionen darstellt, nicht unbedenklich ist. Zumindest ordnungspolitisch wäre es besser, statt durch Thesaurierung eine übermäßige Liquidität anzusammeln, die Erträge schwergewichtig an die Aktionäre auszuschütten, auf daß der Marktzins seine Kapitallenkungsfunktion zu erfüllen vermag, – wenn denn schon die an sich auch nicht zu vernachlässigende Möglichkeit einer Stückpreissenkung zur Verbesserung der Mengenkonjunktur als hoffnungslos altmodisch gilt. Des **weiteren**: warum sollte die „gesteigerte Unternehmenskraft" nur durch Fusion zu erreichen sein, die ja für den Konzern zunächst einmal einen finanziellen Aderlaß und auch später oft Zusatzausgaben zur internen Subventionierung bedeutet („trading profits for position")? Immerhin gibt es auch den Weg des „internen" Unternehmenswachstums, einschließlich **eigener Neugründungen**, der sich je nach dem relativen Finanzierungskosten-Rendite-Verhältnis über Kapitalerhöhungen, Kreditaufnahme und gegebenfalls über unverteilte Gewinne beschreiten läßt. Freilich, „intern" wachsen kann ebenfalls der potentielle Fusionspartner, der jetzt selbständig bleibt; aber das ist wettbewerbspolitisch nur erwünscht.

Hier liegt **schließlich** denn auch die Hauptantwort auf die Frage nach den Chancen, im internationalen Wettbewerb mitzuhalten. Schon für die nationale Ebene streift die Behauptung, ausgerechnet durch Großfusionen mehr Konkurrenz erreichen zu wollen, das Absurde. Das gilt jedoch kaum weniger für internationale Märkte. Abgesehen davon, daß die schiere Unternehmensgröße noch keineswegs mit Unternehmensstärke zusammenfällt, braucht man die Konsequenz der Behauptung nur einmal zu Ende zu denken, um zu sehen, daß es mit der Plausibilität, die sie zunächst zu haben scheint, nicht weit her ist. Die Wettbewerbspolitik zum Beispiel der Bundesrepublik würde sich nämlich durch die mehr oder minder zufällige Dimensionierung ausländischer Zusammenschlüsse die Meßlatte für die zu duldende oder gar zu fördernde Konzentration deutscher Unternehmen förmlich vorgeben lassen, und dazu noch unabhängig davon, wie es um die tatsächliche wirtschaftliche Rationalität der ausländischen Fusionen bestellt ist. An den Größenordnungen deutscher Verhältnisse gemessen, wären bald auf den meisten Binnenmärkten nurmehr Mammutanbieter anzutreffen. Und was sollte erst ein im Ex- und Import international so verflochtenes Land wie Holland machen: hier drohte am Ende lediglich ein landesweites Großkonglomerat Bestand zu haben. Auf einem anderen Blatt steht freilich die Frage nach der Abstimmung der **internationalen Wettbewerbspolitik**. Hier haben namentlich die Organe der Europäischen Gemeinschaft noch ein weites Feld zu beackern *(Schlieder)*.

---

[22] Allerdings nimmt im gleichen Zuge die Streikanfälligkeit zu. Vgl. *B. Molitor,* Arbeitsrecht und wirtschaftliche Entwicklung, in: ders., Wirtschafts- und Sozialpolitik in der Demokratie, Hamburg 1986.

4. Dem Charakter eines Per-se-Verbotes entsprechend, muß das **Kriterium**, an dem der Tatbestand einer wettbewerbsschädigenden Großfusion gemessen wird, eindeutig und einfach sein; ausfächernde Differenzierungen brächten auf diesem Terrain bestenfalls Scheingenauigkeiten ein. Für den Falltyp der **vertikalen und konglomeraten Zusammenschlüsse** kommt naturgemäß eine Bindung des Verbotes an hohe Anbieteranteile auf einzelnen Märkten nicht in Betracht.[23] Hier ist es die Höhe der periodischen Umsatzerlöse, auf die man sich als Indiz für die „überragende Stellung" in der Wettbewerbswirtschaft konzentrieren kann. Damit wird jedoch keineswegs die reine Größe „bestraft", wie das eher auf die Kriterien der Beschäftigtenzahl oder der Kapitalausstattung zuträfe. Eine „Steuerung von Betriebsgrößen" liegt schon darum nicht vor, weil „internes" Wachstum unbehelligt bleibt. Getroffen wird ausschließlich das Mittel eines Zusammenschlusses und die hier ansetzende Versuchung des Managements zur Gigantomanie.

So ist an eine allgemeine Regel von der Art zu denken, daß eine vertikale und konglomerate Fusion, bei der es zu einem gemeinsamen Umsatzerlös von, sagen wir, fünf Milliarden DM kommt,[24] prinzipiell untersagt ist. Dabei macht es keinen Unterschied aus, ob sich zwei oder mehrere Unternehmen zusammenschließen. Auch ist das Verbot mit Bedacht so gefaßt, daß ein Großkonzern, der schon für sich allein eine entsprechende Umsatzerlöshöhe aufweist, keinerlei Fusion mehr zugänglich ist.

Andererseits bleibt jedoch der Schönheitsfehler einer in absoluten Zahlen fixierten Grenzziehung, mit der Ökonomen gerade für evolutorische Wirtschaften nur ungern arbeiten. Aber er ist in dieser Sache unvermeidbar. Immerhin läßt sich die Grenze von Zeit zu Zeit anpassen, falls die Erfahrung eine Über- oder Unterdosierung erweisen sollte, etwa nach einer längerfristigen Aufblähung des Preisniveaus. Geschieht das behutsam, wird der Charakter des Verbotes als allgemeiner Regel nicht berührt.

So gesehen, bereitet der Falltyp einer rein **horizontalen Fusion** weniger technische Schwierigkeiten. Hier bietet sich als Kriterium der Anteil am Gesamtumsatz auf dem betreffenden Markt an, der mit dem Zusammenschluß erreicht würde. Dabei ist die Verbotsmarge aus naheliegenden Gründen eng zu ziehen: ein Anteil von einem Viertel des Gesamtumsatzes[25] dürfte nicht überschritten werden, wenn denn der oligopolistische Wettbewerb seine Chance behalten soll.

---

[23] Man vergleiche demgegenüber die nachgerade gequälte Anbindung an das Kriterium der „Marktbeherrschung", an dem auch die 4. Novelle zum Kartellgesetz von 1980 selbst für „Elefantenhochzeiten" festhält (§ 23a GWB). Kein Wunder, daß denn in der Zwischenzeit Mammutfusionen, trotz aller „Vermutung für eine Marktbeherrschung", die Zusammenschlußkontrolle anstandslos passierten, abgesehen von geringfügigen Auflagen, daß einige wenige Konzernbeteiligungen abgestoßen werden mußten.

[24] Die Zahl hält eine Mittelposition ein im Vergleich zu den verschiedenen Größenangaben, bei denen § 23a, Abs. 1 GWB vermutet, daß „durch den Zusammenschluß eine überragende Marktstellung entstehen oder sich verstärken wird".
Bei den Umsatzgrößen des Jahres 1984 würde die Fünf-Milliarden-Grenze praktisch bedeuten, daß von den 100 größten Industrieunternehmen in der Bundesrepublik 45 Einheiten von vorneherein keine Fusionschancen hätten (vgl. *J. Jeske,* Die 100 größten Unternehmen, in: Frankfurter Allgemeine Zeitung, Nr. 195 v. 24.8.1985, S. 11).

[25] Ein Marktanteil von fünfzig Prozent, wie ihn § 23a, Abs. 2, Satz 1, Nr. 1 GWB, und dazu noch im Rahmen einer bloßen „Zusammenschlußkontrolle", vorsieht, ist entschieden zu hoch angesetzt.

5. Ein **Entflechtungsproblem** stellt sich bei dieser Art wettbewerbspolitischer Regulierung nur dann, wenn Fusionen gesetzwidrigerweise vorgenommen wurden. Die Idee, auch ordnungsgemäß zustandegekommene Zusammenschlüsse aufzulösen, wenn sich erst nachträglich deren wettbewerbsschädigende Wirkung herausstellen sollte, erscheint selbst im Rahmen einer bloßen „Zusammenschlußkontrolle" bereits unter dem Aspekt der Rechts- und damit der Dispositionssicherheit bedenklich.[26] Das gilt verstärkt beim Konzept des Fusionsverbotes: wird dieses im Zeitverlauf verschärft, kann die Neuregelung immer nur pro futuro gelten.

Das bedeutet freilich, daß die bislang schon erfolgten Großfusionen nolens-volens hingenommen werden müssen. Die Verbotseinführung kann nicht schlagartig die Situation verändern; ihrer ganzen Anlage nach ist sie eine Maßnahme, die auf die längerfristige Wettbewerbswirkung setzt. Immerhin, die aus der Vergangenheit gleichsam übernommenen Großfusionen bleiben ihrerseits dem Test des wirtschaftlichen Entwicklungsprozesses ausgesetzt; manche lösen sich, wie die Erfahrung zeigt, wieder von selbst auf. Aber auch sonst können die spontanen Marktkräfte (und eine wachsame Wirtschaftsjournalistik) in Graden zur „Schadenseindämmung" beitragen.

§ 31 Problematik einer Mißbrauchsaufsicht

1. Blicken wir an dieser Stelle auf die vorgeführten Elemente des politischen Konzepts für den freien Wettbewerb zurück, so werden zwei Beziehungsstränge deutlich.

a) Die Setzung allgemein fusionshemmender Rahmenbedingungen, insbesondere die Regeln für den Bankeneinfluß, den gesellschaftsrechtlichen Minoritätenschutz und für die Stimmrechtsausübung bei Beteiligung körperschaftlicher Unternehmen, mögen streng erscheinen; aber gerade darum erlauben sie es, sich beim direkten Fusionsverbot auf wohldefinierte Falltypen zu beschränken. Und mögen auch hier die Tatbestandsbedingungen hart angesetzt sein, so haben doch Rahmenbedingungen und Fusionsverbote zusammengenommen den ordnungspolitisch nicht hoch genug zu veranschlagenden Vorteil, das alternative Instrument einer Mißbrauchsaufsicht bei einer, wie immer gefaßten, „marktbeherrschenden" Position an Dringlichkeit verlieren zu lassen. Denn sicherlich ist es für die **Ökonomie der Politik** rationeller, das willkürliche Zustandekommen solcher Positionen zu verhindern, als sie nachher auf eine mißbräuchliche Ausnützung hin zu „kontrollieren".

b) Ähnlich steht es um die Untersagung von kartellarischen Absprachen und Preisbindungen der zweiten Hand, von Preisdiskriminierungen und Boykotts, einschließlich des „unlauteren" Wettbewerbs. Was hier in bündiger und konzentrierter Verbotsform an Verhaltensweisen ausgeschlossen wird, läßt ein weiteres Mal den Bedarf für eine eigene behördliche Mißbrauchsaufsicht niedriger hängen. Das gilt umso mehr, als eine hilfreiche Querverbindung von seiten der fusionshemmenden Maßnahmen besteht; denn mächtige Unternehmenseinheiten eignen sich nun einmal faktisch in besonderem Maße für die Behinderung von

[26] Im übrigen dürfte schon die bloße Zahl der einspielenden Fälle abschrecken. Vgl. in diesem Zusammenhang: Wupper-Report 1985 – Wer kauft wen?, Hamburg 1986.

Konkurrenten, für diskriminierende Marktspaltung und auch Akte der „ruinösen“ Konkurrenz, die einzelwirtschaftlich Erfolge versprechen.

2. Instruktiv ist in diesem Zusammenhang, wie rein zahlenmäßig die Kartellbehörden (Bund und Länder) bislang in Aktion traten. 1984 zum Beispiel standen 575 Fällen einer Zusammenschlußkontrolle nicht mehr als 118 Verfahren der Mißbrauchsaufsicht nach § 22 GWB gegenüber (20,5%); überdies ging von diesen Verfahren kein einziges als „unanfechtbare Verfügung“ der Behörde aus. Und auch in den vorausgegangenen Jahren lagen die Dinge nicht wesentlich anders.[27] Das spricht im Hinblick auf das tatsächliche Gewicht der geltenden Mißbrauchsaufsicht eine deutliche Sprache, selbst wenn man in Rechnung stellt, daß manche Verstöße durch die Fleet-in-being-Wirkung der Behörde von vorneherein unterblieben bzw. während des Verfahrens zurückgenommen wurden. Oder sollte man allgemein annehmen können, daß die Bundesrepublik sich bereits in einem Paradies gesamtwirtschaftlich optimalen Wettbewerbsverhaltens trotz verstärkter Konzentrationstendenz befindet?

3. Aber auch bei anderen Verfahrenszahlen blieben immer noch die **prinzipiellen Bedenken**, denen das Instrument einer Mißbrauchsaufsicht ausgesetzt ist.

a) Das beginnt mit der Fixierung auf „marktbeherrschende“ Unternehmen und der Abgrenzung des (für jedes Produkt) jeweils „relevanten“ Marktes, die sich jedoch durch Rechtsbegriffe, so wird man sagen müssen, niemals in einer ökonomisch halbwegs befriedigenden Weise fassen lassen.

b) Das setzt sich fort mit dem für eine Mißbrauchsregelung unvermeidlichen **Als-ob-Konzept**, das die Bezugsgrößen abzugeben hat: es wird mit tatsächlichen oder fiktiven „Vergleichsmärkten“ gearbeitet und mit Verhaltensweisen,die sich hier bei „wirksamem“ Wettbewerb „mit hoher Wahrscheinlichkeit“ ergeben würde.[28] Das ist jedoch sachlich ein nicht gerade tragfähiger Entscheidungsboden, und das umso weniger, als die staatliche Behörde nun auch noch die Wahrscheinlichkeiten zukünftiger Verhaltens**folgen** berücksichtigen müßte.

c) Und das endet mit dem „Abwägungsprinzip“, auf das, läßt man erst behördliche Einzelfallentscheidungen zu, nicht zu verzichten ist; ja, es kann auf den ersten Blick sogar besonders sachgerecht erscheinen. Indes, man braucht sich das Verfahren nur in concreto vorzustellen, nämlich einerseits die Ermittlung, wann ein Verhalten die Wettbewerbsmöglichkeiten anderer Anbieter „in erheblicher Weise“ behindert, und andererseits, wann ein „sachlich gerechtfertigter Grund“ vorliegt, der eine gravierende Beeinträchtigung gleichwohl erlaubt,[29] um die Vermutung bestätigt zu finden, daß die Abwägung, selbst bei bestem subjektivem Willen, primär vom Ermessen der Behörde abhängt; ob dabei auch die Sachrichtigkeit getroffen wird, ist eher eine Frage des Zufalls. Das alles muß eine Mißbrauchskontrolle, entgegen der Laienmeinung, zum sachlich problematischsten Instrument der Wettbewerbspolitik machen.

4. Diese Bedenken gelten ebenfalls für das (neben dem **„Behinderungsmißbrauch“** zweite) Konstrukt eines **„Ausbeutungsmißbrauches“**, will sagen: der mißbräuchlichen Ausnutzung einer „marktbeherrschenden“ Unternehmensstel-

---

[27] Vgl. Berichte des Bundeskartellamtes 1983/84 (Bundestagsdrucksache 10/3550, S. 119ff.) und 1981/82 (ebenda, 10/243, S. 250ff.).

[28] Vgl. etwa § 22, Abs. 4, Satz 2, Nr. 2 GWB.

[29] Vgl. § 22, Abs. 4, Satz 2, Nr. 1 und ähnlich Nr. 3 GWB.

lung zu Lasten der Abnehmer[30]. Dieser Fall scheint zunächst eine besondere ethische Plausibilität für sich zu haben: was ist einer Wettbewerbs**politik**, so sollte man meinen, mehr auf den Leib geschrieben, als vor allem und unmittelbar „Ausbeutung“ zu verhindern. Dennoch ist das zu kurz gedacht. Gerade vom oligopolistischen Wettbewerb zwischen Teilnehmern mit einem relativ erheblichen Marktanteil pflegt der Konsument in Produktpreis und/oder Produktqualität am meisten zu profitieren. Selbst da, wo ein einzelner Anbieter alle übrigen „überragt“, wäre dem unternehmerischen Versuch, durch Mengenbeschränkung den Stückpreis nach oben zu treiben, keine lange Erfolgsdauer beschieden, wenn immer nur freier Marktzutritt herrscht: just der überhöhte Preis ist der beste Anreiz dafür, daß aus potentieller eine tatsächliche Konkurrenz wird. **Politik** braucht man also lediglich, um für durchlässige Marktverhältnisse zu sorgen. Die Verhinderung von „Ausbeutungsmißbräuchen“ kann dann getrost den Marktkräften überlassen bleiben.

5. Etwas anderes ist es allerdings, wenn der **Staat** seinerseits für eigene oder konzessionierte private Unternehmen eine Monopolstellung schafft bzw. absichert. In der Tat, wo es in der heutigen Wettbewerbswirtschaft noch echte Monopole gibt, kann man sicher sein, daß an irgendeinem Ende der Staat seine Finger im Spiele hat oder hatte. Hier stände dann Wettbewerbspolitik gegen Regierungspolitik. Wenn es überhaupt eine Mißbrauchsaufsicht durch die Kartellbehörde geben muß, so wäre es gegenüber staatlich sanktionierten Monopolunternehmen. Aber natürlich ist es auch hier rationeller, derartige Positionen tunlichst erst gar nicht entstehen zu lassen.

Denn die **technischen** Probleme, die einer Mißbrauchsaufsicht anhaften, bleiben auch beim Ausbeutungskonstrukt die gleichen. Zum Beispiel: Um wieviel darf der Benzinpreis von staatlich konzessionierten Autobahntankstellen über dem von benachbarten freien Straßentankstellen liegen, ohne daß ein „Ausbeutungsmißbrauch“ vorliegt? Man könnte antworten: überhaupt nicht. Aber wovon sollten die Autobahntankstellen ihre Konzessionsabgabe bestreiten? Andererseits verfügen diese Betriebe durch die Zulassungsbegrenzung nun einmal in Graden über regionale Marktmacht, die sich möglicherweise in eine Schröpfung der Abnehmer umsetzen läßt. Indes, abgesehen davon, daß auch zwischen den Autobahntankstellen ihrerseits keineswegs eine Null-Konkurrenz herrscht, können die Autofahrer selbst (bis auf Notfälle) einem Ausbeutungsversuch entgehen, indem sie vor und während der Autobahnfahrt auf Straßentankstellen ausweichen. Nur wer den damit verbundenen Zeitverlust nicht in Kauf nehmen will, wäre den Preisforderungen der Autobahnbetriebe ausgeliefert. Aber das dürfte kaum den Tatbestand einer „Ausbeutung“ erfüllen. So gesehen reduziert sich das Problem auf Notfälle und die unverschuldete Unkenntnis von Benutzern der Autobahntankstellen: um wieviel darf hier der Benzinpreis maximal höher liegen? Nur um die anteilige Konzessionsabgabenbelastung? Um weitere zwei, drei oder vier Pfennige, immer verglichen mit dem freien Straßentankstellenmarkt? Und, da dort erhebliche regionale Preisunterschiede zu bestehen pflegen, auch noch differenziert nach regionalen Gruppen von Autobahntankstellen? Man sieht, daß Preisverfügungen der Mißbrauchsaufsicht, wie man die Dinge auch wendet, ihren arbiträren Einschlag nicht abzuschütteln vermögen. Überdies verschütten sie durch ihre Vereinheitlichungswirkung mögliche Wettbewerbsquellen unter den

---

[30] Vgl. § 22, Abs. 4, Satz 2, Nr. 2 GWB.

konzessionierten Autobahntankstellen selbst. Worauf die Kartellbehörde allenfalls im Konsumenteninteresse drängen könnte, wäre in unserem Fall, daß der Staat die Konzessionsabgabe senkt. Aber das ist auch alles. Wenn immer die „freien“ Konkurrenten nicht ihrerseits in der Marktpreisbildung behindert werden, macht die Wahlfreiheit der Nachfrager selbst im Fall staatlich konzessionierter Unternehmen eine kartellbehördliche Aufsicht wegen möglichen „Ausbeutungsmißbrauches“ überflüssig.

§ 32 Wettbewerbsbehörde

1. Nach alledem wird im vorgeführten Konzept der Wettbewerbspolitik auf eine Mißbrauchskontrolle verzichtet. Das ist ein Vorteil nicht nur wegen der diesem Instrument inhärenten technischen Schwierigkeiten, sondern mehr noch, weil die ordnungspolitische Konsistenz gewahrt bleibt: der Staat beschränkt sich darauf, allgemeine Regeln zu setzen, und enthält sich dirigistischer Eingriffe. Auf solche Weise verbessert die Wettbewerbspolitik die Marktwirtschaftsordnung, statt ihr Effizienzverluste beizubringen.

2. Gleichwohl wird die Wettbewerbsbehörde keineswegs arbeitslos, wenn sich auch ihr Umfang – eine weitere segensreiche Wirkung des Konzepts – straffen läßt. Sie hat die Einhaltung der Verbotsregeln zu überwachen. Sie hat Klagen aus dem Publikum über Verstöße nachzugehen, wobei die Zuständigkeit zweckmäßigerweise auf sämtliche wettbewerbsrelevanten Rechtsmaterien auszuweiten wäre. Und sie hat nicht zuletzt konkurrenzschädigende Aktivitäten staatlicher Organe auf allen Ebenen der Gebietskörperschaften unter die Lupe zu nehmen und nach Art einer Ombudsinstanz zumindest in ihrer periodischen öffentlichen Berichterstattung dingfest zu machen, so wie das auf ihrem Feld auch die Rechnungshöfe tun.

3. Dazu ist freilich nicht nur eine entsprechende Ausstattung mit wirtschaftswissenschaftlich trainiertem Personal vonnöten. Die Behörde muß, auch **regierungsunabhängig**, also an politische Weisungen nicht gebunden sein. Aber selbstverständlich unterliegen ihre Entscheidungen, wie im Rechtsstaat bei jeder Behörde, im Beschwerdewege der fachgerichtlichen Nachprüfung. **Nicht** tragbar, weil kontraproduktiv, ist demgegenüber der Vorbehalt einer sog. „Ministererlaubnis“[31], die über Ausnahmegenehmigungen wiederum „Politik“ in das Verbotssystem infiltrieren würde.[32]

4. In ihrer Bedeutung für die **Marktwirtschaftsordnung** gleicht die Funktion der Wettbewerbsbehörde jener, die eine regierungsunabhängige Notenbank für das Gebiet der Geldwertstabilisierung besitzt. Die in eine konsistente Wettbewerbspolitik getätigten Investitionen haben eine hohe Rendite. Kompetitive Beschrän-

[31] Etwa im Stile von § 24, Abs. 3 GWB.

[32] So kommt es sicherlich nicht von ungefähr, daß es sich zum Beispiel bei der ministeriellen Ausnahmegenehmigung im Fusionsfall VEBA/Gelsenberg AG vom Jahre 1978, den das Kartellamt nach geltendem Recht untersagen mußte, um einen vom Bund kontrollierten Konzern handelte.

kungen mögen in ihrer gesamtwirtschaftlichen Schadenswirkung nicht sofort sichtbar werden. Aber, wie stets bei Allokationsverwerfungen, haben sie eine lange ökonomische Halbwertszeit: der an sich mögliche Produktivitätsgrad im volkswirtschaftlichen Faktoreinsatz wird auf Dauer nicht erreicht. Und spätestens bei einer konjunkturell oder strukturell bedingten Rezession zeigt sich, daß auch die Anpassungsfähigkeit des Produktionsapparates zur zügigen Krisenüberwindung Schaden genommen hat.

Kapitel 2: Patentschutz

§ 33 Grundproblem

1. **Neuerungen** bei Produkten und Herstellungsverfahren sind (neben der Entdeckung neuer Rohstoffquellen, neuer Markterschließungsmethoden und Änderungen in der Unternehmensorganisation) ein überragend wichtiges Ferment der Produktivitätssteigerung und der Wettbewerbsintensivierung (§ 21). Sie basieren auf einer neuen Idee und ihrer Entwicklung zur Verwertungsreife (Forschung und Entwicklung) und setzen in ihrer praktischen Anwendung eine entsprechende Umstrukturierung des Produktionsapparates voraus. Innovationen werden also ihrerseits produziert und verursachen **Kosten**.

2. Soweit Innovationen auf **Erfindungen** im engeren Sinne zurückgehen, bedarf es in der Regel eines ausschließenden Schutzes auf Zeit für den Erstanwender, auf daß im Produktpreis die anteiligen Forschungs- und Entwicklungskosten wieder hereinzubekommen sind. Bei sofortiger allgemeiner Nachahmungsmöglichkeit durch die kostenmäßig unbelasteten Konkurrenten kann das nicht gelingen. In diesem Fall würde die Neigung, überhaupt in Erfindungen zu investieren, empfindlich getroffen **(Erfindungsanreiz)**.

Auf der anderen Seite besteht aber ein volkswirtschaftliches Interesse daran, die Anwendung der Erfindung in der Produktion möglichst schnell und breit zu streuen **(Wettbewerbsförderungsziel)**.

3. Zwischen beiden Zielen bietet der **Patentschutz** einen Kompromiß: um des Anreizes willen, daß es laufend zu Innovationen kommt, wird ein befristetes Ausschließungsrecht in Kauf genommen, das den Konkurrenten hindert, sogar eine eigene gleichgerichtete Erfindung anzuwenden, wenn er mit ihrer Anmeldung beim Patentamt zu spät kam. Dem steht die Chance einer entgeltlosen Nutzung der neuen Idee mit Auslaufen des Patentes gegenüber.

4. Institutionell gesehen dient das staatliche Patentwesen dem Schutz des **geistigen Eigentums** (§ 9) in seiner gewerblichen Nutzung (immaterielles Vermögen). Mit der Patenterteilung wird eine Erfindung zu einem rechtsfähigen Gut (property right), das seine eigenen Märkte hat (§ 35).

5. Besonderheiten ergeben sich für Erfindungen von **Arbeitnehmern**. Es werden „freie" und „Diensterfindungen" unterschieden. Die (abgestuften) Informationsansprüche des Arbeitgebers und die Vergütungsansprüche des Arbeitnehmers sind gesetzlich besonders geregelt (Gesetz v. 25.7.1957; Richtlinien des Bundesarbeitsministers v. 20.7.1959).

6. Andere Formen des Schutzes gewerblich-geistiger Leistungen **(„gewerblicher Rechtsschutz")** sind: Gebrauchsmuster (Schutzdauer in der Bundesrepublik: drei Jahre), Geschmacksmuster (ein bis fünfzehn Jahre) und Warenzeichen (zehn Jahre mit beliebiger Verlängerungsmöglichkeit).

§ 34 Wettbewerbsbeschränkung

1. Über den **Grad** der mit dem Patentwesen einhergehenden Wettbewerbsbeschränkung bestimmen mehrere Faktoren. Zunächst einmal wird nicht jede Erfindung patentiert: an die **Patentfähigkeit** können schärfere und geringere Anforderungen gestellt werden. Das gilt namentlich in bezug auf das Kriterium der geforderten „Erfindungshöhe".

Zum anderen kann die **sachliche Reichweite** des Erfindungsschutzes enger oder weiter gezogen sein. So ist es die Frage, in welchem Umfang das Ausschließungsrecht etwa bei einer Basiserfindung ebenfalls externe Folgeerfindungen, zum Beispiel Know-how-Erfindungen, blockieren soll.

Nicht zu unterschätzen ist auch die Bedeutung der längeren oder kürzeren **Verfahrensdauer** ihrerseits, die im Zuge der Erfindungsprüfung zwischen der Patentanmeldung und der Entscheidung über eine Patenterteilung verstreicht: da bereits mit der Anmeldung, soweit sie nicht vom Amt zurückgewiesen wurde, ein vorläufiger Schutz einsetzt, kann schon diese als wettbewerbsstrategischer Parameter benutzt werden, selbst wenn später keine Patenterteilung erfolgt.

Schließlich vermag die jährliche **Patentgebühr**, die der Inhaber zur Aufrechterhaltung seines Patentes an das Patentamt zu entrichten hat, je nach Höhe und tarifarischer Ausgestaltung (etwa Progression in Abhängigkeit von der jeweils faktischen Laufzeit) dafür zu sorgen, daß Patente gegebenfalls vorzeitig aufgelassen werden: die Ausschließungsdauer wird insofern zum einzelwirtschaftlichen Kostenfaktor.

2. Die herausragende Determinante der Wettbewerbswirkungen ist die gesetzliche **Patentdauer** selbst, die allgemein für alle patentierten Erfindungen gilt. Sie steht in bezug auf ihre „Angemessenheit" der Diskussion offen. Die politische Tendenz geht, was wettbewerbspolitisch bedenklich stimmen muß, offensichtlich dahin, sie zu verlängern. In der Bundesrepublik wurde sie 1978 von 18 auf 20 Jahre heraufgesetzt (§ 16 Abs. 1 PatG).

Indessen ist die Patentdauer nicht alles. Im gewichtigen Teilbereich der Erfindung **pharmazeutischer Wirkstoffe** etwa, deren Marktzulassung an die Prüfung durch das Bundesgesundheitsamt gebunden ist, bleiben zusätzlich die Zulassungsunterlagen des Erstanwenders für potentielle Nachahmer (Generica-Hersteller) auf weitere zehn Jahre gesperrt (Zweites Gesetz zur Änderung des Arzneimittelgesetzes v. 16.8.1986). Das wirkt sich ökonomisch wie eine Verlängerung des Patentschutzes aus. Denn die denkbaren Alternativen, daß der Nachahmer die Unterlagen dem Erstanwender abkauft oder gar die erforderlichen Tierversuche und klinischen Experimente ein zweites Mal macht, dürften praktisch ausscheiden. Der Hinweis, daß das Prüfungsverfahren zwischen Patenterteilung und Marktzulassung eines Präparates ungebührlich lange dauert, kann die Ausdehnung der Schutzfrist **nicht** begründen; die Gegenmaßnahmen hätten bei der Organisation und Ausstattung des Bundesgesundheitsamtes anzusetzen.

Wenn dagegen tatsächlich Lücken im Patentsystem zu beklagen sind, so liegen sie auf internationaler Ebene, namentlich was den Schutz in außereuropäischen Ländern und hier besonders im Ostblock betrifft. Für Europa war das Patentübereinkommen vom 1.6.1978 (Europäisches Patentamt) und das Gemeinschaftspatentgesetz vom 26.7.1978 ein wichtiger Fortschritt.

3. Bei gegebener Ausgestaltung des Patentrechtes hängt die **tatsächliche** Sperrkraft von der Art der patentierten Erfindung und ihrem spezifischen Anwen-

dungsbereich ab. Die wettbewerbsschädigende Wirkung verstärkt sich, wenn der Patentinhaber von der Erfindung selbst keinen Gebrauch macht, ihre Anwendung aber auch Mitanbietern vorenthält, oder gar nicht-genutzte Patente häuft, um einen Produktionsbereich gegen die Substitutionskonkurrenz von Unternehmen abzusichern, die sich selbst innovativ betätigen (Sperrpatente).

Konzentrationserhöhend wirkt auch ein **Patentpool** auf nationaler oder internationaler Ebene, mit dem mehrere Patentinhaber einer Branche die wechselseitige Nutzung der geschützten Erfindungen unter Verweigerung einer Lizenzvergabe an Dritte vereinbaren, und erst recht ein **Patentkartell** (§ 25).

4. Gegenüber den Möglichkeiten einer gesamtwirtschaftlich abträglichen Patentierungsnutzung sind jedoch nicht die positiven Wirkungen des Schutzinstitutes für den technischen Fortschritt zu vernachlässigen, die neben der Inventionsförderung auch im **Offenbarungsanreiz** bestehen: die mit der Patentanmeldung einhergehende öffentliche Preisgabe der Erfindungsidee kann zu ihrem Teil die Forschungstätigkeit anderswo beflügeln und Doppelaufwände vermeiden lassen. Selbst gesperrte Erfindungen mögen im Wege der Umgehung oder Überholung zu neuen Ideen anregen, die sonst vielleicht nicht entdeckt worden wären.

Aber gerade erst die Existenz des Patentinstitutes führt dazu, daß auch an sich geheimhaltbare, aber patentfähige Erfindungen offengelegt werden, etwa weil der Unternehmer dem bei der Geheimhaltung nie ganz auszuschließenden Risiko die Sicherheit des Anwendungsschutzes vorzieht, selbst wenn dieser zeitlich begrenzt ist. Auch kann die Aussicht auf einen möglichen Patenttausch bzw. die Lizenzvergabe attraktiv wirken.

§ 35 Lizenzvergabe

1. Mit der Lizenzvergabe während der Patentlaufzeit, die anderen Produzenten gegen Entgelt eine Nutzung der Erfindung erlaubt, würden idealerweise die ungünstigen Wettbewerbswirkungen vermieden, ohne daß der Inventionsanreiz Schaden zu nehmen bräuchte. Freilich muß sichergestellt sein[1], daß der Patentinhaber die Vergabe (oder auch den Patentverkauf) nicht dazu benutzt, um dem abnehmenden Unternehmen **zusätzliche** Beschränkungen aufzuerlegen, die über den Inhalt des Schutzrechtes hinausgehen.

2. Aber auch dann bleibt das Problem, inwieweit Lizenzen überhaupt bzw. positivenfalls nur mit abschreckend hohen Preisforderungen vergeben werden. Dem könnte zu seinem Teil das Rechtsinstitut einer allgemeinen **Verpflichtung** zur Lizenzvergabe (nach einer Karenzzeit) entgegenwirken, sofern der Lizenznachfrager nachweist, daß er die patentierte Erfindung gewerblich auch tatsächlich nutzt. Für den Nettoeffekt einer solchen Zwangslizenz müßte freilich in Rechnung gestellt werden, daß, zumindest in der Gewöhnungsphase, das Volumen der patentinduzierten bzw. nicht geheimhaltbaren Neuerungen nicht unberührt bleibt und es möglicherweise zu Versuchen kommen wird, die Ausnutzung der Zwangslizenz faktisch zu erschweren. Auch sind zusätzliche Gerichtsstreitigkeiten über die „Angemessenheit“ des Lizenzpreises abzusehen, den der Anbieter fordert.

---

[1] Das geschieht zwar in § 20 Abs. 1 des Kartellgesetzes. Indessen nimmt Absatz 2 wieder erhebliche Einschränkungen vor, namentlich für Bindungen des Lizenznehmers „hinsichtlich der Preisstellung für den geschützten Gegenstand“ (Nr. 2).

Kapitel 3: Stärkung der Verbraucherposition

§ 36 Kuppelprodukt der Wettbewerbspolitik

1. Die Stärkung der Verbraucherposition ist eine Art Kuppelprodukt eines hohen Konkurrenzgrades unter den Anbietern. Das Rückgrat verbraucherpolitischer Bemühungen stellt eine **konsequente Wettbewerbspolitik** dar (Kapitel 1).

2. Das gilt nicht zuletzt für den **Handelssektor** und den Bereich des Handwerkes bzw. anderer Dienstleistungsgewerbe, mit denen der Endverbraucher als Nachfrager in unmittelbaren Kontakt kommt. Das Prinzip bleibt, den freien Wettbewerb zu schützen und diesen seinerseits über die Anbieterstruktur auf den Märkten des Handels bestimmen zu lassen. Und da stehen die Zeichen der Zeit durchaus nicht so ungünstig, wie das manche Verbandsfunktionäre politisch verkünden. Auch unter Supermärkten herrscht Wettbewerb, soweit nicht die kommunalen Behörden die Niederlassung behindern; sie haben die Vorteile, die früher Konsumgenossenschaften boten, überflügelt. Der Einzelhandel und namentlich der Fachhandel steht keineswegs auf verlorenem Posten, soweit die Wettbewerbspolitik bewußte Behinderungs- und Verdrängungspraktiken ausschaltet; ihm gelten mit dem Wohlstandswachstum offenbar wieder zunehmende Präferenzen der privaten Haushalte.

Und auch der regional bedingten, monopolistischen Stellung von Einzelhandelsgeschäften in ländlichen Gebieten ist durch Verkehrserschließung und Motorisierung, aber nicht minder durch den Versandhandel eine faktische Konkurrenz erwachsen.

3. **Das Dienstleistungsgewerbe** seinerseits steht in der Wohlstandsgesellschaft nicht nur unter dem Druck eines erhöhten intrasektoralen Wettbewerbs, sondern auch dem einer quantitativ zu Buche schlagenden Do-it-yourself-Bewegung, deren Zulieferer nachgerade eine eigene „Industrie“ bilden.

§ 37 Rechtlicher Verbraucherschutz

1. Die Verbraucherpolitik im engeren Sinne dient zuvörderst dem **Schutz von Gesundheit und Sicherheit** und der Abwehr **materieller Schädigungen** der Abnehmer. Die einschlägigen Rechtsregeln bestreichen ein weites Feld, angefangen von der Präventivkontrolle, der die Hersteller und ihre Produkte unterliegen (zum Beispiel durch das ausgebaute Lebensmittelrecht), über die diversen Informationsverpflichtungen der Anbieter bis zu den Rücktrittsmöglichkeiten des Nachfragers (zum Beispiel im Abzahlungs- oder Reisevertragswesen bzw. beim Haustürhandel). Umgekehrt betrachtet, fördern diese Rechtsregeln im gleichen Zuge den Wettbewerb zwischen den Anbietern, indem sie verhindern, daß sich ein Konkurrent Vorteile zu Lasten der Verbraucher verschafft (§ 25).

2. Allerdings darf sich der Verbraucherschutz nicht in die Funktion einer Bevormundung drängen lassen. Die Wahlfreiheit des Konsumenten schließt ein, daß ein erwachsener Bürger für die eigene Person bewußt auch **Risiken** eingehen kann, wenn er dann selbst auch für die Folgen aufkommt. So mag der Gesundheitsminister mit gutem Grund auf die gesundheitlichen Gefahren etwa des Alko-

holkonsums hinweisen; aber jede Art von Prohibition muß jenseits der politischen Kompetenz liegen – zu schweigen davon, daß derartige Gängelungen erfahrungsgemäß eher kontraproduktiv wirken.

§ 38 Informationshilfen

1. Aufs Ganze gesehen, ist es abwegig, ausgerechnet in der modernen „Kommunikationsgesellschaft“ ein gravierendes Defizit in den Informationsmöglichkeiten der Verbraucher und damit in der Markttransparenz zu beklagen. Ein tatsächlicher Bedarf an Informationshilfen besteht im Bereich komplizierter, wertvoller **Gebrauchsgüter**, deren vergleichende Beurteilung gewisse Fachkenntnisse vorauszusetzen pflegt; sie werden individuell nicht so häufig in der Periodenfolge gekauft, daß man es auf die eigenen Erfahrungen des Verbrauchers mit dem Gut ankommen lassen kann. Hier liegt in erster Linie die aufklärend-beratende Funktion von Einrichtungen wie der „Stiftung Warentest“ und der Verbraucherzentralen.

2. Freilich ist die **Informationsbeschaffung** nicht kostenlos; zumindest muß Zeit eingesetzt werden. Aber das ist bei „Suchgütern“ stets der Fall. Indessen pflegt dem im Ergebnis ein entsprechender Gewinn in Form der Nutzensteigerung in der Einkommensverwendung gegenüberzustehen.

§ 39 Verbraucherverbände

1. Endverbraucher lassen sich nicht so leicht organisieren wie Anbietergruppen. Als Ausgleich kann der Staat Verbraucherverbänden finanziell als Hilfe zur Selbsthilfe unter die Arme greifen, ohne deren Charakter als **freie** Organisationen zu tangieren.

2. Zweckmäßigerweise ist eine Vertretung der Verbraucherverbände in den **Beratungsgremien** namentlich des Landwirtschafts-, Wirtschafts- und Justizministeriums zu berücksichtigen. Nicht minder wichtig erscheint ihre Repräsentanz bei der Bundespost- und Bundesbahnverwaltung. In Fragen des „unlauteren Wettbewerbs“ ist eine entsprechend ausgebaute Wettbewerbsbehörde (und die Judikative) der probate Adressat (§ 24). Ein eigenes „Verbraucherministerium“ liefe sicherlich auf eine Fehlinvestition hinaus.

3. Der Versuch, qua Verband auf einen anderen **„Konsumstil“** hinwirken zu wollen, ist ein zweischneidiges Schwert. Die dann unvermeidliche Ideologisierung kann Mitgliedschaften kosten und lenkt von der eigentlichen Funktion objektiver Informationshilfen ab, nach denen tatsächlich eine Nachfrage besteht.

Kapitel 4: „Marktversagen“

§ 40 Kollektivgüter

1. Mit der Vokabel „Marktversagen“ ist man heute in politischen Diskussionen leicht bei der Hand. Beim umgangssprachlichen Gebrauch entsteht der Eindruck, daß nachgerade alles, was an der freien Marktpreisbildung unangenehm aufstößt, dieser Kategorie subsumiert wird. Dabei sind dies in aller Regel just jene Fälle, in denen der Markt, weit entfernt davon zu versagen, seine Signal- und verhaltenssteuernde Funktion im Gegenteil modellgerecht erfüllt. Als Beispiel wären der (durch eine politische Kartellbildung verursachte) „Ölpreisschock“ oder der Zinsanstieg zu nennen, der im Gefolge einer exzessiven Staatsverschuldung einsetzte.

In wissenschaftlicher Betrachtung bezieht sich die Kategorie „Marktversagen“ ausschließlich auf ein **systemtheoretisch** spezifisches Phänomen. Unter ihr werden jene Bedingungskonstellationen zusammengefaßt, bei denen der Markt mit seiner pretialen Lenkung die ihm zugedachte Funktion der **optimalen Allokation** aus **prinzipiellen** Gründen nicht zu erfüllen vermag.

2. Zunächst geht es um den Fall eines Gutes, das **öffentlichen** Charakter trägt. Diese Bedingung ist keineswegs schon dadurch erfüllt, daß es eine staatliche Instanz ist, die das Gut bereitstellt. Empirisch hält die öffentliche Hand heute eine ganze Reihe von Waren und Diensten vor, die genauso gut und besser durch Private anzubieten wären (etwa Telephone und andere Endgeräte der Kommunikation). Gefragt ist jedoch gerade umgekehrt ein **wirtschaftliches** Kriterium, das zu einem staatlichen Angebot zwingt, wenn denn bestimmte Güter überhaupt zu haben sein sollen.

Hier könnte zunächst an die öffentliche Hand in ihrer Funktion als Hoheitsträger, also an staatliche Aktivitäten gedacht werden, die entfielen, wenn es diese Institution nicht gäbe, etwa der Ausweis- oder Paßzwang[1], dem sich denn auch manche Bürger nur widerwillig beugen. „Staatlichkeit“ in diesem Sinne trifft aber nicht den Kern dessen, was ökonomisch mit der Kategorie eines öffentlichen Gutes gemeint ist. Der springende Punkt liegt vielmehr darin, daß es sich um ein Gut handeln muß, das durchaus auch von Privaten zu produzieren wäre und das dennoch, wiewohl eine Nachfrage nach ihm besteht, nicht auf dem Markt angeboten wird.

3. Das auf den ersten Blick rätselhafte Phänomen erklärt sich daraus, daß bei den potentiellen Nachfragern **„Nicht-Ausschließbarkeit“** vorliegt: Wird das Gut erstellt, kann es im Prinzip jedermann in Anspruch nehmen, ohne daß in individueller Zurechnung jemand faktisch zur Kasse zu bitten wäre. Unter solchen Umständen kommt es, obwohl das Gut begehrt ist, zu einer Unterversorgung, also zu einer nicht-optimalen Allokation. Der einzelne Nachfrager mag darauf spekulieren, daß schon irgendjemand, der ebenso interessiert ist wie er, die notwendige Anstrengung zur Bereitstellung des Gutes unternimmt, auf daß er dann selbst als

[1] Zu fragen bliebe, ob in den Fällen einer solchen „Zwangsversorgung“ überhaupt eine Gebühr zu verlangen ist.

„free rider“ automatisch mit einem Gratis-Nutzen daran teilhat. Aber kein privater Produzent wird sich der Sache annehmen, da er angesichts der Eigenart des Gutes keine (rechtliche) Möglichkeit besitzt, ein entsprechendes Stückentgelt für seine Herstellungskosten einzutreiben. Hier muß der Markt „versagen“. Die Produktion unterbliebe, wenn nicht der Staat in die Bresche springt.

4. Nicht-Ausschließbarkeit ist das ausschlaggebende Merkmal, das ein Gut sachlich als öffentlich oder kollektiv charakterisiert. Das Kriterium des **„nichtkonkurrierenden Konsums“**, das zuweilen auf die gleiche Stufe gestellt wird, bleibt demgegenüber sekundär. Gewiß kann ein öffentliches Gut im gleichen Zuge den Tatbestand erfüllen, daß seine Nutzenstiftung nicht abnimmt, auch wenn viele oder gar eine unbegrenzte Zahl von Personen gleichzeitig von ihm Gebrauch machen. Aber das muß faktisch keineswegs immer der Fall sein.

Andererseits trifft das gesamtwirtschaftlich günstige Phänomen der Nicht-Rivalität unter den Nachfragern auch auf eine Reihe von Dienstleistungen zu, die privat angeboten werden oder werden können. Ein und dasselbe Rockkonzert mag, statt nur von hundert, von tausend Zuhörern konsumiert werden, ohne daß die zusätzliche Nachfrage eine höhere Angebotsmenge erforderte. Der einzelne Abnehmer erleidet durch den gleichzeitigen Konsum keinen Schaden. Im Gegenteil, manchem Zuhörer würde eine geringere Teilnehmerzahl eher als nutzenmindernd erscheinen. Jedenfalls folgt aus dem Phänomen des „nichtkonkurrierenden Konsums“ (oder, was das anbelangt, einer „Unteilbarkeit“ des Gutes) nicht zwingend, daß das betreffende Gut von staatlicher Seite bereitgestellt werden müßte.

5. So sind denn „geborene“ Kollektivgüter selten anzutreffen. Das gilt selbst, wenn man den historischen Aspekt vernachlässigt und auf heutige Gesellschaften abstellt. Hier rechnet sicherlich das Gut der **äußeren und inneren Sicherheit** dazu. Allerdings schließt das nicht aus, daß im ersteren Fall, wie einige Bürgergruppen reklamieren, mit der kollektiven Bereitstellung des Gutes ein subjektiv negativer Nutzen verbunden sein kann, während im zweiten Fall wieder andere Bevölkerungskreise das öffentliche Angebot offensichtlich als unzureichend betrachten und auf dem privaten Markt zusätzliche (innere) Sicherheitsleistungen nachfragen.

Weniger eindeutig ist schon das Beispiel eines Naturschutzparkes. Recht verstanden, profitiert jedermann durch die Erhaltung von Landschaft, Fauna und Flora – selbst der, der den Park nie betritt. Und doch kann das Gut, wie die Praxis zeigt, von privaten Vereinigungen mit Spenden zum entsprechenden Landkauf und Unterhalt erstellt werden. Vieles, was man heute in diesem Bereich bei uns wie selbstverständlich als staatliche Aufgabe ausgibt, gilt in anderen Gesellschaften, wie etwa den USA, ebenso selbstverständlich als Terrain freier Bürgerinitiativen und der Selbstverwaltung.

Vollends ist, obwohl sie immer wieder erfolgt, die Einbeziehung des Beispiels von Fernsehsendungen voreilig. Gewiß läßt sich hier der Ausschluß von jemandem, der den Stückpreis nicht bezahlen will, für den privaten Anbieter ohne Zwangsgewalt kaum vorstellen. Auch verliert die Medienleistung nicht an Wert, wenn tausend Personen mehr zusehen. Gleichwohl haben sich Möglichkeiten herausgestellt, die eine private Produktion durchaus lohnend machen. Die einschlägigen Anbieter finanzieren sich durch Werbeeinnahmen. Es gibt Konkurrenz. Entscheidend sind die Einschaltquoten, die sich technisch feststellen lassen. Mit ihnen signalisieren die Konsumenten ihre Präferenzen, ohne individuell einen Preis zu zahlen. Der Staat kann sich darauf beschränken, die Einhaltung allgemeiner Medienrahmenrichtlinien durchzusetzen, die das Parlament beschließt.

§ 41 „Meritorische" Güter

1. Anders als „geborene" öffentliche Güter sind die Fälle, die man mit *Musgrave* als „meritorische" Güter bezeichnet, denkbar zahlreich. Das ist nicht verwunderlich. Denn es handelt sich um Güter, die ganz normal von Privaten gegen Preis auf dem Markt nachgefragt werden. Der Staat sucht sie jedoch, weil er sie für besonders bedeutsam (und, wie hinzugefügt werden sollte, weil er das Verfahren für „politisch" vorteilhaft hält), dadurch „aufzuwerten", daß er aus eigenen Mitteln mehr davon bereitstellt.

Man sieht, daß hier kein wirtschaftlicher Zwang für ein öffentliches Angebot vorliegt. Was unter diese Güterkategorie fällt, ist eine Frage nicht des Marktversagens, sondern eines Werturteils. Ob ein Gut überhaupt und, positivenfalls, in welchem Umfang „meritorisiert" werden soll, bleibt der Entscheidung von Regierungen anheimgegeben. De facto geht es um Eingriffe in die **Konsumentensouveränität**, und das schon insofern, als die Finanzmittel, die die Meritorisierung erfordert, vorweg privaten Einkommensbeziehern entzogen werden müssen.

Hier zeigt sich der gravierende Unterschied zum öffentlichen Gut. Während sich dort das staatliche Angebot mit den Konsumentenwünschen trifft, die aus faktischen Gründen jedoch privat nicht zu befriedigen sind, werden im Fall der meritorischen Güter die Präferenzen, die das Publikum in der unbehelligten Einkommensverwendung tatsächlich bekundet, „politisch" als unbefriedigend angesehen: sie sollen im „wohlverstandenen" Interesse des einzelnen, so wie die „politischen Eliten" es sehen, korrigiert werden.

Insoweit erhält hier die Forderung nach öffentlicher Wirtschaftstätigkeit einen arbiträren Zug. Da die Regierungen wechseln und auch ein und dieselbe „politische Elite" zuweilen ihre Meinungen ändert, kann heute dieses und morgen jenes marktgängige Gut in den Bereich einer meritorisierenden Intervention geraten. Auch mögen im Zeitverlauf Abgänge vorkommen, wiewohl der allgemeine Trend eher zu einer ständigen Bereichsausweitung neigt. Und natürlich läßt, wenn es erst eine politische Aufbesserung bestimmter Güter gibt, bei anderen Arten eine **„Demeritorisierung"** nicht auf sich warten, so etwa die auf Entmutigung zielende steuerliche Intervention in den Konsum von Tabak und alkoholischen Getränken, die allerdings im gleichen Zuge, wie zufällig, die politisch liebsame Eigenschaft besitzt, fiskalisch besonders aufkommensintensiv zu sein.

3. Vor diesem Hintergrund gebietet es der demokratische Respekt vor der freien Konsumentenentscheidung ebenso wie die Rückicht auf die allokative Rationalität der Marktwirtschaft, an Meritorisierungsvorhaben, die zu staatlicher Wirtschaftstätigkeit führen, strenge Maßstäbe anzulegen. In vielen, wenn nicht den meisten Fällen sind **Information und Aufklärung**, mit denen die Politiker an die Einsicht mündiger Bürger appellieren, das bessere Verfahren. An zweiter Stelle wäre an zweckgebundene monetäre Transfers zu denken, etwa an die gezielte Wohngeldzahlung statt an ein staatliches Wohungsangebot. Nur in dem besonderen Fall eines übergeordneten Allgemeininteresses, das fraglos auch jenseits der

Regierungswechsel Bestand hat, erscheint ein unmittelbares wirtschaftliches Engagement des Staates geboten, so etwa zur Bewahrung des kulturellen Erbes durch die Einrichtung von Bibliotheken, Museen, Opernhäuser u.ä.. Und selbst hier können oft monetäre Beteiligungen der öffentlichen Hand an den Investitionen und/oder den laufenden Kosten für die angestrebte Meritorisierung ausreichen und zweckdienlicher sein; sie ersparen immerhin den Einsatz eines eigenen staatlichen Produktionsapparates. Auch darf nicht der mißliche Gewöhnungseffekt vernachlässigt werden: wenn immer schon darauf gebaut werden kann, daß die politische Instanz bei der Hand ist, drohen die privaten Initiativen einzuschlafen, die sich sonst regen würden (Samariter-Dilemma).

§ 42 Externalitäten

1. Nicht abgedeckt (obwohl Berührungspunkte bestehen können) wird mit den bisher untersuchten Fällen das Phänomen der **externen Effekte**. Sie liegen dann vor, wenn mit der Produktion oder dem Konsum eines Gutes vorteilhafte bzw. nachteilige Wirkungen auf einen Dritten verbunden sind, ohne daß dafür über den Markt eine entsprechende Gegenleistung bzw. Restitution erfolgte.

2. Fassen wir zunächst die **negativen Externalitäten** ins Auge, so wird in der Tat die Rationalität des marktwirtschaftlichen Allokationsmechanismus beeinträchtigt, wenn der Stückpreis, zu dem ein Gut angeboten wird, nicht **alle** Kosten widerspiegelt, die gelegentlich seiner Produktion entstehen, also nicht auch jene, die bei unbeteiligten Dritten anfallen. Normalerweise vermag sich hier der negativ Betroffene aufgrund seiner **Eigentumsrechte** zur Wehr zu setzen, soweit die Verursachung des Nachteils eindeutig zurechenbar ist und quantitativ zu Buche schlägt. Notwendigenfalls läßt sich die Ausgestaltung der Eigentums- und Nutzungsrechte durch den Staat so verbessern, daß sich das Problem im Wege der Verhandlung zwischen Verursacher und Betroffenem löst. Das Ergebnis ist eine „Internalisierung“ der Kosten, sei es, daß der negative externe Effekt in Zukunft unterbleibt, sei es, daß der Verursacher ein adäquates Entgelt zahlt.

Indessen gilt das leider nicht für so lebenswichtige Güter wie den Reinheitsgrad der Luft, einen verträglichen Lautpegel und die Qualität des Wassers; sie sind mit wachsender Bevölkerungs- und Industriedichte im Gegenteil zunehmend gefährdet. In diesen Fällen kann das ordnungspolitische Instrument des Privateigentums aus **faktischen Gründen** nicht die Funktion wahrnehmen, die es ansonsten für die Allokationseffizienz in der Marktwirtschaft besitzt: negative Externeffekte sind nicht die Folge von Privateigentum, sondern umgekehrt gerade in dessen Nicht-Vorhandensein begründet.

Hier muß der Staat zum **Schutz der Umwelt** eingreifen. Freilich wäre die Übernahme von Produktionen in die eigene Regie keine Lösung – sieht man einmal von Kläranlagen für die Wasserverschmutzung durch die Haushalte ab, die nicht selbst entsprechende Einrichtungen vorhalten können. Öffentliche Unternehmen pflegen, nur weil ihr Träger eine staatliche Instanz ist, in ihrem Umweltverhalten keineswegs eine bessere Figur zu machen als private Produzenten.

3. Im denkbaren **Instrumentarium der Umweltschutzpolitik,** bei der es nicht nur einseitig um das Produzenten-, sondern auch um das Konsumentenverhalten geht, ist:

a) die Bedeutung von **„moral suasion“** (§ 17) nicht zu unterschätzen. Ihr Anwendungsgebiet reicht von Werbespots in den Massenmedien bis zur Aufklärung im Schulunterricht. In der Tat sind etwa in der Bundesrepublik auf diese Weise erhebliche Fortschritte im verhaltenssteuernden Umweltbewußtsein zu verzeichnen.

b) **Subventionierung** bislang schädlicher Produktionen, auf daß sie umweltfreundlicher werden, ist unter sonst gleichen Bedingungen wenig effizient. Sie reduzieren nicht die Herstellung des fraglichen Gutes: die Kosten der Intervention werden ja diffus den Steuerzahlern aufgebürdet und nicht vom einzelnen Nachfrager aufgebracht. Und wenn der finanzielle Anreiz zur Verhaltensänderung nicht überwältigend hoch ausfällt, ist damit zu rechnen, daß auch die umweltschädlichen Produktqualitäten, die ja ihrerseits nicht teurer geworden sind, weiterhin hergestellt und nachgefragt werden.[2]

c) **Monetäre Sanktionen** nach dem Verursacherprinzip setzen allgemeine Richtlinien etwa für noch erlaubte Emissionen und eine eindeutige Zurechnung wie Messung von Verstößen voraus. Ziel ist es, das Umweltgut aus der Sicht der Verursacher zu verknappen und sie dazu zu bringen, unter Ressourcenschonung sofort oder (durch entsprechende Ausrichtung der technischen Forschung) in der Periodenfolge auf Substitutionsgüter überzugehen. Freilich gelingt das nur, wenn die monetären Sanktionen nicht nur absolut, sondern auch als Anteil an den Gesamtkosten merklich sind und im Schadenswiederholungsfall progressiv steigen.

d) Das Instrument, das hohe Wirksamkeit mit einem hohen Grad an Ordnungskonformität (§ 16) vereinigt, ist der Verkauf von zeitlich befristeten **Umweltlizenzen**, zum Beispiel von Emissionsrechten. Die staatliche Instanz legt regionale Obergrenzen für die zulässige Gesamtemission eines Schadstoffes fest und bietet als Quasieigentümer des Umweltgutes gegen Bezahlung den nachfragenden Unternehmen gestückelte Anrechtscheine an, die fungibel sind, also vor Fristablauf an Zweiterwerber abgestoßen werden können. Der Stückpreis dieser Zertifikate richtet sich nach den Grenzkosten der Schadstoffvermeidung oder -beseitigung und ist in der Periodenfolge variabel. Je nachdem, wie zum gegebenen Zeitpunkt das unternehmerische Vergleichskalkül zwischen den eigenen Schadensvermeidungskosten und den Kosten der benötigten Zertifikatmengen ausfällt, unterbleibt die Emission oder kommt es zum Kauf, der die Kosten der Umweltbeanspruchung internalisiert. In keinem Fall wird die Region stärker in der Umwelt belastet, als der festgelegten Gesamtnorm entspricht. Sie steht im Zeitverlauf natürlich auch ihrerseits der Anpassung an Erfahrungswerte und an neue Erkenntnisse offen, mit der sich dann jeweils auch die Zertifikatmenge ändert, die bei

---

[2] Ein nachgerade kurioser Fall ist vor diesem Hintergrund die staatliche Einführung eines **„Wasserpfennigs“** im Land Baden-Württemberg: Der Verbraucher muß beim Wasserpreis je Kubikmeter etliche Pfennige mehr bezahlen, mit denen dann die Landesregierung die Bauern und Nebenerwerbslandwirte „entschädigt“, die in Wasserschutzgebieten ihre Chemikaliendüngung einschränken sollen. Das läuft darauf hinaus, verkehrte Welt zu spielen: Wer die Umwelt, und dazu an einem empfindlichen Punkt (Trinkwasser durch Nitrat) schädigt, wird dafür entschädigt, daß er die Schädigung unterläßt. Aufschlußreich ist auch die Lastenverteilung einer solchen „Politik“: die Masse der Verbraucher wird gezwungen, zusätzlich zu zahlen; den handfesten Gruppeninteressen kommt man mit einem Subventionsanreiz entgegen; und das ganze Arrangement vollzieht sich unter tunlichster Schonung des Staatsbudgets, das der Landesregierung ungeschoren für andere Aktivitäten zur Verfügung steht.

Fristablauf der alten Tranche neu ausgegeben wird. Darüber hinaus hat die mit der Normierung unumgehbar verbundene Kostenbelastung, sei es nun durch betriebliche Schadensvermeidungsmaßnahmen, sei es durch Zertifikatkauf, die hoch zu veranschlagende Anreizwirkung, die Emissionsbelastung im wohlverstandenen unternehmerischen Eigeninteresse fortlaufend zur Kosteneinsparung abzubauen, also letztlich zu Substituten überzugehen.

Voraussetzung für das Funktionieren des Lizenzvergabeinstrumentes ist allerdings, daß die Höchstnormwerte unter den Regionen aufeinander abgestimmt sind; Schwierigkeiten ergeben sich hier namentlich für Grenzgebiete, die von den Umweltverhältnissen **jenseits der Landesgrenzen** tangiert werden. Auch muß der Zertifikatmarkt vor funktionsloser Spekulation geschützt werden; das kann dadurch geschehen, daß nur Unternehmen mit einschlägigen genehmigungspflichtigen Produktionsanlagen als Nachfrager zugelassen werden. Im übrigen liegt es auf der Hand, daß mobile Umweltverschmutzer wie etwa emittierende Verkehrsträger nicht mit der Maßnahme zu fassen sind.[3]

e) Man sieht, daß im Gesamtkonzept der Umweltschutzpolitik auch auf **unmittelbare staatliche Verbote bzw. Auflagen** als allgemeine Regeln (§ 4) nicht zu verzichten ist. Freilich kommen sie ordnungspolitisch nur als ultima ratio in Betracht. Das Problem liegt hier im Kern bei der Bündigkeit und Zuverlässigkeit der **naturwissenschaftlich-medizinischen** Erkenntnisse, die für die Normsetzung einspielen. Ständige Variationen sind der Sicherheit abträglich, die gerade die ordnungspolitischen Rahmenbedingungen dem einzelwirtschaftlichen Verhalten bieten sollen.

Andererseits bleibt es erstaunlich, mit welcher Behutsamkeit staatliche Aufsichtsbehörden zum Beispiel den durchweg kommunalen Wasserwerken, die die (inzwischen „europäischen“) Nitrathöchstgrenzen überschreiten, Übergangsfristen einräumen, ohne daß die Gemeinden zur Beschleunigung der geforderten Anpassung für diese Zeit den privaten Haushalten (in Grenzen) den gefahrenvorbeugenden Alternativkonsum von Mineralwasser zu finanzieren hätten (er gilt nicht einmal als steuerlich abzugsfähig).

---

[3] Gegenüber dem Instrument der staatlichen Zertifikatvergabe ist die praktische Verwertbarkeit des – theoretisch bestechenden – **Coase-Theorems** im Bereich der behandelten Umweltgüter mehr als fraglich.
a) Schon das Kriterium, nach dem die „Zuteilung“ von property-rights an Verursacher und Geschädigte vor sich gehen soll, bleibt ungeklärt. Das Problem stellen ja gerade die **nicht** eindeutig zurechenbaren, negativen Externalitäten dar.
b) Daß es für die „Verhandlungslösung“, auf die das Theorem abstellt, gleichgültig sein soll, an welche Seite die property-rights fallen, setzt, selbst im Rahmen einer **ausschließlich** allokationstheoretischen Betrachtung, voraus, daß die Transaktionskosten nicht von Bedeutung sind. Aber gerade im Fall der behandelten Umweltgüter ist die Zahl der mindestens auf der Geschädigtenseite Beteiligten groß und entsprechend auch der Umfang der Transaktionskosten, nicht zuletzt wenn an die Kontrollen auf Einhaltung der „Vereinbarung“ gedacht wird.
c) Es ist schwer vorstellbar, wie es zu einer „Verhandlungslösung“, etwa im Fall einer regionalen Lärmbelästigung, kommen soll, wenn der Verursacher das Recht auf Abgabe eines negativen Externeffektes und die Geschädigten lediglich durch Zahlung an den Verursacher ein Recht auf Schadensminderung erlangen können, ganz zu schweigen davon, daß die Konsequenzen für die Einkommensverteilung das Absurde streifen würden.

4. Wenden wir uns dem Fall von **positiven** externen Effekten zu, so drängt sich nur bei schematisch-formaler Betrachtung der Eindruck auf, hier lägen spiegelbildlich gleiche Verhältnisse wie bei den negativen Externalitäten vor – nur daß der Staat diesmal mit Belohnungen über das Marktergebnis hinaus einzugreifen hätte. In Wirklichkeit hat die Produktion bzw. Konsumtion der meisten Güter in dieser oder jener Form, wenn auch in unterschiedlichen Graden, ihre positiven Wirkungen für andere, nicht direkt beteiligte Wirtschaftseinheiten. Das geht auf den wechselseitig vorteilhaften Verhaltenszusammenhang **(„Interdependenz“)** in der Marktwirtschaft zurück, dem wir nicht zuletzt den sich wie von selbst vollziehenden allgemeinen Fortschritt verdanken. So pflegt eine erhöhte Fahrzeugproduktion im gleichen Zuge auch verbesserte Beschäftigungs**chancen** für die einschlägige Zubehörindustrie mit sich zu bringen. Oder: Ein Vorgarten, den ein privater Haushalt pflegt, stiftet regelmäßig nebenher auch für Dritte, für Anwohner und Spaziergänger, einen Nutzen. Aber sollte der Staat schon darum mit Subventionen eingreifen? Ganz zu schweigen von dem Umstand, daß das Bewußtsein auch einer Fremdnutzenstiftung möglicherweise die eigene Nutzenempfindung des Gärtners erhöht und im übrigen wohl kaum jemand den eigenen Garten vernachlässigt, nur weil er anderswo Blumen bewundern kann; eher wird die fremde Erfahrung ihn für die häusliche Anstrengung auf Ideen bringen.

Es müssen schon gewichtige **Zusatzgründe** vorliegen, bevor das allgemeine Phänomen positiver Externalitäten vernünftigerweise Anlaß zu staatlichen Aktionen zu geben vermag. Ein Beispiel wäre die Entwicklung von Regionen, die durch die Grenznähe gegenüber Staatshandelsmonopolländern ökonomisch nachhaltig benachteiligt sind. Hier kann der Staat durch Anreize für Industrieansiedlungen eine Initialzündung herbeizuführen suchen und selbst für die erforderliche Infrastruktur Sorge tragen (§ 3). In der Epidemienbekämpfung – ein anderes Beispiel – bleibt eine noch so große Sorgfalt des Einzelnen unzureichend, wenn von anderen, die nicht ebenso verfahren, Ansteckungsgefahren ausgehen. In diesem Fall ist, da monetäre Anreize allein kaum das gesellschaftliche Optimum sicherstellen lassen, ein gesetzlicher Impfzwang das probate Mittel. Einen eigenen Ärzteapparat muß der Staat darum jedoch keineswegs vorhalten.

§ 43 Steigende Skalenerträge

1. Bei der Suche nach denkbaren Fällen eines „Marktversagens“ (typische Abweichung vom Allokationsoptimum) stößt man schließlich auf den Kostenbereich. Gehen wir von der Marktform der vollständigen Konkurrenz **(Polypol)** aus, so vermag der einzelne Anbieter den Stückpreis nicht zu beeinflussen: der Produzent muß das Maximum seiner Gewinnsumme durch Variation der Ausbringungsmenge zu erreichen suchen. Er wird seine Produktion solange ausdehnen, bis die letzte zusätzliche Ausbringungseinheit keinen Stückgewinn mehr abwirft, also die (steigenden) Grenzkosten mit dem Stückpreis zusammenfallen. Diese Angebotsmenge ist aber nicht nur für den einzelnen Produzenten, sondern gleichzeitig auch gesamtwirtschaftlich optimal; denn sie wird zu den niedrigstmöglichen (totalen) Kosten pro Stück produziert.

Nun kann es **Produktionsfunktionen** geben, bei denen die Grenzkosten nicht nur „vorübergehend“, also für begrenzte Ausbringungsbereiche, sinken, um dann, wie im vorgeführten Fall, mit weiter zunehmender Produktion zu steigen. Sie weisen vielmehr „langfristig“ sinkende Grenzkosten und folglich entsprechend niedrige Stückkosten auf: mit einer Verdreifachung der hergestellten Stückzahl zum Beispiel erhöhen sich die Gesamtkosten um weniger als das Dreifache. Kurz, es handelt sich um eine Produktion mit **steigenden Skalenerträgen**, wobei, wohlgemerkt, der Nachdruck auf der „langfristigen“ Wirksamkeit liegt.

2. Auf den ersten Blick könnte man darin einen Anlaß sehen, sich zu beglückwünschen: je höher nur immer die Produktion ausfällt, um so geringer werden die Kosten pro Stück. Indessen ist hier nicht nur ordnungspolitisch der inhärente Zug zum Mammutbetrieb problematisch, bei dem kleinere Anbieter auf der Strecke zu bleiben pflegen. In letzter Konsequenz gerät auch das Allokationsoptimum in Gefahr. Denn wenn mit fortgesetzter Anhebung der Ausbringungsmenge die Grenzkosten tatsächlich immer noch weiter sinken, muß die unternehmerische Optimierungsregel „Grenzkosten gleich Stückpreis“ zu Erlösdefiziten führen: der Stückerlös ist, da unter den gegebenen Bedingungen die Stückkosten über den Grenzkosten liegen, nicht einmal mehr kostendeckend.

Gleichwohl kann, so ließe sich vorstellen, ein Unternehmer weiterproduzieren, falls er im Zeitverlauf mit einer derartigen Ausdehnung der Nachfrage zu rechnen vermöchte, daß die erforderliche Ausbringungsmenge eine Dimension erreicht, bei der schließlich die Skalenerträge doch abnehmen und die (steigenden) Grenzkosten sich mit den Stückkosten treffen. Wenn aber diese Erwartung als unrealistisch ausscheidet und da andererseits auch niemand daran denken kann, den kostendeckenden Nachfrageanstieg durch öffentliche Transfers künstlich herbeizuführen, bleibt das Ergebnis, daß kein **privater** Unternehmer diese Produktion sehenden Auges aufnehmen würde, wiewohl eine (begrenzte) Nachfrage nach dem betreffenden Gut besteht.

3. Freilich darf man nicht die restriktiven **Bedingungen** aus dem Auge verlieren, unter denen das Ergebnis abgeleitet wurde. Einmal gilt es nur bei der angenommenen spezifischen Produktionsfunktion. Diese fällt jedoch nicht vom Himmel. Bei einem anderen Typ ist eine private Produktion durchaus denkbar. Und warum sollten Unternehmer nicht findig genug sein, um den technisch-organisatorischen Fortschritt so in ihrer Produktion einzusetzen, daß sie die gegebene Nachfrage auf eine Weise bedienen können, die ihnen keine Verluste beschert?

Zum anderen ist da die Voraussetzung der vollständigen Konkurrenz. Weicht der konkret gegebene Markt im Falle des Gutes, um dessen Herstellung es geht, von dieser Marktform ab, sieht die Sache anders aus. Bei einer monopoloiden Marktform, in der auch der Angebotspreis einen unternehmerischen Aktionsparameter darstellt, kann es, selbst wenn an einer Produktionsfunktion mit steigenden Skalenerträgen festgehalten würde, sehr wohl zu einer privaten Produktion kommen.

Bei polypolistischer Marktform und steigenden Skalenerträgen freilich müßte der Staat ein Unternehmen, das das gefragte Gut produziert, subventionieren, und zwar im Ausmaß des Erlösdefizites, das sich unter Wahrung der Optimierungsregel in der Erzeugung der tatsächlich absetzbaren Produktmenge ergibt. Das wäre natürlich nur für ein Gut mit allgemein hoher Nachfragedringlichkeit angängig. Denn auch dieses Verfahren hat seinen Schönheitsfehler. Die Subventionsmittel müssen anderswo im privaten Sektor per Steuerzwang entzogen werden, was nun seinerseits wieder das Allokationsoptimum tangiert. Es sei denn, man könnte nachweisen, daß die subventionierende Intervention, im Ausgaben- und Entzugseffekt **zusammengenommen**, mindestens ein Wirtschaftssubjekt –

netto – besser stellte, ohne den Nutzen irgendeines anderen – netto – zu vermindern.

4. So hält sich die Zahl der Fälle, die unter der Begründung „steigende Skalenerträge“ den Staat auf den Plan zu rufen hätten, in engen Grenzen. Namentlich kann keine Rede davon sein, daß allein ein hoher Fixkostenanteil eine Produktion schon in Verdacht brächte, hier einschlägig zu sein. Vor allem aber ist die limitierte Subventionierung weniger privater Unternehmen aus öffentlichen Mitteln, die aus den dargelegten ordnungspolitischen Gründen erfolgt, etwas anderes als die unmittelbare eigene Wirtschaftstätigkeit des Staates. Eine Ausnahme dürfte unter heutigen Verhältnissen die Bereitstellung von Straßen darstellen (freilich schon nicht mehr der eigentliche Straßenbau, der im Auftragswege zur Gänze von privaten Produzenten zu leisten ist).

§ 44 Netzmonopole

1. Endlich ist noch ein anderes denkbares Argument zugunsten der staatlichen Wirtschaftstätigkeit in der Marktwirtschaft zu prüfen, das den quantitativ gewichtigsten Fall zu treffen scheint: es geht um Produktionsbereiche, die auf Netze von Schienen oder Leitungen angewiesen sind. Da es wenig vernünftig sein dürfte, zum Beispiel im Straßennahverkehr, unbeschadet der Raumknappheit, lediglich aus Gründen der Konkurrenzveranstaltung Schiene neben Schiene legen zu lassen, wird es hier regelmäßig auf ein monopolisiertes Angebot hinauslaufen. Dies ist im umschriebenen Sinne **faktisch-technisch** bedingt und insofern, zumindest für die gleiche Leistungsart bzw. Leistungsstufe bei gegebenem Stand der Technik, nicht auszuschalten. Bleibt für diese Fälle ein öffentlicher Anbieter unabweisbar?

2. Das ist gewiß nicht schon darum zu bejahen, weil, wie im Beispiel der Verkehrsleistungen, an die Betriebssicherheit oder, etwa beim Trinkwasser, an die Produktqualität besondere Anforderungen gestellt werden müssen. Sie sind durch gesetzliche Vorschriften und entsprechende Kontrollen auch bei privater Trägerschaft zu gewährleisten. Dazu bedarf es keines irgendwie beamteten Personals in der Produktion.

Ebenso wenig vermag der Hinweis auf die mögliche **Ausbeutung** der Abnehmer durch monopolistische Preispolitik durchzuschlagen. Diese Gefahr ist auch bei einem öffentlichen Unternehmen nicht auszuschließen. Es genügt, wenn Tarifhöhe und Tarifgestaltung beim privaten Anbieter einer staatlichen Genehmigungspflicht unterliegen.

Natürlich kann die rationelle **Strecken- oder Leitungsführung** besondere Probleme aufwerfen, namentlich was die Eigentumsabtretung von seiten der betroffenen Grundbesitzer anbelangt. Möglicherweise lassen sich Enteignungen (im Sinne von Art. 14, Abs. 3 des Grundgesetzes) nicht umgehen, und dazu bedarf es der staatlichen Instanz. Indes, auch in dem Fall, daß nur die öffentliche Hand in der Lage ist, das besagte Wege- oder Leitungsnetz bereitzustellen, kann doch der Betrieb der Unternehmung nach Leasing- und Konzessionsart durch Private erfolgen.

Derartige Konzessionen schließen keineswegs Gemeinwohlauflagen aus, wie etwa eine „flächendeckende“ Verkehrs- oder Wasserbedienung. Nur müssen dann, soweit die einschlägigen Kosten (etwa aus verteilungspolitischen Gründen) nicht voll im Abgabepreis abgegolten werden sollen, die Fehlbeträge dem Unternehmen aus der Staatskasse ersetzt werden.

In diesem Rahmen erledigt sich auch das Argument, daß gerade der Staat in seiner Wirtschaftstätigkeit den „längerfristigen Standpunkt" verträte. Ob er das tatsächlich und besser als private Unternehmen tut, läßt sich bezweifeln *(Schumpeter)*. Indessen braucht das dieserorts nicht entschieden zu werden. Denn positivenfalls vermag die Regierung ihrem Zeithorizont via Gemeinwohlauflage ausreichend Geltung zu verschaffen.

3. Was dagegen herausgestellt zu werden verdient, ist die **Entzerrung des Wettbewerbs**, die eintritt, wenn nicht der Staat in eigener Regie ein sog. Versorgungsunternehmen betreibt. Anders als eine öffentliche Instanz, verfügt nämlich der private Anbieter nicht über die dirigistischen Mittel um (akuten oder potentiellen) Konkurrenten, die etwa im Verkehrswesen mit anderen bzw. neuen Leitungsarten aufwarten, die Bedingungen des Wettbewerbs förmlich zu diktieren. Eine verstärkte freie Konkurrenz aber wirkt sich zwanglos disziplinierend für die Wirtschaftlichkeit der Unternehmensführung aus, und das nicht zuletzt auch im Hinblick auf die Wahrnehmung von Innovationschancen.

Kapitel 5: Privatisierung

§ 45 Ordnungspolitische Bedeutung

1. Ordnungspolitik setzt faktisch nie bei einer tabula rasa an, und sie erschöpft sich nicht in einmaligen Akten. Die Prüfung der marktwirtschaftlichen **Rahmenbedingungen** auf einen möglichen Anpassungsbedarf, aber auch auf denkbare Durchlöcherungen, die zwischenzeitlich eingetreten sein können, ist eine permanente politische Aufgabe.

2. Ein Paradebeispiel gibt hier der **wirtschaftliche Staatsbesitz** ab. In der Bundesrepublik stammt er zu einem erheblichen Teil aus der Periode des Nationalsozialismus mit seiner ökonomischen Autarkie- und Lenkungspolitik[1]. Zum Teil haben aber auch sozialistische Regierungsmehrheiten in der Nachkriegszeit namentlich auf Länder- und kommunaler Ebene die staatliche Wirtschaftstätigkeit ausgedehnt. Und schließlich sind da die öffentlichen Unternehmen und öffentlichen Dienstleistungen, die mehr oder minder unbesehen aus traditionellen Gründen beibehalten oder ausgeweitet werden, die aber darum nicht weniger der Überprüfung bedürfen, ob sie in der zeitgenössischen Marktwirtschaft, sei es als Staatseigentum, sei es als staatliches Angebot, tatsächlich unentbehrlich sind.

3. Dabei liegt die Beweislast ordnungspolitisch eindeutig auf jener Seite, die für eine bestimmte staatliche Wirtschaftstätigkeit, in Bewahrung oder in Neueinrichtung, plädiert. Sachlich überzeugend kann hier nur einer der Gründe sein, die oben unter dem Stichwort „Marktversagen“ qualifiziert wurden.

Kein hinreichendes Argument ist:

a) daß der Staat mit seinem Vermögen bzw. mit seiner Wirtschaftstätigkeit Erträge, also **Budgeteinnahmen** erzielen kann. Denn das ist unter marktwirtschaftlichen Bedingungen kein rationales Verfahren der Staatsfinanzierung, selbst wenn man einmal die Risiken solcher Anlagen oder Beteiligungen außer Betracht läßt. Zur Staatsfinanzierung verfügen die Politiker über das Instrument der Besteuerung, die auch darum das allein akzeptable Mittel darstellt, weil nur so die parlamentarische Kontrolle über die Staatstätigkeit gewahrt wird.

b) Schartig ist auch das **verteilungspolitische** Argument, mit dem öffentliche Unternehmen begründet werden.[2] Gewiß können sie, anders als private Anbieter, ihre Waren oder Dienstleistungen (bei entsprechender Subventionierung aus der Staatskasse) unter Markt- bzw. Kostenpreis abgeben. Aber damit werden Verzerrungen in der Faktorallokation und der Nutzenmaximierung für einen Zweck in Kauf genommen, der rationeller gelegentlich der Besteuerung und/oder durch

[1] Dazu: *A. Schweitzer,* Der „organisierte Kapitalismus“ als Wirtschaftsordnung in der ersten Periode der national-sozialistischen Herrschaft, in: Hamburger Jahrbuch für Wirtschafts- und Gesellschaftspolitik, 7. Jahr (1962); *E. Preiser,* Wesen und Methoden der Wirtschaftslenkung (1941), in: **ders.**, Bildung und Verteilung des Volkseinkommens, 2. Aufl., Göttingen 1961.

[2] Dem stimmen auch Vertreter einer Gemeinwirtschaft wie *G. Rittig* (Gemeinwirtschaftsprinzip und Preisbildung bei öffentlichen Unternehmen unter volkswirtschaftlichen Gesichtspunkten, Köln 1977, S. 24f.) zu.

unmittelbare Transferzahlungen an die zu begünstigenden privaten Haushalte zu erreichen wäre. Immerhin profitieren von den Sozialpreisen öffentlicher Unternehmen sämtliche Nachfrager, also auch solche mit hohem Einkommen.

c) Nicht besser steht es um das Argument, öffentliche Unternehmen sollten aus **beschäftigungspolitischen** Gründen aufrechterhalten oder eingerichtet werden. Denn wenn es mit rechten Dingen zugeht, wird nicht darum produziert, um einen Faktor zu beschäftigen, sondern nur dann und insoweit, als die hergestellten Güter tatsächlich auch auf eine entsprechende Nachfrage stoßen. Es ist gesamtwirtschaftlich wenig vernünftig, eine Produktion gegen das längerfristige Votum des Marktes bewahren und dabei rote Zahlen fahren zu wollen, zumal wenn damit auch noch der sachlich unerläßliche Wandel in der Produktionsstruktur hintangehalten wird; die letzten Dinge sind dann regelmäßig schlimmer als die ersten.

d) Vollends unhaltbar ist das Argument, man brauche öffentliche Unternehmen um der **politischen Einflußmöglichkeiten** willen oder gar zur Versorgung verdienter Politiker („Ämterpatronage" im Sinne Max Webers).

4. Privatisierung bzw. Reprivatisierung hat es also nicht mit irgendwelchem politischem Gutdünken oder mit ideologischen Bestrebungen zu tun. Zur Frage steht die **ordnungspolitische Rationalität** im Staatsverhalten. In der Bundesrepublik kommen dem nicht zuletzt auch die öffentlichen **„Haushaltsordnungen"** entgegen. So beschränkt § 65 der Bundeshaushaltsordnung die Beteiligung des Bundes in der Wirtschaft ausdrücklich auf den Fall eines öffentlichen Interesses, und selbst dann ist sie nur statthaft, wenn sich dieser „Zweck nicht besser und wirtschaftlicher auf andere Weise erreichen läßt" (Abs. 1).

§ 46 Durchführung

1. Privatisierung schließt zunächst einmal ein, die **Neubildung** staatlichen Wirtschaftsvermögens dadurch zu bremsen, daß jeweils eine Sachprüfung erfolgt, inwieweit sie als marktwirtschaftliche Ausnahme allokationspolitisch unabweisbar ist.

Sodann geht es darum, **vorhandenes**, aber in diesem Sinne funktionsloses **Kapitaleigentum** staatlicher Instanzen in private Hand zu überführen. Hier ist, abgesehen von überdimensionierten staatlichen Liegenschaftsvermögen, an die zahlreichen öffentlichen Beteiligungen an privaten Unternehmen (etwa Volkswagenwerk, Veba) und das staatliche Bankenengagement (etwa Deutsche Siedlungs- und Landesrentenbank und Deutsche Pfandbrief-Anstalt, die überwiegend Wettbewerbsgeschäfte tätigen), aber auch an die staatlichen Mammutgesellschaften (etwa VIAG, Industrieverwaltungsgesellschaft IVG) und Verkehrsbetriebe wie die Lufthansa zu denken, an der der Bund zur Zeit einen Anteil von nahezu 75 Prozent hält. Selbst Post (etwa Telekommunikationsbereich)[3] und Bahn (etwa Schienenschweißwerk Nürnberg) können für die Überprüfung auf Teilprivatisierung nicht tabu sein.

---

[3] Dazu: *W. Möschel,* Mitglied der Regierungskommission „Fernmeldewesen" und Mitverfasser eines Sondervotums, zum Bericht der Fernmeldekommission, in: Frankfurter Allgemeine Zeitung, Nr. 223 v. 20.9.1987, S. 15; **ders.**, Freiheit für das Netz, in: Wirtschaftswoche, 41. Jg. (1987), Nr. 36.

Man darf nicht einwenden, daß mit solchen ordnungspolitischen Schritten „die Rosinen aus dem Kuchen" gepickt würden. Der Staat hat sich in der Marktwirtschaft bei seinen Vermögensentscheidungen nicht für wirtschaftliche „Rosinen", sondern, um im Bilde zu bleiben, für den Teil des Kuchens zu interessieren, den zwar alle haben wollen, den aber sonst niemand backt. Zudem zeigt gerade das britische Beispiel, daß selbst notleidende öffentliche Betriebe durchaus ihre Käufer finden können.

2. Das gilt nicht zuletzt für die **kommunalen** Gebietskörperschaften, deren Wirtschaftsvermögen keineswegs nur in Annexbetrieben (Bauhöfen, Gebäudereinigung, Gärtnereien usw.) besteht.

Vor allem auf dieser Staatsebene kommt auch die dritte Version von Privatisierung zum Tragen, nämlich die Überführung von bislang öffentlich betriebenen **Dienstleistungsproduktionen** (etwa Wasserwerk, Omnibuslinie, Müllabfuhr) auf private Kontraktunternehmen, die die einschlägigen Gemeinwohlauflagen mitübernehmen und für so bedingte allfällige Defizite entschädigt werden. Die Kommunen ersparen sich eigene teure Anlagen und die entsprechenden Kapital- und Arbeitskosten.

3. Selbstverständlich sind die staatlichen Instanzen gehalten, beim Verkauf von Vermögensteilen nach **Zeitpunkt** und **Reihenfolge** die Kapitalmarkt- und Börsensituation zu beachten, um möglichst günstige Erträge zu erzielen.[4] Allerdings sollten, als **wettbewerbspolitische** Nebenbedingung, Konzentrationen vermieden werden. Unter **verteilungspolitischem** Aspekt verdient, soweit das technisch im Einzelfall nur immer vertretbar ist, das Verfahren einer Volksaktienausgabe[5] den Vorzug.

4. Entscheidend bleibt, daß kein Staatsvermögen „versilbert" wird. Haushaltsrechtlich gesehen, stehen die Verkaufserlöse nicht den laufenden Staatsausgaben zur Verfügung; sie haben dem **Abbau** des „negativen" Vermögens, also des **staatlichen Schuldenbestandes** zu dienen. Im gleichen Zuge reduziert sich die **Zinslast**, die heute die Staatsausgabenseite mit Beschlag belegt. Aber was längerfristig noch wichtiger ist: mit der Privatisierung entfallen anteilig Bürokratiekosten und auch staatsinterne Subventionsausgaben, die wirtschaftlich kranke öffentliche Betriebe als Dauerkostgänger verursachen.

§ 47 Allokationsprobleme bei staatlicher Wirtschaftstätigkeit

1. Daß an die Entscheidung für ein staatliches Wirtschaftsvermögen in der Marktwirtschaft strenge Maßstäbe anzulegen sind, zeigt sich, gleichsam in der Gegenprobe, auch an den typischen Problemen, die eine öffentliche Wirtschaftstätigkeit belasten. Mit dem Nachweis, daß ein öffentliches Unternehmen aus Gründen eines „Marktversagens" seine Berechtigung hat, ist keineswegs gesagt, daß

---

[4] Unter diesem Aspekt ist auch der Informationsdienst („Privatisierungsbörse") förderlich, den seit 1984 der Deutsche Industrie- und Handelstag vorhält: hier können Gebietskörperschaften öffentliche Betriebe bzw. Dienstleistungen zur Privatisierung anbieten und private Interessenten ihre Nachfrage signalisieren.

[5] Dazu: *B. Molitor*, Lohn- und Arbeitsmarktpolitik, München 1988, S. 159ff.

nun der **Vollzug** der staatlichen Wirtschaftstätigkeit seinerseits schon eine optimale gesamtwirtschaftliche Allokation garantierte.

2. Da ist einmal das Problem der Rationalität in der **Angebotsplanung** für die öffentlich bereitzustellenden Waren und Dienste: wie läßt sich hier der optimale „Bedarf" ermitteln? Da die Signalwirkung des freispielenden Preismechanismus ausgeschaltet ist oder doch korrigiert werden soll, müssen Art, Umfang, Ort, Zeit und Konditionen des erforderlichen Angebotes auf andere Weise festgesetzt werden. Das geschieht, möglicherweise nach Verhandlungen und demokratischen Abstimmungen, letztlich durch administrative Entscheidung auf staatlicher Ebene. Und wenn auch die Erfahrungen im Zeitverlauf Berichtigungen veranlassen mögen, so besteht doch bei dem Verfahren im Prinzip keine Sicherheit, daß das gesellschaftliche Optimum tatsächlich getroffen wird (Über- bzw. Unterangebot).

3. Das gilt umso mehr, als zum anderen die **Rückkoppelung** von seiten der **Verbraucherpräferenzen** gestört ist. Sie erzwingen nicht, wie unter normalen Marktbedingungen, automatisch eine schnelle Anpassung des Produzentenverhaltens. Überdies entbehrt der Konsument der Information, was ihn das öffentliche Angebot tatsächlich kostet. Das Band zwischen Leistung und Gegenleistung, zwischen Nutzen und Aufwand, wie es bei freien Marktpreisen unmißverständlich zur Geltung kommt, ist gelockert. So wird die Präferenzskala in der Regel verzerrt. Bietet zum Beispiel die öffentliche Instanz das Gut zum Null-Tarif oder jedenfalls unter Kostenpreis an – und darin liegt ja der „Pfiff" –, schnellt nicht nur die Nachfrage nach oben. Erfahrungsgemäß wird mit Leistungen, die (scheinbar) umsonst zu haben sind, auch entsprechend großzügig umgegangen.

Dem subventionierenden Politiker seinerseits kann das verbilligte Angebot als eine gute Tat erscheinen, von der er sich Support an der Wahlurne verspricht. Je mehr, desto besser, lautet regelmäßig die Devise. Das „Optimalbudget" ist politisch stets auf Expansion geeicht. Die akuten Kosten gehen im allgemeinen Steuerhaushalt unter. Und die Folgekosten überläßt man den nächsten Legislaturperioden. Irgendein Mechanismus, der die Subventionstendenz selbständig begrenzte (§ 106) oder gar eine einmal aufgenommene Staatstätigkeit unter veränderten Bedingungen ausklinken ließe, ist nirgends auszumachen.

4. Vor diesem Hintergrund bleibt schließlich auch die **Effizienz der Produktion** pro Mengeneinheit des öffentlichen Angebotes problematisch. Schon die Gewißheit, daß ein Konkurs ausgeschlossen ist, man vielmehr für rote Zahlen immer wieder auf das Staatsbudget zurückgreifen kann, verstärkt nicht gerade die unternehmerische Disziplin und Findigkeit. Hinzu kommt eine besondere Art Verwaltungs- und Beamtenmentalität, die nolens-volens bei einer staatlichen Wirtschaftstätigkeit Einzug hält. Sie dürfte kaum der Flexibilität der Unternehmensführung etwa bei wirtschaftlichem Strukturwandel und der Innovationssuche in die Hände arbeiten, – zu schweigen von den direkten politischen Einflüssen, denen ein öffentliches Unternehmen ausgesetzt ist: sie pflegen auf betriebswirtschaftliche Anforderungen kaum Rücksicht zu nehmen. Das zeigt sich nicht zuletzt bei der extensiven Lohn- oder Sozialpolitik im Staatssektor („Renten" im Sinne von Faktorentgelten, die über den Opportunitätskosten liegen) und an der verständlicherweise starken Position, die dort die Gewerkschaften ihr eigen nennen.

5. So stößt ein verläßliches Kosten-Ertragskalkül, das unter funktionierenden Marktverhältnissen spielend bewältigt wird, im Fall der staatlichen Wirtschafts-

tätigkeit auf typische Schwierigkeiten. Bei vielen öffentlichen Angeboten ist das, was in der Sache den **„Ertrag“** darstellt, nur mühsam zu definieren und noch schwerer exakt zu messen. Das macht es leicht, den Ertrag in aller Regel grandios zu **überschätzen**.

Das Gegenteil trifft umgekehrt auf die **Totalkosten** zu, die gelegentlich der öffentlichen Güterbereitstellung entstehen. Die anteilig eingesetzten Subventionsmittel bieten da nur einen schwachen und teilweise geradezu irreführenden Maßstab. Entscheidend sind die gesamtwirtschaftlichen Verluste, die auf bürokratischen Aufwand, unterlassene Kostensenkungen und den Fehleinsatz von Faktoren (etwa Überbesetzung) zurückgehen. Gerade an diesem Punkt wird deutlich, was es den Konsumenten im buchstäblichen Sinne kostet, wenn der binnenwirtschaftliche Anbieterwettbewerb in seiner aufwandskontrollierenden und qualitätssteigernden Funktion nur sporadisch wirkt.[6] Von internationaler Konkurrenz bleiben öffentliche Unternehmen durchweg ohnehin verschont. Die Erfolgskontrolle durch Rechnungshöfe, Verwaltungsräte usw. kann da nur einen schalen Ersatz bieten; sie kommt sachlich in aller Regel zu spät.

Was Verbesserungen versprechen kann, sind betriebswirtschaftliche Anreiz- und Kostenrechnungskonzepte zur Effizienzsteigerung. Allerdings wollen sie „politisch“ gegen zähe Widerstände durchgesetzt sein.

---

[6] Instruktiverweise ist zum Beispiel in der Bundesrepublik im Zeitraum 1968-1975 „ein überproportionaler Beitrag der staatlich-administrierten Preise zum gesamtwirtschaftlichen Preisanstieg festzustellen, wobei die inflationären Impulse im Lauf der Jahre unübersehbar stärker geworden sind“ (*H. Baum*, in: Wirtschaftsdienst, 60. Jg. (1980), S. 488).

3. Teil: Stabilitätspolitik

§ 48 Zielsetzung

1. Daß sich innerhalb einer Marktwirtschaftsordnung die Wirtschaftstätigkeit im Zeitverlauf nicht gleichförmig bewegt, ist alles andere als bedenklich. In solchen „Schwankungen" drücken sich die **freien Entscheidungen** der Wirtschaftssubjekte aus: etwa Änderungen in den Präferenzen der Nachfrager und Faktoranbieter, Schübe in der Einführung von Innovationen, Verschiebungen in der Risikobereitschaft der Produzenten („befriedigender Gewinn"). **Keine** Politik, es sei denn, sie beabsichtigt zu einem anderen Ordnungstyp (§ 7) überzugehen, kann diese Entscheidungen der Einzelwirtschaften kommandieren wollen; sie sind das Lebenselexier einer evolutorischen Wirtschaft.

Der Versuch, die so bedingten Schwankungen durch staatliche Interventionen zu „beseitigen", wäre – ganz davon abgesehen, daß er auf ein unbeendbares Geschäft hinausliefe –, nicht nur überflüssig, sondern kontraproduktiv. Denn die Marktwirtschaft zeichnet sich gerade durch einen **selbsttätigen** Steuerungsmechanismus („innere Koordination" mittels des Systems freispielender Preise) aus, der (endogene) „Störungen" auf den Märkten kompensiert und erneut zum Gleichgewicht führt. Dabei hängt der Zeitbedarf in erster Linie von den funktionsgerechten Rahmenbedingungen des Systems (§ 9) und vom Grad des Anbieterwettbewerbs (§ 8) ab. In diesem Sinne ist der **gesamt**wirtschaftliche Prozeß in der Marktwirtschaft inhärent **stabil**.

Das ändert sich jedoch bei fortgesetzten, diskretionären Eingriffen des Staates, namentlich wenn sie die Preisflexibilität herabsetzen und die Wettbewerbsverhältnisse verzerren: sie wirken sich wie Querschläger für die Tendenz zum Gleichgewicht aus, die sonst am Werke ist.

Eine Wirtschaftspolitik, die mehr als Strohfeuer-Erfolge anstrebt, kann nicht gegen die Marktkräfte agieren wollen – ihnen gegenüber sitzt sie längerfristig stets am kürzeren Hebelarm. Sie wird sich im Gegenteil des pretialen Lenkungsmechanismus zu bedienen suchen.

2. **Stabilitäts- bzw. Stabilisierungspolitik** bezieht sich, im Unterschied zur Wachstumspolitik (§ 96ff.), nicht auf die Größe des Produktionspotentials und ihrer Veränderung, sondern auf dessen **Auslastungsgrad** in der Periodenfolge. Damit wird sie jedoch nicht zu einer kurzfristigen Angelegenheit. Ihr Ziel ist es vielmehr, den Wirtschaftsprozeß zu verstetigen, d.h. die Ausschläge im Auslastungsgrad des (sachlichen und personellen) Produktionsapparates nach oben und unten, sie seien nun zyklisch oder anderswie bedingt, zu glätten.

Die Wirtschaftspolitik erfüllt damit eine wichtige Staatsfunktion (§ 3), nämlich **vermeidbare** Prozeßrisiken für das Verhalten der Einzelwirtschaften auszuschalten. Stabilitätspolitik soll die Sicherheit in den Erwartungen der Wirtschaftssubjekte fördern und nicht ihrerseits „Konjunktur" machen wollen.

3. Das hat seine Konsequenzen für die anzuwendende **Strategie**. Selbstverständlich wird die Stabilitätspolitik nicht einzelwirtschaftlich-punktuell, sondern bei

Makrogrößen ansetzen („Globalsteuerung"). Aber auch hier hat sie nicht mit diskretionären Eingriffen von Fall zu Fall (stop-and-go-policy) zu arbeiten, die die wirtschaftliche Unsicherheit nur verstärken würden. Sie muß sich **regelgebundener** Maßnahmen (§ 4) bedienen.

Wir sprechen mit Bedacht von „müssen". Denn selbst einer Politik, die es mit der Ordnungskonformität ihrer Maßnahmen (§ 16) nicht so genau nehmen wollte, bleibt keine andere Wahl, als zu Regelbindungen zu greifen, je mehr sich die Einzelwirtschaften von **„rationalen Erwartungen"** leiten lassen, d.h. je mehr diese in ihren Entscheidungen von heute die erfahrungsgemäß voraussehbaren Auswirkungen einer politischen Intervention vorwegzunehmen suchen. Insofern kann die staatliche Instanz zum Beispiel nicht mehr ungestraft auf die **„Geldillusion"** bei den Wirtschaftsbürgern spekulieren, wenn sie durch easy-money-policy etwa den Beschäftigungsgrad des Arbeitsfaktors zu erhöhen trachtet.

Kapitel 1: Geldversorgung

§ 49 Preisniveaustabilisierung

1. Stabilität des Geldwertes (Binnenwährung) gilt im Publikum als Gütezeichen der Wirtschaftspolitik. Die staatliche Instanz, die eine **Inflation** im Sinne eines Prozesses fortgesetzter Preisniveausteigerungen zuläßt oder gar befördert[1], wobei die periodischen Raten des Anstiegs schwanken können, verliert einen wichtigen Aktivposten in der Verhaltensakzeptanz, nämlich an **Vertrauenswürdigkeit**. Das gilt nicht erst, wenn die Geldentwertung durch Selbstverstärkung in eine gallopierende Gangart übergeht, sondern auch für den Fall der **„schleichenden Inflation"**. Immerhin bedeutet ein periodischer Anstieg des Preisniveaus von drei Prozent bereits nach zehn Jahren einen Geldwertschwund von einem Drittel.

Von diesen psychologischen Gründen abgesehen, ist der **Vorrang** des Zieles der Geldwertstabilisierung innerhalb der Stabilitätspolitik **ordnungspolitisch** begründet: Inflationen, sie mögen nun „erwartet" sein oder nicht, schädigen den Wettbewerb und deroutieren die Geldfunktionen; da sie nicht die Einzelpreise im Gleichschritt nach oben gehen lassen, sondern auch die Preisrelationen verändern, kommt es zu Fehlallokationen knapper Ressourcen.

Verteilungspolitisch gesehen, wirken sich Inflationen hochgradig unsozial aus[2]: Rentner und Sparer sind die am empfindlichsten Betroffenen, und selbst die Nominallöhne folgen nur nachträglich den immer schon vorauseilenden Unternehmergewinnen (wage lag). Damit nicht genug, tritt, je nach Progressionsgrad des Steuersystems, eine (reale) Einkommens**um**verteilung zugunsten des Staatssektors ein. Daß die öffentliche Hand durchweg zu den Netto-Inflationsgewinnern zählt, mag die sonst unverständliche „Duldsamkeit" mancher Regierungen der Geldentwertung gegenüber erklären. Und wenn die heimische Inflationsrate über der der internationalen Handelspartner liegt, kommt es überdies zu Redistributionen zugunsten des Auslandes. Bei alledem kann auch eine „Inflationsgewöhnung" nicht über das tatsächliche Gewicht der Inflationsfolgen hinwegtäuschen.

Schließlich ist es ein Irrtum anzunehmen, man könne mit mehr Inflation auf die Dauer mehr Beschäftigung für den Arbeitsfaktor „einkaufen"[3]; manche Wirtschaftspolitik in den Nachkriegsjahrzehnten mußte dafür teures gesamtwirtschaftliches Lehrgeld zahlen. Wenn überhaupt, tritt der Beschäftigungseffekt nur bei einem „unerwarteten" Anstieg des Preisniveaus ein, und selbst dann ist er le-

---

[1] Der Fall der **„zurückgestauten"** Inflation ist insofern einbeschlossen, als der Einführung eines allgemeinen Preisstopps eine mehr oder minder lange Periode der Geldentwertung vorauszugehen pflegt und es nach Tisch, wenn die Intervention sich nicht mehr aufrechterhalten läßt, zu einer wahren Preisexplosion kommt. Im übrigen ist der Preisstopp eine ausgesprochen ordnungs**in**konforme Maßnahme.

[2] Dazu: *B. Molitor,* Verteilungswirkungen der schleichenden Inflation, in: Hamburger Jahrbuch für Wirtschafts- und Gesellschaftspolitik, 18. Jg. (1973).

[3] Zum Phillips-Kurven-Kalkül vgl.: *B. Molitor,* Lohn- und Arbeitsmarktpolitik, München 1988, S. 123 ff.

diglich von kurzer Dauer. Die Gewerkschaften ziehen zur Reallohnerhaltung mit entsprechenden Lohnforderungen nach; ja sie werden den für die jeweils kommenden Perioden absehbaren Kaufkraftschwund in ihren Lohnforderungen zu antizipieren suchen. Am Ende verlieren beide Ziele: die Geldwertstabilität und das eines hohen Beschäftigungsgrades **(Stagflation)**.

In Wahrheit läuft der Prozeßzusammenhang in umgekehrter Richtung: die Geldwertstabilität ist, weit davon entfernt, das Beschäftigungsziel zu schädigen, einem längerfristig hohen Beschäftigungsstand förderlich.

2. Daß das Geldwertstabilitätsziel nicht Konstanz eines (wenn auch noch so bedeutsamen) Einzelpreises oder gar bestimmter Preisrelationen bedeuten kann, liegt auf der Hand. Aber auch beim Preis**niveau** muß Stabilität nicht in jedem Fall mit **Konstanz** zusammenfallen.

So wird in der staatlichen Einnahmeerzielung eine Erhöhung der **Mehrwertsteuersätze**, die ja nicht die Produzenten, sondern die Endverbraucher belasten soll, mehr oder minder total auf die Produkt- und Dienstleistungspreise vorgewälzt: das Preisniveau bewegt sich entsprechend nach oben. Aber damit ist keineswegs schon die Stabilitätspolitik auf den Plan gerufen (das wirtschaftspolitische Problem liegt auf einer vorgelagerten, nämlich der allokativen Stufe: ist diese Einkommensredistribution zugunsten des Staatssektors ökonomisch begründet und, wenn ja, ist es zweckmäßig, den Hebel just bei dieser Steuerart anzusetzen?). Inflatorische Wirkungen hat die steuerpolitische Maßnahme erst, wenn die Gewerkschaften die staatlicherseits gewollte Reallohnsenkung nicht hinnehmen, sondern mit Forderungen einer entsprechenden Nominallohnkompensation reagieren. Da sich durch die Mehrwertsteuererhöhung nichts an der Produktivität des Arbeitseinsatzes und der unternehmerischen Gewinnlage verändert hat, bleibt zur Kompensation nur eine Anhebung der Produktpreise übrig (typisches Beispiel einer cost-push-inflation).

Freilich erhöht sich die Gefahr einer solchen Gewerkschaftsreaktion, wenn einschlägige Steuererhöhungen sich in relativ kurzen Abständen wiederholen.

Gleichgelagert ist der Fall, in dem – preisniveaurelevant – administrative Preise für **öffentlich bereitgestellte Waren** und Dienste, die bislang **künstlich niedrig** gehalten wurden, eine Anpassung nach oben erfahren, wofür ordnungspolitisch gute Gründe sprechen können. Nur kommt in diesem Fall erleichternd hinzu, daß der stärkeren Preisbelastung der privaten Nachfrager, wenn es mit rechten Dingen zugeht, eine Entlastung auf seiten ihrer Besteuerung gegenübersteht, die bislang die preispolitisch bedingten Defizite der öffentlichen Anbieter abzudecken hatte.

In ähnlicher Weise ist stabilitätspolitisch ein Preisniveauanstieg zu qualifizieren, der auf eine internationale Verteuerung von produktionsnotwendigen Energie- oder Rohstoff**importen** zurückgeht, wie im Beispiel der beiden „Ölschocks“ von 1973 und 1979. Die einzig vernünftige Reaktion ist hier, mit den einschlägigen Ressourcen im Inland möglichst sparsam umzugehen, auf vorhandene Substitute auszuweichen bzw. verstärkt in ihre Entwicklung zu investieren und gegebenenfalls für notleidende private Haushalte auf Zeit mit einem gezielten monetären Transfer aus der Staatskasse einzuspringen. Aber ansonsten bleibt (zunächst einmal) die Belastung der heimischen Realeinkommen im internationalen Umverteilungsprozeß hinzunehmen, auch wenn sie (leider) nicht in jedem Fall ein Beitrag zur Entwicklungshilfe ist.

Schließlich gehört der politische Versuch, die **Agrarpreise** künstlich zu erhöhen, in unseren Zusammenhang: je nach deren Gewicht im „Warenkorb“ nimmt das Preisniveau zu. Ziel ist dabei eine intersektorale Einkommensumverteilung zugunsten der landwirtschaftlichen Produktion, die in der allgemeinen Wohlstandsentwicklung nicht zu kurz kommen soll. Nun kann man mit gutem Grund die zugrundeliegende Idee einer politisch durchzusetzenden, sektoralen „Einkommensparität“ in Frage stellen (§ 114). Angesprochen ist dann aber die Marschroute der Agrarpolitik. Lohnpolitische Kompensationen im industriellen Sektor dagegen, die den Kaufkraftverlust auffangen wollen, sind nur vordergründig ein Ausweg: sie treiben, unter sonst gleichen Bedingungen, anteilig auch die Preise der industriellen Produkte in die Höhe oder vermindern, wenn die Notenbank in der erforderlichen Geldmengenexpansion nicht mitzieht, den Beschäftigungsgrad.

Wäre die administrative Agrarpreiserhöhung ein **einmaliger** Akt, ließen sich die Folgen einer solchen politischen Korrektur selbst der sektoralen **Primär**verteilung notfalls verkraften. Aber das Mißliche gerade des agrarpolitischen Falles liegt darin, daß die Durchhaltung des sektoralen Einkommensparitätszieles im allgemeinen Wachstumsprozeß immer neue staatliche Interventionen gegen die Marktkräfte erfordert, die eigentlich zum Rückgang der Agrarpreise tendieren.

3. Abgesehen von der Qualifizierung des Zieles der Geldwerterhaltung, stellt sich für die Stabilitätspolitik die Frage, wie das Preisniveau und seine Veränderungen **meßtechnisch** operational zu fassen sind. Die Ermittlung eines Durchschnittspreises über eine Gütermengengesamtheit, an die vielleicht auf den ersten Blick gedacht werden könnte, scheidet aus naheliegenden Gründen (Mengenaddition unterschiedlichster Güterarten) aus. Man muß mit einem **Preisindex** arbeiten, der zwei Wertgrößen über die Zeit in Beziehung setzt: ein standardisiertes Güterbündel wird zum Berichtszeitpunkt mit den einschlägigen Preisen eines zurückliegenden Basiszeitpunktes bewertet; der Vergleich mit den aktuellen Preisen zum Berichtszeitpunkt zeigt die Veränderung des (spezifischen) Preisniveaus an. Unter den denkbaren partiellen Indizes kommt für die Politik der Geldwertstabilisierung schon aus psychologischen Gründen (oben Punkt 1) einem **Preisindex für die Lebenshaltung** der privaten Haushalte besondere Bedeutung zu (etwa: durchschnittlicher Warenkorb eines städtischen Vier-Personen-Arbeitnehmerhaushaltes mit alleinverdienendem Haushaltsvorstand und zwei Kindern, von denen mindestens eines unter fünfzehn Jahre alt ist).

Freilich will das jeweilige Indexierungsergebnis interpretiert sein. Einmal liegt auf der Hand, daß bei ein und denselben Prozeßdaten die **gemessene** Inflationsrate je nach Wahl des **Basisjahres** unterschiedlich ausfällt. Vernünftigerweise wird man als Basis der Indexierung nicht ausgerechnet ein Depressions- oder das Jahr einer überschäumenden Konjunktur ansetzen.

Zum anderen kann sich, je weiter das Basisjahr zurückliegt, gerade im Wirtschaftswachstum die faktische mengenmäßige **Zusammensetzung** des Warenkorbes und damit das **Gewicht** der einzelnen Güterpreise verschoben haben. Ging bis zum Berichtsdatum zum Beispiel der **Anteil** der Nahrungsmittel am gesamten Warenkorb im Vergleich zum Basisjahr zurück, schlägt ein zwischenzeitlicher überproportionaler Anstieg der Agrarpreise im Index stärker durch, als es den aktuellen Verbrauchsgewohnheiten tatsächlich entspricht.

Ebenso wahrscheinlich ist **schließlich**, daß sich mit dem wirtschaftlichen Fortschritt in der Marktwirtschaft auch die **Qualitäten** der Güter bei konstantem Warenkorb erhöht haben. Ein im Vergleich zum Basisjahr qualitativ verbessertes Gut würde jedoch einen entsprechend höheren Stückpreis „rechtfertigen". **Insofern** kann ein gegebenes Meßergebnis die eingetretene Preisniveausteigerung überzeichnen: sie ist nicht einem Inflationsprozeß, sondern zwischenzeitlichen Qualitätssteigerungen bei den Gütern ein und desselben Warenkorbes zuzuschreiben.

4. Wir haben bisher auf Preisnivau**steigerungen** abgestellt, und das entspricht stabilitätspolitisch gewiß den vorherrschenden Problemfällen. Nun ist es ebenfalls denkbar, daß der Geldwert sich in der Periodenfolge **erhöht**. Bedeutet auch ein **sinkendes** Preisniveau eine Abweichung vom Stabilitätsziel, die eine politische Gegenwehr erforderte? Das trifft sicherlich nicht zu, wenn das Berichtsjahr in eine Periode fällt, die einer voraufgegangenen inflationistischen Entwicklung und deren stabilitätspolitischer Bekämpfung folgt – zu schweigen von dem Fall, in dem das Preisniveau nicht absolut, sondern relativ, also lediglich die Preissteigerungsrate, zurückgeht. Aber auch sonst stellt ein Geldwertanstieg, soweit er im Wirtschaftswachstum erfolgt, kein stabilitätspolitisches Problem dar. Ohnehin pflegt er heute höchst selten und auch dann nur zeitlich begrenzt vorzukommen.

Ein ganz anderes Bild bietet die Situation einer stagnierenden oder gar schrumpfenden Wirtschaft, in der **voraussehbar** und **fortgesetzt** das Preis**niveau** in merklichen Schritten sinkt. Hier läßt sich auf eine sich selbst verstärkende Rezession (Depression als Sekundärkrise) schließen, die dringend der stabilitätspolitischen Abhilfe bedarf (§ 61). Diesen im politisch unbehelligten marktwirtschaftlichen Prozeß nicht eben wahrscheinlichen Fall schließt unsere Fassung des Geldwertstabilitätszieles (oben Punkt 1) ein: der Nachdruck liegt auf der **fortgesetzten** Veränderung des Preisniveaus in einer Richtung.

§ 50 Geldpolitisches Konzept

1. Den ausschlaggebenden Part für die Preisniveaustabilisierung spielt die **Geldpolitik**. Ohne eine entsprechende Geldmengenvermehrung (bei konstanter Umlaufgeschwindigkeit des Geldes) ist eine Inflation schon faktisch nicht möglich. Und nicht selten bietet das politisch inaugurierte Fehlverhalten einer Notenbank gar seinerseits die Ursache für einen fortgesetzten Preisniveauanstieg: die monetär alimentierte volkswirtschaftliche Nachfrage (im Sektor private Haushalte, Unternehmen, Staat und Auslandsnachfrage) übersteigt in der Periode das in konstanten Preisen verfügbare Gesamtangebot an Waren und Diensten im Inland. Aber auch im Umkehrfall ist die geldpolitische Determinante entscheidend. So ist etwa für den Paradefall der großen Depression in den USA nachgewiesen, daß die Notenbank zwischen 1929 und 1933 ein **Absinken** der Geldmenge um nicht weniger als ein Drittel bewerkstelligte *(Friedmann, Schwartz),* was an einem geradezu typischen Exempel „Macht und Wirksamkeit" der Geldpolitik bezeugt.

2. Freilich wäre die Notenbank als Träger der Geldpolitik schlecht beraten, wollte sie sich in ihrem Aktionskonzept auf diskretionäre Eingriffe von Fall zu Fall verlassen. Das ist unrational:

a) Denn auch hier gilt, daß Vorbeugen besser ist als der Versuch des nachträglichen Zurechtrückens. Hat sich zum Beispiel ein inflationistischer Prozeß in der Volkswirtschaft erst einmal eingefressen, ist der **Rückweg** zur Preisniveaustabilität mit erheblichen Kosten in Form von Beschäftigungs- und Einkommensverlusten behaftet, die sich sonst hätten vermeiden lassen (§ 55).

b) Maßnahmen der Geldpolitik brauchen, wenn auch in unterschiedlichem Ausmaß, aus der Sache heraus Zeit, bis sie im volkswirtschaftlichen Prozeß über die einschlägigen „Zwischenstationen“ das anvisierte Stabilisierungsziel erreichen (§ 51). Es ist also mit mehr oder minder langen und mehr oder minder variierenden **Wirkungsverzögerungen** zu rechnen, selbst wenn man von direkten „Querschlägern“ absieht; auch besteht keine Symmetrie in den time lags bei einer expansiven im Vergleich zur restriktiven Geldpolitik.[4] So kann im akuten Fall eine antizyklisch gemeinte Geldpolitik in der Gefahr schweben, de facto prozyklisch zu wirken. Und wenn auch nicht auszuschließen ist, daß sich die time lags etwa durch institutionelle Verbesserungen in Graden verkürzen lassen, so bleibt doch der Maßnahmenzeitbedarf bis zur Endzielwirkung ein Datum. Das spricht für ein **längerfristig** angelegtes Konzept der Geldpolitik.

c) Nicht zuletzt kommt der Umstand hinzu, daß eine diskretionär vorgehende Geldpolitik mit ihren abrupten Richtungsänderungen vermeidbare **Unsicherheiten** in die einzelwirtschaftlichen Planungen bringt und so destabilisierende Effekte zeitigt, wo es doch das vorrangige Ziel staatlichen Verhaltens sein sollte, umgekehrt Risiken abzubauen (§ 48).

3. Nimmt man alles zusammen, ist ein Konzept überlegen, bei dem die Notenbank **regelmäßig** eine bestimmte Rate der Geldmengenveränderung als Zielvorgabe nicht nur **ankündigt**, sondern ihrerseits gebunden ist, diesen Kurs im Fall faktischer Abweichungen im Zeitverlauf auch durchzusetzen. Dabei muß der zeitliche Ankündigungsrhythmus nicht unbedingt ein einjähriger sein. Bei einem längeren Intervall wird man freilich, statt mit einem Punktziel (etwa 4%), mit einer Bandbreite (Zielkorridor) arbeiten müssen; sie ist allerdings eng zu halten, weil sonst der Informationswert des angekündigten Geldmengenzieles für das Verhalten der Einzelwirtschaften und namentlich der Tarifverbände Schaden nimmt.

Liegen jedoch die Modalitäten der Regelbindung erst einmal fest, besteht Variabilität nur insoweit, als die Geldmengenzielvorgabe sich nicht mit der jeweiligen Vorperiode zu decken braucht. Indessen ist auch hier nicht mit gravierenden Korrekturen zu rechnen, je mehr die Verstetigungspolitik der Notenbank Erfolg zeitigt. **Zwischenzeitliche** Änderungen des Geldmengenziels scheiden aus, es sei denn, sie könnten mit extremen exogenen Störungen, die nicht voraussehbar waren, in aller Form begründet werden.

Einen Schritt weiterzugehen, nämlich einen einmal fixierten Prozentsatz des Geldmengenwachstums für **alle** weiteren Perioden als unverrückbares Ziel vorzugeben, müßte das Konzept der Regelbindung desavouieren, und das schon darum, weil damit das Notenbankverhalten Gefahr liefe, außer Kontakt mit der tatsächlichen Wirtschaftsentwicklung zu geraten und bei den irgendwann doch un-

---

[4] Daß die time lags in der restriktiven Richtung geringer ausfallen als bei ankurbelnden Maßnahmen, ist prozeßanalytisch wenig erstaunlich. Die empirischen Untersuchungsergebnisse über ihre **absolute** Länge (für die USA ermittelte *Friedman* extreme Werte von 12 bzw. 18 Monaten) und namentlich über die Schwankungsbreite differieren jedoch je nach dem analytisch-methodischen Vorgehen, was angesichts der Erfassungsprobleme in dieser schwierigen Materie nicht verwundern kann.

ausbleiblichen, aber dann abrupten Kurskorrekturen ihre Glaubwürdigkeit aufs Spiel zu setzen.[5]

4. Das umrissene Konzept konzentriert die Notenbankpolitik auf das Geldmengenwachstum als Zwischenziel zur Preisniveaustabilisierung. Der Marktzins wird insoweit zur abhängigen Variablen. Würde die Durchsetzung des Geldmengenzieles im Periodenverlauf von der Zinsentwicklung abhängig gemacht oder gar eine auf Zinssteuerung ausgerichtete Geldpolitik betrieben **(zinsorientierte Geldpolitik)**, liefe das auf eine Durchbrechung der Regelbindung mit kurzfristig-diskretionären Entscheidungen hinaus. Im Fall einer Geldmengenrestriktion zur Bekämpfung eines Preisniveauanstiegs stände der gleichzeitige Versuch, etwa aus Beschäftigungsgründen den Zinssatz zu senken, überdies sachlich in einer Zwischenzielbeziehung der Antinomie (§ 13).

5. Ähnlich ungünstig steht es um die Alternative einer geldpolitischen Marschroute, die sich primär an der Banken**liquidität** orientieren wollte. Natürlich hat auch die Geldmengenpolitik ihre mehr oder minder starken Einflüsse auf den Liquiditätsstatus. Aber als Regelsteuerung schließt sie aus, daß eine sonstwie begründete Liquiditätsveränderung ihrerseits zum Zwischenziel avanciert, das diskretionäre Interventionen in Konkurrenz zur Geldmengenvorgabe rechtfertigen könnte.

Davon unberührt bleibt, daß namentlich die „**freien** Liquiditätsreserven" der Banken (Überschußreserven an Zentralbankgeld, Sekundärliquidität in Form von Geldmarkttiteln, die jederzeit in Zentralbankgeld umgewandelt werden können, und ungenützte Rediskontkontingente) in Anbetracht ihres möglichen „Zeitbombeneffektes" als ein Hilfsindikator bei der periodischen Bemessung des Geldmengenzieles fungieren können. Der Hilfscharakter ist jedoch schon darum zu betonen, weil im Hinblick auf das Kreditvergabeverhalten der Banken diese monetäre Variable nicht nur durch die faktische Liquiditätsausstattung, sondern auch durch das veränderliche „Bedürfnis" an Liquidität bestimmt wird, die die Kreditinstitute jeweils als wünschenswert erachten, was bereits für sich genommen eine **liquiditätsorientierte Geldpolitik** konzeptionell fragwürdig machen muß.

§ 51 Ausgestaltung der Geldmengenregel

1. Wenden wir uns der Technik des regelgebundenen Konzeptes mit dem Endziel der Preisniveaustabilität und einem Geldmengenstandard als Zwischenziel im einzelnen zu, so geht es zunächst einmal um die **Bezugsgröße**, mit der die Geldmengenvorgabe zu korrelieren ist. Sie kann stabilitätspolitisch nur im **Wachstumstrend** des volkswirtschaftlichen **Produktionspotentials**, nicht in dessen kurzfristig gegebenen Auslastungsgraden bestehen. Dabei wird unter Produktionspotential die mit den jeweiligen (quantitativen und qualitativen) Beständen an Produktionsfaktoren gesamtwirtschaftlich erzielbare Produktionsleistung (Sozialprodukt) verstanden. Die Regel zielt darauf ab, daß sich die Geldmenge im

[5] Das gilt verstärkt für Vorschläge, die Bundesbank sollte zur Zielvorgabe auf eine bestimmte Wachstumsrate des Bruttoinlandsproduktes zu laufenden Preisen übergehen, die dann ein für allemal fixiert ist (*C. Ch. v. Weizsäcker,* BIP statt Geldmenge, in: Wirtschaftswoche, Nr. 27 vom 26.6.1987, S. 76ff.), – von der mangelnden Operationalität dieser Zielsetzung für das Notenbankverhalten ganz zu schweigen.

Gleichschritt mit dem Produktionspotential verändert; sie soll nicht schneller wachsen, aber auch nicht dann zurückgenommen werden, wenn der Auslastungsgrad einmal nach unten schwankt, soweit nur die Preisniveaustabilität gewahrt bleibt **(potentialorientierte Geldpolitik)**.

Trendmäßige Veränderungen in der **Umlaufgeschwindigkeit** des Geldes können mit Ab- bzw. Zuschlägen in die Mengenvorgabe eingehen.[6]

Inwieweit bei der Formulierung der Zielvorgabe überdies eine überkommene Preisniveausteigerungsrate durch einen Zuschlag zu berücksichtigen ist, bleibt eine Frage des zweckmäßigen Vorgehens in der Disinflationspolitik (§ 55).

2. Was sodann die Wahl des Geldmengenaggregates als Zwischenzielgröße betrifft, wird die geldpolitische Entscheidung durch drei Aspekte bestimmt.

a) Das Aggregat und seine zeitliche Veränderung muß sich für eine Regelbindung eignen, also mit dem gesamtwirtschaftlichen Entwicklungstrend in enger Beziehung stehen.

b) Es soll repräsentativ für die Grundtendenz des monetären Prozesses sein.

c) Und es muß (direkt oder indirekt) in hinreichendem Maße von der geldpolitischen Instanz, also der Notenbank, kontrolliert werden können.

3. Grundlegend ist die Unterscheidung nach **Zentralbankgeld**, also dem Teil des Geldvolumens, dessen Produktion beim Staat monopolisiert ist (Bargeld in Form von Banknoten und Münzen[7] und jenem Teil des Giralgeldes, das in Sichtguthaben von Banken und Nichtbanken bei der Notenbank besteht), und **Geschäftsbankengeld**, das die Kreditinstitute „aktiv" in der Hauptsache gelegentlich der Kreditvergabe an Nichtbanken (Unternehmen, private Haushalte, Staat) in Form von Sichtguthaben selbst schaffen können, und zwar im Banken**system** in einem multiplikativen Prozeß (Geldschöpfungsmultiplikator). Indessen ist diese Geldschöpfungsfähigkeit durch die Abhebquote der Nichtbanken in bar, also in einer Geldform, die die Banken selbst nicht zu produzieren vermögen, und gegebenenfalls durch die Mindestreservepflicht begrenzt: einen Prozentsatz ihrer Nichtbankeneinlagen (Basis der Giralgeldschöpfung) müssen die Geschäftsbanken als Zentralbankgeld in Form von Sichtguthaben bei der Notenbank halten.

4. Die **Veränderung** der in der Volkswirtschaft umlaufenden **Zentralbankgeldmenge** kann im Prinzip auf drei Wegen erfolgen:

a) Die Notenbank kauft (Expansionseffekt) bzw. verkauft (Kontraktionseffekt) **Gold oder Devisen**. Bei einem System **flexibler Wechselkurse** ist die Notenbank jedoch zu keiner Intervention am Devisenmarkt gezwungen. Hält sie sich daran, befinden sich Angebot und Nachfrage auf dem Devisenmarkt stets im Gleichgewicht: der flexible Valutapreis sorgt für den Ausgleich. Der Saldo der Devisenbilanz und damit die Veränderung der Währungsreserve bei der Notenbank bleibt Null. Die umlaufende Zentralbankgeldmenge wird nicht berührt.

Sollte die Notenbank gleichwohl von Fall zu Fall zur Wechselkursstützung am Devisenmarkt intervenieren, kann sie den eintretenden heimischen Geldmen-

---

[6] Interessant ist in diesem Zusammenhang eine Zunahme der **Schattenwirtschaft**. Ihre Wertschöpfung wird nicht im offiziellen Sozialprodukt gemessen. Aber sie erhöht aus naheliegenden Gründen den Bedarf an Bargeldumlauf.

[7] Daß die Münzhoheit in der Bundesrepublik aus historischen Gründen beim Bundesfinanzminister liegt, ist für unseren Zusammenhang unerheblich.

geneffekt durch einen gegenläufigen Eingriff bei den Inlandskomponenten der Zentralbankgeldmenge zu neutralisieren suchen („Sterilisierungspolitik").

b) Die umlaufende Zentralbankgeldmenge ändert sich durch **Kredite** (und deren Zurückzahlung: Geldvernichtungseffekt), die die Notenbank dem **Staatssektor** (Gebietskörperschaften, Bahn, Post u.a.) zur Finanzierung von öffentlichen Ausgaben einräumt; dabei ist es für unseren Zusammenhang unerheblich, ob sich die Kreditvergabe direkt oder durch Wertpapierkauf bei der öffentlichen Hand, etwa in Form von Schatzwechseln, vollzieht.[8]

Vergleichbare Zentralbankgeldschöpfungswirkungen wie die Kreditvergabe hat die Abführung von **Notenbankgewinnen** an den Staatshaushalt, soweit diese Gewinne nicht auf Zinseinnahmen aus Krediten an inländische Banken beruhen.

Im Zusammenhang mit der Geldmengenregel liegt das Problem nicht darin, daß die Notenbank zur Versorgung der Wirtschaft mit Zentralbankgeld je nach Lage der Dinge unter anderem auch dem öffentlichen Haushalt Kredite vergibt, zumal diese sektoral gebundene Art der Geldschöpfung im akuten Fall unmittelbar die effektive Gesamtnachfrage verändern kann. Entscheidend ist vielmehr, ob die Kreditvergabe auf Wunsch des Finanzministers, unabhängig von der geldwertstabilisierenden Marschroute der Notenbank, erfolgen **muß**. Es kommt mithin auf die **rechtlich-institutionellen Voraussetzungen** an, inwieweit die Notenbank diese Geldmengenkomponente zu kontrollieren vermag. Ist zum Beispiel dem öffentlichen Sektor per Gesetz das Recht eingeräumt, jederzeit bis zu einer Höchstgrenze Kassenkredite in Anspruch zu nehmen, und hat die Notenbank nicht die Möglichkeit, im akuten Fall die Vergabe aus Stabilitätsrücksicht zu verweigern, sind der Geldpolitik insoweit die Hände gebunden. Der Notenbank bleibt nichts übrig, als gegebenenfalls bei den anderen Komponenten der Geldmenge entsprechend gegenzusteuern. Immerhin handelt es sich, wenn es mit rechten Dingen zugeht, bei der Ermächtigung des Finanzministers um einen Anspruch auf die Vergabe kurzfristiger Kredite (maximal 3-Monats-Ziel), unter Anrechnung sonstwie emittierter Schatzwechsel auf das Höchstkontingent. Und gegen politische Forderungen nach einer Kontingentaufstockung wird sich die Notenbank mit guten währungspolitischen Gründen zur Wehr zu setzen wissen.

c) Die dritte Quelle der Zentralbankgeldschaffung ist die **Kreditgewährung an das Bankensystem.** Ihr kommt stabilitätspolitisch umso größere Bedeutung zu, je mehr die Kontrolle der Notenbank über die beiden anderen Quellen der Geldentstehung eingeengt ist. So ist es kein Wunder, daß hier das Instrumentarium der Geldpolitik besonders ausgebaut ist (§ 52ff.).

5. Als Zwischenzielgröße der Stabilitätspolitik bietet sich das Geldmengenaggregat der **Geldbasis** an. Von der Entstehungsseite her umfaßt sie (unter Einschluß des Münzumlaufs) in ihrer weitesten Form die Währungsreserve der Notenbank (Gold, Nettoauslandsforderungen und Auslandsaktiva), die Nettoverschuldung des öffentlichen Sektors gegenüber der Notenbank (unter Aufrechnung etwaiger Einlagen der öffentlichen Hand (§ 59) bei der Notenbank) und die Notenbankkredite an inländische Kreditinstitute.

---

[8] Davon zu unterscheiden ist der Fall, daß die Notenbank als Hausbank des Staates für ihn Anleihen unterbringt und die entsprechenden Erlöse an die öffentliche Hand weiterleitet. Das ist eine zentralbankgeldmengenneutrale Transaktion, es sei denn, die Notenbank wäre verpflichtet, allfällige Restbestände selbst zu übernehmen und/oder Kurspflege für die Staatspapiere zu treiben.

Als strategische Größe der Geldmengensteuerung will das angebotsorientierte Aggregat der Geldbasis freilich aufbereitet sein. Gehen wir davon aus, daß an der Wechselkursfront **keine** Interventionspflicht besteht bzw. Devisenankäufe und -verkäufe sich in der Periode die Waage halten und im übrigen die Notenbank von den finanzpolitischen Wünschen der öffentlichen Hand weitgehend **unabhängig** ist, so geht es insonderheit um die Fassung der dritten Komponente „Kreditgewährung an den Bankensektor".

Einmal erscheint es da, wo die Notenbank sich des Mindestreserveinstrumentes bedient, zweckmäßig, Variationen im **Mindestreservesoll** zu berücksichtigen, die den **verfügbaren** Teil des Zentralbankgeldbestandes bei den Kreditinstituten verändern (§ 53). Das ist nicht zuletzt darum wichtig, weil ein verändertes Mindestreservesoll gleichzeitig die multiplikative Kreditschöpfungskapazität des Bankensystems trifft. Die kumulierten Effekte vorausgegangener mindestreservepolitischer Eingriffe würden dann in der Größe der akuten Geldbasis miterfaßt.

Zum anderen wäre, neben dem Volumen der tatsächlich in Anspruch genommenen Rediskont- und Lombardkredite (§ 54), der jeweilige Bestand der Geschäftsbanken an **Geldmarkttiteln** zu berücksichtigen, die jederzeit durch Verkauf an die Notenbank in Zentralbankgeld umgewandelt werden können (sekundäre Liquiditätsreserven). Damit gewinnt die Kontrollfähigkeit über das Geldaggregat. Nehmen die Banken zum Beispiel verstärkt ihre Refinanzierungsmöglichkeiten bei der Notenbank in Anspruch, sinkt in gleichem Umfang ihr Bestand an einschlägigen Geldmarktpapieren. Die Geldbasis wird insoweit unabhängig vom Geschäftsbankenverhalten.

Von der **Verwendungsseite** her gesehen, setzt sich die Geldbasis aus dem Banknoten- und Münzumlauf (Bestände bei Nichtbanken und Kreditinstituten) und den Sichteinlagen bei der Notenbank (Geschäftsbanken, sonstige Private, Staat) zusammen.

Im Unterschied zur Geldmenge M_1 (Übersicht 5) in der üblichen Abgrenzung enthält die Geldbasis **nicht** das Geschäftsbankengeld (Sichtguthaben der Nicht-

Übersicht 5 Geldmengenarten

		Geldmenge in der Bundesrepublik Deutschland 1986 (Mrd. DM)
	Bargeld im Umlauf, ohne Kassenbestände der Kreditinstitute	112,1
	Sichteinlagen inländischer Nichtbanken	246,6
=	**Geldmenge** M_1	358,7
+	Termineinlagen inländischer Nichtbanken mit Befristung unter 4 Jahren	252,1
=	**Geldmenge** M_2	610,8
+	Spareinlagen inländischer Nichtbanken mit gesetzlicher Kündigungsfrist	439,8
=	**Geldmenge** M_3	1 050,6

Quelle: Monatsberichte der Deutschen Bundesbank, 39. Jg. (1987), Nr. 8, S. 4.

banken); andererseits schließt sie die Kassenbestände der Banken und ihre Einlagen bei der Notenbank ein.

6. Das Aggregat der Geldbasis in der umschriebenen Abgrenzung stellt für die geldpolitische Regelsteuerung die probate Zwischenzielgröße dar. Sie steht in engem funktionalen Zusammenhang mit dem Endziel der Preisniveaustabilisierung (längerfristige Veränderung des **nominellen** Sozialproduktes). Gerade weil es bei der Geldentstehung ansetzt, ist das Aggregat in besonderem Maße repräsentativ für den monetären Entwicklungsprozeß (Indikatorfunktion). Und im Rahmen des in der komplexen Geldsphäre überhaupt Möglichen zeichnet sich das angebotsorientierte Aggregat nicht zuletzt dadurch aus, daß es von seiten der Notenbank hinreichend kontrollier- und steuerbar ist.

Mit der Geldbasis als Zielvorgabegröße kann die stabilitätspolitische Geldmengenregel ihre **Signal- oder Ankündigungsfunktion** für das Verhalten von Banken, Kreditvermittlern (Versicherungen, Bausparkassen u.a.), öffentlichen Haushalten, Tarifvertragsparteien und privaten Haushalten (etwa beim Konsumentenkredit) ebenso glaubwürdig erfüllen wie die Funktion, im Fall von prozessualen **Abweichungen** für die entsprechende Gegensteuerung zu sorgen (§ 55).

7. Allerdings lassen sich, wie bei **jeder** Art Geldmengenpolitik, auch für die Zielvorgabe der Geldbasis mögliche endogen bestimmte **Beschränkungen** unterschiedlichen Gewichtes nicht ausschließen.

So kann sich in bestimmten Situationen, aber auch tendenziell die Amplitude des **„Lieferantenkredites"** verändern, der zusätzliche Umsätze **ohne** eine erhöhte Geldmenge erlaubt. Indessen wird in jedem Einzelfall bei Ablauf des befristeten Zahlungszieles dann doch die Transaktion eines entsprechenden Geldbetrages erforderlich. Selbst wenn sich die Zahl der Fälle, in denen insoweit eine wirtschaftsintern „autonome Kreditpolitik" zustandekommt, erhöht, bleibt ihr volkswirtschaftliches Gewicht begrenzt: das Notenbankverhalten kann in seinen Wirkungen allenfalls verzögert, aber nicht auf Dauer durchkreuzt werden.[9]

Der zweite Kandidat sind sog. **Finanzinnovationen** (etwa Certificates of Deposit), die jedoch selten so neu sind, wie die Bezeichnung suggeriert, sondern regelmäßig nur eine neue Kombination bekannter Eigenschaften in den Geschäftsformen an den Finanzmärkten darstellen[10]. Mit ihnen können gegebenenfalls administrative Regulierungen unterlaufen werden und Geldaggregate in der definitorischen Abgrenzung der einbezogenen Einzelposten randunscharf werden. Indessen entgehen solche endogenen Veränderungen auch der Notenbank nicht. Schlagen sie zu Buche, wird sie entweder ihre Aggregatfassung anpassen oder, wo das Schwierigkeiten bereitet, mit einer entsprechenden Umdosierung ihrer Maßnahmen reagieren.

Schließlich kann eine nach Richtung und Stärke zielkonforme Geldpolitik in der Preisniveaustabilisierung **auf Zeit** durch ein inflationistisches Verhalten des Staatssektors oder der Tarifvertragsparteien **konterkariert** werden: die monetäre Alimentierung erfolgt über bislang „inaktive" Geldbestände. Der Notenbank bleibt gemäß ihrem gesetzlichen Auftrag, für eine kaufkraftstabile Währung Sor-

---

[9] Vgl. etwa die empirischen Untersuchungen bei *V. Timmermann,* Lieferantenkredit und Geldpolitik, Berlin 1971.

[10] Vgl. *O. Issing,* Innovationen auf den Finanzmärkten, in: *M. Borchert u.a.* (Hrsg.), Markt und Wettbewerb, Bern, Stuttgart 1987, **hier:** S. 357.

ge zu tragen, dann nichts anderes übrig, als bei der von ihr kontrollierten Geldmengengröße um so stärker gegenzusteuern, was regelmäßig jedoch nicht ohne an sich vermeidbare Verluste im Beschäftigungsgrad abgeht. Und wenn sie auch in diesen Fällen durchaus in der Lage ist, ihr Primärziel schließlich durchzusetzen, so bleibt doch das gesamtwirtschaftlich rationellere Verfahren, statt der Notenbank die Lückenbüßerrolle zuzudenken, auch die öffentliche Hand und die Tarifvertragsparteien selbst zu einem stabilitätskonformen Verhalten durch Regelbindungen anzuhalten (Kapitel 2 und 3).

8. Daß aller Instrumenteneinsatz der Notenbank die stabilitätspolitische Endzielgröße nicht unmittelbar, sondern nur über **Zwischenstationen** (Geld- bzw. Kreditangebot, Geldnachfrage, Verausgabung auf den Gütermärkten, Preisveränderung im Verhältnis zum gegebenen Angebot) mit dem entsprechenden Zeitbedarf anzugehen vermag, ist eher eine Verlegenheit für eine diskretionäre Politik als für eine geldpolitische Regelbindung, die ihrer ganzen Anlage nach für die monetären Impulse den erforderlichen **Zeitspielraum** im wirtschaftlichen Anpassungsprozeß vorsieht. Im übrigen weist die **Geldnachfrage**, die das Verhältnis zwischen empfangenen und verausgabten Einkommen bestimmt, für die mittlere Frist (zwei bis vier Jahre), wie das Gros der empirischen Untersuchungen zeigt, eine beachtliche Stabilität auf.[11]

Und schließlich spricht der Umstand, daß die **Wirkungsgeschwindigkeit** in der restriktiven Richtung größer ist als in der expansiven, nicht für ein „Versagen der Geldpolitik“: nach der Geldmengenregel ist auch im letzten Fall die gehörige Vorgabe in der Geldversorgung gesichert. Wohl aber besagt der Umstand viel über das Gewicht der Lohnpolitik für die Beschäftigungsstabilisierung, namentlich was die Elastizität der Lohnsätze auch nach unten betrifft (§ 64).

§ 52 Offenmarktoperationen

1. Unter den **Instrumenten**, über die die Notenbank zur Geldversorgung wie zur Mengenkorrektur bei Prozeßabweichungen von der Zwischenzielvorgabe verfügt, sind an erster Stelle die **Offenmarktoperationen** zu nennen: Kauf bzw. Verkauf von (festverzinslichen) Wertpapieren auf dem offenen Markt, und zwar für eigene Rechnung; die Notenbank handelt hier also nicht als „Agent“ der öffentlichen Hand.

Mit der Offenmarktpolitik wird der Wirtschaft Zentralbankgeld entzogen bzw. zugeführt; die Mengen lassen sich relativ sicher steuern. Der **Kauf** von Wertpapieren durch die Notenbank wirkt als zusätzliche Nachfrage auf den einschlägigen Märkten der Tendenz nach kurssteigernd und somit zinssenkend. Im Fall des restriktiven Instrumenteneinsatzes, also bei **Verkäufen** durch die Notenbank, läuft die Wirkungskette in der umgekehrten Richtung.

2. Das **Material** der Offenmarktpolitik wird regelmäßig in öffentlichen Schuldtiteln bestehen. Aber das muß nicht so sein. Die Notenbank erhält vollständige

---

[11] Dazu: *A. Woll,* Die Theorie der Geldnachfrage: Analytische Ansätze und statistische Ergebnisse für die Bundesrepublik Deutschland, in: Zeitschrift für die gesamte Staatswissenschaft, Bd. 125 (1969); **ders.**, Geldnachfrage, in: Handwörterbuch der Wirtschaftswissenschaft, Bd. 3, Stuttgart, u.a. 1981.

Unabhängigkeit auch in dem, was man ihren Munitionsvorrat nennen kann, wenn ihr ein **eigenes Emissionsrecht** für einschlägige Papiere eingeräumt ist. Deren Laufzeit kann kurz- und langfristig sein.

3. Als **Adressaten** der Offenmarkttransaktionen kommen Geschäftsbanken, aber auch **Nichtbanken** in Frage. Der letztere Fall ist sogar besonders günstig, weil sich auf diesem Wege die umlaufende Geldmenge **unmittelbar** verändern läßt. Bei Käufen in bar liegt das auf der Hand. Verfügen die Nichtbanken andererseits über ihre Sichtguthaben bei den Kreditinstituten, reduziert sich insoweit nicht nur deren Kreditschöpfungskapazität. Die Geschäftsbanken verlieren in der Kaufabwicklung auch an Zentralbankgeld: sie müssen in Höhe der Kaufbeträge ihre Sichtguthaben bei der Notenbank belasten; denn im Verkehr mit der Notenbank als der Verkäuferin der Papiere kann nur mit Zentralbankgeld beglichen werden.

Darüber hinaus bilden Offenmarktpapiere mit günstiger Verzinsung für das Portfolio der Nichtbanken eine Alternative zu Termineinlagen bei den Geschäftsbanken. Schlägt das einschlägige Engagement der Nichtbanken zu Buche, sehen sich die Kreditinstitute gezwungen, für Termineinlagen mindestens ebenso hohe Zinsen zu bieten. Ihre Geldbeschaffungskosten im Termineinlagenbereich steigen.

4. Natürlich kann die Notenbank weder Nichtbanken noch Geschäftsbanken zur Annahme ihrer Operation zwingen. Sie muß mit hinreichenden **rentabilitätsrelevanten Anreizen** aufwarten. Das ist der Notenbank möglich, weil sie hier nicht im Auftrag Dritter tätig wird (Punkt 1) und auch nicht wie eine Geschäftsbank auf den eigenen Gewinn bedacht sein muß.

5. Es entspricht der langfristig angelegten Geldmengenregel, wenn die Notenbank bevorzugt mit Papieren **längerer Laufzeit** (ohne Möglichkeit eines beliebigen vorzeitigen Rückverkaufs an die Notenbank) und in der Plazierung mit einem **Tenderverfahren** arbeitet: die Notenbank schreibt eine fixierte Menge von Papieren bestimmter Ausstattung aus und teilt den Interessenten nach dem Höchstgebots- und Windhundprinzip Tranchen zu (primär mengenorientierte Offenmarktoperation).[12]

6. Der Vorteil der Offenmarktoperationen liegt nicht zuletzt darin, daß auf diesem Wege die Notenbank den **Geldmarkt** „schonen“ kann: im Unterschied zur Mindestreservepolitik (§ 53) setzen die Operationen nicht „global“ an, und im Vergleich zur Bankenrefinanzierungspolitik (§ 54) sind ihre Zinswirkungen indirekter Art.

§ 53 Mindestreservepolitik

1. Daß die Geschäftsbanken in Proportion zu ihren Verbindlichkeiten Mindestreserven in Form von Zentralbankgeld halten müssen, geschah ursprünglich, um die Einlagen von Bankkunden, also die Zahlungsfähigkeit der Geldinstitute, ab-

[12] Im Fall des **Wertpapierpensionsgeschäftes,** bei dem die Notenbank zum Beispiel lombardfähige Wertpapiere mit einer terminlich fixierten Rücknahmeverpflichtung des Kreditinstitutes von diesem kauft, läßt sich darüber streiten, ob das Instrument nicht materialiter der kurzfristigen Refinanzierungspolitik zuzuordnen ist: an die Stelle der Verpfändung des Wertpapieres gegen Kredit tritt sein Verkauf an die Notenbank auf Zeit.

zusichern. Heute steht der Einsatz der Mindestreservevorschriften als **Instrument der Geldmengensteuerung** im Vordergrund. Die Notenbank zwingt alle Geschäftsbanken, zu einem bestimmten Prozentsatz für das jeweilige Volumen an Sicht-, Termin- und Spareinlagen Sichtguthaben bei ihr zu halten, wobei der Bankenkassenbestand in Inlandswährung, der ja ebenfalls Zentralbankgeld darstellt, anzurechnen ist.

Durch Variation der Mindestreserve**sätze** kann die Notenbank schlagartig die Geldmenge beeinflussen, soweit das Verhalten des Bankensektors zur Frage steht. **Setzt** sie die Sätze **herauf**, müssen die Kreditinstitute zur Erfüllung ihres erhöhten Reservesolls, soweit die bei den alten Sätzen gegebene Überschußreserve nicht ausreicht, entweder Kredite bei der Notenbank aufnehmen (§ 54) bzw. Offenmarktpapiere an sie abstoßen, um ihr bisheriges Volumen an Krediten den Nichtbanken gegenüber (Geschäftsbankengeld) aufrechterhalten zu können, ober aber laufende Kredite einschränken, um den Liquiditätsverlust auszugleichen. **In jedem Fall** wird die Giralgeldschöpfungskapazität des Bankensystems und in der Folge das Nachfrage- und Ausgabevolumen der Nichtbanken betroffenen.

Im Umkehrfall einer **Senkung** der Mindestreservesätze können die Kreditinstitute mit einem gleichen Bestand an Zentralbankgeld dem Publikum ein größeres Volumen an Geschäftsbankengeld verfügbar machen.

2. Vom Offenmarktinstrument (§ 52) unterscheidet sich die Mindestreservepolitik durch ihren **administrativen** Charakter; keine Geschäftsbank im nationalen Geltungsbereich kann sich der Notenbankauflage entziehen. Gegenüber der Bankenrefinanzierungspolitik (§ 54), die über den Zinssatz die Kreditkosten zu verändern sucht, setzt die Mindestreservepolitik primär bei der **Menge** des Kreditangebotes an.

Als Folgeerscheinung sind freilich auch hier **Zinseffekte** zu erwarten. Zum Beispiel: ist das Kreditangebot verknappt, werden die Banken den mit der Mindestreserveerhöhung verbundenen Rentabilitätsrückgang durch Anhebung der Sollzinsen wettzumachen suchen; je nach der Kreditnachfrage ziehen die **Kreditzinsen** an.

Ob auch der Zins auf dem **Geldmarkt im engeren Sinne** (Zentralbankgeld und Geldmarktpapiere) reagiert, hängt vom Verhalten der Diskontsatzpolitik ab. Obwohl, im Fall der Mindestreservesatzanhebung, die Nachfrage nach Zentralbankgeld zunimmt und das Marktangebot zurückgeht, kann der Geldmarktzins dennoch unberührt bleiben, wenn zusätzliches Zentralbankgeld unbeschränkt bei der Notenbank zu konstanten Refinanzierungskosten zu haben ist. Indes, wenn durch die Mindestreserveauflage nun einmal die Geschäftsbanken gleichsam in die Notenbank hineingezwungen worden sind, bietet sich der Geldpolitik die Möglichkeit, die Mindestreservesatzvariation durch Änderung des Refinanzierungszinses in der gleichen Richtung zu flankieren. In unserem Beispiel würde die gleichzeitige Anhebung des Diskontsatzes die kontraktiven Wirkungen von seiten des Mindestreserveinstrumentes **verstärken**.

Umgekehrt wird in einem solchen Fall aber ebenfalls das Diskontsatzinstrument insofern wirksamer, als die Geschäftsbanken mit dem erhöhten Mindestreservesoll zusätzlich Zentralbankgeld nachfragen **müssen**.

Freilich sind auch gegensinnige Kombinationen im Einsatz der beiden geldpolitischen Instrumente denkbar, um, je nach Bedarf, das eine oder das andere zu entlasten.

3. Wie alle administrativen Eingriffe lädt auch das Mindestreserveinstrument förmlich zu mannigfaltigen **Differenzierungen** ein, die jedoch ordnungspolitisch und im Hinblick auf die Stellung des Instrumenteneinsatzes im Konzept der Geldmengenregelbindung zu prüfen sind.

a) Als **Bezugsgröße** kann, statt der Passiv- oder Einlagereserve, auch eine **Aktiv-** oder Kreditreserve bzw. eine Kombination aus beiden gewählt werden.[13] Hier werden die Mindestreservesätze auf die **Ausleihungen** der Geschäftsbanken an Inlandskunden und ausländische Banken, also auf ihre Aktiva angewendet. Ein solches Verfahren würde die geldpolitische Intervention zwar unmittelbar an die Kreditgewährung im Bankensystem und ihre zeitliche Veränderung heranführen. Indessen ist dieser Ansatzpunkt im umfassenden Konzept der Geldmengenstabilisierung zu eng. Auch schwebt die Aktivreserve in der Gefahr, zu einer marktwirtschaftlich problematischen **selektiven** Kreditlenkung umfunktioniert zu werden, indem man bestimmte Kreditarten und bestimmte Schuldnergruppen mit unterschiedlichen Reservesätzen bedenkt.

b) Bei der **Passivmindestreserve** kann die **Bemessungsgrundlage** für die betroffenen Bankverbindlichkeiten (etwa Termineinlagen unter einer Laufzeit von vier Jahren, Spareinlagen mit gesetzlicher Kündigungsfrist) enger und weiter gezogen werden,[14] und ähnliches gilt im Hinblick auf eine mögliche Freistellung bestimmte **Kreditinstitutarten** (etwa Bausparkassen) von der Reservepflicht.[15]

Sind aber die Rahmenentscheidungen einmal gefallen, sollte aus Gründen der einzelwirtschaftlichen Verhaltenssicherheit an ihnen auch festgehalten werden, so nicht gerade Finanzinnovationen (§ 51) zu Anpassungen zwingen. Die Instrumentenvariable im Zeitverlauf ist der Reserve**satz**, nicht die Veränderung des Einzugsbereiches für die Reserveauflage selbst. **Gebietsfremde** Einleger und Kreditinstitute sind prinzipiell gleich zu behandeln.

Schließlich beruht nicht die gesamte Geldpolitik auf der Reservehaltungsverpflichtung; sie ist ein stabilitätspolitisches Instrument unter anderen, und gewiß nicht das unproblematischste (unten Punkt 5).

c) **Besondere** Reservesätze für den **Zuwachs** an Bankenverbindlichkeiten über die allgemeine Bestandsauflage hinaus vorzusehen, würde das Tor zu diskretionären Maßnahmen von Fall zu Fall öffnen.

d) Eine Differenzierung der Reservesätze nach **Bankplatz und Nebenplätzen** muß schon aus Gründen der Wettbewerbsverzerrung ausscheiden.

---

13 Bei einer „indirekten" Aktivmindestreserve können die Kreditinstitute von den Verbindlichkeiten gegenüber Nichtbanken ihre Forderungen gegenüber Inlandsbanken abziehen (Interbankbeziehungen).

14 Eine Verpflichtung, zusätzlich eine **„Wertpapiermindestreserve"** zu halten, würde das Instrument überdrehen.

15 Die zeitweilige Einbeziehung inländischer **Unternehmen** in die Reservepflicht, soweit eine Kreditaufnahme im Ausland stattfand (das in der Bundesrepublik 1972 auf Zeit eingeführte **„Bardepot"**), ist als ein geldpolitischer Verzweiflungsakt zu werten. Er zeigt, wohin eine Notenbank unter dem System fixer Wechselkurse (§ 71) gedrängt werden kann.

e) Eine Differenzierung der Reservesätze nach der **Bankengröße** läßt sich allenfalls im Hinblick auf „autonome Zahlungskreisläufe" (§ 51) in Großinstituten mit einem entsprechenden Filialnetz begründen. Hält man diesen Aspekt für durchschlagend, kommt technisch jedoch nicht ein Größenklassen-, sondern nur ein Progressionsstaffelverfahren in Betracht.

f) Eine Differenzierung der Reservesätze nach der **Fristigkeit** der Bankenverbindlichkeiten ist, da die Reservepflicht nicht um der Sicherheit der Anleger willen erfolgt, obsolet. Der Hinweis auf die unterschiedliche „Geldnähe" der Einlagearten vermag im Rahmen des Geldbasiskonzeptes nicht durchzuschlagen.

4. Gegen eine **Verzinsung** der bei der Notenbank gehaltenen Mindestreserven ist im Prinzip nichts einzuwenden. Sie würde die mit der stabilitätspolitischen Intervention verbundene Rentabilitätseinbuße der betroffenen Banken reduzieren und insoweit das **Niveau** der Kreditzinsen zugunsten der Nichtbanken senken. Zwar entfiele in diesem Umfang ein die geldpolitische Maßnahme unterstützender allgemeiner Zusatzdruck auf das Bankenverhalten; er läßt sich jedoch in spezieller Form mehr als wettmachen, wenn die Notenbank die Verzinsungs**höhe** je nach der verfolgten Zielrichtung im Einsatz der Geldpolitik **variiert**.

Gerade an der Verzinsungsfrage zeigt sich, wie sehr ordnungspolitisch die Gleichbehandlung in den Rahmenbedingungen des Reserveinstrumentes eingehalten werden muß.

Freilich gelangt mit der Verzinsung der Mindestreserveguthaben bei der Notenbank c.p. **zusätzliches** Zentralbankgeld in den Bankensektor. Für den gleichen Mengeneffekt beim kontraktiven Instrumenteneinsatz müßte die Reservesatzerhöhung entsprechend stärker ausfallen.

5. Schließlich teilt das Mindestreserveinstrument mit anderen administrativen Eingriffen den Nachteil, in der **offenen Volkswirtschaft** (ohne Kapitalverkehrskontrollen) von der **außenwirtschaftlichen Flanke** her an Wirksamkeit zu verlieren, wenn nicht jenseits der Grenzen die gleichen Reserveauflagen gelten. So im Fall der Bundesbank, was den Euro-DM-Geldmarkt betrifft, der keine Mindestreservepflicht kennt. Der so bedingte Kostenvorteil kann Termineinlagen und die Kreditbeschaffung durch Inländer auf dem externen Markt ohne Währungsrisiko attraktiv machen, namentlich wenn es sich um größere Quanten handelt. Ein Teil der heimischen Geldmenge wird so der administrativen Kontrolle durch die Bundesbank entzogen: DM-Einlagen wandern auf den externen Markt und kehren als DM-Kredite ins Inland zurück (Round-Trip-Transaktionen), es sei denn, das Zinsgefälle wirkte sich zumindest kompensatorisch zugunsten des heimischen Geldmarktes aus. Aber das ist gerade dann unwahrscheinlich, wenn die Bundesbank einen kontraktiven geldpolitischen Kurs fährt. Der dann unvermeidliche interne Zinsanstieg läßt den externen Markt an Attraktivität gewinnen, und erst recht gilt das, wenn sich die geldpolitische Restriktion einer Anhebung des (unverzinslichen) Mindestreservesolls bedient.

Umgekehrt darf man sich nicht wundern, wenn bei Senkung der Reservesätze (und nachgebenden Zinsen) sich die im Inland umlaufende Geldmenge **stärker** als sonst erwartbar erhöht: DM-Einlagen strömen von Luxemburg nach Frankfurt zurück, ohne daß diese Art Wachstum der im Inland umlaufenden Geldmenge einen inflatorischen Impuls indizierte.

Daraus jedoch schlechtweg auf eine **Unbrauchbarkeit** des Mindestreserveinstrumentes zu schließen, wäre **voreilig**.

Einmal ist es immerhin nicht undenkbar, daß es im Zuge einer verstärkten Wirtschaftsintegration (§ 86) doch zu einem international vereinheitlichten Instrumentarium der Geldpolitik kommt. Aber auch ohne diesen Fortschritt darf **zum anderen** nicht übersehen werden, daß sich die Lage an der außenwirtschaftlichen Flanke mit einer **verzinslichen** Mindestreserve bereits wesentlich anders präsentiert. Und selbst im ungünstigen Fall ohne Reserveverzinsung und ohne internationale Angleichung des geldpolitischen Instrumentariums kommt es **schließlich** immer noch auf das quantitative Gewicht der abgelenkten Geldströme im Vergleich zur internen Geldmenge an.

Gleichwohl, der **Spielraum** für die Variation der Mindestreservesätze bleibt in der offenen Volkswirtschaft auch bei insgesamt niedrigem Niveau des Reservesolls eingeschränkt. Aber das ist letzten Endes kein Schaden, wenn die mehr marktorientierten Instrumente in der Geldpolitik (§§ 52, 54) um so stärker zum Einsatz kommen. Diese können sogar an Wirksamkeit in der Geldmengensteuerung gewinnen, und auch die Zinsentwicklung am Euro-DM-Markt würde in engere Beziehung zu jener im Inland rücken, so wie sie nicht zuletzt durch die eigenen geldpolitischen Aktivitäten der Bundesbank beeinflußt wird.

Nur, als scharfes Instrument der **ultima ratio** sollte die Mindestreserveauflage im Werkzeugkasten der Notenbank erhalten bleiben.

§ 54 Rediskont- und Lombardkredite

1. Die Geschäftsbanken können sich im Prinzip jederzeit mit Zentralbankgeld **versorgen**, wenn sie in der Lage und bereit sind, die von der Notenbank für die einschlägigen Kredite jeweils verlangten Zinsen zu zahlen.[16] Die Abwicklung der Transaktion erfolgt entweder über den Verkauf von **Wechseln** aus dem Bankenportefeuille, die die Notenbank mit einem Abschlag in Höhe des für die Restlaufzeit des Wechsels berechneten Zinses (gegebener **Diskontsatz**) finanziert, oder über die **Verpfändung von Wertpapieren**, bei der sich der Preis der Kreditvergabe nach dem jeweiligen **Lombardsatz** richtet, der aus naheliegenden Gründen höher als der Diskontsatz zu liegen pflegt.

2. Diese Quelle der volkswirtschaftlichen Geldversorgung läßt sich gleichzeitig als Medium der stabilitätspolitischen **Geldmengensteuerung** durch die Notenbank benutzen. Ansatzpunkte sind:

a) die Beschränkung des rediskont- bzw. lombardfähigen Materials nach **qualitativen** Gesichtspunkten, die allerdings aus ordnungspolitischen Gründen nicht selektiv im Sinne der Bevorzugung bestimmter Branchen oder gar Unternehmensgruppen vorgehen darf.

b) die **quantitative** Begrenzung der Refinanzierungsmöglichkeit durch Fixierung eines **Kreditkontingentes**, das eine Geschäftsbank je nach ihrer Größe in der Periodenfolge, sei es im Rediskont-, sei es im Lombardwege, maximal in Anspruch nehmen darf; für die Geldpolitik entscheidend ist natürlich das jeweilige Gesamtkontingent aller Kreditinstitute, nicht die Zuteilung im einzelnen.

---

[16] Die Möglichkeit, daß die Notenbank auch an (private) Nichtbanken Kredite vergibt, kann aus praktischen Gründen vernachlässigt werden.

c) der **Preis**, zu dem die Notenbank die Kredite an die Banken vergibt; dabei hat wiederum (Punkt a) der Diskont- bzw. Lombardsatz für alle Kreditinstitute und (refinanzierungsfähige) Wertpapierarten einheitlich zu gelten.

3. Sind die qualitativen Beschränkungen gegeben – sie eignen sich nicht zur akuten Variation –, kann die Notenbank durch **Veränderungen** alternativ der Zinssätze oder der Kreditkontingente bzw. im Zusammenspiel beider eine monetäre Stabilisierung betreiben. Dabei kommt der Diskontsatzvariation eine Vorreiterfunktion zu, und das nicht zuletzt, weil mit ihr regelmäßig ein **Ankündigungseffekt** einhergeht, daß die Notenbank eine Abweichung von der Geldmengenzielvorgabe diagnostiziert, die eine Gegensteuerung erforderlich macht. Demgegenüber ist die Kontingentveränderung in ihrem Wirkungstempo schwerfälliger, es sei denn, die Beanspruchung durch die Geschäftsbanken hielte sich bereits in Nähe der oberen Grenzmarke.

Nehmen wir das Beispiel der **kontraktiven Marschroute**, so hat eine Diskont- und entsprechende Lombardsatzerhöhung in ihrer Wirkungskette[17], schematisch betrachtet, zunächst einen Signaleffekt: er wird das Kreditangebotsverhalten selbst bei Kreditinstituten nicht unbeeinflußt lassen, die zur Zeit noch über eine ansehnliche Liquidität verfügen.

Die effektive Refinanzierungsverteuerung kann natürlich einen kürzeren oder längeren **Bremsweg** in Richtung einer reduzierten Kreditgewährung und damit der umlaufenden Geldmenge haben. Ist der Liquiditätsstatus der Banken im Ausgangszeitpunkt allgemein hoch und steht gar zu befürchten, daß die Nachfrage nach Notenbankkrediten anormal reagiert, also trotz der Preiserhöhung noch zunimmt, muß der Diskontsatz gleich zu Beginn umso stärker angehoben werden und eine simultane Senkung der Kreditkontingente deutlich machen, welches Niveau der Zentralbankgeldeinschleusung die Notenbank in der absehbaren Frist für tragbar hält. Läßt sich ein längerer Bremsweg in Kauf nehmen, kann die Diskontsatzerhöhung bei gleicher Kontingentveränderung niedriger ausfallen.

Hinzu kommen bei alledem die Folgewirkungen in der Zinsentwicklung auf den übrigen monetären Märkten. Ein nachhaltiger Anstieg der Zinsen für kurzfristiges Geld wird auch den **Kapitalmarktzins** in die gleiche Richtung drängen, und das umso eher, je mehr die Nachfrager auf die noch billigen langfristigen Kredite auszuweichen suchen, während das einschlägige Angebot zurückzugehen tendiert.

Im Umkehrfall einer **expansiven Marschroute** der Geldpolitik gilt es zur Vermeidung attentistischer Reaktionen, sogleich mit einer entsprechend kräftigen Senkung des Diskontsatzes und Erhöhung der Kreditkontingente aufzuwarten, statt in kleinen Schritten mit der Gefahr des teilweisen Verpuffens und sich unnötig verzögernden Ankurbelungswirkungen vorzugehen. Entscheidend ist, daß die kreditnachfragenden Nichtbanken den erfahrungsgestützten Eindruck haben können, daß es sich hier nicht um den Beginn einer go-and-stop-policy handelt. Im übrigen kommt es auf den Grad des Wettbewerbs unter den Geschäftsbanken an, mit welchem **Tempo** sich die Diskontsatzsenkung und Kontingenterhöhung für die Nichtbanken in günstigeren Sollzinsen (und nicht nur abschmelzenden Habenzinsen) niederschlägt.

---

[17] So paradox das zunächst klingen mag, ist es das Ziel, durch Erhöhung eines, wenn auch gesamtwirtschaftlich wichtigen Preises, nämlich des Zinses, schließlich das Preisniveau zumindest relativ zu senken.

§ 55 Instrumenteneinsatz und Geldmengenregel

1. Eine von der Regierung, also insbesondere von den Wünschen der staatlichen Finanzierungspolitik, unabhängige Notenbank, ist mit dem Offenmarkt-, dem Refinanzierungs- und dem Mindestreserveinstrument hinreichend ausgestattet, um bei flexiblen Wechselkursen eine Politik der Geldwertstabilität nach dem Konzept der Geldmengenregel (§ 50) durchzusetzen.

Die zusätzliche Möglichkeit einer **„Kreditplafondierung"**, die es der Notenbank erlaubte, dem Volumen an Krediten der Geldinstitute gegenüber Nichtbanken **Obergrenzen** für den Bestand bzw. die Wachstumsrate zu setzen oder gar einen **Kreditstopp** zu verhängen, würde das Instrumentarium nicht verbessern. Im Gegenteil, eine solche Ermächtigung der Notenbank zu **unmittelbaren** diskretionären Eingriffen, die dazu noch nur in **einer**, nämlich der restriktiven, Richtung wirksam sind, ist in der Marktwirtschaft in hohem Grade ordnungs**in**konform. Auch als „Drohinstrument", um das Bankenverhalten der notenbankpolitischen Marschroute schneller anzupassen, bleibt die „Kreditplafondierung" überflüssig. Für den Notfall verfügt die Notenbank über das „scharfe" Instrument der Mindestreserveeinführung bzw. -erhöhung.

Damit nicht genug, wäre eine „Kreditplafondierung" ohne Ausnahmevorkehrungen schwer vorstellbar; sie wird so zum Prototyp einer **selektiven** Geldpolitik. Indes, jede Art selektiver Maßnahmenformierung ist mit dem Konzept der Geldmengenregel unvereinbar, zu schweigen davon, daß sie selbst bei diskretionärem Vorgehen der Notenbank die getroffenen Maßnahmen kaum je effizienter macht, sondern nur durchlöchert.

2. Freilich kommt den genannten drei Instrumenten im Geldmengenregelkonzept nicht das gleiche Gewicht zu. **Zentral** für die Steuerung der Geldbasis (§ 51) sind **Offenmarktoperationen**, wobei wir voraussetzen, daß der Kreis der Adressaten auch Nichtbanken einschließt und die Notenbank über ein eigenes Emissionsrecht für die einschlägigen Papiere verfügt. Überdies zeichnet sich das Instrument durch eine besondere Elastizität in Dosierung und Korrekturmöglichkeit aus.

Demgegenüber fällt der Variation des **Bankenrefinanzierungsinstrumentes** eine **ergänzende** Funktion zu. Und das in erster Linie in seiner Mengenkomponente: die **Kreditkontingentierung** hat auf die Dauer die Marschroute der Mengensteuerung widerzuspiegeln, was **nicht** bedeutet, daß sie hektisch in kurzen Abständen angepaßt werden müßte.

Die **Diskontsatz**veränderung kann sich, da das Geldmengenkonzept nicht **primär** auf eine Zinssteuerung abzielt, auf die Ankündigungsfunktion konzentrieren. Ohnehin würde hier, wie überhaupt bei diskretionärer Geldpolitik, eine „Feinsteuerung" mit ihren kurzfristigen Variationen schon angesichts des Transmissionsproblems kaum mehr als eine Scheingenauigkeit einbringen.

Vor diesem Hintergrund kann dann das **Mindestreserveinstrument** mit seiner schlagartigen Liquiditätswirkung, der sich kein Geldinstitut zu entziehen vermag, jene Funktion wahrnehmen, zu der es sich auch in der offenen Volkswirtschaft eignet (§ 53), nämlich die eines Sicherheitsventils in Notfällen.

Insgesamt läßt sich, wenn man so will, von einer flankierten „Ein-Instrument-Politik" sprechen.

3. Die Vorteile des stabilitätspolitischen Konzeptes und seines instrumentalen Arrangements zeigen sich nicht zuletzt angesichts des faktisch weitverbreiteten **Disinflationsproblems**[18].

Einmal würde eine strikte Durchsetzung der Geldmengenzielvorgabe es zu einem fortgesetzten Anstieg des Preisniveaus und dazu noch mit hohen Raten erst nicht kommen lassen.

Zum anderen verfährt die regelgebundene Geldwertstabilisierungspolitik, wenn denn vorhandene Preissteigerungsraten als Abweichungen von der Mengenzielvorgabe herabzudrücken sind, ihrer ganzen Anlage nach nicht nach Schockmanier, die die im Prinzip unvermeidlichen gesamtwirtschaftlichen Kosten der Therapie nur unnötig anschwellen ließe. Sie wird in einem fixierten Zeitplan zwar pro rata temporis graduell, das heißt: mit einer um einen Inflationszuschlag erhöhten Geldmengenvorgabe vorgehen, aber diesen Zuschlag in der Periodenfolge konsequent auf Null abbauen, was die Verhaltenssicherheit der Einzelwirtschaften nur befördern kann.

Damit gewinnt **schließlich** auch die Glaubwürdigkeit der Geldpolitik, von der für den Stabilisierungserfolg so viel abhängt – Glaubwürdigkeit nicht zuletzt in dem Sinne, daß sich die Inflationsentwicklung, zumindest was die endogenen Bestimmungsfaktoren anbelangt (§ 49), so leicht nicht wiederholen wird.

---

18 Zeitschrift für Wirtschafts- und Sozialwissenschaften, Disinflation, West European Experiences, 105. Jg. (1985), S. 115ff.

Kapitel 2: Staatsfinanzierung

§ 56 Erfahrungsdaten

1. Der Hauptpfeiler in der Realisierung des Stabilitätszieles ist die Notenbankpolitik. Das folgt nicht nur aus der gesamtwirtschaftlich zentralen Bedeutung der Geldversorgung. Dem entspricht auch die institutionelle Position der Notenbank: sie ist als staatliche Instanz eigens für den stabilitätspolitischen Zweck eingerichtet; die Regierungsunabhängigkeit setzt sie zu dieser Aufgabenerfüllung in den Stand, und ihre personelle Zusammensetzung ist an einschlägige Fachkenntnisse gebunden.

Diese günstige Situation ändert sich, wenn wir uns dem Bereich der staatlichen **Finanzpolitik** zuwenden. Zwar hat sie, ob sich die politischen Akteure dessen bewußt sind oder nicht, angesichts des heutigen Anteils der Staatsausgaben (auf allen gebietskörperschaftlichen Ebenen) am Volkseinkommen auch in marktwirtschaftlich organisierten Volkswirtschaften für die Stabilität der Wirtschaftsentwicklung faktisch erhebliches Gewicht. Indes, die deklarierten und auch nichtdeklarierten Ziele, die die Finanzpolitik verfolgt, sind vielfältig, und unter den institutionellen Gegebenheiten dominiert das Faktum, daß politische Amtsinhaber und Gruppen (Parteien) insofern im eigenen Interesse handeln, als sie wiedergewählt werden bzw. an die Macht gelangen wollen. Das macht eine **sachorientierte** Regelbindung der Finanzpolitik schwierig. Im Vergleich zum Notenbankverhalten wird man die einschlägigen Anforderungen niedriger schrauben und sich mit Lösungen von der Kategorie des „Zweitbesten" *(Lancaster/Lipsey)* zufrieden geben müssen.

Vor diesem Hintergrund tut man gut daran, an den **aktiven** Part der Staatsfinanzierung in der gesamtwirtschaftlichen Stabilisierungspolitik keine hohen Erwartungen zu knüpfen. Es ist schon viel erreicht, wenn es gelingt, die Finanzpolitik durch „Haushaltsregeln" daran zu hindern, ihrerseits zu einem **de**stabilisierenden Element zu werden. Immerhin nahm bisher noch jede größere Inflation ihren Ausgang von einem fiskalischen Fehlverhalten.

2. Unter den Faktoren, die fiskalische Ungleichgewichte typischerweise befördern, stechen hervor:

a) die Attitüde der Politiker, sich durch **zusätzliche** Staatsausgaben und nicht, wie das eigentlich beim Übergang vom Obrigkeits- zum demokratischen Staat gedacht war, dadurch zu profilieren, daß Fiskus und Bürokratie an der engen Leine gehalten werden. Besonders fatal ist dabei die Kurzfristigkeit und auch Kurzsichtigkeit der Ausgabenplanung: die Folgekosten staatlicher Programme werden bewußt oder unbewußt unterschätzt; sie fallen in späteren Perioden oder bei anderen Instanzen im öffentlichen Sektor an.

b) der im Abgabensystem eingebaute „Kniff" der **heimlichen** Steuererhöhungen: mit jedem, auch nur nominellen, Einkommensanstieg erhöht sich der Steuerentzug, je nach dem Progressionsgrad des Steuertarifs, überproportional, ohne daß an den Steuer**sätzen** etwas geändert werden müßte; diese Automatik enthebt die politischen Akteure der Prüfung, ob und inwieweit die Mehreinnahmen nach dem Kosten-Nutzen-Kalkül überhaupt erforderlich sind.

c) der budgetäre **„Inkrementalismus"**, der Ausgabenansätze der jeweiligen Vorperiode mehr oder weniger ohne Prüfung auf ihre weitere Notwendigkeit im neuen Haushalt übernehmen läßt, wozu namentlich die Interessen der Bürokratie drängen. Die übliche Rede von der hochgradigen Vorweggebundenheit in der Verwendung des periodischen Steueraufkommens hat, sieht man von den hoheitlichen Staatsausgaben ab, zumeist ideologischen Charakter. In Wahrheit ist jede Ausgabenmaßnahme, so wie sie ja irgendwann einmal durch politischen Beschluß eingeführt wurde, im Prinzip auch wieder durch einen Gesetzesakt zu ändern. Das gilt selbst für die Personalausgaben: auch wenn an den automatischen Höherstufungen in Abhängigkeit von der Beschäftigungsdauer und an den freiwilligen zusätzlichen Sozialleistungen, in denen sich der öffentliche Dienst hervortut, nichts geändert wird, lassen sich bisherige Planstellen durch Nichtwiederbesetzung einsparen.

3. Dem Einsatz der Finanzpolitik zu **diskretionären** stabilitätspolitischen Eingriffen stehen extrem lange **time lags** entgegen, die institutionell bedingt sind. Der politische Entscheidungsprozeß bis zur Gesetzesreife ist schwerfällig und langwierig (inside lag, decision lag); im Unterschied zur „Diskretion" im Notenbankverhalten, vollzieht er sich öffentlich (Problem der „rationalen Erwartungen") (§ 48), und er schwebt sachlich in der Gefahr einer Verwässerung durch die mannigfaltigen politischen Faktoren, die oft in konträrer Weise Einfluß zu nehmen suchen. Und selbst im Paradefall, in dem die Regierung ermächtigt ist, kurzfristig etwa Arbeitsbeschaffungsprogramme aufzulegen, bleiben immer noch die erheblichen Wirkungsverzögerungen zwischen Kreditaufnahme, ministerielle Ausgabenaufteilung, Antragstellung der Begünstigten, bürokratische Entscheidung und Kassenanweisung bis zur tatsächlichen Nachfragerelevanz bei der Verausgabung durch die Empfänger (outside lag, operational lag).

§ 57 Budgetausgleich

1. Setzen wir voraus, daß die Ausgabenseite (Kosten-Nutzen-Analyse nach § 6 des Haushaltsgrundsätzegesetzes vom 9.8.1969) wie die Einnahmenseite des öffentlichen Budgets (Steuerstruktur, Verhältnis von Steuern und leistungsspezifischen Gebühren) **allokationspolitisch** optimal gestaltet ist (§ 3), was in praxi jedoch seinerseits Zugeständnisse an zweit- und drittbeste Lösungen erfordert, so lautet die erste **stabilitätspolitische Regel**, daß das Budget, unabhängig von seinem Niveau, periodisch **materialiter** ausgeglichen zu sein hat, das heißt: die jeweiligen Ausgaben müssen im Prinzip durch ordentliche Einnahmen, also durch das Steueraufkommen, gedeckt sein. Diese Regel, die sich in leidvollen Erfahrungen der Bürger mit dem staatlichen Absolutismus herausgebildet hat und als besondere Errungenschaft einer modernen Finanzpolitik gilt, erscheint nur auf den ersten Blick als „simpel". In der Sache zwingt sie die Politiker, ihre Ausgaben nach den Einnahmen zu richten, statt umgekehrt, und, falls sie zusätzliche Ausgaben präponieren, deren Notwendigkeit durch die Forderung nach höheren Steuersätzen einem Publikumstest auszusetzen, der im übrigen durch fiskalische Dezentralisierung (Gebietskörperschaften) nur gewinnen kann *(Brennan/Buchanan)*.

2. Die Regel ist auch **verfahrenstechnisch** nicht „einfach" durchzuhalten. Die Politiker sind, wie stets, wenn es um den staatlichen Aktionsradius geht, erfindungsreich, um sich Hintertüren für ihren Ausgabendrang offenzuhalten.

a) Das jeweilige Hauhaltsgesetz ist ein Budget**plan**, der sich auf die kommende Periode bezieht. Die „Totalkosten" geplanter Ausgaben lassen sich leicht unter-, die Höhe des erwarteten Steueraufkommens ebenso leicht überschätzen, so daß das Budget trotz formaler Deckung von Ausgaben und Einnahmen tatsächlich **nicht** ausgeglichen zu sein braucht. Kein der Marktkontrolle auch nur entfernt vergleichbarer Mechanismus zieht die fehlplanenden politischen Akteure zur Rechenschaft. **Rechnungshöfe** haben lediglich die „ordnungsgemäße" Verausgabung der angesetzten Mittel für die spezifizierten Ausgabenzwecke zu prüfen; sie tun das nachträglich und selbst dann ohne jede exekutivische Machtbefugnis.

Damit nicht genug, gibt es für die Änderung eines noch nicht verkündeten Haushaltsplanes das fiskalische Institut des **„Ergänzungshaushaltes"**, für das bereits rechtsgültige Budget das des **„Nachtragshaushaltes"**, und bis dahin sind, mit Zustimmung des Finanzministers, gar Haushalts**überschreitungen** zulässig, sei es für außerplanmäßige Ausgabenarten, die im Budget nicht vorgesehen waren, sei es für **überplanmäßige** Ausgaben, die über die dort festgesetzten Bewilligungen hinausgehen.

b) Selbst der Haushaltsgrundsatz der **„Vorherigkeit"** – für einen „Plan" eigentlich eine Selbstverständlichkeit – wird häufig mißachtet. Indes, die Regierung verfügt über eine generelle Ermächtigung, alle „notwendigen" Ausgaben auch in diesem „gesetzlosen" Zustand zu leisten, notfalls gar mit Hilfe einer Kreditaufnahme.

c) Das Haushaltsprinzip der qualitativen und quantitativen **Spezialität** (Bindung) läßt sich in dem Maße umgehen, in dem unterschiedliche Titel als „gegenseitig deckungsfähig" erklärt werden, und das Prinzip der **zeitlichen** Spezialität dadurch, daß man Ausgabenmittel im Budget für „übertragbar" erklärt. Im gleichen Spital liegt ein reichlicher Gebrauch von **„Verpflichtungs- oder Bindungsermächtigungen"** krank, die künftige Budgets in bestimmten Ausgabenteilen vorweg festschreiben und die, einmal bewilligt, sich der erneuten ökonomischen Prüfung und gar der parlamentarischen Kontrolle mehr oder minder entziehen.

d) Auch gegen das Prinzip der **Nonaffektation** (Gesamtdeckung im Haushalt), einst als Fortschritt hin zu einer wirtschaftlichen Haushaltsführung gepriesen, wird verstoßen, etwa wenn die Politiker das Aufkommen einer Benzin- oder Kraftfahrzeugsteuer für den Straßenbau reservieren. Solche Sondertopfbildung[1] schwebt stets in der Gefahr, daß die aufkommenden Mittel für den gebundenen Zweck auch dann noch ausgegeben werden, wenn der Grenznutzen der Verwendung sinkt und die Mittel bei anderen Haushaltstiteln oder in der Steuersenkung ökonomisch besser eingesetzt wären.

e) Nicht zuletzt wird der Grundsatz der **Vollständigkeit**[2] und **Einheit** des Budgets durch das Vordringen von **„Quasi-Steuern"** (zum Beispiel „Kohlepfennig") durchlöchert. Eine beliebte Art der „Flucht aus dem Budget" ist auch das Ab-

---

1 Beim Haushaltsprinzip der **Klarheit** wäre für das Publikum besonders informativ, was der Staat für seine Unternehmen zum Defizitausgleich ausgibt (§ 45).

2 Auf Gemeindeebene liegt die einschlägige Einbruchstelle vor allem bei sogenannten Ergänzungsbeitragssatzungen.

schieben von Haushaltskosten auf das System der selbstverwalteten (beitragsfinanzierten) Sozialen Sicherung.[3]

Ohnehin erscheint der sog. **„versteckte öffentliche Bedarf“**, nämlich die Gesamtheit der Leistungen, die die Staatsbürger für die Zwecke der öffentlichen Hand **unentgeltlich** erbringen (zum Beispiel die Steuerabführung für die Beschäftigten durch die Betriebe), in keinem Haushaltsplan.

f) **Mehrjährige** Haushaltspläne, für die die größere volkswirtschaftliche Rationalität zu sprechen scheint, sind zwar rechtlich möglich. Es ist jedoch zu erwarten, daß mit der längeren Frist die Abweichungen von den Haushaltsgrundsätzen nicht abnehmen, sondern sich eher verstärken wird. Ohnehin bleibt die Kontrollmöglichkeit durch die Öffentlichkeit bereits beim Einjahresbudget angesichts der Ausgaben- und Steuervielfalt und der „verdeckten“ Tätigkeit der für die Entscheidungen zentralen Haushaltsausschüsse im Parlament stark eingeschränkt.

g) Im **föderalen** Staat sollen nach der Finanzerfassung die Gebietskörperschaften voneinander **unabhängig** sein. Dem widerspricht aber das vordringende System von **Mischfinanzierungen**, bei dem sich unter dem wohlklingenden Namen von „Gemeinschaftsaufgaben“ Bund und/oder Länder an bestimmten Investitionsausgaben der Gemeinden beteiligen. Damit kann sich, entgegen der guten Absicht, ein **„eingebauter Verschwendungsmechanismus“** ergeben. Je nach der Höhe der Fremdbeteiligungsquote tätigen die Kommunen Zusatzinvestitionen, die nach dem Nutzenkalkül bei Eigenfinanzierung unterblieben wären: man will die hochprozentigen Zuschüsse schlicht nicht verfallen lassen, zumal Prestigeobjekte gleichzeitig der Profilierung von Gemeindepolitikern dienen können. Im Ergebnis kommt es zu regionalen Überkapazitäten etwa an Schwimmbädern, deren Folgekosten zunehmend die kommunalen Haushalte belasten und die nicht selten das Schicksal von „Wohlstandsruinen“ ereilt. Hier aber bleibt an einen gravierenden Unterschied zu erinnern: „unnütze“ Ausgaben im privaten Bereich sind eines, die Verschwendungen von Steuergeldern, die den Privaten zwangsweise entzogen werden, aber darum noch nicht das Eigentum von Politikern sind, jedoch etwas anderes.

Aufschlußreich ist auch, daß zum Beispiel im Land Nordrhein-Westfalen auf der Empfängerseite der Gemeinden und Kreise bereits 2000 öffentliche Bedienstete allein dafür eingesetzt werden, um einschlägige „Zweckzuweisungen“ aus den übergeordneten Budgets an Land zu ziehen (Bericht der kommunalen Gemeinschaftsstelle für Verwaltungsvereinfachung).

3. Man sieht, daß die tatsächliche Durchsetzung der stabilitätspolitischen Regel für den materiellen Budgetausgleich den **Abbau** fiskalischer „Untugenden“ voraussetzt, die im Laufe der Zeit eingerissen sind. Gelingt das nicht, käme als Alternative eine flankierende Vorkehrung in Betracht, die dem Fiskus, da faktisch regelmäßig Unterdeckung zu vermuten ist, auferlegt, periodisch das geplante Ausgabenvolumen die angesetzten Steuereinnahmen jeweils um einen bestimmten Prozentsatz unterschreiten zu lassen, um dann einen allfälligen Überschuß zur Reduzierung des öffentlichen **Schuldenbestandes** zu verwenden, womit gleichzeitig für die kommenden Haushaltsjahre die Belastung der Ausgabenseite

---

[3] Problematisch ist auch, wenn der Fiskus etwa seine Zuschüsse zur Rentenversicherung in Staatspapieren begleicht oder in der Sparförderung die staatlichen Prämien nicht Zug um Zug an die Geldinstitute abführt.

durch Zinszahlungen zurückgeführt wird. Bei einer solchen Vorkehrung ist der ordnungspolitische Stellenwert nicht aus den Augen zu verlieren: es geht darum, die interventionistische Staatstätigkeit an die Kandare zu nehmen und nicht, wie sonst üblich, die Einzelwirtschaften durch Verhaltensbeschränkungen die Zeche bezahlen zu lassen.

4. Nach dem **Haavelmo-Theorem** wäre selbst ein materiell ausgeglichenes, aber dem Niveau nach verändertes Budget nicht stabilitätsneutral. Zum Beispiel: Erhöht in der geschlossenen Volkswirtschaft der Staat seine Produktionsaufwendungen bzw. seine Nettoinvestition und wird diese (dauerhafte) Zusatzausgabe durch einen im gleichen Umfang erhöhten Steuerentzug bei den direkten Steuern finanziert, überwiegt der Ausgabenmultiplikator in der Einkommensexpansion die Kontraktionswirkungen des Steuermultiplikators: das (nominelle) Volkseinkommen steigt in Höhe der Zusatzausgaben ($\frac{\delta Y}{\delta A} = 1$), wobei der Keynesianismus annimmt, daß auch die Beschäftigung im gleichen Maße zunimmt.

Indessen sind die **Annahmen**, die Haavelmo zur Ableitung des Theorems macht, derart restriktiv, daß dessen praktische Relevanz für die Stabilitätspolitik als gering veranschlagt werden muß. So wird eine konstante marginale Konsumquote trotz Steuererhöhung und Unabhängigkeit der privaten Produktion und Investition von der fiskalischen Variation vorausgesetzt, – von den denkbaren Komplikationen im Modell einer offenen Volkswirtschaft zu schweigen.

Aber auch in seinem engeren Rahmen leistet das Theorem weniger, als voreilige politische Anwender auf die Budgetausgaben offenbar annehmen. Es kommt **keine** Expansion zustande, wenn die Zusatzausgabe des Staates in Subventionen oder Transferzahlungen besteht und, selbst bei Produktions- bzw. Investitionsausgaben, wenn die indirekten Steuern entsprechend erhöht werden. Umgekehrt hat ein Abbau von laufenden Staatsausgaben, etwa Transferzahlungen, bei gleich großer Reduktion der Steuerlast keineswegs eine Kontraktionswirkung auf das Volkseinkommen zur Folge, und das umso weniger, wenn letzere bei den direkten Steuern erfolgt.

5. Im Unterschied etwa zu den Vereinigten Staaten, ist die rechtliche Bindung des Fiskus zum periodischen Budgetausgleich in der Bundesrepublik kein Desideratum: laut Art. 110, Abs. 1, Satz 2 des Grundgesetzes ist sie sogar **verfassungsmäßig** verankert. Daß dabei nicht lediglich ein formaler Ausgleich gemeint ist, ergibt sich aus Art. 115, der der Kreditaufnahme der öffentlichen Hand enge Grenzen setzt.

§ 58 Begrenzung der Staatsverschuldung

1. Die Problematik der Kreditaufnahme auf dem **privaten Geld- und Kapitalmarkt**[4] zur Staatsfinanzierung ergibt sich aus drei prinzipiellen Gründen.

a) Diese (durch die Zinsbelastung an sich teure) Finanzierungsart erleichtert den Ausgabendrang der Politiker, weil der Druck zum Nutzen-Kosten-Vergleich, wie ihn die Steuerfinanzierung mit sich bringt, entfällt. Werden mit den kreditbe-

[4] Die Problematik gilt unverändert auch, wenn der Fiskus auf eine Kreditaufnahme im **Ausland** ausweicht.

schafften Mitteln laufende Ausgaben **(Staatsverbrauch)** finanziert, kommt es zu einer veritablen Verschwendung knappen volkswirtschaftlichen Kapitals.

b) Es gibt insofern keine **immanente** Begrenzung, weil die öffentliche Hand nicht, wie ein privater Kreditnehmer, an Renditerücksichten bei seiner Verschuldung gebunden ist. Der Staat vermag durch ein großzügiges Konditionenangebot jeden privaten Konkurrenten in der Kreditnachfrage zu verdrängen. Je nach der Lage auf seiten des Kapitalangebotes induziert eine entsprechend zu Buche schlagende Nettoverschuldung des Fiskus einen Anstieg des Zinsniveaus, der die private Kreditnachfrage und damit die private Investitionstätigkeit reduzieren kann (crowding-out). Von den kreditvermittelnden Banken ist kein Widerstand zu erwarten; für sie handelt es sich beim öffentlichen Schuldner um ein lukratives und vergleichsweise risikoloses Geschäft.

c) Mit der staatlichen Nettoverschuldung werden (ungefragt) die Steuerzahler **zukünftiger** Perioden und Generationen belastet. Denn die aufgenommenen Kredite müssen verzinst und irgendwann amortisiert werden, so die öffentliche Hand die alten Schulden nicht schließlich durch die Aufnahme neuer Kredite bedienen will. Erst einmal aufgelaufene Schuldenberge abzutragen, ist ökonomisch und erfahrungsgemäß besonders politisch ein schwieriges Unterfangen.

2. Mit gutem Grund beschränkte Art. 15 des **Grundgesetzes** in seiner **ursprünglichen Fassung** die Erlaubnis zur Staatsverschuldung (für die staatlichen Schuldformen vgl. Übersicht 6) auf einen „außerordentlichen Bedarf“ und überdies „in der Regel“ auf „Ausgaben zu werbenden Zwecken“. Das war eine scharfe Begrenzung, zumal, wenn unter „werbenden Zwecken“ Projekte verstanden werden, deren Rentabilität in den Folgeperioden, neben den laufenden Kosten, auch die Kapitaldienste abzudecken erlauben. Alles Übrige, also auch ansonsten erforderliche öffentliche Investitionen, waren aus laufenden Steuermitteln zu tragen und wurden zeitweise in der Bundesrepublik auch so finanziert.

Freilich schlossen die Formulierungen „außerordentlicher Bedarf“ und „Ausgaben“ juristisch nicht zweifelsfrei aus, daß neben investiven ebenfalls andere, vielleicht gar einmalige Ausgaben kreditfinanziert sein konnten. Und unter der Kategorie „werbende Zwecke“ ließen sich möglicherweise auch Projekte mit einer „Umwegrentabilität“ verstehen, die irgendwann über durch sie bedingte Steuermehreinnahmen die Kapitaldienste hereinbringen würden.

Die **Neufassung** des Art. 115 (Abs. 1, S. 2) von 1969 setzte dann der erlaubten öffentlichen Kreditaufnahme des Bundes ausdrücklich als Obergrenze die periodisch „veranschlagten Ausgaben für Investionen“, fügte jedoch als Einschränkung hinzu: „Ausnahmen sind nur zulässig zur Abwehr einer Störung des gesamtwirtschaftlichen Gleichgewichtes.“ Für die Länder ist Entsprechendes in den Landeshaushaltsordnungen festgelegt, und für die Gemeinden besteht eine Genehmigungspflicht für die jeweilige Höhe des Gesamtbetrages an Neuverschuldung durch die Aufsichtsbehörde des Landes.

In der Neufassung tritt zum objektgebundenen Kriterium „Investitionen“ eine **situationsorientierte Auflockerung** „Abwehr einer Störung des gesamtwirtschaftlichen Gleichgewichtes“. Die Rede vom gesamtwirtschaftlichen Gleichgewicht klingt gut, ist aber für die „Gerichtsfestigkeit“ politischer Aktionen alles andere als eindeutig, selbst wenn die Bestimmung nicht einspurig verstanden, sondern dahingehend ergänzt wird, daß die Ermächtigung zur Kreditaufnahme in bestimmten Situationen auch einmal **nicht** ausgeschöpft werden darf, dann nämlich,

Übersicht 6 Staatliche Schuldformen

Schuldformen[1] / Merkmale	Anleihen (14,5%)	Bundesschatzbriefe (3,4%)	Schuldscheindarlehen (62,4%)	Bundesobligationen (9,5%)	Kassenobligationen (3,4%)	Unverzinsliche Schatzanweisungen (1,3%)	
						Finanzierungsschätze	Finanzierungs-U-schätze
Laufzeit	langfristig 8-12 Jahre	mittelfristig Typ A: 6 Jahre Typ B: 7 Jahre	kurz-, mittel-, langfristig	5 Jahre	mittelfristig 3-5 Jahre	kurzfristig 1-2 Jahre	kurzfristig 6, 12, 18 oder 24 Monate
Art der Verzinsung	fester Nominalzins	jährlich steigender Zinssatz	Gegenstand des individuellen Vertrages	fester Nominalzins	fester Nominalzins	Diskont	Diskont
Stückelung	100,– DM (aber auch höhere Beträge 10000 DM und 100000 DM)	Typ A: 100,– DM Typ B: 50,– DM	i.d.R. über 1 Mio. DM	100,– DM	5000,– DM (aber auch 50000,– DM und mehr)	1000,– DM	100000,– DM und jeweils um 10000,– DM höhere Beträge
Emissionsverfahren	Einmalemission Fremdemission	Daueremission über Banken	Einmalemission (laufend) Selbstemission auch durch Tenderverfahren	Daueremission über Bundesbank	Einmalemission Selbstemission oder als Fremdemission über Bundesbank	Einmalemission (laufend) Fremdemission	Einmalemission Fremdemission über Bundesbank
Grad der Marktfähigkeit	Verkauf an jedermann, Zulassung zur Börse	nicht börsenfähig Verkauf nur an natürliche Personen und Institutionen ohne Erwerbscharakter	Fungibilität stark eingeschränkt, da individueller Kreditvertrag	Verkauf nur an inländische private Nichtbanken	Börsennotierung	Verkauf nur an inländische private Nichtbanken	Verkauf an jedermann, vor allem institutionelle Großanleger
Tilgungsmodalitäten	Tilgungsanleihe nach tilgungsfreien Jahren oft Auslosung von Teilbeträgen	Fälligkeitsanleihe Typ A: Nennwert Typ B: Nennwert zuzüglich Zinsen	laufende Tilgung oder bei Fälligkeit zum Nennwert	Gesamtfälligkeit	Gesamtfälligkeit	Rückzahlung bei Fälligkeit	Rückzahlung bei Fälligkeit

[1] in Prozent des Schuldenstandes am 31.12.1985

Quelle: Monatsberichte der Deutschen Bundesbank, Nr. 8, 39. Jg. (1987), S. 64; eigene Berechnung; Dreißig, W., Die Technik der Staatsverschuldung, in: Neumark, F. (Hrsg.), Handbuch der Finanzwissenschaft, Bd. III, 3. Aufl., Tübingen 1981, S. 65ff.

wenn sonst ein bestehendes Gleichgewicht gefährdet würde. In praxi läßt sich die Verschuldungsbegrenzungsvorschrift mit dem Verweis auf „Ungleichgewichte" relativ leicht durchbrechen.

Aber auch der Begriff der **öffentlichen Investition** bedürfte zumindest in drei Richtungen der Klarstellung:

Einmal darin, daß es sich um Nettoinvestitionsausgaben handelt, also nicht um Ersatzinvestitionen für alte Anlagen, die wie üblich, im Amortisationswege aus den laufenden Erlösen (Steuern) abzudecken sind.

Zum anderen darin, daß zur Abgrenzung von „produktiven" Investitionen die Regeln der volkswirtschaftlichen Gesamtrechnung, nicht die der Finanzstatistik verbindlich sind, die auch staatliche Finanzanlagen (etwa in- oder ausländische Beteiligungen) sowie öffentliche Darlehen und Investitionshilfen, also hier Subventionsausgaben[5], zu den investiven Projekten zählt[6]. Ein Finanzminister der Bundesrepublik wollte weiland gar die BAföG-Ausgaben als einschlägige Investitionen angerechnet wissen.

Schließlich wäre klarzustellen, daß auch produktive Investitionen, die nachweislich des Staates bedürfen, also nicht auch von Privaten getätigt werden können, nur dann durch Kreditaufnahme zu finanzieren sind, wenn sie während der technischen Laufzeit für die betroffenen „Generationen" einen anteiligen Nutzen absehen lassen, der mit ihrer einschlägigen steuerlichen Zusatzbelastung in einem halbwegs angemessenen Verhältnis steht (intertemporale Lastverteilung). Denn sonst ist auf seiten der Politiker der Neigung zu kreditfinanzierten Mehrausgaben, bei steuerlicher Schonung der gegenwärtigen zu Lasten der kommenden Generation, Tür und Tor geöffnet.

3. Die **Erfahrung** hat gezeigt, daß die geltenden rechtlichen Begrenzungsbestimmungen nicht nur nicht einen nachgerade atemberaubenden Anstieg der Staatsverschuldung seit Ende der sechziger Jahre zu verhindern vermochten. De facto wurde sie auch eindeutig **konsumtiven** Ausgabezwecken dienstbar gemacht. Der Umfang der Neuverschuldung verkommt zunehmend zu einer abhängigen Variablen der laufenden Budgetdefizite. Die destabilisierende gesamtwirtschaftliche Wirkung liegt auf der Hand. Aber auch sonst reichen die Rechtsbestimmungen, so wie sie in der politischen Praxis gehandhabt werden, offensichtlich nicht zur Vorbeugung gegen eine **ordnungspolitisch** bedenkliche Entwicklung aus, die darin bestehen kann, daß im Laufe der Zeit und möglicherweise unbewußt der Staat mit seinen Investitionen und Kreditanteilen immer weiter in die volkswirtschaftliche Produktion und Kapitalbeanspruchung vordringt („stille" Sozialisierung), bis schließlich der öffentliche Sektor dominiert.

---

[5] So verringert sich der Gegenwartswert eines **öffentlichen Darlehens**, das zur Begünstigung des Empfängers mit einem Zinssatz von 0,5 Prozent ausgestattet ist, bei einer Laufzeit von 45 Jahren im Vergleich zu einem Kapitalmarktzins von, sagen wir, 7 Prozent auf rund ein Drittel des Nennbetrages der staatlichen Förderung.

[6] Nolens-volens wird man dann zu der Frage weitergeschickt, ob auch **Bürgschaften**, soweit sie zu Zahlungen führen, kreditfinanziert sein dürfen.
Art. 115 (Abs. 1, S. 1) des Grundgesetzes bindet die öffentliche Kreditgewährung wie die öffentlichen Sicherheitsleistungen an ein Gesetz, das die Höhe des Kredites bzw. der Bürgschaft angibt. Im Haushaltsplan erscheint der „Bürgschaftsrahmen" nach Umfang und Zusammensetzung der vom Staat übernommenen Verpflichtungen „nachrichtlich".

4. Vor diesem Hintergrund ist eine, neben dem periodischen Budgetausgleich, **zweite fiskalische Regelbindung** angezeigt, die die **öffentliche Kreditaufnahme auf dem Kapitalmarkt** nicht nur auf Investitionszwecke (oben Punkt 2), sondern auch dem **Umfang** nach auf einen niedrigen Prozentsatz des jeweiligen Haushaltsvolumens, gemessen am Steuereingang, beschränkt, und zwar ausnahmslos.[7] Denn jede Differenzierung, an die theoretisch gedacht werden könnte, würde, so wie die Dinge auf der politischen Bühne nun einmal liegen, die Praktikabilität und Durchschlagskraft der Vorschrift vermindern.

5. Davon unberührt bleibt die institutionelle Vorkehrung eines **„zentralen Kapitalmarktausschusses"**, der die Begebung öffentlicher Anleihen auf ein mit den jeweiligen Kapitalmarktverhältnissen abgestimmtes zeitliches Maß beschränkt, und zwar für alle Gebietskörperschaften, einschließlich der „Sondervermögen" sowie von Bahn und Post.

§ 59 Flankierende stabilitätspolitische Vorkehrungen

1. Zur Flankierung der fiskalischen Regelbindungen in Form des Budgetausgleichs und der Verschuldungsbegrenzung sollten drei stabilitätspolitische Vorkehrungen treten, die die Einnahmen- und Ausgaben**struktur** des Haushaltes betreffen.

Das ist zunächst einmal eine Durchforstung des Dschungels an **Steuerarten**, die zum Teil geradezu antiquierten Charakter tragen (zum Beispiel die speziellen Verbrauchsteuern) und einem rationalen Steuersystem Hohn sprechen. Die Konzentration auf einige wenige **Hauptsteuern** würde der Kontrolle der Bürger über die Kosten staatlicher Programme aufhelfen: die Information und allfällige Steuerwiderstände wären erleichtert. Bei Licht betrachtet, könnte sich eine moderne Staatsfinanzierung auf eine (progressive) Einkommensteuer mit einem an der Kinderzahl orientierten Splitting, auf eine Mehrwertsteuer mit einheitlichem Satz und, zur Korrektur der Vermögensverteilung, auf eine Erbschaftssteuer (einschließlich Schenkungssteuer) beschränken.

2. Zum anderen gilt es, den „Kniff" der **heimlichen Steuererhöhung** (§ 51) auszuschalten, der, ohne daß die Steuersätze verändert oder sonst die Volksvertreter gefragt werden müßten, als der eigentliche Treibsatz zur Aufblähung des Steuervolumens wirkt, und das namentlich bei den Lohnsteuern. Die üblichen Von-Zeit-zu-Zeit-Korrekturen der Steuersätze sind da kein brauchbarer Ersatz: der politische Aufwand von sog. „Steuerreformen" ist jedesmal unverhältmäßig hoch; die verschlungenen Datenänderungen, die sie zumeist charakterisieren, fördern nicht gerade die Verhaltenssicherheit der Einzelwirtschaften, und nach mehr oder minder kurzer Frist pflegt das Volumen des Steuerentzuges doch wieder in der alten Weise aufzuholen.

Technisch läßt sich der Kniff der heimlichen Steuererhöhung ausschalten, indem der Steuertarif – bei unveränderten Steuersätzen – gleichsam auf Räder gesetzt

[7] Das gilt auch im Fall der Verlagerung von Lasten und Schulden auf „Sonderetats", die **nicht** im Staatshaushalt erfaßt werden. Beispiele auf Bundesebene sind „Verstromungsfonds", die „Bundesanstalt für landwirtschaftliche Marktordnung" und das ERP- bzw. andere „Sondervermögen".

wird: die in DM fixierten Steuerbemessungsstufen erhöhen sich jedes Jahr automatisch um den gleichen Prozentsatz, mit dem das Volkseinkommen steigt.

Damit wird auch der ursprüngliche **verteilungs**politische Sinn der Steuerprogression wieder in sein Recht gesetzt: nur jene Bürger geraten in eine höhere Progressionsstufe, deren Einkommen jeweils schneller zunehmen als das allgemeine Einkommensniveau.

3. Auf der Ausgabenseite entwickeln sich Art und Umfang der **Subventionierung** in allen ihren Formen zunehmend zu einem destabilisierenden Element der öffentlichen Finanzwirtschaft. Die Politiker scheinen in solchen staatlichen Leistungen ohne Gegenleistungen das bevorzugte Medium der Profilierung zu sehen. Subventionen weisen, sind sie erst einmal inauguriert, unter den Staatsausgaben ein besonders hohes Maß an Irreversibilität auf. Und über das Ausmaß, in dem die Maßnahme den öffentlichen Haushalt in der Periodenfolge tatsächlich belastet, bestimmen nicht zuletzt die Empfänger selbst: bei der vordringenden Subventionsmentalität kommt es zu einschlägigen Verhaltensanpassungen, um die für die Begünstigung vorausgesetzten Bedingungen gleichsam herzustellen.

Dem läßt sich stabilitätspolitisch durch die Vorkehrung entgegenwirken, daß in der Subventionstechnik prinzipiell von der Quotitäts- zur **Regel der Repartition** übergegangen wird. Dabei ergibt sich das Ausgabenvolumen nicht einfach „konstatierend“ aus der Addition der Bemessungsgrundlagen, die im Laufe der Zeit von den Aspiranten nachgewiesen werden. Vielmehr ist von Anfang an ein bestimmter Subventionsumfang fixiert, der in der Periodenfolge keinen „selbsttätigen“ Veränderungen mehr unterliegt; die verfügbare Gesamtsumme wird mittels Division durch die Zahl der zu fördernden Objekte (pro rata der jeweiligen Bemessungsgrundlage) „repartiert“. Mit einer solchen Technik läßt sich die Ausgabenkontrollmöglichkeit ebenso erhöhen wie die Reversibilität der Transfermaßnahme.

§ 60 Eingebaute Stabilisatoren

1. Bestimmte Kategorien der fiskalischen Einnahmen und Ausgaben reagieren ohne legislative oder administrative Entscheidungen, also in diesem Sinne automatisch, auf konjunkturelle Veränderungen und können dabei einen **dämpfenden** Einfluß auf die Schwankungen der wirksamen Gesamtnachfrage ausüben (antizyklischer Effekt).

2. Das wichtigste Beispiel auf der Einnahmenseite des öffentlichen Budgets ist eine **progressiv ausgestaltete Einkommensteuer** (Lohnsteuer), die eine hohe Aufkommenselastizität auszeichnet. Im konjunkturellen Boom steigt das Steueraufkommen, je nach dem Progressionsgrad, stärker als die privaten Einkommen; es kommt bei der kaufkräftigen Nachfrage zu einem entsprechenden Entzugseffekt. In der Rezessionsphase liegen die Dinge umgekehrt.

Allerdings ergibt sich damit, genau genommen, nur eine Stabilisierungs**möglichkeit**. Effektiv wird die built-in-flexibility erst dann, wenn, im Beispiel des Booms, die automatischen Steuermehreinnahmen **nicht** entsprechend die Staatsausgaben erhöhen, sondern tatsächlich stillgelegt werden (unten Punkt 5). Aber das hat, wie die Erfahrung lehrt, politisch nicht eben eine große Wahrscheinlichkeit für sich. Der eingebaute Stabilisator wirkt nicht so automatisch, wie sein Name suggeriert. Fiskalische „Parallelpolitik“ ist gerade in der Hochkonjunktur die Regel.

Davon abgesehen, wird der antizyklische Dämpfungseffekt quantitativ durch das Gewicht des zusätzlichen Steuerentzuges, gemessen an der Gesamtnachfrage, und auch dadurch limitiert, daß die **veranlagten** Einkommen- und Körperschaftsteuern nur mit erheblicher Verzögerung reagieren: die einschlägigen Vorauszahlungen haben keine unmittelbare Beziehung zur aktuellen Einkommens- und Gewinnentwicklung. Und schließlich kann ein progressives Steuersystem beim **beginnenden** Aufschwung sogar eine **unerwünschte** Bremswirkung haben (fiscal drag).

3. Als Beispiel für einen eingebauten Stabilisator auf der Ausgabenseite muß man sich schon dem „Hilfsfiscus" der **Sozialen Sicherung** zuwenden: in der Arbeitslosenversicherung (mit konstanten Leistungs- und Beitragssätzen) gehen im Boom die Ausgaben überproportional zurück, während das Beitragsaufkommen mit der erhöhten Beschäftigung ansteigt; die so entstehenden Überschüsse können einer Vermögensreserve zugeführt werden, die sich in der Rezession, wenn Ausgaben und Beiträge sich wiederum gegensinnig, aber in der jeweils umgekehrten Richtung entwickeln, zur Defizitfinanzierung liquidisieren lassen. Dazu muß freilich bei der Vermögensanlage der Aspekt einer hohen Fungibilität vor dem einer möglichst günstigen Rendite rangieren.

Von einer Automatik des antizyklischen Effektes ist im strengen Sinne auch hier nur insofern zu sprechen, als nicht diskretionär in die Beitrags- und Ausgabensätze der Arbeitslosenversicherung eingegriffen wird. Das hängt in erster Linie mit der Konstruktion der Sparte als selbstverwalteter Sozialversicherung zusammen. Aber selbst dieser Charakter schützt die Einrichtung offensichtlich nicht davor, daß Politiker erfahrungsgemäß im Boom die Überschüsse zur gesetzlichen Leistungsausweitung eingesetzt sehen wollen und in der Rezession zu einer Erhöhung des Beitragssatzes greifen.

4. Von einer **Formelflexibilität** spricht man, wenn bei Überschreiten bestimmter Indikatorwerte die Fiskalpolitik (nach Art und Umfang) gesetzlich festgelegte Maßnahmen zu ergreifen hat, um der konjunkturellen Schwankung entgegenzuwirken. Zwar läßt sich auf diese Weise der sonst hohe Zeitbedarf der politischen Entscheidungsbildung und damit die Wirkungsverzögerung der Maßnahme verringern. Gleichwohl bleibt die Nähe zu diskretionären Eingriffen unverkennbar. Und das umso mehr, als die Auswahl der einschlägigen Indikatoren und die Interpretation ihrer Veränderungen kaum zu lösende Probleme der Justiziabilität aufwerfen: lassen sich Zyklen im traditionellen Verständnis überhaupt noch festschreiben, und hat nicht jede konjunkturelle Bewegung ein stark individuelles Gepräge?

Eine zyklus**unabhängige** Regelbindung, und das namentlich in der Hand der regierungsunabhängigen Notenbank (§ 51), ist hier in jeder Weise überlegen.

5. Davon unberührt bleibt, daß die öffentlichen Hände – freiwillig oder durch Rechtsverordnung obligatorisch – im Fall einer überschäumenden Konjunktur bei der Notenbank eine (unverzinsliche) **„Konjunkturausgleichsrücklage"** aus dem laufenden Steueraufkommen ansammeln, der nach § 15 des Stabilitätsgesetzes auch ein etwaiger ad hoc erhobener Konjunktur**zuschlag** zur Einkommen- und Körperschaftsteuer zugeführt werden muß. Ruft dann die Regierung in der Rezession die Rücklage ganz oder zu Teilen als zusätzliche Haushaltsmittel ab, handelt es sich **für die Periode** natürlich um eine Geldschöpfung, die die Notenbank ihrerseits bei der Dosierung ihrer Geldmengensteuerung (§ 55) einzukalkulieren hat.

6. Auch sieht das Stabilitätsgesetz (§ 9ff., mit Ermächtigung durch Art. 109 des Grundgesetzes) eine **„mittelfristige Finanzplanung"** der öffentlichen Hand auf fünf Jahre vor, die jährlich fortgeschrieben wird. Sie stellt ein in Ausgabenposten (namentlich Investitionsvorhaben) und geschätzten Steuereinnahmen inkarniertes Regierungsprogramm dar, das jedoch, anders als der jährliche Haushaltsplan, rechtlich nicht verbindlich ist. Das Instrument kann also regelmäßig nicht mehr als gewisse Orientierungsdaten bieten. Der Verwaltungsaufwand ist erheblich. Und wie es bei politischen „Programmen" zu gehen pflegt, stehen die Zeichen regelmäßig auf zusätzliche Ausgabenprojekte und kaum je auf Reduzierung der Staatstätigkeit.

Im förderalen Staat wichtig bleibt der bei der Bundesregierung eingerichtete **„Finanzplanungsrat"** (§ 51 des Haushaltsgrundsätzegesetzes), der die Haushaltsplanungen der Gebietskörperschaften koordinieren soll. Er kann große praktische Bedeutung haben, wenn auch seine Funktionswahrnehmung nicht im strengen rechtlichen Sinne für die Betroffenen verbindlich ist.

§ 61 Finanzpolitik und Notenbank

1. Daß Bund, Länder und staatliche Sondervermögen (ERP, Lastenausgleichsfonds) verpflichtet sind, im Normalfall ihre flüssigen Mittel jeweils als (zinslose) Guthaben bei der Notenbank zu halten (§ 17 Bundesbankgesetz), hat in erster Linie einen wettbewerbspolitischen Grund: es soll vermieden werden, daß einzelne Geschäftsbanken im Sichteinlagenvolumen durch die öffentliche Hand begünstigt sind. Eine Ausnahme macht die Bundesbank regelmäßig für die Länder mit Rücksicht auf deren Staatsbanken.

Die Notenbankguthaben stellen natürlich Zentralbankgeld dar. Als Teilinstrument der Geldmengensteuerung (§ 50) kommt die **Einlagenpolitik** quantitativ nur in ergänzender Funktion und nur auf kürzeste Frist in Betracht. Anders als bei der Konjunkturausgleichsrücklage (§ 60), wird der staatliche Haushaltsvollzug durch den Einlegungszwang in keiner Weise berührt: die öffentliche Hand kann jederzeit und in beliebiger Höhe über ihre Guthaben verfügen. Auch stört der stoßweise Zugang zu den Quartalsenden (Steuertermine).

2. Juristisch steht die Bundesbank im Eigentum des Bundes; sie ist mit einem Grundkapital ausgestattet und erstellt jährlich eine Gewinn- und Verlustrechnung. Formal gesehen könnte der Finanzminister als Vertreter des Eigentümers eine **Gewinnüberweisung** erwarten, die er als Einnahme im laufenden Haushaltsplan ansetzt.

Indes, die Notenbank ist kein Kreditinstitut wie jedes andere. Sie ist Produzentin von Zentralbankgeld. Eine Überweisung ihrer rechnerisch ermittelten „Gewinne" an den Finanzminister geht mit einer **Geldschöpfung** einher; die Gewinnverwendung zur Finanzierung von Staatsausgaben erhöht die umlaufende Geldmenge.

Das gilt namentlich, wenn der Notenbankgewinn auf einen Nettoertrag von Devisenverkäufen, aber auch auf Bewertungsänderungen von Beständen an Devisen und Auslandsanlagen bei nachhaltigen Wechselkursbewegungen zurückgeht („Ausgleichsposten" der Notenbank in der Zahlungsbilanz).

Allenfalls, wenn die Notenbankgewinne von Zinserträgen aus Diskont- bzw. Lombardkrediten an inländische Banken stammen (§ 54), wären die entsprechenden Liquiditätsentzugseffekte gegenzurechnen.

So ist es gesamtwirtschaftlich nicht mehr als rational, daß die Bundesbank ihre Buchgewinne im wesentlichen den gesetzlichen Rücklagen (bis zu 5 Prozent des Notenumlaufes), sonstigen Rücklagen (bis zur Höhe des Grundkapitals) und dem Tilgungsfonds für den Ankauf von Lastenausgleichsforderungen zuführt. Die Restüberweisungen an den Finanzminister, die zeitweise eine Größenordnung von 10 Milliarden DM erreichten, müssen auf die stabilitätspolitische Geldmengenzielvorgabe (§ 51) der Notenbank angerechnet werden. Aber auch so bleibt der allokationspolitische Schönheitsfehler, daß damit einseitig der Staatssektor in der Geldversorgung bevorzugt wird.

3. Eine **direkte** Kreditgewährung der Notenbank an die öffentliche Hand ist nach § 20 des Bundesbankgesetzes nur in kurzfristiger Form von maximal drei Monaten erlaubt (Buch- und Schatzwechselkredite). Sie dient ausschließlich zur Überbrückung von temporären Kassenfehlbeträgen wärend des Haushaltsvollzuges, nicht zur Deckung von Budgetdefiziten. Die Beschaffungskosten bei diesen **„Kassenverstärkungskrediten"** sind denn auch praktisch gleich Null. Die für die einzelnen öffentlichen Haushalte festgelegten **Kreditplafonds** (Bund: 6 Mrd. DM, Länder: 2,6 Mrd. DM, Sondervermögen des Bundes, also Bahn, Post, Lastenausgleichsfonds: 1,25 Mrd. DM) begründen keinen Anspruch an die Notenbank, sondern begrenzen lediglich das Maximalvolumen der einschlägigen Kredite. Gegebenenfalls kann die Notenbank aus stabilitätspolitischen Gründen die Kreditgewährung verweigern.

4. Es gibt nur einen Fall, in dem es für die Notenbank angezeigt sein kann, von diesem Enthaltsamkeitsprinzip abzuweichen: den der **sich selbst verstärkenden Depression** (sekundäre Krise). Wenn es trotz reichlicher Geldversorgung, die den Liquiditätspräferenzen entgegenkommt; wenn es trotz sinkenden (Real-) Zinses und günstiger Kredit- bzw. Kapitalbeschaffungschancen, die die Realvermögensbildung anreizen müßten, und wenn es trotz eines beschäftigungsorientierten Verhaltens der Lohntarifparteien (§ 64) zu lange dauert, bis die private Investition zur Krisenüberwindung anspringt, bietet sich als fiskalpolitische Gegenmaßnahme ein **deficit-spending** an, um im Wege einer Initialzündung die effektive Gesamtnachfrage und in einem multiplikativen Prozeß schließlich Volkseinkommen und Beschäftigung „auf Touren" zu bringen. Dabei geht es um zusätzliche staatliche **Investitionsausgaben** in Form entsprechender Aufträge an die private Wirtschaft, die zeitlich vorgezogen werden und deshalb **kreditfinanziert** sein sollten. Die probate Methode dazu wäre, daß hier und nur hier die Notenbank von der öffentlichen Hand einschlägige Staatspapiere gegen Sichtguthaben (Zentralbankgeld) übernimmt, ohne sie weiterzuverkaufen. Diesen zinslosen Kredit hat die öffentliche Hand dann Zug um Zug mit der wirtschaftlichen Erholung an die Notenbank zurückzuzahlen (Geldvernichtung).

Insgesamt handelt es sich um eine **quantitativ** wie **zeitlich beschränkte Aktion** für einen sehr speziellen gesamtwirtschaftlichen Situationsfall, in dem alles darauf ankommt, einen „ungebührlichen Pessimismus" der privaten Investoren *(Keynes)* daran zu hindern, seine faktische Selbsterfüllung zu betreiben.

Damit ist **ausgeschlossen:**

a) daß das, was als Initialzündung für die private Investition wirken und sich nicht an deren Stelle setzen soll, in eine Dauererscheinung zur Expansion der Staatswirtschaft umgemünzt wird;

b) daß das, was für einen eng begrenzten Anwendungsfall und als ultima ratio konzipiert ist, zum Patentrezept für jederlei Schwankung des Beschäftigungsgrades und zum Ersatz für andere Stabilisierungsmaßnahmen wird, deren sachliche Wirkung zwar außer Frage steht, die aber „politisch“ unbequem erscheinen;

c) daß aus einer durch eine spezifische Krise bedingten Staatsverschuldung, die im Aufschwung wieder zurückzunehmen ist, eine fiskalische Einbahnstraße wird, die öffentliche Schuldenberge auftürmen läßt („strukturelle Finanzierungsdefizite“). Das wäre nicht zuletzt auch für die beschäftigungspolitischen Chancen in der vorgeführten Krisensituation tödlich; denn das Instrument des deficit-spending muß ökonomisch schartig werden, wenn der Fiskus auch schon vorher permanent auf Verschuldungskurs segelte.

Kapitel 3: Lohnverhandlungen

§ 62 Beschäftigungsziel

1. Das Beschäftigungsziel wird üblicherweise allein auf den Produktionsfaktor Arbeit, und zwar auf die unselbständige Arbeit bezogen. Gleichwohl sollte Klarheit darüber bestehen, daß die Beschäftigung des Arbeitsfaktors stets im gleichen Zuge einen, je nach dem technischen Entwicklungsstand, größeren oder kleineren Einsatz an **Kapitalmengen** voraussetzt. Auch gibt es **Fluktuationen** zwischen unselbständiger und selbständiger Erwerbstätigkeit: Eigentümer-Unternehmer, die Schiffbruch erlitten haben oder einer Konzentrationsbewegung zum Opfer fielen, wechseln zu einer unselbständigen Beschäftigung; aber umgekehrt lassen sich, wie gerade in der sich ausbreitenden „Dienstleistungsgesellschaft", auch Fluktuationswellen beobachten, in denen sich Arbeitnehmer (mit oder ohne Arbeitsplatz) selbständig machen.

Vor allem jedoch hängt die Beschäftigung in der Marktwirtschaft, ja in jeder rational organisierten Wirtschaft davon ab, daß die Waren und Dienste, die mit dem Faktoreinsatz zu produzieren sind, von den Abnehmern, und das heißt letztlich von den **Konsumenten** nach Art und Preishöhe begehrt werden (§ 7). Die unternehmerische Nachfrage nach Arbeitsmengen und Arbeitsqualitäten ist eine **abgeleitete** Nachfrage: produziert wird nach Güterart und -mengen nur das, was sich absetzen läßt, und niemand vermag in der Marktwirtschaft die privaten Haushalte zu einem Konsum zu zwingen, den sie nicht wollen.

Darum scheidet hier, wenn es mit rechten Dingen zugeht, eine Beschäftigung um der Beschäftigung willen aus. Der Vorbehalt der „rechten Dinge" bezieht sich darauf, daß selbst in entwickelten Industriewirtschaften parlamentarische Gruppen zuweilen allen Ernstes mit Vorschlägen aufwarten, Arbeitslosigkeit mit einer Aufblähung des öffentlichen Dienstes zu „bekämpfen", womit sich nicht nur die Steuerlast der produktiv Beschäftigten erhöht, sondern, was schlimmer ist, mit großer Wahrscheinlichkeit auch die behördlich-bürokratische Gängelung der Einzelwirtschaften zunehmen würde. Ebenfalls sind Rechnungen, die den Unterhaltskosten von Arbeitslosen die staatlichen Ausgaben für mögliche Arbeitsplatzbeschaffungen gegenüberstellen und dann für letztere einen Nettoertrag ermitteln, zumeist ohne den Wirt gemacht: entscheidend ist, ob tatsächlich eine spezifische Nachfrage nach den so produzierten Gütern besteht. Eine im Mengen- und/oder Qualitätseinsatz **„verdeckte Arbeitslosigkeit"**, wie sie in den Zentralverwaltungswirtschaften des Ostens Gang und Gäbe ist, spricht nicht gerade für eine rationale Wirtschaftspolitik.

Schließlich ist weder der Gesamtwirtschaft noch den Einzelwirtschaften damit gedient, einen höheren Beschäftigungsgrad dadurch anzustreben, daß die Notenbank eine **Inflationsbewegung** zuläßt (Phillips-Kurven-Kalkül, § 49). Die Mehrbeschäftigung würde nicht nur durch einen sinkenden Reallohn erkauft. Über kurz oder lang entpuppt sie sich als ein Strohfeuer. Und am Ende steht eine **Stagflation**, die beide Ziele, das der Preisniveau- wie das der Beschäftigungsstabilisierung, verfehlen läßt, und das Letztere hartnäckiger als vorher (Tabelle 7).

2. Wir setzen voraus, daß eine **Soziale Sicherung** (Arbeitslosenversicherung **und** Arbeitslosenhilfe) existiert, die die Lohnersatzfunktion bei unfreiwilliger Arbeitslosigkeit erfüllt und technisch so konstruiert ist, daß Moral-Hazard-Phäno-

Tabelle 7 Entwicklung von Nominallöhnen, Lebenshaltungskosten und Arbeitslosenquoten in der Bundesrepublik Deutschland (i.v.H.)

Jahr	Löhne[1]	Preise[1]	Arbeitslosenquoten
1965	+ 9,8	+ 3,4	0,7
1966	+ 6,6	+ 3,5	0,7
1967	+ 3,2	+ 1,5	2,1
1968	+ 4,4	+ 1,3	1,5
1969	+ 8,9	+ 2,0	0,9
1970	+ 14,8	+ 3,2	0,7
1971	+ 11,0	+ 5,1	0,8
1972	+ 8,9	+ 5,3	1,1
1973	+ 10,4	+ 6,8	1,2
1974	+ 10,2	+ 6,9	2,6
1975	+ 7,8	+ 6,1	4,7
1976	+ 6,4	+ 4,4	4,6
1977	+ 7,1	+ 3,5	4,5
1978	+ 5,3	+ 2,5	4,3
1979	+ 5,8	+ 3,9	3,8
1980	+ 6,6	+ 5,3	3,8
1981	+ 5,7	+ 6,3	5,5
1982	+ 4,6	+ 5,4	7,5
1983	+ 3,1	+ 3,2	9,1
1984	+ 2,4	+ 2,4	9,1
1985	+ 3,9	+ 2,1	9,3
1986	+ 3,6	− 0,2	9,0

[1] gegenüber dem Vorjahr

Quelle: Bundesministerium für Wirtschaft (Hrsg.), Leistung in Zahlen, Bonn 1975, 1986.

mene ausgeschlossen sind.[1] Gleichwohl bleiben, je nach Höhe des Unterstützungssatzes, für den betroffenen privaten Haushalt Einkommenseinbußen. Zu den **einzelwirtschaftlichen Verlustposten** zählen, namentlich bei längerer Dauer der Arbeitslosigkeit, ebenfalls die psychischen Belastungen, nicht zuletzt auch der mögliche Verlust an Fertigkeiten („unlearning-by-not-doing"). Freilich kann die Periode der Freisetzung andererseits dazu benutzt werden, staatliche Angebote an Weiterbildungs- und gegebenfalls an Umschulungsmöglichkeiten wahrzunehmen.

Gesamtwirtschaftlich besteht bei brachliegenden, aber angebotswilligen Produktionsfaktoren der Verlust von Teilen des Sozialproduktes, die sonst hätten erstellt werden können. Entsprechend sind auch die öffentlichen Haushalte und die Einnahmen der Sozialversicherung betroffen.

Allerdings ist es problematisch, von einer stabilen Relation zwischen der Veränderungsrate der registrierten Arbeitslosenzahl und der prozentualen Veränderung des Sozialproduktes auszugehen, wie es das sog. **Okun'sche „Gesetz"**[2] na-

[1] Dazu: *B. Molitor,* Soziale Sicherung, München 1987, § 64ff.

[2] Erkenntnistheoretisch ist es angezeigt, mit der Verwendung des Gesetzesbegriffes in der ökonomischen Theorie entschieden sparsamer umzugehen, namentlich wenn es sich lediglich um statistische Regelmäßigkeiten handelt, wie sie in vergangenen Perioden beobachtet wurden. So ist zum Beispiel das Keynes'sche „Psychologische Gesetz" weder „psychologisch" noch ein „Gesetz" im strengen, allgemeingültigen Sinne.

helegt. Okun hatte für die Vereinigten Staaten anhand des empirischen Materials für die Zeit von 1947 bis 1960 ermittelt, daß, wenn die Arbeitslosenrate um einen Prozentpunkt abnimmt (Vollbeschäftigung wurde bei 4 Prozent angenommen), das reale Bruttosozialprodukt im Schnitt um 3,2 Prozent steigt. Indes, daß der prozentuale Produktionsgewinn tendenziell höher liegt als der Rückgang in der Rate der registrierten Arbeitslosigkeit, ist nicht verwunderlich:

a) wenn der Aufschwung bei einer ansehnlichen Unterauslastung der sachlichen Produktionskapazitäten ansetzt: die Arbeitsproduktivität steigt dann, bei gegebener Technik, schon aus kostentheoretischen Gründen überproportional, bis Vollauslastung erreicht ist;

b) wenn die Beschäftigung stärker zunimmt, als die statistisch gemessene Arbeitslosigkeit abnimmt, also auch bisher nicht als arbeitslos erfaßte Wirtschaftssubjekte eine Tätigkeit aufnehmen. Dazu zählen nicht zuletzt die im Betrieb „gehorteten“ Arbeitskräfte, die im Abschwung (etwa wegen der hohen Einarbeitungskosten oder Sozialplankosten) nicht freigesetzt wurden, jetzt aber wieder voll ihrer Qualifikation entsprechend in der Produktion eingesetzt sind;

c) wenn sich die faktische Arbeitszeit pro Kopf der Beschäftigten ausdehnt, sei es, daß Kurzarbeit zurückgenommen wird oder die Zahl an Überstunden zunimmt.

Diese denkbaren Erklärungen zeigen, daß von einer stabilen Relation im Okun'schen „Gesetz“ keine Rede sein kann, und das weder im zeitlichen Vergleich der gleichen Volkswirtschaft noch im internationalen Vergleich. Schon bei veränderten Annahmen über das Arbeitspotential, die durchschnittliche Arbeitszeit und über die Arbeitsproduktivität fällt das Sozialproduktergebnis anders aus. Für die Wirtschafts**politik** wäre ein Vertrauen auf das „Gesetz“ geradezu gefährlich. Denn es basiert, indem vollständig die Kapital- und ja sogar die Nachfrageseite vernachlässigt werden, auf einer Überbewertung des Arbeitsfaktors, so daß einseitig hier ansetzende Maßnahmen zur Sozialproduktsteigerung in eine veritable Inflationsentwicklung münden können. Und selbst im engeren Bereich des Arbeitsfaktors gehen die ebenso gewichtigen wie empfindlichen Determinanten der sektoralen, regionalen und funktionalen Arbeits**struktur** im Okun'schen „Gesetz“ unter.

3. Im Rahmen der Stabilitätspolitik besagt das **Beschäftigungsziel** (oben Punkt 1), daß **Ungleichgewichte** auf dem Markt der unselbständigen Arbeit vermieden bzw. abgebaut werden sollen. Bezugsgröße ist die **unfreiwillige** Beschäftigungslosigkeit, für die üblicherweise die Zahl der registrierten Arbeitslosen als repräsentativ gilt. Statistische Probleme ergeben sich daraus, daß erfahrungsgemäß jedoch nicht jede Registrierung als Arbeitsloser auch auf eine volle Verfügbarkeit im Arbeitseinsatz oder auf tatsächliche Arbeitswilligkeit schließen läßt; die Meldung bei der Arbeitsbehörde kann zum Beispiel auch darum erfolgen, um nicht bestimmten Ansprüchen an die Sozialversicherung verlustig zu gehen. Andererseits ist nicht auszuschließen, daß sich auch in der „stillen Reserve“ Arbeitssuchende befinden, die sich gleichwohl nicht registrieren lassen.

Ansonsten jedoch bietet die **„stille Reserve“** kein stabilitätspolitisches Problem. Es gibt eine Reihe von Gründen, warum jemand, der im erwerbsfähigen Alter steht (Erwerbsbevölkerung) und an sich arbeitsfähig ist (Arbeitspotential), ja sogar früher einmal berufstätig war, zum gegebenen Zeitpunkt dennoch keine Arbeit anbietet (zum Beispiel bei Verheiratung bzw. Kindererziehung). Eine marktwirtschaftliche Politik hat solche freie Entscheidungen zu respektieren. Sie wird nicht um einer an sich noch möglichen Sozialproduktsteigerung willen den Versuch machen, mit diskretionären Eingriffen und marktfremden Anreizen das Arbeitspotential in Richtung tatsächlicher Erwerbstätigkeit gleichsam auszupressen[3]. In den Zentralverwaltungswirtschaften des Ostens, die bei unzureichender Kapitalintensität und Arbeitsproduktivität für das Sozialproduktwachstum entscheidend auf den Mengeneinsatz des Arbeitsfaktors angewiesen sind, mag das anders sein.

4. Umgekehrt sind **zwangsweise** Beschränkungen der Arbeitszeit pro Kopf der Erwerbstätigen (etwa Verkürzung der Lebensarbeitszeit durch Herabsetzung der gesetzlichen Altersgrenze in der Rentenversicherung) ordnungs**in**konform: sie beeinträchtigen die Freiheitsrechte im Arbeitsangebot. Statistisch wird die registrierte Zahl der Arbeitslosen reduziert, indem man ältere Arbeitnehmer vorzeitig in Rente schickt; die volkswirtschaftliche Belastung wird dadurch jedoch nicht verringert, sondern nimmt eher zu[4].

Überdies: wer meint, mit Verkürzungen der Wochenarbeitszeit Arbeitslosigkeit bekämpfen zu können, verwechselt die einspielenden Determinanten: über die **Beschäftigungschancen bestimmt nicht die Arbeitszeit, sondern der Arbeitspreis**. Und der letztere steigt, durch die betrieblichen Umstellungskosten bedingt, selbst dann, wenn die Arbeitszeitverkürzung ohne Lohnausgleich erfolgte.

5. Das Ziel des Arbeitsmarktgleichgewichtes besagt nicht, daß **„Vollbeschäftigung“** herrschen müßte. Im Gegenteil, das Wirtschaftswachstum bedarf stets eines gewissen Überhanges im Faktorangebot, wenn es sich nicht-inflationär vollziehen soll. Auch ist es „natürlich“, daß es bei der Anwendung grundlegender Innovationen in der Produktion, bei Verschiebungen in der Zusammensetzung der Nachfrage und einer nachhaltigen Veränderung der demographischen Faktoren (geburtenstarke Jahrgänge, die auf den Arbeitsmarkt drängen) zu einer **Friktionsarbeitslosigkeit** kommen kann, bis sich die Anbieter- und Nachfragerpläne an die neuen Marktdaten angepaßt haben.

Und schließlich ist das, was die Theorie **„Sucharbeitslosigkeit“** nennt, nicht einfach ein Verlustposten: mit dem zwischenbetrieblichen Arbeitsplatzwechsel und der einbeschlossenen Übergangszeit „sucht“ der einzelne Arbeitnehmer den für sein Nutzenkalkül günstigsten Ort des Arbeitseinsatzes zu finden.

Im zeitlichen **Querschnitt** ergibt sich so in der evolutorischen Wirtschaft ein **Eckwert** an registrierter Arbeitslosigkeit, der stabilitätspolitisch unbedenklich, ja vorteilhaft ist. Im internationalen Vergleich schwankt diese „Vorgabe“ zwischen einer **Arbeitslosenquote** (Anteil der registrierten Arbeitslosen an der Summe aus der Zahl der Beschäftigten und der Arbeitslosen) von zwei bis vier Prozent.[5]

---

[3] Ein abschreckendes Beispiel waren die „Überlegungen zu einer vorausschauenden Arbeitsmarktpolitik“, mit denen die **Bundesanstalt für Arbeit** „das deutsche Erwerbspotential über seinen langfristigen Trend hinaus“ zu erhöhen trachtete. Pikanterweise wurden diese „Überlegungen“ Mitte 1974 vorgelegt, als die Konjunktur der Überbeschäftigung bereits im Umbruch begriffen war.

[4] Dazu: *B. Molitor,* Lohn- und Arbeitsmarktpolitik, München 1988, S. 145ff.

[5] Freilich wollen die Fallstricke der Quotenarithmetik beachtet sein: trotz konstanter Zahl der registrierten Arbeitslosen kann die Arbeitslosen**quote** sinken, wenn die Gesamtbeschäftigung dadurch steigt, daß neue Arbeitsplätze aus der „stillen Reserve“ besetzt werden.

Allerdings bedarf es, wie stets bei Arbeitslosenzahlen, auch hier der Qualifizierung durch eine **Längsschnitt**analyse: wirtschaftspolitisch macht es einen erheblichen Unterschied aus, ob das gleiche Arbeitslosenvolumen sich aus Registrierten mit einer durchschnittlichen Dauer der Beschäftigungslosigkeit von drei bis sechs Monaten oder schwergewichtig aus langfristig Arbeitslosen (ein Jahr und mehr) zusammensetzt. Im ersten Fall kann in der funktionierenden Wettbewerbswirtschaft die Lösung des Problems der pretialen Lenkung überlassen bleiben, im zweiten Fall, der für eine **Problemgruppenarbeitslosigkeit** spricht, muß mit spezifischen arbeitsmarktpolitischen Maßnahmen (§ 66) gegengesteuert werden.

Das gilt in Graden auch für die **saisonal** bedingten, also periodisch wiederkehrenden Schwankungen im Beschäftigungsgrad, deren Gewicht jedoch in den entwikkelten Industriewirtschaften abnimmt.

6. Indes, unter stabilitätspolitischem Aspekt darf auch nicht der Umkehrfall vernachlässigt werden: durch eine **„Überbeschäftigung“** wird in gleicher Weise das Ziel des Arbeitsmarktgleichgewichtes bedroht. Normalerweise kann eine unternehmerische Nachfrage nach Arbeitsleistungen, die das akute Angebot überschreitet, aus der „stillen Reserve“ abgedeckt werden. Eine Restdiskrepanz und die entsprechende Lohnsatzbewegung nach oben setzt in der Produktion einen arbeitssparenden Substitutionsprozeß in Gang, bis sich ein neues Gleichgewicht einpendelt.

Ein **nachhaltiger** Nachfrageüberhang, bei dem die Unternehmen durch wechselseitige Abwerbungen den Arbeitspreis selbst in die Höhe treiben, ist auf dem Arbeitsmarkt nur denkbar, wenn die Notenbank einen Inflationsprozeß zuläßt, der es den Produzenten erlaubt, jede Lohnkostensteigerung auf die Produktpreise vorzuwälzen: das durch den jeweiligen Güterabsatzpreis bestimmte Wertgrenzprodukt der Arbeit steigt, ohne daß sich realiter an der Arbeitsproduktivität etwas geändert habe müßte. Die Zeche zahlen die Konsumenten und darunter die Arbeitnehmerhaushalte selbst, indem entsprechend der Bewegung des Preisniveaus die Kaufkraft der Einkommenseinheit abnimmt (Reallohnsenkung). Eine Angleichung der (Real-)Löhne an die tatsächliche Produktivität der Arbeit kommt auch in diesem Fall zustande, freilich um den Preis eines steigenden Güterpreisniveaus; und dieses „Gleichgewicht“ ist in nuce instabil, weil eine einmal in Gang gekommene Inflation in sich selbst keinen Bremsmechanismus gegen eine weitere Akzeleration enthält.

Natürlich kann man **Gastarbeiter** zu importieren suchen, die die Anbieterkonkurrenz auf den inländischen Arbeitsmärkten verstärken und die Lohnaufblähung bremsen können. Aber **einmal** verzögert der Import, da es sich regelmäßig um unterqualifizierte Arbeitskräfte handelt, die Rationalisierung von Grenzarbeitsplätzen durch erhöhte Kapitalintensivierung und kostet so sonst zu erwartende Produktivitätsfortschritte.

Zum anderen pflegen mit dem Import erhebliche soziale Kosten zu entstehen (Familiennachzug), es sei denn, man bediente sich der Ausländerbeschäftigung lediglich als eines Konjunkturpuffers und schickte die Gastarbeiter im Abschwung, der mit der Inflationsbekämpfung nicht lange auf sich warten läßt, zugunsten der Beschäftigungschancen von Inländern alsbald wieder nach Hause.

Schließlich ist die Gastarbeiterbeschäftigung nicht gerade die effizienteste Methode der Hilfe für unterentwickelte Länder. Zweckmäßiger wäre der Aufbau technisch einfacherer Produktionen im Heimatland und eine entsprechende Arbeitskräfteausbildung vor Ort.

7. Wir haben bisher abkürzend vom Gleichgewichtsziel auf **dem** Arbeitsmarkt gesprochen. In Wirklichkeit handelt es sich jedoch um eine **Vielzahl** von regional, sektoral und funktional (Qualifikation) gegliederten **Arbeitsmärkten**, zwischen denen eine mehr oder minder starke Interdependenz besteht und die, jeder für sich, den üblichen „mikroökonomischen" Marktgesetzen unterliegen: es ergibt sich eine interregionale, intersektorale und interfunktionale Lohndifferenzierung je nach den spezifischen Angebots-Nachfrage-Verhältnissen und dem jeweiligen Produktivitäts- bzw. Ertragsgrad.

Kommt es auf einem Teilarbeitsmarkt zu einem Angebotsüberschuß (Unterbeschäftigung), hängt es zunächst einmal vom Grad der (regionalen, sektoralen, funktionalen) **Arbeitsmobilität** ab, ob und wie schnell **bei konstanten Lohnsätzen** ein neues Gleichgewicht erreicht wird. Läßt der Mobilitätsgrad zu wünschen übrig, ist Arbeitslosigkeit nur über einen reduzierten Arbeitspreis zu vermeiden. Zwischen Arbeitsmobilität und Lohnsatzveränderung besteht eine inverse Beziehung: je besser die erstere funktioniert, um so geringer sind die erforderlichen Ausschläge der letzteren. Gesamtwirtschaftlich dürfte es in der Regel zweckmäßiger sein, einen Angebotsüberschuß auf einzelnen Arbeitsmärkten gegebenenfalls mit Mobilitätshilfen zum Verschwinden zu bringen, als für eine quantitativ immerhin begrenzte Größe etwa den regionalen Lohn allgemein absinken zu lassen. Jedenfalls ist bei sog. **struktureller Arbeitslosigkeit** (Verschiebung von Standortvorteilen, Unterqualifikation, sterbende Berufe) auf die Dauer ohnehin nur mit einer entsprechenden Arbeitsmobilität (Abwanderung, Ausbildungs- und Umschulungsinitiativen) dem Beschäftigungsproblem beizukommen (§ 66).

8. Anders liegen die Dinge bei einem **konjunkturell** bedingten Beschäftigungsrückgang, der, wenn auch in unterschiedlichem Maße, das Gleichgewicht auf allen Teilarbeitsmärkten in Frage stellt. Hier ist – im Hinblick auf die zu erwartende gesamtwirtschaftliche Erholung – nicht die Mobilität, sondern die **Lohnelastizität** das probate Stabilisierungsinstrument. Dabei reichen die **Intensitätsgrade** von der Zurücknahme von Lohnnebenkosten (etwa betriebliche Sozialleistungen), über reduzierte Lohnsteigerungsraten (Lohnpause) bis zu absoluten Nominallohnsenkungen, für deren realen Effekt jedoch ein gleichzeitiger Rückgang des Lebenshaltungspreisindex gegenzurechnen ist. Derartige vorübergehende Lohnanpassungen sind gerade bei einem hohen Ausgangslebensstandard alles andere als ein Beinbruch, und wo stände geschrieben, daß der Arbeitspreis, im Unterschied zu anderen Preisen, sich stets nur in einer Richtung, nämlich nach oben, verändern dürfte?

Die Alternative wäre eine vermeidbare Beschäftigungslosigkeit, die *Keynes,* da der Arbeitsanbieter unbeschadet der Wirtschaftslage auf einer bestimmten Lohnsatzhöhe besteht,[6] mit gutem Grund als **freiwillige** Arbeitslosigkeit qualifiziert.

9. Nun ist in der zeitgenössischen Realität der pretiale Angleichungsmechanismus im Fall der Arbeitsmärkte insofern gestört, als auf der Angebots- und der Nachfrageseite Zusammenschlüsse im Sinne von Preisverhandlungsmonopolen zugelassen sind, die vereinbarlich **tarifarische Mindestlöhne** festsetzen, unterhalb deren jeweils eine Beschäftigung rechtlich ausgeschlossen ist. Gewiß sind die **Effektivlöhne**, soweit sie höher liegen, frei, also auch nach unten anpassungs-

[6] Von entscheidendem Einfluß ist hier die Ausgestaltung der Arbeitslosenversicherung, namentlich was die Höhe des Unterstützungssatzes anbelangt.

fähig. Dennoch bleibt als gesamtwirtschaftlich gewichtige **Barriere der Preisflexibilität** das diskretionär fixierte Mindestlohnniveau (Lohn**politik** im abgeleiteten Sinne, § 1).

§ 63 Gründe für die Zulassung der Angebotsmonopolisierung

1. Im Rahmen einer theoretischen Wirtschaftspolitik ist es angezeigt, zunächst von den vorgegebenen empirischen Verhältnissen, wie sie sich mit der gewerkschaftlichen Lohnpolitik herausgebildet haben, abzusehen und zu fragen, welche Gründe dafür sprechen können, als Ausnahme von der allgemein geltenden Wettbewerbsordnung für den Arbeitsmarkt **Koalitionsbildungen** beim Angebot und in natürlicher Folge dann auch bei der Arbeitsnachfrage zuzulassen. Die Gründe müssen gravierend sein; denn überall sonst pflegt der Staat schon den Versuch zur wettbewerbsbeschränkenden Angebotsorganisation mit gesetzlichen Sanktionen zu verfolgen (Bundesrepublik: Gesetz gegen Wettbewerbsbeschränkungen von 1957 mit mehreren Novellen).

In der Beantwortung der Frage kann durchaus eine historische Relativierung eingeräumt werden: was bei der beginnenden Industrialisierung und ihren gesellschaftlichen Übergangsphänomenen („Reservearmee") geboten war, braucht nicht auch für die modernen **Wohlstandsgesellschaften** zu gelten (und umgekehrt). In unserem Zusammenhang interessiert diese wirtschaftliche Entwicklungsstufe.

2. Da ist einmal eine denkbare „anormale" Reaktion des Arbeitsmengenangebotes auf Lohnsatzänderungen, mit der traditionell die Notwendigkeit von Koalitionsbildungen begründet wird. In der Tat, wenn die Masse der Arbeitnehmer in der Nähe des **Existenzminimums** lebt und der Lohnsatz sinkt, etwa weil die unternehmerische Arbeitsnachfrage **langsamer** wächst, als die Anbieterzahl durch Zuwanderung zumeist aus dem Agrarsektor steigt, wird das Arbeitsangebot, anders als beim typischen Gütermarkt, nicht mit einem Rückgang, sondern einer Zunahme der Angebotsmenge reagieren. Das kann gesundheitsschädigende Überlängen des Arbeitstages und Zwang zur Erwerbstätigkeit von Ehefrauen und gar Kindern bedeuten. Hier allein mit einer gesetzlichen Beschränkung der maximalen **Arbeitszeit** und einem **Verbot von Kinderarbeit** einzugreifen, müßte, was den materiellen Lebensunterhalt der Familien anbelangt, eher als eine Beeinträchtigung wirken. In dieser wirtschaftlichen Entwicklungsstufe war der gewerkschaftliche Zusammenschluß des Arbeitsangebotes ein Gebot der Stunde, um einen tarifarischen Mindestlohnsatz zu garantieren, selbst auf die Gefahr hin, daß damit das Wachstum der Beschäftigungschancen retardiert wurde und das Tempo der Produktionsmechanisierung schneller vor sich ging, als sonst zu erwarten gewesen wäre.

Indes, heute lebt die Masse der Beschäftigten nicht in Existenzminimumsnähe, und das darum nicht, weil die hohe Kapitalintensität der Arbeit die durchschnittliche Arbeitsproduktivität und damit die Reallohnsätze nach oben treibt. Und es gibt keine „industrielle Reservearmee" im Marxschen Sinne; aufs Ganze gesehen, ist das Arbeitsangebot, und insbesondere das qualifizierte Angebot, der relativ knappe Produktionsfaktor.

Gewiß kann es in evolutorischen Wirtschaften zu Beschäftigungsschwankungen kommen, die freilich nicht selten durch fehlgeleitete **politische** Eingriffe verstärkt, wenn nicht verursacht sind. Aber es ist unwahrscheinlich, daß ein zeitweise nachgebender Lohnsatz zu einem **verstärkten** Mengenangebot auf dem Arbeitsmarkt führt, wenn es sich nicht gerade um Haushalte handelt, die von überproportionierten Rückzahlungsverpflichtungen aus Konsum- oder Wohungsbaukrediten bedrückt werden. Jedenfalls geschieht die Angebotsmengenänderung nicht aus Gründen der Existenzfristung. Wo tatsächlich eine „anormale“ Reaktion zu beobachten ist, reicht das Gewicht der Fälle schwerlich hin, daß die Anbieterkonkurrenz eine allgemeine Talfahrt der Löhne in Gang kommen läßt.

3. Ein zweites traditionelles Argument zugunsten der Koalitionsbildung lautet, daß der Arbeitsanbieter unter **„Angebotszwang“** stehe, während der Arbeitsnachfrager „warten“ könne, so daß der formalen Vertragsfreiheit keine materielle Gleichgewichtigkeit beim Vertragsabschluß entspreche. Hier ist jedoch nach drei Aspekten zu differenzieren.

a) Ein **Sach**zwang, anderen Wirtschaftseinheiten Güter oder Faktorleistungen anzubieten, die bereit sind, dafür einen Preis zu zahlen, existiert allenthalben, wenn man nicht gerade Selbstversorger ist. Insofern kann ebenfalls der Eigentümer-Unternehmer bei Strafe des Konkurses nicht mit seiner Nachfrage „warten“. Auch unterscheidet sich die Notwendigkeit, ein Arbeitsverhältnis einzugehen, „nicht von dem Zwang, Mietverträge über Wohnungen und Kaufverträge über Lebensmittel oder andere unverzichtbare Lebensbedürfnisse abzuschließen“ *(Zöllner)*.

Ist die Arbeit an **fremden** Produktionsmitteln das Problem, besteht unter marktwirtschaftlichen Bedingungen für die Arbeitsanbieter immerhin die Möglichkeit, sich zur genossenschaftlichen Produktion zusammenzuschließen oder auch sich selbständig zu machen, wobei Staatshilfe und spezielle Bankkredite die vorhandenen Eigenmittel ergänzen können. Indessen scheint die Mehrzahl der Arbeitskräfte die unternehmerische Risikotragung durch einen „fremden“ Arbeitgeber vorzuziehen. Und da macht es für das Arbeitsverhältnis, wie Theorie und Praxis gleichermaßen bestätigen, **keinen** Unterschied aus, ob sich die fremden Produktionsmittel in privatem, gewerkschaftlichem oder öffentlichem Eigentum befinden.

b) Ist mit dem Argument des Angebotszwanges gemeint, daß der Arbeitnehmer aus Existenznot zu jeder Lohnhöhe abschließen muß, so steht offenbar das typisch lokale **Nachfragemonopol** (Monopson) eines einzelnen Arbeitgebers (der übrigens seinerseits keineswegs auch als Güteranbieter eine Monopolstellung innezuhaben braucht) im Blickfeld, wie es in früheren Stadien der industriellen Entwicklung häufiger vorkam und in der Tat als „countervailing power“ *(Galbraith)* eine Koalitionsbildung der Arbeitsanbieter erforderte.

Indessen hat der Hinweis auf diese Art Angebotszwang in den modernen industriellen Wohlstandsgesellschaften seine Relevanz eingebüßt. Dafür sorgt, nächst dem längerfristig wirksamen Faktor der Geburtenplanung, ein Ensemble von veränderten gesellschaftlichen Umständen und Vorkehrungen: die Verkehrs- und Informationsaufschließung auch entlegener Regionen; die Ansiedlung diversifizierender Produktionen in monokulturell verengten Industrieregionen; die in der wachsenden Wirtschaft zunehmende Konkurrenz der arbeitsnachfragenden Unternehmen um qualifizierte Kräfte; das gesellschaftliche Angebot an Ausbildungs-, Fortbildungs- und Umschulungschancen; der Rückhalt durch Vermögensbildung in Arbeitnehmerhand, der die Angebotselastizität erhöht; der versicherungstechnische Schutz selbst bei Sucharbeitslosigkeit; und als die vielleicht wichtigste Vorkehrung: eine ausgebaute Sozialhilfe, die unzureichende Einkommen aufstockt und eine Untergrenze an Subsistenzmitteln garantiert.

Allerdings: auch der Arbeitsmarkt hat mit allen Märkten den „Konflikt" gemein, daß der Anbieter einen möglichst hohen Preis und der Nachfrager das Gegenteil zu erzielen wünscht. Die Faktorleistungen nachfragenden Unternehmen haben ordnungspolitisch sogar den Auftrag, die „gesellschaftlichen Kosten der Produktion" *(Marx)* stets so niedrig wie möglich zu halten.

Normalerweise funktioniert die Wettbewerbswirtschaft als ein lautloser Mechanismus zur Lösung dieses Interessenwiderstreites, bei dem, je nach den objektiven Umständen und dem subjektiven Verhalten, periodisch einmal diese und einmal jene Seite des Arbeitsmarktes am längeren Hebelarm sitzen kann (man denke etwa an den intensiven Nachfragerwettbewerb um Facharbeiter selbst in einer Wirtschaftslage mit ansehnlicher registrierter Arbeitslosigkeit). Daß Koalitionsbildungen hier ein rationelleres Lösungsverfahren böten, muß bezweifelt werden: mit ihnen wird der Konflikt nicht aus der Welt geschafft, sondern verstärkt oder gar zementiert.

c) Bleibt schließlich als dritte Version des Arguments vom Angebotszwang die Befürchtung, daß ohne Organisation des Arbeitsangebotes die Arbeitnehmer, deren Zahl die der potentiellen Arbeitgeber zu überwiegen pflegt, die Löhne untereinander um der Beschäftigung willen **herunterkonkurrieren** würden. Gewiß schaltet das gewerkschaftliche Kartell bei den **Tariflöhnen** Wettbewerb unter den Anbietern aus. Indes, er verlagert sich auf die Ebene der Effektivlöhne; es wäre auch gesamtwirtschaftlich alles andere als rational, wenn etablierte Arbeitnehmer mit hohen Effektivlöhnen sich vor der potentiellen Konkurrenz qualitativ besserer Anbieter „geschützt" fühlen könnten.

Im übrigen bleibt es fraglich, daß es für das Arbeitsangebot einen Nettogewinn darstellt, wenn just die marktgleichen Mindestkonditionen, die die Tariflohnpolitik setzt, die Beschäftigungschancen insgesamt reduzieren und dann an die Stelle der Lohnkonkurrenz ein um so stärkerer Wettbewerb um die Einstellungschancen tritt. Lohnrigiditäten nach unten sind eben nicht beschäftigungsneutral.

Unbestreitbar ist dagegen der sozialpolitische Fortschritt, der in der Einrichtung eines allgemeinen **Versicherungsschutzes** der Arbeitnehmer für den Fall einer Arbeitslosigkeit liegt. Neben der individuellen Garantie eines Lohnersatzes hat dieser Schutz die nicht minder bedeutsame Arbeitsmarktwirkung, den sonst zu erwartenden Druck der Arbeitslosen auf die Löhne der Beschäftigten abzufiltern.

4. Am schwächsten ist das Argument zugunsten der Koalitionsbildung, das auf die **Unvollkommenheiten der Arbeitsmärkte** abstellt. Gegen sie hilft nur der konsequente Abbau von Mobilitätshindernissen, etwa eine permanente überregionale Informationsvermittlung, und nicht eine branchenweite Tariflohnsetzung, die vorhandene Marktunvollkommenheiten eher festschreibt.

5. Die vorgeführten, mehr markttechnischen Gründe sind, für sich genommen, nicht geeignet, um in den Wohlstandsgesellschaften Koalitionsbildungen auf den Arbeitsmärkten notwendig erscheinen zu lassen. Wenn die Staatsverfassung (Art. 9, Abs. 3 des Grundgesetzes) gleichwohl den Anbieter- bzw. Nachfragerzusammenschluß „zur Wahrung und Förderung der Arbeits-und Wirtschaftsbedingungen" erlaubt, so bleibt, ökonomisch-systematisch gesehen, nur ein **verteilungspolitisches Argument**, das zugunsten des Lohnkartells vorgebracht werden

kann. Neben der staatsfinanzierten Sozialhife (und überhaupt der Sozialen Sicherung) und dem Progressionsgrad im Steuersystem soll auch im Prozeß der **primären** Einkommensverteilung zwischen „Arbeit" und „Besitz" ein einschlägiger **Korrekturfaktor** eingebaut sein, mit dem sich erreichte Verteilungspositionen der Arbeitnehmer „bewahren" bzw. „fördern" lassen (§ 126).

§ 64 Stabilitätsprobleme beim Lohnverhandlungsverfahren

1. Tritt an die Stelle der wettbewerblichen Preisbildung auf den Arbeitsmärkten das Verfahren der periodischen **Lohnverhandlungen zwischen Angebots- und Nachfragekoalitionen** (bilaterales Monopol) mit dem Ziel, die funktionale Primärverteilung zugunsten des Arbeitsfaktors zu beeinflussen, ergeben sich spezifische Stabilitätsprobleme, denen angesichts der zentralen volkswirtschaftlichen Bedeutung des Arbeitspreises großes Gewicht zukommt.

Die Lohnsätze werden für das Tarifgebiet jeweils durch Vertrag festgesetzt; die Tariflohnsätze determinieren die Mindestgrenze des Lohnniveaus, die nicht unterschritten werden darf; und über ihre Höhe bestimmt die relative **Verhandlungsmacht** der Arbeitsmarktparteien, die ihrerseits vom Organisationsgrad der Gewerkschaften bzw. der Arbeitgeberverbände, von ihrem finanziellen Rückhalt („Streikkasse"), der Motivation der Verbandsmitglieder, der Verhandlungsstrategie und -taktik (einschließlich Bluff, Mürbemachen, Streikdrohung) und vom Grad der Unterstützung durch die veröffentlichte Meinung abhängt. Als ökonomisch-objektiver Faktor spielt die konjunkturelle Lage ein, die – bei sonst gleichen Daten – die Verhandlungsposition einmal der einen und dann wieder der anderen Seite verstärken kann. Es ist aber nicht gesagt, daß etwa eine Rezession schon als solche erwarten ließe, daß die Gewerkschaftsseite weniger „hart" verhandelte.

2. Das Verfahren enthält keinen Mechanismus, der dafür sorgte, daß das Verhandlungsergebnis sich mit dem Gleichgewichtslohn deckt, wie er sich bei wettbewerblicher Preisbildung ergäbe. Die Wahrscheinlichkeit spricht für mehr oder minder starke Abweichungen nach oben.

Eine gewisse Kompensation kann durch die **Lohndrift** erfolgen, indem die beschäftigenden Unternehmen den Abstand zwischen Tarif- und Effektivlohn, also den Lohnsummeneffekt der Tarifkorrektur verringern.

Aber ansonsten bleibt die Änderung der Arbeitspreis- und damit der Produktionskostendaten nicht ohne prozessuale Folgen. In dem Maße, in dem die effektiven Lohnkosten den produktiven Beitrag des Arbeitsfaktors übersteigen, kommt es – in einem zweiten Akt des Verfahrens – auf den **Gütermärkten** zum Versuch einer Vorwälzung des Kostenanstiegs auf die Stückpreise zu Lasten der Konsumenten; anteilig werden also auch die **Reallöhne** der beschäftigten Arbeitnehmer betroffen.

Erlaubt die Geldmengenpolitik der Notenbank (§ 51) eine solche Vorwälzung nicht, sinkt der **Beschäftigungsgrad** des Arbeitsfaktors, sei es durch unmittelbare Freisetzungen, sei es durch arbeitssparende Substitution, die den unternehmerischen Bedarf an Ersatz- bzw. Neueinstellungen reduziert.

3. Sind die Arbeitsmarktparteien in **Branchenverbänden** organisiert, gilt die tarifvertragliche Mindestlohnfestsetzung sektorweit, allenfalls mit gewissen regio-

nalen Abstufungen. Nun umfaßt aber etwa der gewichtige Metallsektor Teilbranchen mit höchst unterschiedlicher Ertragslage (Automobilindustrie, Maschinenbau, Werftindustrie usw.). Die **Uniformierung** der Tariflöhne beeinträchtigt die Allokationsfunktion von Lohndifferenzen, also der relativen Faktorpreise, die, so sie frei spielen, stabilisierend wirken würden. Das gilt nicht minder, wenn die Gewerkschaftspolitik die Lohnstruktur auch in ihrer **funktionalen** Komponente, also was die unterschiedlichen Arbeitskategorien und -qualifikationen angeht, zusammenzudrücken tendiert (etwa durch Sockelbetragsverfahren).

Das ist nicht zuletzt darum besonders mißlich, weil selbst bei einem überhöhten Tariflohn**niveau** die stabilitätsabträglichen Wirkungen durch eine um so stärkere Lohndifferenzierung nach der partiellen Faktorproduktivität abgemildert werden könnten.

4. Tarifverträge sind befristet, üblicherweise auf ein Jahr. Die Lohnverhandlungen erfolgen in einem **zeitlichen Rhythmus**, der nicht an der wirtschaftlichen Entwicklung, sondern am **Kalender** orientiert ist. Das bedeutet nicht nur eine periodische Wiederkehr von mehr oder minder langwierigen Tarifauseinandersetzungen mit ihrem Verunsicherungspotential und möglicherweise mit Streiks bzw. Aussperrungen. Es wird auch in Rezessionssituationen verhandelt, was die gesamtwirtschaftlichen Kosten des Verfahrens überproportional ansteigen läßt.

Längerfristige Tarifabschlüsse würden stabilisierend wirken, wenn sie auch das prinzipielle Handicap der diskretionären zeitlichen Festschreibung und schubweisen Anpassung im Vergleich zur geschmeidigen Automatik der marktwirtschaftlichen Preisänderung nicht beseitigen.

5. Wie es bei Verhandlungsverfahren zuzugehen pflegt, spielen auch in den Tarifauseinandersetzungen populistische Forderungen eine Rolle, die in der Marktpreisbildung gegenstandslos wären, so etwa die nach Erhaltung einer **einmal gegebenen Reallohnhöhe**, unbeschadet davon, welche Ursache für einen zwischenzeitlichen Anstieg des Güterpreisniveaus verantwortlich ist. Wird zum Beispiel ein Nominallohnausgleich für den Kaufkraftverlust verlangt, der auf eine Erhöhung der Mehrwertsteuersätze, eine administrativ verordnete Anhebung der Agrarpreise oder – in der offenen Volkswirtschaft – auf einen Preisanstieg produktionsnotwendiger Importe zurückgeht (§ 49), wirkt insoweit die Lohnpolitik unmittelbar destabilisierend.

6. Wenn das Lohnverhandlungsverfahren auch im Vergleich zur wettbewerblichen Preisbildung den Charakter einer zweitbesten Lösung (§ 56) hat, so sticht es doch vorteilhaft ab, wenn als Alternative nur **„politische" Löhne** im eigentlichen Sinne, also lediglich eine zentrale staatliche Lohnpolitik in Frage käme.

Die Regierungsbürokratie ist schlicht überfordert, wenn der Staat seinerseits in die Lohnpreisbildung hineingezogen und das demokratische System auch noch mit Entscheidungen in Sachen der primären Einkommensverteilung beladen würde. Demgegenüber handeln die Arbeitsmarktparteien aus der Nähe des überschaubaren Bereichs: die einspielenden Wirtschaftsdaten und ihre Veränderungen wirken im beiderseitigen Interesse schon darum disziplinierend, weil man sich in absehbarer Zeit am gleichen Verhandlungstisch wiederfindet.

7. Längerfristig freilich nimmt die **verteilungspolitische** Bedeutung des Lohnverhandlungsverfahrens in dem Maße ab, in dem die Arbeitnehmer ihrerseits Vermögen bilden, das in **Unternehmensbeteiligungen** (nicht notwendig am arbeitgebenden Betrieb) besteht. Denn dann sind sie qua Miteigentum auch am zweiten

Pol der funktionalen Einkommensverteilung angeschlossen: was ihnen bei einer „zurückhaltenden“ Lohnpolitik an Arbeitseinkommen zu entgehen scheint, wächst ihnen dann anteilig als Besitzeinkommen, einschließlich der Substanzwerterhöhung ihrer Anteilspapiere, zu (§ 134).

§ 65 Lohnpolitische Leitlinien

1. Gehen wir davon aus, daß die Lohnverhandlungsverbände auch im Innenverhältnis demokratisch organisiert sind, so bleibt zu fragen, ob nicht der **Einfluß der Mitglieder** aufgrund ihrer Erfahrungen mit den wirtschaftlichen Folgen der Tariflohnpolitik gleichsam vor Ort selbst dafür sorgt, daß destabilisierende Verbandsstrategien mit der Zeit abgebaut werden; schließlich sind auch etablierte Funktionäre lernfähig.

Dieser möglichen Rückkoppelung stehen jedoch, sind Koalitionen mit einer Verhandlungsfunktion erst einmal existent, **Verhärtungs- und Engführungsfaktoren** entgegen, wie sie für jeden Großverband charakteristisch sind: die im Verband institutionalisierten Funktionärsinteressen können in Widerstreit zum wohlverstandenen Mitgliederinteresse geraten.

Im Fall der Tariflohnpolitik kommt erschwerend hinzu, daß die einspielenden gesamtwirtschaftlichen Zusammenhänge für das einzelne Mitglied nicht immer leicht zu durchschauen sind, daß die Folgen eines verbandlichen Fehlverhaltens zumeist erst mit zeitlichen Verzögerungen offenkundig werden und daß selbst dann die Zurechnung der destabilisierenden Wirkungen im multikausal determinierten Wirtschaftsprozeß immer noch ein Abschieben auf andere „Verursacher“ möglich erscheinen läßt. Auch schleppen die Anbieterverbände historisch-ideologische Reminiszensen von „Ausbeutung“ und „Klassenkampf“ mit sich. Jedenfalls pflegen sie als existenzbegründenden Ausweis die publizistische Meinung, daß der Arbeitspreis prinzipiell nicht hoch genug liegen kann.

2. Vor diesem Hintergrund sind, wie bei jeder Zulassung von Verhandlungsverfahren in der Marktwirtschaft, aus stabilitätspolitischen Gründen **Lohnleitlinien** unerläßlich. Sie stellen keine Regelbindungen im strengen Sinn (§ 4) dar. Vielmehr handelt es sich um ein **Informations- und Aufklärungsinstrument**, das bei Wahrung der Tarifautonomie den Lohnverhandlungsparteien (bilaterales Monopol mit Preisunbestimmtheitsbereich) und der Öffentlichkeit quantifizierte Orientierungsdaten an die Hand geben soll, die bei den periodischen Lohnsatzänderungen Konflikte mit den gesamtwirtschaftlichen Zielen der Geldwertstabilität und eines hohen Beschäftigungsgrades vermeiden lassen. Der Bedarf für eine solche Information ergibt sich nicht zuletzt aus der Häufigkeit und Vielzahl der sektoral-regionalen Tarifverhandlungen, bei denen gesamtwirtschaftliche Aspekte möglicherweise nicht verstanden werden bzw. zu kurz kommen.

Freilich hängt die **Akzeptanz** der Information davon ab, daß sie objektiv ist, also von unabhängiger Seite und nicht etwa von einer staatlichen Instanz geboten wird. Denn die Regierung kann selbst Partei sein, so wenn sie über eine hohe Rate der Neuverschuldung die Nachfragekomponente der Staatsausgaben zu expandieren sucht und dann daran interessiert ist, daß zur Kompensation der zu erwartenden Preisniveauwirkung die Lohnpolitik „Zurückhaltung“ übt, oder umgekehrt, wenn die Regierung Lohnsteigerungen wünscht, um über höhere Steuereinnahmen verfügen und im Sozialversicherungssystem, etwa in der Rentensparte, ihre Leistungsversprechen aufrechterhalten zu können, wobei freilich die Gegenrechnung, daß auch die Löhne im öffentlichen Dienst nachziehen, also anteilig ebenfalls die Staatsausgaben ansteigen, zumeist vernachlässigt wird. Darum muß von vorneherein klargestellt sein, daß Lohnleitlinien nicht dazu da sind, die Tarifvertragsparteien in die Rolle von Lückenbüßern für staatliches Fehlverhalten zu drängen. Sie stellen allein auf mögliche Gefährdungen des gesamtwirtschaftlichen Stabilitätszieles ab, **soweit** sie vom Tarifverbandsverhalten ausgehen. In dieser Funktion dient das Instrument auch der Information der öffentlichen Meinung und ihrerseits der staatlichen Instanzen, zum Beispiel gelegentlich der institutionellen Veranstaltung einer Konzertierten Aktion (§ 67).

Gleichwohl bleibt bestehen, daß, wenn die Staatsfinanzierung (Kapitel 2) und die Geldversorgung durch die Notenbank (Kapitel 1) sich ihrerseits auf Stabilitätskurs halten, die **Verantwortung für die Höhe des Beschäftigungsgrades der verbandlichen Lohnpolitik und insonderheit der Tariflohnflexibilität zufällt**.

3. Zuweilen wird auch die Version einer **„expansiven Lohnpolitik“** (Kaufkrafttheorie der Löhne) dem Leitlinienkonzept zugeordnet. Das erübrigt sich jedoch schon darum, weil noch die geringste gesamtwirtschaftliche Sorge darin besteht, daß die Gewerkschaften in den Lohnauseinandersetzungen ihre Chancen zur Erhöhung der Arbeitseinkommen mittels Umverteilung **nicht** hinreichend wahrnehmen könnten. Lohnleitlinien, wie sie in Punkt 2 umschrieben wurden, beschränken sich darauf, Rahmendaten im Sinne von **Obergrenzen** anzugeben.

4. Grundlegende Bezugsgröße ist dabei die periodische **Veränderungsrate der Arbeitsproduktivität** im (gewogenen) Schnitt aller Sektoren der Volkswirtschaft. Im Prinzip kann das effektive Lohnniveau (einschließlich Lohnnebenleistungen) Periode für Periode im Gleichschritt mit der Rate zunehmen, mit der das Produktionsergebnis je Arbeitsstunde in der Gesamtwirtschaft steigt, ohne daß c.p. Geldwert und Beschäftigung tangiert würden.

a) Genau genommen geht es um die Veränderung der **Grenz**produktivität der Arbeit. Indessen deckt sich diese mit der Entwicklung der durchschnittlichen Arbeitsproduktivität, wenn sich Kapitalstock und Arbeitsmengenangebot proportional verändern bzw. bei Abweichungen die Art des **technischen Fortschrittes** für einen Ausgleich sorgt, nämlich bei schnellerem Wachstum des Kapitalstockes die Anwendung von arbeitssparenden und im Umkehrfall jene von kapitalsparenden Innovationen dominiert.

b) Als Richtmaß kommt es auf den **gesamtwirtschaftlichen** Produktivitätsfortschritt an. Das heißt nun nicht, wie oft fälschlich angenommen wird, daß in allen Sektoren die Lohnsätze in der Periode mit einer entsprechend gleichen Rate anzuheben wären; das würde die Allokationsfunktion der Arbeitspreise beeinträchtigen. Im Gegenteil sind in expandierenden Sektoren, in denen Arbeitskräfte fehlen, Abweichungen vom allgemeinen Richtmaß nach oben angezeigt, so wie sich die Löhne in schrumpfenden Branchen unterhalb des Richtmaßes zu halten haben. Ist abzusehen, daß sich die Gewichte der Abweichungen nach oben und unten quantitativ nicht im wesentlichen die Waage halten, muß eine entsprechend modifizierte gesamtwirtschaftliche Leitlinie vorgegeben werden.

c) Verbindlich für das Richtmaß ist der Produktivitätsfortschritt, wie er sich **zum Zeitpunkt der Lohnverhandlungen** darstellt. Die Antizipation von Erwartungswerten verbietet sich schon darum, weil die (Wert-)Produktivität der Arbeit in der Zukunft als endogene Größe von der Nominallohnentwicklung und ihren

Folgewirkungen nicht unbeeinflußt ist. Im übrigen ist eine solche Antizipation verteilungspolitisch insofern obsolet, als während der Tarifvertragslaufzeit immerhin eine Anpassung über Effektivlohnveränderungen erfolgen kann. Und bei langfristigen Tarifverträgen besteht die Möglichkeit einer einschlägigen Kündigung.

5. Bisher war von der durchschnittlichen Veränderung des **Brutto**grenzwertproduktes der Arbeit die Rede. Soll die Lohnleitlinie tatsächlich stabilitätskonform sein, muß jedoch mit **Nettowerten** gearbeitet werden (Kostenniveau-Neutralität). Das leuchtet unmittelbar für den **Lohnsummeneffekt** aus voraufgegangenen Veränderungen in der Beschäftigungsstruktur ein. Sind Arbeitskräfte von Branchen mit relativ niedriger zu solchen mit höherer Arbeitsproduktivität gewechselt, steigt allein durch die veränderte Verteilung einer gegebenen Beschäftigtenzahl der gesamtwirtschaftliche Durchschnittswert der Produktivität. Die wechselnden Arbeitskräfte erhalten aber am neuen Arbeitsplatz bereits entsprechend günstigere Lohnsätze – das ist ja in der Regel der Anreiz für ihre Mobilität. Ohne Berücksichtigung des Lohnsummeneffektes in der Leitlinie würde ein und dieselbe Fortschrittsrate zweimal „verteilt".

6. In der offenen Volkswirtschaft sind außerdem Änderungen im realen Güteraustauschverhältnis mit dem Ausland **(terms of trade)** in Rechnung zu stellen (Tabelle 8). Für das Ziel der Preisniveaustabilität kommt es auf das um den **Außenbeitrag modifizierte** Inlandsprodukt an, das als Güterangebot anteilig der lohnpolitisch (bei konstanter Sparquote) erhöhten Nachfrage der Arbeitnehmerhaushalte gegenübersteht. Das aber bedeutet, daß die durchschnittlichen Lohn-

Tabelle 8 Terms of trade für die Bundesrepublik Deutschland

Jahr	terms of trade	Veränderungen gegenüber dem Vorjahr i.v.H.
1965	109,0	– 0,80
1966	111,6	2,39
1967	115,6	3,76
1968	115,2	– 0,52
1969	114,4	– 0,69
1970	117,0	2,27
1971	120,0	2,56
1972	123,0	2,50
1973	120,4	– 2,11
1974	109,2	– 9,30
1975	114,9	5,22
1976	109,7	– 4,53
1977	108,6	– 1,00
1978	112,9	3,96
1979	106,8	– 5,40
1980	100,0	– 6,37
1981	93,4	– 6,60
1982	96,9	3,75
1983	98,5	1,65
1984	96,3	– 2,23
1985	97,5	1,25

Quelle: Sachverständigenrat zur Begutachtung der gesamtwirtschaftlichen Entwicklung (Hrsg.), Weiter auf Wachstumskurs, Jahresgutachten 1986/87, Stuttgart, Mainz 1986, S. 274; eigene Berechnung.

sätze dann stärker als das Inlandsprodukt pro Arbeitsstunde angehoben werden können, wenn sich das Verhältnis der Exportgüterpreise zu denen der Importgüter zugunsten des Inlandes geändert hat, also für die Exporteinheit real mehr Importeinheiten als zuvor eingetauscht werden. Im Umkehrfall ist ein der Verschlechterung der terms of trade entsprechender Abschlag bei der gesamtwirtschaftlichen Lohnleitlinie vorzunehmen.

7. Nicht zuletzt aber ergeben sich Differenzen zwischen Netto- und Bruttowert in der Veränderung der Arbeitsproduktivität, wenn diese auf einen erhöhten **Kapitaleinsatz pro Produkteinheit** zurückgeht (gestiegene Kapitalintensität der Arbeit) und dieser Mengeneffekt nicht durch eine Stückpreissenkung aufgrund eines überhängenden Kapitalangebotes (oder durch die Zinswirkungen der Notenbankpolitik) kompensiert wird.[7] Insoweit müßten sich die gestiegenen Kapitalkosten in einem ermäßigten Richtwert für den Lohnänderungsspielraum niederschlagen, soll es nicht zur Vorwälzung des Lohnkostenanstiegs auf die Güterpreise oder zu Investitionsrückgängen kommen. Das ist aber auch verteilungspolitisch nicht mehr als billig; denn schließlich wird hier der Anstieg der Arbeitsproduktivität dem Kapitalfaktor unter Mehrkostenanfall verdankt. Dieser Fall ist gerade in Zeiten einer massiv-abrupten Arbeitszeitverkürzung akut, die eine beschleunigte Substitution von Arbeit durch Kapital erzwingt.

Umgekehrt gilt natürlich auch, daß sich bei gesunkenen Kapitalstückkosten c.p. der stabilitätskonforme Lohnerhöhungsspielraum entsprechend ausweitet.

8. Schließlich können unter stabilitätspolitischem Aspekt auch nachhaltige Veränderungen der durchschnittlichen **Arbeitnehmersparquote** jeweils eine gleichsinnige Modifikation des lohnpolitischen Richtmaßes herbeiführen.

9. Man sieht, daß derart qualifizierte Lohnleitlinien keineswegs eine **Einbahnstraße** darstellen, die die verbandlichen Arbeitspreisverhandlungen in eine Lückenbüßerrolle drängte. Die Qualifikationen können auch erhöhte Lohnänderungschancen signalisieren. Freilich, wenn die Zeichen umgekehrt stehen, ist es eine Forderung der preis- und beschäftigungspolitischen Vernunft, auch die entsprechenden Abschläge beim Richtmaß vorzunehmen.

10. Die Beachtung von kostenniveau-neutralen Lohnleitlinien stabilisiert eine **gegebene** Beschäftigung. Herrscht Arbeitslosigkeit oder ein außergewöhnlich starker Zugang von neuen Arbeitsanbietern (demographische Komponente), kann erwartet werden, daß die Lohnpolitik auch ihrerseits einen Beitrag zur **Beschäftigungsausweitung** leistet. Technisch wäre es deshalb zweckmäßig, in der Produktivitätsberechnung den periodischen Output nicht allein auf die akut Beschäftigten umzulegen, sondern anteilig auch die Zahl der draußen stehenden Arbeitsanbieter einzubeziehen.

[7] Es erscheint nicht opportun, die Leitlinien dadurch zu komplizieren, daß auch noch das Kriterium veränderter durchschnittlicher **Abschreibungsquoten** berücksichtigt würde, die zudem möglicherweise steuerpolitisch induziert sind.
Ohnehin bleibt bei aller Leitlinientechnik das Problem, daß sie zwar die Veränderungsgrößen im Gleichgewicht halten können, aber die jeweiligen Ausgangsniveaus im Wege des rekurrenten Anschlusses nolens-volens zu übernehmen haben.

§ 66 Flankierende Rolle des Staates

1. Der staatlichen Instanz ihrerseits fällt im Rahmen einer beschäftigungskonformen Tariflohnpolitik der autonomen Arbeitsmarktverbände eine flankierende Rolle zu. Nächst des eigenen Stabilitätsverhaltens in der Staatsfinanzierung und einer konsequenten Wettbewerbspolitik ist hier an eine Steuer**struktur**politik zu denken, die der Investitionsförderung Vorrang vor Konsumerleichterungen und produktiven Vermögensanlagen vor der reinen Geldvermögensbildung einräumt.

2. Was das Widerlager der allgemeinen **Arbeitsmarktpolitik** anbelangt, geht es an erster Stelle um die Verbesserung der **Faktormobilität** und die Erhöhung der **arbeitsrechtlichen Flexiblität** („Deregulierung"), ohne die in der evolutorischen Wirtschaft längerfristig nun einmal keine Stabilität zu haben ist. Hervorzuheben sind:

a) eine entgeltlose **Berufs- und Ausbildungsberatung** und eine ebensolche, auch überregionale **Arbeitsvermittlung**, was nicht bedeutet, daß die staatlichen Behörden in dieser Funktion ein Monopol haben müßten;

b) ein breit gefächertes Angebot an **Ausbildungs-, Fortbildungs- und Umschulungschancen**, in das sich private, berufsständisch-verbandliche und öffentliche Träger teilen, wobei auch die einschlägigen staatlichen Institutionen, wie nicht zuletzt das aufwendige Arbeitsförderungsgesetz vom 25.6.1969 ergab, zur Vermeidung von dysfunktionalen Fluktuationen nicht auf einen angemessenen Eigenbeitrag der Aspiranten verzichten können;

c) finanzielle **Zuschüsse** bei den Umzugs-, Arbeitsaufnahme- und gegebenenfalls Einarbeitungskosten, die die **regionale Mobilität** verbessern;

d) die **Entzerrung** des historisch überladenen **Arbeitsrechtes**, namentlich was die Zulassung auch befristeter Arbeitsverträge, die Korrektur der unternehmerischen Sozialplanauflagen bei konjunkturell bedingten Beschäftigungsschwankungen und die Möglichkeit betrifft, daß im Konkursfall ein Käufer der Anlagen den Betrieb auch auf einer schmaleren Belegschaftsbasis weiterführt;

e) eine durchgehende Flexibilisierung der **Betriebs- und Arbeitszeiten**, ohne daß dadurch die Normen für die tägliche oder wöchentliche Arbeitszeit des einzelnen Beschäftigten betroffen sein müßten. So präferiert ein erheblicher Teil der registrierten (vor allem weiblichen) Arbeitslosen, aber auch der Beschäftigten eine Teilzeitarbeit.

3. Zur allgemeinen Arbeitsmarktpolitik, die das Niveau der „natürlichen Arbeitslosigkeit" *(Friedman)* herabzudrücken tendiert, können für bestimmte **Problemgruppen** spezifische Maßnahmen hinzutreten. So im Fall der Schwerbehinderten die gesetzliche Auflage, daß alle Unternehmen oberhalb einer bestimmten Größenordnung einen Prozentsatz ihrer Arbeitsplätze mit Behinderten zu besetzen bzw. als Alternative eine entsprechende Geldleistung an die Rehabilitationsträger der Sozialen Sicherung abzuführen haben. Im übrigen kommen auch institutionelle Vorkehrungen wie Blinden- und Altenwerkstätten in Betracht, die die freien Wohlfahrtsverbände vorhalten. Allerdings muß die Beschäftigungsauflage für die tatsächlich Invaliden an Wirksamkeit verlieren, wenn im gleichen Zuge sozio-bürokratisch eine „Behindertenschwemme" inauguriert wird.

Ein anderes Beispiel ist das **Angebot an Lehrstellen**: bei einem sprunghaften Anstieg der nachwachsenden Generation oder in Zeiten einer Unterbeschäftigung können befristete öffentliche Zuschüsse zu den betrieblichen Lehrstellenkosten dafür sorgen, daß Unternehmen mehr Lehrlinge ausbilden, als sie für den eigenen Bedarf benötigen. Damit wird das „Arbeitsvermögen" für kommende Perioden erhöht.

4. Vorübergehenden Freisetzungsgefahren läßt sich mit dem sozialpolitischen Instrument der **Kurzarbeitergeldzahlung** begegnen, bevor das allgemeine Auffangnetz der **Arbeitslosenunterstützung** in der Sozialversicherung bzw. der Sozialhilfe in Funktion tritt.

5. Dagegen gehört es **nicht** zu den flankierenden Maßnahmen, daß der Staat Tarifverträge, die Arbeitsmarktparteien abgeschlossen haben, auch für nicht-organisierte Arbeitgeber als **„allgemeinverbindlich"** erklärt. Das bedeutet nichts anderes, als die privatrechtliche Autonomie der Tarifvertragschließenden durch staatlichen Zwang zu erweitern, was ein Relikt einer zentralen staatlichen Lohnpolitik darstellt (§ 64). In ökonomischer Sicht wird der potentielle Wettbewerb beeinträchtigt: die Allgemeinverbindlichkeitserklärung wirkt wie eine Schutzeinrichtung für die organisierten Vertragschließenden.

§ 67 Konzertierte Aktion

1. Die Ende der fünfziger Jahre kreierte Vorstellung einer besonderen **„Einkommenspolitik"** ist schon in ihrer Bezeichnung eher verwirrend: gemeint ist weder, daß der Staat etwas zur Einkommensschaffung tut, noch daß er die Einkommensverteilung korrigiert. Vielmehr soll er aus stabilitätspolitischen Gründen die Einkommen bei ihrer **Entstehung** so beeinflussen, daß die verbandlichen Lohnvereinbarungen nicht eine Inflation anheizen noch den Beschäftigungsstand reduzieren.

Diese innerhalb der Marktwirtschaftsordnung erstaunliche Aufgabenstellung war freilich nicht wörtlich zu nehmen: die Tarifautonomie sollte geschont werden, der Staat also nicht seinerseits Lohnveränderungsvorgaben ex ante fixieren, sondern sich darauf beschränken, das Verbandsverhalten zu „kontrollieren" bzw. auf die Verhandlungsfolgen einzuwirken.

De facto lief die **„imperative"** Einkommenspolitik im dominierenden Fall der cost-push-inflation auf die Verhängung mehr oder minder stringenter Lohn- und Preisstopps hinaus, die sachlich einem Kurieren am Symptom gleichkommt: die so zurückgestaute Inflation schießt bei Lockerung der Preisreglementierung, die ja nicht unbesehen lange durchgehalten werden kann, um so stärker ins Kraut.

Andererseits verstiegen sich einige Regierungen zu sog. Vollbeschäftigungsgarantien, die bei überhöhten Nominallöhnen natürlich nur durch eine Zulassung einer entsprechenden Inflationierung einzulösen war, und auch das lediglich auf die kurze Frist.

Demgegenüber waren die **ordnungspolitischen** Ansätze, die tatsächlich eine Schadenseindämmung beim Lohnverhandlungsverfahren versprechen, nicht ins Konzept einbezogen, nämlich stärkere gesetzliche Regelbindungen im sog. Arbeitskampfrecht, die die Drittschädigungen vermindern können, und eine Haftungsbeteiligung der Tarifverbände für die negativen Verhandlungsfolgen im Bereich der Arbeitslosenversicherung.

2. Anders liegen die Dinge bei der **„kooperativen"** Einkommenspolitik in der Form von **„konzertierten Aktionen"**, wie sie etwa für die Bundesrepublik im „Stabilitätsgesetz" von 1967 als **institutionelles** Instrument vorgesehen sind: Die Regierung soll den die Wirtschaftsentwicklung beeinflussenden Verbänden „Orientierungsdaten" zur Verfügung stellen und auf Wunsch „erläutern". Ziel ist eine **Verhaltenskoordinierung**, die den Stabilitätszielen Rechnung trägt. Freilich basiert diese auf Freiwilligkeit. Es gibt in der Konzertierten Aktion weder formelle Abstimmungen noch verbindliche Absprachen. Damit sind alle ordnungspolitischen Befürchtungen, daß Lohn- und Preisentscheidungen von der Markt- auf die Politikebene verlagert würden und den Verbänden nach Art eines Bundeswirtschaftsrates politische Machtbefugnisse zuwachsen könnten, hinfällig, ganz zu schweigen davon, daß weder der Deutsche Gewerkschaftsbund noch die Bundesvereinigung der Arbeitgeberverbände ihren Mitgliederorganisationen gegenüber formell Weisungsrechte besitzen.

3. Nun sind die Adressaten der Konzertierten Aktion natürlich nicht auf die Regierung angewiesen, um sich über volkswirtschaftliche Zusammenhänge und die statistischen Daten der jeweiligen Situation zu informieren. Die großen Wirtschaftsverbände pflegen über eigene Institute zu verfügen und sich der Beratung durch Wissenschaftler zu versichern. Andererseits besteht für sie auch keinerlei Rechtspflicht, der Einladung der Regierung zur Konzertierten Aktion Folge zu leisten. Alles kommt mithin auf den besonderen Anreiz der Veranstaltung an. Und da dürfte auf die Dauer weder der Goodwill des jeweils amtierenden Wirtschaftsministers noch die Chance ausreichend sein, am runden Tisch auf die Partnerverbände zu stoßen, die man ja auch sonst treffen kann, wenn vielleicht auch nicht in einer protokollarisch gleich unverfänglichen Weise.

Entscheidend ist vielmehr die **Qualtität der Orientierung**, die der Wirtschaftsminister zu bieten hat. Und das kann nur bedeuten, daß er die für die Regierung verbindliche Lagebeurteilung und Zielprojektion vorlegt und die konkreten politischen Maßnahmen aufzeigt, die die staatliche Instanz zu ergreifen gedenkt, und zwar alternativ je nachdem, ob die Arbeitsmarktparteien mitziehen oder sich abweichend verhalten. Solche Orientierungshilfen vermögen die Adressaten auf andere Weise kaum zu erhalten. Und erst diese „Vorleistung" der Regierung unterscheidet die Konzertierte Aktion von einem Debattierklub der üblichen Art oder auch von informellen Besuchsgesprächen in einem Ministerium. Sie setzt natürlich zunächst einmal eine Abstimmung innerhalb der Regierung selbst voraus. Diese kann schlecht andere durch „Rahmendaten" aufklären wollen, wenn die eigene Marschroute bei ihrem Gewicht für die gesamtwirtschaftliche Entwicklung im Unklaren oder schwankend bleibt. Das gilt namentlich für die Abstimmung der Budgetpolitik zwischen den Gebietskörperschaften (§ 59).

4. Es ergeben sich aber auch Konsequenzen für die Zusammensetzung des **Teilnehmerkreises**. Daß nicht nur der Wirtschafts-, sondern auch der Finanzminister mit von der Partie sein muß, versteht sich bei der gegebenen Ressortverteilung in der Regierung von selbst. Ebenso ist es unerläßlich, die Bundesbank als den geldpolitischen Steuermann der Konjunktur zu beteiligen. Und auch die Gebietskörperschaften haben mitzuwirken, und sei es schon in ihrer Funktion als Preisfixierer für öffentliche Dienstleistungen und Tarifpartner für die Masse der öffentlichen Bediensteten. Im übrigen ist der Teilnehmerkreis auf die Spitzen der Ar-

beitsmarktparteien zu beschränken, wenn es nicht zu den üblichen Hearings-Phänomenen kommen soll.

5. Schließlich liegt auf der Hand, daß die Mühe der Veranstaltung nur lohnt, wenn die Aussprachen vertraulich sind und es zu einer **fortgesetzten Orientierung** kommt. Als sporadische Notmaßnahme taugt die Konzertierte Aktion wenig. Und zwar nicht allein, weil schon psychologisch jede Erfolgsaussicht davon abhängt, daß die Beteiligten permanent in Fühlung bleiben. Auch sachlich ist eine Abstimmung ihres Verhaltens, das der Wirtschaftsentwicklung folgen soll, anders kaum vorstellbar. Der Gesetzgeber scheint das zumindest geahnt zu haben. Denn wenn auch die Regierung nur bei „Gefährdung des gesamtwirtschaftlichen Gleichgewichtes" verpflichtet ist, die Initiative zu ergreifen, so steht es ihr doch frei, auch sonst mit Orientierungsdaten aufzuwarten. Umgekehrt wäre es nicht mehr als billig, ebenfalls den Tarifparteien ein Initiativrecht zur Aktionseinberufung einzuräumen.

6. Ist die Konzertierte Aktion funktionstüchtig, kann sie auch im vorgelagerten Lohnverhandlungsbereich institutionelle Verbesserungen begünstigen, so den Abschluß **längerfristiger Tarifverträge**, mit dem eine pro-zyklisch wirkende Lohnpolitik hintangehalten wird (§ 64).

§ 68 Profit Sharing

1. Am meisten Erfolg zur dauerhaften Förderung des Beschäftigungszieles verspricht indessen das **„Profit Sharing"**, nämlich der Übergang zu einer Entlohnungsform, die die Arbeitsentgelte zu einem merklichen Teil **gewinnabhängig** macht: Der Festlohn, der für die Branche ausgehandelt wird, hält sich unterhalb des jeweiligen Entwicklungsstandes der Arbeitsproduktivität; aber dafür wird zusätzlich ein fester Prozentsatz vereinbart, mit dem die Belegschaft am periodischen Gewinn ihres Unternehmens beteiligt ist. Eine solche Entlohnungsform führt in jedem Fall zu einer höheren Beschäftigung des Arbeitsfaktors als die überkommene Tariflohnpolitik. Die Arbeitsplätze gewinnen an Sicherheit, indem die Arbeitnehmer in einem begrenzten Intervall Schwankungen ihres Arbeitseinkommens im gewinnabhängigen Teil in Kauf nehmen.

2. So im Fall der Rezession. Sitzt das Unternehmen nach einer Hochkonjunktur auf den hohen Tariflöhnen der traditionellen Verbandspolitik, bleibt ihm bei Nachfragerückgängen keine Wahl, als die Produktion einzuschränken und entsprechend Belegschaftsmitglieder zu entlassen, deren Lohn im Vergleich zum jetzt schlechteren Betriebsergebnis überhöht ist und zu Verlusten führt. Im Gewinnanteilmodell dagegen reagiert das Unternehmen mit Stückpreissenkungen, die zwar den zu verteilenden Gewinn zurückgehen, aber dafür die Arbeitsplätze erhalten lassen, es sei denn, das Betriebsergebnis wird so schlecht, daß selbst der niedrigere Festlohnanteil nicht mehr zu bezahlen ist. Der Gewinnanteil im Arbeitsentgelt kann also zeitweise gegen Null gehen; aber eine direkte Verlustbeteiligung der Arbeitnehmer schließt das Modell **nicht** ein.

3. Nicht weniger vorteilhaft liegen die Dinge im Umkehrfall. Im **Aufschwung** werden früher und mehr Neueinstellungen vorgenommen, da der niedrigere Festlohn eine Zusatzbeschäftigung bereits rentabel macht, wo im Fall der traditionellen Lohnpolitik das Betriebsergebnis für die gleiche Wirkung erst erheblich höher liegen müßte. Gleichwohl entgeht den bereits Beschäftigten nichts an Er-

tragsanteil: jeder zusätzlich Eingestellte erhöht ja zu seinem Teil den Unternehmensgewinn. Das ist auch der Grund, warum das Verfahren ebenfalls für die Anteilseigner Vorteile bringt: wenn der steigende Gewinn auch, sagen wir, zu 30 Prozent an die Belegschaft fließt, so kämen ohne Beteiligungsmodell möglicherweise nicht einmal die 70 Prozent zustande, die den Anteilseignern verbleiben.

4. Nicht zuletzt werden aber auch lautlos Signale gesetzt, die die **sektorale und regionale Mobilität** (§ 64) geschmeidiger machen: Unternehmen mit relativ hoher Gewinnkomponente in der Entlohnung locken Arbeitskräfte an, während sich in schrumpfenden Betrieben die Belegschaften ohne Entlassungsdekrete von selbst reduzieren. Das gilt umso mehr, als das Gewinnanteilmodell keine direkte **Vermögens**beteiligung des Arbeitnehmers am beschäftigenden Unternehmen voraussetzt, also auch kein entsprechendes Zusatzrisiko und keine einschlägige Bindung an den arbeitgebenden Betrieb kennt, die die effektive Mobilitätsbereitschaft behindern kann.

4. Teil: Außenwirtschaftspolitik

§ 69 Stellung innerhalb der Wirtschaftspolitik

1. Eine **offene Volkswirtschaft** ist dadurch charakterisiert, daß es zu Transaktionen zwischen Inländern und Ausländern kommt (grenzüberschreitender Güter-, Zahlungs- und Faktorverkehr). Daß dieser Umstand, für sich genommen, eine eigene Wirtschaftspolitik erforderte, ist vorderhand nicht einzusehen. Die räumliche Entfernung (Transportkosten) zum Beispiel oder unterschiedliche gesellschaftliche „Sitten" sind kein Spezificum allein des grenzüberschreitenden ökonomischen Austausches. Daß die einschlägige Faktormobilität begrenzt erscheint, ist im Vergleich zu binnenländischen Verhältnissen gerade beim Arbeitsfaktor allenfalls ein gradweiser Unterschied. Und selbst der Umstand, daß für die Transaktionen zwischen Inländern und Ausländer neben den Produktionskosten eines Gutes zusätzlich der Preis der ausländischen Valuta („Währung") eine Rolle spielt, in der man beim Import zahlen muß bzw. die man beim Export erhält, bedeutet im Prinzip kein Abweichen von den wirtschaftlichen Kalkülen, die auch sonst bei flexiblen Preisen zu tätigen sind.

Die Besonderheit der offenen Volkswirtschaft ergibt sich vielmehr daraus, daß Landesgrenzen **hoheitliche Barrieren** darstellen, die gerade von den modernen Nationalstaaten dazu benutzt werden, gelegentlich der wirtschaftlichen Transaktionen bzw. mittels außenwirtschaftlicher Datensetzung nationale „Politik" zu treiben: man ist in gut merkantilistischer Tradition auf Exportförderung fixiert und sucht den Import eher zu beschränken; man gängelt den grenzüberschreitenden Kapitalverkehr; und vor allem stemmt man sich dagegen, daß die in der Binnenwirtschaftspolitik eingeschlagene Marschroute, zum Beispiel eine inflationistische „Beschäftigungspolitik", in ihren unliebsamen Folgen an der außenwirtschaftlichen Front offenkundig wird.

2. Darum haben auch und besonders in der Politik der internationalen Wirtschaftsbeziehungen **Regelbindungen** (§ 4), diesmal zwischen Nationalstaaten, die dominierende Maßnahmenkategorie zu sein. Maßgebend ist dabei eine dreifache **Zielsetzung**:

a) die Wahlfreiheit des Wirtschaftsbürgers und damit die Chance, seinen Nutzen zu steigern, soll auch auf den Tausch mit Ausländern ausgedehnt sein;

b) die internationale Arbeitsteilung soll möglichst ungehindert ihre wohlstandssteigernde Funktion ausüben können;

c) die Stabilisierung in den Außenwirtschaftsbeziehungen soll den internationalen „economic warfare"[1] verhindern, bei dem mittelfristig nur alle Beteiligten zu verlieren haben.

---

[1] Für den Begriff vgl.: *F. Zeuthen*, Problems of Monopoly and Economic Warfare, London 1930.

3. Indessen sind das, recht besehen, Ziele, die – entsprechend umformuliert – für die Wirtschaftspolitik allgemein Pate stehen. Das Besondere der Außenwirtschaftspolitik rührt daher, daß sie **nicht** vom einzelnen Staat **autonom** realisiert werden können. Die nationale Wirtschaftspolitik vermag zwar den Binnenbereich zu kontrollieren; aber nach außen ist sie von den Interessen und Entscheidungen, also von den **Reaktionen** anderer Staaten und ihrer Wirtschaftspolitik **abhängig**. So wie die auf inländische Ziele ausgerichteten Maßnahmen regelmäßig auch ihre außenwirtschaftlichen „Nebenwirkungen" haben, beeinflussen umgekehrt Datenänderungen an der Außenfront nolens-volens den Grad der Zielrealisierungsmöglichkeit im Inland.

Wirtschaftspolitische Regelbindungen im grenzüberschreitenden Austausch bedürfen der **Vereinbarung** mit auswärtigen, ebenso hoheitlich formierten Trägern der Wirtschaftspolitik: selbst diskretionäre Maßnahmen, die den Außenbereich berühren, sind ohne Berücksichtigung der absehbaren internationalen Reaktionen zielinkonform.

Diese Abhängigkeit ist sachlich der ausschlaggebende Grund, der es zweckmäßig erscheinen läßt, in der Theorie der Wirtschaftspolitik eine besondere Abteilung für **„Außenwirtschaftspolitik"** auszugliedern.

4. Von den anderen „Abteilungen" unterscheidet sie sich dadurch, daß sie im gleichen Zuge eine **ordnungs-, wachstums-** (allokations-) und eine **stabilitäts**politische Dimension umgreift (Punkt 2a bis c), so wie sie als Folge, je nach der internationalen Verflechtung der betreffenden Volkswirtschaft, in Graden auch die binnenländische Produktionsstruktur und Einkommensverteilung beeinflussen kann.

5. Analytisch betrachtet, tragen die **Instrumente**, die der außenwirtschaftlichen Abteilung des politischen „Handwerkskastens" zugeordnet werden, trotz ihrer besonderen Nomenklatur keineswegs arteigenen Charakter. Spezifisch ist lediglich ihr Einsatzort. Ein Zoll zum Beispiel wirkt wir eine Zusatzsteuer, nur daß deren Anwendung auf den grenzüberschreitenden Güterverkehr beschränkt ist. Exportbürgschaften sind eine Subvention für den Verkauf ein und desselben Gutes, nur eben soweit er mit bestimmten Außenhandelspartnern getätigt wird. Und eine Stützung bzw. Fixierung des Wechselkurses bleibt eine diskretionäre preispolitische Maßnahme, auch wenn es um den Tausch von Valuten, also einen spezifischen Markt, genannt „Devisenmarkt", geht.

Kapitel 1: Außenwährung

§ 70 Grundproblem

1. Die Bezeichnung „Außenwährung" bedarf der Qualifizierung. Wenn von „Währung" gesprochen wird, ist primär die Regelung des nationalen Geldwesens gemeint (etwa Goldwährung als eine „gebundene" oder Papierwährung als „freie" Währung). Währungsordnung ist Geldordnung. Wenn die Notenbank die umlaufende Geldmenge reguliert (§ 55), nimmt sie Einfluß auf den Wert der Geldeinheit: sie betreibt insofern Währungspolitik. „Währungsreformen" bedeuten eine grundlegende Beschneidung des virulenten Geldvolumens, auf daß das nationale Zahlungsmittel wieder die wirtschaftlichen Funktionen wahrnehmen kann, die dem Geld zugedacht sind. Für die Masse der Wirtschaftseinheiten steht der **Binnenwert** des Geldes, also die Kaufkraft der Einkommenseinheit im Inland, im Vordergrund des Interesses.

Mit dem Begriff **Außenwährung** wird auf den Wert der nationalen Geldeinheit im Ausland abgestellt, genauer: auf den Preis einer Währung, ausgedrückt in Einheiten einer anderen Währung (Wechselkurs). Für eine Deutsche Mark läßt sich etwa ein halber US-Dollar kaufen (Mengennotierung), bzw. ein US-Dollar kostet zwei Deutsche Mark (Preis- oder Devisennotierung), wobei für den Ankauf von ausländischen Valuten ein niedrigerer „Geldkurs", für den Devisenverkauf ein höherer „Briefkurs" gilt, zwischen denen dann für den gegebenen Zeitpunkt ein „Mittelkurs" ermittelt werden kann.

Indessen besagt, im Unterschied zum Binnenwert des Geldes, die Außenwährung also solche noch nichts darüber, wieviel Waren oder Dienstleistungen (zum Beispiel im Tourismus) man für die umgetauschte Geldeinheit im Ausland beim dortigen Preisniveau, verglichen mit einer gleichgroßen Inlandsausgabe, tatsächlich erwerben kann („realer" Wechselkurs).

2. Die faktische Bedeutung des Geldaußenwertes variiert zunächst einmal mit der **Exportquote** eines Landes: es macht für das Gewicht der (Außen-)Währungspolitik einen erheblichen Unterschied aus, ob der Anteil des Exportwertes am Bruttoinlandsprodukt sich in einer Größenordnung (1984) von 7 Prozent

Tabelle 9 Anteil des Exports am Bruttoinlandsprodukt für die Bundesrepublik Deutschland und die Vereinigten Staaten von Amerika (in Mrd. Landeswährung)

Jahr	Bundesrepublik Deutschland			Vereinigte Staaten		
	BIP_m	Ex	Anteil i.v.H.	BIP_m	Ex	Anteil i.v.H.
1965	459,17	82,88	18,05	688,98	35,09	5,09
1970	675,30	143,00	21,18	989,51	56,39	5,70
1975	1026,90	254,70	24,80	1542,18	131,43	8,52
1980	1478,94	391,85	26,50	2606,63	264,99	10,17
1984	1745,61	542,08	31,05	3634,58	272,74	7,50

Quelle: Sachverständigenrat zur Begutachtung der gesamtwirtschaftlichen Entwicklung (Hrsg.), Weiter auf Wachstumskurs, Jahresgutachten 1986/87, Stuttgart, Mainz 1986, S. 195, 196, 202; eigene Berechnung.

(USA) oder von 30 Prozent (Bundesrepublik Deutschland) bewegt (Tabelle 9). Entsprechendes gilt für die Einfuhrquote, mindestens soweit sie auf lebens- und produktionsnotwendige Importe zurückgeht (rohstoff- und energieschwache Länder), und für den Fall, daß ein Land zu seiner Entwicklung auf **Nettokapitalimporte** angewiesen ist.

Man kann sagen, daß in der Regel „kleine" Volkswirtschaften vom Problem des Geldaußenwertes mehr betroffen sind als „große" Länder.

3. Nun kann ein Nationalstaat zwar mit der gehörigen geld-, finanz- und lohnpolitischen Energie im **Inland** das Stabilitätsziel (§ 48) durchsetzen, also den Binnenwert des Geldes stabil halten. Das ist längerfristig auch eine günstige Voraussetzung für die Stabilisierung des Wechselkurses. Hinreichend ist diese Bedingung jedoch nicht. Denn der Außenwert der Währung wird auch durch das Verhalten des Auslandes beeinflußt. Für das Austauschverhältnis, das der Wechselkurs meint, sind immer (zumindest) zwei Währungen und zwei Währungspolitiken bestimmend. Und kein Mechanismus der **nationalen** Währungsordnungen sorgt dafür, daß bei letzteren Gleichklang herrschen müßte.

Stabilität des binnenländischen Preisniveaus **und** ein stabiler Wechselkurs lassen sich für eine Volkswirtschaft **gleichzeitig** nur realisieren, wenn auch das Ausland, was seinen heimischen Geldwert betrifft, auf Stabilitätskurs fährt, wenn sich die Produktivitätsfortschritte international mehr oder minder die Waage halten und die Außenwirtschaftsbilanzen im Prinzip ausgeglichen sind.

Fehlen diese Voraussetzungen, besteht zwischen Stabilisierung der Binnen- und der der Außenwährung eine **antinomische** Beziehung: Wechselkursanpassungen können geradezu ein notwendiges Mittel sein, um das heimische Preisniveau stabil zu erhalten, und umgekehrt. In diesem Widerstreit kommt in der Marktwirtschaftsordnung mit ihrem Konsumentenversprechen (§ 7) selbst für ein „kleines" Land dem Ziel der Binnenwährungsstabilität der **Vorrang** zu: die Außenwertsicherung soll nicht um den Preis heimischer Währungsschwankungen erkauft werden, auch wenn von Wechselkursänderungen, je nach Lage der Dinge, einmal die Exporteure ungünstig, die Importeure günstig betroffen sein können und ein anderes Mal vice versa.

4. Dabei ist freilich vorausgesetzt, daß zur Wahrung der Freiheitsrechte auf seiten der Wirtschaftsbürger die volle (Ausländer- und Inländer-)**Konvertibilität** der Währungen und ein **ungehinderter grenzüberschreitender Kapitalverkehr** aufrechterhalten werden. Jede Art von **Devisenbewirtschaftung** ist, wie der Name schon ausdrückt, ebenso ordnungs**in**konform wie **Importrestriktionen** bzw. **Exportsubventionierungen** (§ 76ff.) – von Tricks wie einem (je nach der Transaktionsart) **gespaltenen** („multiplen") **Wechselkurs** ganz zu schweigen.

Derartige **administrativ-diskretionäre** Maßnahmen der Außenwährungspolitik dienen regelmäßig dem Versuch, unliebsame außenwirtschaftliche Konsequenzen einer fehlorientierten Binnenwirtschaftspolitik zu kaschieren. Ein dauerhafter Erfolg ist schon darum unwahrscheinlich, weil es zumeist nicht lange dauert, bis auch die Außenhandelspartner mit entsprechenden Gegenmaßnahmen reagieren. Am Ende sinkt das **Niveau** des internationalen Handels und der internationalen Arbeitsteilung (§ 75) zum Schaden der Konsumenten in allen beteiligten Volkswirtschaften.

5. Umso dringlicher sind verbindliche internationale Vereinbarungen zur **Außenwährungsordnung,** an die sich die Nationalstaaten dann im Zeitverlauf auch hal-

ten; idealerweise umfaßt sie sämtliche Außenhandelspartner. Sie soll einen Mechanismus bieten, der die Zahlungsbilanzungleichgewichte, die sich in der Wirtschaftsentwicklung bei jedem Niveau des Außenhandels unter den Partnerländern, wenn auch mit unterschiedlicher Rollenverteilung und Richtung, ergeben können, daran hindert, eine Dauererscheinung zu werden, **ohne** daß nun für die Anpassung hin zum Außenwirtschaftsbilanzausgleich zu marktwirtschaftlich inkonformen Mitteln (Beschränkungen im Güter- und Zahlungsmittelverkehr) gegriffen werden müßte.

§ 71 System fixer Wechselkurse

1. Daß nach dem Rückfall in merkantilistisch-autarkieorientierte Wirtschaftspolitiken in den dreißiger Jahren und nach den folgenden Kriegsturbulenzen eine internationale Währungsordnung mit fixen Wechselkursen im Stile des **Bretton-Woods-Abkommens** eingerichtet wurde, war unter den obwaltenden außergewöhnlichen Umständen sicherlich eine zweckmäßige Entscheidung, um den darniederliegenden internationalen Handel überhaupt erst wieder auf die Beine zu bringen. Feste Kurse erleichtern die längerfristigen Dispositionen von Exporteuren und Importeuren. Die politischen Praktiker pflegen sie zu schätzen, weil sie ihnen für ihre Ambitionen in der Binnenwirtschaftspolitik einen größeren Spielraum einzuräumen scheinen.

2. Technisch liegt ein System fester Wechselkurse vor, wenn für jedes beteiligte Land **Paritäten** gegenüber den Währungen der anderen Volkswirtschaften, unter Bezug auf die allgemeine Basis einer Leitwährung, festgelegt, also insoweit die offiziellen Wechselkurse den Marktprozessen entzogen werden.

Natürlich kann es sich in der Periodenfolge nicht um eine absolute Wechselkurskonstanz handeln. Im Rahmen des Bretton-Woods-Abkommens zum Beispiel waren Abweichungen bis zu ± 1 Prozent zugelassen; 1971 wurden die **Bandbreiten** auf ± 2,25 Prozent erweitert, bis dann schließlich – vereinbarungswidrig – ein allgemeines Floating einsetzte.

Aber auch so läßt sich ein Fixkurssystem nur durchhalten, wenn die nationalen Notenbanken **verpflichtet** sind, bei größeren Kursausschlägen zu **intervenieren**. Droht etwa in der Bundesrepublik der Kurs für die amerikanische Währung die Bandbreite nach oben zu überschreiten (oberer Interventionspunkt), muß die Bundesbank US-Dollars verkaufen, um einem Anstieg des Devisenkurses über die zulässige Bandbreite hinaus, also einer weiteren DM-Abwertung vorzubeugen; wird der untere Interventionspunkt erreicht, muß sie Dollars ankaufen, diesmal um einer stärkeren Paritätsabweichung im Aufwertungssinne zu entgehen.

Innerhalb dieses Rahmens ist die Interventionspflicht quantitativ **unbeschränkt**. Das macht im Fall der Dollar**käufe** keine Schwierigkeiten; denn heimische Währung kann die Notenbank in unbegrenzter Menge produzieren (Notenpresse). Dollar**verkäufe** dagegen setzen entsprechende Devisenreserven oder eine kreditäre Überlassung der benötigten Fremdwährung aus dem Ausland voraus. So ist es nicht erstaunlich, daß in Bretton Woods zugleich mit der Einführung fixer

Wechselkurse ein **Internationaler Währungsfonds** (IWF) mit „Sonderziehungsrechten" als einer Art Weltzahlungsmittel errichtet wurde, mit denen einzelnen Ländern zur Überbrückung „gravierender" Zahlungsbilanzdefizite Beistand geleistet werden soll. Sonderziehungsrechte zählen zur internationalen Liquidität; und es liegt auf der Hand, daß sie je nach dem Modus ihrer Schaffung und Verteilung zu einer veritablen **Inflationsquelle** übernationaler Provenienz werden können.

Offenbar abgeschreckt durch die Vorkriegserfahrungen mit einem Festkurssystem von der Art einer internationalen Goldstandardwährung (oder jeder anderen an Waren gebundenen Währung), bei dem die einmal festgelegten Paritäten grundsätzlich unveränderlich sind, räumte das Bretton-Woods-Abkommen überdies **verschiebbare Festkurse** (adjustable peg) ein: die fixierten Wechselkurse konnten durch Regierungsbeschluß bei fundamentalen Zahlungsbilanzungleichgewichten bis zu 10 Prozent der ursprünglichen Parität ohne und darüber hinaus mit Zustimmung des IWF geändert werden.

Ein so „anpassungsfähiges" System bleibt gleichwohl grundsätzlich schon darum von einer Ordnung mit flexiblen Kursen unterschieden, weil allfällige Paritätsadjustierungen stets eines diskretionären Aktes von seiten der staatlichen Instanz bedürfen, bei dem „politische" Rücksichten eine gewichtige Rolle zu spielen pflegen. So zögerten die französischen Regierungen die immer wieder anstehenden Franc-Abwertungen aus Prestigegründen regelmäßig ungebührlich lange hinaus.

3. Das Bretton-Woods-Festkurssystem wurde endgültig 1973 aufgegeben – entschieden zu spät, wenn man die gravierenden **Nachteile** einer solchen Außenwährungsordnung bedenkt, die mit dem Auseinanderdriften der Marschrouten zwischen den nationalen Wirtschaftspolitiken schon geraume Zeit vorher faktisch immer stärker hervortraten:

a) Feste Wechselkurse tragen nicht nur nichts zum Abbau allfälliger Export- bzw. Importüberschüsse bei; im Zeitablauf **verstärken** sie sogar einmal existente **Zahlungsbilanzungleichgewichte**. Ein Land zum Beispiel, dessen Währung faktisch überbewertet ist, kann munter in seiner Importtätigkeit fortfahren, ohne daß es, solange die fixierten Kurse weiterbestehen, an der Front seiner Außenwährung die Zeche zu bezahlen hätte. Am Ende ergeben sich typische Defizit- bzw. Überschußländer, die – ohne offizielle Ab- bzw. Aufwertung – immer in der gleichen Richtung weiter auseinanderdriften. Freilich nehmen auf der politischen Ebene auch die wechselseitigen Vorwürfe zu: dem Exportüberschuß eines Landes entspricht ja stets in einem anderen Land (anderen Volkswirtschaften) ein entsprechend großer Importüberschuß.

b) **Binnenwirtschaftlich** geht ein nachhaltiger Leistungsbilanzüberschuß (positiver Außenbeitrag) mit einem Zufluß von Devisen (Gold) und, bei Währungskonvertibilität, mit einer entsprechenden Zunahme der im Inland umlaufenden **Zentralbankgeldmenge** (§ 50) einher. Schon das bedeutet, da der Geldmengenzunahme kein entsprechender Anstieg des Güterangebotes im Inland gegenübersteht – die Güter des Exportüberschusses befinden sich ja im Ausland –, einen **inflatorischen Impuls**, es sei denn, es bestände wachstumsbedingt ohnehin ein zusätzlicher heimischer Geldbedarf. Aber selbst dann bleibt das Problem, daß eine derartige Finanzierung einer (erwünschten) Geldmengenerhöhung gesamtwirtschaftlich mit einem entsprechenden Verzicht auf im Inland verfügbare Güter erkauft wird: der Notenbank ständen auch andere Wege, etwa eine einschlägige Offenmarktoperation (§ 52), offen, um den Bestand an Transaktionsmitteln ohne Beeinträchtigung des inländischen Gütervolumens im wachstumsgeforderten Umfang auszudehnen.[1]

Der inflatorische Impuls wird **verstärkt**, wenn die Notenbank, um den Wechselkurs entgegen den (zur Aufwertung tendierenden) Marktkräften auf dem fixierten Niveau zu halten, mit Devisenankäufen **intervenieren** muß (oben Punkt 2). Will sie gleichwohl das binnenländische Preisniveau stabil halten, bleibt ihr nichts übrig, als die heimische Geldmenge an anderer Stelle entsprechend zu drosseln, was, bei Licht betrachtet, darauf hinausläuft, zugunsten der Exportsektoren die übrige Wirtschaft mit einer monetären Restriktion zu belasten.

Ohnehin ist ein Land, das in einer inflationistischen Umwelt am Ziel der binnenländischen Geldwertstabilität festhält, der Gefahr einer „Preisansteckung" zumindest im Bereich der Außenhandelsgüter ausgesetzt, nämlich durch den **direkten internationelen Preiszusammenhang**, das heißt selbst dann, wenn anfänglich die Leistungsbilanz keinerlei Saldo aufweist.[2]

Vor diesem Hintergrund entpuppt sich ein System fester Wechselkurse mit Interventionspflicht als ein Schanier des schleichenden **Inflationsimportes** im Überschußland („Beggar-thou-neighbour-Phänomen").

c) Im Fixkurssystem verliert die heimische Notenbank an Unabhängigkeit in der auf Preis- und Beschäftigungsstabilität ausgerichteten Marschroute der Geldpolitik. Sie gerät unter das **Diktat von Zahlungsbilanzungleichgewichten**, die, recht besehen, zudem die Folge fehlorientierter Wirtschaftspolitiken in anderen Volkswirtschaften sein können. Und die Interventionszwänge verschärfen sich durch „unproduktive" **Devisenspekulationswellen**, denen gerade ein System fixer Wechselkurse immer wieder reichlich Nahrung bietet („Aufwertungsverdacht").

d) Auch ein Festkurssystem ist nicht dagegen gefeit, daß schließlich doch eine **offizielle Korrektur der Paritäten vorgenommen** werden muß. Nur erfolgen hier, im Unterschied zu einem System mit flexiblen Kursen, die Auf- bzw. Abwertungen abrupt und in quantitativ entsprechend großen Schüben, was die Anpassungsfähigkeit im heimischen Wirtschaftsprozeß auf eine harte Probe stellt, und das umso mehr, wenn sich die Korrekturen mehr oder minder häufig wiederholen. Auch können die einschlägigen Erwartungen bei den Einzelwirtschaften zu attentistischen Verhaltensweisen führen. Vor allem aber gerät die Preisanpassung auf den Valutenmärkten, die sich bei flexiblen Kursen geräuschlos und geschmeidig vollziehen würde, in die Atmosphäre „politischer" Kalküle und in ein nationales Gerangel um „anteilige" Ab- und Aufwertungsquoten zwischen den Defizit- und Überschußländern, – ganz zu schweigen vom Problem der **Diskretion** in den Eingriffsvorbereitungen, die zu einem guten Teil über die Maßnahmenwirksamkeit bestimmt.

---

[1] Eine Ausnahme macht lediglich der Fall, daß die Notenbank ein Interesse an einer Erhöhung des **Devisenbestandes** hat, um ihr Polster an Fremdwährungsliquidität aufzubessern. Indes, legt die Notenbank die Devisenbestände wieder ihrerseits an, etwa bei der Bank für Internationalen Zahlungsausgleich (BIZ) in Basel, erhöht sich zusätzlich die internationale Liquidität, wovon wiederum die Defizitländer profitieren können.

[2] Dazu: *K. Rose,* Theorie der Außenwirtschaft, 8. Aufl., München 1981, S. 115ff., und die dort angegebene Diskussionsliteratur.

Inwieweit sachlich die Wechselkurskorrekturen die angestrebten Wirkungen auf die nationalen Leistungsbilanzen zeitigen, hängt von der gleichzeitigen Reaktion der einschlägigen Export- und Import**werte** als Produkt aus den Mengen- und Preisänderungen, also letztlich von der Größe der Export- und Importelastizitäten ab. Aber selbst beim günstigen Fall, in dem alle beteiligten Leistungsbilanzen „normal" reagieren, bleibt als das entscheidende Handicap, daß die adjustierten Paritäten wiederum Festkurse sind, sich mithin auf dem veränderten Ausgangsniveau wieder in der alten Weise Zahlungsbilanzungleichgewichte aufbauen können.

e) Das führt schließlich zu den **mittelfristigen** Wirkungen eines Festkurssystems, die sachlich die bedenklichsten sein dürften: ein administrativ fixierter Valutapreis muß auf die Dauer die heimische Faktorallokation und Einkommmensverteilung verzerren.

Nehmen wir den Fall einer im und durch das Festkurssystem **unterbewerteten** Währung, so wirkt der in diesem Sinne falsche Wechselkurs **einmal** wie eine Subventionierung der Exportsektoren: die Produktionsstruktur wird „exportlastig" mit einer entsprechenden Verschiebung nicht zuletzt auch in der heimischen Lohnstruktur. Das geht freilich nur solange gut, bis schließlich doch zu „richtigen" internationalen Austauschrelationen übergegangen werden muß. Dann zeigt sich, daß Festkurse, die kurzfristig den Anpassungsdruck, wie er bei pretialer Lenkung bestände, vermindern, mittelfristig ein umso mißlicheres, nämlich potenziertes Problem der strukturellen Verwerfung hinterlassen: die **Kapazitäten** der Exportindustrie stellen sich als fehlorientiert heraus; sie müssen angepaßt, nämlich reduziert werden – mit all den Konsequenzen, die das für die Kapitalumschichtung, die Beschäftigungsstruktur und die Anforderungen an die Elastizität der Tariflohnpolitik (§ 65) hat.

Zum anderen wirkt die Unterbewertung der Währung wie ein Schutzzoll für die heimischen Produzenten, die auf den Inlandsmärkten mit ausländischen Anbietern sonst entsprechend zu konkurrieren hätten: der Grad des akuten wie des potentiellen Wettbewerbs sinkt – mit all den Konsequenzen, die das für die binnenländische Einkommensverteilung und letztlich die Position der Konsumenten hat. Ohnehin wird diesen im Zuge einer durch den positiven Außenbeitrag bewirkten Auftürmung von Devisenreserven bei der Notenbank ein Verzicht auf einen sonst möglichen Konsum abgefordert, ohne daß dieses „Sparen" ihnen eine nennenswerte Rendite abwürfe (oben Punkt b).

Schließlich belegt der „falsche" Wechselkurs heimische Unternehmen, die im Ausland Produktionen aufbauen wollen, mit einer Art Investitionsteuer, während er fremden Anlegern, die sich im Überschußland mit Sachvermögenskäufen zu engagieren trachten, im Vergleich zu inländischen Investoren einen Preisvorteil beschert.

4. Daß **Politiker** (und ein Teil der Unternehmerschaft) trotz allem eine Präferenz für ein Fixkurssystem zeigen, ist mit mangelhaftem volkswirtschaftlichen Verständnis nur unzureichend zu erklären; immerhin, so sollte man meinen, kann auch die Erfahrung den Lehrmeister spielen. Im Kern dürfte der Grund der sein, daß man glaubt, den außenwirtschaftlichen Disziplinierungsdruck bei binnenwirtschaftspolitischen Vorhaben zumindest auf Zeit lockern zu können und überhaupt auch die Dinge an der außenwirtschaftlichen Front im „politischen" Griff zu behalten. Die Möglichkeit zu diskretionären Eingriffen pflegt auf der politischen Bühne das Gefühl der funktionalen Unentbehrlichkeit zu stärken. Auch

spielt die stabilitätspolitische Aufgabenverteilung zwischen Regierung und Notenbank eine Rolle: wenn die Wechselkurspolitik zur Domäne der Regierung wird, gewinnt diese gegenüber der Notenbank und ihrer Unabhängigkeit in der Binnenwährungsstabilisierung an Terrain zurück.

5. Vor diesem Hintergrund bedarf auch die Forderung nach einer „**Europäischen** Zentralbank“ der Qualifikation. Wenn damit die Übertragung der vollen **stabilitätspolitischen** Kompetenzen auf eine übernationale Notenbank gemeint ist, wäre der Schritt zu begrüßen. Indes, die Banque de France zum Beispiel ist, im Unterschied zu der Bundesbank, **nicht** von Regierungsweisungen unabhängig. Hier müßte ein Umdenken einsetzen. Namentlich kann die „Europäische Zentralbank“ nicht eine Art Devisenpool abgeben, der verpflichtet ist, jenem Mitgliedsland Devisen zur Verfügung zu stellen, die ihm zur Vermeidung einer Wechselkursabwertung fehlen. Auf diese Weise würde es der betreffenden Regierung möglich, eine unsolide Geldpolitik im Inneren nach Belieben fortzusetzen.

§ 72 Flexible Wechselkurse

1. Sieht man von Extremsituationen wie einer Periode nach säkularen Kriegszerrüttungen ab, ist ein System flexibler (freier, floatender) Wechselkurse, an das sich alle Beteiligten halten, die **zweckrationale** internationale Währungsordnung: der Preis für ausländische Zahlungsmittel bildet sich frei nach dem jeweils gegebenen Angebots-Nachfrage-Verhältnis auf dem Devisenmarkt, so wie ein gegebener Valutapreis seinerseits die Entwicklung von Devisenangebot und -nachfrage lenkt.

2. **Ordnungspolitisch** ist nicht einzusehen, wieso für den Devisenmarkt eine Ausnahme von der pretialen Lenkung gemacht werden sollte, wie sie mit guten volkswirtschaftlichen Gründen (§ 7) auf den übrigen Märkten gilt. Gerade wenn und weil der Wechselkurs und seine Veränderung eine gesamtwirtschaftlich wichtige Größe darstellt, ist die Anwendung des marktwirtschaftlichen Ordnungsprinzips auf dem Valutamarkt für Effizienz und Freiheitsradius umso bedeutsamer. Wie sollten auch die Politiker mit ihren schwerfälligen Eingriffen gerade hier über die besseren Ein- und Voraussichten verfügen?

Allokationspolitisch sind flexible Kurse das adäquate Verfahren, um den grenzüberschreitenden Güter- und Faktoraustausch und damit längerfristig die internationale Arbeitsteilung zu befördern.

3. Natürlich haben freispielende Wechselkurse mit jeder pretialen Lenkung gemeinsam, daß die **Einzelwirtschaften** für ihre außenwirtschaftlichen Transaktionen mögliche Valutapreisschwankungen einkalkulieren müssen. Indes, gegen das Risiko kürzerfristiger Abweichungen vom mittelfristigen Preistrend vermögen sie sich als Außenhändler durch **Kurssicherung** (Swapsatz) zu schützen. Soweit sie der eigenen Währung mehr trauen als der Fremdwährung, können sie, je nach ihrer Tauschposition und namentlich als Importeure, das Außenhandelsgeschäft in heimischer Währung zu fakturieren suchen. Exporteuren bietet sich überdies die Möglichkeit, je nach dem Wechselkurstrend und den damit verbundenen Verschiebungen in den internationalen Lohnkostenrelationen Teilproduktionen ins Ausland zu **verlagern**. Und im Fall potentieller Anleger von Kapi-

tal im Ausland wird durch die **Zinsarbitrage** gleichsam eine Brücke vom Devisenkassa- zum Devisenterminmarkt geschlagen.

In Graden kann die Notenbank durch **Swappolitik**, bei der sie den offiziellen Swapsatz höher (niedriger) als den Marktsatz ansetzt (und bei Inanspruchnahme als Partner der Arbitrageure ihrerseits ein korrespondierendes Devisenkassa- und Devisentermingeschäft abschließt), den Kapitalexport (Kapitalimport) anzuregen suchen. Eine nachhaltige Wirksamkeit der Maßnahmen stößt jedoch in dem Maße auf Grenzen, in dem die Arbitrageure unter Gewinnmitnahme „Karusselgeschäfte" tätigen, sich also netto am grenzüberschreitenden Kapitalverkehr nichts ändert.

4. Amplitude und Häufigkeit von Wechselkursschwankungen gehen in erster Linie auf **Inkonsistenzen** zwischen den Binnenwirtschaftspolitiken der beteiligten Länder zurück. Eine Volkswirtschaft zum Beispiel, die sich eine (stärkere) Inflationierung leistet, darf sich nicht wundern, daß ihre Außenwährung abwertet. Da aber kein Land einen solchen Währungsverfall schätzen und auch faktisch kaum lange durchhalten kann, haben gerade flexible Kurse durchweg (vgl. § 73) eine **disziplinierende Wirkung** auf das binnenwirtschaftliche Verhalten der Politik („Kursänderungserwartungen") – freilich vorausgesetzt, daß an den Vereinbarungen über den freien Güter- und Faktorverkehr (§ 75) festgehalten wird. In diesem Zusammenhang kann auch die **Devisenspekulation** eine durchaus produktive Funktion haben: sie verstärkt den Druck zur Angleichung einer stabilitätsabweichenden nationalen Wirtschaftspolitik.

Langfristig spiegelt der Wechselkursstand und zumal seine Veränderung im Zeitverlauf primär die **Kaufkraftparität** der beteiligten Länder wider (komparative Fassung der Kaufkraftparitätentheorie). Kurzfristig freilich kann es insbesondere durch den internationalen Kapitalverkehr zu Schwankungen und gar Abweichungen vom Trend kommen: die Wechselkurse fungieren als Portfoliopreise in der optimalen Zusammensetzung der Vermögensaktiva nach verschiedenen Währungen **(Finanzmarkttheorie)**.

5. Bestehen **Leistungsbilanzungleichgewichte**, so kann die Stabilität der **Binnen**währung gleichwohl gewahrt bleiben, wenn der Devisenzufluß bzw. -abfluß durch einen entsprechenden **autonomen** Nettokapitalexport bzw. -import kompensiert wird.

6. Zum Abbau von Leistungsbilanzsalden seinerseits führen flexible Wechselkurse:

a) wenn die gehörige Anpassungsfrist vorgegeben wird; vorübergehend kann es etwa bei Abwertung der heimischen Währung sogar zu einer Verschlechterung der Leistungsbilanz kommen („J-Kurve" der Salden), bevor die bei normaler Reaktion zu erwartende Defizitabnahme eintritt;

b) soweit die Politiker nicht zu einem „schmutzigen" Floating greifen, also nicht durch Interventionen am Devisenmarkt gegenzusteuern suchen; marktwidrige Kursstützungen, auch wenn sie unter den Notenbanken der beteiligten Länder wechselseitig abgesprochen werden, verbessern nicht, sondern verschlimmern in der Periodenfolge regelmäßig die Situation;

c) soweit Eingriffe in den freien Güter- und Kapitalverkehr unterlassen werden und

d) wenn die Beteiligten ihre binnenwirtschaftspolitische Marschroute (Finanz-, Geld- und Lohnpolitik) entsprechend überprüfen.

§ 73 Leitwährung

1. Zur Leitwährung wird eine **Landeswährung** dann, wenn eine Mehrzahl von Ländern den Wechselkurs der eigenen Währung auf jene Richtwährung bezieht und Reserveguthaben bevorzugt in ihr hält. Mehr oder minder automatisch wird dann auch die Geld- und Zinspolitik des Leitwährungslandes federführend.

Normalerweise handelt es sich dabei um eine „große" Volkswirtschaft oder doch ein außenwirtschaftlich besonders potentes Land (Pfund Sterling vor dem ersten Weltkrieg).

2. Ob bei **flexiblen Wechselkursen** eine Landeswährung überhaupt, in welchem Umfang und auf welche Frist Leitwährungsfunktion wahrnimmt, ist keine prinzipielle, sondern eine Tatfrage. Es kann zur gleichen Zeit international mehrere Reservewährungen geben. Jedenfalls ist ein System flexibler Wechselkurse für sein Funktionieren **nicht** auf eine unbestrittene Leitwährung angewiesen.

Man darf sich da nicht durch die Position der US-Währung nach dem Zweiten Weltkrieg täuschen lassen. Es war das Festkurssystem von Bretton Woods, das den US-Dollar zur offiziellen Interventions- und Reservewährung machte. Seit dem Übergang zu flexiblen Wechselkursen 1973 tendiert sein einschlägiges Gewicht abzunehmen. Zumindest im europäischen Bereich ist der D-Mark als zweiter Währung eine Leitfunktion zugewachsen, und es kann sein, daß sich Ähnliches beim Yen für Ostasien herauskristallisiert. Für die Bundesrepublik kommt hinzu, daß, anders als im Falle Japans, der Anteil ihres Exportes nach den USA nur eine Größenordnung von 10 Prozent des eigenen Gesamtexportes erreicht (Tabelle 10). Freilich werden gewichtige Importe wie die Öleinfuhr durchweg in US-Währung fakturiert.

3. Fällt jedoch einem Land die Leitwährungsfunktion zu, so trägt es nolens-volens mit dem Machtzuwachs faktisch auch eine besondere **internationale Verantwortung**. Sie schließt permanente Riesendefizite im Staatshaushalt und eine extrem niedrige private Sparquote, die beide den Realzins nach oben treiben, aus: ein hoher internationaler Verschuldungsgrad wird zum Stigma eines Landes, das seiner Position nach eigentlich als Nettokapitalexporteur aufzutreten hätte. Das Gleiche gilt für große Außenhandelsdefizite, die die eigene Bevölkerung über ihre Verhältnisse leben lassen, aber nur auf Zeit die ökonomische Grundtatsache überspielen können, daß Importe etwas sind, das durch Exporte verdient sein will: der Außenwert der Währung sinkt, und je schneller und weiter er fällt, desto stärker ist der Inflationsimpuls, den c.p. das Inland über den Import zu erwarten hat.

Die Versuchung, aus innenpolitischen Gründen derartige Fehlverhaltensweisen zu praktizieren, ist gerade darum virulent, weil es sich um ein „großes" Land handelt, bei dem die absolute Höhe des Sozialproduktes das Gewicht des Außenhandelsanteils nicht sonderlich zu Buche schlagen läßt (§ 70) und dessen Valuta als Leitwährung (noch) weltweit akzeptiert wird.

Eine „kleine" Volkswirtschaft mit hohem Außenhandelsanteil könnte sich derartige Praktiken nicht lange leisten.

4. Die problematischste Außenwirkung ergibt sich, wenn ein Leitwährungsland, einfach gesagt, über die Notenpresse das Ausland mit seiner Währung „überschwemmt". Es entsteht ein wachsendes Potential hochgradig mobilen **internationalen Geldkapitals** (pars pro toto: Eurodollargeld), das auf kleinste Margen

Tabelle 10 Entwicklung der Ein- und Ausfuhr der Bundesrepublik Deutschland nach Ländern (i.v.H.)

Jahr		EG-Mitglieds-länder insgesamt	darunter: Belgien-Luxemburg	Frank-reich	Groß-britannien	Italien	Nieder-lande	USA	Japan
1960	Ausfuhr	38,5	6,0	8,8	4,5	5,9	8,8	7,9	1,0
	Einfuhr	37,6	5,7	9,4	4,6	6,1	8,5	14,0	0,7
1965	Ausfuhr	42,7	7,8	10,9	3,9	6,3	10,3	8,0	1,0
	Einfuhr	44,6	7,7	11,1	4,5	9,3	9,7	13,1	1,4
1970	Ausfuhr	47,4	8,2	12,4	3,6	8,9	10,6	7,9	1,0
	Einfuhr	50,2	9,5	12,7	3,9	9,9	12,1	11,0	1,9
1975	Ausfuhr	44,8	7,6	11,7	4,6	7,3	10,0	5,9	1,1
	Einfuhr	50,4	8,5	12,0	3,8	9,3	14,0	7,7	2,3
1980	Ausfuhr	49,1	7,8	13,3	6,5	8,5	9,5	6,1	1,1
	Einfuhr	46,9	7,2	10,7	6,7	7,9	11,5	7,5	3,1
1981	Ausfuhr	46,9	7,3	13,1	6,6	7,9	8,5	6,5	1,2
	Einfuhr	47,4	6,7	10,9	7,4	7,5	12,0	7,7	3,5
1982	Ausfuhr	48,1	7,3	14,1	7,3	7,6	8,5	6,6	1,2
	Einfuhr	48,1	6,8	11,4	7,2	7,6	12,2	7,5	3,4
1983	Ausfuhr	48,1	7,4	12,9	8,2	7,4	8,8	7,6	1,3
	Einfuhr	49,1	7,2	11,4	7,0	8,1	12,3	7,1	3,8
1984	Ausfuhr	47,7	7,0	12,6	8,3	7,7	8,6	9,6	1,4
	Einfuhr	47,9	6,6	10,6	7,7	7,9	12,2	7,2	4,2
1985	Ausfuhr	49,8	6,9	11,9	8,6	7,8	8,6	10,3	1,5
	Einfuhr	50,8	6,3	10,6	8,0	8,0	12,6	7,0	4,5
1986	Ausfuhr	50,8	7,1	11,8	8,5	8,1	8,6	10,5	1,7
	Einfuhr	52,2	7,1	11,4	7,2	9,2	11,6	6,5	5,8

Quelle: Institut der Deutschen Wirtschaft, Zahlen zur wirtschaftlichen Entwicklung der Bundesrepublik Deutschland, Ausgaben 1984, 1987, Köln 1984, 1987; Deutsche Bundesbank, Statistische Beihefte zu den Monatsberichten der Deutschen Bundesbank, Reihe 3: Zahlungsbilanzstatistik, Frankfurt 1961ff.

im Währungshandel reagiert und das Gewicht spekulativer Kapitalbewegungen, losgelöst vom internationalen Handelsvolumen, ansteigen läßt. Als Beteiligte treten zum professionellen Devisenhandel selbst industrielle Großunternehmen. Und verfeinerte Techniken und eine raffinierte Verwendung elektronischer Datenverarbeitung tun ein übriges, um den einschlägigen Handel zu beflügeln.

Aber gerade eine solche Konstellation macht ein hohes Maß an Wechselkursflexibilität und eine Harmonisierung der Binnenwirtschaftspolitiken in den beteiligten Ländern nur umso dringlicher.

5. Das gilt nicht zuletzt angesichts der quantitativ gewichtigen internationalen Finanzmärkte, auf denen Einlagen- und Kreditgeschäfte in einer Währung außerhalb ihres eigenen Geltungsbereiches als gesetzliches Zahlungsmittel getätigt werden (pars pro toto: **Eurodollarmarkt**). Sie sind der Prototyp für ein freies Marktspiel und reagieren besonders liquiditätselastisch. Das volkswirtschaftliche Handicap liegt darin, daß sie der Kontrolle der nationalen Geldpolitiken entzogen sind und von ihnen inflationistische Wirkungen ausgehen können.

Indes, die besondere Attraktivität dieser Märkte geht zum erheblichen Teil darauf zurück, daß sie frei von Reglementierungen sind, wie sie manche einschlägigen nationalen Märkte charakterisieren (Devisenkontrollen, Zinshöchstgrenzen u.a.); die Steuer- und Lizenzbelastungen weichen vorteilhaft von den nationalen Verhältnissen ab, so daß die Brutto- und Nettoerträge nahe aneinanderrücken; und die fehlende Mindestreservebelastung drückt die Zinsspannen zusammen, was durchweg höhere Einlagenrenditen und niedrigere Kreditkosten bedeutet, als sie im nationalen Bereich üblich sind.

An **diesem** Ende können die heimischen Finanz-, Geld- und Außenwährungspolitiken in der Gegensteuerung ansetzen, um die „Bereitstellungskapazität" auf den Außenfinanzmärkten zu reduzieren (z.B. Verzicht auf Quellensteuern, Pensionierung des Mindestreserveinstrumentes, Abbau jeder Art Devisenbewirtschaftung). Im übrigen nimmt ein konsistentes, sauber durchgeführtes System flexibler Wechselkurse den Eurodollarmärkten an Auftrieb. Mit freispielenden Kursen geht ein erheblich niedrigerer Bedarf an internationaler Liquidität einher als in jedem anderen Wechselkurssystem.

§ 74 „Europäisches Währungssystem"

1. Nach gewissen Vorläufern („Währungsschlange") wurde 1979 in der Europäischen Gemeinschaft (EG) ein Währungssystem (EWS) eingerichtet, das zwischen den Mitgliedsstaaten **feste** Wechselkurse mit Bandbreiten und einen entsprechenden Interventionsmechanismus der nationalen Notenbanken vorsieht. (Die künstliche Rechnungseinheit „ECU" hat primär technische Bedeutung.) Paritätenänderungen sind an die Zustimmung aller Beteiligten gebunden. Gegenüber Drittländern kommt es zu einem „Gruppenfloating".

2. Das System funktioniert, was die **tatsächliche** Wechselkursstabilität anbelangt, so gut und so schlecht, wie die nationalen Wirtschaftspolitiken harmonisieren bzw. auseinanderdriften („Inflationsgefälle"). Richtmaß der „Harmonie" kann

natürlich nicht eine gleiche Rate der Inflationierung, sondern nur die vorrangige **binnenwirtschaftliche** Stabilität sein (§ 70).

Dem steht jedoch faktisch das mit der EWG verbundene finanzielle Beistandssystem (kurz- und mittelfristige Zahlungsbilanzkredite über den „Europäischen Fonds für währungspolitische Zusammenarbeit") entgegen, das „schwächeren" Mitgliedswährungen (zumeist ohne wirtschaftspolitische Auflagen) jeweils aufhelfen soll, de facto jedoch die Gefahr in sich birgt, die mangelhafte Disziplin einzelner nationaler Geldpolitiken zu salvieren, also den Stabilisierungsdruck, den die Währungsgemeinschaft eigentlich zielentsprechend ausüben sollte, zu ermäßigen.

3. Mit dem EWS unterliegt die Außenwährung eines Landes wie der Bundesrepublik einem **gemischten** Wechselkurssystem: in der Relation zu EG-Ländern spiegelt der Kurs den tatsächlichen Außenwert der D-Mark weniger klar wider als im Verhältnis zu Volkswirtschaften mit freien Wechselkursen. Auch spielen in der zeitlichen Bewertung, was die EWS-Paritäten anbelangt, Erwartungsgrößen über das Politikerverhalten eine besonders starke Rolle.

4. Über die gehörige Frist betrachtet, besagt das Festkurssystem **nicht**, daß die Währungsrelationen unter den beteiligten europäischen Ländern stabiler sein müßten als mit frei floatenden Volkswirtschaften. So wies der Außenwert der D-Mark seit 1973 etwa gegenüber dem Yen insgesamt eine beachtliche Stabilität auf, während er gegenüber Franc und Lira mehr oder minder permanent (im diskretionären Anpassungswege) stieg.[3]

5. Entscheidend bleibt eben doch die **Kompatibilität** der nationalen Wirtschafts- und insonderheit Geldpolitiken. Herrscht hier Harmonie, bleiben die Kurse stabil, ohne daß es des diskretionären Apparates einer Paritätenfixierung bedürfte. Und diese ist ihrerseits als ordnungspolitischer Fremdkörper nur insoweit und solange tragbar, als sie einen einschlägigen Stabilisierungsdruck tatsächlich ausübt.[4]

---

[3] Deutsche Bundesbank, Statistische Beihefte zu den Monatsberichten der Deutschen Bundesbank, Reihe 5: Die Währungen der Welt, Frankfurt 1983, Nr. 4, S. 2.

[4] Zur „Europäischen Währungsunion" s. § 86.

Kapitel 2: Außenhandel

§ 75 Freihandelsprinzip

1. Das Problem von Leistungsbilanzsalden (Tabelle 11) ist eines, das des **Niveaus** des Außenhandels etwas anderes (Tabelle 9). Und zweifellos stellt sich mit letzterem die volkswirtschaftlich gewichtigere Frage. Gewiß hat die Qualität einer internationalen Währungsordnung damit zu tun, inwieweit sie die Entstehung von Zahlungsbilanzungleichgewichten erschwert bzw. ihren Abbau beschleunigt.

Tabelle 11 Leistungsbilanzsalden der Bundesrepublik Deutschland in den Jahren 1965-1985 (in Mio. DM)

Jahr	insgesamt		Handels-bilanz	Dienst-leistungs-bilanz	Über-tragungs-bilanz
	absolut	Anteil am Sozialprodukt[1] i.v.H.			
1965	– 6223	– 1,36	761	– 607	– 6377
1966	488	0,10	7257	– 474	– 6295
1967	10006	2,02	16410	18	– 6422
1968	11856	2,22	17670	1498	– 7312
1969	7498	1,26	15162	1086	– 8750
1970	3183	0,47	14069	– 1127	– 9759
1971	2770	0,37	16148	– 1763	– 11615
1972	2729	0,33	19680	– 4195	– 12756
1973	12354	1,35	32897	– 6153	– 14390
1974	26581	2,70	49583	– 8421	– 14581
1975	10023	0,98	36040	– 9334	– 16683
1976	8858	0,88	34061	– 7718	– 16485
1977	9478	0,79	38176	– 12632	– 16066
1978	18003	1,40	42912	– 8518	– 16391
1979	– 11031	– 0,79	22454	– 13930	– 19555
1980	– 28480	– 1,93	8362	– 14252	– 22590
1981	– 11741	– 0,74	28321	– 15771	– 24291
1982	9866	0,62	52799	– 17423	– 25510
1983	10573	0,63	45553	– 10113	– 24867
1984	19893	1,13	52459	– 3030	– 29536
1985	38863	2,11	72296	– 2604	– 30829

[1] Bruttoinlandsprodukt zu Marktpreisen

Quelle: Sachverständigenrat zur Begutachtung der gesamtwirtschaftlichen Entwicklung (Hrsg.), Weiter auf Wachstumskurs, Jahresgutachten 1986/87, Stuttgart, Mainz 1986, S. 222, 270; eigene Berechnung.

Aber das ist kein Selbstzweck, sondern vor allem darum wichtig, weil massive und nachhaltige Zahlungsbilanzungleichgewichte erfahrungsgemäß den bevorzugten Nährboden für protektionistische Wirtschaftspolitiken abgeben, die das Niveau des Außenhandels reduzieren. Der Zahlungsbilanzpolitik fällt in Bezug auf die internationale Arbeitsteilung eine instrumentelle Funktion zu.

2. So wie auf der Ebene der Währungsordnung ein System flexibler Wechselkurse die Gründe der Rationalität auf seiner Seite hat, spricht im Bereich des Außenhandels die Vernunft für das **Freihandelsprinzip**.

a) Obenan steht der **ordnungspolitische** Aspekt: die Entscheidungsfreiheit der Einzelwirtschaften umfaßt das Recht, dort kaufen bzw. verkaufen zu können, wo es ihnen zur Nutzen- bzw. Gewinnmaximierung vorteilhaft erscheint – unabhängig davon, welche Hautfarbe, welche Religion oder, was das anbelangt, welche **Staatsangehörigkeit** der Tauschpartner aufweist. Es grenzt an Aberwitz, wenn die Politik Bürger im „wohlverstandenen Eigeninteresse" dazu zwingen will, ein heimisches Produkt zu erwerben, obwohl sie eine ausländische Alternative vorziehen und diese bei gleicher Qualität möglicherweise auch noch billiger ist. Schon ein protektionistisches Moral Suasion (§ 17) wie „Buy British" ist eher ein politisches Armutszeugnis und bewirkt nicht selten das Gegenteil des Bezweckten.

b) Im gleichen Zuge erhöht Freihandel den binnenländischen Wettbewerbsgrad, und sei es bereits in der Form der potentiellen Konkurrenz (§ 21). Entsprechend steigt die Produktivität in Herstellung und Produktqualität. Importe nützen den heimischen Abnehmern nicht nur direkt, sondern auch indirekt, indem sie die inländischen Produzenten vergleichbarer Güter unter Druck setzen, während eine staatliche Exportsubvention den Wettbewerbsgrad im Binnenangebot senkt. Es kommt sicherlich nicht von ungefähr, daß da, wo die Inländer auf ein heimisches Gut ohne Auslandskonkurrenz angewiesen sind (zum Beispiel öffentliche Güter), das Preisinteresse der Konsumenten das Nachsehen hat, und daß andererseits Güterexporteure, die aus politischen Gründen im Inland eine konkurrenzgeschützte Marktposition innehaben, Marktspaltung betreiben können, indem sie das gleiche Gut im Ausland billiger anbieten.

c) Freihandel läßt die Vorteile der **internationalen Arbeitsteilung** über Spezialisierung und Massenproduktion nutzen und führt zu wechselseitigen **Wohlstandszuwächsen** in den beteiligten Ländern. Nicht ein Leistungsbilanzsaldo, sondern das erhöhte Niveau des Außenhandels gibt den wesentlichen Impuls zum binnenländischen Wirtschaftswachstum ab.

Andererseits korrespondiert das Freihandelsprinzip am besten den Anpassungserfordernissen bei Datenänderungen in der internationalen Arbeitsteilung. Selbst eine sonst autarke Wirtschaft kann, wenn sie etwa auf Rohstoff- oder Energieimporte angewiesen ist, nicht der einschlägigen Flexibilität entraten.

3. Daß Freihandel eine „Utopie" wäre, ist ein ideologisches Vorurteil mit **Selbstrechtfertigungsfunktion** für die politischen Akteure.

a) Aus dem gleichen Grund, der Politiker in der Währungsordnung ein Fixkurssystem präferieren läßt, pflegen sie im Außenhandel protektionistischen Konzepten zuzuneigen. Mit der Möglichkeit zu administrativen Interventionen im grenzüberschreitenden Waren- und Faktorverkehr bietet sich die Chance, „Politik" zu treiben; so kann, je nach Lage der Dinge durch Ent- bzw. Belastungen den Wünschen bestimmter heimischer Interessentengruppen entgegengekommen werden.

b) Verteilungspolitisch gesehen, hat der Protektionismus eine Schlagseite, die gerade in den moderneren Massendemokratien aufhorchen lassen müßte: die einschlägige Außenhandelspolitik kommt primär den Interessen der etablierten Produzenten entgegen.

c) Der Protektionismus ist Ausfluß einer antiquierten nationalstaatlichen Tradition. Durch historische Patina und Gewöhnung wird er jedoch sachlich nicht richtiger: als Dauererscheinung kostet er auch der „geschützten“ Bevölkerung Wohlstandschancen. Wer Politikerreden lauscht, könnte den Eindruck gewinnen, daß die Ausfuhr und damit ihre staatliche „Förderung“ per se von Wert sei. Indes, mit dem Export als solchem wird eine Bevölkerung noch keineswegs „reicher“. Der reale Wohlstand wächst erst mit dem korrespondierenden Import, – ganz zu schweigen davon, daß des einen Landes Export des anderen Import darstellt und umgekehrt, also die ganze Exportveranstaltung auf Dauer nur funktioniert, wenn wechselseitig auch entsprechende Importe zugelassen werden.

§ 76 Protektionismus: Kontingentpolitik

1. Das – nächst staatlichen Ver- oder Geboten (§ 79) – dem Intensitätsgrad nach schärfste Restriktionsinstrument ist die periodische Kontingentierung des grenzüberschreitenden Verkehrs bestimmter Waren. Sie kann in einer Beschränkung nach der Höchstmenge **(Mengenkontingent)** oder nach dem maximalen Einfuhr- bzw. Ausfuhrwert bestehen **(Wertkontingent)**, hier gemessen in der jeweiligen Auslands- oder Inlandswährung.

2. Hauptsächlich wird das Kontingentierungsinstrument zur Beschränkung von Einfuhren angewandt. In dieser Funktion ist es Importzöllen überlegen: es wirkt auch da, wo eine niedrige Preiselastizität der Nachfrage Inländer (in allenfalls geringfügig verminderter Menge) Importgüter auch dann kaufen läßt, wenn sie durch Zölle verteuert sind. Auch können gegebene Zölle, was ihre Wirkung im Zeitverlauf betrifft, von den ausländischen Anbietern möglicherweise durch eine vorteilhaftere Kostengestaltung unterlaufen werden.

3. Einfuhrkontingente schirmen heimische Anbieter vor ausländischem **Wettbewerb** ab und erhöhen im Ausmaß der Angebotsmengenreduktion den **Inlandsabsatzpreis** von Importen – beides zum Schaden der binnenländischen Nachfrager. Dabei wirkt die Verhängung eines Mengenkontingentes schärfer als die eines Wertkontingentes.

Inländischen Importeuren fällt aufgrund ihrer monopoloiden Position eine **„Kontingentrente“** in den Schoß, wenn man mit den Preisverhältnissen bei Freihandel vergleicht. Im Rahmen des Kontingentes werden sie natürlich den oder die ausländischen Anbieter mit dem günstigsten Angebot wählen. Diese Möglichkeit bietet sich verstärkt, wenn nicht bilaterale, sondern Kontingente nach Ländergruppen (Globalkontingente) festgelegt werden.

4. Die Anwendung von Kontingenten (wie von Zöllen) erhöht den Beschäftigungsgrad der Politiker (Vielfalt von **Handelsverträgen**). Auch die Bundesrepublik verzichtet nicht auf dieses markt**in**konforme Instrument (zum Beispiel Textilien, Feinkeramik, Steinkohle).

5. **Ausfuhrkontingente** finden, wiewohl sie für das betreffende Land c.p. die terms of trade verbessern, selten Anwendung. Sieht man vom Sonderfall der Entwicklungsländer ab, ist hier das Verhalten Japans aufschlußreich, das sich für bestimmte Ausfuhren in bestimmte Länder, zur Vermeidung härterer Reaktionen der ausländischen Politiker, wiederholt zu einer **Selbstbeschränkung** in der be-

treffenden Exportmenge (zum Beispiel bei Autos) bereitfand; sinnvoller wäre freilich die allgemeine Reduktion der eigenen faktischen Importbeschränkungen gewesen (§ 78).

§ 77 Protektionismus: Zollpolitik

1. Zölle sind Abgaben, mit denen ein Staat den grenzüberschreitenden Warenverkehr belegt. Sie gehören zu den ältesten obrigkeitsstaatlichen Eingriffen in die Wirtschaft, und zwar als Mittel der staatlichen **Einnahmebeschaffung** (Ausfuhr-, Durchfuhr- und Einfuhrzölle). Es liegt auf der Hand, daß, je mehr die Abgabe den internationalen Warenverkehr abschreckt, das Ziel als Fiskalzoll verfehlt wird.

Im modernen Steuerstaat sind **Finanzzölle** ein Anachronismus. Die Zollerhebung auf Tabakwaren, Alkoholika und Duftwässer zum Beispiel, die Inländer bei der Rückreise aus dem Ausland mitbringen (und oft lediglich reimportieren), würde eher lächerlich wirken, wenn sie nicht dem Reisenden Zeitverlust und Belästigung brächte und den Steuerzahler nicht mit den Kosten einer Zollbürokratie belastete, die in diesem Fall das faktische Einnahmevolumen nicht wert ist. In Wahrheit bangt der nationale Fiskus um den Ertrag der im Vergleich zum Ausland höheren Belastung dieser Güter mit speziellen Verbrauchsteuern, an der er eigensinnigerweise festhält. Erstaunlich ist auch, wie „neue" Staaten sich darin übertreffen, gerade die traditionellen außenwirtschaftlichen Untugenden führender Länder nachzuahmen.

2. Unter den politischen Motiven der Zollerhebung steht heute die Verteuerung von Einfuhrgütern im Vordergrund, um heimische Produktionen vor ausländischer Konkurrenz zu schützen. **Einfuhrzölle** errichten Handelsschranken, mit denen die einschlägigen Inlandspreise im Ausmaß der Abgabenbelastung von den Weltmarktpreisen abgekoppelt werden.

Dabei ist zwischen Nominalzoll als der Abgabe pro (End-)Produkt und dem **Effektivzoll** zu unterscheiden, der die Zollbelastung importierter Vorleistungen berücksichtigt: der Schutz, den eine heimische Industrie durch die zollbedingte Abwehr ausländischer Konkurrenzgüter gewinnt, kann zumindest teilweise durch die Erhöhung der Produktionskosten beim eigenen Endprodukt verlorengehen, zu der die Zollbelastung bei notwendig zu importierenden Vorleistungen führt.

3. Was die **Bemessungsgrundlage** anbelangt, kann die Abgabeerhebung auf die Gütermenge nach Stückzahl oder Gewicht (Mengenzoll) oder auf einen Prozentsatz des Güterpreises (Wertzoll) abstellen. Sonderformen sind Mischzölle (Kombination der Wert- und Mengenkomponente) und Abschöpfungen, bei der sich die Abgabe nach der jeweiligen Preisdifferenz zwischen In- und Ausland richtet. Gerade die Version eines solchen **Gleitzolles** ist politisch, etwa in den EG-Agrarmarktordnungen, besonders beliebt, weil sie den einschlägigen Binnenmarkt auch gegen mögliche Preissenkungen abschottet, die die ausländische Konkurrenz im Zeitverlauf vornimmt.

4. Die **ökonomischen** Argumente, die für die Einführung oder Erhöhung eines Importzolles vorgebracht zu werden pflegen, stehen sachlich samt und sonders auf schwachen Füßen.

a) Da ist zunächst das **Beschäftigungsargument**: durch die zollbedingte Verteuerung soll die Konkurrenz ausländischer Güter zurückgedrängt und die Binnennachfrage auf Inlandsprodukte mit einer entsprechenden heimischen Beschäftigungswirkung umgelenkt werden, soweit es sich hier um eine importkonkurrierende Industrie handelt, die die fraglichen Güter ihrerseits überhaupt herzustellen in der Lage ist.

Indes, inwieweit diese Wirkung eintritt, hängt **einmal** vom Elastizitätsgrad der Nachfrage nach den Importgütern ab: nur bei relativ hoher Preisabhängigkeit sinkt deren Inlandsverbrauch.

Zum anderen ist der mögliche Beschäftigungseffekt volkswirtschaftlich nur erwünscht, wenn im Inland unterausgelastete Produktionskapazitäten vorhanden sind.

Und selbst in diesem Fall muß **schließlich** immer noch eine Gegenrechnung aufgemacht werden: mit der Zollerhebung wird „Arbeitslosigkeit" ins Ausland verlagert; kommt es dort zu Gegenmaßnahmen, etwa durch Retorsionszölle (unten Punkt 5), sinkt die Auslandsnachfrage und damit der Beschäftigungsgrad der Exportindustrie im Ausgangsland, so daß hier der anfänglich positive Beschäftigungseffekt der Zollerhebung im gesamtwirtschaftlichen Endergebnis wieder zunichte gemacht wird.

b) Nicht von ungefähr machen Protektionisten in den modernen Demokratien viel Aufhebens von dem Argument, durch Zollerhebung ließe sich die **funktionale Einkommensverteilung** im Inland zugunsten des Arbeitsfaktors ändern.

Die Begründung ist jedoch, gelinde gesagt, weit hergeholt. Da Freihandel und internationale Arbeitsteilung in jedem Land eine Spezialisierung auf jene Produktionen begünstigen, bei denen jeweils der relativ reichlich vorhandene Produktionsfaktor intensiv genutzt wird, und da, wo in der Herstellung der relativ knappe Faktor dominiert, Importe vorziehen lassen (Heckscher-Ohlin-Theorem), kann man versucht sein, den Spieß auch umzukehren: werden Handelsschranken durch Zölle errichtet, gewinnt in der inländischen Einkommensverteilung der knappe Faktor zu Lasten der anderen (Stolper-Samuelson-Theorem). Daß das der Arbeitsfaktor ist, läßt sich allenfalls für entwickelte Industriewirtschaften, nicht jedoch für die Entwicklungsländer behaupten. Aber auch dann beruht die theoretische Ableitung des Theorems auf derart restriktiven Annahmen (in allen beteiligten Ländern Vollbeschäftigung, polypolistische Konkurrenz auf Güter- und Faktormärkten, linear-homogene Produktionsfunktionen),daß sein wirtschaftspolitischer Nutzwert gegen Null geht.

c) Daß in dem Maße, in dem eine Zollerhebung den Importwert reduziert, sich die **Zahlungsbilanz** des betreffenden Landes „verbessert", ist unbestreitbar. Indes, die Wirkung hält nicht vor. Denn abgesehen davon, daß bei flexiblen Wechselkursen die heimische Währung zu Lasten der Exportchancen entsprechend aufwertet, soll gerade nach der Keynesschen Theorie schon eine derartige Senkung eines negativen Außenbeitrages ausreichen, um einen multiplikativen Prozeß der Volkseinkommenssteigerung in Gang zu bringen, mit dem dann aber, je nach der gesamtwirtschaftlich gegebenen Importneigung, auch wieder die Einfuhrmengen zunehmen.

d) Sonderbar muß das Argument anmuten, daß sich, je nach dem internationalen Gewicht des zollerhebenden Landes, mit dem Importrückgang der **Weltmarkt-**

preis des betreffenden Gutes ermäßigt und sich insoweit die **terms of trade** verbessern.

Denn **einmal** stellen sich aus der Sicht der Exportländer die Dinge anders dar. **Zum anderen** beeinträchtigt just dieser Preisrückgang wieder die im zollerhebenden Land angestrebte Schutzwirkung, so es sich nicht gerade um einen Gleitzoll (oben Punkt 3) handelt.

Schließlich und vor allem aber steht der Verbesserung der terms of trade ein versorgungsabträglicher Rückgang des Import**volumens** gegenüber, was die Zollveranstaltung zu einem höchst problematischen Verfahren internationaler Wohlfahrtspolitik machen muß.

e) Selbst das oft strapazierte **Erziehungszollargument** (Schutz junger Industrien in der Aufbauphase gegen die bereits fortgeschrittene ausländische Konkurrenz) hat sachlich seine Tücken. Streng genommen gilt es nur insoweit, als mit der inländischen Produktionsausdehnung für die Gesamtwirtschaft langfristig positive externe Effekte einhergehen, die den geschützten Unternehmen **nicht** erstattet werden. Und selbst dann verdiente allokationspolitisch eine einschlägige Subventionierung den Vorzug vor dem Zollschutz. Im übrigen hat ein Erziehungszoll (wie auch eine Erziehungssubventionierung) nur Sinn, wenn er befristet erhoben wird. Aber um die Abschaffung eines einmal eingerichteten Zolls ist es administrativ erfahrungsgemäß schlecht bestellt.

5. Was bleibt, ist die **politische** Verwertbarkeit des Instrumentes als Anti-Dumping-Zoll, als Gegenmaßnahme gegen den Protektionismus anderer Länder (Retorsionszoll) oder als Strafzoll im Rahmen wirtschaftlicher Sanktionen, der bis zum Prohibitivzoll gehen kann; umgekehrt lassen sich auf der handelspolitischen Spielwiese bestimmte Länder durch (niedrigere) Präferenzzölle bevorzugen.

Aber alles das vermag natürlich nicht den **gravierenden Nachteil** des Instrumentes aufzuwiegen, der in der Beeinträchtigung der internationalen Arbeitsteilung und des internationalen Austauschniveaus mit der Folge eines allgemeinen Wohlstandsverlustes besteht. Auch wenn die beteiligten Länder einen Importzoll nicht allgemein einführen, sondern auf bestimmte Güterarten beschränken und dabei übermäßige Sätze vermeiden, droht doch die Quantität der Einzelfälle in die Qualität einer negativen Gesamtwirkung umzuschlagen, die leicht weite Kreise zieht.

6. **Exportzölle**, die in früheren Wirtschaftsepochen verbreitet waren, spielen heute allenfalls bei einigen Entwicklungsländern eine gewisse Rolle.

§ 78 Protektionismus: Nicht-tarifäre Handelsbeschränkungen

1. In Ergänzung zu und mehr noch: anstelle von Zolleingriffen kann sich der Protektionismus auch **nicht-tarifärer** Handelsbeschränkungen bedienen. Sieht man von der Kontingentpolitik (§ 76) ab, zählen dazu vor allem drei Maßnahmengruppen:

a) Künstliche Besserstellung inländischer Anbieter in der Kosten- bzw. Preisposition durch Exportsubventionen, Ausgleichsteuern, Dumping-Preispolitik, Einfuhr-Bardepots u.a.

b) Administrative Handelshemmnisse beim Import, soweit sie nicht in Sicherheitserfordernissen begründet sind (§ 79), wie zum Beispiel spezifische Normierungs-, Verpackungs-, Auszeichnungsauflagen, Einfuhrüberwachung und Ursprungskontrollen, Schikanen in der Durchführung von Zoll- und Handelsbestimmungen.

c) Staatliche Beeinflussung der Handelsströme durch Bevorzugung inländischer Produzenten bei der Auftragsvergabe („Flaggenprotektionismus"), durch Förderung von Kompensationsgeschäften und durch politische Bürgschaften (§ 80).

2. Wenn solche nicht-tarifären Handelsbeschränkungen auch nicht immer so klar zutage liegen wie Zollbelastungen und Kontingentierungen, so sind sie doch in der Verzerrung des internationalen Austausches im Vergleich zu Freihandelsverhältnissen nicht weniger wirksam. Dadurch, daß sie selektiv eingesetzt werden können, führen sie oft zusätzlich zu empfindlichen Diskriminierungen von Anbietergruppen und Handelspartnerländern.

3. Das **Gewicht** protektionistischer Maßnahmen nicht-tarifärer Art nimmt zu, wenn das Zoll- und Kontingentinstrument im Zuge wirtschaftlicher Integrationen (Kapitel 3) nurmehr beschränkt einsatzfähig wird. Darum war die „Tokio-Runde" (1973-1979) innerhalb des GATT (§ 81) gut beraten, nach den Zollabbauerfolgen der „Kennedy-Runde" (1964-1967) insonderheit nicht-tarifäre Handelshemmnisse in entsprechenden Kodices aufs Korn zu nehmen. Vollständigkeit ist jedoch kaum zu erreichen; dafür ist der politische Erfindungsreichtum auf diesem Gebiet zu groß. Auch macht die Komplexität der Materie zu schaffen. Ein Beispiel ist das in Japan für den gesamten Konsumgüterbereich übliche Distributionssystem in Form von Großhandelsgesellschaften, die auf leise, aber nachhaltige Weise ausländische Anbieter zu diskriminieren vermögen.

§ 79 Embargo aus Sicherheitsgründen

1. Natürlich verlangt das Freihandelsprinzip nicht, vorrangige Sicherheitsinteressen eines Landes zu vernachlässigen. Zu denken ist an **Importverbote** für Waren, die den Gesundheits-, Umwelt- und den Standards an technischer Sicherheit nicht genügen, die in gleicher Weise für inländische Produktionen gefordert werden.

Ein **Embargo** kann sich auch auf den Export von Rüstungsgütern bzw. militärisch sensiblen Materials in Krisengebiete oder an gegnerische Staaten als rationeller Friedensbeitrag beziehen (etwa CoCom-Liste).

2. Ob ein **Boykott** normaler Einfuhren von und Ausfuhren nach einem Land eine politische Maßnahme ist, die im Kampf gegen ein diktatorisches oder sonst menschenrechtsverletzendes Regime Erfolg verspricht, ist schon darum zweifelhaft, weil es stets andere Länder gibt, die sich – aus welchen Gründen auch immer – vom Parallelverhalten ausschließen und ihre Chancen zu nutzen wissen.

§ 80 Staatliches Außenhandelsmonopol

1. Freihandel ist das außenwirtschaftliche Korrelat marktwirtschaftlicher Ordnungen. Er findet seine Grenzen dort, wo ein staatliches Außenhandelsmonopol besteht, für das heute die kommunistischen Länder des Ostblockes repräsentativ sind. Eine derartige Monopolisierung hat nicht nur mit den Erfordernissen einer **zentralverwaltungswirtschaftlichen Lenkung** zu tun: die Planerfüllung im Innern

würde durch unkalkulierbare Schwankungen im Außenhandel in Frage gestellt. Hinzu kommt, daß die kommunistischen Diktaturen auch auf eine Politik der wirtschaftlichen **Autarkie** fixiert zu sein pflegen – ein politisches Bestreben, das nicht sachnotwendig mit einer zentralverwaltungswirtschaftlichen Organisation verbunden sein muß.

2. Natürlich bedeutet ein staatliches Außenhandelsmonopol, das nach Art eines Nadelöhrs die grenzüberschreitenden Gütertransaktionen kanalisiert und beschränkt, längerfristig **volkswirtschaftliche Verluste** („zurückgestaute internationale Arbeitsteilung"): es entgeht dem Land der Wohlstandsgewinn aus internationalem Austausch, Innovationsfluß bei Produktionsverfahren wie Produktqualitäten und Wettbewerbsdruck, die mit Freihandel verbunden sind.

Kurzfristig vermag die zentrale Außenhandelsstelle (möglicherweise gegliedert nach staatlichen „Außenhandelsunternehmungen" für jeweils bestimmte Produktgruppen) jedoch bei entsprechender Handhabung ihrer Monopolstellung besondere „Gewinne" zu erzielen.

Im **Importfall** kann sie, da ihr regelmäßig eine Vielzahl an (privaten) ausländischen Anbietern gegenübersteht, deren Differentialgewinne durch Ausspielen des einen gegen den anderen abschöpfen bzw. im Kreis von Mitnachfragern auf den internationalen Märkten ihre Macht als überragender Großkunde ausmünzen. Der günstigere Importwert hat zur Folge, daß zur „Bezahlung" entsprechend weniger an heimischem Export getätigt werden muß. Ausländische Kredite (und Bürgschaften) an Zentralverwaltungswirtschaften wirken sich faktisch in der gleichen positiven Richtung aus, ganz zu schweigen davon, daß sie in ihrer zeitlichen Dimension die Zentralplanung und die Autarkiebestrebungen erleichtern.

Im **Exportfall** erlaubt die staatliche Handelszentralisation Markttaktiken, die einem einzelnen freien Exporteur verschlossen sind. Verfügt die Zentralstelle auf dem Auslandsmarkt für ein Exportgut gar über eine Monopolstellung, kann sie als Anbieter in bilateralen Verträgen die „Abnehmerrenten" kassieren.

Ihren chronischen Devisenmangel suchen die Zentralverwaltungswirtschaften des Ostens durch die Strategie von **Kompensationsgeschäften** zu mildern: Importverträge werden bilateral (oder im „Mehrecksverkehr") an die gleichzeitige Übernahme von heimischen Exporten gebunden, was die ausländischen Abnehmerunternehmen ihrerseits zu komplizierten Werksverkaufspraktiken zwingt, zumal einzelne Warenkategorien des Ostexportes unterhalb der auf den Weltmärkten erreichten Qualtitätsstandards bleiben.

3. Was das ehemalige **Ostblockland DDR** betrifft, stellte die Bundesrepublik Deutschland in den Außenhandelsbeziehungen das Interesse der gemeinsamen Nation über das der Regimegegnerschaft: der DDR-Handel wurde als Binnenhandel behandelt. Das brachte der DDR, nicht zuletzt im Vergleich zu anderen Ostblockstaaten, besondere Vorteile ein, und das umso mehr, als für die DDR die Bundesrepublik, nach der UdSSR, den zweitgrößten Handelspartner abgab, während umgekehrt für die Bundesrepublik die DDR auf Platz 15 rangierte[1].

Die Vorteile bestanden einmal darin, daß die DDR für ihre Exporte nach der Bundesrepublik nicht den Zoll- (insbesondere bei landwirtschaftlichen Produkten)

[1] *Statistisches Bundesamt* (Hrsg.), Statistisches Jahrbuch für die Bundesrepublik Deutschland 1987, Wiesbaden 1987, S. 277f., 612f.; eigene Berechnung.

und Kontingentbarrieren (insbesondere bei Textilien) gegenüberstand, wie sie die Europäische Gemeinschaft sonst für Drittländer gesetzt hat.

Zum anderen profitierte sie indirekt gleichsam als stiller Partner von den Vergünstigungen (mit Ausnahme direkter Subventionen), die die Europäische Gemeinschaft vor allem dem Landwirtschaftssektor ihrer Mitgliedsländer angedeihen läßt („EG-Agrarmarktordnungen"), ohne einen anteiligen Mitgliedsbeitrag zahlen zu müssen.

Schließlich räumte die Bundesrepublik der DDR angesichts des Gewichtes, den dort die Importe aus dem anderen Teil Deutschlands besaßen (Tabelle 12), einen zinslosen Überziehungskredit **(„Swing")** ein, dessen Linie wiederholt heraufgesetzt wurde. Auch war der DDR-Außenhandel gegen Wechselkursschwankungen (Aufwertungen der D-Mark) durch fixierte Verrechnungseinheiten abgeschirmt (erstmals Berliner Abkommen von 1951[2]). Solche Verrechnungsabsprachen waren im wirtschaftlichen Ostblockländerzusammenschluß des COMECON[3], dem die DDR angehörte, allgemein üblich; sie substituierten dort die Funktion von Wechselkursen. Im Verhältnis zur Bundesrepublik ist davon auszugehen, daß der Rechnungsansatz für die DDR-Importe **nicht** den wahren Weltmarktwert widerspiegelte.

Tabelle 12 Außenhandelsbeziehung zwischen der Bundesrepublik Deutschland und der Deutschen Demokratischen Republik

Jahr	Exporte der Bundesrepublik in die DDR		Importe der Bundesrepublik aus der DDR	
	i.v.H. der Gesamtausfuhr der Bundesrepublik	i.v.H. der Gesamteinfuhr der DDR	i.v.H. der Gesamteinfuhr der Bundesrepublik	i.v.H. der Gesamtausfuhr der DDR
1960	1,97	11,64	2,79	13,68
1965	1,74	11,97	2,06	12,09
1970	1,89	11,40	1,87	9,82
1975	1,71	9,54	1,77	9,03
1980	1,49	8,05	1,65	9,40
1985	1,45	8,67	1,66	7,77

Quelle: Statistisches Bundesamt (Hrsg.), Statistisches Jahrbuch für die Bundesrepublik Deutschland, Wiesbaden 1966, 1971, 1977, 1981, 1982 und 1986; eigene Berechnung.

[2] Für die Fortsetzungen vgl.: *Bundesminister der Justiz* (Hrsg.), Regelungen des innerdeutschen Wirtschaftsverkehrs, Bundesanzeiger, 39. Jg., Nr. 201a, v. 27.10.1987.

[3] Mit der Europäischen Gemeinschaft war das COMECON nur entfernt vergleichbar, und sei es schon darum, weil unter den Ostblockländern ein Mitglied, nämlich die UdSSR, die Hegemonialmacht ausübte.

Kapitel 3: Integrationsformen

§ 81 Allgemeines Zoll- und Handelsabkommen (GATT)

1. Flexible Wechselkurse und Freihandel sind die Grundpfeiler einer idealen Weltwirtschaftsordnung. Empirisch läßt sich der Freihandel offensichtlich am schwierigsten aufrichten. Die Praxis der internationalen Handelspolitik ist durchsetzt von Protektionismen. Und leider führen flexible Wechselkurse von sich aus nicht schon zu deren Abbau.

Integration ist hier als ein Prozeß verstanden, in dem durch politische Maßnahmen unterschiedlicher Intensität zwischenstaatliche Behinderungen des Waren-, Dienstleistungs- und Kapitalverkehrs reduziert werden, bis im Endzustand auf breiter Front das Freihandelsprinzip dominiert.

2. **Weltweit** wichtigstes Instrument ist hier das **GATT-Abkommen** (1.1.1948), dem inzwischen rund 90 Staaten beigetreten sind, darunter zu mehr als zwei Dritteln Entwicklungsländer und auch einige Ostblockländer (nicht jedoch die UdSSR, DDR und VR China); rund 30 weitere Staaten wenden das Abkommen faktisch an, ohne formell Mitglied zu sein.

3. Als **Grundregeln** des Abkommens gelten:

a) ein Verbot, bestehende Handelsbeschränkungen zu verschärfen oder neue einzuführen;

b) ein prinzipieller Ausschluß von Kontingentierungen (mit Ausnahmen);

c) das Prinzip einer allgemeinen **Meistbegünstigung**: alle handelspolitischen Vergünstigungen, die ein Mitglied einem anderen Land (innerhalb und außerhalb des GATT) einräumt, müssen „unbedingt" allen anderen GATT-Partnern gewährt werden (Ausnahmen: Altpräferenzen im Commonwealth, Handel in Freihandelszonen und Zollunionen, Allgemeine Zollpräferenzen zugunsten von Entwicklungsländern);

d) der Grundsatz, daß, wenn ein Land schon Schutzmaßnahmen zu bedürfen meint, das Instrument nicht-tarifärer Handelsbeschränkungen ausgeschlossen bleibt;

e) das Recht, daß bei Verletzung der GATT-Regeln durch eine Vertragspartei betroffene andere Mitglieder mit Retorsionsmaßnahmen reagieren dürfen.

4. Der Kompromißcharakter der Regeln liegt auf der Hand. Umso wichtiger sind die diversen **GATT-Runden** zur Abschmelzung der vorhandenen Zollbestände. Die numerischen Erfolge sind beachtlich, zumal mit der Kennedy-Runde (1964-1967) lineare, multinationale Zollsenkungen vereinbart wurden. Seit 1971 besteht ein allgemeines, nichtreziprokes System von Zollpräferenzen, auf das sich die Industrieländer des GATT zugunsten der **Entwicklungsländer** einigten.

5. Die hohen **Wachstumsraten des Welthandels** seit dem Zweiten Weltkrieg sind zu einem erheblichen Teil den GATT-Aktivitäten zu verdanken. Ein zunehmend bedeutsamer, wenn auch sachlich besonders schwieriger Aufgabenbereich stellt sich mit dem Abbau **nicht-tarifärer** Handelshemmnisse (§ 78), die nach Art kommunizierender Röhren mit der Reduktion des Zollniveaus eher zuzunehmen tendieren.

§ 82 Präferenzräume

1. Eine **regionale** Integrationsform schwächster Art stellt die Einrichtung eines Präferenzraumes dar: durch zwischenstaatlichen Vertrag räumen sich bestimmte Länder gegenseitig eine handelspolitische Vorzugsbehandlung ein, zumeist in Form von Zollerleichterungen, die Drittländern nicht gewährt werden.

2. Derartige Präferenzzölle stehen im Gegensatz zum Prinzip der Meistbegünstigung (§ 81). Sie werden heute zumeist Entwicklungsländern gewährt. Ein Beispiel ist das „Lomé-Abkommen“, das die Europäische Gemeinschaft (EG) erstmals 1975 mit Entwicklungsländern Afrikas, der Karibik und des Pazifik (AKP-Staaten) abschloß.

§ 83 Freihandelszone

1. In einer Freihandelszone, wie sie zum Beispiel 1960 zwischen (anfänglich) sieben europäischen Ländern außerhalb der Europäischen Wirtschaftsgemeinschaft als eine Art Gegengründung vereinbart wurde (EFTA), kommt es zu einer engeren handelspolitischen Kooperation: Zölle und Kontingente werden innerhalb des Mitgliederkreises im Idealfall bei allen Produktgruppen abgebaut, während Drittländern gegenüber jeder Mitgliedsstaat handelspolitisch ungebunden bleibt.

2. Allerdings wird, um Handelsverlagerungen durch Zollumgehung vorzubeugen, eine **Warenursprungsregelung** erforderlich; denn sonst könnten sich die Einfuhren in die Freihandelszone aus Drittländern auf jenes Mitgliedsland konzentrieren, das den niedrigsten Außenzoll bietet. So genießen Zollfreiheit im Integrationsraum nur solche Güter, die in einem Mitgliedsland vollständig hergestellt werden oder doch lediglich zu einem niedrigen Prozentsatz zonenfremde Bestandteile enthalten.

3. Der EFTA ist seit 1961 Finnland assoziiert. Die Besonderheit des Falles liegt darin, daß von der Assoziierung indirekt auch die Sowjetunion profitiert; denn Finnland räumt in seiner besonderen politischen Lage der UdSSR den Meistbegünstigungsvorteil ein.

4. Mit den überragenden Erfolgen der Zollunion unter den Ländern der Europäischen Wirtschaftsgemeinschaft verlor die EFTA an Bedeutung. Einige Mitglieder traten zur EG über (Großbritannien, Dänemark, Portugal), andere schlossen mit ihr Assoziierungs- bzw. bilaterale Verträge über eine Freihandelsregelung für den gewerblichen Bereich.

5. Als Freihandelszone in Lateinamerika besteht seit 1960 die LAFTA, im karibischen Raum seit 1968 die CARIFTA.

§ 84 Zollunion

1. In einer Zollunion gehen die Mitglieder insofern eine engere Integrationsbindung ein, als zum Freihandel im Inneren eine **gemeinsame Zollpolitik nach außen** tritt. Damit entfällt der Bürokratismus von Warenursprungsregelungen.

2. Durch den Übergang zu binnenmarktähnlichen Verhältnissen in ihrer Region hat die Zollunion einen **„handelsschaffenden Effekt"** (verbesserte Allokation, intensiverer Wettbewerb, Ausnutzung von Skalenvorteilen, verstärkter Innovationsfluß, größere Investitionssicherheit).

Dem steht jedoch im externen Verhältnis eine **„handelsablenkende bzw. handelsvernichtende Wirkung"** gegenüber, die wohlstandsmindernd wirkt. Das Gewicht dieses negativen Effektes hängt davon ab, ob der Zusammenschluß mit einer erhöhten gemeinsamen Zollschutzmauer nach außen erkauft wird oder ob es im Zeitverlauf auch zum Abbau der handelspolitischen Restriktionen Drittländern gegenüber kommt. Nur im letzten Fall ist die regionale Integration kein Fremdkörper im Zuge einer weltweiten Handelsliberalisierung.

3. Aber auch **intern** kann die Zollunion mit Allokationsverschiebungen einhergehen, die Wohlfahrtsverluste bedeuten. Ein Unionsmitglied zum Beispiel, das früher ein aus seiner Sicht konkurrenzüberlegenes Gut aus einem Drittland, möglicherweise ohne oder mit niedrigem Zoll, importierte, geht nun auf das Angebot eines Unionspartners über, das durch den Wegfall innergemeinschaftlicher Zölle einerseits, durch die gemeinsame Zollschutzmauer gegenüber dem externen Konkurrenzprodukt andererseits, inzwischen preislich besser dasteht, obwohl die Produktionskosten im Vergleich zur Außenkonkurrenz höher liegen. Unter dem Aspekt der weltweiten Arbeitsteilung verlagert sich insoweit die Faktorallokation von einer kostengünstigen in eine kostenungünstigere Produktion.

4. An Koordinationsgremien, die neu eingerichtet werden müssen, bedarf eine Zollunion wenig. Neben einem ständigen Sekretariat, das die Sitzungen der zuständigen Länderminister vorbereitet und über die Beschlußdurchführung wacht, ist eine übernationale gerichtliche Instanz erforderlich: sie hat über Beschwerden von Mitgliedern über Nichteinhaltung des Zollunionvertrages und allfällige nationale Abweichungen von der wettbewerbspolitischen Tugend (etwa im Verkehrssektor) zu entscheiden.

5. Beispiele für eine mehr oder minder konsequent durchgeführte Zollunion im außereuropäischen Bereich sind in Westafrika die UDEAO, in Zentralafrika die UDEAC; Südafrika kennt seit jeher eine Zollunion mit den BLS-Ländern.

§ 85 Gemeinsamer Markt

1. Die Integrationsform eines Gemeinsamen Marktes ist dadurch charakterisiert, daß zur Zollunion die (im Idealfall) völlige **Freizügigkeit aller Produktionsfaktoren**, also ebenfalls der Arbeit, tritt. Dadurch soll auch von der Seite der internationalen Faktorallokation her das Wohlstandsmaximum in der gemeinsamen Wirtschaftsregion erreicht werden.

2. Nun läßt sich unter bestimmten Annahmen nachweisen, daß auch schon der freie Güteraustausch als Substitut für Faktorbewegungen wirken kann.[1] Die Bedingungen sind jedoch so restriktiv, daß in allen praktisch bedeutsamen Fällen Freihandel und binnenländische Mobilität nicht ausreichen, um die im gemeinsamen Wirtschaftsraum vorhandenen Ressourcen optimal zu nutzen. Hinzukom-

---

[1] Vgl. *P. A. Samuelson:* International Trade and the Equalization of Factor Prices, in: The Economic Journal, Bd. 58 (1948), S. 163ff.

men muß, daß der Faktoreinsatz sich auch über die Grenzen hinweg am höchsten Ertrag orientieren kann, wie umgekehrt die Faktornachfrage nach den international geringsten Kosten. Auf diese Weise gleicht sich die Grenzproduktivität des Faktoreinsatzes zwischen den Integrationsländern aus: das Gesamtprodukt im gemeinsamen Wirtschaftsraum wird maximiert. Im gleichen Zuge nähern sich die Faktorpreise, also auch die Löhne, an. Ja, auf Dauer setzt eine erhöhte Arbeitsmobilität auch die nationalen Sozialpolitiken unter Wettbewerbsdruck, ähnlich wie freie Kapitalwanderungen die regionalen Steuersysteme[2].

Allerdings läßt sich einwenden, daß etwa unter den westeuropäischen Arbeitskräften, selbst wenn sie es juristisch könnten, ohne Not kaum eine sonderliche Neigung besteht, den Beschäftigungsort zu wechseln, und Wanderungen allenfalls das „komplementäre“ Arbeitsangebot beträfen. Wachstumspolitisch, also für den vollen Erfolg eines Gemeinsamen Marktes, kommt es jedoch darauf an, die Widerstände, die der internationalen Arbeitsmobilität, und zwar auch beim substitutiven Angebot, entgegenstehen, soweit wie möglich abzubauen.

a) Hier muß vor allem ein Hindernis interessieren, das sich für binnenländische Wanderungen nicht erhebt, die internationale Mobilität jedoch stark beeinträchtigen kann. Beim Gewicht, das der **sozialpolitische Risikoschutz** für die heutige Lebenssituation erlangt hat, wird es kaum zu Fluktuationen auch qualifizierter Arbeitskräfte über die Grenzen hinweg kommen, wenn diese ihre bisherigen Ansprüche an die Soziale Sicherung nicht gleichsam mit sich nehmen können. Wohlgemerkt, nicht das unterschiedliche Niveau von Beitragspflicht und Sozialleistungen in den einzelnen Ländern ist das Problem – es wirkt eher mobilitätsfördernd. Die Schwierigkeiten ergeben sich vielmehr aus den Abweichungen in der Konstruktion der Sicherungssysteme, die einen nahtlosen Übergang zwischen zwei Volkswirtschaften erschweren.

Indes, die Lösung braucht nicht darin zu bestehen, in allen Integrationsländern für die einzelnen Vorsorgesparten jeweils eine einheitliche Sicherungstechnik durchzusetzen; das hieße, die Integrationsform eines Gemeinsamen Marktes überfordern. Als Regel genügt es, das anzuwenden, was man als **„sozialpolitisches Territorialprinzip“** bezeichnen kann: Der Arbeitnehmer wird unbeschadet seiner Nationalität grundsätzlich durch das Sicherungssystem jenes Landes geschützt, in dem er jeweils tätig ist; falls hier die Sozialleistungen differenziert werden, erfolgt seine Einstufung nach den im bisherigen Arbeitsleben erworbenen Ansprüchen. Allerdings erfordert das Prinzip in dem Ausmaß, in dem alte Ansprüche der Arbeitnehmer am neuen Beschäftigungsort angerechnet werden, für die Unfall-, Invaliditäts- und Altersvorsorge ein Clearing zwischen den regionalen Sicherungssystemen. Auf Perfektionismus muß dabei freilich verzichtet werden, wenn nicht der Verwaltungsaufwand den (nationalen) Einsparungseffekt überwiegen soll.

b) In ähnlicher Weise hängt der Grad der Arbeitsmobilität auch von einer internationalen Abstimmung im Bereich der Ausbildung ab. Ein Wechsel des Arbeitsplatzes über die Grenzen hinweg lohnt sich in der Regel nur, wenn die Zeugnisse über die Berufsausbildung auch am neuen Beschäftigungsort anerkannt werden, der Arbeitnehmer also in der Berufs- und Lohnskala nicht ungünstiger eingestuft wird als im Herkunftsland.

---

[2] Vgl. *T. Scitovsky:* Economic Theory and Western European Integration, Stanford, London 1958, S. 22f.

Anerkennung von Berufsdiplomen setzt Vergleichbarkeit zwischen den Berufsbildern, Ausbildungsgängen und wesentlichen Berufsbedingungen voraus. Dem stehen jedoch erhebliche nationale Abweichungen und ausgeprägte partikuläre Interessen entgegen.

Einiges läßt sich über bilaterale Anerkennungsabkommen erreichen. Aufs Ganze gesehen ist aber eine internationale Koordinierung als Integrationsmittel vonnöten. Sie kann durch zwei Maßnahmen gefördert werden. Einmal würde der ungehinderte Zugang zu den nationalen Ausbildungsstätten (einschließlich der Stipendienförderung) für jedermann im gemeinsamen Wirtschaftsraum einen Druck zur Angleichung ausüben. Zum anderen kann von bildungspolitischen „Neugründungen" durch Instanzen des Gemeinsamen Marktes selbst eine Signalwirkung ausgehen. Das gilt insbesondere, wenn dabei an den strukturellen Ausbildungsengpässen angesetzt wird.

3. Schon bei der Integrationsform der Zollunion kann sich ein Problem daraus ergeben, daß am Wohlfahrtsgewinn, zu dem sie für die Gesamtregion führt, die einzelnen Mitgliedsstaaten in unterschiedlichem Maße partizipieren. Das Problem stellt sich jedoch vor allem unter den Bedingungen eines Gemeinsamen Marktes mit Faktormobilität. Gleichverteilung der Gewinne wäre ein unsinniges Postulat; es läßt sich nicht einmal im Verhältnis der Regionen **innerhalb** eines Nationalstaates durchführen, ohne daß das Wachstumsniveau insgesamt Schaden nähme (§ 107).

Indes, soweit die Einrichtung des Gemeinsamen Marktes seinerseits die **Ursache** für regionale Ungleichgewichte ist, kann, um die Integrationsform nicht zu gefährden, ein **übernationaler Regionalfonds** vorgesehen werden, aus dem einschlägige Investitionsprogramme finanziert werden, die vor allem einer gebietsweisen Entvölkerung zu begegnen haben. Freilich ist darauf zu achten, daß die Förderungseinrichtung nicht durch Druck der entsprechenden Regierungen dazu zweckentfremdet wird, regionalpolitische Versäumnisse, die schon vorher auf nationaler Ebene bestanden, nunmehr auf die internationale Instanz abzuwälzen (etwa das Mezzogiorno-Problem).

4. Demgegenüber ist die zentrale „Harmonisierung" nationaler Rechtsvorschriften (etwa in Form der ominösen „Marktordnungen" von Brüssel) auch bei der Integrationsform eines Gemeinsamen Marktes **keineswegs** ein ökonomisches Gebot. Lediglich, was die **Wettbewerbsregeln** (§ 22) betrifft, muß die Gemeinschaftsinstanz aus naheliegenden Gründen Rahmenbedingungen festlegen, die die nationalen Wirtschaftspolitiken als Minimumsatz binden.

5. Außerhalb Europas gibt es Gemeinsame Märkte in Mittelamerika (CACM) und in Ostafrika (ehemals britische Kolonialgebiete PTA), die freilich in ihrer faktischen Wirkung nicht voll entwickelt und im letzteren Fall gar von Erosionsgefahren bedroht sind.

§ 86 Währungsunion

1. Der Schritt zur Währungsunion zeichnet sich gegenüber den bisher behandelten Integrationsformen dadurch aus, daß die beteiligten Staaten einen zentralen Teil ihrer wirtschaftspolitischen Souveränität, nämlich die nationale **Geldpolitik**, an eine **gemeinsame Zentralbank** abtreten, die eine **einheitliche Währung** emittiert. Dabei gehen wir davon aus, daß die politische Vorgabe für das **vorrangige Ziel** der Union die **binnenwirtschaftliche Preisniveaustabilität** ist.

2. Dem dienen zunächst einmal die Anforderungen, die an beitrittswillige Länder gestellt werden: die Union soll kein Club von Weichwährungsländern sein oder werden. Maßstab der Prüfung sind **„Konvergenzkriterien“**, die sich insbesondere auf die nationale Preisdisziplin und die Begrenzung von öffentlichen Haushaltsdefiziten (einschließlich der politisch beliebten „Nebenhaushalte“) nebst staatlichen Schuldenständen beziehen.

Das schwierigtes Problem ist indessen, wie sich die Union genügend **sanktionsbewehren** läßt, um die Disziplin der Mitgliedsländer auch **auf Dauer** zu erzwingen und zu verhindern, daß der Stabilitätspegel sinkt, weil ein Land das andere mit nach unten zieht.

3. Auf der anderen Seite muß die gemeinsame **Zentralbank** für ihren Teil institutionell und personell von den Länderregierungen **unabhängig** sein, wenn konsequent eine stabilitätskonforme Geldpolitik betrieben werden soll. Und sie muß über ein ausreichendes geldpolitisches **Instrumentarium** verfügen, ohne freilich dem Ehrgeiz einer „Feinsteuerung“ zu verfallen.

Für die betroffenen Währungsbürger beruhigend wäre eine Art „Amtshaftung“ der Bankenmanager, die sie gegen mögliche abträgliche Beeinflussungen von dritter Seite wappnet.

4. Was die technischen **Orientierungsdaten** der Zentralbankpolitik betrifft, spricht vieles für die Beobachtung des Geldmengenwachstums (M 3) und die Ankündigung eines Referenzpfades im Zeitverlauf, der der Entwicklung des Produktionspotentials (und der Umlaufsgeschwindigkeit des Geldes) angemessen ist – immerhin bestimmt unbestreitbar **mittelfristig** die Geldmenge über das Preisniveau.

Die Europäische Zentralbank verfolgt freilich eine zweigleisige Stragetie: als zweite „Säule“ dient der Geldpolitik eine Prognose der Preisbewegung („inflation targeting“) mit einer Inflationsrate von zwei Prozent als kritischer Größe (ohne kurzfristige Schwankungen der Energiepreise: „Kernrate“). Indes, welche denkbaren Ursachenfaktoren gehen jeweils mit welchem Gewicht in die Inflationserwartungen ein? Und was geschieht, wenn die beiden Strategieindikatoren gegensinnige Tendenzen aufweisen?

An diesem Ende kommt die vertrauensbildende **Transparenz** der Zentralbankpolitik ins Spiel. Sie nimmt Schaden, wenn der Eindruck von diskretionären statt regelgebundenen Entscheidungen entsteht und der bankinterne Ermessensspielraum faktisch zu einer Relativierung des Stabilitätszieles führt. Ohnehin sieht sich die Zentralbank oft Interessentengruppen gegenüber, die anderen Zielvorgaben, etwa der Aktionskurs – oder der Beschäftigungsentwicklung, den Vorrang eingeräumt wissen wollen, und das auf eine möglichst kurzfristige Weise.

5. Zu den **ökonomischen Vorteilen**, die eine erfolgreiche Währungsunion verspricht, gehört – da es keine Wechselkurse mehr zwischen den Mitgliedsländern gibt – **einmal** der Wegfall des einschlägigen Risikos und der Kurssicherungskosten für die unternehmerische Planung. **Zum anderen** bewirken die integrierten Finanzmärkte einen verschärften Zinswettbewerb und eröffnen vermehrte Anlagemöglichkeiten. **Schließlich** ermäßigen sich mit der einheitlichen Währung die Transaktionskosten und verbessern sich Transparenz und Vergleichbarkeit der Daten im gemeinsamen Wirtschaftsraum, was alles Effizienzgewinne in Arbeitsteilung und Produktion bedeuten kann. Ganz zu schweigen von den segensreichen Wirkungen, die die erwartete **Preisstabilisierung** allgemein auf das Verhalten der Wirtschaftsbürger hat.

So wird man sagen können, daß eine Währungsunion, wenn sie auch keineswegs eine Vorbedingung für das Gelingen eines Gemeinsamen Marktes darstellt, gleichwohl dessen Funktion in Richtung Investition und Wachstum des Güterangebotes zu stimulieren vermag.

6. Allerdings will auch die Kehrseite der Medaille gesehen werden. Mit dem **Wegfall freispielender Wechselkurse** zwischen den Mitgliedsländern verschwindet auch ein wichtiger Teilmechanismus der pretialen Wirtschaftslenkung, der wie ein Puffer das Preisgefälle innerhalb des Unionsraumes auffängt und die Ströme des Güter- und Kapitalverkehrs anpaßt. Darüber hinaus kann die vergemeinschaftete Geldpolitik nicht anders als mit gewogenen regionalen **Durchschnittsgrößen** zu arbeiten, was in den einzelnen Volkswirtschaften angesichts der vorhandenen Divergenzen in Beschäftigung und Wachstum einen zuweilen höchst unterschiedlichen Anpassungsdruck auslöst.

Vor diesem Hintergrund fällt der **Lohn- und Arbeitsmarktpolitik**, die in der „reinen" Währungsunion – wie die Finanzpolitik – ja nach wie vor auf **nationaler** Ebene angesiedelt bleibt, eine ungewohnte Aufgabe zu: sie muß in der Wirtschaftsentwicklung förmlich die Rolle der Wechselkurse übernehmen durch räumliche Lohndifferenzierung, Flexibilisierung der Arbeitsmärkte und durch Faktormobilität. Alles andere führte zu nachhaltiger Verschlechterung der Beschäftigungschancen; das gilt namentlich für den gewerkschaftlichen Versuch, im Unionsraum die Löhne und Lohnnebenkosten (z.B. in den Sicherungssystemen) zu vereinheitlichen.

7. Schließlich kann sich zusätzlich eine offene Flanke für die gemeinsame Stabilisierungspolitik an der Front der **Außenwährung** des Unionsraumes ergeben: dann nämlich, wenn die hier einschlägige Wechselkurspolitik der Kompetenz der Zentralbank entzogen und der Regierungsinstanz vorbehalten ist. Das hat leicht Konflikte mit dem Preisstabilisierungsauftrag der Zentralbank zur Folge, etwa im Fall daß die politische Instanz auf Devisenmarktinterventionen zur Vermeidung von Aufwertungstendenzen besteht oder gar mit „Leitkursen" oder „Zielzonen" für die Wechselkurse operieren will. Und es ist noch sehr die Frage, welcher Seite im konkreten Fall die Unterstützung der veröffentlichten Meinung zuneigt.

8. Alles in allem wird deutlich, wie sehr die Idee einer „reinen" Währungsunion, noch bevor irgendeine Form der staatlichen Union erreicht wäre, das Kind von **Politikern** ist. Das zeigt sich nicht zuletzt an der überragenden Bedeutung, die den **„Ausgleichs- und Kohäsionsfonds"** zur Ausbügelung von Unterschieden in der „realen Konvergenz" zwischen den Mitgliedsländern beigemessen wird. Die Aussicht auf die **Umverteilung** von hohen und längerfristigen Subventionsbeiträgen dürfte auch die Hauptattraktion für manche Zugangsbewerbung im Zuge der Unions**erweiterung** sein.

Das von Politikern beschworene Versprechen, die gemeinsame Währung werde als „Katalysator" für eine staatliche Union wirken, harrt der empirischen Bestätigung. Es läßt sich nicht einmal ausschließen, daß sie mittelfristig eher politischen Unfrieden stiften könnte.[3]

[3] Gewiß kein „Beweis", aber doch vielsagend ist das Ergebnis einer vergleichenden Studie über die historischen Währungsunionen (*Th. Theurl,* Eine gemeinsame Währung für Europa. 12 Lehren aus der Geschichte, Innsbruck 1992): alle größeren monetären Unionen, die nicht mit einer vollständigen politischen Union gekoppelt waren, sind am Ende gescheitert.

§ 87 Funktionales versus institutionelles Integrationsverfahren

1. Es ist ein folgenschweres Vorurteil, wenn Politiker davon ausgehen, daß **ökonomische** Integrationen zunächst einmal und auf jeden Fall der Einrichtung neuer Institutionen bedürften. Ganz abgesehen davon, daß eine politische Einrichtung ein Eigenleben zu entfalten pflegt, das sich nicht unbedingt mit dem Zweck zu decken braucht, um dessentwillen sie gegründet wurde, wird die selbsttätige, geschmeidige Wirksamkeit des Wirtschaftsprozesses unterschätzt, der bei Setzung veränderter Rahmenbedingungen die angestrebten Verhaltensanpassungen auf seiten der Einzelwirtschaften und auch der politischen Akteure im Zeitverlauf von sich aus herbeizuführen vermag. Und nach dem ökonomischen Prinzip sollten, wie allgemein in der Wirtschaftspolitik (§ 11), auch die Integrationsziele mit einem möglichst niedrigen Mittelaufwand realisiert werden. Es ist gesamtwirtschaftlich stets vorteilhafter, über klug gesetzte „Erwartungen" als durch aufwendige „Interventionen" Verhaltensänderungen anzustreben.

2. Ökonomisch gesehen, ist die **Zollunion** der entscheidende regionale Integrationsschritt, wenn ein weltweites Handelsabkommen wie das GATT nicht schnell und intensiv genug arbeitet. Faktisch kommt sie dadurch zustande, daß die nationalen Verwaltungen der beteiligten Volkswirtschaften die vorhandenen Handelsbarrieren (Zölle, Kontingente, nicht-tarifäre Behinderungen) auf breiter Front beseitigen. Eine eigene supranationale Behörde ist dazu **nicht** notwendig, sieht man von einem ständigen gemeinsamen Sekretariat und einer Gerichtsinstanz ab, auf die sich die Mitgliedsländer für Beschwerdefälle einigen. Auch die Beschlüsse über allfällige Außenzölle (§ 84) fällen die zuständigen Länderminister in gemeinsamer Absprache.

Wie gerade die Geschichte der **Europäischen Gemeinschaft** (EG) gezeigt hat, ist selbst im Zollunionsfall jedoch eine Integration **Sektor nach Sektor** kein ökonomisch zweckmäßiges Verfahren. Daß man seinerzeit mit dem Montanbereich begann (Europäische Gemeinschaft für Kohle und Stahl – EGKS – von 1951), hatte eher politisch-taktische Bedeutung. Mit gutem Grund wurde alsbald (1957) zur allgemeinen Zollunion der Europäischen Wirtschaftsgemeinschaft (EWG) übergegangen. Die zusammen mit den „Römischen Verträgen" abgeschlossene Europäische Atomgemeinschaft (EURATOM) stellte unter gleichen Rahmenbedingungen auf einen damals neuen Energiesektor ab, bei dem frühzeitig die besonderen Sicherheitsprobleme aufgegriffen wurden. Seit 1967 sind die drei Gemeinschaften in der EG fusioniert. Heute fungiert die EGKS innerhalb der Europäischen Gemeinschaft primär als eine Koordinationsinstanz zum Abbau von nationalen Überkapazitäten. EURATOM betreut einige gemeinsam gegründete Zentren der Kernenergieforschung. Für die Aufstellung einheitlicher Sicherheitsnormen im EURATOM bedarf es genausowenig einer besonderen Behörde wie im Fall der Wettbewerbsregeln in der Wirtschaftsgemeinschaft; dazu genügen Expertenkommissionen, die einschlägige Entwürfe zur Beschlußfassung durch die Länderministerrunde erarbeiten.

3. Der Integrationsschritt zum **Gemeinsamen Markt** ergänzt die Zollunion um die internationale Faktorfreizügigkeit; der Gütermarkt war auch schon vorher „gemeinsam". Zusätzliche Institutionen erfordert ebenfalls er nicht. Dem ständigen gemeinsamen Sekretariat wäre allenfalls eine Abteilung „Regionalfonds" (§ 85) anzugliedern, die einschlägige Verwendungs**regeln** auf Beschluß der Länderministerrunde durchführt. Damit bleibt das funktionale Integrationsverfah-

ren zur Planungssicherheit der nationalen Instanzen in der regionalen Entwicklungspolitik gewahrt, über die letztlich auch heute alles, was die EG in der Sache beschließt, praktisch umgesetzt wird.

4. Indes, die Mitgliedsländer des europäischen Gemeinsamen Marktes haben diesen von Anfang an mit dem Versuch belastet, eine übernationale **Agrarpolitik**, genauer: eine nach allen Methoden des Dirigismus vorgehende, sektorale Strukturregulierung zu betreiben, die sich je länger je mehr als der eigentliche Pferdefuß der Integration herausstellte, und das nicht nur in finanzieller Hinsicht.

Es mag zutreffen, daß **politisch** der Zusammenschluß zur Zollunion ohne ein Entgegenkommen gegenüber den agrarischen Interessen namentlich Frankreichs nicht zustandegekommen wäre. **Sachlich** bleibt aber die **Technik** der eingeschlagenen agrarpolitischen Marschroute entscheidend.

Funktional passabel wäre etwa die Einrichtung eines gemeinsamen „Agrarfonds" gewesen, aus dem notleidende landwirtschaftliche Betriebe nach festen Regeln unmittelbare Einkommensunterstützungen erhalten und bei dem es nach Länderaufteilung Nettozahler und Nettoempfänger gibt.

Statt dessen wurde der Weg einer institutionalisierten übernationalen Agrarpolitik mit administrativen Mindestpreisen und Kontingentfestsetzungen, mit Abschöpfungen, Umsatzsteuererstattungen, Währungsausgleich und „Mitverantwortungsabgaben", mit Nichtanbau- bzw. Viehbestandsabwrackprämien, mit einer suprastaatlichen Abnahmegarantie für Überschüsse zu Fixpreisen und den Kosten der Silovorhaltung (einschließlich der Schleuderverkäufe an die UdSSR) beschritten, die gleichwohl auf die Dauer nicht gegen die Marktgesetze ankommen konnte: sie hat sich mehr und mehr in den eigenen Fängen verstrickt und droht, das Brüsseler Budget zu sprengen. Nach innen bescherte die „europäische" Agrarpolitik auf längere Sicht dem vermeintlich begünstigten Sektor vermeidbare Fehlinvestitionen (und Verschuldungen), eine Übermechanisierung und eine Betriebsgrößenkonzentration. Nach außen hat sie der Europäischen Gemeinschaft geschadet, indem sie bei Drittländern böses Blut säte und die liberale Glaubwürdigkeit der regionalen Integration in Frage stellte.

5. Eine vergleichbare „gemeinsame" Politik auf dem Gebiete des **Verkehrs**, die ursprünglich ebenfalls vorgesehen war, blieb glücklicherweise stecken. Wie auch sonst, ist hier sachlich die Durchsetzung allgemeiner Wettbewerbsregeln ausreichend, die freilich gerade im Verkehrsbereich mit seinen mannigfaltigen nationalen Dirigismen den einschlägigen Dienstleistungsanbietern hart ankommen (§ 20).

6. Die Brüsseler Agrarpolitik ist nur ein, wenn auch ein besonders instruktives Beispiel für die Folgen, deren man gewärtig sein muß, wenn eine ökonomische Integration über das **institutionelle Verfahren** in Angriff genommen wird, bevor eine politische Union unter den beteiligten Ländern existiert.

a) Es werden supranationale Behörden errichtet, ohne daß die entsprechenden nationalstaatlichen Organe abgebaut würden; die Landwirte der Bundesrepublik zum Beispiel haben es gleichzeitig mit der brüsseler agrarpolitischen Instanz, dem Bundeslandwirtschaftsministerium und den einschlägigen Länderverwaltungen zu tun. Es entsteht ein Kompetenzwirrwarr mit den obligaten wechselseitigen Schuldzuweisungen, wenn etwas fehlläuft. Die Durchschaubarkeit der politischen Verhältnisse und die demokratische Kontrolle nehmen

Schaden. Daran ändern auch neue „Koordinationsgremien“ nichts, in denen typischerweise eine Lösung gesucht wird.

b) Die aufgeblähte supranationale Bürokratie tut, durch den Länderproporz in ihrer Zusammensetzung noch verstärkt, natürlich das, was alle Behörden, sind sie erst einmal ins Leben gerufen, tun: sie verschafft sich Beschäftigung durch Regulierungen und sie kämpft um höhere Budgets, um durch Mehrausgaben ihre Bedeutung zu präsentieren. Im Brüsseler Fall kommt die Versuchung hinzu, „Politik“ zu betreiben, etwa in der Entwicklungshilfe, unbeschadet dessen, was die Mitgliedsländer hier ihrerseits leisten.

Der kontrollverdünnte Raum, in dem sich dabei die Funktionäre der „präföderalen“ brüsseler Instanz bewegen, ist auch nicht durch die Einrichtung (und – seit 1979 – durch die Direktwahl) eines europäischen Parlamentes, dazu noch an anderem Ort residierend, ausgefüllt worden. Es fordert in der ihm zugedachten Kontrollfunktion nicht etwa eine Budgetbeschränkung, sondern seinerseits eine zusätzliche Ausgabentätigkeit der supranationalen Organe.

c) Die Kosten (einschließlich der steuerlichen Vergünstigungen für die Amtsträger), die die supranationalen Instanzen für ihre schiere „Betriebsbereitschaft“ verursachen, sind, zumal Bürokratien eine inhärente Vermehrungstendenz aufweisen, gewiß erheblich. Dennoch stellen gesamtwirtschaftlich nicht sie das eigentliche Problem dar. Dieses liegt vielmehr darin, daß über alle Institutionalisierung nur zu leicht das ökonomische Hauptziel der Integrationsform aus dem Focus gerät: nämlich die Liberalisierung des Außenhandels statt gängelnder Interventionen und weniger Behördenrisiko statt Aufblähung der staatlichen Ausgabentätigkeit. Kurz, man kann nicht wie selbstverständlich davon ausgehen, daß, weil es eine europäische Instanz ist, die handelt, die Aktion auch für die europäische wirtschaftliche Entwicklung gut sein müßte.

7. Wie stets in Fällen einer institutionellen Fehlentwicklung, bleibt als Gegenwehr das zwar grobe, aber wirksame Mittel, die **Finanzbremse** anzuziehen: ohne einen solchen Druck von seiten der Länderfinanzminister dürfte etwa dem Fortwursteln und dem Symptomkorrigieren in der Brüsseler Agrarpolitik schwerlich beizukommen sein.

Was zunächst fallen muß, ist die Ideologie, daß die übernationale Instanz auf der gegebenen Integrationsstufe über „eigene“ Einnahmen zu verfügen hätte. Die Kategorien, die hier aufgeführt werden, sprechen eine deutliche Sprache: die Außenzölle, die Agrarabschöpfungen und Mitverantwortungsabgaben, die Währungsausgleichsabgaben sind allesamt Einnahmen, die verschwinden, je mehr die Zollbarrieren nach außen gesenkt, die Agrarpolitik im Innern reformiert und von manipulierten Wechselkursen („grüne Parität“) Abstand genommen wird. Es ist paradox, aber darum in praxi noch keineswegs unüblich, daß die Einnahmeinteressen der Integrationsinstanzen ausgerechnet mit einem Verhalten der Entliberalisierung bei den grenzüberschreitenden Wirtschaftsbeziehungen liiert werden.

Ökonomisch vernünftig und auch verteilungspolitisch akzeptabel ist dagegen eine Finanzierungslösung, die die Einnahmen der Gemeinschaftsinstanzen von der Entwicklung der jeweiligen **nationalen Pro-Kopf-Einkommen** abhängig macht. Allerdings hätte über den einschlägigen Prozentsatz, der an die supranationale Kasse abzuführen ist, die Länderfinanzministerrunde periodisch neu zu beschließen. Die praktizierte Alternative, als Beitragsschlüssel einen fixierten Anteil an den nationalen Mehrwertsteuern vorzusehen, ist allenfalls eine zweitbeste Lösung.

Kapitel 4: Entwicklungshilfe

§ 88 Adressaten

1. Insbesondere seit dem Ende des Zweiten Weltkrieges ist der Außenwirtschaftspolitik der westlichen Industrieländer (in weitem Abstand: der entsprechend entwickelten Volkswirtschaften des Ostblocks) eine zusätzliche Maßnahmenabteilung zugeordnet, die durch die Sonderbehandlung **ökonomisch unterentwickelter Länder** charakterisiert ist. Als allgemeines Merkmal dieser Staatengruppe gilt die absolute bzw. relative Armut, gemessen am realen Pro-Kopf-Einkommen der Wohnbevölkerung, wobei freilich die Malaise der offiziellen Statistiken, die zwar die Markteinkommen, nicht jedoch die der Selbstversorgungswirtschaft (und des „informellen Sektors") erfassen, berücksichtigt und im übrigen der Fehler vermieden werden muß, an andersartige Kulturen die Lebensstandardskonzepte der westlichen Zivilisation als Maßstab anzulegen.

2. Aus der Sicht der modernen Entwicklungstheorie sind durchweg als **Strukturelemente** (und Kausalfaktoren) für die Unterentwicklung kennzeichnend: ein hoher Anteil der Landwirtschaft am Sozialprodukt bei niedrigerer Arbeitsproduktivität; eine zum Teil extreme klimatische Abhängigkeit der Versorgung, die zu periodischen Hungersnöten und internen Wanderungen führen kann; ein starker Geburtenüberschuß bei mäßiger mittlerer Lebenserwartung; eine hohe Quote des Analphabetismus; eine unzureichende Infrastruktur, namentlich was überregionale Märkte und Verkehrsverbindungen betrifft; eine Wirtschaftsgesinnung, die dem Rationalprinzip nicht den obersten Stellenwert einräumt. Hinzu tritt nicht selten eine politisch mehr oder minder zufällige Staatenabgrenzung, die Wirtschaftsräume zerschneidet, stammesgesellschaftliche Fehden herausfordert und Flüchtlingsprobleme im Gefolge hat.

3. Die faktischen ökonomischen **Unterschiede** im Kreis der Entwicklungsländer sind freilich groß. Sogenannte Schwellenländer (Taiwan, Südkorea, Malaysia u.a.) haben den industriellen Take-off bewältigt und sind in das Stadium einer wirtschaftlichen Eigendynamik getreten, die die für ein Entwicklungsland typischen Strukturmerkmale zu überwinden tendiert. Ölexportländer wie Kuweit, Saudi-Arabien und die Vereinigten Arabischen Emirate haben den Sprung vom Entwicklungs- zum Wohlstandsland in extrem kurzer Frist getan; sie stehen heute in der Weltrangliste des Pro-Kopf-Einkommens an der Spitze. Aber auch in der „Dritten Welt" Afrikas sind die Entwicklungsunterschiede erheblich. Regelmäßig schneiden hier frühere Kolonialgebiete am besten ab. Entscheidend ist die politische Stabilität und nicht zuletzt die Ausrichtung der Wirtschaftspolitik: ehrgeizige sozialistische Experimente haben sich durchweg als Fehlschläge erwiesen. Am ungünstigsten stehen jene Länder da, die, aus welchen Gründen auch immer, von internationalen Wirtschaftskontakten kaum berührt wurden. Man spricht bereits von einer „Vierten Welt".

§ 89 Instrumentarium

1. **Entwicklungshilfe** (Tabelle 13) wird von privater (Einzelwirtschaften und caritative Organisationen) und staatlicher Seite (bilateral bzw. über internationale Einrichtungen) geleistet.

2. Der **Art** nach kann sie in unentgeltlichen Übertragungen (Natural- und Geldleistungen mit und ohne Verwendungsauflagen), in konditionenbegünstigten Kreditvergaben und Dienstleistungsexporten (Lehrkräfte, technische Berater,

Tabelle 13 Nettoleistungen der Bundesrepublik Deutschland an Entwicklungsländer und multilaterale Stellen in den Jahren 1950-1986
(in Mio. DM)

Leistungsart	1983	1984	1985	1986	1950-1986
I. Öffentliche Entwicklungs-zusammenarbeit (ODA)[1]	8 116,3	7 916,5	8 656,7	8 317,5	111 688,3
1. Bilateral	5 368,4	5 315,7	5 826,1	5 736,2	79 289,5
a) Zuschüsse	3 252,6	3 569,2	4 197,7	3 904,9	46 195,9
– Technische Zusammen-arbeit[2]	2 129,9	2 496,6	2 576,3	2 670,5	29 629,8
– Sonstige Zuschüsse	1 122,7	1 072,6	1 621,4	1 234,4	16 566,1
b) Kredite und sonstige Kapitalleistungen	2 115,8	1 746,5	1 628,4	1 831,3	33 093,6
2. Multilateral	2 747,9	2 600,8	2 830,6	2 581,3	32 398,8
a) Zuschüsse an internationale Organisationen	1 403,3	1 663,3	1 608,0	1 471,0	17 971,9
b) Kapitalanteile/ Subskriptionen	1 355,3	946,9	1 235,3	1 123,9	14 074,5
c) Kredite	–10,7	–9,4	–12,7	–13,6	352,4
II. Sonstige öffentliche Leistungen	1 540,8	2 830,6	2 699,6	2 464,4	21 898,2
1. Bilateral	1 522,9	2 859,1	2 731,7	2 473,1	19 263,9
a) Kredite der KfW	1 077,8	1 146,3	798,5	788,4	10 311,4
b) Refinanzierungen des BMF	400,5	1 691,7	1 893,9	1 641,3	8 502,4
c) DEG-Darlehen	44,6	21,1	39,3	43,4	450,1
2. Multilateral	17,9	–28,5	–32,1	–8,7	2 634,3
III. Private Entwicklungshilfe[3]	946,4	1 088,1	1 246,9	1 182,5	11 782,7
IV. Private Leistungen zu markt-üblichen Bedingungen	7 300,4	6 680,6	4 314,0	5 162,0	130 424,6
1. Bilateral	6 244,4	5 721,6	3 194,2	4 140,4	108 491,0
a) Investitionen und sonstiger Kapitalverkehr	6 328,4	4 367,0	2 504,0	2 996,6	79 271,1
b) Öffentlich garantierte Exportkredite (100%)	–84,0	1 354,6	690,2	1 143,8	29 219,9
2. Multilateral	1 056,0	959,0	1 119,8	1 021,6	21 933,6
V. Gesamte Leistungen	17 903,9	18 515,8	16 917,2	17 126,4	275 793,8

[1] Bi- und multilaterale Zuschüsse sowie Kredite und sonstige Kapitalleistungen zu Vorzugsbedingungen.
[2] Ab 1984 einschließlich Studienplatzkosten für Studenten aus Entwicklungsländern.
[3] Zuschüsse nichtstaatlicher Organisationen (z.B. Kirchen, Verbände, Stiftungen) aus Eigenmitteln und Spenden an Entwicklungsländer.

Quelle: Bundesministerium für wirtschaftliche Zusammenarbeit (Hrsg.), Journalisten-Handbuch Entwicklungspolitik 1987, Bonn 1987, S. 56f.

medizinisches Personal) sowie in handelspolitischer Vorzugsbehandlung (etwa Zollpräferenzen) bestehen. Hinzu kommen Bürgschaften bzw. eine steuerliche Förderung bei privaten Direktinvestitionen in Entwicklungsregionen.

3. Die denkbaren **Motive** einer Entwicklungshilfe sind vielgestaltig. Die Skala kann von Humanitäts- und Zielen der Menschenrechtsdurchsetzung über politische Interessen des Geberstaates (etwa als frühere Kolonialmacht oder in der politischen Blockbildung) bis zu Festigung von Handelsbeziehungen (eigener Ex- und Import) reichen.

Die Motive besagen indessen noch wenig über die tatsächlichen Entwicklungseffekte. Analytisch stehen die Hilfstechniken und ihre Wirkungen im Vordergrund.

4. Ob, inwieweit und in welcher Form ein Land eine „Entwicklung" **will**, ist seine souveräne Entscheidung. Allerdings scheint mit den weltweiten Kommunikationsmitteln der einschlägige Druck bei allen Regierungen zu wachsen, zu schweigen davon, daß die politischen Eliten ihre Ausbildung oft in Industrieländern der nördlichen Hemisphäre erfahren haben.

5. Letztlich ist die angestrebte Entwicklung nur **durch das betreffende Land selbst** zu leisten. Entwicklungshilfe (jedenfalls im westlichen Verständnis) kann nicht mehr als ein Angebot sein. Auf sie besteht weder ein Rechtsanspruch, noch kann man, wenn sie in Anspruch genommen wird, der Beachtung der international üblichen Verfahrensregeln entraten. Auch liegt auf der Hand, daß die Hilfen nicht zur „beliebigen Regierungsverwendung" zur Verfügung stehen können.

6. Was sich längerfristig als das wichtigste Hilfsgut herausstellt, ist die Vermittlung von Kenntnissen und Erfahrungen, wie eine Volkswirtschaft, wenn sie wachsen soll, am besten zu organisieren ist (Frage der **Wirtschaftsordnung**).

§ 90 Grundbedürfnis-Strategie

1. Die erste und nach der überwiegenden Meinung der Bevölkerung in den Geberländern vordringliche Ebene der Entwicklungshilfe ist die **Grundbedürfnis-Strategie**: der absoluten Armut von klar umrissenen Personenkreisen soll vor Ort gegengesteuert werden (Hunger, Katastrophen, Flüchtlingselend).

2. Die **Techniken**, deren es dazu bedarf, sind stets die gleichen. Ob eine Hungersnot aufgrund einer Dürreperiode (mit den regelmäßig einsetzenden Wanderungen) gegeben ist, ob eine Erdbeben-, Flut- oder Sturmkatastrophe oder der Fall eines Flüchtlingsstroms vorliegt – benötigt werden als Grundleistungen: einfache, haltbare Nahrungsmittel, die möglichst den traditionellen Ernährungsgewohnheiten der Empfänger entgegenkommen; elementare Medikamente und medizinische Hilfsmittel und schließlich Zelte mit der entsprechenden Ausstattung an Stroh und Decken. Alles dies kann in natura geliefert werden und läßt sich in den Geberländern oder an strategisch gut ausgewählten Sammelpunkten stapeln, um im akuten Fall abrufbereit zu sein. Ähnliches gilt, dank der wirtschaftlichen Organisation der westlichen Industrieländer, auch für die Planung der Transportkapazitäten.

Woran es dagegen nur zu oft hapert, ist die zügige Abwicklung der Hilfe im Entwicklungsland selbst. Neben „hoheitlichen" Eingriffen, die zuweilen auf nichts anderes als auf eine Zweckentfremdung hinauslaufen[1], und dem ortsüblichen administrativen Schlendrian stellen mangelhafte **Verkehrswege** das eigentliche Hindernis dar. An diesem Punkt wird deutlich, daß schon im Katastrophenfall die Hilfseffizienz an eine gewisse Infrastrukturentwicklung der zurückgebliebenen Region gebunden ist.

3. Aber nicht nur hier: Dürrekatastrophen zum Beispiel pflegen sich in den gleichen Landstrichen zu wiederholen; lebensbedrohenden Hunger und seuchenhafte Erkrankungen gibt es auch ohne Katastrophen, und Flüchtlinge brauchen, sollen sie nicht als Dauerkostgänger vegetieren, produktive Beschäftigungsmöglichkeiten. So wird man von der Akuthilfe weitergeschickt zur **Ursachentherapie**. Und sie bedeutet regelmäßig ein längerfristiges Engagement.

Es geht um Be- bzw. Entwässerungsanlagen und die Qualität des Trinkwassers. Es geht um den ökonomischen Umgang mit Heizmaterial und die Aufforstung von Baumbeständen. Es geht um die Vorrats- und Konservierungswirtschaft bei guten Ernten und die unerläßlichen Verkehrsanbindungen der Agrargebiete zu Häfen und Städten.

Dies alles läßt sich, unter der entsprechenden Anleitung von Entwicklungshelfern, in der Hauptsache durch ungenutzte einheimische Arbeitskräfte bewerkstelligen. Sie können, mindestens auf Zeit, durch Naturalien entlohnt werden, womit man gleichzeitig der Hauptgefahr der Entwicklungshilfe entgegenwirkt, nämlich das Nichtstun zu prämieren. Gewiß wird für die Beschaffung der komplementären Gerätschaften, von Rohmaterialien und einfachen Maschinen Kapital benötigt. Aber quantitativ hält sich dieser Bedarf, bezogen auf den angestrebten Effekt in der Bekämpfung von Elend und Beschäftigungslosigkeit, in engen Grenzen[2]. Es wäre strategisch verfehlt, diesen Kapitalbedarf schlechtweg durch Entwicklungsgeschenke abdecken zu wollen. Nach einer ausländischen Initialzündung können und sollten vielmehr stets die heimischen Regierungen den Hauptpart übernehmen. Immerhin handelt es sich um dauerhafte Investitionen, die bis zum Zeitpunkt des erforderlichen Ersatzes volkswirtschaftliche Erträge (und für den Fiskus: Steuereinnahmen) abwerfen. Und in der Periodenfolge kommt es, bei gehöriger Motivation der Mitwirkenden, schließlich auch zu einer entsprechenden Kapitalbildung aus vorgetaner Arbeit vor Ort.

4. Es kann keine Rede davon sein, daß sich die Entwicklungsländer nicht auf die Dauer selbst zu **ernähren** vermöchten. In Schwarzafrika zum Beispiel liegt mehr als die Häfte des ungenutzten landwirtschaftlichen Bodens der Welt. Und selbst das heute bereits bebaute Land könnte eine größere Bevölkerung mit Grundnahrungsmitteln versorgen. Relativ geringfügige und dazu: arbeitsintensive Änderungen in der Agrarproduktion genügten, um die Ausbringung entspre-

---

[1] Regelmäßig ist da, wo sich Regierungsstellen zum höheren eigenen Nutzen in die Verteilung einschalten und damit die Hilfe verzögern, der Schwund beachtlich, und sei es schon durch verfehlte Lagerung und Verderben. Die gerade von *Myrdal* immer wieder gebrandmarkte Korruption kann, wie die Erfahrung zeigt, auch die Form annehmen, daß geschenkte Hilfsgüter, statt die Notleidenden zu erreichen, dem Militär zugeschanzt oder gar offen auf dem Markt verkauft werden.

[2] Vgl.: *H. Giersch*, Konjunktur- und Wachstumspolitik, Wiesbaden 1977, S. 327.

chend zu verbessern[3]. Davon machen im Prinzip auch die südlichen Randstaaten der Saharazone keine Ausnahme.

Soll mithin das Syndrom aus Unterernährung, Seuchen und Erwerbslosigkeit aufgebrochen werden, hat man sich auf die **Agrarproduktion** zu konzentrieren, und das auf Geber- wie auf Nehmerseite. Jede Politik der „Entwicklung" beginnt hier und nicht bei hochgestochenen Industrialisierungsprojekten, für die den einschlägigen Ländern zumeist dann die Absorptionsfähigkeit fehlt, oder gar bei Prestigevorhaben, wie dem Bau neuer Hauptstädte (z.B. Nigeria) oder der Anlage von Wehrstraßen entlang den Landesgrenzen (z.B. Obervolta-Burkina Faso).

Das gilt verstärkt für solche Länder, die „Unabhängigkeit" auf ihre Fahnen geschrieben haben; denn wenn irgendwo die dazu notwendige **Importsubstitution** eine volle Chance hat, so ist es auf dem Agrarsektor. Auch die elementaren dörflichen Schulen und Krankenstationen lassen sich, abgesehen von der Bereitstellung gewisser moderner Medikamente, dauerhaft in eigener Regie betreiben. Nimmt man das traditionelle Handwerk und Kleingewerbe hinzu, ergibt sich ein Entwicklungsstadium, das sich durchaus selbst genügen kann. Es ermöglicht ein anständiges Leben, ohne daß die kulturelle Eigenständigkeit betroffen werden müßte.

5. Es bleibt das Problem des Elends in den **städtischen Slums**, das zum erheblichen Teil auf Zuwanderungen aufgrund falscher Erwartungen zurückgeht. Aber auch für seinen Abbau liegt der Schlüssel in einer ertragreicheren und erweiterten Agrarproduktion.

Und zwar **einmal** durch die erwartbare Verbilligung der Grundnahrungsmittel. Zum **anderen** bremst die Dorfentwicklung die Abwanderung junger Leute. Ja, sie kann, namentlich wenn zusätzlicher Boden nutzbar gemacht wird, zur Rückwanderung animieren. **Schließlich** hat eine prosperierende Landwirtschaft, zusammen mit hinreichenden Verkehrswegen, die Folge, daß sich in zentralen Orten zusätzliche Werkstätten und Kontore lohnen, die für Beschäftigung sorgen; die Regierung kann hier mit einem System von Kleinkrediten Starthilfe leisten. In Graden ist dies, und vor allem wiederum die Entwicklung des Agrarsektors, auch der Ansatzpunkt, um das Lagerelend von Flüchtlingen zu vermindern und sie mit der Zeit in den normalen Wirtschaftskreislauf einzubinden.

6. Das Entscheidende für den dauerhaften Erfolg der Grundbedürfnis-Strategie kann nur vom Entwicklungsland selbst geleistet werden. Nicht selten ist aber zu beobachten, daß sich die politischen Autoritäten offenbar durch die unermüdlich sprudelnden Transfers aus dem Norden davon abhalten lassen, der heimischen Not als primär eigener Aufgabe zu Leibe zu rücken, und ihre Energie bevorzugt darauf verwenden, mehr aus den internationalen Quellen herauszuholen. Bei solchem Verhalten geht am Ende auch noch das Volumen dessen zurück, was bisher schon im eigenen Bereich produziert wurde. Hier liegt das **Samariter-Dilemma** der Entwicklungshilfe. Ihm ist nur zu entgehen, wenn diese gezielt und kontrolliert an landeseigenen Programmen in der Nutzung der verfügbaren Ressourcen ansetzt.

7. Hinzu kommt, daß eine Reihe von Entwicklungsländern, die sich dem „Sozialismus" verpflichtet fühlen, eine Politik betreiben, die die wirtschaftliche Malai-

[3] Dazu: *L. J. Zimmermann*, Non-monetary Capital Formation and Rural Development, in: World Development, Bd. 3 (1975), S. 412.

se nur vergrößert. „Kapitalisten“ werden enteignet, auch wenn es sich um Kleinproduzenten und mittelständische Gewerbetreibende handelt, und die Erzeugerpreise in der Landwirtschaft administrativ so gedrückt, daß den Bauern die Lust an einer Überschußproduktion vergeht, die dann in anderen Landesteilen fehlt. Requirierungen von Vorräten, „Kontrollen“ und ständige innere Auseinandersetzungen tun ein übriges, um die Produktivität absinken zu lassen und Elend nachgerade zu produzieren. Ein Land wie Tansania führt zudem ein Programm zur „Umsiedlung in sozialistische Dörfer“ durch, das, wie es bei derartigen Vorhaben die Regel ist, die ohnehin prekäre Nahrungsmittelversorgung noch mehr belastet und dazu Menschen aus ihrer angestammten Umgebung reißt.

Wohlgemerkt, Bodenreformen mit dem Zweck der Landzuteilung und genossenschaftliche Zusammenarbeit in ihren verschiedenen Formen können entwicklungspolitisch eine gute Sache sein. Aber ihr Sinn verkehrt sich ins Gegenteil, wenn das eine zur Vergeudung und absinkender Produktion führt und das andere den Zwang an die Stelle von Eigenanstrengung und Selbständigkeit setzt.

§ 91 Die Falle der Übervölkerung

1. In einem Punkt stehen die Erfolgsaussichten der Grundbedürfnis-Strategie allerdings unter einem prinzipiellen Vorbehalt: sie darf nicht in die Falle der **Übervölkerung** tappen. Die Ernährungs- und die medizinische Hilfe wirken, sich gegenseitig ergänzend, in der gleichen Richtung: sie senken die Säuglingssterblichkeit und erhöhen die mittlere Lebenserwartung auch der älteren Jahrgänge. Beides liegt im Sinne humanitärer Politik.

Nun weisen aber die Entwicklungsländer ohnehin eine extrem hohe Geburtenrate auf, so wie sie früher auch in Europa für Agrargesellschaften typisch war. Und im Verein mit ihr haben jene humanitären Errungenschaften die unliebsame Folge eines bedrohlichen Bevölkerungswachstums, das leicht in den **Malthusschen Zirkel** führt: trotzt wachsender Produktion, ja, genau betrachtet, gerade wegen des ökonomischen Fortschrittes geht das reale Pro-Kopf-Einkommen zurück. Diese fatale Konsequenz ist im Entwicklungsstadium des Take-off voraussehbar. Mit ihr erklärt sich an erster Stelle der paradoxe Eindruck, daß arme Länder, auch wenn ihnen geholfen wird, zunächst noch ärmer erscheinen können als vorher. Das gilt im Prinzip selbst für relativ dünn besiedelte Gebiete. Aber natürlich verschärft sich das Problem, wenn bereits in der Ausgangssituation eine hohe Bevölkerungsdichte vorliegt: die Ausdehnung der (traditionellen) Agrarproduktion stößt schneller an ihre Grenzen, und die demographisch bedingte Belastung der Umwelt (Brennholz, Wasser, Baumaterial, Abgrasung u.a.) nimmt progressiv zu.

2. So kommt man schon auf der Ebene der Grundbedürfnis-Strategie nicht umhin, auch die unmittelbare Beeinflussung der Geburtenhäufigkeit einzubeziehen und die Entwicklungshilfe von Anfang an mit Maßnahmen zur individuellen **Geburtenkontrolle** zu flankieren. Wo früher die erbarmungslose Natur durch Krankheiten, Unterernährung und Katastrophen das Bevölkerungswachstum begrenzte, muß heute die freiwillige Geburtenbeschränkung für ein Gleichgewicht sorgen. Und wer einem Raubbau an den Umweltressourcen vorbeugen will, der gerade darum so gefährlich ist, weil seine negativen Wirkungen nicht schlagartig, sondern erst nach und nach in Erscheinung treten, muß der Brem-

sung der Bevölkerungsvermehrung im Rahmen der Entwicklungshilfe einen hohen Dringlichkeitsgrad zumessen.

3. Das ist keine leichte Aufgabe, gilt es doch, förmlich im Zeitraffertempo eine Entwicklung (und ihre Opfer) abzukürzen, für die die Industriestaaten lange Jahrzehnte brauchten. Indessen steht heute eine breite Palette an **Dienstleistungen zur Korrektur des Fertilitätsverhaltens** zur Verfügung, die sich der Mentalität und Tradition der jeweiligen Bevölkerung anpassen lassen. Auch gibt es überzeugende Beispiele im eigenen Lager der Südländer, die Schule machen können (etwa Algerien).

Umso mehr muß es erstaunen, daß der Anteil der Ausgaben für Bevölkerungsplanung bislang nur einen geringfügigen Prozentsatz der Entwicklungshilfe ausmachte. Das mag nicht zuletzt mit der abwehrenden Attitüde mancher Regierungen der Dritten Welt zusammenhängen, die die Geburtenkontrolle als eine Idee des Westens denunzieren, die angeblich die „Macht" der Entwicklungsländer kleinhalten will.

Gleichwohl sollten die Geberländer, dem Vorbild der Weltbank (und ihrer Tochter „IDA") folgend, ihren bevölkerungspolitischen Mitteleinsatz innerhalb der Entwicklungshilfe anheben. Nach Prognosen der Weltbank[4] würde eine Aufstockung auf real zwei Milliarden Dollar pro Jahr bereits gute Aussichten bieten, die Bevölkerung in den Entwicklungsländern bis zur Mitte des kommenden Jahrhunderts auf etwa 6,5 Milliarden Menschen zu stabilisieren.

§ 92 Industrialisierung

1. Für eine erfolgreiche Industrialisierungsstrategie sind Kapital, Unternehmungsgeist und jene Art von Rationalität vonnöten, die in Kalkülen des Kosten-Ertrags-Verhältnisses denkt, also auf Rentabilitätsgrößen abstellt. Die alten Industrienationen haben diese Faktoren ohne Hilfe von außen in einem langwierigen Prozeß entwickelt. Gewiß läßt sich für die heutige Entwicklungspolitik aus diesen Erfahrungen lernen und der Prozeß durch Hilfen abkürzen. Dennoch liegt auf der Hand, daß mit dem Schritt zur Industrialisierungsstrategie, was die institutionellen Vorkehrungen und die Verhaltensanpassungen betrifft, die bodenständige Gesellschaftsordnung im Entwicklungsland nicht das bleiben kann, was sie vorher war. Das gilt verstärkt für den Eintritt in internationale Wirtschaftsbeziehungen über die Weltmärkte.

Auf dieser entwicklungspolitischen Ebene muß auch der von der Grundbedürfnis-Strategie abweichende Charakter der Geberleistungen in Rechnung gestellt werden. Mit Geschenken ist es hier nicht getan. Vielmehr geht es um gezielte Initialhilfen, die nur in dem Maße nachhaltige Fortschritte bewirken können, wie der Wirtschaftsorganismus des Entwicklungslandes selbst auf die Zündung anspringt.

2. Was den **Kapitalbedarf** anbelangt, so liegt der erste Schritt der Industrialisierungsstrategie darin, der notorischen Flucht des heimischen Kapitals aus den Entwicklungsländern das Wasser abzugraben. Die üblichen Devisenkontrollen sind da ein fragwürdiger Notbehelf. Was hergestellt werden muß, sind jene

---

[4] Vgl.: Frankfurter Allgemeine Zeitung, Nr. 174 v. 8.8.1984, S. 5.

rechtliche Sicherheit, kommerzielle Bewegungsfreiheit und auch steuerpolitischen Anreize, die eine langfristige Investition im eigenen Land rentabel erscheinen lassen. Gerade eine Regierung, die eine schnelle, selbsttätige Ausbreitung von Investitionsketten befördern und die unternehmerischen Lerneffekte beschleunigen will, fährt hier am besten, wenn sie für im Prinzip marktwirtschaftliche Verhältnisse sorgt[5]. Geschieht dies, stellt sich bald heraus, daß genügend „Pfützen an Ersparnissen" (*Schumpeter*) bis hin zu den Kreditinstituten und selbst dem Staatshaushalt gegeben sind, die den Aufbau jener Leichtindustrien („low-range-industries") finanzieren lassen, die das Fundament einer Industrialisierungsentwicklung abgeben. Dabei sind **„angepaßte Technologien"** gefragt, die Kapital sparen und den reichlich vorhandenen Arbeitsfaktor beschäftigen. Die Hilfe von außen besteht hier zuvörderst in Dienstleistungen durch technische und unternehmerische Berater und im Anlernen von Arbeitskräften (Investition in das Humankapital).

3. Auf dieser Basis werden dann auch für größere industrielle Objekte (private) **Direktinvestitionen** aus dem Ausland lohnend, die den quantitativ bedeutsamsten Schub im Kapital- und Technologietransfer darstellen.[6] Die Regierungen der Geberländer können diese Transfers durch Bürgschaften (z.B. Hermesversicherung) oder steuerpolitisch unterstützen.

Dennoch bleibt das Risiko erheblich. Namentlich haben Verstaatlichungsexperimente, mit denen manche Entwicklungsländer hantieren, die fatale Eigenschaft, lange und selbst am dritten Ort kapitalabschreckend und damit risikosteigernd nachzuwirken.[7]

4. Der korrespondierende dritte Schritt der Industrialisierungsstrategie gilt **Infrastrukturinvestitionen**, für die weder die akute Ersparnisbildung im Entwicklungsland selbst ausreicht, noch genügend private Interessenten aus dem Ausland zu finden sind, so etwa im Fall eines großen Elektrifizierungsprojektes. Hier ist die Vorfinanzierung durch Verschuldung am internationalen Kapitalmarkt angezeigt.

Die einschlägige Entwicklungshilfe kann darin bestehen, daß die Regierungen der Geberländer unmittelbar oder (über die Weltbank) mittelbar dafür sorgen, daß das nachfragende Südland überhaupt Zugang zum Kredit und für einen Grundstock des einschlägigen Bedarfs günstigere Konditionen erhält, als der freie Markt sie bietet.

Allerdings sind solche öffentlichen Kredite, für die der Steuerzahler im Norden aufzukommen hat, auf klar definierte Projekte zu beschränken. Sie dürfen nicht

---

[5] Daß es unter den Strukturbedingungen eines Entwicklungslandes die Methode einer staatlichen Lenkungswirtschaft leichter hätte, ist ein Irrtum: Mängel, die der Marktmechanismus zu überspielen vermag, können sich für eine zentralverwaltungswirtschaftliche Planung disaströs auswirken.

[6] Sie lassen nicht zuletzt die Lizenzgebühren ersparen, die vergleichbare einheimische Firmen für eine Patentverwertung zu zahlen hätten. Patente zu verschenken, ist kein gesamtwirtschaftlich vertretbarer Weg. Allenfalls ließe sich daran denken, daß in Einzelfällen eine Geberlandregierung die fällige Lizenzgebühr teilweise aus ihren Mitteln subventioniert.

[7] Zu den Versuchen in der UNO, die bislang völkerrechtlich verbriefte Entschädigungspflicht bei Enteignungen auszuhöhlen, vgl. *K. M. Meessen*, in: Trend, Jg. 1984, Nr. 19, S. 42ff.

freibleibenden „Programmen“ dienen, die zumeist nur den Staatskonsum im Entwicklungsland hochtreiben. Worum es geht, ist die Entwicklung der Industrie und nicht einer Bürokratie, die Staat machen will. Und selbst unter den denkbaren Projekten hat zum gegebenen Zeitpunkt jeweils eine sorgfältige Auswahl stattzufinden, die den Zinsen- und Amortisationsdienst für die absehbaren Perioden zu verkraften erlaubt.

§ 93 Export

1. Ein Entwicklungsland, das sich im Ausland verschuldet, muß für die Produktion international marktgängiger Exportgüter Sorge tragen, um mit dem periodischen **Devisenverdienst** die vereinbarten Zinsen und Tilgungsbeträge abgelten zu können. Selbst wenn es seine Industrialisierungspolitik auf den Bedarf der heimischen Märkte beschränkt, führt daran auf die Dauer kein Weg vorbei: die industrialisierungsnotwendigen Importe an Investitionsgütern und Energie (Öl) lassen sich, was eine dazwischentretende Kreditgewährung nur zu leicht vernebelt, letzten Endes nur durch gleichwertige Exporte „bezahlen“.

In der Regel wird ein Entwicklungsland jedoch seine Industrialisierung weitertreiben wollen, um von den Vorteilen der Massenproduktion („economies of scale“) und des internationalen Handels zu profitieren. Ein aufblühender Exportsektor, zu dem in manchen Ländern auch der Fremdenverkehr gehören kann, bietet zusätzliche Chancen des Wachstums und der Hebung des Lebensstandards.

2. Freilich hat die Exportförderung ihren Preis. Es liegt auf der Hand, daß die hier eingesetzten Produktionsfaktoren nicht gleichzeitig der (unmittelbaren) Binnenversorgung dienen können. Aber daraus nun den Schluß zu ziehen, daß namentlich der Export von hochwertigen Agrarprodukten („cash crops“), so wie der Weltmarkt sie verlangt, auf Kosten der Produktion von lokal konsumierbaren Nahrungsmitteln ginge, ja, daß er Mitschuld an Hungerkatastrophen trage, ist wenig überzeugend.

Denn **einmal** stellt der Boden (wie auch die Arbeitskraft) in den meisten Fällen nicht den knappsten Produktionsfaktor dar. Woran es mangelt, ist regelmäßig die Effizienz in der Nahrungsmittelerzeugung – zu schweigen davon, daß immer noch zu fragen wäre, ob zum Beispiel der Boden von Tee-, Kaffee- oder Kakaopflanzungen sich überhaupt sinnvollerweise alternativ verwenden ließe, und wenn er es täte: ob er dann auch mit einem nur halbwegs vergleichbaren Produktionseffekt tatsächlich genutzt würde.

Zum anderen erzielen die im Exportsektor tätigen Bauern durchweg relativ höhere Einkommen; die damit steigende Nachfrage kommt anteilig auch den heimischen Nahrungsmittelproduzenten zugute: sie erhalten einen marktmäßigen Anreiz, mehr zu erzeugen.

Schließlich ist der Export die notwendige Bedingung, um just jene Investitionsgüter importieren zu können, die das Entwicklungsland für die Produktivitätssteigerung auch in der „normalen“ Nahrungsmittelherstellung benötigt, aber möglicherweise noch nicht selbst zu produzieren vermag.

Nicht die Konkurrenz zwischen Export und Nahrungsmittelerzeugung, sondern die Art und Weise, wie die **Exporterlöse** verwendet werden, stellt sich als das eigentliche Problem heraus. Und da wird in vielen Entwicklungsländern in der Tat gesündigt: durch importierten Luxuskonsum der Staatseliten, durch Prestigeinvestitionen und vor allem durch den Kauf moderner Waffen.

Davon abgesehen, liegt der Preis der Exportförderungsstrategie darin, daß das Entwicklungsland mit dem Eintritt in den Weltmarkt sich dessen Verhaltensregeln anzupassen hat. Sein Export muß den Qualitätsanforderungen genügen, die hier gestellt werden. Er steht bei vielen Produktarten in einer harten Konkurrenz, und es gibt die obligaten Nachfrage- und Preisschwankungen auf dem Weltmarkt. Diese **Risikofaktoren** lassen sich nicht prinzipiell ausschalten, nur weil es sich um einen Dritte-Welt-Staat handelt, der außenwirtschaftlich aktiv werden will.

3. Dennoch wird derartiges unter der Flagge einer anzustrebenden „neuen" Weltwirtschaftsordnung immer wieder gefordert. So hat zum Beispiel der frühere Generalsektretär der UNCTAD, *Raúl Prebisch*[8], **preisadministrative internationale Abkommen** für Güter verlangt, die die Entwicklungsländer zu exportieren haben, um ihnen entsprechend hohe Erlöse auf dem Weltmarkt zu garantieren, und zur Begründung eine säkulare Verschlechterung der terms of trade für diese Länder ins Feld geführt, die sie schädigen soll. Diese Behauptung steht wissenschaftlich jedoch auf schwachen Füßen. Abgesehen von der Problematik, die terms of trade für **die** Entwicklungsländer zu messen, ist schon der empirische Nachweis keineswegs eindeutig gelungen.[9] Das gilt selbst für die Zeit vor den kartellarischen Ölpreiserhöhungen, an denen immerhin Dritte-Welt-Staaten führend beteiligt waren.

Aber auch, wenn dem nicht so wäre, sind die Schlüsse, die auf eine Schädigung der exportierenden Entwicklungsländer gezogen werden, unfundiert. Die terms of trade messen lediglich das Preisverhältnis zwischen den Gütern, die ein Land in der Periode ein- und ausführt; die Art und vor allem das Volumen des Handels bleiben außer Betracht. Zunächst einmal beeinflußen aber bereits die Entscheidungen des Entwicklungslandes über die Zusammensetzung seiner Einfuhren das jeweilige Niveau der Preise, mit denen die Importe in die Berechnung des Austauschverhältnisses eingehen (z.B. einfache landwirtschaftliche Transporter statt anspruchsvoller Limousinen); ähnliches gilt umgekehrt für die eigenen Exporte, sofern eine Diversifizierung möglich ist.

Steht die Struktur des Außenhandels fest, kommt es für seinen Einkommens- und Wachstumseffekt immer noch auf die Mengenkomponenten an. Natürlich kann ein Entwicklungsland etwa durch eine kräftige Binneninflation die Preise seiner Exporte hochtreiben; aber dieser „Vorteil" wird mit Sicherheit durch den Rückgang der Exportmenge überkompensiert, die ihm das Ausland dann noch abnimmt. Umgekehrt können gerade niedrigere Stückpreise bei Ausfuhrgütern eine Voraussetzung dafür sein, daß mehr abgesetzt wird, also der Exportwert möglicherweise überproportional steigt. In der Tat ist es „mehr als unwahrscheinlich, daß die Ausdehnung des Handels selbst bei gleichzeitiger Ver-

---

[8] *R. Prebisch*, Commercial Policy in Underdeveloped Countries, in: American Economic Review, Bd. 49 (1959), S. 261ff.

[9] Vgl. etwa: *H. Sieber*, Die realen Austauschverhältnisse zwischen Entwicklungsländern und Industriestaaten, Tübingen, Zürich 1968.

schlechterung der terms of trade den Entwicklungsländern Nachteile gebracht hat"[10].

Damit nicht genug, würden **Preisgarantieabkommen**, etwa für Rohstoffexporte der Dritten Welt, die nach Prebischs Vorstellung eine ungünstige Entwicklung der terms of trade ausgleichen sollen, ökonomisch nach Art eines trojanischen Pferdes wirken. Was den Finanzen der Entwicklungsländer zunächst zu nützen scheint, schadet ihnen mittelfristig in ihrer Wirtschaftsstruktur. Die künstlich erhöhten Preise reizen die Produktion an, vermindern aber, unter sonst gleichen Bedingungen, je nach der Preiselastizität der internationalen Nachfrage den Absatz. Es kommt zu einer tendenziellen Überproduktion. Den unverkäuflichen Teil der Güter muß natürlich irgendeine internationale staatliche Organisation auf Lager nehmen – „natürlich" deshalb, weil ohne eine solche Übernahmegarantie die ganze Preisadministration für die südländischen Produzenten witzlos wäre. Das verteuert die Angelegenheit erheblich. Vor allem aber vermag das Arrangement auf die Dauer die Marktgesetze doch nicht zu überlisten: wie gerade der Fall des internationalen Zinnabkommens gezeigt hat, sprengt ein nachhaltiges Nachfrage-Angebots-Ungleichgewicht („Preisverfall") schließlich die Vereinbarung.

Aber auch schon vorher ist die Fehlleitung von knappen Ressourcen zu beklagen, die das Entwicklungsland vom Aufbau einer dauerhaft erfolgversprechenden Export**struktur**, weg vom monokulturellen Angebot abhält.

Auch ist der **Inflationsimpuls** der Veranstaltung nicht zu unterschätzen. Er holt bald die zunächst begünstigten Südländer ein: die erhöhten Rohstoffpreise gehen nolens volens in die Preiskalkulation der Importgüter ein, die die Dritte Welt aus dem Norden einführen will. Andererseits würden die in der Silohaltung gebundenen Ausgaben, in ökonomisch sinnvolle Hilfsmaßnahmen umgeleitet, den Entwicklungsländern gewiß bessere Dienste erweisen.

Dabei sind noch nicht einmal die rein **technischen** Schwierigkeiten (etwa das Quotierungsproblem) und die Bürokratiekosten berücksichtigt, die ein System der internationalen Preisadministration und Lagerhaltung mit sich bringt.

4. Was den Entwicklungsländern in Sachen Exportförderung wirklich nützt, ist an erster Stelle, daß die Industrienationen die mannigfaltigen **Importbeschränkungen abbauen**, mit denen auch sie namentlich ihre Agrarwirtschaft umzäunt haben.

Soweit das politisch seine Zeit braucht, können inzwischen für Einfuhren aus der Dritten Welt **Zollpräferenzen** eingeräumt werden, die für eine Karenzzeit auf volle Gegenseitigkeit verzichten (§ 82).

5. Gegen die unvermeidlichen Schwankungen auf dem Weltmarkt und die dortigen Konkurrenzverhältnisse wappnet sich ein Entwicklungsland immer noch am besten durch eine **Exportdiversifikation**, mit der es seine spezifischen Standordvorteile ausspielt, ohne sich monokulturellen Gefahren auszusetzen.

Was die **Importseite** der Handelsbilanz anbelangt, so stellt gerade in den Ländern der Vierten Welt die Ölpreismalaise das dominierende Problem dar. Der

[10] *A. Gutowski*, Internationale Handels- und Währungspolitik als Instrument der Entwicklungshilfe, in: *M. Bohnet* (Hrsg.), Das Nord-Süd-Problem, München 1971, S. 127f.

Adressat ist hier das politische Kartell der Ölländer, die sich zum erheblichen Teil aus den eigenen Reihen der Dritten Welt rekrutieren. Sie haben den Schaden durch entsprechende Entwicklungstransfers wenigstens teilweise wettzumachen.

§ 94 Schuldenproblem

1. Je länger, je mehr hat sich das Schuldenmachen der Entwicklungsländer als ein bedrohliches Problem für den Industrialisierungsfortschritt herausgestellt. Natürlich ist es eine normale Begleiterscheinung des Wachstums, daß sich das Kreditnetz ausdehnt, das über eine Wirtschaft gespannt ist. Das gilt in Graden auch für die **Außenverschuldung**, soweit die – nach internationalen Maßstäben – rentablen Investitionsgelegenheiten, die in einem Land vorhanden sind, seine aktuelle Eigenersparnis (bei Haushalten, Unternehmen und öffentlichen Budgets) übersteigen. Freilich will die Verschuldungsfähigkeit gegenüber dem Ausland in der Periodenfolge besonders sorgfältig kalkuliert sein. Denn hier wird es ernst: die Kredite sind in fremder Valuta zurückzuzahlen, und diese müssen im Außenhandel verdient werden. Wenn ein Land erst dahin kommt, draußen neue Kredite aufnehmen zu müssen, nur um den periodischen Zinsendienst für den alten Schuldenbestand bedienen zu können, ist es um die Vernunft der Entwicklungspolitik geschehen.

2. Und doch befindet sich heute (neben einigen Ostblockstaaten) eine Reihe von Entwicklungsländern in dieser Situation, darunter auch solche, die nicht als „arm“ gelten können (etwa Brasilien und Argentinien), ja aufschlußreicherweise selbst Ölproduzenten (zum Beispiel Mexiko). Selbstverständlich spielen, wie überhaupt in der Entwicklungspolitik, auch für die Schuldenkrise noch besondere Umstände eine Rolle (Argentinien zum Beispiel hat einen kostspieligen Krieg geführt). Gleichwohl ist das ökonomische Grundmuster der **Ursachen** überall das gleiche. Von der Welle einer internationalen entwicklungspolitischen Euphorie getragen, mutet sich ein Land pro Periode ein Übermaß an Investitionsprojekten zu; zu vieles soll gleichzeitig geschehen, und dazu müssen die Rentabilitätskalküle großzügig behandelt werden. Ähnlich großzügig geht es bei der Verwendung der Kredite zu, namentlich solcher, die von anderen Regierungen stammen, wo jede Art Auflagen als „Einmischung“ gebrandmarkt zu werden pflegt.

Ein Teil der Verschuldung dient gar nicht der Investitionstätigkeit, sondern (direkt oder indirekt) einem exzessiven Staatskonsum und auch populistischen Programmen, die die politische Herrschaft festigen sollen, in der Sache jedoch die Konsumquote hochtreiben. Sind nun noch die Erträge der Unternehmen (also deren Selbstfinanzierungschancen) das bevorzugte Objekt der **Besteuerung**, geschieht das genaue Gegenteil dessen, was ein Industrialisierungsprozeß eigentlich erfordert, nämlich eine Anhebung der gesamtwirtschaftlichen Sparquote. Eine Inflation kann bei einer so deroutierten Verschuldungspolitik nicht ausbleiben. Mit ihr gerät man in den Teufelskreis, daß die Steuereinnahmen realiter immer weniger weit reichen, die Steuerlast mithin, will man an den eingegangenen Staatsverpflichtungen festhalten, heraufgesetzt und die Nominallöhne, unabhängig von der Entwicklung der Arbeitsproduktivität, den davonlaufenden Lebenshaltungspreisen angepaßt werden müssen – vom steigenden Zinsniveau, das die Investitionsneigung bremst, ganz zu schweigen. Es entsteht vermeidbare Arbeitslosigkeit.

Nicht zuletzt sind auch die **Exportchancen** betroffen. Der Preisauftrieb des Landes erschwert, verfolgen nicht auch die Handelspartner einen entsprechenden inflationistischen Kurs, den Absatz im Ausland, so nicht ohnehin schon die Produktion in den heimischen Exportbranchen stagniert. Im gleichen Zuge pflegt andererseits der Importwert zuzunehmen. Die Folge sind gravierende Defizite in der Handelsbilanz. Abwertungen der heimischen Währung und Exportsubventionen mögen für eine gewisse Atempause sorgen; aber aus naheliegenden Gründen kann das keine Dauerlösung sein. Den Defiziten entspricht, soweit das Entwicklungsland keine zusätzlichen unentgeltlichen Übertragungen aus dem Ausland erhält, ein verstärkter Netto-Kapitalimport. Aber damit steigt nur die Zins- und Tilgungslast, und zwar verstärkt, wenn die ausländischen Banken, was man ihnen betriebswirtschaftlich nicht verübeln kann, nurmehr bereit sind, sich auf die Vergabe (teuerer) kurzfristiger Kredite einzulassen, und im übrigen eine besondere Risikoprämie verlangen. Aber auch hier geht der Krug so lange zum Brunnen, bis er bricht. Am Ende, wenn sich international nicht mehr genügend Geber von Überbrückungskrediten finden lassen, wird das Land faktisch zahlungsunfähig. Auf die Dauer kann eben niemand, auch kein Staat, ungestraft über seine Verhältnisse leben.

3. Natürlich gehört zum Schuldenmachen immer ein zweiter, nämlich der Gläubigerpartner. Hier können Teile des westlichen Bankenapparates (und manche Regierungen) sich nicht von einer Mitschuld an der Verschuldungskrise in der Dritten Welt freisprechen. Auch die Banken haben sich, von politischer Seite zuweilen animiert, auf der Welle der entwicklungspolitischen Euphorie mittragen lassen; man wollte Gewinne um jeden Preis machen und überschätzte die Wirtschaftskraft der Schuldnerländer ebenso, wie man deren wirtschaftspolitische Risiken unterschätzte; in manchen Fällen wurde auch schlicht die goldene Bankregel mißachtet.

In der jetzt anstehenden Überbrückungsphase der Schuldenkrise wird manche **Geberbank** Federn lassen müssen, namentlich wenn sie ihr Kreditengagement auf bestimmte Entwicklungsländer konzentrierte. Staatliche Garantien für notleidende Außenstände, für die dann der Steuerzahler zur Kasse gebeten würde, scheiden aus. Es muß genügen, daß die öffentliche Hand bei der steuerlichen Abschreibung notleidender Kredite („Wertberichtigung“) mit von der Partie ist und im übrigen auch bereits die federführende Hilfs- und Koordinationsinstanz des Internationalen Währungsfonds durch Quotenbeiträge mitfinanziert.

4. Indes, die Verwandlung von „loans“ in „grants“[11] muß nicht die Regel sein. Vorderhand empfiehlt sich als **Überbrückungstechnik** die Umschuldung kurzfristiger Kredite auf mittel- und langfristige Titel, mit der sich die Zinslast der Entwicklungsländer ermäßigt und auch der Zeithorizont für die Korrektur ihrer Wirtschaftspolitik verlängert.

In der gleichen Richtung wirkt eine Anpassung der Bankenforderungen an die jeweilige Zinsleistungsfähigkeit des Entwicklungslandes, die gleichzeitig den Wertberichtigungsbedarf der Geberinstitute zu Lasten des heimischen Fiskus verändert. Auch kann man die fälligen Zinszahlungen teilweise kapitalisieren, was den Schuldnern eine Atempause verschafft, oder ihnen eine tilgungsfreie Frist einräumen.

---

[11] *K. B. Griffin, J. L. Enos*, Foreign Assistance: Objectives and Consequences, in: Economic and Cultural Change, Bd. 18 (1970), Nr. 3, S. 326.

Vor allem ist aber daran zu denken, ein gewisses Bankschuldenvolumen etwa der lateinamerikanischen Länder in **Bonds** zu verbriefen, die auf dem internationalen Kapitalmarkt zum Kauf angeboten werden; dabei müssen die abstoßenden Banken allerdings ein erhebliches Disagio in Kauf nehmen, erhalten aber dafür Luft für das dringend erforderliche Neuengagement[12], und das auf nicht-inflationärer Basis. Dagegen wäre eine Zinsplafondierung durch international verordnete, schematische Obergrenzen eine marktinkonforme und allokationsschädigende Maßnahme.

5. Andererseits sollten sich die Überbrückungsbemühungen aber auch nicht durch Kassandrarufe irritieren lassen, daß einige Schuldnerländer mit **Repudiation**, also schlichter Aberkennung ihrer Verpflichtungen, drohen könnten. Daß sie tatsächlich wahrgemacht werden, ist nicht sehr wahrscheinlich. Denn ein solches Land würde seine Kreditwürdigkeit auf Dauer verlieren (was im Prinzip auch gegen unkonditionierte Schuldenerlasse spricht), ganz abgesehen davon, daß nach internationalem Recht alsbald in seine (äußeren) Vermögensbestände vollstreckt werden könnte.

§ 95 Mittelaufbringung

1. Was die Mittelaufbringung betrifft, liegt eine spezifische Aufteilung je nach **Art** der Entwicklungshilfe nahe.

Die **Grundbedürfnishilfe** sollte prinzipiell aus Spenden finanziert werden, so wie es ja auch nicht-staatliche, caritative Organisationen sind, die am ehesten den Gebern die Sicherheit bieten können, daß die Hilfe tatsächlich diejenigen erreicht, für die sie gedacht ist, nämlich die wirklich Armen.

Freilich muß der „Spendenmarkt" ein offener sein. Der Wettbewerb unter den caritativen Hilfsträgern führt schon von sich aus zur Projektkonzentration und zur öffentlichen Rechenschaftslegung über die erzielten Wirkungen, namentlich auch, was die Ankurbelung der Selbsthilfe vor Ort betrifft. Durch steuerpolitische Gemeinnützigkeitsregelungen werden Spender wie Hilfsträger gefördert; nicht aufrechtzuerhalten sind allerdings die einschlägigen staatlichen Zuschüsse, die bisher den caritativen Organisationen zuflossen. Insgesamt entspricht das Verfahren einer tatsächlich freiwilligen Hilfe[13], die die Präferenzen der Bevölkerung im Geberland widerspiegelt und zudem den Vorteil hat, selbsttätig für die gehörige Kontrolle des Einsatz-Erfolg-Verhältnisses zu sorgen.

2. Der **Staat** seinerseits sollte sich, dem Prinzip der Subsidiarität folgend, auf jenen Teil von Entwicklungsleistungen beschränken, der in **Kooperationshilfen an die Regierungen** von Dritte-Welt-Ländern besteht. Deren – wie man es dreht und wendet – politischen Charakter entspricht eine Finanzierung über die **Steu-**

[12] In diesem Zusammenhang ist es sicherlich ein Fortschritt, daß westliche Banken das Institut of International Finance (IIF) in Washington als eine Art informierende „Evidenzzentrale" begründet haben.

[13] Dieses wichtige Ziel erreicht der ansonsten interessante Vorschlag von *H. Giersch* (Entwicklungshilfe anders, in: Wirtschaftswoche, Nr. 6 v. 3.2.1984, S. 42) nicht, da er den Bürger nach wie vor zwingt, einen staatlich festgesetzten Einkommensteil für humanitäre Hilfe abzuzweigen, und ihm lediglich die Wahl zwischen Spendenquittung oder Abführung des Betrages an das Finanzamt läßt.

ern, also über Zwangsbeiträge, wie sie auch sonst bei politischen Vorhaben üblich ist. Allerdings muß diese Belastung, im Vergleich zu den gegebenen Vehältnissen, im Ausmaß der ausgelagerten Grundbedürfnishilfe gesenkt werden. Sogenannte Ermächtigungsverpflichtungen früherer Regierungen, die dem im Wege stehen, sind unter Ausschöpfung der vertragsrechtlichen Möglichkeit zu korrigieren.

Die Kontrolle der staatlichen Kooperationshilfen erfolgt auf den üblichen demokratischen Wegen. Da das geltende Steuerrecht gemäß dem Nonaffektationsprinzip eine direkte Bindung zwischen Besteuerung und Ausgabenzweck nicht zuläßt, muß gerade auf dem entwicklungspolitischen Gebiet eine verstärkte Publizität der betreffenden Haushaltsansätze und der Ergebnisprüfungen in die Bresche springen. Und vor allem: Zu ihrem Teil baut schon die institutionelle Trennung zwischen Grundbedürfnishilfe und Kooperationsbemühungen einer Vermengung von caritativen und politischen Zielen vor.

3. Allerdings wird eine solche klare Trennung auf der Ebene der **internationalen Verteilerorganisationen** wieder in Frage gestellt. Sie waren ursprünglich als Zusammenschlüsse gedacht, die den Einsatz der von den Mitgliedsländern aufgebrachten Hilfsmittel rationalisieren sollten; auch legten flächendeckende Projekte, die die Möglichkeiten eines einzelnen Geberlandes überschreiten, eine gemeinsame Finanzierung über Länderbeiträge nahe.

Mit der Zeit ist jedoch ein Großteil der einschlägigen internationalen Organisationen derart politisiert worden, daß die Effizienz der eigentlich gemeinten Hilfsaufgabe Schaden zu nehmen droht. Im übrigen stört die Vielfalt an internationalen Gremien, die inzwischen beteiligt sind und sich vor Ort nur zu oft in die Quere kommen (Mehrfachbezug im Empfängerland).

Der Versuch, die internationale Entwicklungsbürokratie zu reformieren, dürfte sich als ein wenig hoffnungsvolles Unterfangen herausstellen. So bleibt zur Rationalisierung dieser Entwicklungshilfe nichts übrig als eine Rückverlagerung der Gewichte hin zu bilateralen Formen. Die europäischen Länder können sich dabei den Vorteil einer gezielten Aufgabenteilung je nach ihren besonderen historischen Beziehungen zu den einzelnen Entwicklungsländern zunutze machen.

5. Teil: Wachstumspolitik

§ 96 Zielsetzung

1. Stellt man auf **entwickelte** Industriewirtschaften **marktwirtschaftlicher** Prägung (für die „Entwicklungspolitik“: § 90ff.) und auf den globalen Aspekt ab (für die „Strukturpolitik“: § 105ff.), kann es zunächst erstaunen, daß die Berufung auf „wachstumspolitische Notwendigkeiten“ in aller Politiker Munde ist. Denn, sachlich gesehen, liegt ein solcher „Bedarf“ keineswegs auf der Hand: wenn die Ordnungspolitik, die Stabilitätspolitik und die Außenwirtschaftspolitik modellgerecht funktionieren, bleibt das tatsächliche Wirtschaftswachstum das **Ergebnis** der periodischen Entscheidungen von Millionen Einzelwirtschaften, die über die pretiale Lenkung in Interdependenz stehen; in ihnen kommen die individuellen Präferenzen in bezug auf private bzw. öffentliche Güter und auch die Zeitpräferenz in der Einkommensverwendung zur Geltung; und schließlich soll ja die Gesamtveranstaltung aus Wirtschaftsprozeß und ihn begleitender Wirtschaftspolitik primär den Wünschen der Bevölkerung dienen.

Unter diesen Voraussetzungen ist es nur natürlich, wenn die faktischen Wachstumsraten in der Periodenfolge **schwanken**, etwa weil c.p. die Rate der Geburtenhäufigkeit sinkt oder sich die Quote der freiwilligen Ersparnis nachhaltig verändert oder die Präferenzen der arbeitsanbietenden privaten Haushalte angesichts des erreichten Lebensstandards sich zugunsten einer größeren Freizeit verschieben, – von den erhöhten Ansprüchen an die Sicherheit und Umweltfreundlichkeit von Produktionsverfahren und Produktqualitäten zu schweigen (§ 42).

Reklamieren staatliche Akteure gleichwohl einen Bedarf an Wachstumspolitik mit Begründungen von der Art, daß anderenfalls das gegebene System der Sozialen Sicherung ins Wanken geriete oder die staatliche Entwicklungshilfe nicht aufrechtzuerhalten und das Steueraufkommen auch sonst unzureichend sei, so ist das eher ein Akt des Selbstschutzes. Denn offensichtlich liegt das wahre Problem nicht beim Aufkommen an Pflichtbeiträgen, sondern in einer Fehlkonstruktion des Sicherungssystems, das auf die seiner Aufgabe entsprechende Flexibilität hin zu reformieren wäre[1]; in der Entwicklungshilfe bedeutet eine Verlagerung hin zur Spendenfinanzierung, der unter Effizienzkriterien ohnehin der Vorzug gebührt (§ 95), nicht, daß ihr Gesamtvolumen abnehmen müßte; und was die „sonstigen“ Steuereinnahmen betrifft, ist es an den Politikern, ihre Ausgabenprogramme zu überprüfen, was in vielen Fällen einem Rationalitätsgewinn gleichkommen dürfte, es sei denn, sie vermöchten angesichts vordringlicher öffentlicher Neuprojekte das Publikum – im Rahmen eines rationalen Steuersystems (§ 57) – für eine Erhöhung der Tarifsätze zu gewinnen.

2. Etwas anderes ist es, wenn die politische Wachstums**vorsorge** in dem Sinne zu wünschen übrig läßt, daß die Einzelwirtschaften zwar eine höhere wirtschaftliche Fortschrittsrate wünschen, aber am einschlägigen Handeln durch eben das

[1] Dazu: *B. Molitor,* Soziale Sicherung, München 1987, S. 206ff.

Staatsverhalten gehindert werden: durch mangelnde Konstanz der Wirtschaftspolitik und die damit verbundenen vermeidbaren Unsicherheiten; durch staatliche „Regulierungen", die gesamtwirtschaftlich mehr kosten als sie nützen; durch Ansprüche der öffentlichen Hand an das Produktionsergebnis, die weniger wert sind als sie kosten; durch ein leistungsfeindliches Besteuerungssystem; durch eine inflationäre Geldpolitik; durch eine staatliche Beschäftigungsgarantie, die die Lohnverhandlungsdisziplin untergräbt; durch außenwirtschaftlichen Protektionismus.

In einer Marktwirtschaft kann Wachstumspolitik rationellerweise (§ 11) nur zum **Ziel** haben, die, soweit es am Staatsverhalten liegt, fortschrittsförderlichen **Bedingungen** zu setzen, die dann von den Einzelwirtschaften je nach ihren Plänen und Präferenzen in Beschäftigung, Sparquote und Investition zu nutzen sind. Mehr vermag sie nicht zu leisten, es sei denn, man wollte in Kauf nehmen, die Wirtschaftsordnung zu transformieren („Planification", Investitionslenkung). Hier wie auch anderswo tut die Politik gut daran, nicht mehr zu versprechen, als sie zu halten vermag; denn sonst verliert sie nur an Glaubwürdigkeit, die aber ihrerseits angesichts des verhaltenssteuernden Gewichtes der einzelwirtschaftlichen Erwartungen das A und O für die Erfolgssicherheit der Staatstätigkeit ist.

3. Eine Politik, die eine **bestimmte Rate** des Wachstums beim Sozialprodukt bzw. beim Pro-Kopf-Einkommen herbeiführen oder erhalten will, ist zum Scheitern verurteilt:

a) weil die Staatsbürokratie die unterschiedlichen Wünsche, Präferenzen und Erwartungen von Millionen Einzelwirtschaften nicht kennen und – ob mit oder ohne Computer – nicht messen kann, folglich auch nicht verläßlich die **Zielgrößen** zu bestimmen vermag, die quantitativ zu verfolgen wären;

b) weil der Staat, greift er eine bestimmte Wachstumsrate als erwünscht heraus, nicht verläßlich den quantitativ erforderlichen politischen Mitteleinsatz bestimmen kann; denn dazu müßte er Prognosekenntnisse über die tatsächlichen Reaktionen von Millionen Einzelwirtschaften im Zeitverlauf besitzen, die „systematisch" außerhalb seiner Wissensmöglichkeiten liegen. Auch durch Befragung der maßgeblichen Wirtschaftsgruppen läßt sich dieses Manko nicht überwinden („Planification Indicative"); denn die „durchschnittlichen" Meinungen, die die Beteiligten heute äußern, bieten keine Garantie, daß ihr Verhalten morgen auch tatsächlich ihren Absichtserklärungen entspricht;

c) weil der Staatsbürokratie, wenn sie sich bei der Mitteldosierung auf „vermutete" Werte verläßt, kein Mechanismus zur Verfügung steht, um, wie das der Markt leistet, Fehlentwicklungen rasch zu korrigieren. „Reformen", wenn sie denn nach einem schwerfälligen politischen Verfahren zustandekommen, wirken dann oft nur prozyklisch.

4. Allerdings hat auch das bescheidenere Ziel, sich auf die Setzung wachstumsförderlicher Bedingungen zu beschränken, seine Schwierigkeiten. Es ist ja nicht damit getan, daß der Staat alles beläßt, was vorher geschah, und lediglich etwa mit einem zusätzlichen Ausgabenprogramm aufwartet. Vielmehr geht es in aller Regel darum, frühere Politiken in einem mehr oder minder schmerzlichen Prozeß einer Änderung zu unterziehen.

In der Tat, wo in der Empirie tatsächlich eine bewußt-rationale Wachstumspolitik betrieben wird, besteht sie vor allem darin, kontraproduktive Regulierungen, auch an der außenwirtschaftlichen Front, abzubauen, eine ausufernde und fehlstrukturierte Besteuerung zurückzunehmen und für eine nicht-inflationäre Geldmengenbewegung zu sorgen.

Indessen liegt auf der Hand, daß derartige Schritte aus der Sache heraus nicht ad infinitum wiederholt werden können. Das Mittel der steuerlichen Abschreibungserleichterung zum Beispiel oder einer Öffnung von Ladenschlußzeiten läßt sich allenfalls bis zu hundert Prozent einsetzen, aber schon vorher klinkt die Brauchbarkeit des Instrumentes wegen des rapiden Abfalls seines Grenznutzens aus.

5. Politische Schwierigkeiten bereitet auch, daß eine Wachstumspolitik, die diesen Namen verdienen will, **längerfristig** orientiert sein muß. Sie bedarf, um die erstrebten Wirkungen zeitigen zu können, der gehörigen Zeitvorgabe. Dem stehen jedoch die relativ kurzen Legislaturperioden im Konkurrenzkampf der demokratischen Parteien entgegen und namentlich die fatale politische Attitüde, auf den kurzfristigen Erfolg zu setzen, selbst wenn es sich sachlich nur um ein „Strohfeuer" handelt.

6. Daß mit einem Wachstumsziel nur der **reale** Anstieg des Sozialproduktes bzw. des Pro-Kopf-Einkommens gemeint sein kann, bedarf keiner besonderen Erklärung. Aber auch so bedeutet **Wirtschaftswachstum**, wie es die traditionelle volkswirtschaftliche Gesamtrechnung erfaßt, nicht unbesehen eine gleichgroße Rate der **Wohlfahrtszunahme**. Das ist theoretisch ein alter Hut. Je höher der wirtschaftliche Entwicklungsstand und je größer die Bevölkerungsdichte ist, umso mehr bestehen Teile des wachsenden Sozialproduktes in „Reparaturaufwendungen", etwa in Form von Krankheitsausgaben oder Aufwendungen zur Abfallbeseitigung. Geht die Realeinkommenszunahme auf eine verstärkte Beschäftigung verheirateter Frauen zurück, muß der Verlust an häuslichen Diensten gegengerechnet werden, die (bislang) nicht in die Gesamtrechnung eingehen.

Und natürlich „kostet" das Wachstum von Produktion und Verbrauch je nach dem erreichten Entwicklungsstand **Umweltressourcen** (einschließlich der psychischen Belastung durch dichtes Zusammenwohnen), wenn auch die Ausrichtung des technischen Fortschrittes in Produktionsverfahren und Produktqualitäten hier bei entsprechenden Präferenzsetzungen immer wieder für eine Teilkompensation sorgt.

Es liegt nahe, für die Zielformulierung vor diesem Hintergrund von „qualitativem" Wachstum zu sprechen, an dem sich die einschlägigen politischen Bemühungen zu orientieren haben („Lebensqualität"). Nur muß in der Sache Klarheit darüber bestehen, daß „qualitatives" Wachstum letzten Endes ein quantitatives Problem ist: eine verbesserte Lebensqualität hat ihre Opportunitätskosten in Einkommensteilen, über die sonst anders verfügt werden könnte, so wie auch eine verlängerte Freizeit nur zu Lasten einer alternativen Lohnzunahme zu haben ist.

7. Schon aus diesem Grunde kann die (zumeist von Sozialphilosophen geäußerte) These, mit einem hohen Wohlstandsniveau werde die Wachstumspolitik aus **Sättigungsgründen** obsolet, nicht ins Schwarze treffen. Aber auch sonst verkennt sie das, was *Wundt* die „Heterogonie der Zwecke" genannt hat: mit jeder Etappe der Lebensstandardssteigerung pflegen sich die Bedürfnisse automatisch auszudehnen bzw. neue Bedürfnisse in den Begehrkreis der Beteiligten zu treten, namentlich wenn man unter den Konsumgütern jene der Freizeitnutzung und der Prestigegewinnung berücksichtigt.

Hinzu kommt, daß es zu jedem Zeitpunkt stets Abstufungen im individuellen Lebensstandard gibt und dem, was oben geschieht, unten nachgeeifert wird, worauf dann oben wiederum das gewichtige Gut der „sozialen Distanz“ im Grenznutzen zunimmt. Wachstum geht permanent mit Prozessen der gesellschaftlichen Angleichung und der Differenzierung einher.

8. Andererseits will das häufig zugunsten einer einschlägigen Politik vorgebrachte Argument, Wachstum vermindere **Verteilungskonflikte**, gewichtet sein.

Einmal kommt es hier auf Art, Dosierung und Timing der wachstumspolitisch eingesetzten Instrumente an, und einige der wirksamsten unter ihnen machen der Natur der Sache gemäß die Einkommensverteilung zunächst ungleichmäßiger. Gewiß sollte man – **zum anderen** – meinen, daß, wenn schließlich alle am Einkommensanstieg partizipieren und auch in der unteren Hälfte der Einkommenspyramide inzwischen ein „absolut“ befriedigender Lebensstandard erreicht ist, die Unzufriedenheit mit Blick nach oben abnehmen müßte. Die Empirie bestätigt diese Vermutung jedoch kaum.

Jedenfalls läßt sich feststellen, daß in den fortgeschrittenen Wohlstandsgesellschaften des Westens bereits Ungleichheiten zu Staatsaktionen führen, die in früheren Entwicklungsstadien kaum die Aufmerksamkeit auf sich gezogen hätten, während man die in der Tat massiven Ungleichverteilungen in den kommunistischen Ländern vornehm zu übersehen pflegt.

Schließlich: ist es gewiß richtig, daß, bei gegebenem Steuersystem, der Fiskus mit dem Wirtschaftswachstum mehr Einnahmen erhält, die sich zur Umverteilung einsetzen lassen. Aber auch hier kommt es immer noch auf die **Art** des Instrumenteneinsatzes an, der darüber entscheidet, inwieweit das Umverteilungsverfahren das wachstumspolitische Ziel seinerseits in Mitleidenschaft zieht und möglicherweise dann zu einem erneuten Bedarf an einer einschlägigen Staatsaktivität führt.

Die Gefahr besteht vor allem darum, weil eine konsumaufblähende Umverteilung heute die Chancen des Wohlergehens der kommenden Generation belasten kann. Und der eindeutig **positive** Distributionseffekt, den die Wachstumspolitik besitzt, bezieht sich gerade auf die **intertemporale Verteilung** zugunsten der zukünftigen Generation.

§ 97 Ansatzpunkte

1. Praktisch wirkt sich jedes wirtschaftliche und erst recht jedes wirtschaftspolitische Handeln – direkt oder indirekt, positiv oder negativ – auf das Wachstum aus. Der Kreis der Faktoren, die sich als Ansatzpunkt für eine **sichere positive Beeinflussung** des Wachstums eignen, ist indessen begrenzt. Eine Erhöhung des Auslastungsgrades eines **gegebenen Produktionsapparates** bei sonst gleichen Bedingungen und der damit verbundene „einmalige“ Anstieg des Sozialproduktes gehört sicherlich nicht dazu; er fällt unter die stabilitätspolitische Zielsetzung (§ 48).

Andererseits ist aber eine Ausweitung des gesamtwirtschaftlichen Produktions**potentials** wachstumspolitisch noch nicht ausreichend: es geht, genau genommen, um die nachhaltige Veränderung des Produktions**ergebnisses**.

2. Auch wollen die Unterschiede in der Formulierung der Zielgröße „Wachstum" beachtet sein, wenn der Konformitätsgrad der Maßnahmenprogrammierung zur Frage steht. Daß es nur um eine dauerhafte **reale** Steigerung des gesamtwirtschaftlichen Ergebnisses in der Periodenfolge, also nicht um inflationistische Kunststücke gehen kann, deren Wirkung dann doch nicht vorhält, liegt auf der Hand. Wählt man als Zielgröße das **Brutto**sozialprodukt, werden die Ersatzinvestitionen in die Ermittlung einbezogen, die (rechnerisch) der Aufrechterhaltung eines bei Periodenbeginn vorhandenen Produktionsapparates dienen; ein Wachstumsfaktor liegt hier nur dann und insoweit vor, als gelegentlich der Reinvestition eine neue Produktionsfunktion eingeführt wird, die auf Dauer die Faktorproduktivität erhöht.

3. Geht man vom **Netto**sozialprodukt aus, so besagt dessen Anhebung noch nicht, daß auch das **Pro-Kopf-Einkommen** als das eigentliche Maß des Versorgungsstandes mit der gleichen Rate steigt. Das muß die schiere Erhöhung der **Bevölkerungszahl** als Wachstumsfaktor problematisch machen, ganz abgesehen davon, daß sie nur in engsten Grenzen politisch überhaupt beeinflußbar ist. Ein Bevölkerungswachstum absorbiert Kapital; je geringer aber die Kapitalausstattung pro Kopf ist, umso geringer fällt auch das Sozialprodukt pro Kopf aus. Dieser wohlstandsmindernde Effekt wird, jedenfalls in den bereits hochgradig entwickelten Industriewirtschaften, auch nicht durch die „economies of large scale" kompensiert, die eine hohe Bevölkerungsdichte bei Einführung spezialisierter Techniken begünstigt.

Im übrigen geht eine stabilisierte Bevölkerungszahl mit einer Schonung von Umweltressourcen einher („qualitatives" Wachstumsziel).

4. Schließlich ist es etwas anderes, eine **Niveau**erhöhung des Sozialproduktes anzustreben oder das ehrgeizigere Ziel einer Anhebung der **Rate** des Wachstums zu verfolgen; immerhin nimmt die **absolute** Veränderung der Produktionsergebnishöhe von Periode zu Periode auch bei konstanter Wachstumsrate zu.

Faßt man etwa den **Produktionsfaktor Arbeit** ins Auge, so erhöht ein verstärkter Mengeneinsatz durch Anstieg der Erwerbsquote bei gegebener Bevölkerungszahl oder der Arbeitszeit pro Beschäftigten (Wochenarbeitszeit, Lebensarbeitszeit) bei gegebener Erwerbsquote gewiß das Niveau des Sozialproduktes, und das umso mehr, wenn, bei konstanter Produktionsfunktion, der Arbeitsfaktor einen Engpaß darstellt (hohe wage-drift, Überhang der offenen Stellen in der Arbeitsvermittlung). Entscheidend für die Wachstumsrate des Pro-Kopf-Einkommens ist jedoch die Entwicklung der **Produktivität** pro eingesetzter Arbeitsmenge. Und diese wird, bei gegebener persönlicher Anstrengung des durchschnittlichen Arbeitnehmers, durch eine steigende **Kapitalintensität** der Arbeit und die Anwendung **technischer Fortschritte** bestimmt, denen eine Verbesserung der **Arbeitsqualifikation** (Ausbildung) korrespondieren muß.

5. Was den **Produktionsfaktor Kapital** betrifft, so ist ein Anstieg der gesamtwirtschaftlichen **Sparquote** (im Sektor private Haushalte, Unternehmen und Staat) insofern wachstumsfördernd, als er eine nicht-inflationäre Finanzierung von Zusatzinvestitionen erlaubt. Entscheidend bleibt jedoch die **Realkapitalerhöhung** (sachliche Produktionsmittel) und nicht einfach die Anlage in der Geldvermögensbildung (oder gar ein Horten).

Eine erhöhte **Investitionsquote** stellt ihrerseits eine notwendige Bedingung des Wirtschaftswachstums dar. Aber für sich genommen, ist sie nicht hinreichend, um die Rate des Anstiegs beim Pro-Kopf-Einkommen heraufzusetzen.

Einmal bedarf es in einer **ohnehin schon hochentwickelten Volkswirtschaft** eines stets größeren Investitionsvolumens, um auch nur ein gegebenes Fortschrittstempo aufrechtzuerhalten.

Zum anderen macht es einen erheblichen Unterschied aus, wenn ein größerer Teil der Investitionen nicht **unmittelbar produktiv** eingesetzt wird, sondern Sicherheitszwecken, der „Humanisierung" der Arbeit oder dem Umweltschutz dient.

Schließlich kann eine verstärkte Investitionstätigkeit mit einer Unternehmenskonzentration einherzugehen. Aber gerade der **Intensitätsgrad des Anbieterwettbewerbs** bestimmt über die Korrelation zwischen Investitionsquote und Fortschrittsrate.

Das dominierende Gewicht liegt (nicht bei der Investitionsmenge, sondern) bei der **Produktivität** pro eingesetzter Kapitaleinheit (oder als reziproker Größe: des **Kapitalkoeffizienten**). Und der Kapitalkoeffizient pflegt mit einer zunehmenden Investitionsquote zu steigen (Gesetz vom fallenden Grenzertrag des Produktionsfaktors).

6. So bleibt als der ausschlaggebende Wachstumsfaktor die Rate des **technischen** (und organisatorischen) **Fortschrittes**, der periodisch als Produkt- und/oder Verfahrensfortschritt (effizientere Faktorallokation) zur Anwendung kommt und als kapitalgebundene Größe ein entsprechendes Investitionsvolumen voraussetzt. Mit dem technischen Fortschritt steigen die Arbeits- **und** die Kapitalproduktivität, während eine reine Substitution von Arbeit durch Kapital, etwa weil sich die Faktorpreisrelation verändert hat, zwar rechnerisch das Produktionsergebnis pro (noch) eingesetzter Arbeitsmenge steigen läßt, aber auch den marginalen Kapitalkoeffizienten erhöht.[2]

Die **Produktion** des technischen Fortschrittes zerfällt seinerseits in die Phasen der Erfindung und Entwicklung einer neuen Idee und ihrer Anwendung vor Ort durch eine entsprechende Umstrukturierung der Produktion (Innovation über eine neue Produktionsfunktion). Je nach dem Ausgangsniveau binden **Erfindung und Entwicklung** mengenmäßig und qualitativ erhebliche sachliche und personelle Ressourcen. Wachstumspolitisch ist es ein wichtiger Ansatzpunkt, eine gegebene Investitionsquote verstärkt für die Produktion neuen technischen Wissens dienstbar zu machen.

Motor der **Innovation** bleibt der **„dynamische" Unternehmer** *(Schumpeter)*. Und es liegt auf der Hand, daß seine „Entfesselung" von kontraproduktiven staatlichen Regulierungen und die Senkung seines „Behördenrisikos" *(Giersch)* eine wachstumsfördernde Maßnahme erster Ordnung darstellt. Nicht minder bedeutsam ist eine Erhöhung der (funktionalen, aber auch regionalen) **Mobilität** auf seiten des **Arbeitsangebotes**.

Mit jeder (kapitalgebundenen) **Innovation** „verjüngt" sich durch Einführung verbesserter und Ausschaltung veralteter Kapitalgüter der gegebene Kapitalstock **(Vintage-Effekt)**. Je mehr die Zunahme des Kapitalstockes mit einer Verjüngung in diesem Sinne einhergeht, umso höher liegt das durchschnittliche Produktivitätsniveau des gesamten Kapitaleinsatzes und ein umso rascheres Wachstum

---

[2] Im gleichen Produktionssystem besteht zwischen Kapitalkoeffizient (α), Arbeitsproduktivität (β) und Kapitalintensität der Arbeit (γ) die Beziehung: $\alpha = \frac{\gamma}{\beta}$.

des Sozialproduktes ist auch für die Zukunft zu erwarten. In diesen Zusammenhängen gründet die Bedeutung der unternehmerischen Abschreibungsmodalitäten als wachstumspolitischer Ansatzpunkt.

Nicht zuletzt ist aber auch eine korrespondierende Entwicklung der staatlichen **Infrastrukturinvestitionen** für die Beeinflußung der Faktorproduktivitäten von Gewicht.

Freilich, der technische Fortschritt pflegt sich weder zeitlich noch sektoral gleichmäßig zu vollziehen. Er geht, zumal in seiner kapital- und rohstoffsparenden Form, in **Schüben** vor sich. Auch von hierher gesehen, baut der Versuch, politisch eine bestimmte periodische Wachstumsrate anzustreben, auf Sand (§ 96).

7. In der offenen Volkswirtschaft kommt als Wachstumsfaktor die Verbesserung der **terms of trade** hinzu, namentlich wenn der Anteil des Außenhandels am Sozialprodukt zu Buche schlägt. Der Außenwirtschaftspolitik (und binnenländischen Preisniveaustabilisierungspolitik) wächst so schon ihrerseits eine wachstumspolitische Qualität zu (§ 75).

8. Auch bei gegebenen Produktionsfunktionen (Stand des technischen Wissens) kann sich die durchschnittliche Faktorproduktivität dadurch erhöhen, daß sich die Faktor**verteilung** von unterproduktiven in hochproduktive Sektoren verschiebt **(Strukturwandel)**. Diese Quelle der Produktivitätssteigerung wird jedoch durch staatliche Erhaltungssubventionen verstopft. Auch ist, im Unterschied zu Verschiebungen vom Agrar- zum Industriesektor, so wie sie beispielsweise in den Anfangsjahrzehnten der Bundesrepublik das Strukturbild bestimmten, zu berücksichtigen, daß in der zunehmenden „Dienstleistungsgesellschaft“ mit den Wanderungen vom industriellen in diesen Bereich ein umgekehrter Produktivitätseffekt einhergeht: die Dienstleistungsgewerbe liegen regelmäßig in der Produktivitätssteigerungsrate hinter der Industrie zurück.

Das gilt erst recht, wenn Teile des Arbeitsfaktors vor einer wachsenden Steuerlast und Höhe der Pflichtversicherungsabgaben in die **Untergrundökonomie** ausweichen, deren Produktivitätsstatus sachlich allemal als niedrig gelten muß.

§ 98 Deregulierung

1. Der reichhaltige Katalog von (in ihrem Gewicht freilich unterschiedlichen) Wachstumsfaktoren darf nicht darüber hinwegtäuschen, daß sich nur ein **begrenzter** Kreis als brauchbarer Ansatzpunkt für eine sichere, zielkonforme Beeinflussung von außen eignet, und selbst hier sind die **quantitativen** Wirkmöglichkeiten der Wachstumspolitik limitiert. Ihre Funktion besteht zuvörderst in einer Art Hebammendienst, namentlich indem sie Widerstände aus dem Weg räumt, die durch frühere staatliche Interventionen, teils gut gemeint, aber sachlich fehlorientiert, teils schlicht Gruppen- bzw. Funktionärsinteressen folgend, aufgetürmt wurden. „Entstaatlichung“ in diesem Sinne ist in der Marktwirtschaft ein unverzichtbarer Wachstumsimpuls.

2. Die erste Maßnahmengruppe, an die hier zu denken ist, läßt sich unter dem Stichwort der **Deregulierung** zusammenfassen. Sie bezieht sich auf sachlich heterogene Bereiche, hat aber den gemeinsamen Nenner, bürokratische Hemmnisse der Wirtschaftsentfaltung so weit, wie nur technisch möglich, zu beseitigen.

3. Das beginnt bei der Durchforstung des ausufernden **„Wirtschafsverwaltungsrechtes“** und ebensolcher Teile des **Arbeitsrechtes**, vor allem was die Flexibilisierung der Arbeitszeiten, die Zulassung von Zeitarbeitsverträgen und den Verzicht auf eine staatliche Allgemeinverbindlichkeitserklärung für tarifvertragliche Lohnabschlüsse betrifft.

4. Das setzt sich fort mit der Aufhebung **administrativer Preisbindungen**, etwa im Wohnbausektor, und staatlich sanktionierter Preiskartelle, etwa im Güterfernverkehr. Die öffentliche Aufsicht über das Versicherungswesen, um ein weiteres Beispiel zu nennen, darf nicht dazu führen, daß der Schutz des Versicherungsnehmers faktisch in so etwas wie einen Naturschutzpark der etablierten Anbieter umfunktioniert wird (via „materieller Bedingungsaufsicht“).

5. Und das endet beim Abbau der mannigfaltigen bürokratischen **Zulassungsbeschränkungen für den Marktzutritt**. Hier sind insbesondere die „Berufsordnungen“ zu nennen, soweit sie über den Qualifikationsnachweis zum Schutz des Verbrauchers vor Scharlatanen hinausgehen und irgendeine Form von „Bedürfnisprüfung“ vorsehen. Das gilt auch im Fall der kommunalen Zulassung von Warenhäusern.[3]

Andererseits muß da, wo aus Sicherheitsgründen eine Zulassungsprüfung von Gütern, etwa von Medikamenten, unerläßlich ist, verhindert werden, daß durch unrationelle Verfahren oder Unterkapazität, etwa beim Bundesgesundheitsamt, der mögliche Verbrauchernutzen und die mögliche Wettbewerbswirkung des neuen Gutes auf Jahre hinaus das Nachsehen haben.

§ 99 Leistungsmotivation

1. Auf die Leistungsmotivation allgemein oder besonders „dynamisch“ orientierter Gruppen kann der Staat im wesentlichen nur über das Steuersystem Einfluß nehmen. Hier geht es um die Senkung des **Niveaus** in der Abgabenbelastung, um die Zurücknahme einer überdrehten Progression bei den direkten Steuern und die Vermeidung einer Doppelbesteuerung von Sparen und Vermögen.

2. Im Unternehmensbereich haben sich die **Lohnnebenkosten**, die alles andere als eine Nebensache sind, zu einem Hindernis für Wachstum und Beschäftigung ausgewachsen. Faktisch pflegt es sich um eine Verlagerung von Teilkosten der Sozialen Sicherung auf die beschäftigenden Unternehmen zu handeln, die zwar politisch bequem, aber sicherungstechnisch unrationell ist. Was von den Unternehmen allein verlangt werden kann, ist die Übernahme der Kosten von Schäden, die der betriebliche Produktionsprozeß seinerseits verursacht (Internalisierung).

3. Allerdings dürfen Steuersenkungen nicht mit **Haushaltsungleichgewichten** erkauft werden, wenn der wachstumsstimulierende Effekt vorhalten soll. Denn sonst steigt mit der Zunahme der Staatsverschuldung der Realzins und der Kapitalkoeffizient, was als wachstumsdämpfender Effekt für die Nettowirkung gegengerechnet werden müßte.

---

[3] Man vergleiche dazu § 11, Abs. 3 der **Baunutzungsverordnung** (Fassung von 1977), die den Gemeinden Handhaben zur Verhinderung der Ansiedlung von Großbetrieben des Einzelhandels bietet.

Zum Ausgleich für die Steuermindereinnahmen bietet sich ein rigoroser Abbau von **Erhaltungssubventionen** an. Er ist zwar politisch unbequem, hat aber zusätzlich eine eigene günstige Wirkung als Wachstumsimpuls.

Im übrigen ist zu erwarten, daß mit einer erfolgreichen Leistungsstimulation das staatliche Einnahmevolumen auch bei ermäßigten Steuersätzen in der Periodenfolge wieder zunimmt.

4. Andererseits sollten **staatliche Dienstleistungen**, soweit das technisch nur möglich ist, über **Gebühren** und allenfalls Beiträge finanziert werden, und das nicht nur aus Einnahmegründen. Unter Wachstumsgesichtspunkten ist entscheidend, daß auf diese Weise Höhe und Zusammensetzung des öffentlichen Leistungsangebotes stärker an den individuellen Präferenzen orientiert werden und die Kosten der staatlichen Produktion klar zutage treten.

§ 100 Kapitalbildung und Kapitaleinsatz

1. Bei gegebenem Besteuerungsniveau ergibt sich als zweiter, nicht minder wichtiger Ansatzpunkt der Wachstumspolitik die **Steuerstruktur**. Das Richtmaß wäre, die Gewichte zugunsten von **Kapitalbildung** und einer Verminderung des **Investitionsrisikos** zu verlagern und im übrigen jede Art von **Gewerbesteuern** aufzulassen: sie wirken sich wachstums- und beschäftigungsfeindlich gerade auch für Klein- und Mittelbetriebe aus. Soweit die Kommunen auf das entgangene Einnahmevolumen auch nicht teilweise verzichten können, läßt sich die Gewerbebesteuerung durch eine entsprechende Umstrukturierung des Finanzausgleiches zwischen den Gebietskörperschaften kompensieren.

2. Daß es in der Bundesrepublik angesichts der konstant hohen **Sparquote im Sektor private Haushalte** (Tabelle 14), zu dem allerdings auch die Unternehmerhaushalte gehören (verteilte Gewinne), noch einer allgemeinen staatlichen Sparförderung bedürfte, läßt sich aus Rationalitätsgründen bezweifeln (Mitnehmer-

Tabelle 14 Sparquote der privaten Haushalte nach Ländern

Jahr	Bundesrepublik Deutschland	Vereinigte Staaten	Japan
1975	16,2	8,6	23,1
1976	14,5	6,9	22,4
1977	13,2	5,6	21,1
1978	13,2	5,2	20,1
1979	13,8	5,3	19,6
1980	14,0	5,6	19,5
1981	14,8	7,1	20,0
1982	13,9	5,0	18,0
1983	12,2	5,0	17,5
1984	12,8[v]	6,3	14,7
1985	12,7[v]	5,1	14,7
1986	13,4[v]	3,9	15,8[v]

[v] = vorläufig

Quelle: Deutsche Bundesbank (Hrsg.), Monatsbericht August 1987, Frankfurt am Main 1987; Bank für internationalen Zahlungsausgleich (Hrsg.), 51., 54. und 57. Jahresbericht, Basel 1981, 1984 und 1987; eigene Berechnung.

effekte). Es kann genügen, wenn eine steuerliche Pauschale für das Vorsorgesparen vorgesehen wird, und das nicht zuletzt aus Gleichbehandlungsrücksichten (private Vorsorge im Vergleich zur Pflichtversicherung).

Was dagegen aufrechterhalten bzw. ausgebaut werden sollte, ist die steuerliche Begünstigung einer Vermögensbildung der Arbeitnehmer (zumeist mit Arbeitgeberzuschüssen), die direkt oder durch Anteilserwerb dem **Produktivkapital** zugute kommt.

3. Umso mehr muß im Hinblick auf ihr heutiges Gewicht die negative Ersparnis (Nettoverschuldung) im Sektor der **öffentlichen Haushalte** aus Kapitalbildungsgründen zurückgefahren werden, zumal sie in wachsendem Maße dem Staatsverbrauch dient. Aber auch im Fall von notwendigen öffentlichen Investitionen ist nicht einzusehen, warum diese nicht zum überwiegenden Teil durch Überschüsse der laufenden Einnahmen über die laufenden Ausgaben zu finanzieren wären (positive Ersparnis). Im übrigen beeinflußt der Rückgang der staatlichen Neuverschuldung c.p. über den Realzins schon seinerseits die private Investitionstätigkeit positiv.

4. Die Ersparnis im **Unternehmenssektor** (Selbstfinanzierung) dadurch zu verstärken, daß die Gewinnbesteuerung zu Lasten der ausgeschütteten Gewinne differenziert wird, verbietet sich schon aus ordnungspolitischen Gründen: die Maßnahme ist nicht wettbewerbsneutral und sie behindert die pretiale Lenkung der periodischen Investitionsfinanzierungsmittel über den Kapitalmarkt. Mit dem Anteil der betrieblichen Selbstfinanzierung wächst die Gefahr von weniger rentablen oder gar Fehlinvestitionen, die sich auf den Kapitalkoeffizienten ungünstig auswirken. Unverteilte Gewinne können überdies, über die gehörige Liquiditätsvorsicht hinaus, zur Bildung von „Kriegskassen" und zum Wertpapierkauf aus Gründen der schieren unternehmerischen Machtarrondierung verleiten.

Wachstumspolitisch unerläßlich ist indessen die Vermeidung jeder Art **Doppelbesteuerung** von Gewinnen (Körperschaftsteuer).

5. Das Volumen der gesamtwirtschaftlichen Ersparnis ist jedoch nicht alles. Für die Wachstums- und Beschäftigungswirkung kommt es entscheidend auf ihren **Einsatz in der produktivitätserhöhenden Investition** an.

a) Obenan unter den staatlichen Förderungsmaßnahmen steht hier die Einführung oder Ausweitung der steuerlichen **Abschreibungsmöglichkeiten** (degressive Abschreibung) und einer Verlustvortrags- bzw. Verlustrücktragsregelung, die den Fiskus am Investitionsrisiko beteiligt.

b) Die Neugründung zumal von Klein- und Mittelbetrieben kann der Staat durch ein eigenens **Kreditprogramm** oder **Bürgschaftsübernahmen** erleichtern.

c) Des weiteren kommt der steuerlichen Förderung von **Investivlohnregelungen** (§ 141) hohes wachstumspolitisches Gewicht zu.

d) Nicht zuletzt hat der Fiskus in seiner eigenen **Ausgabentätigkeit** Kapitalfehlleitungen zu vermeiden, die entstehen: durch Subventionierung maroder Betriebe, nur weil sie sich einmal in Staatsbesitz befinden; durch Förderung des Wohnungsbaues, wenn hier Angebot und Nachfrage nicht mehr auseinanderklaffen, oder des Agrarsektors, der ohnehin unter Überproduktion leidet, aber auch durch einseitige Begünstigung der „konsumtiven" Infrastruktur.

6. Reichen die zuletzt genannten Einsparungen auf der Ausgabenseite nicht hin, um angesichts der zugunsten der Realkapitalbildung veränderten Steuerstruktur

ein erforderliches Budgetvolumen aufrechtzuerhalten, ist der Satz der **Mehrwertsteuer** als der in einem rationalen Steuersystem einzigen Konsumsteuer entsprechend anzuheben; erleichternd fällt ins Gewicht, daß sie stark aufkommenselastisch ist.

7. Die damit verbundene Reduktion der persönlich verfügbaren Einkommen (Reallohn) darf freilich nicht zu dem Versuch führen, in den Tarifverhandlungen einen **Ausgleich** über entsprechend erhöhte Nominallohnsätze zu erreichen (§ 64). Das würde c.p. einen inflationistischen Nachfrageüberhang bedeuten, der die Intensität des Anbieterwettbewerbs und die marginale Kapitalprodukivität beeinträchtigt.

8. Die Hinnahme einer so begründeten, befristeten Reduktion der persönlich verfügbaren Einkommen ist ein wichtiger **Beitrag der Arbeitnehmerseite** zur verstärkten Realkapitalbildung, die ja regelmäßig in einer bestimmten Proportion auch das Angebot an Arbeitsplätzen erhöht. Das Verfahren ist gesamt- wie individualwirtschaftlich sicherlich zweckmäßiger, als über eine relative oder gar absolute Senkung der Effektivlohnsätze einen entsprechenden Beschäftigungseffekt anzustreben, der sich zudem auf arbeitsintensive Produktionen konzentieren würde.

Geht die zusätzliche Realkapitalbildung mit einer Steigerung der **Arbeitsproduktivität** einher – und das ist in aller Regel zu vermuten –, läßt sich die Reduktion der verfügbaren Einkommen umso schneller wieder durch fundierte Lohnfortschritte wettmachen. Das ist der Grund, der die Steigerung der Arbeitsproduktivität auch im Umkehrfall zum probaten Verfahren macht, um ein einmal gegebenes überhöhtes Reallohnniveau für das gesamtwirtschaftliche Gleichgwicht nachträglich gleichsam zu heilen.

Davon abgesehen, ist es wachstumspolitisch unerläßlich, daß die Tariflohnabschlüsse, möglichst tiefgegliedert, nach den tatsächlichen Produktivitätsunterschieden im Arbeitseinsatz differieren (§ 65).

§ 101 Forschung und Entwicklung

1. So wichtig die Forschung und die Entwicklung neuer, ökonomisch verwertbarer Ideen auch als Wachstumsfaktor sind, so sehr werden hier üblicherweise die staatlichen Beeinflussungsmöglichkeiten überschätzt, namentlich wenn man auf eine nachprüfbare Sicherheit des Wachstumseffektes abstellt. In Wahrheit sind sie, geht man über eine **allgemeine steuerliche Begünstigung** der einschlägigen Betriebsausgaben als Produktionskosten hinaus, eng begrenzt, und selbst diese stellt einer ökonomisch rationalen Durchführung erhebliche technische Probleme.

Das gilt in Graden auch für **Arbeitnehmererfindungen**.

2. Die staatliche Förderung bestimmter Forschungsprojekte, dazu noch im Umkreis ausgewählter Großunternehmen, durch **Zuschüsse** (Ausgabenseite des öffentlichen Haushaltes) stößt in der Sache auf mehrfache Bedenken:

a) Für eine allokationspolitisch optimale **Auswahl** fehlen der Bürokratie Kriterien, die über Überlegungen der Plausibilität und Opportunität hinausgehen. Aber auch plausible Projekte können, wie die Erfahrung reichlich zeigt, faktisch zur Ressourcenfehlleitung, wenn nicht zu direkten Fehlschlägen führen.

b) Die Konzentration der Forschungssubventionierung auf große Unternehmenseinheiten verzerrt den **Wettbewerb**. Dessen Intensität wird unmittelbar geschädigt, wenn industriell parallelen Forschungsvorhaben das Wasser abgegraben bzw. der Staat, wie üblich, eine frühzeitige „Koordinierung“ verlangt.

Im übrigen ist es ein Irrtum, wie selbstverständlich davon auszugehen, daß die wachstumsrelevante **Effizienz** von Forschung und Entwicklung (einschließlich ihrer Subventionierung) eine Funktion der Unternehmensgröße darstelle.

c) Eine unmittelbare staatliche Förderung beschwört das **Mitnehmerproblem** herauf: was die öffentliche Hand an Zuschüssen gibt, vermag das Unternehmen an Eigenmitteln einzusparen, die man sonst wahrscheinlich eingesetzt hätte, so das Projekt nicht ohnehin schwergewichtig zur Ausnützung gegebener Subventionsmöglichkeiten geplant wird.

d) Bei gleichem Volumen hat das Verfahren staatlicher Zuschüsse gegenüber der steuerlichen Forschungsförderung den **Nachteil**, daß die Zuschüsse, wenn das Projekt nicht die Erwartungen erfüllt, endgültig verloren sind, während sonst das öffentliche Budget nur soweit mit von der Partie ist, als die Steuerschuld des Begünstigten reicht.

3. Die **Grundlagenforschung** ist international keineswegs auf Universitäten oder gar staatlich finanzierte Hochschulen beschränkt, die zudem mit den administrativ als vorrangig betrachteten Lehrdeputaten zu kämpfen haben. Es gibt eine wachsende „industry of discovery“ *(Slichter)*, und das auch losgelöst von den spezifischen Forschungsabteilungen der Produktionsbetriebe.

In der Bundesrepublik besteht außerdem die Gefahr, daß die an sich denkbaren Wachstumsgewinne aus einer einschlägigen Kooperation zwischen Staatsuniversitäten und privater Industrie namentlich seit 1968 aus ideologischen Gründen auf Widerstand stoßen.

4. Sieht man von der Entwicklung der Kriegstechnik als einem „Mistbeet“ auch für zivil verwertbare „Abfallerfindungen“ ab, ist es nicht die Rolle des Staates, sondern die der **marktwirtschaftlichen Ordnung**, der primär Umfang und Tempo von Innovationen verdankt wird.

Nehmen wir als Beispiel den Ressourcenverbrauch im **Rohstoff- und Energiesektor**. Gerade hier hat etwa der **Club of Rome** mit seinen weltwirtschaftlichen Untergangsprognosen angesetzt und wegen „absolut“ abnehmender Vorräte und eines „verschwenderischen“ Verbrauchs die Forderung eines „Null-Wachstums“ (lediglich Ersatzinvestitionen) abgeleitet. Indessen steht die große publizistische Wirkung der Club-Berichte im umgekehrten Verhältnis zu ihrem sachlich-wissenschaftlichen Gehalt: sie basieren, was Roh- und Energiestoffe betrifft, auf systematisch fehlerhaften Schätzverfahren (gesicherte Lagerstätten sind nicht gleichzusetzen mit dem wahrscheinlichen oder gar möglichen Ressourcenvolumen, das die bekannten Vorräte um ein Vielfaches zu übersteigen pflegt, von Substituten ganz zu schweigen) und auf fundamentalen Mißverständnissen über die Wirkung des freispielenden Preissystems.

Funktioniert das pretiale Lenkungs- und Anreizsystem, ergibt sich stets das gleiche Grundmuster, nach dem in der Marktwirtschaft der Innovationsprozeß abläuft:

Erhöht sich der Preis etwa eines Rohstoffes, so diszipliniert der Wettbewerbsmarkt von selbst zu allgemeiner Einsparung und zum verstärkten Gebrauch verwandter bekannter Güterarten, deren Preisstellung jetzt vorteilhafter wird. Gleichzeitig erhöht eine nachhaltige Verteuerung den Anreiz, die Lagerstätten verstärkt abzubauen, in zusätzliche Funde des verknappten Rohstoffes zu investieren und die Gewinnungstechniken bis hin zum maritimen Bergbau fortzuentwickeln. Parallel dazu verläuft ein kontinuierlicher Prozeß der Innovation von Substituten, sei es im Primärbereich selbst, sei es bei den herzustellenden Produkten. Und bemerkenswerterweise stehen, historisch gesehen, regelmäßig dann grundlegende Neuerungen bereit, wenn man sie ökonomisch am dringendsten braucht (Beispiel Kohle-Öl).

Natürlich muß in der fraglichen Angelegenheit mit den gehörigen Gesamtfristen gerechnet werden. Indes, das Preissystem setzt frühzeitig und unter normalen Bedingungen in kleinen Schüben seine Signale. Und die Elastizität der Wettbewerbsordnung erlaubt eine ebenso geschmeidige wie lautlose Anpassung. Verschiebt sich auf den Faktormärkten zum Beispiel nachhaltig die Preisrelation zwischen Kapital und Arbeit durch ein überhöhtes Lohnniveau, ist eine Prämie auf die Entwicklung und Anwendung arbeitssparender technischer Fortschritte gesetzt. Für die gesamtwirtschaftliche Wachstumsrate entscheidend bleibt freilich die kapital- und rohstoffsparende Variante, die die totale Faktorproduktivität erhöht. Wir sind gerade Zeuge eines solchen grundlegenden Innovationsschubes (Leitertechnik), der sich über alle konjunkturellen Schwankungen hinweg ausbreitet.

Wenn es „Grenzen des Wachstums" gibt, dann liegen sie mit Sicherheit nicht im Ressourcen- und Erfindungsbereich. Auch das Umweltproblem entpuppt sich letztlich als ein Bedarf an technischem Fortschritt, der auf die veränderten Zieldatenvorgaben „angesetzt" wird.[4]

§ 102 Arbeitsvermögen

1. Verbesserungen des **Arbeitsvermögens** als Inbegriff des beim Arbeitsfaktor allgemein oder in bestimmten Fraktionen (etwa Forschungs- und Entwicklungsfähigkeit) vorhandenen Standes an Kenntnissen und Fertigkeiten[5] sind ein langfristig zentraler Wachstumsfaktor, der einen adäquaten Anteil an der gesamtwirtschaftlichen Investitionsquote erfordert (Erziehungs- und Lehrpersonal, Ausbildungsstätten und -mittel, entgangene Arbeitszeit).

Dabei geht es nicht nur um Investitionen, die die periodischen Verluste an Humankapital durch Tod und Invalidität ersetzen. Auch vorhandene Kenntnisse und Fertigkeiten unterliegen einem Prozeß der **Entwertung** durch Wissens- und Technikfortschritte und durch wirtschaftlichen Strukturwandel (Umschulungserfordernisse), die beim heutigen Tempo den einzelnen Arbeitsanbieter schon während des eigenen Arbeitslebens möglicherweise mehrfach treffen kann. Streng genommen, beginnt die **Netto**erziehungs- bzw. -ausbildungsinvestition erst mit der Vermittlung neuer bzw. zusätzlicher Kenntnisse und der Fortbildung,

---

[4] In der Bundesrepublik hat die Politik während der sozialistisch-liberalen Koalition aus Gründen der „sozialen Symmetrie" in großer Zahl auch staatsfinanzierte Forschungsprojekte zur „Humanisierung der Arbeit" in Auftrag gegeben. Das hat sich unter methodischen Aspekten wie nach den Ergebnissen durchweg als ein Fehlschlag erwiesen, sieht man vom Beschäftigungseffekt namentlich für Soziologen ab.

[5] Dazu im einzelnen: *B. Molitor*, Lohn- und Arbeitsmarktpolitik, München 1988, S. 25ff.

wobei das jeweils adäquate Mischungsverhältnis zwischen Grundausbildung und Vermittlung spezialisierter Fertigkeiten noch ein Zusatzproblem abgibt. Daß **Erziehungs**investitionen eigens hervorgehoben werden müssen, geht darauf zurück, daß ein gegebener Stand an Wissen und Fertigkeiten wachstumspolitisch noch wenig bedeutet, wenn nicht ein entsprechendes Maß an Verwertungsanstrengung, Anspruch an sich selbst und Eigendisziplin hinzukommt.

2. Objektiv bietet nicht so sehr eine offiziell und schematisch verlängerte Ausbildungszeit, sondern die anteilige Nutzung der stark verlängerten **Freizeiten** die rationellste Chance, das Arbeitsvermögen zu steigern.

3. Was die **institutionellen** Ausbildungsangebote anbelangt, so hat sich die allgemeine Pflichtgrundschule gewiß als staatliche Domäne bewährt. Aber schon bei der Berufsschulausbildung wächst die Bedeutung des Anteils der praxisbezogenen Lehre in Betrieben („duales" System). Erst recht ist im Sektor der weiterbildenden Lehranstalten und gar der Hochschulen ein Staatsmonopol ökonomisch alles andere als optimal. Prinzipiell läßt sich von einer Angebotsvielfalt privater und gemeinnütziger Träger, die in **Wettbewerb** stehen, eine insgesamt höhere Effizienz erwarten, und das nicht allein, weil das bürokratische Element zurücktritt, sondern vor allem, weil mit der Gebührenzahlung der Preis einer Ausbildung verhaltenssteuernd ins Bewußtsein tritt und sich Fehlnutzungen und überlange Verweildauern automatisch reduzieren. Der Staatshaushalt seinerseits wird von den hohen sachlichen und personellen Vorhaltekosten (einschließlich der einschlägigen Bürokratieaufwendungen) entlastet, mit der Folge, daß die persönlich verfügbaren Einkommen durch Steuerlastrückgang entsprechend steigen. Die sogenannten Bildungsbehörden können sich auf Rahmenrichtlinien für die Anerkennung von Abschlußzertifikaten und das Stipendienwesen beschränken, das weniger als Lenkungs-, denn als verteilungspolitisches Instrument einzusetzen ist (§ 118).

4. Ein entmonopolisiertes, vielgestaltiges Ausbildungsangebot auf den verschiedenen Stufen bietet nicht zuletzt den Vorteil der größeren **Elastizität** in der experimentellen Innovation, was Verfahren und Ausbildungsinhalte betrifft, und in der Anpassung des Systems an Datenänderungen auf der Bedarfsseite.

5. Ein und dasselbe Volumen an Ausbildungsinvestitionen kann mehr oder weniger **wachstumsrelevant** sein, je nachdem sie der mittelfristig absehbaren Nachfrage nach beruflichen Qualifikationen auf den Faktormärkten folgen. Fehlleitungen wirken wachstumsschädigend, und sei es schon durch die Unzufriedenheit, die sie bei den Betroffenen, die keine ausbildungsadäquate Beschäftigung finden, schließlich produzieren. Das Letzte, auf das sich die Politik verlegen sollte, ist eine „make-work-illusion".

§ 103 Wettbewerbs- und Stabilitätspolitik

1. **Wettbewerbspolitik** (§ 20ff.) ist bei sonst gleichen Daten in der Wachstumsförderung besonders erfolgversprechend: sie zwingt auch den von sich aus unwilligen Produzenten bei Strafe des Untergangs zu permanenten Produktivitätssteigerungen und verhindert zu ihrem Teil gesamtwirtschaftlich abträgliche Verhaltensweisen der Anbieter, namentlich was die Unternehmenskonzentration und die Abwehr von Neuerern betrifft. Allerdings bedeutet gerade in der Wettbewerbspolitik Rasten nur zu leicht Rosten.

2. Die Stabilitätspolitik und namentlich eine **stabilitätsorientierte Geldversorgung** (§ 49ff.) besitzt schon um der Erhaltung eines gegebenen Wettbewerbsgrades willen Wachstumsrelevanz. Der Versuch, das Investitionsvolumen künstlich durch „expansive" Geldpolitik nach oben zu drücken, läßt in aller Regel einen Nachfrageüberhang entstehen, der zu Verkäufermärkten führt; unabhängig von den gegebenen Marktformen, geht der Intensitätsgrad des Wettbewerbs zurück.

Im übrigen tendiert eine inflatorische Geldmengenausweitung dazu, den Realzins zu steigern und durch Investitionsfehllenkung die Kapitalproduktivität zu vermindern, was beides wachstumsabträglich ist. Das denkbare Gegenmodell einer „gleichgewichtigen" Geldentwertung, also einer vollständig und gleichmäßig antizipierten Inflationsrate, die dazu allenthalben akzeptiert würde, muß aufgrund der Erfahrungswerte als praktisch irrelevant gelten.

§ 104 Angebots- versus Nachfragepolitik?

1. Es ist schwer einzusehen, wie Wachstumspolitik, die es stets mit der längeren Frist zu tun hat, anders als **angebotsorientiert** sein könnte: Produktionspotential und Produktionsergebnis sollen erhöht und die Bedingungen der wirtschaftlichen Anpassungsfähigkeit verbessert werden. Dabei hat jede Zusatzinvestition (Kauf von Investitionsgütern) neben ihrem Kapazitätseffekt einen Einkommenseffekt (auf den vorgelagerten Produktionsstufen und im eigenen Produktionsbereich, soweit hier die Investition mit einer Mehrbeschäftigung einhergeht), und jedes auf dem Markt umgesetzte Zusatzangebot schafft seinerseits Einkommen.

2. Natürlich bedarf es, selbst wenn man dem Angebotshandeln einen zeitlichen „Vorlauf" einräumt, schließlich einer entsprechend nachhaltigen Erhöhung der effektiven **Nachfrage**. Der Kritik, die hier eine Lücke im Angebotskonzept zu erkennen glaubt, ist entgegenzuhalten:

a) Regelmäßig besteht „Wachstum" nicht in der Reproduktion der bereits vorher gegebenen Angebotsbedingungen, lediglich auf einem erhöhten Mengenniveau (capital widening). Es geht, produktivitätssteigerungsbedingt, mit einer **günstigeren Stückpreisstellung** bzw. mit **Produktqualitätsverbesserungen** bei gleichem Preis einher (capital deepening). Das führt nach allen Marktregeln zu einer Steigerung der Mengennachfrage selbst bei konstantem Volumen des verfügbaren Einkommens.

b) Ein Teil des Wachstums pflegt in neuen Gütern bzw. Güterkombinationen zu bestehen. Für ihren Massenabsatz bedarf es der informativen Werbung. Hier schafft das Angebot des innovatorischen Unternehmers sich in der Tat die Nachfrage selbst. Dazu bietet auch bei konstantem Einkommensvolumen eine (temporäre) Reduktion der Sparquote auf seiten der privaten Haushalte (einschließlich des Konsumentenkredites) das kreislauferforderliche Fundament.

c) In Wirklichkeit bleibt jedoch mit einem Wachstum, das auf (z.B. kreditfinanzierte) Zusatzinvestitionen zurückgeht, auch das **Gesamteinkommen** im Haushaltssektor nicht konstant: es **nimmt** von Anfang an mit multiplikativen Folgewirkungen **zu** (Punkt 1). Damit ist (bei unveränderter marginaler Sparquote) eine Basis für den Umsatz auch jenes Teils der Angebotssteigerung gegeben, der, schematisch betrachtet, in bekannten Gütern der gleichen Qualität und Preisstellung wie zuvor besteht.

Das gilt selbst dann, wenn die staatliche Wachstumsförderung nicht zum Instrument einer linearen Senkung der Einkommensteuer greift, die die persönlich verfügbaren Einkommen erhöht. Wird kein Budgetdefizit zugelassen (§ 99), geht die Förderung rationellerweise mit einer Umschichtung der Staatsausgaben zu Lasten relativ „unproduktiver" Verwendungsarten einher.

Als **Motive** der Mehrnachfrage kann als ausreichend gelten, was die Theorie unter dem **„Demonstrationseffekt"** zusammenfaßt. Eine Grenze würden hier Sättigungserscheinungen signalisieren, die von der Kritik am Angebotskonzept freilich mehr berufen, als empirisch nachgewiesen werden (§ 96).

Daß im übrigen mit dem Angebotswachstum und bei hohem Wettbewerbsgrad in einer entwickelten Industriewirtschaft allgemein die **Marketing-Aktivitäten** zunehmen, kann nicht erstaunen. Die damit verbundene Expansion des Dienstleistungssektors schafft auch ihrerseits Einkommen.

3. Mit alledem wird nicht ausgeschlossen, daß es gleichwohl im (längerfristigen) Wachstumsprozeß zeitweise zu **Anpassungsstockungen** kommen kann. Soweit das nicht, wie empirisch oft zu beobachten, darauf zurückgeht, daß die Wachstumspolitik zumal in ihrer Deregulierungskomponente (§ 98) nicht beherzt und zügig genug durchgeführt wird („Gradualismus"), dürfte es sich schwergewichtig um **konjunkturell** bedingte Probleme handeln, die in den Zuständigkeitsbereich der Stabilisierungspolitik fallen. Diese wird auch durch Wachstumspolitik keineswegs überflüssig.

4. Eine ganz andere Frage ist es, ob nicht die Wachstumspolitik ihrerseits **alternativ** auch auf der **Nachfragerseite** ansetzen könnte. Hier muß das Urteil eindeutig negativ ausfallen.

a) Im Mittelpunkt des Nachfragekonzeptes steht die **Gleichsetzung** von unbefriedigendem Wachstum mit mangelnder monetärer Gesamtnachfrage. Also hätte die Wachstumspolitik in einer staatlicherseits zu bewerkstelligenden Nachfrageexpansion zu bestehen. Darin liegt der populär-plausible Charme des Konzepts begründet.

In der Sache jedoch ist es, um das Mindeste zu sagen, nicht ökonomisch gleichwertig, ob eine Zusatznachfrage aus den am Markt erwirtschafteten (früheren, aktuellen oder erwarteten) Einkommen stammt oder ob sie mit Hilfe einer Geldschöpfung finanziert ist, die c.p. die Realeinkommen trifft. Wird letzteres zum Dauerfall – immerhin soll es sich nicht um Konjunktur- sondern um Wachstumspolitik handeln –, ist eine Inflationsentwicklung die Folge, die, wie wir gesehen haben (§ 103), einen der Hauptfeinde des dauerhaften wirtschaftlichen Fortschrittes darstellt.

b) Politisch liegt der Reiz des Nachfragekonzeptes darin, daß es **bequem** erscheint: alles kann bleiben wie bisher, man braucht nur Programme **zusätzlicher Staatsausgaben** zu beschließen. Und welcher Politiker trüge nicht Listen in der Tasche, was der spendende Staat nicht noch alles im Hinblick auf die (immer) bevorstehenden Wahlkämpfe tun könnte.

In der Sache sind jedoch die Wirkungen ökonomisch alles andere als ermutigend. Selbst in dem relativ noch günstigsten Fall, in dem die staatlichen Mehrausgaben nicht in den Konsum oder die Erhaltungssubventionierung fließen, sondern für öffentliche Investitionen verwendet werden, bleibt **einmal** die Nettoverschuldung auf dem Kapitalmarkt, aus der die öffentliche Hand ihr deficit-spending finanziert, mit dem Effekt des crowding-out von konkurrierenden privaten Kapitalnachfragern belastet (Zinsanstieg). Insoweit ist die **Netto-**Wachstumswirkung zweifelhaft.

Zum anderen stellt der allokative Effizienzgrad von nachfragepolitisch „gegriffenen" öffentlichen Zusatzinvestitionen und deren relative Kapitalproduktivität ein Problem dar, wenn mit der Alternative eines marktgesteuerten Mitteleinsatzes verglichen wird, – und beide Kriterien geben für den tatsächlichen gesamtwirtschaftlichen Wachstumseffekt den Ausschlag.

Schließlich ergeben sich auch ordnungspolitische Gefahren, wenn der Staatssektor durch die Nachfragepolitik dauerhaft expandiert und seinen Anteil am Sozialprodukt steigert.

c) Anders als bei einer angebotsorientierten Wachstumspolitik, wirken sich für das Nachfragekonzept **„rationale Erwartungen"** erfolgstötend aus. Hier dürfte nicht zuletzt die Erklärung dafür zu suchen sein, wenn der ständige Gebrauch des Nachfrageinstrumentariums schließlich in der Stagnation und nicht im wirtschaftlichen Fortschritt landet.

d) Vollends unbrauchbar sind nachfragepolitische Maßnahmen, wenn das Wirtschaftswachstum durch massive **externe Störungen** (Ölpreisschock u.ä.) und überhaupt durch Strukturverwerfungen gehemmt wird.

5. Wirtschaftswachstum, wie es empirisch bekannt ist, geht aber stets mit einem mehr oder minder akzellerierten **Strukturwandel** einher. Das ist schon deshalb so, weil der technische Fortschritt nicht alle Sektoren gleichzeitig bzw. gleichmäßig erfaßt (§ 97). Und der Produktivitätsfortschritt ist nun einmal der zentrale Wachstumsmotor.

In seiner Beschäftigungswirkung bedeutet Strukturwandel, daß, wenn auch anderswo neue Arbeitsplätze entstehen, in den zurückbleibenden Sektoren unterproduktive Arbeitsplätze aufgegeben werden, wenn hier nicht die Lohnkosten entsprechend sinken, was jedoch angesichts der tatsächlichen Tarifpolitik der Arbeitsmarktverbände nicht eben wahrscheinlich ist. Es erscheint dann als „technologische" Arbeitslosigkeit, was in Wahrheit ein Strukturproblem (verstärkt durch die „Problemgruppenarbeitslosigkeit") darstellt.

Hier und nicht auf der Nachfrageseite präsentiert sich der eigentliche Hemmschuh einer zügigen angebotsorientierten Wachstumspolitik, und es ist bemerkenswert, daß er bei insgesamt niedrigen Fortschrittsraten stärker ins öffentliche Bewußtsein tritt und entsprechend politisch virulent wird, obwohl der Strukturwandel **faktisch** vergleichsweise langsam verläuft.

So gesehen, wird „Strukturpolitik" zum Ingredienz einer erfolgversprechenden Wachstumspolitik. Freilich darf sie in dieser Funktion nicht in Erhaltungssubventionen bestehen (§ 106).

6. Teil: Strukurpolitik

§ 105 Einordnung

1. Der **Strukturbegriff** stellt auf **Teilaggregate** im Verhältnis zum Gesamtaggregat oder zu anderen Teilaggregaten ab. So ist eine Volkswirtschaft keine Punktwirtschaft, sondern in mehr oder minder bündig abgrenzbare **Regionen** gegliedert, die sich nach Ressourcenbestand, Entwicklungsstufe und Beitrag zum Sozialprodukt (Pro-Kopf-Einkommen) unterscheiden können.

In funktionaler Betrachtung gliedert sich die Volkswirtschaft nach **Sektoren** (Branchen) mit je spezifischem Beitrag zum Gesamtprodukt (Bergbau, Energie, Verkehr, Landwirtschaft, Chemie, Maschinenbau, Handel usw.).

Soweit die öffentliche Hand (Gebietskörperschaften) eine eigene Wirtschaftstätigkeit entfaltet (§ 47), läßt sich der **Staatssektor** allgemein oder bezogen auf eine Branche bzw. Region dem privaten und frei-gemeinwirtschaftlichen Bereich gegenüberstellen.

Quer zu diesen Einteilungen liegt die Gliederung des Bestandes an Unternehmen nach **Betriebsgrößen** (Mittelstandsfrage) und eines gegebenen Arbeitsvermögens nach **beruflichen Qualifikationsarten** (§ 102).

2. Strukturen sind, basierend auf historischen Ausgangsdaten („rekurrenter Anschluß"), letzten Endes das Ergebnis des Wirtschaftsprozesses in der Periodenfolge. Im Unterschied zu anderen einschlägigen Größen zeichnet sie eine relative **Beständigkeit** aus, was bei dem Versuch, sie politisch zu beeinflussen, „konzeptionelle Ausdauer" erfordert.

Das heißt nicht, daß sich die Strukturen in der gehörigen Frist nicht auch **endogen** bedingt änderten. Im Gegenteil ist es der mehr oder minder starke **Strukturwandel** im Zuge des allgemeinen Wirtschaftswachstums, des technischen Fortschrittes und der Änderungen der Nachfragepräferenzen, der **faktisch** die Strukturpolitik in erster Linie auf den Plan ruft. Es gibt Verdichtungs- und Entleerungsräume, von der konstitutiven Benachteiligung grenznaher Gebiete (zumal zu Ländern mit zentralverwaltungswirtschaftlicher Ordnung) zu schweigen. Es gibt Pionier- und schrumpfende Branchen. Wenn die Wettbewerbspolitik nicht funktioniert, können mittelständische Betriebsgrößen, unbeschadet ihrer ökonomischen Effizienz, das Nachsehen haben. Und es gibt sterbende Berufe. Am schwierigsten stellen sich jene Fälle heraus, in denen mehrere ungünstige Strukturmerkmale zusammenfallen, etwa ein Grenzgebiet mit einer monokulturellen Industrie, die sich landesweit einem nachhaltigen Nachfragerückgang gegenübersieht.

Auf die lange Sicht kann die **Rollenverteilung** jedoch wechseln: Branchen, die in einer bestimmten Entwicklungsphase an der Spitze marschierten (etwa Stahl), fallen zurück, während andere und namentlich neue Bereiche (Elektronik) an Gewicht gewinnen bzw. zurückgewinnen. Regionen, die früher ökonomisch eher ein Schattendasein fristeten, können aufholen (etwa durch Fremdenverkehr) und berufliche Qualifikationen, die schon entwertet schienen, neuen Auftrieb erhalten („Dienstleistungsgesellschaft").

Im übrigen ist es ein Irrtum, davon auszugehen, daß der technische Fortschritt einseitig Großunternehmen begünstige; in Wahrheit können hier für bestimmte Ausprägungen gerade Mittelbetriebe (nicht als Fix- sondern als Relationsgröße verstanden) spezifische Vorteile bieten.

3. **Strukturpolitik** hat eine **Wachstums-** und eine **Verteilungs**dimension. Zielt sie auf eine Verbesserung der strukturellen **Anpassungsflexibilität** ab, ist sie eine notwendige Voraussetzung für ein zügiges gesamtwirtschaftliches Wachstum: sie hilft, ebenso Engpässe wie Überkapazitäten zu vermeiden, und flankiert, indem sie den Gefahren von Anpassungsstockungen vorbaut, die allgemeine Stabilitätspolitik. Als ein Konglomerat von **Erhaltungssubventionierungen** dagegen wirkt die Strukturpolitik wachstumshemmend, und zwar in dem doppelten Sinne, daß eine ineffiziente Bindung von Produktionsfaktoren zementiert und die jeweils übrige Wirtschaft mit den Finanzierungskosten der Subventionen zusätzlich belastet, also in ihrem Fortschritt behindert wird.

Der letztere Fall pflegt **empirisch** zu überwiegen. Er macht schlagend deutlich, wie sehr in der konkreten Strukturpolitik de facto das Ziel einer (intersektoralen bzw. interregionalen) **Umverteilung** dominiert. Indessen muß zwischen der Verteilungs- und der Wachstumskomponente keineswegs stets eine Konfliktbeziehung bestehen. Alles kommt auf die Art der strukturpolitischen Maßnahmenprogrammierung an. Die Ausstattung einer zurückgebliebenen Region mit einem Minimumsatz an öffentlicher Infrastruktur zum Beispiel dient gleichzeitig beiden Zielsetzungen. Und auch in der Form von Staatshilfen, die einen langwierigen strukturellen Anpassungsprozeß abkürzen und sich (auf Zeit) an den Lasten der Wirtschaftssubjekte beteiligen, die vom Strukturwandel besonders hart getroffen werden, läßt sich die (limitierte) Umverteilung noch dem konstruktiven Typ von Strukturpolitik zuordnen: die strukturellen Veränderungen selbst werden nicht aufgehalten, sondern lediglich die Folgen „reguliert".

4. Was die denkbaren **Grundstrategien** der Strukturpolitik anbelangt, ist die **dirigistische** Variante, die Strukturen staatlicherseits imperativ planen will und mit entsprechenden Interventionen der schweren Hand arbeitet (etwa Investitionslenkung), den gleichen gravierenden Bedenken prozeß- und ordnungspolitischer Art ausgesetzt wie eine allgemeine „Wachstumsplanung" (§ 96), nur daß sich hier das Problem der Prognosesicherheit noch mißlicher stellt. Das gilt im Prinzip auch für die gemäßigtere Form einer „indikativen" Strukturlenkung.

Die alternative **marktkonforme** Strategie geht von der strukturellen Selbststeuerung aus: grundsätzlich haben die Marktkräfte zu entscheiden, wo, wann und in welchem Maße sich Strukturen wandeln und bilden. Aufgabe der Struktur**politik** ist es, günstige Rahmenbedingungen zu setzen (vor allem, was den Leistungswettbewerb betrifft), die Anpassungselastizität zu erhöhen (nicht zuletzt durch Beseitigung von Mobilitätshindernissen, die der Staat auf anderen politischen Feldern selbst errichtet hat) und im übrigen die Anpassungslasten dort erträglich zu machen, wo der einzelne Betroffene überfordert ist.

5. Vor diesem Hintergrund ist die Unterscheidung nach „reaktiver" und „antizipativer" Strukturpolitik wenig zielführend. Auch eine marktkonforme Strategie umfaßt „antizipative" Elemente, etwa in der allgemeinen Erhöhung der Anpassungsflexibilität, während eine dirigistische Planung, die die Strukturen entgegen den Markttendenzen in eine bestimmte Richtung lenken will, auf die mit Sicherheit „zurückschlagenden" Marktprozesse mit wiederholten Folgeinterventionen „reagieren" muß.

Und selbst im Einzelfall schließt die marktkonforme Strukturpolitik keineswegs „antizipatives“ Handeln aus, wie gerade das Beispiel der Stahlkrise zeigt: auch ehe das Kind endgültig im Brunnen lag, konnte man Jahre voraus absehen, daß ein Kapazitätsabbau unvermeidlich war, aber frühzeitig und in kleinen Schüben bewerkstelligt, die überproportionalen gesellschaftlichen Kosten hätte vermeiden lassen, die bei einer Radikalkur schließlich anfallen.

§ 106 Subventionsinstrument

1. In der öffentlichen Meinung wird Strukturpolitik zumeist mit Subventionspolitik gleichgesetzt. Darin spiegelt sich die politische **Praxis** wider, in der in der Tat das Subventionsinstrument dominiert. **Sachlich** ist das jedoch alles andere als rational. Gewiß scheiden auch in der Strukturpolitik administrative Eingriffe in das Preissystem (Mindestpreisfestsetzung) ebenso als ordnungsinkonform aus wie staatliche Wettbewerbsbeschränkungen. Aber damit bleibt die Strukturpolitik in der Zielrealisierung keineswegs auf die Subventionierung verwiesen. Sie verfügt über eine Reihe anderer Instrumente, für die, wie in den folgenden Kapiteln im einzelnen deutlich wird, eine hohe Zielkonformität spricht (zum Beispiel Anpassungsflexibilisierung, Bereinigung staatlicher Monopolbereiche, wettbewerbsorientierte Ausgestaltung des regionalen Finanzausgleichs).

Andererseits bleibt das Subventionsinstrument, auch wenn es zuweilen das kleinere Übel darstellt, mit gravierenden **volkswirtschaftlichen Nachteilen** belastet.

2. Subventionen sind entgeltlose **Übertragungen öffentlicher Mittel an Unternehmen**.

a) Warum aber sollte der Staat selbständige Wirtschaftseinheiten mit Transfers bedenken, wo es in der Marktwirtschaft gerade die Funktion des Unternehmers ist, das zu produzieren und so zu produzieren, daß er nicht in die roten Zahlen gerät, und wenn dies dennoch geschehen sollte, dann auch das Risiko zu tragen? Man kann schlecht die Gewinne privatisieren und die Verluste sozialisieren wollen. Hier liegt das prinzipielle **ordnungspolitische** Bedenken gegen Subventionen begründet.

Hinzu kommt, daß mit dem Einsatz dieses Instrumentes, wie man die Dinge auch dreht und wendet, der **Wettbewerb** zwischen den Anbietern verzerrt und dem Ermessen von Bürokratien weitere Spielräume eröffnet werden („Behördenrisiko“). Unter diesem Aspekt sind **allgemeine Steuerermäßigungen**, die im gegebenen Fall jedes Unternehmen betreffen, im Vergleich zu direkten „Finanzhilfen“ günstiger zu beurteilen. Das gilt freilich nicht für Entlastungen in der **Sozialen Sicherung;** denn damit würde ein System, das eigenständigen Zielen dient, zweckentfremdet.

b) Was die Subventions**technik** anbelangt, macht es ablaufpolitisch einen erheblichen Unterschied aus, ob als Ansatzpunkt der Marktpreis, einzelne Kostenarten oder das Einkommen gewählt wird, nachdem der Markt gesprochen hat. Die letztere Kategorie verdient in der pretial gelenkten Wirtschaft im Prinzip den Vorzug; freilich hat die Ausgestaltung darauf zu achten, daß mit der Subvention jeweils ein Rationalisierungsdruck einhergeht.

c) Jede Subvention ist ein Eingriff in die marktbestimmte **Allokation**: was der Staat an der einen Stelle an Transfers leistet, muß er bei anderen Wirtschaftseinheiten per Zwang abziehen. Daß damit die Allokationseffizienz netto gewönne, ist bei **Erhaltungssubventionen** schlechtweg zu bestreiten: sie belasten die übrige Wirtschaft und verhindern, daß Faktoren in Bereiche höherer Produktivität abwandern bzw. daß kostengünstigere Güter angeboten werden.

Aber auch **„Anpassungssubventionen“** können je nach Dauer und Wiederholungsfrequenz faktisch den Charakter von Erhaltungsinterventionen annehmen.

d) Ohnehin ist es um die **Zielgenauigkeit** von Subventionen schlecht bestellt. Die Politiker müßten vorweg wissen, welche Unternehmen sich tatsächlich so verhalten, wie es der Staat wünscht, wenn er Transfers gewährt. Aber gerade an diesem Vorwissen mangelt es; in der Funktion eines „einfühlenden Ersatzunternehmers“ macht die Bürokratie, sieht man von Glückstreffern ab, stets eine schlechte Figur. Andererseits steht einem Trial-and-Error-Verfahren mit seinen Abänderungsschritten die Schwerfälligkeit des politischen Entscheidungsverfahrens entgegen, wenn erst einmal ein Subventionsprogramm ausgelobt wurde.

In diesem Zusammenhang sind auch die **Mitnehmereffekte** zu sehen, die dem Instrument anhaften. Die Subventionsempfangsmerkmale, die ja im Rechtsstaat gesetzlich fixiert sein müssen, lassen sich durch Verhaltensanpassung auch vom potentiell Betroffenen herstellen. Diese Art Mißbrauch der Sache liegt in der Sache selbst begründet.

e) Damit stehen wir bei der vielleicht bedenklichsten Subventionswirkung: es kommt zu einem **Gewöhnungseffekt** (Subventionsmentalität) in dem doppelten Sinne, daß einmal, hat die Politik erst mit den Transfers begonnen, sich das unternehmerische Verhalten auf die Datenänderung einstellt bzw. auch für die Zukunft auf sie spekuliert, und daß zum anderen Subventionen intra- und intersektoral politisch ansteckend wirken. Namentlich Großunternehmen, die in Schwierigkeiten geraten, vermögen mit Hinweis auf ihre große Belegschaftszahl die Einsatzüblichkeit des Instrumentes als **politisches** Druckmittel zu benutzen.

3. Die regierungsamtliche **Subventionsberichterstattung** (§ 12 des Stabilitätsgesetzes), die eigentlich dazu dienen sollte, durch Offenlegung der Gesamtzahlen die Subventionskontrolle zu verstärken, enthält keinerlei Ansätze einer Erfolgswürdigung, selbst gemessen an den eigenen Zielvorgabedeklarationen.

Immerhin stuft zum Beispiel der 10. Subventionsbericht (1985) nicht weniger als 25 Prozent der einschlägigen staatlichen Aktivitäten selbst als „Erhaltungshilfen“ ein, denen nur 12 Prozent an „Produktivitäts- und Wachstumshilfen“ gegenüberstehen.[1]

Im übrigen ist schon statistisch der **Informationsgehalt** der Berichte dadurch begrenzt, daß quantitativ gewichtige Subventionsblöcke fehlen: die EG-Marktordnungsausgaben, die kommunalen Subventionen und nicht zuletzt die Subventionen **innerhalb** des öffentlichen Sektors (zum Beispiel Bundespost, Bundesbahn), während andererseits, wohl aus Gründen eines politischen „window dressings“, auch Transferzahlungen an private Haushalte aufgeführt werden, die ökonomisch-funktional einen anderen Charakter haben.

---

[1] Vgl.: Bundestagsdrucksache 10/3821 v. 12.9.1985, S. 31.

Auch innerhalb dieses Rahmens bleibt aufschlußreich, daß sich in der Bundesrepublik die entgeltlosen Leistungen aller Gebietskörperschaften im Zeitraum 1970-1985 mehr als verdoppelt haben (Zuwachs: 44,2 Mrd. DM).[2]

4. Indes, wenn schon zum Subventionsinstrument gegriffen wird, lassen sich die allfälligen volkswirtschaftlichen Kosten (und letztlich auch das Transfervolumen) **eindämmen**:

a) durch eine prinzipielle **zeitliche** Limitierung der Einzelmaßnahmen;

b) durch ein **Repartitionsverfahren**, das jeweils das maximale Subventionsvolumen für die gesamte Frist vorweg fixiert;

c) dadurch, daß im Zweifelsfall der Alternative einer allgemeinen **steuerlichen Vergünstigung**, die wenigstens in gewissem Umfang einen eigenen Verdienst des Empfängers voraussetzt, der Vorzug gegeben wird, und im übrigen **Bürgschaften** und **Kredite** vor Zuschüssen rangieren.

---

[2] Vgl.: *Institut der deutschen Wirtschaft* (Hrsg.), Zahlen zur wirtschaftlichen Entwicklung der Bundesrepublik Deutschland 1987, Köln 1987, Tab. 44.

Kapitel 1: Regionalstruktur

§ 107 Zielsetzung

1. Muß es eine explizit **räumlich ausgerichtete** Strukturpolitik geben? Für die praktizierte zentralstaatliche Regionalpolitik wird üblicherweise als Begründung leitbildhaft die Herstellung von „einheitlichen" oder „gleichwertigen" Lebensverhältnissen in allen Teilgebieten des Staatswesens und entsprechend ein Abbau des „interregionalen Leistungsgefälles" oder der „regionalen Entwicklungsdisparität" reklamiert. Dahinter steht offenbar, operational ausgedrückt, ein **Paritätsziel**: wird – als der zumeist angewandte Maßstab – das Pro-Kopf-Einkommen eines Teilraumes mit dem im gesamten Staatsraum (oder einer anderen Region) in Beziehung gesetzt, gelten Abweichungen, die für den gegebenen Zeitpunkt oder in der Periodenfolge zu konstatieren sind, als ein Verteilungsproblem, das der Abhilfe durch die zentrale politische Instanz bedarf.

Natürlich kann die Paritätsforderung mehr oder weniger eng gefaßt werden. Selten ist von der Bekämpfung der absoluten Armut zu Lasten der besser dastehenden Regionen die Rede. Häufiger wird als Ziel die Angleichung der Rate des regionalen Einkommenswachstums an den nationalen Durchschnitt angegeben. Aber das reicht bei einem relativ niedrigen Ausgangswert nicht aus, wenn der Abstand des **absoluten** Einkommensniveaus zu anderen Gebieten abnehmen soll: es muß ein überproportionales regionales Wachstum angestrebt werden. Als Maximalziel ergibt sich die Einebnung der Einkommensunterschiede pro Kopf zwischen den Teilräumen.

2. Nun ist es nicht nur so, daß eine paritätsorientierte regionale Strukturpolitik ein **unbeendbares Geschäft** wäre: unabhängig vom jeweils erreichten Niveau des gesamtwirtschaftlichen Einkommens wird es im Wachstumsprozeß stets wieder mit guten ökonomischen Gründen „Disparitäten" im Vergleich der Teilräume geben.

Vor allem aber entbehrt das Paritätsziel der **ökonomisch überzeugenden Begründung**. Es ist nicht einzusehen, wieso Unterschiede des regionalen Pro-Kopf-Einkommens die Politik auf den Plan rufen müßten, wenn die absolute Höhe, den der Standard auch im zuletzt rangierenden Gebiet erreicht, ein anständiges Leben erlaubt. Die Uniformierung der Wirtschaftsverhältnisse kann überhaupt schwerlich ein erstrebenswertes Ziel darstellen – weder regional noch sonstwo –, wenn es ökonomische Freiheiten und Wettbewerb geben soll und man die in ihnen gründende Faktoreinsatzeffizienz und Produktivitätsfortschritte haben will – es sei denn, es handelte sich bei der Abweichungsursache um Hemmfaktoren der interregionalen Anpassungsflexibilität, die der Staat selbst institutionalisiert hat.

Im Gegenteil, ohne räumliche „Vorreiter", die im Zeitverlauf auch wechseln können, wäre den übrigen Regionen nicht zu demonstrieren, was sich an lokalem Einkommensfortschritt erzielen läßt und welche Nachteile dabei in Kauf zu nehmen sind.

Gerade der letztere Faktor hat in der **Präferenzskala** der Wohnbevölkerung zu signifikanten Verschiebungen geführt: gegenüber den in der traditionellen Regionalpolitik hochbewerteten industriellen Verdichtungsräumen und ihren zunehmend zutagetretenden Wohlfahrtsproblemen haben mehr peripher gelegene oder mehr ländliche Gebiete im Nutzenkalkül des Durchschnittsbürgers an Attraktivität gewonnen. Der Vergleich der nominellen Pro-Kopf-Bruttoeinkommen entpuppt sich da schon darum als ein bestenfalls grobes Maß, weil dabei die interregionalen Unterschiede in der **Kaufkraft** der Einkommenseinheit und in der Abgabenlast untergehen, zu schweigen vom **„psychischen** Einkommen“, das durchweg zugunsten „aufgelockerter“ Gebiete spricht. Im übrigen haben die modernen überregionalen Kommunikations- und Handelstechniken[1] manchen früheren Nachteil überwinden lassen.

4. Daß paritätsorientierte Konzepte für die Regionalstruktur gleichwohl in der Praxis dominieren, hat primär **„politische“** Gründe. In einem föderalistisch organisierten Staat stehen auch die regionalen Regenten jeweils in einem politischen Konkurrenzkampf, hier um die Hebel der lokalen Macht, die die Basis auch für die Stärke der zentralen Parteiorganisationen und oft das Vehikel zu einem individuellen politischen Aufstieg abgibt. Sie müssen mit „Leistungen“ aufwarten, die angetan sind, den politischen Konkurrenten in den Schatten zu stellen. Dabei spielen in der Tat Einkommensfaktoren eine bedeutende Rolle. Nun läßt sich die Entwicklung des regionalen Wohlstandes bei entsprechender Fähigkeit und Tatkraft der politischen Führung gewiß auch aus den eigenen Kräften des Teilraumes vorantreiben – daß der demokratische Konkurrenzkampf um die Macht hier als ein ständiger Motor wirken kann, ist nicht zuletzt das segensreiche Nebenprodukt eines freiheitlich organisierten Staates. Indessen pflegt mit der öffentlichen Entwicklungsförderung aus „eigener Kraft“ eine überproportionale Belastung einzelner lokaler Gruppen einherzugehen, z.B. über die Erhebung von Beiträgen. Und eine „passive Sanierung“ durch Abwanderung würde nur das politisch-gesellschaftliche Gewicht der Region herabsetzen.

Insgesamt vorteilhafter und auch bequemer erscheint es da, von der **Zentralinstanz** Zuweisungen zu fordern. Was immer von deren Mitteln in die Region gezogen wird, erscheint hier als ein absoluter Gewinn. Der Lokalpolitiker, der in diesem Betracht erfolgreich ist, kann einer breiten Zustimmung durch alle Gruppierungen des Teilraumes hindurch sicher sein. Und die Karte, die im Kampf um die zentralen Hilfen in Zeitläuften eines Gleichheits- und Sicherheitsstrebens am besten sticht, ist das Verteilungsargument, hier in der Version, interregionale Ungleichheiten abzubauen.

So kann es nicht verwundern, daß im Gesamthaushalt der tatsächlichen politischen Aktivitäten die regionale (und sektorale) Paritätspolitik der „allgemeinen“ Wirtschaftspolitik quantitativ den Rang abläuft. Wohin aber eine auf das Disparitätenmuster fixierte zentrale Regionalpolitik führt, läßt sich zum Beispiel für die Bundesrepublik daran ablesen, daß es zentrale „Rahmenpläne“ der Gemeinschaftsaufgabe „Verbesserung der regionalen Wirtschaftsstruktur“ (GRW) gibt, deren vierzehnter (1985) nicht weniger als 36,0 Prozent der Bevölkerung bzw. 45,4 Prozent der gesamten Staatsfläche[2] als einem förderungsbedürftigen Gebiet zugehörig deklariert.

[1] Dem widerspricht freilich die politische Attitüde, dem Versandhandel durch „Einfügungen“ in das „Gesetz gegen den unlauteren Wettbewerb“ Steine in den Weg zu legen (so etwa mit Gesetz v. 25.7.1986 durch einen neuen Paragraphen 6e): der Konsument fragt sich, was an einer „werbenden Preisgegenüberstellung“ etwa in Zwischenkatalogen „unlauter“ sein soll?

[2] Vgl.: Bundestagsdrucksache 10/3562 v. 25.6.1985, S. 22, 178.

5. Gegenüber den Paritätskonzepten und ihrer Korrelation mit diskretionär interventionistischen Maßnahmen ist eine an **Ordnungszielen** ausgerichtete regionale Strukturpolitik abzusetzen, die prinzipiell marktkonform verfährt.

Ziel ist eine **Mindestausstattung** aller Regionen, was die öffentliche Infrastruktur betrifft (Verkehrs- und Energienetz, Gesundheits- und Schulwesen), und eine Gestaltung des **Finanzausgleichs** unter den Gebietskörperschaften, der es erlaubt, alles Übrige dem Wettbewerb zwischen den Regionen zu überlassen: sie können mit diversifizierten Angeboten konkurrieren (Unternehmensstandorte, Volumen und Qualität des Arbeitskräftevolumens, Umweltbedingungen, Flexibilitätsgrad der rechtlichen Rahmenbedingungen, Wohn- und Freizeitwert, kulturelle Erschließung, Sanierungsstand usw.). Voraussetzung ist freilich, daß die **interregionale** Mobilität objektiv nicht gehemmt wird.

§ 108 Maßnahmen

1. Obenan im Maßnahmenkatalog steht die Durchforstung der Verwaltungsinstitutionen und namentlich der lokalen **Verwaltungspraxis**, um durch Stärkung der einzelwirtschaftlichen Unabhängigkeit und Innovation an regionaler Attraktivität zu gewinnen.

2. Der **Fiskus** kann die Realkapitalbildung in der Region bei der Verbesserung der öffentlichen Infrastruktur durch entsprechende Ausgaben direkt und im Fall der gewerblichen Investitionen mittelbar durch steuerliche Anreize beeinflussen. Freilich ist ökonomisch ein gezielter Einsatz in bezug auf industrielle „Primäraktivitäten" und räumliche Schwerpunktbildungen („zentrale Orte") geboten, die den Dienstleistungssektor dann von selbst expandieren lassen bzw. ihre eigene zentrifugale Ausstrahlung auf die Entwicklung der umliegenden Siedlungsgebiete haben. In jedem Fall sind monokulturelle Strukturen zu vermeiden.

3. Nicht zu vernachlässigen ist die **„passive" Sanierung** von altindustriellen Anlagen. Die politische Kunst besteht darin, das freiwerdende Kapital (Amortisationsbeträge zur Ersatzinvestition) in anderer Verwendung in der Region zu halten.

4. Besondere Bedeutung kommt der regionalen Differenzierung in den **Lohnkosten** zu: wo sie durch eine entsprechende Tarifpolitik relativ niedrig liegen, kommen die Fabriken zu den Arbeitskräften. Im übrigen erleichtert eine stark ausgeprägte **Lohndrift** (§ 64) den geschmeidigen intraregionalen Arbeitsplatzwechsel, wenn sich vergleichbare Beschäftigungsarten in der Produktivität auseinander entwickeln.

5. In ihrer **innovationsorientierten** Komponente kann die Regionalpolitik mit „Industrieparks" und besonderen beruflichen Fortbildungseinrichtungen aufwarten.

6. Im Rahmen des Systems der **Sozialen Sicherung** kommt namentlich das dezentralisierte Krankenkassen- und Krankenhauswesen der regionalen Diversifikation entgegen. Die Regionalpolitik kann durch einschlägige Anreize für eine ausreichende Niederlassung von Ärzten sorgen und Investitionen freier Krankenhausträger anlocken.

7. Auch durch **„aktive" Landschafts- und Umweltpolitik** vermag die Region ihre Attraktivität zu erhöhen (einschlägige Kooperation der Landwirte, Dorfverschönerung, Urlaubsfacilitäten, öffentliche Arbeiten im Rahmen der Sozialhilfe).

§ 109 Finanzierung

1. Im ordnungspolitisch ausgerichteten Regionalkonzept haben Zentralisierungs- und Uniformierungstendenzen keinen Platz. Die Zuständigkeit des **zentralstaatlichen Budgets** ist auf die infrastrukturelle Mindestausstattung und auf eine Fassung des Finanzausgleichs beschränkt, die den interregionalen Wettbewerb in der gehörigen Weise fundiert.

2. In der **Ausgabengestaltung** sind die **regionalen** Träger der Strukturpolitik weitgehend **autonom**. Ideal wäre auch eine Finanzhoheit in bezug auf **eigene Einnahmequellen**. Damit ließe sich eine unmittelbare Verbindung von regionalpolitischen Projekten und spezifischer räumlicher Abgabenbelastung herstellen, die – auch in der zeitlichen Abfolge – zu einem umsichtigen Cost-Benefit-Kalkül zwingt und Fehlinvestitionen mit ihren Folgekosten vermeiden läßt. Freilich müßten die lokalen Entscheidungsträger an **qualifizierte** Mehrheiten für ihre Finanzentscheidungen gebunden sein, wenn schon das Mittel des Referendums (etwa nach Schweizer Vorbild) ausscheidet.

3. Eine **Mischfinanzierung** sogenannter Gemeinschaftsaufgaben führt nachgerade unvermeidlich zu einer Förderungsinflationierung, zu einem politischen Akquisitionswettbewerb um zentrale Zuschüsse statt zur selbsttätigen Angebotskonkurrenz der Regionen und einer Politiksegmentierung, wo im Regionalbereich ohnehin die **Koordination** zwischen den vielfach sich einmischenden Politikträgern bis hin zu Brüsseler Instanzen („Europäischer Fonds für regionale Entwicklung") ein traditionell dorniges Problem darstellt (§ 144), das jedoch im sauber durchgeführten, ordnungsorientierten Regionalkonzept an Gewicht verliert.

Kapitel 2: Sektoralstruktur

§ 110 Strukturbereinigungspolitik

1. Das Ausmaß, in dem die (nicht im Überfluß vorhandenen) politischen Energien **empirisch** mit sektoralen **Strukturkonservierungsversuchen** belegt sind, steht im umgekehrten Verhältnis zum faktischen Erfolgsgrad der einschlägigen Staatsinterventionen, selbst wenn man an den eigenen, von den Regierungen deklarierten Zielsetzungen mißt. Das zeigen gerade die traditionellen Beispiele des Branchenschutzes (Landwirtschaft, Steinkohle, Eisenbahn) überdeutlich, und es muß bedenklich stimmen, daß in diesen Bereichen (wie auch in den Krisenherden der Werft- und Stahlindustrie) der Staat durch eigene Wirtschaftstätigkeit, durch Unternehmensbeteiligungen oder durch Maßnahmen zur „nationalen Bedarfssicherung" historisch die Hände im Spiel hatte.

Im übrigen ist der Erfindungsreichtum der politischen Akteure, was die instrumentellen Ansatzpunkte einer Strukturerhaltung anbelangt, gewiß beachtlich. Aber auch er macht nur offenkundig, daß die Primärinterventionen, die gegen die Markttendenzen und das heißt letztlich: gegen die Verbraucherpräferenzen anzugehen suchten, einen Rattenschwanz von Folgeeingriffen nach sich ziehen, um die sich immer neu ergebenden „Lücken" zu schließen, ohne damit jedoch ökonomisch je an ein Ende gelangen zu können.

2. Umso bemerkenswerter erscheint es, wie schwer sich die Akteure mit jener Art Sektoralpolitik tun, die tatsächlich gesamtwirtschaftliche Erfolge verspricht, nämlich der **Strukturbereinigung**. Damit sind nicht nur allgemeine Maßnahmen zur Verbesserung der Anpassungsflexibilität und zur Erhöhung des Wettbewerbsgrades gemeint. Es geht speziell um die Bereinigung der Bereiche mit eigener Wirtschaftstätigkeit des Staates: gerade die überkommenen **staatlichen Monopolbetriebe** bedürfen aus Effizienz- und Entwicklungsgründen des Wettbewerbsdruckes.

Ein Paradebeispiel ist die Deutsche **Bundespost**. Das Staatsmonopol entpuppt sich spätestens seit den technischen Fortschrittsschüben in der Telekommunikation (Datenübermittlung in allen ihren Formen) als ein Anachronismus. Es ergibt sich eine typische Marx'sche Situation: der „Überbau", der die „Produktionsverhältnisse" organisiert, gerät immer mehr in Widerspruch zu den „Produktivkräften" und der „Bewegung", die sie auslösen könnten, falls sie nicht eingeschnürt wären. Deregulierung und Teilprivatisierung sind das Gebot der Stunde. Sie dürfen nicht an ideologischen Widerständen und solchen der Ministerbürokratie oder partikulärer Interessen wie der einer betriebseigenen Gewerkschaft (Organisationsgrad in der Bundesrepublik: über 75 Prozent) scheitern, die offenbar den monopolisierten öffentlichen Arbeitgeber als Tarifpartei bevorzugt (Lohnnebenkosten: 114 Prozent)[1].

3. Ein anderes Beispiel ist die staatliche Reglementierung des (Straßen-) **Güterfernverkehrs**, der nahezu die Hälfte der registrierten Leistungen im Gesamtgüterverkehr der Bundesrepublik auf sich vereinigt. Hier ist nicht nur die Betriebszulassung an eine staatliche Konzession gebunden.

[1] Vgl.: *W. Möschel,* Wenig Lust zur Reform, in: Die Zeit v. 1.1.1988, S. 20.

Es besteht unter den Anbietern auch ein legalisiertes Preis-Mengen-Kartell, das nach Erhebungen des Sachverständigenrates zur Begutachtung der gesamtwirtschaftlichen Entwicklung den Abnehmern eine Tarifüberhöhung von 30 bis 40 Prozent beschert[2]. Damit nicht genug, ist es eine staatliche Behörde (Bundesamt für den Güterfernverkehr), die dafür Sorge trägt, daß die kartellarischen Absprachen unter den privaten Anbietern auch eingehalten werden, was nicht zuletzt die ausländische Konkurrenz fernhält und verständlicherweise inzwischen auch die Brüsseler EG-Instanzen auf den Plan gerufen hat.

Ursprünglich wurde diese in jeder Weise marktinkonforme Intervention, die bezeichnenderweise 1931 begann, mit der Absicht begründet, die Staatsbahnen vor **Substitutionskonkurrenz** zu schützen. De facto ist aus ihr eine Art öffentlich-rechtlicher Naturschutzpark geworden, der allein den etablierten Anbietern des Sektors dient – der Anteil der Bundesbahn am einschlägigen Verkehrsaufkommen beträgt kaum mehr als ein Viertel und zeigt weiter sinkende Tendenz.

Im übrigen verschmäht die Strukturerhaltungspolitik nicht, auch zum Instrument **finanzieller Sanktionen** Zuflucht zu nehmen. So wird in der Bundesrepublik der **Werkfernverkehr** mit Lastkraftwagen mit einer Sondersteuer belegt. Trotz der nachgerade prohibitiven Steuersätze hat die Maßnahme das reklamierte Ziel, die Geschäftschancen der Bundesbahn zu verbessern, verfehlt; Nutznießer ist in erster Linie der gewerbliche Straßengüterverkehr.

4. Überhaupt kommt die Strukturbereinigungspolitik nicht umhin, die mannigfachen **„Bereichsausnahmen"** von den Wettbewerbsregeln des Kartellgesetzes (§ 23) auszuforsten.

§ 111 Politik der „Versorgungssicherung"

1. Es gibt Fälle, wo der Staat unter der **Zielsetzung**, einen bestimmten Standard der „nationalen Versorgung" im Zeitverlauf zu sichern, die sektorale Produktion zu beeinflussen sucht. Das Ziel selbst ist nur außerökonomisch begründbar und sollte um der öffentlichen Klarheit willen als solches auch offen deklariert und nicht mit Ad-hoc-Argumentationen etwa konjunktureller Art (z.B. Arbeitsplatzsicherung) konfundiert werden.

So im Fall des (Stein-) **Kohlebergbaues**. Nach regierungsamtlicher Absichtserklärung soll auf jeden Fall eine Mindestförderungskapazität aufrechterhalten werden, um die heimische Versorgung notfalls auch ohne Importe sichern zu können. Aber selbst dafür käme, sieht man von einer einschlägigen **Vorratswirtschaft** ab, wohl niemand auf die Idee einer interventionistischen Sektoralpolitik, wenn es sich nicht um einen nachhaltig **schrumpfenden** Sektor handelte, sei es, weil sich die Nachfrage verschoben hat, oder/und weil das ausländische Konkurrenzangebot preislich haushoch überlegen ist. Faktisch geht es mithin bei der Versorgungssicherung um eine Erhaltungsintervention mit der einschränkenden Bedingung, einen Mindestproduktionsstandard zu wahren.

---

[2] Vgl.: *Sachverständigenrat* zur Begutachtung der gesamtwirtschaftlichen Entwicklung, Jahresgutachten 1985/86, Ziffer 325.

Eine andere Version des Versorgungssicherungszieles ist es, nach einer Katastrophe (Kriegszerstörung) einen Sektor wie den Wohnungsbau aus primär **sozialpolitischen Gründen** durch Kapitalumlenkung so schnell wie möglich wieder hochzuziehen. Aber auch hier kann die Förderungspolitik unversehens in eine Erhaltungssubventionierung übergehen, wenn nicht rechtzeitig die Überführung des Sektors in normale Marktverhältnisse bewerkstelligt wird und stattdessen die bürokratischen Unterstützungsmühlen unverdrossen weitermahlen.

2. Ökonomisch hängt der Wert der sektoralen Versorgungssicherungspolitik entscheidend von der Art der **Maßnahmentechnik** ab, die mehr oder weniger ordnungskonform vorgehen und für den gleichen Effekt mit unterschiedlich hohen volkswirtschaftlichen Kosten verbunden sein kann.

In der Bundesrepublik bedient sich zum Beispiel die **Kohlepolitik** eines ganzen Arsenals von Interventionen, was für den Erfolgsgrad, schon für sich genommen, bedenklich stimmen muß: von steuerlichen und Vergünstigungen in der sozialen Pflichtversicherung über direkte staatliche Subventionen (Investitionszuschüsse) und Schutzmaßnahmen gegen ausländische und Substitutionskonkurrenz (Importkontingentierung), Reglementierung des Heizölverbrauches bis hin zur sog. **Vorrangpolitik**: sie bedeutet nichts anderes als eine Abnahmeverpflichtung der Stahlindustrie und der Elektrizitätsunternehmen zur Verwendung bestimmter Kontingente an heimischer Steinkohle („Hüttenvertrag“, „Jahrhundertvertrag“); als Ausgleich erhält die Stahlindustrie eine staatliche „Kokskohlenbeihilfe“, und die (monopolioden) Elektrizitätsunternehmen erheben im Strompreis einen „Kohlepfennig“ (1985: 2,13 Mrd. DM)[3].

Gleichwohl mußte die staatliche „Fördergarantie“, die 1964 nachgerade spekulativ noch auf jährlich 140 Millionen Tonnen festgesetzt war, unter dem Druck der tatsächlichen Marktentwicklung immer weiter zurückgenommen werden.

Das einzig vernünftige Verfahren wäre gewesen, die Steinkohlezechen für eine **bestimmte Fördermenge** durch eine direkte Kostensubventionierung national und international konkurrenzfähig zu machen, freilich technisch dergestalt, daß damit gleichzeitig ein Druck zur betrieblichen Rationalisierung verbunden ist, und im übrigen mit Stillegungsprämien und sozialpolitischen Hilfen zu arbeiten. Dieses Verfahren besitzt nicht zuletzt den Vorteil, das Publikum mit den entsprechend eindeutigen Haushaltsansätzen darüber zu informieren, was ihm die Kohlesicherungspolitik auf der jeweiligen Stufe tatsächlich kostet.

3. Was die **Wohnraumsicherungspolitik** anbelangt, darf das rein quantitative Ergebnis, das in der Bundesrepublik nach Kriegszerstörung und Flüchtlingszustrom erzielt wurde, nicht darüber hinwegtäuschen, daß die Maßnahmentechnik und namentlich die zeitliche Abfolge im Mitteleinsatz an Rationalität zu wünschen übrig ließ und insgesamt eher ressourcenverschwenderisch verfuhr.

a) Der **Mietstopp** und der rigorose **Kündigungsschutz**, die in der Ausgangssituation sicherlich unvermeidbar waren, hätten früher aufgelockert werden können („weiße Kreise“), mit der Folge, daß die Bautätigkeit durch die Marktsignale von sich aus, also unter entsprechender Einsparung von Subventionsmitteln, schneller expandierte.

---

[3] Vgl.: *Bayerisches Staatsministerium für Wirtschaft und Verkehr* (Hrsg.), Die Energieversorgung Bayerns 1985, München 1986, S. 96.

b) Der Übergang von der Methode der **Objektsubventionierung** zur Individualförderung **(Wohngeld)**[4] erfolgte bei weitem zu spät, um es nicht zu Überkapazitäten im Baugewerbe und schließlich zu einem Überhang im Wohnungsangebot kommen zu lassen, der (in unterschiedlicher Verteilung) global die Millionengrenze erreicht haben dürfte.[5] Es gibt Gebiete, in denen neuere Sozialwohnungen im Kostenpreis inzwischen teurer dastehen als freifinanzierte Wohnungen gleicher Größe und Qualität.[6]

c) Was die Kalkulation der **„Sozialmieten"** betrifft, muß sich das regierungsamtlich deklarierte Ziel, nach dem die Masseneinkommen maximal nur mit 16 Prozent an Mietausgaben belastet sein sollen („tragbare Miete"), ökonomisch schon dann als widersinnig herausstellen, wenn in der Wohlstandsgesellschaft allenthalben ein Trend zur größeren, besser gelegenen oder jedenfalls qualitativ höherwertigen (und das heißt vielfach: entsprechend sanierten) Wohnung einsetzt, von Preissteigerungen bei Boden, Bauarbeiten und Realkredit ganz zu schweigen. Die Herabsubventionierung des Mietpreises für „Sozialwohnungen" auf dieses Richtmaß wird immer kostspieliger. Und natürlich geht es nicht ohne ein administratives **Zuteilungsverfahren** nach der Einkommenshöhe der zu Begünstigenden ab.

Nun verfügt aber ein erheblicher Teil der Begünstigten im Zeitverlauf über ein gestiegenes Einkommen, mit dem die Förderungsgrenze überschritten wird. Es entsteht eine **Fehlbelegung**, die nach zuverlässigen Schätzungen[7] in der Bundesrepublik eine Größenordnung von 40 Prozent erreicht haben dürfte (1985: 1,7 Millionen Sozialwohnungen), während draußen namentlich junge Familien mit niedrigem Einkommen als Berechtigte warten müssen. Von sich aus räumen die Altmieter kaum die billigen Altwohnungen, wenn sonst überall die Quadratmetermieten merklich höher liegen. Und die Politiker ihrerseits scheuen nichts mehr, als durch Eingriff den begehrten Wohnraum frei zu machen, obwohl dazu die gesetzlichen Förderungsbedingungen eigentlich gute Gründe abgäben. Sie ziehen es vor, die Förderungsgrenze heraufzusetzen und zwar allgemein. So weitet sich der Kreis der zum „meritorischen Gut" Berechtigten immer weiter aus, selbst wenn die Zahl der Gesamtbevölkerung abnimmt. Am Ende können sich dann so groteske Relationen wie in der Bundesrepublik ergeben, daß 11 Millionen Haushalte, also fast die Hälfte aller Haushalte, formal einen Anspruch auf eine Sozialwohnung besitzen – bei einem Bestand von rd. 5 Millionen Einheiten. Der „fabrizierte Mangel" ist perfekt.

d) Mit einem faktischen Angebotsüberhang auf dem Wohnungsmarkt reduziert sich der Aufgabenkreis der Wohnraumsicherungs**politik**, abgesehen von der **verteilungspolitischen** Maßnahme einer entsprechend technisch bereinigten Wohngeldzahlung, auf (steuerliche) Anreize zur Städtesanierung und darauf, daß die Kommunen für **Härtefälle** (im Kreis der Sozialhilfeempfänger und Asylanten) ein spezifisches Angebot vorhalten. Im übrigen wäre vermögenspolitisch anzu-

---

[4] 1986 belief sich das Wohngeldvolumen auf 3,61 Mrd. DM gegenüber 2,65 Mrd. DM in 1985. (Statistisches Jahrbuch für die Bundesrepublik Deutschland 1987, Wiesbaden 1987, S. 606).

[5] Vgl.: Wirtschaftswoche v. 18.4.1986, S. 84.

[6] In diesem Zusammenhang ist anteilig auch die Malaise der „Neuen Heimat" zu sehen.

[7] Vgl.: *Deutsches Institut für Wirtschaftsforschung* (Hrsg.), Wochenbericht, Nr. 1/2, 46. Jg. (1979), S. 3f.

streben, daß Mammutwohnungsgenossenschaften, die von der jahrzehntelangen staatlichen Objektförderung profitierten, Teile ihrer Bestände den Mietern zum Kauf anbieten.

Gleichwohl ist bisher nicht vernommen worden, daß es bei den Wohnungsministerien in Bund und Ländern zu einem handfesten Abbau der Bürokratie gekommen wäre oder daß man gar die einschlägigen Behörden in anderen Ministerien hätte aufgehen lassen.

§ 112 Anpassungshilfepolitik

1. Als dritte Komponente einer rationalen Sektorpolitik lassen sich staatliche Hilfen vertreten, die einer **im Strukturwandel schrumpfenden** Branche Kapazitäts- und Rationalisierungsanpassungen erleichtern. Von einer „Sozialisierung" der Verluste, an denen die zum Teil qualifiziert mitbestimmten Unternehmensorgane nicht unschuldig zu sein pflegen, kann natürlich keine Rede sein. Aber auch so ist die Gefahr zu besorgen, daß die Anpassungshilfe als Erhaltungssubvention, möglicherweise noch in wiederholter oder dauerhafter Form, mißverstanden wird und daß sie in einem Gewöhnungs- bzw. Erwartungseffekt das unternehmerische Verhalten verändert und auch intersektoral Schule macht, indem, was der einen Branche gegeben wird, ebenfalls bei anderen sektoralen Kandidaten zu entsprechenden Forderungen führt. Auch wirkt es wettbewerbsverzerrend, wenn die Subventionierung, wie in der Praxis nur zu oft üblich, sich auf Großbetriebe konzentriert (§ 117).

2. So muß die **Technik** der strukturellen Anpassungshilfe gleichzeitig mehrere Kriterien beachten.

a) Sie hat primär mit **Steuerstundungen bzw. Steuerermäßigungen** zu arbeiten und nicht mit Zuschüssen auf der Ausgabenseite des Staatsbudgets. „Finanzhilfen" pflegen großzügiger bemessen zu werden; gleichwohl besteht auf ihre Rückzahlung bei besserer Ertragslage kein Verlaß, wie in der Bundesrepublik gerade die „Ausgleichszahlungen" an den Stahl- und Werftsektor gezeigt haben, der zwischenzeitlich durchaus noch gute Gewinnjahre sah.

Im übrigen erlaubt die steuerliche Begünstigung am ehesten eine Gleichbehandlung der unterschiedlichen Unternehmensgrößen.

b) Nicht nur die Steuerzahler und die Kapitaleigner (einschließlich des Managements), sondern auch die **Belegschaften** sind, durch eine Zurücknahme der Stückarbeitskosten, an der betrieblichen Anpassung für eine Übergangsfrist zu beteiligen.

c) Außerdem können **Stillegungs- bzw. Abwrackprämien** die sozialen Kosten des Gesundschrumpfungsprozesses abfangen helfen.

d) Alle Staatshilfe muß **zeitlich vorweg begrenzt** sein, um eine Dauerkostgängerschaft von Branchen zu Lasten des Steuerzahlers zu vermeiden.

e) Jede Art **Administration** der sektoralen Produkt- oder Dienstleistungs**preise** scheidet als marktinkonform aus; sie würde die letzten Dinge ökonomisch nur schlimmer machen als die ersten. Wie weit die sektorale Kapazitätsanpassung zu gehen hat, kann als Schiedsrichter nur der Markt entscheiden.

3. **Bevorzugter** Ansatzpunkt der staatlichen Anpassungshilfen haben jene Fälle zu sein, in denen eine schrumpfende Branche monokulturell eine Region beherrscht. Hier leisten die diversifizierenden Maßnahmen der räumlichen Strukturpolitik (§ 107) Flankenschutz.

§ 113 „Neue Industriepolitik"?

1. Es fällt schwer, in der Bezeichnung „Neue Industriepolitik" mehr als ein **Modewort** zu sehen, das zum Teil als Deckmantel für uralt merkantilistische Praktiken der Politik namentlich auf gebietskörperschaftlicher Ebene (Bundesländer) dient.

Traditionell rangierte die Industriepolitik – neben der Handwerkspolitik – als Teil der „Gewerbepolitik", die ihrerseits als ein Ausschnitt der sektoralen Strukturpolitik verstanden wurde. Das Beiwort „neu" bezweckt offenbar eine Absetzung gegenüber den „defensiven" staatlichen Anpassungshilfen im Strukturwandel (§ 111) zugunsten einer „aktiven" Ausrichtung vor allem im Sinne der Technologieförderung (FuE-Politik). Sachlich ist jedoch nicht einzusehen, wieso es mit dem gleichen (und gar stärkerem) Recht nicht auch eine „Neue" Handwerks-, Binnenhandels- und Dienstleistungsgewerbepolitik geben sollte, und das umso mehr, als deren Gewicht in den entwickelten Wohlstandsgesellschaften im Vergleich zum Industriesektor zuzunehmen tendiert.

Im übrigen ist auffällig, daß in praxi die „Neue Industriepolitik" kaum je ohne eine stark regionalpolitische Zwecksetzung vor sich geht (§ 107).

2. In der Sache sind vernünftige **„Querschnittspolitiken"** (allgemeine Wettbewerbs-, Stabilitäts- und Außenwirtschaftspolitik) der entscheidende staatliche Entwicklungsbeitrag, und zwar für alle „Gewerbe".

Daß, was darüber hinaus die **marktorganisatorische** Komponente (Information, Transparenz, Mobilität) betrifft, ausgerechnet der Industriesektor auf besondere staatliche Interventionen angewiesen wäre, ist in den entwickelten Volkswirtschaften wenig einleuchtend. Das gilt auch im Hinblick auf die **Kapitalbeschaffung**. Gerade für das Risikokapital (venture capital) haben sich zum Beispiel alternative Finanzierungsformen (Kapitalbeteiligungsgesellschaften, Wagnisfinanzierungsgesellschaften) entwickelt, ohne daß es staatlicher Eingriffe bedurft hätte, die über die Anpassung der einschlägigen Rechtsregeln hinausgehen.

3. Faktisch im Vordergrund steht denn auch die **fiskalische** Komponente: industrielle Neuerungsinvestitionen („Zukunftsindustrien") sollen nicht, wie alle Innovationen, alleine über das allgemeine Steuersystem gefördert (§ 101), sondern **selektiv** und **unmittelbar** durch Staatszuschüsse subventioniert werden.

Nun zeigen die theoretische Analyse wie die praktische Erfahrung, daß die **Staatsbürokratie**, unabhängig vom guten Willen, wenig dazu geeignet ist auszumachen, was an industriellen Gütern und Verfahren in der Zukunft Erfolge verspricht, und noch weniger, zwischen konkurrierenden technischen Projekten eine allokationspolitisch sichere Auswahl zu treffen. Am Ende kommen nur zu oft „politische" Lieblings- oder Prestigevorhaben heraus, in die, wenn der Markt die Hoffnungen nicht bestätigt, immer weitere öffentliche Mittel nachgeschossen werden. Das ist nicht eben ein wirtschaftlich produktives Rezept, um Industrien zu „revitalisieren".

Großunternehmen schießen bei der selektiven FuE-Subventionierung regelmäßig den Vogel ab, wiewohl sie der finanziellen Förderung sachlich relativ am wenigsten bedürften. Es sollte genügen, daß sie schon bei der **Auftragsvergabe** durch staatliche Monopolbetriebe aus faktisch-technischen Gründen überproportional beteiligt zu sein pflegen.

Schließlich schwebt eine Innovationssubventionierung, die sich nicht auf „Marktkreationen" verlassen will, in der Gefahr, Marktfelder, die in aller Munde sind, **überzubesetzen** oder selektiv bestimmte (private oder öffentliche) Konzerne im Zeitverlauf durch wiederholte Förderung **einseitig zu begünstigen**.

§ 114 Agrarpolitik unter dem Paritätsziel

1. Das, was sich heute zumal unter Brüsseler Ägide als Agrarpolitik präsentiert, läßt sich schwerlich unter den **bisher behandelten Komponenten** einer sektoralen Strukturpolitik abbuchen. Die Ausgaben für „Strukturverbesserungen" machen nicht mehr als 3,7 Prozent (1983) des gesamten EG-Agrarhaushaltes aus[8]. Das Ziel der nationalen Eigenversorgung vermag sicherlich nicht die nachgerade exzessive Überproduktion zu begründen, deren Finanzierung inzwischen den weitaus größten Teil der agrarpolitischen Ausgaben verschlingt: außer dem Moskauer Zentralkomitee will sie niemand haben; nicht einmal die „Weihnachtsbutter" aus den Brüsseler Silos war bei den EG-Bürgern hinreichend an den Mann zu bringen.

Auch ist die agrarpolitische Ausgabentechnik wenig geeignet, als Anpassungshilfe zum sektoralen Gesundschrumpfen zu wirken, wenn die EG-Regulierungen faktisch umgekehrt darauf hinauslaufen, daß, je größer die Zahl der landwirtschaftlichen Produzenten in einer Volkswirtschaft ist und je höher die „gemeinsame" Subvention pro Produkteinheit ausfällt, das entsprechende Mitgliedsland desto mehr anteilig aus den Gemeinschaftstöpfen an sich zu ziehen vermag. Und was die Förderung von Innovationen anbelangt, so sind diese (wie übrigens auch die Soziale Sicherung) bei der gegebenen agrarpolitischen Marschroute weniger der eigentliche Interventionszweck als vielmehr nur ein willkommener Anlaß, sich (zusätzliche) staatliche Einkommenstransfers (zuweilen an der Brüsseler Aufsicht vorbei) zu verschaffen.

2. Von der Möglichkeit einer (unterschiedlichen) nationalstaatlichen Vorteilserzielung aus dem „Gemeinsamen Agrarmarkt" (§ 85) abgesehen, läßt sich auf die Ausprägung der zeitgenössischen Agrarpolitik nur einen Reim machen, wenn als dominierende Zwecksetzung ein sektorales **Paritätsziel** (§ 107) vorausgesetzt wird: die landwirtschaftlichen Produzenten sollen – unter Aufrechterhaltung des Branchenvolumens – in ihren Einkommen nach Niveau und Wachstumsrate mit jenen in den übrigen Sektoren der Volkswirtschaft mithalten.

Indes, der Markt kann das von sich aus schon darum nicht leisten, weil die **Einkommenselastizität** der Nachfrage nach Nahrungsmitteln weit unter Eins liegt: mit dem allgemeinen Einkommenswachstum nehmen zwar auch in den Wohlstandsgesellschaften die Nahrungsmittelausgaben noch absolut zu, aber ihr An-

[8] Vgl.: *Bundesminister für Ernährung, Landwirtschaft und Forsten*, Statistische Monatsberichte, H. 2, Bonn 1987, S. 75.

teil am Gesamteinkommen sinkt (Engelsches Gesetz). So hat denn der Staat zur **sektoralen Umverteilung** einzugreifen. Es kommt zur **Dauererhaltungsintervention** (§ 105), die unter dem Druck des gleichwohl nicht ausschaltbaren Marktvotums ständig arrondiert werden muß.

3. Entsprechend umfangreich fällt das Bündel an Maßnahmen aus, bei dem in nachgerade unverfrorener Weise das Prinzip der Ordnungskonformität (§ 16) verfälscht wird („Agrarmarktordnungen").

Kernstücke sind die administrative Festsetzung und Aufrechterhaltung von **Mindestpreisen**, die staatliche **Abnahmegarantie** für nicht-absetzbare Produkte (Silos) und die rigorose **Abschottung** vor der billigeren **Importkonkurrenz** aus Drittländern.

Der private Haushalt wird mithin gleich mehrfach zur Kasse gebeten: Als Konsument muß er auf die Vorteile des internationalen Wettbewerbes verzichten[9] und einen (auch unter den inländischen Angebotsverhältnissen) stark überhöhten Stückpreis aufgrund der staatlichen Administrierung und der Aufnahme der Landwirtschaft in die Bereichsausnahmen des Kartellgesetzes (§ 23) aufbringen. Als Steuerzahler hat er – von den übrigen direkten und indirekten, nationalen und übernationalen Subventionen des Agrarsektor abgesehen – für die staatliche Abnahmegarantie (Garantiepreis, Silokosten, Verschleuderung von Beständen an Moskau) aufzukommen, und wieviel diese Garantie effektiv an öffentlichen Mitteln erfordert, darüber bestimmen (bei fixierten Übernahmepreisen) die landwirtschaftlichen Erzeuger durch ihre Produktionsentscheidungen selbst. Als Mitglied des nationalen Systems der Sozialen Sicherung schließlich trägt der private Haushalt anteilig die Zusatzlasten aus staatlichen Interventionen, die den Agrarsektor hier spezifisch begünstigen.

Nach Erhebungen des Landwirtschaftsausschusses im Europäischen Parlament sollen bei einigen Agrarprodukten die administrativen Ausgaben pro erzeugter Einheit bereits höher als der Marktwert des Gutes liegen.[10]

4. Unter den (rechenbaren) **Gesamtkosten** der Paritätspolitik gingen bereits 1982 über 36 Mrd. DM der agrarpolitischen Aufwendungen von Brüssel (EG-Gesamtetat: 57 Mrd. DM) an nicht mehr als 8 Millionen in der Landwirtschaft Beschäftigte (zivile Erwerbstätige insgesamt: 105 Millionen); das macht jährlich 4500 DM pro Kopf. Dabei sind die zusätzlichen **nationalen** Agrarsubventionen und die überhöhten Agrarpreise, die der Konsument zu zahlen hat, noch unberücksichtigt. Nimmt man sie hinzu, ergibt sich ein gigantischer sektoraler Umverteilungsbetrag in der Größenordnung von 150 Mrd. DM. Das heißt: jeder (zivile) Erwerbstätige in Europa muß im Schnitt jährlich 1500 DM für die Bauern aufbringen.[11] Und Grenzen, die dem „System" inhärent wären, sind nicht auszumachen.

---

[9] Seit 1980 hält es die Brüsseler Kommission nicht mehr für opportun, die Abstände zwischen den EG-„Richtpreisen" und den einschlägigen Weltmarktpreisen zu publizieren. Nach vorsichtigen Schätzungen von Verbraucherverbänden dürfte der Abstand im Schnitt bei 20 Prozent liegen (vgl.: Die Zeit v. 16.3.1984, S. 27).

[10] Vgl.: Sitzungsdokumente v. 10.11.1983, Anlagen, Straßburg 1983, S. 11.

[11] Vgl.: *Statistisches Amt der Europäischen Gemeinschaft*, Statistische Grundzahlen der Gemeinschaft, Luxemburg 1983, S. 112ff.; Die Zeit v. 16.3.1984, S. 27.

Eine derartige staatliche Veranstaltung schlägt alle Rekorde verfehlter sektoraler Strukturpolitik. Das agrarpolitische Engagement ist nur **politologisch** erklärbar. Und selbst das fällt nicht leicht, wenn man bedenkt, daß der Begünstigtenkreis nicht einmal acht Prozent der ansässigen Erwerbsbevölkerung ausmacht. Als Gründe wird man verwiesen:

a) auf den Umstand, daß – mit welchem Recht auch immer[12] – die Agrarwirtschaft historisch schon immer als politisch stützungsbedürftiger Sektor galt;

b) auf das Phänomen der „Überrepräsentation" (§ 145) im Partei- und Verbandswesen (einschließlich des grenzwertig robusten Drohverhaltens);

c) auf die unterschiedlichen nationalstaatlichen Interessen (und die entsprechenden „Kompensationsgeschäfte"), die im Rahmen der Europäischen Gemeinschaft als Treibsatz hinzukommen;

d) auf das Principal-agent-Phänomen bei der etablierten Brüsseler (und nationalen) Agrarbürokratie;

e) auf den Umstand, daß die agrarpolitischen Akteure die Gefangenen der eigenen, im Grundansatz verfehlten instrumentellen Strategie geworden sind.

Von einem politisch „befriedeten" Sektor kann trotz aller Umverteilungsanstrengung keine Rede sein.

5. Das, was heute wirtschaftlich als die **Malaise der Agrarbranche** bezeichnet wird, ist in allen wesentlichen Stücken politisch fabriziert. Setzt man in der sektoralen Umverteilungspolitik wie im Agrarfall erst einmal auf die Karte von Preisadministration, Wettbewerbsausschluß und Abnahmegarantien, sind als Sachergebnisse voraussehbar:

a) eine Überproduktion und eine entsprechende Verschwendung knapper volkswirtschaftlicher Ressourcen;[13]

b) vermeidbare betriebliche Fehlinvestitionen und eine entsprechende Verschuldungslast bei den Produzenten;

c)eine Übermechanisierung mit ihren Arbeitsmarktwirkungen;

d) eine Betriebsgrößenkonzentration, die das sektor**interne** Strukturausgleichsziel Lügen straft;

e) ein Inflationsimpuls, namentlich was die Lohnausgleichsforderungen betrifft (§ 64);

f) eine Immobilisierung vor allem der staatlichen Finanzpolitik;

g) protektionistische Gegenreaktionen von Drittländern.

6. Eine **Umkehr** aus der Sackgasse ist nicht nur wegen der Gewöhnungslast ein politisch steiniger Weg. Sie läuft, bei Licht betrachtet, auf eine Zurücknahme der

---

12 Jedenfalls kann in den heutigen Kommunikationsgesellschaften das **Cobweb-Theorem** (Beispiel: Hanau'scher „Schweinezyklus") keine ökonomische Sonderstellung der Agrarproduktion begründen, es sei denn, man ginge davon aus, daß just die Landwirte nicht aus Erfahrung klug zu werden vermöchten.

13 Laut Bericht des Landwirtschaftsausschusses im Europäischen Parlament (Sitzungsdokumente v. 10.11.1983, Straßburg 1983, Anlage, S. 10) stieg „die landwirtschaftliche Erzeugung in der Gemeinschaft langfristig um 1,5 bis 2 Prozent pro Jahr, der Verbrauch dagegen lediglich um etwa 0,5 Prozent".

verfehlten Grundtechnik im Mitteleinsatz hinaus, auf der das bisherige „System“ aufruht.

Dabei hätte sich das **intersektorale Umverteilungsziel** ohne marktwirtschaftliche Verwerfungen mit volkswirtschaftlich weitaus geringeren Kosten und mit demokratisch-informativer Klarheit realisieren lassen, wenn man zur direkten Einkommensaufbesserung von (wie immer definierten) bedürftigen Landwirten aus einem staatlichen Repartitionsfonds (§ 17) gegriffen hätte, freilich unter Ausschluß von Großunternehmen oder Nebenerwerbsstellen und in einer technischen Form, die betriebliche Rationalisierungserfolge nicht bestraft und andererseits zur Aufgabe von Grenzbetrieben (zumindest gelegentlich der Hofübergabe) anreizt. An einem solchen Konzept wird langfristig eine **Reform** der Agrarpolitik, die das Stadium des ständigen Symptomkurierens hinter sich lassen will, nicht vorbeikommen.

Kapitel 3: Betriebsgrößenstruktur

§ 115 Befund

1. Folgt man dem traditionellen Abgrenzungskriterium nach der **Beschäftigtenzahl**, so ergibt sich als Betriebsgrößenstruktur in der Bundesrepublik: 1,68 Millionen Kleinbetriebe (bis zu 9 Beschäftigten) machen 88,5 Prozent der Gesamtzahl der Unternehmen aus; die Mittelbetriebe (von 10 bis 499 Beschäftigte) erreichen mit 216400 Einheiten einen Anteil von 11,3 Prozent, und die Zahl der Großbetriebe mit mehr als 500 Beschäftigten beläuft sich auf 3598 oder 0,2 Prozent aller Unternehmen.[1]

2. **Klein- und Mittelbetriebe** zusammengenommen vereinigen 62,2 Prozent aller Erwerbstätigen (ohne Landwirtschaft und Staat) auf sich und stellen über 65 Prozent der beruflichen Ausbildungsplätze[2]. In ihnen werden rund zwei Drittel des Bruttosozialproduktes erwirtschaftet.[3]

3. Die Abgrenzung nach der Beschäftigtenzahl ist natürlich ein **schematisches** Verfahren; Kapitalausstattung und vor allem Umsatzhöhe müßten als Kriterien hinzugezogen werden. Aber auch so hat ein und dieselbe Betriebsgröße je nach der Branche, der das Unternehmen zugehört, ein unterschiedliches Gewicht. Auch verschiebt sich im Zeitverlauf die Betriebsgrößenskala selbst, etwa wenn man an die durchschnittliche Marktausweitung im Zuge von internationalen Integrationsbewegungen wie in der EG denkt.

In der Sache instruktiv ist denn auch eine mehr funktionale Abgrenzung, die zum Teil das Größenkriterium mit überdeckt, nämlich jene nach der **Eigentümerunternehmerschaft**. Das heißt: die Kapitaleigner- und die Unternehmerfunktion fallen im mittelständischen Unternehmen, unbeschadet der Rechtsform, in der es geführt wird, weitgehend zusammen. Der **selbständige** Unternehmer trägt im Prinzip auch das Kapitalrisiko, und indem er selbst im Betrieb tätig ist, ergibt sich aus der Nähe des überschaubaren Bereiches andererseits auch ein engeres Verhältnis zu den Beschäftigten. Dabei schließt die Eigentümerunternehmerschaft weder aus, daß in der Unternehmensführung leitende Angestellte mitarbeiten, noch, daß sich in Graden Dritte am Kapital beteiligen, etwa Arbeitnehmer.

4. Zu den **Hauptbereichen** des selbständigen gewerblichen Mittelstandes zählen Handwerk, Handel, Verkehr, Teile der Industrie und der Dienstleistungssektor, einschließlich der freien Berufe, der in den entwickelten Wohlstandsgesellschaften stark expandiert.

Mehr soziologischen Fragestellungen dient das Konzept eines „neuen" Mittelstandes, der sich in der Hauptsache aus Leitenden Angestellten in Wirtschaft und Verwaltung zusammensetzt.

---

[1] Vgl.: Lage und Perspektiven des selbständigen Mittelstandes in der Bundesrepublik Deutschland, Bundestagsdrucksache 10/6090 v. 30.9.1986, mit Verweis auf den Mittelstandsbericht der Bundesregierung 1976, Bundestagsdrucksache 7/5248 v. 21.5.1976, S. 11.

[2] Vgl.: Ebenda, S. 3f.

[3] Vgl.: *Bundesministerium für Wirtschaft* (Hrsg.), Mittelstand – Leistung und Wettbewerb, Bonn 1978, S. 4.

§ 116 Ziele

1. Über die Bedeutung des **gewerblichen** Mittelstandes und einer ausgewogenen sektoralen Betriebsgrößenstruktur für eine **dezentralisierte Wettbewerbswirtschaft** kann es keine Meinungsverschiedenheiten geben. Eine breite Palette selbständiger Klein- und Mittelbetriebe ist in der zügigen „Nahversorgung" der Bevölkerung ebenso unentbehrlich wie im industriellen Zulieferersystem, und das auch, was den Export betrifft. Das zeigt sich schlagend am Gegenbild der östlichen Zentralverwaltungswirtschaften.

Innovationen als der kostbarste Produktionsfaktor gerade in einem rohstoffarmen Land bedürfen in ihrer Vielfalt und ihren oft unscheinbaren Anfängen eines breiten betrieblichen „Mistbeetes" und als Dünger eine Risikobereitschaft, die eng mit der ökonomischen Selbständigkeit verbunden ist. Die durchschnittliche Effizienz im Produktionsalltag basiert wesentlich auf der Vielzahl selbständiger Wirtschaftseinheiten, die im Wettbewerb verbunden sind. Mittelständische Unternehmen entdecken Marktnischen und erwirtschaften oft Renditen, die für Großunternehmen unerreichbar erscheinen. Und im Vergleich zum bürokratischen Großbetrieb zeichnet sie eine beachtliche Flexibilität aus.

2. Projiziert man auf diesen Hintergrund die tatsächliche Betriebsgrößenstruktur in der Bundesrepublik und den quantitativen Beitrag der Klein- und Mittelbetriebe zum Sozialprodukt (§ 115), so sprechen die Zahlen insgesamt zugunsten der These von der „existenziellen Konstanz des selbständig prodzierenden Mittelstandes" (*Marbach*), die im Zeitverlauf natürlich nicht beträchtliche Verschiebungen innerhalb der Einzelsektoren (etwa Handel) ausschließt. Der **Bedarf** für eine permanente und aufwendige (allgemeine) Betriebsgrößenstrukturpolitik scheint nicht auf der Hand zu liegen.

Und in der Tat, es kann in der Marktwirtschaft nicht Aufgabe des Staates sein, Grenzbetriebe, nur weil sie einmal existent sind, am Leben zu erhalten oder gar aktiv dem Markt Größenstrukturen aufzwingen zu wollen, die am Reißbrett programmiert sind. Das wäre konsumentenfeindlich. Auch sind branchenweite „Förderungen" nach dem Gießkannenprinzip, wiewohl „politisch" beliebt, sachlich alles andere als produktiv; dafür spricht schon die Heterogenität im Kreis der mittelständischen Unternehmen.

3. Wo der Staat tatsächlich auf den Plan gerufen ist, muß es sich um **strukturelle Wettbewerbsnachteile** handeln, die nicht leistungs-, sondern **betriebsgrößenbedingt** sind. Und auch hier lautet die Devise auf **Subsidiarität** der Politik, indem den einschlägigen Unternehmensgruppen Hilfe zur Selbsthilfe angeboten wird.

Daß konkurrenzschädigende Unternehmenskonzentrationen und diskriminierendes Verhalten von Großunternehmen (etwa als Kunden) verhindert wird, dafür haben die Regeln der allgemeinen Wettbewerbspolitik zu sorgen (§ 23). Der ökonomischen Mittelstandspolitik fällt die begrenzte Aufgabe zu, da, wo gleichwohl spezifische Mängel in der Wettbewerbsfähigkeit verbleiben, Kompensationen zu bieten bzw. zu veranlassen.

§ 117 Maßnahmen

1. Eine erste derartige Maßnahme liegt darin, daß der öffentliche Sektor bei seinen diversen **Auftragsvergaben** Klein- und Mittelbetriebe bevorzugt berücksich-

tigt, soweit die Angebote im Leistungsvergleich gleichwertig sind. Das gilt ebenso für die Aufteilung umfangreicher Aufträge nach Mengen- oder Fachlosen (bzw. Unteraufträgen beim Zuschlag für Großunternehmen). Auch können „Arbeitsgemeinschaften" kleinerer Betriebe als Auftragnehmer zugelassen werden.

2. Daß im Schnitt die vertikale **Eigenkapitalquote** der Unternehmen in der Bundesrepublik absolut und im internationalen Vergleich unbefriedigend ausfällt, ist kein Spezificum des mittelständischen Bereiches. Freilich liegen die Dinge bei Personengesellschaften und Einzelkaufleuten, die hier dominieren, besonders ungünstig, was zu seinem Teil die relative Insolvenzanfälligkeit erhöhen muß.

Abhilfe läßt sich einmal von erleichterten Möglichkeiten erwarten, Gewinne zur Verbesserung der Kapitalstruktur (und damit auch des Zinssaldos und der Kreditwürdigkeit) zu thesaurieren, indem die substanzzehrende Wirkung **ertragsunabhängiger Steuern** aufgelassen, also die unheilvolle Dreiheit aus Gewerbe-, persönlicher Einkommen- und Vermögensteuer aufgebrochen wird, die Klein- und Mittelbetrieben besonders hart zusetzt. Wohlgemerkt, es geht hier nicht um Ausnahmeregelungen, sondern um eine allgemeine steuerliche Reform, die gleichwohl der relativen Mittelstandsposition zugute kommt.

Zum anderen können entsprechende Anpassungen im **Gesellschaftsrecht** die Chancen einer Beteiligungsfinanzierung auch im gewerblichen Mittelstand erhöhen, etwa in der Form „stiller" und „nachrangiger" Kapitalbeteiligungen, die im Verlustfall erst nach dem „ordentlichen" Eigenkapital haften und im Liquidationsfall vor diesem befriedigt werden.

3. Im übrigen sind **faktische Ungleichmäßigkeiten** der Finanz- und Sozialpolitik zu beseitigen, wenn man die Behandlung selbständiger Wirtschaftseinheiten mit der von kapitalgesellschaftlich betriebenen Unternehmen, aber auch von unselbständigen Erwerbstätigen vergleicht. Ein Paradebeispiel ist der Fall der Pensionsrückstellungen des Einzelunternehmers oder des Mitgliedes einer Personengesellschaft. Statt die Pflichtversicherung auch für Selbständige zu „öffnen", hat der Gesetzgeber für eine effektive Gleichbehandlung aller Vorsorgearten zu sorgen: er kann sich glücklich schätzen, daß hier eine Gesellschaftsgruppe für das Alter durch Kapitalbildung selbst vorsorgt und nicht auch noch der Gesetzlichen Rentenversicherung zur Last fällt.

4. Man wird schwerlich behaupten können, daß die Betriebsgröße und die korrespondierenden Möglichkeiten, Sicherheiten via Eigenkapital zu bieten, schon als solche den gewerblichen Mittelstand im Zugang zum Bankkredit und den hier liegenden Expansions- und Innovationschancen benachteiligte. Was die Bonitätskriterien betrifft, spielt immerhin auch die Umsatzrendite eine nicht zu unterschätzende Rolle, und sie nimmt sich, korreliert man mit der Betriebsgröße, gerade bei kleineren Unternehmenseinheiten vergleichsweise häufig besonders günstig aus. Es sind umgekehrt schon Bedenken erhoben worden, daß „viele Kreditinstitute bereit sind, gerade vollhaftenden Inhabern kleiner und mittlerer Unternehmen unverhältnismäßig hohe Kredite einzuräumen, ohne die Kreditnehmer angemessen über Kapitalbedarf und Kreditverwendung zu beraten".[4]

Damit wird das Problem der spezifischen **Unternehmerschulung und -beratung** angesprochen, das nicht zuletzt beim Übergang vom traditionellen Handwerks-

---

[4] *S. C. Cassier,* Mittelständische Unternehmen und Finanzierung, in: Handwörterbuch der Finanzwirtschaft, Stuttgart 1976, Sp. 1358.

betrieb zu größeren Unternehmensformen besondere Bedeutung gewinnt. Sie ist auch der beste Schutz gegen Insolvenzen aus unternehmerischem Versagen. Indessen liegt hier die Domäne der freien Mittelstandsverbände bzw. der einschlägigen Kammern in ihrem internen Dienstleistungsangebot, die nicht der staatlichen Interventionstätigkeit bedarf.

5. Eine andere Frage ist jedoch die **Unternehmensgründung**. Hier hat in der Tat der Staat die Startchancen für Nachwuchskräfte und auch für bisher abhängig Erwerbstätige, die sich selbständig machen wollen, anzugleichen, indem er gegenüber den banküblichen Konditionen besonders günstige Programme einer längerfristigen Kreditierung auflegt, die die in einem Mindestanteil geforderten Eigenmittel aufstockt. Solche Gründungsdarlehen sind ebenso betriebsgrößenstrukturell wie wettbewerbspolitisch von Vorteil. Institutionell kommen hier in der Bundesrepublik als Träger namentlich die Kreditanstalt für Wiederaufbau, die Lastenausgleichsbank und das ERP-Sondervermögen in Betracht.

6. Soweit der gewerbliche Mittelstand relativ **arbeitsintensiv** produziert, müssen ihn **Auflagen der Sozialpolitik** besonders empfindlich treffen, die zumeist an großbetrieblichen Verhältnissen orientiert sind und dort auch vergleichsweise reibungslos verkraftet werden können. Das gilt insonderheit für die Lohnnebenkosten der **Arbeitgeberpflichtbeiträge** zur Sozialversicherung. Würden sie, bei (einmaliger) Anpassung der Bruttolöhne, auf die Versicherten übertragen – und dafür spricht nicht zuletzt die Logik des Sicherungssystemes[5] – ginge damit gerade für Klein- und Mittelbetriebe eine Entlastung einher, die ihrer Wettbewerbsfähigkeit mehr aufhilft als eine Vielzahl an Sonderförderungsprogrammen, mit denen die Regierungen aufzuwarten pflegen und die sich in ihrer Kompliziertheit oft selbst im Wege stehen.

Im gleichen Spital liegt die regulierende **Gesetzes- und Verordnungsflut** krank, die gerade arbeitsintensiven Betrieben erhebliche Kostenanteile verursacht und sie zum Zuarbeiter für Fiskus, Sozialbehörden und Statistische Ämter macht, ohne dafür vom Staat ein Entgelt zu erhalten.

7. Günstige Kostenbedingungen und ein diversifiziertes Angebot samt zuverlässiger Serviceleistungen sind auch die probate Gegenwehr gegen die **Schwarzarbeit**, die in erster Linie von der hohen Steuer- und Sozialabgabenbelastung der Klein- und Mittelbetriebe lebt. Jedenfalls verspricht sie auf die Dauer mehr Wirksamkeit als die Bekämpfung durch polizeiliche und gerichtliche Maßnahmen.

---

[5] Vgl.: *B. Molitor,* Soziale Sicherung, München 1987, S. 19f., 202f.

7. Teil: Verteilungspolitik

Kapitel 1: Fundament

§ 118 Sachbereiche

1. In der Marktwirtschaft vollzieht sich die **Einkommensverteilung** uno actu mit dem Produktions- bzw. Güterumsatzprozeß. Insofern verteilt niemand die Einkommen, sie **sind** verteilt, und zwar nach der **Leistung**, wie sie der Markt und das heißt am Ende: die Masse der **Verbraucher** bewertet. Freilich setzt diese Norm die Abwesenheit monopolistischer Angebotsbeschränkungen voraus („Monopolrenten"). So ist die **Wettbewerbspolitik** (§ 20ff.) der grundlegende Beitrag des Staates zur Verteilung nach der Leistungsgerechtigkeit. Je höher der Intensitätsgrad des Anbieterwettbewerbes ist, umso besser steht es auch um die Chance von **Konsumentenrenten**: als der Differenz zwischen tatsächlich entrichtetem Güterpreis und dem, was der Nachfrager gegebenenfalls zu zahlen bereit gewesen wäre.

2. Der faktoranbietende private Haushalt kann seine **individuelle Einkommensposition** verbessern, indem er seinen Mengeneinsatz (etwa Arbeitsstunden) erhöht, oder die gleiche Menge an einem Ort höherer Produktivität einsetzt (Mobilität), oder die Qualität der eingesetzten Menge verbessert (Aus- und Fortbildung).

Verteilungspolitisch gesehen, geht es in diesem Zusammenhang um die Angleichung der (im weiten Sinne verstandenen) **Startchancen**. Sie bezieht sich auf die **Flexibilisierung der Arbeitszeiten** (§ 66), den freien **Zugang zu den einkommensgünstigen Märkten**,[1] also den Abbau von Mobilitätshindernissen aller Art (§§ 9, 17), und nicht zuletzt auf die **Durchlässigkeit im System der Bildungseinrichtungen**: der Verteilungseffekt gewinnt, wenn hier nicht mit einer allgemeinen Gebührenfreiheit, sondern auf den verschiedenen Stufen mit einem nach der wirtschaftlichen Lage differenzierenden Stipendienverfahren gearbeitet wird, das zur Vermeidung des Samariter-Dilemmas jeweils einen Eigenbeitragsanteil voraussetzt.

Es ist der gesamtwirtschaftliche Vorteil dieser Maßnahmengruppe, daß sie gleichzeitig günstige Allokations- und Wachstumswirkungen zeitigt. Allerdings stößt die Startchancenangleichung insoweit auf Grenzen, als die (gefragten) **Be-**

---

[1] Mit Recht weist *H. v. Stackelberg* (Grundlagen der Theoretischen Volkswirtschaftslehre, 2. Aufl., Tübingen, Zürich 1951, S. 328f.) hier auch auf die „künstliche Verknappung der Unternehmerleistung" (besser: Unternehmerpositionen) und damit verbunden: ein überhöhtes Unternehmereinkommen hin, wie sie die Folge etwa von Unternehmenskonzentrationen ist.

gabungen ungleich gestreut sind (und im übrigen keine Genmanipulation zugelassen wird).[2]

Auch können – bei gegebenen Begabungen – die Berufsentscheidungen, vergleicht man mit den tatsächlichen längerfristigen Arbeitsmarktchancen, fehlorientiert sein; hier liegt die Bedeutung einer wohlinformierten **Berufsberatung** und **Arbeitsvermittlung**. Und schließlich stellen sich auch bei gleicher Begabung und gleichen Startchancen immer noch ungleiche Verteilungs**ergebnisse** ein, je nachdem, was der einzelne aus seinen Chancen macht **(individuelle Anstrengung)**.

Andererseits führen die Ausschöpfung des Begabungsreservoirs und der freie Zugang zu begehrten Positionen und Märkten ihrerseits dazu, daß sich die Spitzeneinkommen einebnen. Lassen sich zum Beispiel (bei gleicher Bevölkerungszahl) nachhaltig mehr Ärzte nieder, wird in diesem Bereich die Einkommensverteilung, wenn es mit rechten Dingen zugeht, gleichmäßiger.

Was trotz aller marktmäßigen Angleichungen und politischen Bemühungen in bezug auf die Startchancengleichheit freilich als Hindernis bleibt, ist das „Beziehungswesen" und das, was *Max Weber* „Ämterpatronage" genannt hat.

3. Neben der Wettbewerbspolitik und der Arbeitsmarkt- bzw. Ausbildungspolitik sind auch die Stabilitäts- und Wachstumspolitik **indirekt verteilungswirksam**: sie tragen zu ihrem Teil dazu bei, daß das jeweilige Faktorangebot Beschäftigung und das Güterangebot Abnehmer findet. Andererseits reduzieren die konjunkturelle Stabilisierung und ein gleichgewichtiges Wachstum die „wind-fall-profits", und selbst die unerläßlichen „Pioniergewinne" haben bei entsprechender Wettbewerbsintensität keinen Ewigkeitswert.

Hervorzuheben bleibt dabei die Preisniveaustabilisierung: eine (auch „schleichende") **Inflation** trifft die Wirtschaftseinheiten keineswegs gleichmäßig. Die Leidtragenden sind in erster Linie die Bezieher kleiner Einkommen (Regressionswirkung des Anstiegs der Lebenshaltungspreise), die Empfänger abgeleiteter Einkommen (selbst bei politischer „Dynamisierung" von Transferzahlungen erfolgt die Anpassung jeweils mit einer zeitlichen Verzögerung) und die Sparer, die Geldvermögen bilden. Dagegen pflegt der Staat seinerseits – netto – ein Inflationsgewinner zu sein.

4. Indessen ist die Verteilung der Einkommen und zwar auch der Realeinkommen nicht alles. Wie gerade die Zentralverwaltungswirtschaften des Ostens zeigen, kommt es für den faktischen Gleichheitsgrad immer noch darauf an, was man mit den Einkommen machen kann, also wie es um den **Zugang zu begehrten Waren und Dienstleistungen** bestellt ist.

---

[2] Wenn *J. Tinbergen* (Gerechte Einkommensverteilung, in: Hamburger Jahrbuch für Wirtschafts- und Gesellschaftspolitik, 19. Jg. (1974), S. 182) vorschlägt, „auch für die entwikkelten Länder den technischen Fortschritt so zu steuern, daß die Nachfrage nach einfacherer Arbeit mehr steigt als die Nachfrage nach höher ausgebildeter Arbeit", so bleibt die Frage, **wer** hier steuern soll; die Staatsbürokratie kommt dazu sicherlich nicht in Betracht.
Indes, längerfristig pflegt sich die Art des technischen Fortschritts von selbst am Markt, und das heißt: an den spezifischen Faktorknappheitsrelationen zu orientieren. In der Dienstleistungsgesellschaft steigt ohnehin die Nachfrage auch wieder nach „einfacherer" Arbeit. Freilich muß für den **tatsächlichen** Beschäftigungseffekt die Tarifpolitik sich hinreichende Lohndifferenzierungen zu eigen machen.

In den entwickelten Marktwirtschaften der westlichen Demokratien gibt es praktisch keine Schichtenbarrieren mehr, die das, was man werden kann, und das, was man sich leisten darf, beschränken. Dieses **soziologische** Faktum kann im Rahmen der Verteilungsdiskussion nicht hoch genug veranschlagt werden, wenn man mit den Siebungsmechanismen „Herkunft" und „gesellschaftliche Stellung" früherer Zeiten oder jenem der „politischen Rechtgläubigkeit" heutiger kommunistischer Gesellschaften vergleicht. Ja, die modernen Marktwirtschaften sorgen von sich aus dafür, daß der Konsum und die Vermögensanlagen „demokratisiert" werden. Die zeitlichen Abstände im Übergang eines Luxusgutes in die Massenproduktion verkürzen sich, der Infrastrukturausbau in Verkehr, Handel und Bankensystem läßt selbst die einschlägigen Unterschiede zwischen Stadt und Land zusammenschmelzen, und der Freizeit- und Urlaubskonsum ist zu einer egalisierenden Massenerscheinung geworden. Das subtilste der Güter, nämlich die „soziale Distanz" *(Schumpeter)*, wird dementsprechend teurer.

Grenzen im Güterzugang ergeben sich allerdings da, wo es sich um die **„positional economy"** handelt, wie sie *Hirsch* der „material economy" gegenüberstellt: anders als die monetären Besitzstände, lassen sich etwa Seegrundstücke oder spezifische Dienstleistungsqualitäten wie die eines Heldentenors aus der Sache heraus nicht beliebig vermehren, mag auch die kaufkräftige Nachfrage sich noch so sehr erhöhen. Ähnliches gilt für begehrte Positionen in der politisch-gesellschaftlichen Hierarchie, es sei denn, man betriebe eine marktinkonforme „Ämtervermehrung", wie das wenig vorbildhaft zuweilen im öffentlichen Dienst geschieht und risikolos nur dort geschehen kann.

5. Was die **Vorsorge** für die Risiken und Notfälle in der Zukunft anbelangt, stellt die Technik der **Versicherung** eine verteilungsrelevante Innovation erster Ordnung dar: dadurch, daß private Haushalte ihre Risiken in einem Verein auf Gegenseitigkeit (bzw. als Versicherungsnehmer einer Aktiengesellschaft) zusammenlegen, wird jene individuelle Ungewißheit in der Schadensdeckung bei Eintritt des Risikofalles ausgeschaltet, die die einzelwirtschaftliche Vermögensbildung, namentlich im Hinblick auf eine hinreichende Vorsorgehöhe, belastet. Die Versicherungsgemeinschaft kennzeichnet ein Risikoausgleich: alle Versicherungsnehmer erwerben das Gut „Sicherheit"; aber nicht jeder Versicherte wird überhaupt oder in gleicher Weise tatsächlich vom Risikofall betroffen. So kommt es, **versicherungsimmanent**, zu einem interpersonellen Einkommensausgleich zwischen Gesunden und Kranken, zwischen Unfallfreien und Unfallgeschädigten, zwischen Alten mit einem kürzeren und jenen mit einem längeren Lebensabend usw. Dieser auf der Wahrscheinlichkeitsrechnung basierende Ausgleich funktioniert umso besser, je größer die Zahl der Teilnehmer ist, die ein mehr oder minder gleichartiges Risiko zusammenlegen („Gesetz der großen Zahlen"). Und der einzelne Versicherungsnehmer braucht innerhalb der Risikogemeinschaft für dieselbe Sicherungssumme periodisch weniger Einkommensteile aufzubringen, als im Fall einer vergleichbaren individuellen Vermögensbildung.

In den entwickelten Industriewirtschaften marktwirtschaftlicher Prägung arbeiten der objektive Faktor eines hohen Realeinkommensniveaus und die subjektive Komponente der Erfahrung und aufklärenden Information der Vorsorgetechnik der Versicherung von selbst in die Hände. Die Versicherungsbranche gehört zu den am stärksten expandierenden Sektoren. Die Angebotspalette ist breit und diversifiziert bis hin zu Teil- und Zusatzversicherungen. Und die Massennachfrage ermöglicht, soweit der Anbieterwettbewerb funktioniert, sinkende Stückpreise.

Eine **staatliche Meritorisierung** des Gutes „Sicherheit“ kann sich auf jene Fälle beschränken, wo wegen der einseitigen Selektion schlechter Risiken keine Privatversicherung zustandekommt oder wo Haushalte aufgrund ihrer Einkommenssituation objektiv keine ausreichende Vorsorge zu treiben vermögen. Soweit es an der subjektiven Bereitschaft zur Vorsorgeanstrengung mangelt, sei es, weil die Zukunftsbedürfnisse unterschätzt werden, sei es, weil man sich den Verlockungen einer „permissiven“ Gesellschaft anheimgibt, kommt als Meritorisierungsinstrument eine gesetzliche Regel in Betracht, die – zur Entlastung der Gesellschaft – für wichtige Risikoarten jedermann zu einer hinreichenden Vorsorge verpflichtet, aber die Wahl des Sicherungsweges in die Entscheidung des einzelnen Haushaltes stellt. Im übrigen kann eine allgemeine Vorsorgepauschale als impliziter zweckgebundener Transfer innerhalb der Einkommensbesteuerung der Sicherungsbereitschaft aufhelfen.

6. Auch wenn eine leistungsgerechte Einkommensdistribution und freier Güterzugang gegeben sind, bleibt in einer Zivilisation, die etwas auf sich hält, die verteilungspolitische Aufgabe, dem privaten Haushalt ein **physisch-kulturelles Existenzminimum** zu garantieren, falls das eigene Einkommen nicht hinreicht oder Marktpassivität durch Alter, Gesundheitsstand oder Arbeitslosigkeit vorliegt und das Ergebnis der eigenen Vorsorge nicht jenem Standard genügt. Zum Prinzip der Leistungsgerechtigkeit tritt insoweit das der **Bedarfsgerechtigkeit** in der Verteilung.

7. Die modernen Methoden der **Familienplanung**, in ihrer technischen Sicherheit und ihrer Preisgünstigkeit ein Produkt der marktwirtschaftlich-industriellen Entwicklung, haben das früher gravierende Verteilungsproblem der **schichtenspezifisch** unterschiedlichen Kinderzahl in den Hintergrund treten lassen. Was hier als Staatsaufgabe bleibt, ist die Hilfe in jenen Fällen, in denen Eltern aus objektiven oder subjektiven Gründen nicht hinreichend für den Kindesunterhalt und die Kindesbetreuung aufzukommen vermögen.

Einen Schritt weiter geht die Maßnahme, die Belastungswirkung einer unterschiedlichen Kinderzahl bei gleicher Höhe des Haushaltseinkommens auszugleichen: durch entsprechend gestaffelte steuerliche Vergünstigungen und Wohngeld bzw. durch eine Kindergeldzahlung, die einen Teil der Kinderkosten abfangen. Die spezifische Wirkung auf die Einkommensverteilung hängt davon ab, inwieweit der **Familienlastenausgleich** mit Einkommensobergrenzen arbeitet.

Manche Regierungen verfolgen mit der Ausgestaltung des Familienlastenausgleichs einen **bevölkerungspolitischen** Neben- oder gar Hauptzweck, nämlich die Geburtenrate zu steigern. Theorie und Empirie zeigen jedoch, daß das Instrument materieller Anreize in seiner Langzeitwirkung zumindest in den modernen Wohlstandsgesellschaften in diesem Betracht alles andere als zuverlässig ist.[3]

8. Daß schließlich die **Finanzierung der öffentlichen Hand** zur Wahrnehmung unverzichtbarer Staatsaufgaben (zum Beispiel Polizei, Gerichte, Verwaltung, Grundschulen) nicht einseitig durch bestimmte Gesellschaftsgruppen und auch nicht einfach auf dem Wege einer Kopfsteuer erfolgt, sondern die unterschiedliche „Leistungsfähigkeit“ der Einzelwirtschaften zu berücksichtigen hat, dürfte sich in der modernen Zivilisation als Verteilungsprinzip von selbst verstehen.

[3] Dazu: *B. Molitor,* Soziale Sicherung, München 1987, S. 164ff.

Ihm entspräche technisch eine **Proportionalsteuer** auf das periodische Einkommen, wobei als Bemessungsgrundlage alle Markteinkommen gleich welcher Art zu gelten haben.

9. Indes, die vorgeführten Anlässe für eine (indirekte oder direkte) Verteilungspolitik (Prinzip der Leistungs-, Startchancen- und Bedarfsgerechtigkeit) vermögen nicht das **tatsächliche Gewicht** zu erklären, das die staatliche Redistribution in der modernen Wirtschaftspolitik gewonnen hat, und das gerade auch in Wohlstandsgesellschaften, wo man eigentlich das Umgekehrte vermuten sollte: Es wird besteuert, um umzuverteilen (Steuerprogression). Offenbar ist noch ein allgemeiner Impuls im Sinne eines dominierenden Interesses in der Politik am Werke, das, bewußt oder unbewußt und unbeschadet der unterschiedlichen Sachanlässe, bei praktisch allen wirtschaftspolitischen Maßnahmen mitspricht und die verteilungspolitische Schlagseite des faktischen Staatsverhaltens in der Demokratie erhellt: das **Egalitätsprinzip**.

Und zwar geht es nicht allein um den rechtlichen Status, also die Gleichheit aller Bürger vor dem Gesetz, die ein Wesensmerkmal des Rechtsstaates ist, und auch nicht allein mehr um den politischen Status, also um gleiche und freie Wahlen, ohne die eine demokratische Regierungsform undenkbar ist, sondern schließlich um die Angleichung des **ökonomisch-gesellschaftlichen Status** selbst, für den das Kriterium der Einkommens- nebst Vermögenshöhe und verfahrenstechnisch dann wirtschaftliche Mitbestimmungsrechte als repräsentativ gelten, bei deren Ausübung wiederum Verteilungsziele im Vordergrund zu stehen pflegen.

Diese **Version** des Gleichheitsprinzipes hat, wenn freilich auch mit quantitativen und Adressatunterschieden, in praktisch alle politischen Gruppen Einzug gehalten; es gibt Parteien, die, bei Licht betrachtet, von ihr als dem criterium specificum leben. Und das alles in einem bemerkenswerten Gegensatz zu den östlichen Systemen des „real existierenden Sozialismus“, dessen Ideologie eine „nivellierende Gleichheitspolitik“ ausdrücklich von sich weist.[4]

§ 119 Zielproblematik

1. Das umschriebene Egalisierungsziel zu **begründen**, stößt in der Theorie der Wirtschaftspolitik auf besondere Schwierigkeiten, und das selbst, wenn man sich in rigoroser Vereinfachung auf die Distribution einer einzigen ökonomischen Variablen als repräsentativ für die komplexe Größe des gesamtwirtschaftlichen Verteilungsoptimums beschränkt, also etwa das laufende Einkommen.

2. Ob eine Einkommenseinheit, von A an B umverteilt, dort einen größeren **Nutzen** stiftet, setzt kardinale Meßbarkeit und interpersonelle Vergleichbarkeit der individuellen Nutzen voraus[5] (von den Transaktionskosten des Redistributions-

---

[4] Dazu: *B. Molitor,* Sozialistische Sozialpolitik, in: *ders.*, Marktwirtschaft und Wohlfahrtsstaat, Hamburg 1982, S. 267ff.

[5] Auch die philosophische Position der „Verfahrensgerechtigkeit“ von *J. Rawls* setzt einen solchen interpersonellen Nutzenvergleich voraus, – zu schweigen von den spezifischen Schwierigkeiten, die seiner (und einer vergleichbaren) Konstruktion eines „ursprünglichen Vertragsabschlusses“ zwischen den Gesellschaftsmitgliedern inhärent sind, der unter dem „Schleier der Ungewißheit“ zu einem „endgültigen“ Konsens über die Verfahrensregeln der Verteilung gelangen lassen soll.

verfahrens selbst ganz zu schweigen). Das aber ist – entgegen den Annahmen des Utilitarismus – auf wissenschaftlichem Wege, und das heißt: mit allgemeiner und empirisch nachprüfbarer Gültigkeit, **nicht** möglich. Hilfskonstruktionen von der Art, daß es genüge, wenn die Maßnahme einer irgendwie durchschnittlichen oder überwiegenden öffentlichen Meinung über die Nutzenstiftung entspricht, können aus naheliegenden Gründen nicht aus dem Dilemma hinausführen. Die Umverteilungsmaßnahme folgt einem **Werturteil**, das in der Sache auch anders ausfallen könnte. Wissenschaftlich kann allenfalls die objektiv-historische Herleitung des Werturteils und die analytische Auseinanderlegung der Ziel**implikationen** beigetragen werden (§ 18).

3. Auch der Versuch der (normativen) **Wohlfahrtsökonomie**, durch Rekurs auf fundamentale Formalprinzipien in der Optimumsbestimmung das Werturteilsproblem zu neutralisieren, war (unbeschadet aller theoretisch interessanten Information) zum Scheitern verurteilt. Gewiß ist eine Umverteilung wohlfahrtssteigernd, wenn sie zumindest ein Gesellschaftsmitglied im Vergleich zur Ausgangssituation materiell besser stellt, ohne irgend jemand sonst zu benachteiligen. Aber wo ist eine derartige Maßnahmenkategorie zu finden? Sonst bleibt man auf eine (gewichtete) Aufrechnung von (ordinalen) Nutzenwirkungen verwiesen, um den Nettoeffekt der Maßnahme zu ermitteln.

Wie aber sind die Begünstigungen bzw. Benachteiligungen ihrerseits zu bewerten? Rekurriert man auf die Realebene der (zusätzlich) zu erwerbenden bzw. (anteilig) abzugebenden Güterbündel, so lassen sich diese gewiß mit Hilfe der akuten Marktpreise vergleichbar machen. Indes, Stückpreise und namentlich relative Preise sind ein schwankendes Rohr, sie können sich aus den unterschiedlichsten Sachgründen verändern, zum Beispiel durch eine inflationierende Geldpolitik. Man müßte also über einen **übergeordneten** Wohlfahrtsmaßstab verfügen, um bei gegebenen oder sich verändernden Preisen die Spreu vom Weizen trennen zu können. Die Werturteilsfrage stellt sich erneut.

4. Bleibt jene verteilungspolitische Doktrin, die ein popularisierender **Keynesianismus** aus des Meisters Lehre ableiten zu können glaubt. Da für das Volkseinkommen und – proportional dazu – für die Beschäftigung die monetären Gesamtausgaben als die ausschlaggebende Determinante angesehen werden, gerät im Fall einer Unterbeschäftigung das Sparen (zuweilen auch noch verwechselt mit „Horten“) auf die Anklagebank („Übersparen“): es kann „Realkapital vernichten“. Was liegt da zur Ausgabenankurbelung näher, als hohe Einkommen, aus denen relativ am meisten gespart zu werden pflegt, auf niedrige Einkommen mit geringer Sparquote umzuverteilen: die ungleiche Einkommensverteilung erscheint als eine „letzte Ursache der Arbeitslosigkeit“. Auf solche Weise lassen sich wie mit einem Zauberstab Zielkonflikte aus der Welt schaffen: die Einkommensegalisierung dient gleichzeitig einem sozusagen häuslichen Wert der Ökonomie, nämlich der Beschäftigungsstabilisierung.

Diese verteilungspolitische Doktrin ist erwähnenswert nicht ihres Sachgehaltes wegen, sondern weil sie sich in ihrer grandiosen Einfachheit vorzüglich dazu eignet, auf der **politischen** Bühne zu einer Art Hintergrundinformation zu werden, die Redistributionsbestrebungen vermeintlich „wissenschaftlich“ absegnet und sie im parlamentarischen Kampf so als gutes Pferd starten läßt.

Im faktischen Endergebnis sind, während Beschäftigungsgrade schwanken, einmal getätigte Umverteilungsschritte politisch in der Regel **irreversibel**, und sie lassen sich beim nächsten akuten Anlaß mit der gleichen Argumentationsweise jeweils ausweiten. Auch wenn man eine gegebene Einkommensverteilung aus taktischen Gründen zunächst beläßt, wie sie ist, und statt dessen zum deficit-spending über die Staatsverschuldung greift, wird der Verteilungsfaktor nicht aufgehoben, sondern lediglich auf die nächste „Generation" verschoben.

5. Eine **soziologische** Begründung des Egalisierungszieles führt den Abbau „sozialer Spannungen" und „sozialer Unzufriedenheit" ins Feld. Sie wird oft berufen und klingt plausibel. Bei näherem Zusehen zeigt sich jedoch, daß mit ihr eine schwer einlösbare Beweislast übernommen wird.

Da die Einkommensangleichung hier nicht als Ziel, sondern als Mittel für einen anderen Zweck betrachtet wird, müßte für ein rationales Verfahren, das nicht im Nebel stochern will, gezeigt werden, bei welchem Ungleichheitsgrad die (ihrerseits wiederum abzugrenzenden) „bedrohlichen Spannungen" entstehen und mit welcher Redistributionsdosierung (nachhaltige) „Zufriedenheit" herzustellen ist. Empirische Beispiele wie die paritätszielorientierte Agrarpolitik (§ 114) sprechen hier jedoch für ein unbeendbares Geschäft.

Auch müßten für den Nettoeffekt „Spannungen" gegengerechnet werden, zu denen die staatliche Redistributionsaktivität ihrerseits führt. Und noch schwieriger erscheint es auszuschließen, daß die Erfahrung einmal „erfolgreicher" Unzufriedenheitsäußerungen selbst die Begünstigten auf den Geschmack kommen läßt, um nach mehr Redistribution zu rufen, so daß politikbedingt eine neuerliche Unzufriedenheit entsteht.

Vor allem aber bleibt die dornige ursachenanalytische Frage, was an den „Spannungen" ein fundamentum in re besitzt und was lediglich auf Neidregungen zurückgeht. Es mag sein, daß die Wirtschaftswissenschaft, wie *Boulding*[6] sich ausdrückt, in der „anthropologischen Harmlosigkeit des homo oeconomicus" das Potential an Neid und Aggression vernachlässigt, das gerade in Zeiten ohne Krieg und Not frei wird. Indes, sollte die Dignität und Kostenträchtigkeit des staatlichen Redistributionsapparates tatsächlich eingesetzt werden, um schiere Neidgefühle abzudecken, die, „anthropologisch" vermutbar, dann doch, wenn auch möglicherweise in anderem Gewand, wieder auftauchen?

6. Den gordischen Knoten scheint *Friedman*[7] zu durchschlagen, indem er das Vordringen des Egalitätszieles mit den **parlamentarischen Entscheidungsverfahren in der Massendemokratie** in Zusammenhang bringt: Eine herrschende Mehrheit pflegt sich selten freiwillig selbst große Lasten und Pflichten aufzubürden, was nicht ausschließt, daß sie solches zu eigenen Gunsten sehr wohl mit einer „unwilligen Minderheit" tut; und die Betroffenen haben das, allein weil sie Staatsbürger sind, hinzunehmen.

Das ist zwar eine **politologische** Erklärung des tatsächlichen Staatsverhaltens, liefert aber noch keine **Begründung** des Zieles, den ökonomischen Status der Gesellschaftsmitglieder zu egalisieren. Vielleicht wäre sie in der mehr unbewußten oder jedenfalls unartikulierten Gleichsetzung von demokratischen Verhältnissen mit einer Art **„kommunistischer" Fiktion** zu suchen, nach der alle Einkommen letztlich staatliche Dotationen darstellen, über die nach „politischen" Maßgaben bestimmt werden kann, und alle Vermögen wie wirtschaftliche Positionen im

[6] *K. E. Boulding,* Volkswirtschaftslehre als Moralwissenschaft, in: Hamburger Jahrbuch für Wirtschafts- und Gesellschaftspolitik, 16. Jg. (1971), S. 17f.

[7] *M. Friedman,* Kapitalismus und Freiheit, München 1976, S. 249.

Prinzip unter dem Vorbehalt einer Form staatlichen Lehens stehen, das für Interventionen verfügbar ist[8]: die Idealverteilung wäre eine Gleichverteilung.

Indessen stößt diese Fiktion, soweit sie in (Teilen) der Redistributionspolitik praktisch wird, **einmal** auf die Grenzen, die die verfassungsmäßig allen Bürgern garantierten Grundrechte setzen (§ 2). **Zum anderen** gibt es die politischen Begrenzungen über die „check and balances", die in freiheitlichen Gemeinwesen nicht zuletzt durch die Möglichkeit des Widerspruches und die Gefahr von Abwanderungen[9] befördert werden. Und **schließlich** sind da sachlich die Konflikte, in die das wirtschaftliche Egalitätsziel ordnungs- und prozeßanalytisch mit anderen, gleichzeitig angestrebten Zwecken der Wirtschaftspolitik gerät (§ 13) und die normalerweise seinen jeweiligen Realisierungsgrad aus der Sache heraus in Schranken halten.

§ 120 Verteilungsaspekte

1. Für die Wirkungsanalyse distributionspolitischer Maßnahmen ist es angezeigt, mehrere **Aspekte** zu unterscheiden, unter denen sich die periodische Verteilung ein und desselben Volkseinkommens erfassen läßt.

2. Da ist einmal die **Primärverteilung**, wie sie aus dem marktwirtschaftlichen Produktions- und Güterumsatzprozeß gleichsam heraussprudelt, bevor noch der Fiskus eingreift.

3. Die Primärverteilung kann ihrerseits wiederum unter funktionalem oder personellem Aspekt analysiert werden. Der Blickpunkt der **funktionellen Einkommensverteilung** stellt auf die Einkommensquellen, also die kategorial abgegrenzten Arten des Einkommens aus unselbständiger Arbeit (Lohn, Gehalt, Besoldung), aus Unternehmertätigkeit und Vermögensbesitz ab. Faßt man die beiden letzten Kategorien zum **Profit im weiteren Sinne** (Besitzeinkommen) zusammen, ergibt sich ein Modell mit zwei und nur zwei Einkommensklassen. Statistisch stellt sich freilich das Problem, daß die Einkommen von im Betrieb „mithelfenden Familienangehörigen" offensichtlich dem Lohnblock zugerechnet werden müssen. Das gilt im Prinzip auch für den Teil des Profiteinkommens, der ein Entgelt für die Selbständigentätigkeit (Eigentümerunternehmer) als Arbeit darstellt (kalkulatorischer **Unternehmerlohn**); denn wird die gleiche Funktion von einem angestellten Manager wahrgenommen, muß ein entsprechendes Gehalt gezahlt werden, das funktional den Einkommen aus unselbständiger Arbeit zugehört.

Gliedert man aus dem Block „Profit im weiteren Sinne" die **Kapitaleinkommen** aus, erhält man ein Drei-Klassen-Modell; Effektivlohn-, Zins- (Dividenden-) und Gewinneinkommen (Profit im engeren Sinne). Allerdings müßte dann, wenn man funktional richtig rechnen will, vom Gewinn des selbständigen Unternehmers ein **kalkulatorischer Zins** auf das Eigenkapital abgesetzt (und den Kapitaleinkommen zugeordnet) werden, der für die Alternative einer Fremdfinanzierung zu zahlen gewesen wäre, also entsprechende Produktionskosten verursachte.

---

[8] Typische Anklänge finden sich etwa bei *J. Strasser,* Grenzen des Sozialstaates?, Köln 1978, S. 178ff.

[9] Vgl.: *A. O. Hirschman,* Abwanderung und Widerspruch, Tübingen 1974.

Beim Vier-Klassen-Modell werden die Kapitaleinkommen ihrerseits noch einmal nach **Zins** und **Grundrente** (Faktor Boden) aufgeteilt.

Und die Verteilungsfrage lautet, welchen **Anteil am Volkseinkommen** die einzelnen Einkommenskategorien in der Periode und namentlich in der Periodenfolge auf sich vereinigen (Lohnquote, Profitquote).

4. Unter dem Aspekt der **personellen Einkommensverteilung** interessiert die Höhe des Gesamteinkommens, die eine Wirtschaftseinheit bzw. eine Gruppe von Wirtschaftseinheiten in der Periode erzielt, unabhängig davon, um welche Einkommensarten es sich im einzelnen handelt. Je nach dem Untersuchungszweck kann es zweckmäßig sein, statt auf Einzelpersonen auf **Haushalte** abzustellen und diese wiederum in Arbeitnehmer- und Unternehmerhaushalte zu unterteilen.

Die Verteilungsfrage lautet, welchen **Anteil am Volkseinkommen** ein bestimmter (nach Einkommensstufen abgegrenzter) Prozentsatz der Einkommensbezieher in der Periode bzw. im Periodenvergleich erreicht. Dabei ist zu vermuten, daß die Haushaltsverteilung gleichmäßiger ausfällt als die nach Einzelpersonen.

5. Natürlich sind den Geldeinkommen jeweils **Deputate** (Naturalentlohnung) hinzuzuzählen, die mit gegebenen Marktpreisen zu bewerten sind (etwa Eigenverbrauch in bäuerlichen Unternehmerhaushalten).

6. Unter verteilungspolitischem Gesichtspunkt muß sich das Informationsgewicht des funktionellen Aspektes zu dem der personellen Verteilung verschieben, je mehr Lohneinkommensbezieher gleichzeitig über ein Besitzeinkommen (aus Sparen, Unternehmensbeteiligung, Versicherungen, Teilvermietung eines Eigenheimes usw.) verfügen **(Querverteilung)**.

7. Bislang ging es jeweils um die **Brutto**einkommen. Die **sekundäre Einkommensverteilung** des Staates vollzieht sich über die **Besteuerung** der Markteinkommen und monetäre **Transfers** an private Haushalte. Im modernen Steuer- und Wohlfahrtsstaat ist zu vermuten, daß die Verteilung der **Netto**einkommen (Bruttoeinkommen minus Steuern plus Transfers) gleichmäßiger ausfällt als die Primärverteilung.

Schwierigkeiten bereitet indessen die schichtenspezifische Zurechnung von **Realtransfers**, die der Staat allgemein für die privaten Haushalte leistet (§ 128).

8. Wenn von **sektoraler** oder **räumlicher** Verteilung die Rede ist, muß beachtet werden, daß es sich um den **Anteil** einer Branche oder einer Region am Volkseinkommen, nicht um die intrasektoralen oder intraregionalen Distributionsverhältnisse handelt.

Beide Verteilungen lassen sich wiederum unter dem Primär- oder Sekundäraspekt darstellen. Es ist jedoch nicht gesagt, daß ein durch staatliche Umverteilungsaktivität verbesserter sektoraler oder regionaler Volkseinkommensanteil auch mit einer gleichmäßigeren personellen Einkommensverteilung im Sektor oder in der Region selbst einhergehen müßte. Soweit die sektorale bzw. regionale Strukturpolitik sich schwergewichtig des Instrumentes der **Produzentensubventionierung** bedient (§ 106), muß – jedenfalls kürzerfristig – das Gegenteil vermutet werden.

9. Gerade auch verteilungspolitisch ist nicht zuletzt der Aspekt der **intertemporalen** Einkommensverteilung (Längsschnittbetrachtung) von Bedeutung, und zwar im Hinblick auf die Verteilung des Lebenseinkommens beim einzelnen privaten Haushalt über die Zeit (Lebenszyklen: etwa Kinderaufzucht, Altersvorsorge)

wie im Vergleich zwischen den Generationen (etwa staatliche Verschuldungsrate, Abdeckung von verbrieften Ansprüchen an die Sozialversicherung).

10. Faßt man, statt der nominellen (Brutto- oder Netto-) Einkommen, die **Realeinkommen** ins Auge, läßt sich im Vergleichswege auf die Verteilungswirkungen der Güterpreisstruktur und ihrer Veränderung im Zeitverlauf schließen. Eine inflationäre Entwicklung zum Beispiel erfaßt keineswegs alle Gütergruppen gleichmäßig; sie pflegt die Haushaltseinkommen, was ihre tatsächliche Kaufkraft betrifft, unterschiedlich zu treffen (§ 118).

11. Die vorgeführten Verteilungskalküle lassen sich auch auf den Vermögensbereich anwenden. So wird die **Vermögensverteilung** zum Beispiel intertemporal entscheidend durch Umfang, Art und, was das anbelangt, sekundär durch die Besteuerung der Erbschaftsübergänge bestimmt (§ 135).

12. Wenn in unserem Zusammenhang auch die staatliche Redistributionspolitik im Vordergrund steht, so ist doch im Verteilungsgesamtbild nicht das Gewicht der privaten **„grant economy"** zu vernachlässigen, die nur unzureichend in die offizielle Statistik eingeht: Geld-, Dienst- und Sachleistungen werden zwischen Einzelpersonen im Haushalt, zwischen Haushalten, zwischen Betrieb und Belegschaftsmitgliedern und über caritative Institutionen ohne Gegenleistung „umverteilt". Und es liegt auf der Hand, daß diese „Schenkungsökonomie" und die staatliche Redistributionsaktivität nicht beziehungslos nebeneinander stehen. Je nach Umfang und Technik der fiskalischen Umverteilung kann die private Transfertätigkeit ausgehöhlt oder auch gefördert werden. Wenn es mit rationalen Dingen zugeht, gebührt der letzteren die Vorfahrt (Prinzip der Subsidiarität). Was im freien Privatbereich geschieht, läßt sich bei den entsprechenden (kostenträchtigen und stets schematisch vorgehenden) Staatsaktivitäten einsparen.

§ 121 Verteilungsmaße

1. Verteilungsmaße wollen Anhaltspunkte über den **Ungleichmäßigkeitsgrad** einer Einkommens- bzw. Vermögensverteilung und seine Veränderung in der Periodenfolge bieten – Anhaltspunkte deshalb, weil ihre Aussagefähigkeit durch Unvollständigkeit und Qualitätsmängel im statistischen Urmaterial beschränkt zu sein pflegen, die praktisch kaum je zu beheben sind.

2. In diesen Grenzen läßt sich der **Erfolg** einer staatlichen Verteilungspolitik, die auf eine Verminderung der Einkommens- bzw. Vermögensabstände abzielt, daran ablesen, inwieweit ein gegebener oder für kommende Perioden absehbarer Ungleichmäßigkeitsgrad (absolut oder relativ) gesunken ist.

Indessen kann das Ergebnis auch von **anderen Faktoren** beeinflußt sein, so vom marktwirtschaftlichen Wachstumsprozeß, vom Faktorangebots- und Sparverhalten der Wirtschaftseinheiten, von der Marschroute der Geldpolitik. Und es ist nicht mehr als rational, wenn der Staat regelmäßig vor direkten Eingriffen der Unterstützung von Marktkräften den Vorzug gibt, die im Entwicklungsprozeß von sich aus eine Annäherung an das angestrebte Verteilungsziel versprechen, wenn nur die gehörige Frist (Erwartungshorizont) vorgegeben wird.

Damit lassen sich auch am ehesten die **Konflikte** reduzieren, auf die eine staatliche Redistributionspolitik mit anderen Zielen der Wirtschaftspolitik und den auf sie ausgerichteten Maßnahmen stößt oder stoßen kann. Jedenfalls gehört zur Erfolgswürdigung der Verteilungspolitik die Prüfung, ob und inwieweit der verminderte Ungleichmäßigkeitsgrad mit Wachstums-, Stabilitäts- und Wettbewerbsverlusten erkauft wird.

3. Als Verteilungsmaß für die **funktionelle Einkommensverteilung** dient traditionell die **Lohnquote** im Sinne des prozentualen Anteils der Arbeitsentgelte am Gesamteinkommen. In der volkswirtschaftlichen Version wird die **Brutto-Lohnsumme** aller unselbständig Erwerbstätigen (einschließlich der Arbeitgeberbeiträge zur Sozialversicherung) mit dem jeweiligen Volkseinkommen (Netto-Sozialprodukt zu Faktorkosten) ins Verhältnis gesetzt, bei dem bereits die verbrauchsbedingten Abschreibungen und die Differenz aus indirekten Steuern und staatlichen Subventionen berücksichtigt sind.[10]

4. Auf den ersten Blick scheint die Lohnquote ein griffiges Verteilungsmaß zu sein; dieser Eindruck trügt jedoch. Sie bedarf erheblicher **Qualifikationen**.

a) Einmal wird ihre Entwicklung nicht nur durch die jeweilige Höhe der Arbeitseinkommen selbst, sondern auch durch Veränderungen in der **Erwerbstätigenstruktur** bestimmt. Die Lohnquote kann im Periodenvergleich selbst bei unverändertem Lohnniveau allein darum steigen, weil sich die Zusammensetzung einer konstanten Gesamtzahl an Erwerbstätigen in der Weise verschoben hat, daß der Anteil der Selbständigen (etwa durch Wanderung vom Agrar- in den Industriesektor) zugunsten der Arbeitnehmerquote zurückging. Entsprechendes gilt bei einer modifizierten beruflichen Verteilung der **Neuzugänge** an Erwerbstätigen.

Bezeichnen wir die periodische Lohn- und Gehaltssumme mit L, das Volkseinkommen mit Y, den Anteil der Unselbständigen an der Gesamtzahl der Erwerbstätigen mit $\frac{A}{E}$ (Arbeitnehmerquote) und das Basisjahr für den Lohnquotenvergleich mit x, so lautet die Formel der einfachen („statistischen", „tatsächlichen") Lohnquote für die Periode t:

(1) $$\alpha_t = \frac{L_t}{Y_t}.$$

Nehmen wir an, α_t läge höher als $\frac{L_x}{Y_x}$, so bleibt zu fragen, inwieweit der Anstieg auf eine tatsächliche Verbesserung der Arbeitseinkommensposition oder möglicherweise nur auf eine zwischenzeitliche Erhöhung der Arbeitnehmerquote, also eine vermehrte **Zahl** an Unselbständigeneinkommen, zurückgeht.

Zur Aufklärung wird die einfache Lohnquote um Veränderungen der Erwerbstätigenstruktur im Vergleich zum Basisjahr **bereinigt**:

(2) $$\alpha_t^{ber} = \frac{L_t}{Y_t} \cdot \frac{\frac{A_x}{E_x}}{\frac{A_t}{E_t}} = \left(\frac{L}{A} \Big/ \frac{Y}{E}\right)_t \cdot \left(\frac{A}{E}\right)_x.$$

[10] Aufschlußreich wäre auch die Ermittlung der **Netto**lohnquote (Berücksichtigung von Lohnsteuern und Pflichtbeiträgen zur Sozialversicherung) im Zeitvergleich.

Der Anstieg der bereinigten Lohnquote liegt immer dann unter dem der einfachen Lohnquote, wenn in der Periodenfolge mehr Selbständige in eine Arbeitnehmerposition wechselten, als Arbeitnehmer sich selbständig machten. (Tabelle 15; für die Werte von 1950 und 1960 ist zu beachten, daß als **Basisjahr** 1970 gewählt wurde.)

Tabelle 15 Lohnquoten (Deutsches Reich, Bundesrepublik Deutschland) (i.v.H.)

Jahr	tatsächliche[1]	bereinigte[2]	ergänzte[3]
1870	43,0	43,0	76,5
1890	43,2	41,8	74,2
1910	45,2	41,6	73,9
1950	58,4	71,2	92,3
1960	60,1	65,0	82,8
1970	68,0	68,0	85,6
1975	73,1	71,5	89,8
1980	73,5	70,2	87,9
1985	69,5	66,5	83,6

[1] Anteil des Bruttoeinkommens aus unselbständiger Arbeit am Volkseinkommen;
[2] bereinigt um Veränderungen der Erwerbstätigenstruktur; 1870-1910: Basisjahr 1870; 1950-1985: Basisjahr 1970;
[3] ergänzt um den kalkulatorischen Unternehmerlohn.

Quelle: *A. Jeck,* Wachstum und Verteilung des Volkseinkommens, Tübingen 1970; Institut der deutschen Wirtschaft (Hrsg.), Zahlen zur wirtschaftlichen Entwicklung der Bundesrepublik Deutschland 1987, Köln 1987, Nr. 27; eigene Berechnung.

b) Indessen ist auch der so modifizierte Lohnquotenvergleich noch nicht eindeutig. Ein Problem ergibt sich daraus, daß in Formel (2) der Durchschnittslohn $\left(\frac{L}{A}\right)$ mit dem Pro-Kopf-Einkommen aller Erwerbstätigen (Arbeitnehmer und Selbständige) in Beziehung gesetzt wird $\left(\frac{Y}{E}\right)$. Worauf es jedoch im Zwei-Klassen-Modell der funktionellen Einkommensverteilung und deren Veränderung im Zeitverlauf ankommt, ist der Vergleich mit dem Durchschnittseinkommen der **Selbständigengruppe**. Hier können sich signifikante Abweichungen ergeben.[11]

So liegt es nahe, zusätzlich zum Vergleich der **Pro-Kopf-Einkommen auf Arbeitnehmer- und auf der Selbständigenseite** $\left(\frac{P}{S}\right)$ in der Periodenfolge zu greifen:

(3) $$\frac{L_t}{A_t} \Big/ \frac{L_x}{A_x} \gtreqless \frac{P_t}{S_t} \Big/ \frac{P_x}{S_x},$$

oder:

(3a) $$\frac{l_t}{l_x} \gtreqless \frac{p_t}{p_x}.$$

[11] Dazu: *B. Molitor,* Lohn- und Arbeitsmarktpolitik, München 1988, S. 38ff.

c) Das Lohnquotenkalkül basiert auf einem Zwei-Klassen-Modell nach den Einkommensquellen „Arbeit" und „Besitz" (§ 120). Im letzteren Posten stecken jedoch in beträchtlichem Ausmaß Arbeitseinkommen (Unternehmerlohn), namentlich wenn man die Masse der kleineren Selbständigen und ihr Dienstleistungsangebot, aber auch die Gruppe der mithelfenden Familienangehörigen bedenkt; das Unternehmereinkommen ist nicht einfach „arbeitsloses" Einkommen.

Das berücksichtigt die **„ergänzte"** Lohnquote (Tabelle 15): dem Block der Einkommen aus Arbeit ist ein kalkulatorischer Unternehmerlohn für selbständig Erwerbstätige (und mithelfende Familienangehörige) in Höhe des jeweiligen statistischen Durschnittseinkommens der Arbeitnehmer zugerechnet.

d) Aber auch so bleibt das Lohnquotenkalkül in der Verteilungsdiskussion mit einem gravierenden Mangel behaftet: die Arbeitnehmerhaushalte sind faktisch zu einem wachsenden Teil am Posten der Besitzeinkommen beteiligt (Querverteilung), und zwar bis hin zu den zahlreichen betrieblichen Gewinnbeteiligungssystemen. Die Wohlstandsgesellschaften reproduzieren je länger je weniger das strikte Zwei-Klassen-Verteilungsmodell.

e) Aber auch die Höhe der (ergänzten) Lohnquote in einer Größenordnung von **vier Fünfteln** des Volkseinkommens spricht schon für sich selbst eine deutliche Sprache.

Von den restlichen zwanzig Prozent des Volkseinkommens entfällt der größere Teil auf Vermögenseinkünfte wie Zinsen, Lizenzen, Mieten, Pachten u.ä. Für den eigentlichen unternehmerischen Gewinn **(Profit im engeren Sinne)** wird der Anteil auf eine Größenordnung von acht Prozent des Volkseinkommens geschätzt[12], wobei der kalkulatorische Zins auf das eingesetzte Eigenkapital noch nicht berücksichtigt ist.

Schließlich darf aber auch dies bei der Bewertung der Lohnquotenentwicklung nicht aus dem Auge verloren werden: achtzig Prozent des Volkseinkommens verteilt sich in der Bundesrepublik auf ein **Arbeitsvolumen**, das sich im letzten Jahrzehnt nur mäßig erhöht hat, während die **Kapitalmenge** um ein Vielfaches angestiegen ist.

f) Periodische Schwankungen der Lohnquote sind natürlich nicht ausgeschlossen. So reagiert die funktionelle Verteilung empfindlich auf den typischen **Konjunkturverlauf**. Die Lohnquote ist regelmäßig in der Rezession am höchsten, und das aus dem einfachen Grund, weil die Gewinneinkommen als die sensitivere Größe im Abschwung schneller zurückzugehen pflegen als die Löhne der (noch beschäftigten) Arbeitnehmer.

Freilich gilt auch umgekehrt, daß im Aufschwung erst einmal die Unternehmensgewinne aus ihrer Kellerposition heraus aufholen. Hier von einer „Verteilungsverschlechterung" zu sprechen, ist zumindest kurzsichtig. Aussagefähig bleibt allein die Entwicklung der Verteilungsquoten im konjunkturübergreifenden Zeitmaß.

5. Für die **personelle Einkommensverteilung** vermittelt das **Lorenz-Kurven-Verfahren** (Häufigkeitsverteilung) ein anschauliches Bild des Ungleichmäßigkeitsverhältnisses (Konzentration).

---

[12] Vgl. etwa: *W. Engels,* Soziale Marktwirtschaft, Stuttgart 1973, S. 27.

Das statistische Urmaterial wird zunächst nach Größenklassen der Einkommen gruppiert. Für jede Größenklasse ist sodann der prozentuale Anteil einerseits der auf sie entfallenden Zahl der Merkmalsträger an der Gesamtzahl der erfaßten Personen und andererseits des auf sie entfallenden Einkommensvolumens am Gesamteinkommen zu ermitteln. Werden die jeweiligen Anteilswerte von Größenklasse zu Größenklasse kumuliert, ergibt sich bei geometrischer Darstellung (Ordinate: Einkommen, Abszisse: Personen) die Lorenzkurve der personellen Einkommensverteilung, wobei (a) sich auf die Bruttoeinkommen und (b) auf die verfügbaren Einkommen bezieht. An den Kurven läßt sich ablesen, welche Quote des Gesamteinkommens ein bestimmter Teil der Einkommensbezieher auf sich vereinigt (Schaubild 16).

Schaubild 16 Lorenzkurven

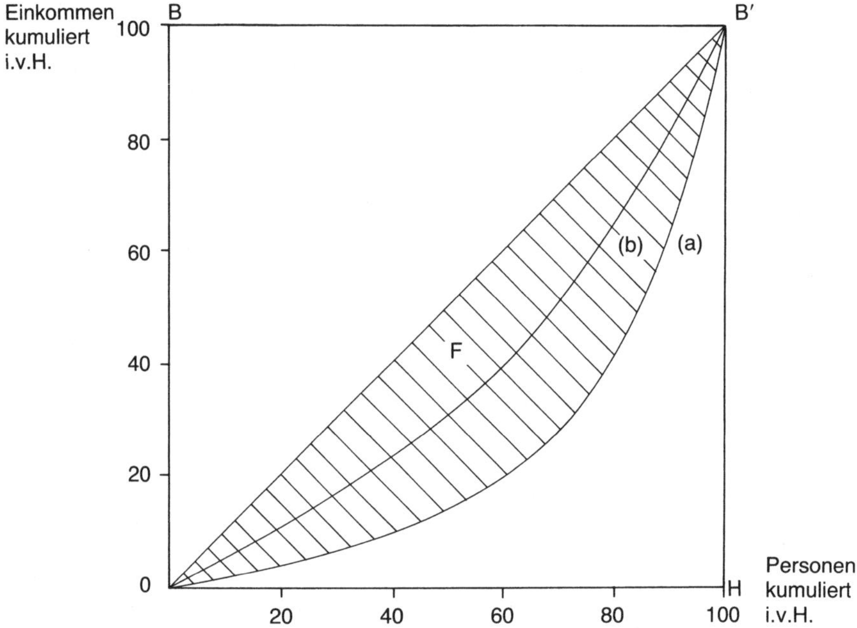

Entfiele auf jeden Prozentsatz der Merkmalsträger ein ebenso großer Anteil des Gesamteinkommens, läge eine vollständige Gleichverteilung vor: die Lorenzkurve deckte sich mit der Diagonalen des Achsenkreuzes (OB′). In Wirklichkeit haben wir es jedoch mit ungleichmäßigen Einkommensverteilungen zu tun: die Lorenzkurve bildet mit der Diagonalen ein mehr oder weniger ausgedehntes Ungleichheitsfeld (F), das nach der Sekundärverteilung durch den Staat normalerweise kleiner ausfällt (b).

6. Der **Grad der Ungleichmäßigkeit** bemißt sich nach dem Verhältnis zwischen der Größe des Ungleichheitsfeldes F und dem Flächeninhalt des Dreiecks OHB′.

Rechnerisch läßt sich der Konzentrationsgrad der Verteilung nach der **Boldrinischen Formel** bestimmen:

$$k = 1 - \frac{\sum_{i=1}^{n} h_i (b_{i-1} + b_i)}{HB}.$$

Dabei bedeutet n die Zahl der Einkommensklassen, h_i den Anteil der jeweiligen Klasse i an der Gesamtzahl der erfaßten Personen und b_i die Summe der Anteile der Klassen 1 bis einschließlich i am Gesamteinkommen. H und B bezeichnen die Summen der Anteile aller Größenklassen, belaufen sich also bei Prozentrechnung auf jeweils 100. Da die Boldrinische Gleichung auf der Summenformel der Integration für die Fläche unterhalb der Lorenzkurve basiert, kommt es für die Genauigkeit der Ermittlung darauf an, daß die aus dem Urmaterial gewonnene Häufigkeitstabelle tief gegliedert, n mithin möglichst groß ist. Im Hinblick auf den zeitlichen Vergleich des Konzentrationsgrades ist die einmal getroffene Gliederung der Einkommensklassen beizubehalten.

Die Meßzahl für die Ungleichmäßigkeit der Verteilung kann sich zwischen 0 und 1 bewegen: je näher der Wert bei 1 liegt, umso größer ist der Konzentrationsgrad. Freilich bleibt zu beachten, daß auf diese Weise stets nur die Gesamtverteilung und ihre mögliche Änderung von Periode zu Periode gemessen wird. Die Größe der Fläche unterhalb der Lorenzkurve, und damit der Konzentrationsgrad, kann konstant bleiben, obwohl die Verteilung bei den unteren Einkommensklassen gleichmäßiger geworden ist, die Lorenzkurve also im unteren Bereich eine Einbuchtung erfährt, wenn dem eine Verschärfung der Konzentration bei den oberen Klassen, mithin eine Ausbuchtung der Lorenzkurve im oberen Bereich, gegenübersteht. So ist es angezeigt, für den Vergleich der Einkommensverteilung auch die Lorenzkurven selbst heranzuziehen.

7. Das Lorenzkurven-Verfahren und die Boldrinische Messung des Ungleichheitsgrades lassen sich ebenso auf die **Vermögensverteilung** anwenden. Freilich hat hier die faktische Aussagekraft empfindliche Grenzen, soweit das Urmaterial auf der schmalen Basis der Vermögensteuerstatistik beruht, die unmittelbar nur einen Bruchteil der privaten Haushalte (und bei den einbezogenen Merkmalsträgern nicht unbedingt das tatsächliche Gesamtvermögensvolumen) erfaßt.

8. In der öffentlichen Diskussion pflegt heute die Verteilung des **„Produktivvermögens“** im Vordergrund zu stehen. Aber gerade hier bedarf der ermittelte Ungleichmäßigkeitsgrad der Sachinterpretation. Man erhält ein überzeichnetes Bild, wenn „Produktivvermögen“ mit dem Reinvermögen der Unternehmen gleichgesetzt wird, die sich im Eigentum von privaten Haushalten befinden. Das gewerbliche Sachvermögen ist nämlich durchweg nicht nur durch Eigenkapital, sondern in erheblichem Maße durch Fremdkapital gedeckt, das unter die Nettoforderungen anderer Wirtschaftseinheiten fällt (Geldvermögen).

Kapitel 2: Primärverteilung

§ 122 Staatliche Preisfestsetzung

1. Wenden wir uns den in der Primärverteilung denkbaren politischen **Maßnahmen** zu, so sind unmittelbare („materielle") Eingriffe des Staates in die **Marktpreisbildung** prinzipiell ordnungs**in**konform.

Gleichwohl hat die Politik immer wieder zur administrativen Fixierung von **Höchstpreisen** namentlich bei Grundgütern der Lebenshaltung gegriffen, und zwar mit der Begründung, daß durch deren (künstliche) Verbilligung die „soziale" Lage „einkommensschwacher Bevölkerungskreise" verbessert werden soll. In verteilungstechnische Termini übertragen, wird eine (partielle) Korrektur der **Realeinkommensverteilung** zugunsten (oder mindestens überproportional zugunsten) der Bezieher kleiner Nominaleinkommen angestrebt. Die Begünstigung liegt in der Differenz zwischen dem Marktpreis, der ohne Intervention zu zahlen gewesen wäre, und dem durch die Höchstpreisverfügung gestoppten, also politisch niedrig gehaltenen Abgabepreis.

Statt zur Fixierung von Höchstpreisen, die immerhin Abweichungen nach unten zulassen, greift man auch zur Technik von **Festpreisen**, die unbeschadet steigender Produktionskosten oder inflationärer Entwicklungen durchgehalten werden, bis schließlich irgendwann doch eine Anpassung unumgänglich ist, die dann freilich mit erheblichen „politischen" Kosten im Kampf gegen den Gewöhnungseffekt und gegen Vorwürfe einer „sozialen Demontage" erfolgen muß.

2. Die Frage bleibt, inwieweit das angestrebte Verteilungsziel mit dem preispolitischen Instrument tatsächlich zu erreichen ist. Zur Wirkungsanalyse nehmen wir als typisches Beispiel eines partiellen Preisstopps die gesetzliche Einführung einer Höchstgrenze für die Quadratmetermiete unterhalb des Marktpreises für die Wohnungseinheit (Schaubild 17: $p_{max.}$).

Schaubild 17 Höchstpreisfixierung

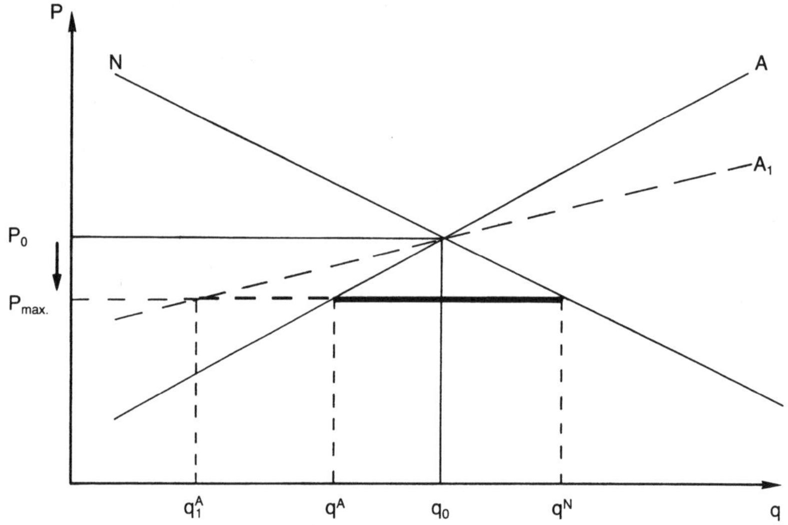

a) Die Wirkung einer derartigen Preislimitierung besteht zunächst einmal in der Produktion eines manifesten **Nachfrageüberhanges** bzw. **Angebotsdefizites** ($\overline{q^A q^N}$): Zum ermäßigten Preis $p_{max.}$ fragen die privaten Haushalte mehr Wohnraum nach (q^N), und gleichzeitig sinkt das Angebot (q^A), weil $p_{max.}$ für einen Teil der Wohnungseigentümer eine Vermietung unrentabel macht; sie widmen ihr Angebot etwa zur gewerblichen Nutzung um.

Längerfristig ist sogar mit einem noch höheren Angebotsdefizit zu rechnen ($\overline{q_1^A q^N}$); denn mit den politisch festgehaltenen Mieten werden oft auch Ersatzinvestitionen unterlassen, wodurch mit der Zeit ein Teil selbst der Ausgangsbestände an Mietwohnungen untergeht.

b) Des weiteren ist die Maßnahme mit erheblichen **Mitnehmereffekten** verbunden: auch solche Wohnungsnutzer profitieren von der Preisverbilligung, die durchaus eine höhere Miete zahlen könnten und zu zahlen bereit wären.

c) Für die jeweils unbefriedigte Nachfrage bilden sich graue und schwarze Märkte, die vor allem den Wohnungsvermittlern Gewinne versprechen. Greift der Staat mit einer Wohnraum**rationierung** (Bezugsscheine, Wartelisten) ein, kommen die bürokratischen Kosten für die Verwaltung des Mangels zu denen der Preisüberwachung hinzu.

d) Damit wird der „Mangel" jedoch nur festgeschrieben. Auf die Dauer nimmt infolge der unzureichenden Instandsetzungsaufwendungen nicht nur die **Qualität** des gegebenen Angebotes ab. Es besteht für Private auch kein Anreiz, in den Neumietwohnungsbau zu investieren. Die **Angebotsmenge** stagniert. Es sei denn, der Staat springt mit Subventionen an die Produzenten ein oder/und baut selbst Wohnungen. Das aber bedeutet eine gravierende Belastung des öffentlichen Haushaltes und wirft, namentlich im letzteren Fall, in der Marktwirtschaft zusätzlich ordnungspolitische Probleme auf (§ 47).

e) Wie stets bei Preissubventionierungen (bis hin zum Null-Tarif), bleibt, selbst wenn die staatliche Wohnbaupolitik quantitativ erfolgreich ist, der **allokationspolitisch bedenkliche Effekt**, daß die Nachfrager ökonomisch falsche Preissignale erhalten: sie gehen mit dem künstlich verbilligten Gut großzügiger um, als es seinen tatsächlichen Kosten entspricht, und verwenden mehr Einkommensteile auf andere Güter, die bei „richtiger" Preisrelation weniger nachgefragt würden (Verschiebung der relativen Preise).

3. Um in Mangelsituationen Angebotspreise „sozial tragbar" zu machen, ist nicht die direkte Preisintervention, sondern die **sekundäre Einkommensumverteilung** die gesamtwirtschaftlich probate Ansatzebene: privaten Haushalten fließen, nach der Einkommenshöhe gezielt, entsprechende monetäre Transfers aus Steuermitteln zu. So das Wohngeld (§ 111), so aber seinerzeit auch der Ölkostenzuschuß an private Haushalte, als das Anbieterkartell in politischer Absicht einen „Ölschock" produzierte. Der Marktpreis bleibt frei; er kann seine Lenkungsfunktion zur Überwindung der Mangelsituation selbsttätig ausüben. Die Reaktionen der Nachfragerseite sind: sparsamer Umgang mit dem verteuerten Gut, gegebenfalls Übergang zu Alternativprodukten; auf der Anbieterseite: eine durch den Preisanstieg angereizte, gesteigerte Produktion, Angebotserhöhung bei (billigeren) Substituten und schließlich eine verstärkte Innovationstätigkeit.

§ 123 Lohn-Preis-Indexierung

1. Die Maßnahme einer staatlich verordneten Lohn-Preis-Indexierung soll die Arbeitseinkommen zu Lasten der Unternehmensgewinne begünstigen (funktionelle Einkommensverteilung), und zwar durch **Stabilisierung** ihrer **Kaufkraft**, wenn sich die Preise der Lebenshaltung, aus welchen Gründen auch immer, nach oben bewegen (Realeinkommensaspekt). Im Unterschied zur administrativen Preispolitik bleiben zwar die Güterpreise frei; aber die beschäftigenden Unternehmen müssen **automatisch** die Nominallöhne in dem Maße anheben, in dem sich die in einem Index erfaßten Konsumgüterpreise erhöhen (Gleitlohn).

2. Technisch weist die Indexierungsmaßnahme eine erhebliche Variationsbreite der **Ausgestaltungsmöglichkeiten** im einzelnen auf, die bei der Einführung, aber auch während der Funktionsdauer von Gleitlöhnen Gegenstand politischer Kontroversen zu sein pflegen; insoweit verschiebt sich die lohnpolitische Auseinandersetzung auf die politische Ebene.

a) Die in ihrem Realwert zu stabilisierenden **Ausgangsentgelte** können die Tariflöhne, aber auch die Effektivlöhne sein. In beiden Fällen stellt sich die Frage, ob Lohnzuschläge (z.B. für Überstunden) einzubeziehen sind. Lohnnebenkosten, die, wie die Arbeitgeberpflichtbeiträge zur Sozialversicherung ihrer Beschäftigten, prozentual an der jeweiligen Höhe der Nominallöhne ausgerichtet sind, wachsen automatisch mit. In jedem Fall werden durch das Gleitverfahren und in seinem Umfang das Realniveau wie die Struktur der Ausgangslöhne **zementiert**.

b) Als Bezugsgröße der Lohnanpassung fungiert ein **Lebenshaltungspreisindex**, dessen Konstruktion nach Zusammensetzung und Gewichtung der Güter des Warenkorbes, nach Größe und Struktur der „Indexfamilie" und, je länger das Gleitlohnverfahren beibehalten wird, auch nach veränderten Verbrauchsgewohnheiten politische Streitpunkte enthält. In jedem Fall wird für die Anhebung der Faktorentgelte eine **produktivitätsfremde** Größe verbindlich gemacht.

c) Die **Indexklausel** schließlich entscheidet über die Stringenz, in der die Nominallöhne der Güterpreisbewegung folgen. Die einspielenden Determinanten sind:

erstens die Intervalle, in denen Indexveränderungen festgestellt werden, und die Fristen, in denen dann die Lohnanpassung erfolgen muß;

zweitens die Rate der Indexveränderung, ab der eine Lohnerhöhung akut wird;[1]

drittens das Anpassungsausmaß (Voll- oder Teilanpassung, möglicherweise mit Anpassungsobergrenzen);

viertens die Anpassungsform (prozentuale oder fixe Beträge, wobei im letzteren Fall die Anpassung zusätzlich zur Kaufkraftstabilisierung längerfristig einen Einkommensnivellierungseffekt hätte);

---

[1] Erfahrungsgemäß sind hier politische Manipulationen nicht ausgeschlossen, wie der schon sprichwörtliche französische Fall zeigt, bei dem die Regierungen der Vierten Republik die nationalen Grenzen kurzfristig einem tonnenweisen Import spanischer Früchte für die Hallen von Paris öffneten, um auf diese Weise einem kritischen Ausschlag des Preisindex der Lebenshaltung zuvorzukommen: die Löhne brauchten fürs erste nicht angepaßt zu werden.

fünftens die Anpassungsrichtung; denn nach der Logik des Verfahrens ist nicht einzusehen, warum, wenn der Index zurückgeht, nicht auch eine Lohnveränderung nach unten stattfinden sollte.

Ist erst einmal eine Lohn-Preis-Indexierung gegeben, geht der politische Kampf praktisch nurmehr in Richtung einer **Vollanpassung**, die schon bei geringen Indexausschlägen möglichst häufig und schnell erfolgt, und zwar einseitig nach oben.[2]

3. Gesamtwirtschaftlich gesehen, schwächen Indexlöhne zu ihrem Teil die **stabilitätspolitische Disziplin** in den Lohnverhandlungen (§ 69): die Lohnempfänger werden vom Kaufkraftschwund nicht betroffen, selbst wenn die Preisniveausteigerung die Folge just eines lohnpolitischen Fehlverhaltens sein sollte.

Die Hoffnung, daß es darum weniger Tarifauseinandersetzungen gäbe, läßt sich empirisch weder im zeitlichen Vergleich für ein Land vor und nach Einführung der Indexierung noch im internationalen Vergleich zwischen Volkswirtschaften mit und ohne Gleitlöhne bestätigen. Allenfalls kann der Versuch entfallen, in den Lohnforderungen einen für die Laufzeit des Tarifvertrages erwarteten Preisanstieg zu antizipieren.

4. Indexlöhne wollen gegen Inflationsfolgen schützen. Indessen wirken sie selbst, soweit zwischenzeitlich nicht entsprechend die Arbeitsproduktivität zugenommen hat, als **Inflationsimpuls** bzw. Inflationsverstärker **(built-in-inflator**, Lohn-Preis-Spirale), der Löhne und Preise sich gegenseitig hochschaukeln läßt. Der Versuch der Reallohnstabilisierung wird zum unbeendbaren Geschäft. Der Preisanstieg verliert seine Funktion, das Angebotsvolumen zu erhöhen. Es wird praktisch nie ein Gleichgewicht von Faktorentgelten und Güterpreisen erreicht. Was dominiert, ist die reine Preisinflation, und das umso mehr, als mit großer Wahrscheinlichkeit auch die Sparquote der Arbeitnehmerhaushalte schließlich zurückgehen wird.

5. Natürlich kommt es für das makroökonomische Gewicht des Verfahrens auf die Anwendungsdichte der Indexlöhne an. Wenn aber erst an einer Stelle mit ihnen begonnen wurde, breitet sich die Forderung nach „Kaufkraftstabilisierung" erfahrungsgemäß bald überall aus. Und das Schlimme ist, daß auch die Geldwertstabilisierungspolitik der **Notenbank** an einem empfindlichen Punkt in Mitleidenschaft gerät.[3] Will die Notenbank die sich selbst verstärkende Inflation und die entsprechenden Erwartungen der Einzelwirtschaften von der Geldmengenseite her in den Griff bekommen, muß sie mit quantitativ immer stärkeren Mitteln gegensteuern und einen entsprechend größeren Beschäftigungsrückgang in Kauf nehmen.

---

[2] Mit den steigenden Nominallöhnen vermindern sich, selbst wenn die Kaufkraftstabilisierung gelingt, je nach dem Progressionsgrad der Lohnsteuern jedoch die **verfügbaren** Arbeitseinkommen. Um auch dem zu begegnen, wurde zum Beispiel in Dänemark tatsächlich die jeweilige Einkommensteuerbelastung der „Indexfamilie" in den Lebenshaltungspreisindex einbezogen.

[3] Ist selbst die Einkommensteuerbelastung in den anpassungsrelevanten Lebenshaltungspreisindex einbezogen, wird insoweit auch das denkbare fiskalpolitische Stabilisierungsinstrument einer Steuererhöhung stumpf.

§ 124 Gesetzlicher Mindestlohn

1. Ein staatlich dekretierter Mindestlohn bedeutet einen Eingriff der „schweren Hand" in die Preisbildung auf dem Markt des Arbeitsfaktors. Wer immer und wo immer jemand beschäftigt ist: auf jeden Fall muß ein fixierter **Mindestpreis** für die Arbeitsstunde gezahlt werden.

2. Auf den ersten Blick scheint die Maßnahme dem **Bedarfsgerechtigkeitsziel** zu dienen. Aber wenn tatsächlich ein Mindest**einkommen** zur Sicherung des Lebensunterhaltes garantiert werden soll, ist es mit der Fixierung einer Untergrenze für den Lohn**satz** nicht getan; es müßte eine Mindestregel für die periodische Beschäftigungs**menge** (Arbeitsstundenzahl) hinzukommen, um die angestrebte Einkommenssumme zu erreichen. Und selbst dann wäre, will man ökonomisch gleichbehandeln, noch eine Differenzierung nach den Unterschieden der tatsächlichen **Lebenshaltungskosten** zwischen den Regionen unumgänglich.

Setzt man voraus, daß die Höhe des Mindestlohnsatzes an einem Acht-Stunden-Tag orientiert ist und, wer einen Arbeitsplatz findet, auch für diese Zeit beschäftigt wird, kann der Fortschritt der **Arbeitsproduktivität** in der Wirtschaftsentwicklung den Staatseingriff obsolet machen: der freie Markt bietet dann von sich aus auch in den unteren Lohngruppen ein (Nominal-)Lohneinkommen, das zur gesetzlich angestrebten Mindestlebenshaltung ausreicht.

Will man gleichwohl die Konstanz des **Real**lohnes garantieren, gehört die Maßnahme zur Kategorie der Lohn-Preis-Indexierung (§ 123).

Als bedarfsorientierter Eingriff ist die Mindestlohngesetzgebung eine sozialpolitische Umwegproduktion: der gleiche Zweck wird besser gezielt und gesamtwirtschaftlich weniger kostenträchtig über die sekundäre Einkommensverteilung im Wege der **Sozialhilfe** erreicht, die – neben den abgeleiteten Einkommen – auch Arbeitseinkommen, die das physisch-kulturelle Existenzminimum unterschreiten, auf diese Höhe aufstockt und dabei reibungslos, da die Träger der Sozialhilfe lokale Behörden sind, die Unterschiede in den jeweiligen faktischen Lebenshaltungskosten zu berücksichtigen vermag. Im übrigen kann die Sozialhilfe ihrerseits in ihren Regelsätzen durchaus preisindexgebunden sein.

3. So bleibt als Ziel des staatlich fixierten Mindestlohnes allenfalls die Korrektur der **funktionellen** Einkommensverteilung. Freilich muß auch hier noch danach unterschieden werden, ob durch Anhebung der Basis die Arbeitseinkommen linear durch alle Etagen der Lohnpyramide hindurch erhöht oder speziell der Abstand der unteren Lohngruppen mit dem Ergebnis verringert werden soll, daß die Lohnpyramide sich „zusammendrückt". Daß das Letztere allein durch die staatliche Intervention bei im übrigen freier Tariflohnpolitik der Arbeitsmarktparteien zu erreichen wäre, ist aus naheliegenden Gründen unwahrscheinlich.

4. In beiden Versionen ist die **Beschäftigungswirkung** das Mentekel einer Mindestlohngesetzgebung. Wird der fixierte Lohn durch die arbeitsspezifische Produktivität abgedeckt, erübrigt sich der Eingriff; liegt er **über** dem, was die einschlägige Arbeitsleistung zum gemeinsam erstellten Produkt beiträgt, werden in Reaktion der Unternehmen just die Arbeitsplätze von Ungelernten, denen die Maßnahme an erster Stelle nützen soll, „wegrationalisiert". Im gleichen Zuge reduzieren sich die Chancen zur Neueinstellung von weniger qualifizierten Arbeitskräften (§ 118). Was als „soziale" Maßnahme antrat, wird auf der Seite ihrer tatsächlichen Wirkungen unsozial.

5. Gewiß präsentieren sich auch die (nominellen) **Tariflöhne**, die Gewerkschaften und Arbeitgeberverbände aushandeln (§ 126), als Preise, die, falls ein beteiligtes Unternehmen einen Arbeitnehmer beschäftigt, nicht unterschritten werden dürfen. Aber darum dürfen sie noch nicht mit einem staatlichen Mindestlohn in einen Topf geworfen werden. Abgesehen davon, daß die Arbeitsmarktparteien, im Vergleich zur zentralisierten Staatsbürokratie, aus der Nähe des überschaubaren ökonomischen Bereiches agieren und auch zeitlich in regelmäßigen Abständen neu verhandeln, sind die Tariflöhne nicht nur sektoral und zusätzlich regional gestaffelt; die Untergrenzen, die mit ihnen gesetzt werden, gelten nicht für die ganze Lohnpyramide einheitlich, sondern differieren je nach den Arbeitsqualifikationen (Stufen der Lohnstruktur).

Freilich, soweit die Gewerkschaften mit Methoden von der Art eines **Sockelbetragsverfahrens** arbeiten, sind die negativen Beschäftigungswirkungen für die Ungelernten in ihrer Mitgliederschaft ähnlich denen einer staatlichen Mindestlohnregelung.

§ 125 „Soziallohn"

1. Das Entgelt für den Einsatz eines Produktionsfaktors richtet sich in der Primärverteilung nach dessen **Beitrag** zum gemeinsam erzeugten Produkt. Die Höhe des Marktlohnes kann ebensowenig wie die anderer Faktorenentgelte auf das unterschiedliche private „Gepäck" Rücksicht nehmen, das der einzelne Anbieter zu tragen hat, wenn nicht der Allokationsmechanismus deroutiert und Wettbewerbsverzerrungen zwischen den Unternehmen je nach dem Grad ihrer **Arbeitsintensität** in Kauf genommen werden sollen.

2. Würde der **Staat** (bei gleicher Leistung) eine Lohndifferenzierung nach dem **Familienstand und der Kinderzahl** verordnen (Soziallohn), wäre das auch für den einzelnen Betroffenen ein zweischneidiges Schwert: im Zweifel hätten Arbeitnehmer ohne großen Familienanhang bei der Einstellung und der Beschäftigungssicherheit die besseren Chancen. Und wie sollte im übrigen im Fall eines Ehepaares mit Kindern verfahren werden, wenn beide Elternteile erwerbstätig sind?

3. Der Familienlastenausgleich (§ 118) ist zweckmäßigerweise der **sekundären** Einkommensverteilung zu überlassen, und das auch im Bereich der Staatsbediensteten. Für Empfänger von Sozialleistungen wären ohnehin auch bei einer Familienlohnregelung Kinderzuschläge zu zahlen.

Die **Verteilungs**wirkung des Familienlastenausgleiches gewinnt, wenn bei der Förderung mit einer Einkommensobergrenze der Haushalte gearbeitet wird.

§ 126 Verhandlungslösung für den Arbeitspreis

1. Der gewichtigste Eingriff des Staates in die (funktionelle) Primärverteilung liegt darin, daß er für den **Arbeitsmarkt** eine **Bereichsausnahme** von seiner eigenen Gesetzgebung gegen Wettbewerbsbeschränkungen (§ 20) macht, die er ansonsten mit hoheitlicher Gewalt in der Wirtschaft durchsetzt. Er erlaubt auf seiten der Arbeitsanbieter und der Arbeitsnachfrager den Zusammenschluß zu **Kol-**

lektivmonopolen, zwischen denen die Arbeitspreise jeweils ausgehandelt werden (bilaterales Monopol).

Im übrigen beschränkt sich der Staat auf die Setzung von **Regeln**, wer Tarifvertragspartei sein kann, wie das Verhandlungsverfahren organisatorisch abzulaufen hat und nicht zuletzt welche Grundsätze bei einem Arbeitskampf zu beachten sind (kollektives Arbeits- und Arbeitskampfrecht).

Darüber hinaus werden die staatlichen **Gerichte** angewiesen, nach dem Tarifverhandlungsergebnis Recht zu sprechen, wie das sonst nur für ein parlamentarisch beschlossenes Gesetz geschieht. Ja, die Regierung kann die zwischen den privatrechtlich organisierten Arbeitsmarktparteien geschlossenen Tarifverträge auch für Nichtmitglieder, also für unbeteiligte Dritte, verbindlich machen (Allgemeinverbindlichkeitserklärung).

Gleichwohl bleibt zu beachten, daß die Tariflöhne funktional **keine** „politischen" Löhne (allerdings auch keine freien Faktormarktpreise) sind. In der Wortbildung „gewerkschaftliche Lohnpolitik" ist die Verwendung der Vokabel „Politik" im übertragenen Sinne zu verstehen (§ 1).

2. Eine derart gewichtige Ausnahme von der allgemein geltenden Wettbewerbsordnung bedarf der **Begründung**. Die traditionell vorgebrachten, mehr **markttechnischen** Gründe für eine Verhandlungspreisbildung (anomale Reaktion des Mengenangebotes auf Lohnsatzänderungen, der „Angebotszwang" des Arbeitnehmers, Unvollkommenheiten des Arbeitsmarktes) können, wie in § 63 gezeigt wurde, in einer entwickelten Industriewirtschaft mit allgemein hohem Lebensstandard **nicht** überzeugen.

Was als Argument für die Zulassung von Kollektivmonopolen auf dem Arbeitsmarkt bleibt, ist ein rein **redistributionspolitischer** Zweck: im Prozeß der (funktionalen) Primärverteilung soll ein Korrekturfaktor zugunsten der Arbeitsentgelte eingebaut sein.

Daß dieser Faktor, was die Bewegung (und jeweilige Stabilisierung) der tarifarischen Nominallohnsätze betrifft, in der angestrebten Richtung gewirkt hat, war zu vermuten (Marktformenlehre). Gegen die These von einer irgendwie gesetzmäßig sich einstellenden „Konstanz der Lohnquote" sprechen, gerade in ihrer langfristigen Version, die empirischen Befunde (Tabelle 15). Freilich ist damit nicht ausgeschlossen, daß die marktwirtschaftliche Entwicklung in der Industriegesellschaft (Verschiebung der Knappheitsrelation zwischen den Produktionsfaktoren) auch ohne Kollektivmonopole auf dem Arbeitsmarkt, wenn vielleicht auch langsamer und mit größeren Schwankungen, zu ähnlichen Ergebnissen geführt hätte. Davon unberührt bleibt jedoch die Wirkung des „Gewerkschaftseffektes" auf die Verteilung der Lohnsumme **innerhalb** der Arbeitnehmergruppe.

3. Eine andere Frage sind die **Kosten** des Verhandlungsverfahrens in der Arbeitspreisbildung. Dabei geht es nicht einmal in erster Linie um die Verluste, die die Tarifauseinandersetzungen, je nach dem Verhalten der streitenden Parteien, selbst verursachen (Arbeitsausfall, Energieverschleiß, Drittschädigung), wiewohl sie sich namentlich bei längeren und wiederholten Arbeitsausständen erheblich aufsummieren können. Entscheidend sind die möglichen **Folgewirkungen** des Verhandlungs**ergebnisses**.

a) Laufen die Tariflohnanhebungen der Entwicklung der Arbeitsproduktivität davon, bedroht der dann unausbleibliche Versuch der Produzenten, die überproportional gestiegenen Lohnkosten, je nach deren Anteil an den gesamten Produktionskosten, auf die Preise der Gütermärkte vorzuwälzen, das gesamtwirtschaftliche **Stabilitätsziel** („Kartell der Sozialpartner"). Der Nominallohnerfolg deckt sich nicht mit der Bewegung der Reallöhne.

b) Im Ausmaß, in dem die Preisvorwälzung nicht gelingt, geht der einschlägige Reallohnfortschritt zu Lasten des **Beschäftigungsgrades** beim Arbeitsfaktor insgesamt: die Arbeitnehmer, die „drinnen" sind, gewinnen, während die Draußenstehenden, trotz aller sozialpolitischen Hilfen, verlieren. Es wird oft verkannt, daß das Lohnquotenkalkül (§ 121) diesen Zusammenhang **nicht** erfaßt: der Anteil der Arbeitseinkommen am Volkseinkommen kann steigen, obwohl der Beschäftigungsgrad des Gesamtfaktors zurückgeht.

c) Darüber hinaus steht zu befürchten, daß in der **offenen Volkswirtschaft** die „expansive Lohnpolitik" einer nationalen Gewerkschaft, die gegenüber den Verhältnissen in konkurrierenden Industrieländern absticht, dem eigenen Land als **Wachstumsstandort** schaden. Weist eine Volkswirtschaft die vergleichsweise höchsten Lohnkosten (und möglicherweise dazu noch eine hohe Gewinnbesteuerung und ein Dickicht an staatlichen Regulierungen mit den entsprechenden Rechtsrisiken) auf, ist es nicht verwunderlich, wenn die Direktinvestitionen von Ausländern zurückgehen, heimische Unternehmer Produktionen nach draußen auslagern und im übrigen ihre Erträge durch arbeitssparende Zusatzinvestitionen zu verbessern suchen, so ihnen nicht Finanzinvestitionen ohnehin lukrativer erscheinen.

4. Nicht zuletzt ergibt sich ein Kostenfaktor daraus, daß die staatliche **Wirtschaftspolitik** mit der Zulassung (und je nach Stärke) von Kollektivmonopolen auf dem Arbeitsmarkt – netto – an Elastizität verliert (§ 64). Gewiß ist das Verhandlungsverfahren durch Tarifparteien, wenn die Alternative lediglich in „politischen" Löhnen bestände, die die Staatsbürokratie festsetzt, immer noch die relativ günstigere Lösung. Gleichwohl bedeutet sie, im Vergleich zur freien Marktpreisbildung, Fesseln, die die Stabilitäts-, Wachstums- und Außenwirtschaftspolitik erschweren. Für eine nachhaltige Bekämpfung einer strukturellen Arbeitslosigkeit zum Beispiel kommt alles auf die Einsicht und die Kooperationsbereitschaft der Arbeitsmarktverbände an.

Kapitel 3: Sekundärverteilung

§ 127 Besteuerung

1. Hauptansatzpunkt der staatlichen Redistributionspolitik in der Marktwirtschaft ist die personelle Sekundärverteilung über das **Budget der öffentlichen Hand** (im föderalen Gemeinwesen: über die gebietskörperschaftlichen Haushalte). Für ihn spricht, im Prinzip, die Ordnungskonformität und auch die Möglichkeit, die einzelnen Maßnahmen hinsichtlich ihrer Zielkonformität vergleichsweise genau zu programmieren und zu dosieren.

Hier geht es zunächst einmal um die Seite der laufenden Budget**einnahmen**, also um die verteilungspolitisch orientierte **Steuerdifferenzierung** bei angestrebtem (gegebenem) Ausgabevolumen (Einnahmen aus staatlicher Wirtschaftstätigkeit bzw. Unternehmensbeteiligung bleiben dabei ebenso unberücksichtigt wie die fiskalische Untugend von „Quasi-Steuern").

2. Was den ersten Pfeiler eines rationalen Steuersystems, die **Einkommensteuer**, betrifft, ist nach den Verteilungswirkungen zu unterscheiden, die einerseits auf die Tarifgestaltung und andererseits auf die Fassung der steuerlichen Bemessungsgrundlage zurückgehen.

a) Rückgrat ist eine (durchgehend) **progressive Tarifgestaltung**, die den Abzugsbetrag mit der Einkommenshöhe **überproportional** zunehmen läßt (steigender Grenzsteuersatz). Diese (direkte) **Steuerprogression** läßt sich mit keiner anderen „Theorie" der Besteuerung (Leistungsfähigkeit, Opfer, Äquivalenz u.a.) begründen als mit der reinen **Umverteilungsbestrebung** (das fiskalische Interesse, das den Staat soviel an Steuern zu erheben befleißigt, wie er nur zu bekommen vermag, und das auf möglichst einträgliche Weise, kann hier als vorrational außer Betracht bleiben).

b) Inwieweit die Progressionssätze **effektiv** werden (und selbst ein Proportionaltarif mit einer indirekten Progression einhergehen kann), hängt von der Fassung der steuerlichen **Bemessungsgrundlage** ab. Im Prinzip sind hier alle Einkommen (Lohn, Zins, Gewinn usw.) in gleicher Weise heranzuziehen: je breiter die Bemessungsgrundlage ist, desto geringer können die Steuersätze ausfallen, um ein angestrebtes (gegebenes) Einnahmevolumen zu erzielen.

Zusätzliche Verteilungswirkungen lassen sich durch die (sparsame) Einräumung gezielter **Freibeträge** erreichen, die der Höhe nach von der Bemessungsgrundlage unabhängig sind und von dieser abgezogen werden, so ein allgemeiner Grundfreibetrag (Leistungsfähigkeitsgesichtspunkt), eine Vorsorgepauschaule (Sicherungsanreiz) und ein Altersfreibetrag (Ausgleich für durchweg reduziertes Einkommen bei spezifischen Zusatzbelastungen). Als Fixbeträge nimmt ihr Gewicht mit der Einkommenshöhe ab; die Entlastungswirkung ist für die kleinen Einkommen am größten.

Demgegenüber sind **Freigrenzen**, nach deren Überschreiten die gesamte Bemessungsgrundlage und nicht nur, wie beim Freibetrag, der überschießende Einkommensteil steuerpflichtig wird, unter dem Verteilungsaspekt unzweckmäßig.

c) **Steuervergünstigungen** bzw. Steuerermäßigungen sind „politisch" außerordentlich beliebt. Sachlich durchlöchern sie in ihrer empirischen Vielfalt das Steuersystem. Ihre tatsächlichen Verteilungswirkungen sind schwer durchschaubar. Insgesamt dürften sie am meisten den Produzenteninteressen dienen.

d) **In der Periodenfolge** ergibt sich das zentrale Verteilungsproblem des Steuersystems daraus, daß im direkten Abgabenbereich mit dem allgemeinen Einkommenswachstum automatisch immer mehr Einkommensbezieher in die Progression oder eine höhere Progressionsstufe hineingeraten, obwohl sich ihre Position **innerhalb** der Einkommenspyramide nicht verändert zu haben braucht. Das sind die unheimlichen **„heimlichen" Steuererhöhungen**, die keiner parlamentarischen Änderung der Steuersätze bedürfen; sie führen zu einem überproportionalen Steuerentzug, selbst wenn das Wachstum des Einkommens allein nomineller Natur ist.

Der Grund liegt in den **in DM fixierten Stufen** der Bemessungsgrundlage, an denen die Progressionssätze jeweils ansetzen. Natürlich kann man von Zeit zu Zeit die Steuer**sätze** nach unten anpassen. Das ist jedoch stets eine Staatsaktion („Steuerreformen"), die gleichwohl nicht verhindert, daß man mit dem weiter steigenden Volkseinkommen alsbald erneut vor der gleichen Verteilungsmalaise steht.

Die zweckmäßige, wenn auch politisch wenig beliebte Gegenwehr besteht darin, dem eigentlichen Ursachenfaktor zu Leibe zu rücken und die Steuerstufen gleichsam auf Räder zu setzen, indem sie automatisch mit der Rate, mit der das Volkseinkommen wächst, ihrerseits steigen. In eine höhere Progressionsstufe gelangen dann nurmehr jene Steuerpflichtigen, deren Einkommen schneller als der Durchschnitt zunimmt. Und das war und ist schließlich der verteilungspolitische Sinn der Progression.

Eine ähnliche Notwendigkeit besteht für die Anpassung der Freibeträge an die Bewegung des Preisniveaus, wenn nicht ihre Verteilungswirkung zurückgehen soll.

3. Was den zweiten Pfeiler eines rationalen Steuersystems, nämlich den Abgabenentzug gelegentlich der konsumtiven Einkommensverwendung in Form einer allgemeinen **Mehrwertsteuer** betrifft, geht es verteilungspolitisch darum, deren Regressionswirkung zu neutralisieren: kleine Einkommen mit einem hohen Anteil der Verbrauchsausgaben werden überproportional betroffen.

a) Bei der Einführung der Umsatzsteuer im Deutschen Reich 1919 wurde erwogen, die indirekte Steuer an Minderbemittelte zurückzuerstatten[1]. **Technisch** zweckmäßiger ist es, die Grundgüter der Lebenshaltung umsatzsteuerfrei zu lassen bzw. mit einem verminderten Satz zu besteuern, was in der Folge freilich auch dem Mengenabsatz der einschlägigen Produzenten zugute kommt.

Demgegenüber muß das Verfahren, – neben der allgemeinen Mehrwertsteuer – für Güter des „gehobenen Bedarfs" zusätzlich **spezielle** Verbrauchsteuern vorzusehen, in einer Wohlstandsgesellschaft kurios anmuten: der Verbrauch von Kaffee, Tee, Wein, Bier, Tabak ist hier alles andere als ein Luxuskonsum. In Wahrheit hält der Fiskus an diesen und anderen „Luxussteuern" aus Gründen der schieren Einnahmeerzielung fest, und das, obwohl bei einer Reihe von ihnen der Nettoertrag mehr als bescheiden ausfällt. In diesem Zusammenhang ist auch der

---

[1] *F. Neumark,* Grundzüge gerechter und ökonomisch rationaler Steuerpolitik, Tübingen 1970, S. 83, Anm. 10.

Vorschlag zu sehen, zur „Harmonisierung" der speziellen Verbrauchsteuern in der Europäischen Gemeinschaft sich auf fünf (!) Arten zu beschränken.

b) Regressionsverstärkend wirkt sich aus, wenn der Fiskus Verbrauchsteuern, statt auf den Stückpreis, auf die Gütermenge erhebt; denn damit kommen Güter mit höherer Qualität (und höherem Preis) relativ am günstigsten weg.

c) Denkbar wäre, die (allgemeinen und speziellen) Verbrauchsteuern auch unmittelbar beim Haushalt zu erheben (Ausgabensteuer); das hätte sogar den Vorteil einer erhöhten Merklichkeit und damit Kontrollmöglichkeit, was das Politikerverhalten anbelangt. Aus Praktikabilitätsgründen verdient jedoch die **indirekte** Form durch Zugriff beim Produzenten (Produktbesteuerung) den Vorzug: der Produzent zahlt den Steuerbetrag aus dem entsprechend erhöhten Absatzpreis, aber der Abnehmer bleibt der tatsächlich belastete Steuerträger.

Gleichwohl ist nicht gesagt, daß jeder Anbieter die Mehrwertsteuer zu hundert Prozent auf seine Produktpreise vorwälzte. Das Mengenabsatzkalkül kann ihn zur Gewinnmaximierung möglicherweise veranlassen, den Stückpreis weniger zu belasten, wie denn andererseits eine Mehrwertsteuererhöhung nicht selten zum Anlaß genommen wird, um im gleichen Zuge bequem auch noch andere Kostensteigerungen vorzuwälzen, weil das durch den „politischen" Anlaß mit überdeckt wird, ohne daß hier der Durchschnittskonsument den tatsächlichen Preisanstieg gleichsam differentialdiagnostisch zu beurteilen vermöchte.

d) Geht es um Steuer**erhöhungen**, pflegen die Verbrauchsteuern wegen ihrer relativen „Unmerklichkeit" von den Politikern bevorzugt zu werden. Sie haben jedoch unmittelbar eine **Preisniveauwirkung**, die sich je nach der konjunkturellen Lage als Inflationsimpuls auswirken kann. Das gilt namentlich dann, wenn die Tariflohnpolitik zur „Erhaltung" des Reallohnes einen entsprechenden Nominallohnausgleich fordert (§ 64).

§ 128 Ausgabenseite des Budgets

1. Bei gegebener Höhe und Struktur der Steuereinnahmen kommt es für den **Netto**effekt der fiskalischen Verteilungspolitik immer noch auf die Art und Zusammensetzung der Zwecke an, für die der Staat anteilig seine Ausgaben tätigt.

Es ist nicht gesagt, daß allein, weil es die öffentliche Hand ist, die als Spender auftritt, hier das Egalitätsziel in der sekundären Einkommensverteilung von selbst gewinnen müßte.

2. Eindeutig liegen die Dinge bei **monetären Transfers**, die der Staat unmittelbar an private Haushalte zahlt: sie können nach Höhe, zeitlicher Frequenz und dem zu begünstigenden Personenkreis verteilungspolitisch gezielt eingesetzt werden. Allerdings wollen die **Anspruchsvoraussetzungen** auch in der Periodenfolge überprüft sein.

Monetäre Transfers erhöhen das verfügbare Einkommen der geförderten privaten Haushalte. Sie knüpfen an definierte Tatbestände an, etwa Bedürftigkeit bei der Sozialhilfe, die Wohnungsnutzung beim Wohngeld oder die Kinderzahl beim Kindergeld. Davon zu unterscheiden ist die Frage, ob die Transfers auch mit Auflagen über die Verwendungsart verbunden sind, die entsprechend nachgewiesen werden müßte; hier würde, zusammen mit dem Verteilungsziel, eine Korrektur im einschlägigen Verbraucherverhalten angestrebt.

3. Die Wirkung **indirekter** Transfers haben Subventionen, mit denen der Staat den **Preis ausgewählter Güter** verbilligt: der Produzent erhält einen Subventionsbetrag mit der Auflage, ihn im ermäßigten Produktpreis an die Verbraucher weiterzugeben (Realeinkommensverteilung).

Selbst wenn diese Weitergabe zu hundert Prozent sicher wäre, hat die **Preissubvention** als verteilungspolitisches Instrument gegenüber den direkten Transfers den **Nachteil**, daß ihre Begünstigung allen Abnehmern, unabhängig von der Höhe des verfügbaren Einkommens, zugute kommt. Es sei denn, der Staat arbeitete mit entsprechenden Zugangssperren (Marktspaltung), die jedoch technisch höchst aufwendig sind und leicht zum Mißbrauch verleiten. So bleibt eine spezifische Umverteilungswirkung der indirekten Transfers auf jene Fälle beschränkt, in denen die Bezieher kleiner Einkommen die preisgeförderten Güter in ihrer Einkommensverwendung überproportional nachfragen.

4. Ein ähnliches Dilemma ergibt sich beim großen Ausgabenblock der **Kollektivgüter** (§ 40), die die öffentliche Hand zum Nulltarif (oder jedenfalls unter Kostenpreis) anbietet, nur daß diese **Realtransfers**, da der Staat die einschlägigen Güter selbst produziert bzw. bereitstellt, im Vergleich zur Preissubvention erheblich mehr an Steuermitteln binden.

Was dabei die **allgemeinen Staatsleistungen** betrifft, ist eine verteilungsorientierte Zurechnung schon darum obsolet, weil diese infrastrukturellen öffentlichen Ausgaben primär allokationspolitischen Zielen folgen; hier muß es genügen, daß auf der Finanzierungsseite die Steuerlast ungleich verteilt ist.

Am anderen Ende der Ausgabenskala sind Dienstleistungsangebote wie das öffentlicher Altersheime angesiedelt, die eine gezielte Zuwendung der Vergünstigung nach der Einkommenshöhe der Nachfrager zulassen.

Aber dazwischen liegt der weite Bereich öffentlicher Realtransfers, die, wie die Nutzung eines Sportstadions, von Vorsorgeuntersuchungen oder öffentlicher Verkehrsleistungen, jedermann freistehen: hier müßte, um die spezifische Verteilungswirkung zu ermitteln, nicht nur die Einkommenshöhe des Inanspruchnehmenden, sondern auch die tatsächliche (und nicht nur politisch reklamierte) individuelle Nutzungshäufigkeit und -intensität in der Periode bekannt sein, von dem allgemeinen Handicap der Rechnung ganz zu schweigen, das darin besteht, daß allfällige Vorteile sich lediglich in der Form der anteiligen staatlichen Produktions**kosten** messen lassen, die mit der Nutzenstiftung der Güter bei den Empfängern gleichzusetzen, jedoch prinzipiellen theoretischen Bedenken ausgesetzt ist.

Aber selbst wenn die Rechnung der Verteilungspolitik tatsächlich Anhaltspunkte bieten könnte, bleibt immer noch das Problem, daß die subjektive Merklichkeit der Begünstigung durch Realtransfers, bei gleichem Volumen an öffentlichem Mitteleinsatz, hinter der von monetären Transfers zurückzustehen pflegt.

Nulltarife sind also, wie gerade das öffentliche Bildungsangebot zeigt, keineswegs eine Garantie für eine soziale Tat im Sinne des Umverteilungszieles. Besser fährt man, wenn für die staatlichen Leistungen, wo immer das technisch geht, **Gebühren** bzw. **Beiträge** zu entrichten sind, die dann je nach der Einkommensposition des Nutznießers ermäßigt werden können. Damit erhält der Staat gleichzeitig Indikatoren an die Hand, wann und wo das öffentliche Angebot rationellerweise auszudehnen oder einzuschränken wäre.

5. Schließlich bleibt als Instrument der sekundären Verteilungspolitik die gezielte Vergabe konditionsgünstiger **öffentlicher Kredite**. Sie binden zwar periodisch ein vergleichsweise großes Volumen an Steuermitteln, haben aber fiskalisch den Vorteil, (in der Regel) nicht endgültig verlorene Zuschüsse zu sein. Die Begünstigung besteht in der Differenz zum Marktzins (zum Zeitpunkt der Kreditvergabe und während der Kreditlaufzeit), kombiniert mit speziellen Rückzahlungsmodalitäten.

Wenn die öffentliche Kreditvergabe regelmäßig auch allokationspolitische Ziele verfolgt, so läßt sich das Instrument doch technisch vergleichsweise einfach verteilungsorientiert einsetzen. Daß die Nachfrager sich nicht aus dem Kreis der Ärmsten zu rekrutieren pflegen, ist kein Gegenargument: der Ungleichmäßigkeitsgrad der personellen Einkommensverteilung läßt sich auch durch Begünstigung der unteren Mittelschichten und kleiner Gewerbetreibender korrigieren.

§ 129 Inzidenzproblem

1. Daß bei einer Mehrwertsteuer der Steuerzahler (Produzent) nicht auch derjenige ist, der sie letztlich trägt (Verbraucher als Steuerdestinator), ist vom Gesetzgeber gewollt. Indessen läßt sich auch bei direkten Steuern nicht ausschließen, daß Überwälzungsversuche gemacht werden und unter bestimmten Marktbedingungen (ganz oder teilweise) gelingen können. Insoweit deckt sich die **formale** nicht mit der **effektiven Inzidenz** der fiskalischen Maßnahme.

2. Das muß eine Verteilungspolitik, wenn sie eine neue Steuer einführt, eine bekannte Steuer erhöht oder die Gewichte zwischen Steuerarten verschiebt, im Hinblick auf ihren **vorausgeplanten** Erfolg erschweren. Selbst in dem Fall, daß sich für eine Einzelmaßnahme aus der Erfahrung Anhaltspunkte darüber ausmachen lassen, in welchem Grade der Steuerzahler nicht auch der Steuerträger ist, bleiben doch die Verteilungswirkungen der Abwälzung auf ihren verschiedenen Stufen im Wirtschaftsprozeß ihrerseits schwer zu ermitteln; sie sind in der Regel diffus.

3. Die **praktische Politik** pflegt sich in ihren Ankündigungs- und Werbeaktivitäten an die formale Inzidenz zu halten. Indes, mit der Erhöhung etwa des Spitzensteuersatzes in der Einkommen- und Körperschaftsteuer ist es, entgegen seinem Stellenwert in der veröffentlichten Meinung, für die Verteilungspolitik faktisch nicht getan, selbst wenn er trotz diverser Freibeträge und Steuervergünstigungen tatsächlich erreicht wird. Die effektive Inzidenz kann niedriger sein als bei einem reduzierten Satz. Das gilt nicht weniger bei einer laufenden **Vermögensteuer** (§ 136), namentlich wenn große körperschaftliche Unternehmen die Betroffenen sind.

Allgemein gesprochen, ist die Intensität von Überwälzungsversuchen nicht zuletzt eine Funktion der **Steuerlastquote**.

4. Ein Inzidenzproblem kann sich, was oft verkannt wird, ebenfalls bei **begünstigenden Staatsausgaben** ergeben. Nehmen wir als Beispiel das staatliche Angebot von verteilungspolitisch gezielten Wohnbaudarlehen, das vom angesprochenen Personenkreis voll ausgenutzt wird. Es entsteht, der Zweckbindung der Kredite entsprechend, eine zusätzliche Nachfrage nach bestimmten Gütern. Fällt die Nachfragesteigerung auf den speziellen Märkten quantitativ ins Gewicht, kommt

alles auf die Elastizität des Angebotes an: ist sie relativ gering, etwa weil eine anhaltende Hochkonjunktur herrscht oder der Markt einen erheblichen Monopolisierungsgrad aufweist, bewegen sich die Preise nach oben. Im Ausmaß des Preisanstiegs schlägt sich dann die Begünstigung des Darlehnsnehmers ihrerseits als erhöhter Ertrag beim Güteranbieter nieder, wiewohl dieser keineswegs förderungsbedürftig ist. Der Empfang der staatlichen Zuwendung deckt sich insoweit nicht mit der tatsächlichen **Ausgabeninzidenz**.

§ 130 Staatsverschuldung

1. Die Methode der öffentlichen Hand, sich (temporär) Zusatzeinnahmen durch eine **Kreditaufnahme auf dem Kapitalmarkt** zu beschaffen, kann, neben Konflikten mit dem Stabilitätsziel („Zeitbombeneffekt" durch Wanderung der von Privaten gehaltenen Staatsschuldtitel zu den Banken in bezug auf deren Geldschöpfungskapazität) und dem Wachstumsziel (crowding-out von privaten Kapitalnachfragern), auch Verteilungsprobleme aufwerfen. Jedenfalls lautet ein traditionelles Bedenken, daß der Staat mit seiner Entscheidung zugunsten der Kreditfinanzierung eine „Umverteilung" bewirkt, aber nicht im Sinne der Einkommensnivellierung, sondern in entgegengesetzter Richtung.

2. Den **Vergleich** gibt die unmittelbare Steuerfinanzierung des staatlichen Ausgabenzweckes ab. Mittelbar ist natürlich auch bei der öffentlichen Verschuldung das Steueraufkommen betroffen. Es müssen periodisch Zinsen für die aufgenommenen Kredite gezahlt werden, was diese Finanzierungsmethode fiskalisch relativ verteuert. Und irgendwann ist auch die Schuld selbst zu amortisieren; daß die öffentliche Hand zwischenzeitlich neue Kredite aufnimmt, um die alte Schuld zu bedienen, läßt sich nicht ad infinitum fortsetzen.

Bei Licht betrachtet, handelt es sich um eine zeitliche Verschiebung der vollen Steuerlast. Das interpersonelle Verteilungsproblem muß also im Rahmen der **intertemporalen** Einkommensdistribution gesehen werden.

3. Wir gehen der Einfachheit halber davon aus, daß die **öffentliche Investitionsausgabe**, der die Kreditaufnahme dienen soll (§ 58), allen Einkommensgruppen in mehr oder minder gleichem Maße von Nutzen ist und anteilig auch den Steuerzahlern kommender Perioden („Generationen") zugute kommt.

Würde sie in der Ausgangsperiode voll aus dem laufenden Steueraufkommen (oder durch eine lineare Erhöhung der Tarifsätze) bestritten, ergäbe sich als interpersonelle Verteilungswirkung, je nach dem Grad der effektiven Progression im geltenden Abgabensystem, eine überproportionale Finanzierungsbelastung der höheren Einkommensgruppen. Intertemporal jedoch liefe das Verfahren auf eine (bis auf die Folgekosten) totale **Ent**lastung kommender „Generationen" hinaus, die gleichwohl von der öffentlichen Investition profitieren.

Hier sorgt die Alternative der Kreditfinanzierung für einen **Ausgleich**: die Steuerzahler aller Perioden kommen, in den Abstufungen des Abgabensystems, anteilig für den Zinsendienst auf. Die (zeitlich gestreckte) Amortisation („debt-management") beginnt freilich erst in späteren Perioden. Aber dann hat, da zwischenzeitlich das Sozialprodukt gestiegen zu sein pflegt, die Rückzahlung ein entsprechend vermindertes Gewicht. Und gerade eine „rentierliche" öffentliche Investition trägt zu ihrem Teil zum Wachstum des Sozialproduktes (und bei konstanten Steuersätzen: zu einem automatisch höheren Einnahmevolumen der öffentlichen Hand) bei.

4. Verteilungspolitisch bleibt als Problem die **Zusammensetzung des Zeichnerkreises** für die Staatsanleihen. Konzentriert er sich auf Bezieher höherer Einkommen (möglicherweise mit den Banken als Zwischeninstanz), steht deren überproportionaler Belastung auf der Finanzierungsseite (Punkt 3) nun eine einseitige Begünstigung durch die Zinszahlung auf der Ausgabenseite des öffentlichen Budgets gegenüber. Insoweit reduziert sich im Netto-Effekt die interpersonelle Verteilungswirkung, die der Staatshaushalt sonst zugunsten der unteren Hälfte der Einkommenspyramide zu besitzen pflegt.

Indessen ist eine solche Zusammensetzung des Zeichnerkreises keineswegs ein unabänderliches Datum. Je mehr im Zuge der Vermögensbildung auch in Arbeitnehmerhand (§ 140f.) sich Masseneinkommensbezieher an der Anleihezeichnung beteiligen (etwa Kauf von „Bundesschätzchen"), desto eher verliert der fragliche Verteilungseffekt der staatlichen Kreditaufnahme an Bedeutung.

5. Natürlich kann das **kein Freibrief** für eine ausufernde Staatsverschuldung sein. Sie ist auf die Finanzierung öffentlicher Investitionen zu beschränken, die der allokationspolitischen Begründung bedürfen (§ 100). Und selbst dann hat sich ihr „timing" immer noch am gesamtwirtschaftlichen Stabilitätsziel zu orientieren (§ 61).

§ 131 Soziale Sicherung

1. Im Vordergrund jeder Vorsorgeveranstaltung, ob privat oder öffentlich, steht das Ziel „Sicherheit" für die Zukunft, soweit sie von Konsumchancen abhängt. Jede Vorsorge hat es mit einer **intertemporalen** Einkommensumschichtung zu tun: indem der Bürger einen Teil seines jeweiligen Gegenwartseinkommens im Vorsorgewege nicht-konsumtiv verwendet, erwirbt er Einkommensansprüche für den Fall des Risikoeintrittes in kommenden Perioden, die bei Marktpassivität (etwa im Alter) Lohnersatzfunktion haben bzw. ein Erwerbseinkommen zum Ausgleich von risikobedingten Zusatzbelastungen aufstocken (zum Beispiel im Krankheitsfall). Mit seiner vorsorgespezifischen Verwendung heute wird Einkommen auf morgen umgeschichtet.

Realwirtschaftlich gelingt das freilich nur, weil bei Eintritt des Risikofalles andere Wirtschaftseinheiten über ihre akuten Prämien- bzw. Beitragszahlungen einen entsprechenden „Konsumverzicht" üben (bzw. die Sicherungsleistungen aus Vermögenserträgen oder Liquidisierung von Vermögensteilen der Vorsorgeeinrichtung bestritten werden können).

Im **Längsschnitt** über mehrere Perioden führt die Vorsorge zu einem Ausgleich der individuellen Einkommensposition: das **Lebenseinkommen** des Einzelnen ist gleichmäßiger verteilt. In der **Querschnittsbetrachtung** für ein und dieselbe Periode sinkt der Ungleichmäßigkeitsgrad in der Verteilung der verfügbaren Einkommen **insgesamt**, weil Marktpassive und risikobedingt Belastete aus dem Bruttoeinkommen anderer Haushalte (über die Vorsorgeeinrichtung) Sicherungstransfers erhalten.

Natürlich kann der einzelne nicht selbst für die marktpassive Phase der **Jugendzeit** Vorsorge treiben. Hier und nur hier kommt es zu einem eigentlichen Einkommensausgleich **zwischen den Generationen**: die Kinder, für die heute ihre Familien (oder die Steuerzahler) sorgen, tun morgen, wenn sie erwachsen sind, das gleiche (als Elternteil bzw. als Steuerzahler) für die dann nachwachsende Generation.

2. Die Soziale Sicherung unterscheidet sich von einer Privatversicherung **nicht** im (versicherungsmathematischen) Risikoausgleich zwischen ihren Mitgliedern. Ihre **besondere** verteilungspolitische Komponente beruht auf dem **Teilnahmezwang** für einen bestimmten Personenkreis.

Der Pflichtversicherte hat nicht die Möglichkeit, sich die Vorsorgehöhe nach seinen Präferenzen auszuwählen, sondern ist gezwungen, periodisch eine **generelle Prämie** als Beitrag zu zahlen, der sich aus dem für alle Mitglieder gleichen Beitragssatz und dem jeweiligen Umfang des individuellen Bruttoeinkommens errechnet. Die Höhe des **Bruttoeinkommens** entscheidet ebenso über die Pflichtmitgliedschaft (Versicherungspflichtgrenze) wie über die effektive Beitragshöhe (unterhalb der Beitragsbemessungsgrenze).

So kommt es dahin, daß der höherverdienende Pflichtversicherte auch bei sonst gleichen Daten für ein und dieselbe **Sachleistung** (oder monetäre Fixleistung) der Sicherungssparte einen absolut größeren Beitrag leistet als das weniger gut gestellte Mitglied, und daß bei gleichem Einkommen der Pflichtversicherte mit höheren individuellen Risikofaktoren gleichwohl nicht mehr zur Sicherungssparte beisteuert als ein Mitglied, das in diesem Betracht günstiger dasteht. Mit anderen Worten: Die Pflichtversicherten kaufen das Gut „Sicherheit“ zu einkommensabhängig unterschiedlichen Preisen ein.

Über den Umfang der sich **tatsächlich** ergebenden interpersonellen Einkommensumverteilung bestimmen dann die relative Häufigkeit und Schwere der akuten Risikofälle bei den Mitgliedsgruppen und möglicherweise auch Unterschiede in der individuellen Motivation zur Leistungsbeanspruchung.

Allerdings bewahren die Sozialen Sicherungssparten ihren **Versicherungs**charakter darin, daß bei **monetären Unterhaltsleistungen** (Kranken-, Arbeitslosengeld, Unfall-, Invaliditäts- und Altersrenten) die Höhe der Sicherungstransfers nach den individuellen Beitragsvorleistungen differiert.

3. Nächst der Kalkulation genereller Prämien ist als eine zweite Komponente der interpersonellen Einkommensumverteilung innerhalb des Pflichtmitgliederkreises die **entgeltlose Mitversicherung** von nahen Familienangehörigen in der Krankheitssparte und eine ebensolche Sicherung der Hinterbliebenen in der Alterssparte zu nennen, die es in einer Privatversicherung in dieser Form nicht geben kann.

Hinzu kommen die beitragslosen, aber rentensteigernden Ausfall-, Ersatz- und Zurechnungszeiten in der Gesetzlichen Alters- bzw. Invaliditätsversicherung, soweit nicht andere Sparten in der Beitragsfortzahlung für deren Finanzierung aufkommen.

Und schließlich wird in der Praxis auch mit Obergrenzen bei Einkommensersatzleistungen gearbeitet („Kappungen“), obwohl das dem Äquivalenzprinzip einer Versicherungseinrichtung widerspricht.

4. Zur gruppenspezifischen Umverteilung zwischen den Pflichtmitgliedern kann zusätzlich ein interpersoneller Redistributionseffekt durch **Staatszuschüsse** treten, die die Steuerzahler zur Mitfinanzierung einer Sozialversicherung heranzie-

hen. Nur insoweit läßt sich von der Sozialen Sicherung als einem „Hilfsfiskus“ sprechen.

Freilich darf man hier nicht unbesehen von einem Unverteilungsvorgang zwischen Versicherten und Nichtversicherten sprechen; denn unter den Steuerzahlern befinden sich anteilig auch Mitglieder der Sozialversicherung und selbst Empfänger von Transferleistungen (indirekte Steuern).

Im einzelnen bestimmen über den Redistributionseffekt der Staatsbudgetbeteiligung im Sicherungssystem:

a) der **Anteil** der Steuerfinanzierung an den Gesamtausgaben der Sozialen Sicherung;

b) die **Zusammensetzung** des Gesamtsteuervolumens nach direkten und indirekten Steuern;

c) der **Progressionsgrad** der direkten Besteuerung, soweit er effektiv wird (Freibeträge);

d) der **Regressionsgrad** der indirekten Besteuerung;

e) der **Mehraufwand** (Zinskosten) bei einer Finanzierung des Zuschusses durch staatliche Neuverschuldung und dessen Verteilungswirkungen, was den Gläubigerkreis betrifft;

f) der anteilige **Aufwand für den Entzugs- und Verausgabungsapparat** und dessen Verteilungswirkungen, was die einschlägige Bürokratie anbelangt.

5. Es kann keine Rede davon sein, daß sich die Soziale Sicherung zum Anlaß nehmen ließe, um in beliebiger Weise durch eine Staatsbudgetbeteiligung Umverteilungspolitik zu betreiben, es sei denn, man wollte von der Technik der Sozialversicherung zu der einer Staatsbürgerversorgung übergehen.

Funktional ist vielmehr danach zu unterscheiden, ob der Staatszuschuß gezielt auf Spartentransfers abstellt, die nicht genuin Versicherungsleistungen darstellen, also auf **politische** Auflagen zurückgehen, oder ob er sich einfach prozentual an der Lohnsumme der Pflichtmitglieder bzw. gar an den Spartenausgaben orientiert und so mit deren Zunahme automatisch im Zeitverlauf wächst. Der letztere Berechnungsmodus widerstreitet dem Versicherungsprinzip, und das umso mehr, wenn der **Anteil** des Staatszuschusses an den Versicherungsausgaben erheblich ist.

§ 132 Negative Einkommensteuer?

1. In neuerer Zeit wird die Idee vertreten, das fiskalische Abgabensystem **unmittelbar** mit dem Ziel einer allgemeinen Grundsicherung zu verbinden: durch die Technik einer „negativen“ Einkommensteuer. Traditionell enthält die Einkommensbesteuerung bereits eine Komponente, die auf das Konzept eines Existenzminimums bezogen ist, nämlich den **Grundfreibetrag**, oberhalb dessen die Besteuerung erst effektiv wird: die Bezieher kleiner Einkommen bleiben ganz oder weitgehend abgabenfrei. Natürlich nützt der Grundfreibetrag jenen Bürgern wenig, die nichts zu versteuern haben. Indessen lassen auch sie sich systematisch in die Grundsicherungsregelung einbeziehen, indem dem Steuertarif unterhalb des Grundfreibetrages ein **negativer** Steuersatz angefügt wird, gemäß dem den Be-

troffenen zu Lasten des Steueraufkommens automatisch eine entsprechende Transferzahlung zufließt.

2. Nehmen wir an, der negative Ast der Einkommensteuer wird so ausgestaltet, daß auf jeden Fall (also auch im Zeitverlauf) real das Existenzminimum gesichert ist. Dann liegt es auf der Hand, daß das Verfahren im Vergleich zur (ebenfalls aus Steuermitteln bestrittenen) Fürsorgetechnik **aufwendiger** ist. Der Steuertransfer fällt automatisch an. Es werden auch Bürger erfaßt, die bislang keine öffentlichen Mittel in Anspruch nahmen bzw. in oder von einer besser gestellten Familie leben. Es entfallen Unterstützungsbeiträge, mit denen Verwandte zur Sozialhilfe herangezogen werden können, und wahrscheinlich Leistungen der privaten Wohlfahrtstätigkeit.

Aber auch verteilungspolitisch haften der Negativsteuer Mängel an. Der allein einkommensabhängige Steuertransfer fragt nicht nach den **Ursachen** der individuellen Notlage. Gleichwohl läßt sich eine Prüfung von Gesundheit und Arbeitswilligkeit der Betroffenen nicht umgehen; denn **freiwillig** Arbeitslose genauso zu unterstützen wie Invalide und Alte, liefe auf eine volkswirtschaftliche Verschwendung hinaus.

Im übrigen macht eine Negativsteuer selbst die **Sozialhilfe** nicht vollständig entbehrlich: in **besonderen Lebenslagen** hat diese nach wie vor mit Sach- und Geldleistungen zu helfen.

Und erst recht ist sie kein Ersatz für die (kategorialen) **Sozialversicherungssparten** im Fall des Alters-, Krankheits-, Unfall- und Arbeitslosigkeitsrisikos mit ihren sachlogischen Differenzierungen.

3. Was die Technik der Negativsteuer allenfalls leisten kann, ist eine Senkung der **Verwaltungskosten**, die mit der an einer Grundsicherung orientierten Verteilungspolitik einhergehen, und zwar dann, wenn Sozialtransfers wie das Kinder-, das Wohngeld, die Ausbildungsförderung u.a. von der gleichen Hand getätigt werden, die auch die Steuern berechnet: die Transfers werden von der Steuerschuld abgezogen bzw. als Negativsteuerbetrag dem Betroffenen vom Finanzamt ausgezahlt.

Diese „kurzschließende" Aufrechnung macht zu ihrem Teil nicht nur den Netto-Verteilungseffekt der einschlägigen Sozialmaßnahmen beim einzelnen Bürger **merklich**; sie läßt in Graden auch das Niveau der (noch erforderlichen) Steuersätze **reduzieren**.

§ 133 Horizontale Umverteilung

1. Wenn der sekundären Redistributionspolitik auch gegenüber staatlichen Eingriffen in die Primärverteilung ordnungspolitisch der Vorzug gebührt, so stößt doch auch sie auf ökonomische **Grenzen**. Sie verursacht nicht nur **„Kosten"** in Form des umzuverteilenden Mittelvolumens und der Aufwendungen des bürokratischen Entzugs- bzw. Verausgabungsapparates selbst. Es sind auch die **Verhaltensanpassungen** der Betroffenen zu berücksichtigen, die mit Effizienzverlusten durch Steuervermeidung, Steuerumgehung und Steuerüberwälzung ver-

bunden sein können[2], – von den mit der Gesamtsteuerlastquote und der Undurchsichtigkeit des einschlägigen Gesetzgebungsdschungels aufblühenden Dienstleistungen des steuer- und ausgabenberatenden Gewerbes, das sonst produktiveren Tätigkeiten nachgehen könnte, ganz zu schweigen.

Das gilt (in Graden) auch auf der **Begünstigtenseite**. Hier hat eine am Egalisierungsziel orientierte Politik sachlich mit dem **Samariter-Dilemma** und dem **Anreizproblem**[3] zu kämpfen. Im übrigen gibt es auch auf dieser Seite bereits so etwas wie einen Beruf der Sozialforderungsberater.

2. Es ist jedoch nicht allein das Problem der für den wirtschaftlichen Fortschritt essentiellen, individuellen **Anreize**, das den sekundären Verteilungsbestrebungen Grenzen setzt: schließlich ruht die ganze Distributionsveranstaltung auf der Voraussetzung, daß als Fundament die Wirtschaft floriert, was jeder schlechtere Geschäftsgang mit den dann obligaten politischen Einsparungsbemühungen demonstriert. Die Verteilungspolitik kann sich, je mehr ihr Volumen und der dazu gehörige Apparat wächst, auch von sich aus in die Sackgasse manövrieren.

Es ist nämlich nicht gesagt, daß mit den staatlichen Umverteilungsvorgängen immer auch eine Redistribution von „Reich an Arm“ verbunden sein müßte, wie das oft voreiligerweise gleichgesetzt wird. In praxi kann es sich durchaus um eine **horizontale** Umverteilung handeln, die sich innerhalb ein und derselben Einkommensschicht vollzieht. Daß das in den modernen Wohlfahrtsgesellschaften zunehmend der Fall ist, geht auf den einfachen Tatbestand zurück, daß es angesichts des Ausmaßes, das das Umverteilungsvolumen **insgesamt**, also unbeschadet der unterschiedlichen Verwendungszwecke im einzelnen, inzwischen erreicht hat, nicht genug Bezieher hoher Einkommen gibt, die seine Finanzierung schwergewichtig tragen könnten. So müssen immer stärker die Bezieher mittlerer und kleiner Einkommen selbst herangezogen werden, die eigentlich die Nutznießer der Veranstaltung sein sollten. Was der Fiskus mit der einen Hand gibt, entzieht er in mehr oder minder großer Entsprechung mit der anderen Hand den einschlägigen Bruttoeinkommen. Die Effizienzkontrolle der staatlichen Umverteilungsaktivitäten geht aus dem Ruder.

3. Zweifellos wäre es unter Kostengesichtspunkten (Punkt 1) rationeller, die vielerlei Sonderanlässe, deren sich die staatliche Umverteilung bedient, aufzulassen und dafür, verteilungspolitisch gezielt, die Belastung der verfügbaren Mittel- und Kleineinkommen abzusenken. Indessen hätte eine solche **Radikalkur** schon darum eine geringe Chance, weil sie den Politikern einen bevorzugten Teil ihres Betätigungsfeldes und ihrer Profilierungsmöglichkeiten entzöge. Und auch sachlich

---

[2] *C. Clark* (Welfare and Taxation, Oxford 1954, S. 5) vertrat die Ansicht, daß eine Quote der Effektivbelastung in einer Größenordnung von 25 Prozent des Einkommens den breaking point darstelle, ab dem die gesamtwirtschaftlich abträglichen Wirkungen des Steuerentzuges akzelerieren. Das ist lange her, könnte man einwenden. Aber hat die Entwicklung Clark tatsächlich widerlegt?

[3] So führt eine staatliche Umverteilungspolitik sich zum Beispiel selbst ad absurdum, wenn von zwei der Größe und Zusammensetzung nach gleichgearteten privaten Haushalten jener mit einem doppelt so großen **Brutto**einkommen **nach** der Sekundärverteilung (einschließlich sozialpolitischer Transfers) **netto** schlechter dasteht, als der Vergleichshaushalt (vgl. für die Bundesrepbulik: *R. Zeppernick,* Die Bedeutung der Finanz- und Sozialpolitik für die Einkommensverteilung, in: Finanzarchiv, N.F., Bd. 33 (1976), S. 625ff.).

erscheinen einige Sonderanlässe für Transfers, unabhängig davon, wie es um die Finanzierungsmodalität steht, unverzichtbar (etwa Kinder-, Wohngeld, gezielte Ausbildungsförderung).

Immerhin ließe sich jedoch der zeitgenössische Wildwuchs an Subventionen und Transfers ausforsten, wenn die Zielkonformität der staatlichen Umverteilungsaktivität gewinnen soll.

Kapitel 4: Vermögensverteilung

§ 134 Besonderheit des Bereiches

1. Im Vergleich zur periodischen Einkommensdistribution ist die Verteilung der **Vermögensbestände** naturgemäß der resistentere Faktor. So erfolgt, intertemporal gesehen, der Vermögensübergang zwischen den Generationen über das Rechtsinstitut der **Vererbung** (Vermächtnis, Schenkung), die weder mit einer Leistung noch mit dem Bedarf des Erben in Zusammenhang steht. In diesem Bereich spielt der „rekurrente Anschluß" eine besondere Rolle. Das gilt für die Vererbung großer und kleiner Vermögen in gleicher Weise.

Indes, eine bessere Organisationsform des Vermögensüberganges dürfte schwer zu finden sein. Nicht darin, daß überhaupt vererbt werden kann, sondern in den **Größenunterschieden** der Begünstigung bei den Erben liegt verteilungspolitisch das Problem.

2. Was die Distribution der periodischen **Vermögenszuwächse** anbelangt, so ist an erster Stelle der Zusammenhang mit der **primären Einkommensverteilung** in der Abteilung „Einkommen aus Vermögensbesitz und Unternehmertätigkeit" ins Auge zu fassen, wobei auch die Gewinne an Substanzwert eines gegebenen Vermögens einzubeziehen wären.

Determinanten sind hier der gesamtwirtschaftliche Wachstumstrend, die konjunkturelle Lage und zu ihrem Teil die Tariflohnpolitik. Innerhalb dieses Rahmens kommt es, unter personellem Verteilungsaspekt, dann auf das **Portfolioverhalten** des Vermögensbesitzers und das **unternehmerische Geschick** im Umgang mit dem Anlagerisiko an.

Indes, daß Zins- und Profiteinkommen zu Vermögenszuwächsen führen, setzt ein entsprechendes **Sparverhalten** voraus; die Beträge ließen sich auch konsumtiv verwenden (Unternehmerkonsum, Gewinnentnahmen). Das gilt im weiteren Sinne selbst für die Bewahrung vorhandener bzw. im Erbübergang anfallender Vermögensbestände. Ihre Liquidisierung bedeutet ein **„negatives Sparen"**.

3. Verteilungs**politisch** im Vordergrund steht der Zuwachs durch **Vermögensneubildung** bzw. eine erhöhte Vermögensbildung bei Wirtschaftseinheiten,[1] die der unteren Hälfte der Vermögenspyramide zugehören. Sie setzt **Sparfähigkeit** (Höhe des laufenden Einkommens) und eine entsprechende **Sparneigung** voraus. In

---

[1] Unter den Vermögens**formen** sind es die Unterschiede in der Ausrüstung der privaten Haushalte mit dauerhaften wertvollen **Gebrauchsgütern** (einschließlich Vorräte), die sich im allgemeinen Einkommenswachstum am ehesten einzuebnen pflegen. Für die einzelne Wirtschaftseinheit besitzen solche Güterbestände zweifellos Vermögenscharakter, zumal wenn sie einen Liquidationswert behalten. Kreislauftheoretisch dagegen rechnen die Ausgaben für Gebrauchsgüter, soweit diese nicht funktional als Produktionsmittel gelten (etwa Arztauto), zum Konsum.
Der zweite Bereich, in dem sich die schichtenspezifischen Vermögensunterschiede reduziert haben, sind die **Sicherungs**ansprüche aus Vorsorgesparen. Die (kapitalisierten) Rentenansprüche an die Sozialversicherung fungieren für den einzelnen Arbeitnehmerhaushalt als Vermögensteil. Zum gesamtwirtschaftlichen Problem ihrer Sicherheit vgl.: *B. Molitor,* Soziale Sicherung, München 1987, S. 226f.

den entwickelten Industriegesellschaften mit einem hohen Reallohnniveau sind die Bedingungen dazu günstig. Entscheidend bleibt die nachhaltige Motivation zum Sparen und zur Vermögenshaltung auch bei den Masseneinkommensbeziehern. Ohne sie baut eine dekonzentrationsorientierte Vermögensverteilungspolitik, an welche Maßnahme man auch denken mag, auf Sand.

Die **Motivation** kann einem dreifachen Ziel folgen: Der individuelle Vermögensbesitz bietet eine zusätzliche **Sekuritätschance** für unvorhergesehene Bedarfe und Notfälle; je nach Anlageart tritt zum Lohn aus Arbeitsleistung als zweite Einkommensquelle ein **Besitzeinkommen**; schließlich erweitert der Vermögensbesitz den **Dispositionsradius** (einschließlich der Chance zur Kreditaufnahme) und die **Unabhängigkeit** des privaten Haushaltes (einschließlich eines möglichen Prestigegewinnes).

Offensichtlich werden aber diese Motivierungsfaktoren nur wirksam, wenn es um Vermögensteile geht, über die der einzelne Haushalt frei verfügen, und um Spar- und Anlageformen, zwischen denen er frei wählen kann. Darum ist eine Verteilungspolitik, die bei ihren Gleichheitsbestrebungen nicht das **Freiheitsprinzip** wahrt, kontraproduktiv, und zwar nicht nur aus ethischen, sondern bereits aus funktionalen Gründen.

4. Von der Vermögensbildung und Vermögenshaltung unabtrennbar ist ein **Risiko**: die Erträge und in Graden auch der Substanzwert können im Zeitverlauf schwanken. Daran ist im Prinzip zumindest in evolutorischen Volkswirtschaften nichts zu ändern. Vermögenserträge und Substanzwert sind nicht wie sozialpolitische Forderungen staatlicherseits zu fixieren. Das müssen die Träger der Verteilungspolitik den Begünstigten vorweg klarmachen, namentlich wenn die staatliche Förderung von der Geldvermögensbildung auf die Beteiligung am „Produktivvermögen" umgesetzt wird (§ 138).

Immerhin liegt es in der individuellen Entscheidung, durch Anlagediversifikation und rationales Anpassungsverhalten das Risiko herabzudrücken. Information, Beratung und Erfahrung können Fehler vermeiden helfen. Auch gibt es institutionelle Vorkehrungen wie etwa Investmentgesellschaften, die mit gemischten Portefeuilles das Anlagerisiko vermindern, andererseits allerdings auch die Renditeerwartung und den Rückkaufswert des Anteils auf eine mittlere Höhe beschränken. Im übrigen bleibt es die Aufgabe der allgemeinen Wirtschaftspolitik, für eine gleichgewichtige Wirtschaftsentwicklung Sorge zu tragen (§ 48).

5. **Sektoral** gesehen, kann der Vermögensverteilung zwischen dem **öffentlichen** und dem **privaten** Bereich für die Distributionspolitik besonderes Gewicht zukommen. Das Vermögenspotential, das zur Verteilung unter Privaten überhaupt zur Verfügung steht, vergrößert sich, wenn im Wege einer Vermögensübertragung staatliche Unternehmen bzw. Beteiligungen **privatisiert** und öffentliche Investitionen, statt über den Steuerentzug, durch Kredite von Privaten finanziert werden.

Der umgekehrte Weg, nämlich den privaten Vermögensstock durch **Verstaatlichungsakte** einzuengen, scheidet verteilungspolitisch als ordnungsinkonform aus: selbst wenn die zu verstaatlichenden Großunternehmen keine Publikumsgesellschaften in Streubesitz sind, würde der im privaten Sektor zu erzielende Dekonzentrationseffekt nur mit einer um so stärkeren Vermögensmonopolisierung beim Staat erkauft.

§ 135 Erbschaftsteuer

1. Obwohl die Maßnahme der Ebene der Sekundärverteilung zugehört, ist ihr vorrangiges Ziel im Zusammenhang der Vermögensdistribution **nicht** der Entzugseffekt zugunsten des Fiskus („Miterbenrecht" des Staates). Vielmehr geht es darum, die Erbschaftsteuer so auszugestalten, daß sie einen Anreiz darauf setzt, große Nachlässe (mit dem Vorteil der Steuereinsparung) auf einen breiteren Personenkreis **aufzuteilen**.

Das leistet die Technik der **Erbanfallsteuer**, deren Belastungswirkung mit der Zahl der Erben abnimmt. Überdies kann ihr Tarif durch den Progressionsverlauf nicht nur die Höhe der Erbschaft, sondern auch die Größe des auf seiten des Begünstigten bereits vorhandenen Vermögens berücksichtigen; bei der korrespondierenden Schenkungsteuer entfällt dann die Verlegenheitslösung von Fristen, innerhalb deren mehrmalige Zuwendungen zusammengerechnet werden müssen. Freilich bleiben eine aktualisierte Vermögensbewertung und die genaue Erfassung von Familienstiftungen erforderlich, die als Mittel einer Steuerausweichung dienen können.

2. Die Alternative der **Erbnachlaßsteuer** erfaßt das Vermögen des Erblassers als Einheit. In dieser Hinsicht ist sie unter sonst gleichen Bedingungen fiskalisch ergiebiger als die Anfallsteuer, die vom Vermögenszugang bei einzelnen Erben ausgeht. Allerdings kann der Nachlaß durch vorherige Schenkungen beträchtlich vermindert sein; so müßten auch Vermögensübertragungen einbezogen werden, die vor dem Todesfall stattfinden. Einen Einfluß für die bewußte Vermögensaufteilung hat die Nachlaßsteuer nur insoweit, als der Freibetrag nach der Zahl der Begünstigten gestaffelt ist.

In bezug auf die Vererbung als Sparmotiv, ist die Nachlaßsteuer die ungünstigere Abgabeform. Jedenfalls beläßt eine differenzierte Erbanfallsteuer demjenigen, der bewußt für seine Erben Vorsorge treiben will, die größeren Wahlchancen, – gegebenenfalls auch in Form einer Erbschaftsteuerversicherung, die, soweit sie als Kapitalansammlungsvertrag steuerlich anerkannt wird, in Graden zu einer Rückwälzung der Abgabenbelastung auf das Staatsbudget führt.

3. Was die **Aufbringung** der Erbanfallsteuer (bzw. die verstärkte Aufteilung des Erbvermögens) betrifft – sie mag nun aus dem laufenden Einkommen, durch eine Kreditaufnahme oder durch Verkauf von Vermögensteilen erfolgen –, so sind im Wirtschaftskreislauf keine Komplikationen zu erwarten; denn das Volumen, das insgesamt pro Periode betroffen wird, beläuft sich immer nur auf einen Bruchteil des Volksvermögens.

Allerdings ergibt sich für gewerblich genutzte Vermögen bei **Einzelkaufleuten** und in **Personengesellschaften** ein Wettbewerbsproblem. Denn diese werden im Unterschied zu Kapitalgesellschaften, deren eigener Vermögensbestand von der Erbschaftsbesteuerung unberührt bleibt, mit jedem Generationenwechsel zusätzlich belastet. Will man nicht für die körperschaftlichen Unternehmen zu einer „Folgesteuer der toten Hand" greifen, sind als Ausgleich für Betriebsvermögen bei Einzelkaufleuten und in Personengesellschaften die Tarifsätze zu ermäßigen.

4. Die verteilungspolitische Wirkung der Erbschaftsteuer vollzieht sich schwergewichtig innerhalb der oberen Vermögensklassen; die Vermögenspyramide wird abgeflacht. Zwar läßt sich durch eine vermögenspolitische Verwendung der aufkommenden Steuermittel auch der Sockel verbreitern. Dem setzt jedoch der ge-

ringe Anteil der Erbschaftsteuer an den periodischen Staatseinnahmen enge Grenzen. Vor allem aber arbeitet die Verteilungsmaßnahme langsam; der Generationenwechsel ist eine lange Frist, in der der Vermögensakkumulation aus dem laufenden Einkommen der gewichtigere Part zufällt.

§ 136 Laufende Vermögensteuer

1. Für die nominelle Vermögensteuer ist der individuelle Vermögensbestand nur Bemessungsgrundlage, nicht aber Steuerquelle; der Steuersatz ermöglicht es regelmäßig, die Abgabeschuld mit einem Teil der laufenden Erträge zu bestreiten. Das kann bei einer sich Periode für Periode wiederholenden Belastung ein und desselben Steuerobjekts auch nicht anders sein. Eine wie immer geartete Vermögens**umschichtung** scheidet also als Ziel der Maßnahme aus.

Faktisch bedient sich hier der Fiskus lediglich eines – neben dem Einkommen – **zusätzlichen Besteuerungsanlasses**, um laufende Haushaltsmittel zu gewinnen, die nicht zweckgebunden sind. Je nach Höhe der **Freibeträge**, die kleinere Vermögen schonen, erhält die Steuer bei proportionaler Tarifgestaltung eine indirekte Progression. Soweit eine Überwälzung nicht gelingt, verlangsamt sie damit relativ das Wachstum der größeren Vermögen. Darin liegt jedoch nur eine dürftige verteilungspolitische Relevanz.

2. Allerdings entfernt sich die Vermögensteuer, was ihr quantitatives Ergebnis anbelangt, zunehmend vom ursprünglichen Konzept der Subjektbezogenheit. Der überwiegende Teil des Aufkommens entfällt in praxi auf das Reinvermögen von **Kapitalgesellschaften**, das eigentlich nur in einer Art Folgebesteuerung erfaßt wird, um die sonst einseitige Belastung des Betriebsvermögens von Einzelkaufleuten und Personengesellschaften auszugleichen.

Aber auch so bleibt das gewichtige Bedenken der fehlenden konjunkturellen Flexibilität. Die Vermögensteuer muß selbst dann entrichtet werden, wenn keine Erträge erwirtschaftet oder gar Verluste gemacht wurden. Es liegt auf der Hand, daß diese Ertragsunabhängigkeit gerade Klein- und Mittelbetrieben gefährlich werden kann (§ 117).

3. Schließlich bleibt die These zu überprüfen, eine nominelle Vermögensteuer sei als **Ergänzung zur Einkommensteuer** geboten, um die Besitzeinkommen – im Vergleich zu den Arbeitseinkommen – höher zu belasten. Dabei wird offenbar von der „Mühelosigkeit" der Besitzeinkommen ausgegangen, wiewohl das Vermögen als Substrat der Einkommenserzielung nicht eben selten aus gesparten Arbeitsentgelten stammt.

Wie immer es aber um eine solche Begründung als Zusatzsteuer früher bestellt gewesen sein mag: sie verliert an Gewicht, je mehr die personelle Vermögens**streuung** fortschreitet.

Vollends wird eine laufende Vermögensteuer obsolet, wenn gleichzeitig eine Besteuerung der **Erbübergänge** besteht.

§ 137 Privatisierung

1. Privatisierung von **Staatsbesitz** wird hier als eine Maßnahme verstanden, um den **privaten Vermögensbestand** verteilungswirksam zu erhöhen. Sie wirkt zwar schnell, ist jedoch aus der Sache heraus quantitativ jeweils auf einen einmaligen Akt beschränkt.

Zusätzlich wird die Maßnahme dadurch limitiert, daß sich in erster Linie das industriell genutzte Vermögen der öffentlichen Hand (einschließlich Unternehmensbeteiligungen) für Methoden wie die einer **Volksaktienausgabe** eignet. Allerdings engt man die an sich gegebenen Möglichkeiten unnötig ein, wenn der kleine Anleger unbedingt an einem einzelnen Unternehmen beteiligt sein soll. Auch aus Gründen der Risikominderung erscheint es zweckmäßiger, jeweils einen Satz gemischter Staatsbeteiligungen in besondere Investmentgesellschaften einzubringen.

Indessen dürfen die **psychologischen** Wirkungen der Maßnahmen nicht vernachlässigt werden. Die Volksaktienausgabe kann breitere Kreise mit dem Anteilserwerb bekanntmachen und das Beispiel des Staates ähnliche Bestrebungen bei privaten Unternehmen fördern.

Schließlich lassen sich ebenfalls Teile der öffentlichen **Dienstleistungen**, **Versorgungsbetriebe** und des staatlichen **Liegenschaftsvermögens** in die Privatisierung einbeziehen, soweit diese in privaten Händen rationeller bewirtschaftet zu werden versprechen; der Verteilungseffekt hängt dann davon ab, daß die Käufer nicht gerade Großunternehmen sind.

Die Privatisierungsmaßnahme kann insgesamt gewinnen, wenn zum Teil auch die staatlichen **Verkaufserlöse** der Vermögensbildung im privaten Sektor dienstbar gemacht werden, etwa in Form von Kreditprogrammen zur Förderung von Arbeitnehmern, die sich selbständig machen wollen (§ 117).

2. Aufgabe der **Volksaktienausgabe** ist es, die Vermögensbildung in den unteren Einkommensschichten durch ein verbilligtes Angebot von Kleinanteilen zu fördern. Dazu dient der Sozialkurs bei der Aktienausgabe und/oder ein Sozialrabatt, der nach einer bestimmten Frist der Vermögenshaltung fällig wird. Der Käufer spart also zusätzlich aus seinem Einkommen oder disponiert vorhandene Geldersparnisse um, und der Staat gibt den Differenzbetrag zwischen Sozialkurs und Börsenkurs bzw. später den Sozialrabatt hinzu.

Ob nun die Ausgabe der Kleinaktien technisch über eine Kapitalaufstockung der betreffenden Unternehmen aus stillen Reserven erfolgt oder die öffentliche Hand aus ihrem Altbesitz Beteiligungen abgibt: im Ausmaß der Begünstigung vermindert sich das Staatsvermögen zugunsten des privaten Sektors, einschließlich der sonst zu erwartenden laufenden Gewinneinnahmen und eines möglichen Substanzwertzuwachses.

3. Für die Vermögensstreuung kommt es darauf an, daß die Übertragung tatsächlich den **unteren Einkommensschichten** vorbehalten bleibt. Dazu können die Festsetzung einer Einkommensobergrenze für die Begünstigung und die Beschränkung der Zeichnungsmöglichkeit auf einen bestimmten Nennbetrag dienen; Käufe auf Kredit sind auszuschließen.

Zum anderen geht es darum, daß die Begünstigten die Anteile auch **längerfristig** halten. Sie als vinkulierte Namensaktie auszustatten, liefe auf eine Denaturierung der Volksaktie hinaus. Man bleibt also auf besondere Anreize für eine dauerhafte Bindung angewiesen. Und da ist der erst nach einigen Jahren fällige Sozialrabatt günstiger als ein Sozialkurs unmittelbar bei der Aktienausgabe. Hinzu kommen die Einbeziehung des Volksaktienerwerbs in die Sparförderung (§ 138) und eine geschickte Kurspflege.

Stoßen die Ersterwerber im Zeitverlauf ihre Anteilspapiere ab, um zu einer anderen Vermögensform überzugehen, bleibt zwar der Verteilungseffekt erhalten. Gleichwohl wäre aus wettbewerbspolitischen Gründen zu verhindern, daß sich die Aktienpakete der privatisierten Unternehmen mit der Zeit bei Großinteressenten sammeln. Dazu kann das Höchststimmrecht eines Aktionärs und auch das einschlägige Depotstimmrecht der Banken jeweils auf einen niedrigen Prozentsatz des Grundkapitals begrenzt und im übrigen dem Bankensystem verboten werden, größere Volksaktienaufkäufe zu unterstützen.

Allenfalls ließe sich noch erwägen, nur natürliche Personen zum Kauf zuzulassen. Damit nähert man sich jedoch in der Verkehrsbeschränkung der Volksaktie dem kritischen Punkt; unter den juristischen Personen wären auf jeden Fall die Investmentgesellschaften vom Kaufverbot auszunehmen.

§ 138 Sparbegünstigung

1. Das Instrument der staatlichen Sparförderung knüpft an die **nicht-konsumtive Verwendung von Teilen des periodischen Einkommens** an; es bedient sich der sekundären Einkommensumverteilung, sei es auf der Einnahmenseite des öffentlichen Budgets durch einen entsprechenden Steuernachlaß (Sonderausgaben), sei es auf der Ausgabenseite durch eine Transferzahlung (Sparprämie). Die Maßnahme bezweckt, gerade in den unteren Einkommensklassen, bei denen die Begünstigung ihrer absoluten Höhe nach zu Buche schlagen kann, neue Sparer zu gewinnen bzw. die vorhandene Sparquote zu erhöhen. Die spezifische Verteilungswirkung hängt jedoch von der Einkommensobergrenze ab, jenseits derer die Förderung ausklinkt.

2. Die Begünstigung selbst wird zweckmäßigerweise auf einen **einheitlichen Prozentsatz** der individuellen Sparsumme festgesetzt und auf einen Höchstbetrag begrenzt, den sie pro Begünstigten in der gleichen Periode nicht überschreiten darf. Diese Begrenzung ist schon darum erforderlich, damit die Belastung des Staatsbudgets kalkulierbar bleibt.

Für die angemessene Höhe des **Förderungssatzes** ist neben dem normalen Sparzins und der gegebenen Inflationsrate auch die Länge der Sperrfrist von Bedeutung, der die begünstigten Sparbeträge unterliegen. Diese dient als Indiz, daß nicht nur ein augenblicklicher Konsumverzicht, sondern eine nachhaltige Vermögensbildung beabsichtigt ist. Gleichwohl ist davon auszugehen, daß mit der Länge der Sperrfrist der Förderungssatz zunehmen muß, um die psychischen Festlegungshindernisse zu überwinden.

Die Probe aufs Exempel ergibt sich bei Ablauf der Sperrfrist. Der sicherste Weg, einer möglichen Auflösung der Ersparnisse entgegenzuwirken und damit den vermögenspolitischen Erfolg zu festigen, liegt in der erneuten Förderung der Sparbeträge, samt Zinsen und Prämien.

3. Im Vergleich zur Technik des steuerbegünstigten Sparens besitzt die ausgabenpolitische Förderung über **Prämienzahlungen** den Vorteil, in vollem Umfang auch Einkommensbeziehern zugute zu kommen, die keine oder nur eine geringe Steuerschuld trifft. Überdies ist sie für den durchschnittlichen Begünstigten „merklicher" und für die Förderungsinstanz einfacher in Durchführung und Kontrolle (Zwischenschaltung eines Sparinstitutes).

Vor allem aber hat sie nicht mit dem Problem zu kämpfen, daß innerhalb des Begünstigtenkreises der Progressionstarif den absoluten Steuervorteil mit der Einkommenshöhe zunehmen läßt. Andererseits bleibt freilich zu bedenken, daß Politiker bei akuten Haushaltsnöten eher geneigt zu sein pflegen, auch längerfristig geplante Ausgabenposten zu kürzen, als auf der Steuerseite entsprechende Änderungen vorzunehmen.

4. In ihren **gesamtwirtschaftlichen** Nebeneffekten wirkt die Maßnahme über das Zusatzsparen (bzw. die Verhinderung eines Entsparens) antiinflationär und wachstumsfördernd. Das gilt auch für die Prämienbeträge selbst, wenn man mit der Alternative des Staatskonsums vergleicht; freilich müssen sie dazu periodisch fristgerecht den Sparinstituten angewiesen werden.

Soweit die Maßnahme zu erhöhten Bankguthaben führt, nimmt die Geldschöpfungskapazität des privaten Bankenapparates zu. Erfordert die konjunkturelle Lage eine Dämpfung der monetären Gesamtnachfrage, hat die staatliche Geld- und Kreditpolitik diesen unerwünschten Nebeneffekt abzufangen.

5. Der **Nachteil** einer allgemeinen Sparförderung liegt darin, daß mit erheblichen **Mitnehmereffekten** zu rechnen ist und die fiskalische Belastung durch die Maßnahme im Zeitverlauf stark anwächst, während sie, was die Erhöhung der Sparneigung bei den unteren Einkommensgruppen anbelangt, im Vergleich zum laufenden Realeinkommensanstieg faktisch an Gewicht verliert.

So kommt es darauf an, die Maßnahme rechtzeitig, so hart das auch den Sparinstituten ankommen mag, auf die Förderung eines **Beteiligungssparens** umzupolen: nicht mehr das Konten- und Versicherungssparen, sondern lediglich die Risikoanlage in Form von Aktien, GmbH-Anteilen, Investmentzertifikaten, Darlehen an das beschäftigende Unternehmen, Anteilen an Beteiligungsgesellschaften und vergleichbaren Produktivkapitalformen wird begünstigt; Gewinnschuldverschreibungen und Genußscheine sind als verdecktes Kontensparen auszuschließen.

Mit ausgeglichenen Wohnungsmärkten kann auch die Förderung des **Bausparens** zurückgefahren werden. So verfügten in der Bundesrepublik bereits 1983 45,5 Prozent der privaten Haushalte über Haus- und Grundbesitz (1950 waren es noch 20 Prozent), wobei kinderreiche Familien mit 76,3 Prozent die Spitze hielten.[2] Die nachwachsenden Jahrgänge sind hier zu einer „Generation von Erben" geworden.

[2] *Statistisches Bundesamt* (Hrsg.), Wirtschaft und Statistik, H. 12 (1985), S. 968.

§ 139 Vergabe öffentlicher Kredite

1. Gegenüber der Sparförderung hat das Instrument einer Vergabe zinsgünstiger öffentlicher Kredite speziellen Charakter. Es setzt bei der **unmittelbaren Beschaffung von Produktionsmitteln** an, wie sie mit einer Betriebsgründung bzw. Betriebsübernahme und mit dem Aufbau einer freiberuflichen Existenz einhergehen. Der Produktionsmittelbeschaffung kann auf Zeit der Bau oder Kauf eines Eigenheimes bzw. einer Eigentumswohnung gleichgestellt werden.

Die **Einkommensobergrenze**, bis zu der eine Kreditbegünstigung in Anspruch genommen werden kann, muß aus der Sache heraus höher liegen als bei der Sparförderung. Entsprechend größer ist ja auch der absolute Betrag, der als Eigenleistung vorausgesetzt wird.

2. Die **Begünstigung** besteht in den gegenüber den jeweiligen Marktverhältnissen vorteilhaften Konditionen der Kreditvergabe, insbesondere in der ermäßigten Zinshöhe, immer bezogen auf die Laufzeit des öffentlichen Darlehens. Die Zinsersparnis bei den privaten Haushalten geht zu Lasten der staatlichen Vermögensposition (§ 128).

Neben der Einkommensobergrenze und der Zinsstellung hat der Staat im **Höchstbetrag**, den die Darlehensvergabe pro Empfänger erreichen darf, einen dritten Hebel in der Hand, um die Ausgaben in der Periodenfolge zu steuern.

Zum jeweiligen Zeitpunkt bindet die Kreditgewährung zwar für den gleichen Begünstigungseffekt ein absolut größeres Volumen an Budgetmitteln. Aber anders als bei verlorenen Sparzuschüssen, steht der Darlehensbetrag im Zuge der Tilgung durch den Kreditnehmer erneut der Verteilungspolitik zur Verfügung.

3. Die Maßnahme gibt, distributionspolitisch gezielt, den Anstoß zu einer **erhöhten privaten Kapitalbildung**. In ihrer Beschränkung auf den mittelständischen Bereich (und den Wohnbausektor) kommt sie gleichzeitig wettbewerbs- bzw. strukturpolitischen Zielen entgegen. Als beschränkte Zinssubventionierung, die den allgemeinen Kapitalmarktzins freiläßt, ist sie ordnungskonform.

§ 140 Investivlohn

1. Das Instrument einer Investivlohnregelung ist auf der Ebene der primären Einkommensverteilung angesiedelt. Die zweckgebundene Verwendung der einschlägigen Lohnanteile zur Investitionsfinanzierung lassen es insonderheit dem Bereich der **Vermögensverteilungs**bestrebungen zuordnen. Die Beteiligung der **öffentlichen Hand** beschränkt sich auf eine anteilige Sparförderung für die Arbeitnehmer (Punkt 3) und die steuerliche Anerkennung der Kosten auf seiten der beteiligten Unternehmen.

2. Technisch geht es bei der Investivlohnregelung darum, daß ein **tarifvertraglich** fixierter Teil der periodischen Gesamtlohnerhöhung nicht in bar ausgeschüttet („Konsumlohn"), sondern **vermögenswirksam** angelegt wird, sei es im arbeitgebenden Betrieb selbst oder bei anderen Unternehmen durch eine (direkte oder indirekte) Beteiligung an der Investitionsfinanzierung. Die Gewerkschaften werden sich in der Regel nur zu einem solchen Abgehen von der üblichen Barlohnstrategie verstehen, wenn der Investivlohnanteil **additiv** zur auch sonst möglichen Konsumlohnerhöhung tritt. Der gesamtwirtschaftlich wichtige Unterschied zur

Profit-Sharing-Regelung (§ 68) besteht darin, daß die **Verwendung** des (lohnpolitisch mit Beschlag belegten) Gewinnanteils in Arbeitnehmerhand investiv gebunden ist.

3. Für die **Verteilungswirkung** gilt es, zwei Aspekte zu unterscheiden. Einmal beziehen die Arbeitnehmerhaushalte im Ausmaß, in dem sie Vermögen bilden, neben ihrem Lohn, je nach Anlageart ein entsprechendes **Besitzeinkommen** („personelle" Einkommensverteilung), das ihre Sparfähigkeit verbessert.

Zum anderen erhöht sich durch den Vermögensrückhalt die **Elastizität des Arbeitsangebotes** und damit, unter sonst gleichen Bedingungen, die Chance, den Arbeitspreis seinerseits zu steigern („funktionelle" Einkommensverteilung).

Die Frage ist, wie sich auf dem Wege dorthin sicherstellen läßt, daß für den Gewinnanteil, der durch den Investivlohn mit Beschlag belegt wird, die **Sparquote** der Arbeitnehmerhaushalte mindestens jene Höhe erreicht, die bei der Ertragsverwendung durch die Unternehmensführung bzw. die Unternehmerhaushalte zu erwarten gewesen wäre; denn sonst nimmt das Volumen der gesamtwirtschaftlichen Ersparnis zur Investitionsfinanzierung Schaden.

Es muß also Vorkehrungen geben, die zumal in der Gewöhnungsphase die vermögenswirksame Verwendung des zusätzlichen Lohnteiles garantieren, und das umso mehr, als beim Investivlohn die **Art** der Anlage in der freien Entscheidung des einzelnen Arbeitnehmers liegt.

Oft wird für die Anlage in dieser oder jener Form eine „Kapitalsammelstelle" zwischengeschaltet sein, was die Kontrolle erleichtert. Am sichersten wirkt indessen eine **spezifische Sparzulage** aus Steuermitteln nach Art des „Vermögensbildungsgesetzes" von 1961 (1965, 1970, 1984, 1987): Arbeitnehmer unterhalb einer bestimmten Einkommensgrenze erhalten zu einem ansehnlichen Prozentsatz der vermögenswirksamen betrieblichen Leistung eine Sparzulage bis zu einem jährlichen Maximalbetrag.[3] Der Breitenwirkung der Maßnahme ist es förderlich, wenn auch einschlägige freiwillige Leistungen des Betriebes bzw. solche aus Vereinbarungen mit dem Betriebsrat einbezogen werden (§ 141).

4. Die Investivlohnregelung erlaubt eine Geldlohnsteigerung, die die periodische Zunahme der durchschnittlichen Arbeitsproduktivität überschreitet, **ohne** daß eine **Inflationsgefahr** heraufbeschworen würde. Denn die vermögenswirksame Anlage verhindert, daß die Konsumausgaben der Arbeitnehmerhaushalte schneller als das gesamtwirtschaftliche Güterangebot wachsen. Wird die Neuerung allerdings nur in Unternehmen einiger Pionierbranchen eingeführt, die über

---

[3] Gemäß dem „Sozialbericht der Bundesregierung 1986" (S. 48) war bereits Ende 1984 die Zahl der durch investive Lohnabschlüsse Begünstigten auf nahezu 24 Millionen Arbeitnehmer (rd. 95 Prozent aller Arbeitnehmer) gestiegen.
Der angelegte Gesamtbetrag belief sich 1985 auf über 12 Mrd. DM; die gezahlte Arbeitnehmersparzulage betrug 1,7 Mrd. DM und die vermögenswirksame Leistung der Arbeitgeber 6,65 Mrd. DM.
Zum Vergleich: Die von der 1974 amtierenden Bundesregierung geplante **gesetzliche Gewinnabgabe** bei Großunternehmen mit überbetrieblicher Fondslösung („Grundlinien eines **Vermögensbeteiligungsgesetzes**" vom 19.1.1974), die jedoch nicht die Parlamentsreife erlangte, rechnete mit einem Jahresaufkommen von rd. 5 Mrd. DM und einer Begünstigung je Erwerbstätigen von 212 DM.

eine entsprechende Marktstellung verfügen, kann es zu einer Vorwälzung auf die Produktpreise zu Lasten der Realeinkommen bei der übrigen Arbeitnehmerschaft kommen.

Es ist zu erwarten, daß sich bei breiterer Streuung der Unternehmensanteile der Druck zur **Gewinnausschüttung** verstärkt. Das ist jedoch weder für die Rationalität der betrieblichen Investitionsentscheidungen, die jetzt mehr auf Fremdfinanzierung angewiesen sind, noch für die Kapitalallokation (Zinslenkung) ein Nachteil, soweit die ausgeschütteten Beträge nicht-konsumtiv verwandt werden.

Konjunkturpolitisch wäre es erwünscht, den Anteil des Investivlohnes am Gesamtlohn elastisch zu handhaben dergestalt, daß er in der Rezession niedriger und in der Hochkonjunktur höher liegt. Selbst wenn im letzteren Fall der Investivlohn teilweise zu Lasten der üblichen Konsumlohnanhebung gehen sollte, ist das gesamtwirtschaftlich von Vorteil; da nämlich das traditionelle Lohnverfahren hier die Nominaleinkommenserhöhung oft dem Produktivitätsfortschritt vorauseilen läßt, würden jetzt Lohnbeträge gebunden, die stabilitätskonform ohnehin nur hätten nicht-konsumtiv verwandt werden dürfen.

5. Für die Unternehmen erhöhen Investivlohnleistungen das **Kostenniveau** der Produktion beim Faktor Arbeit. Ob sie nun mit den üblichen Barlohnforderungen gemeinsam verhandelt werden oder nicht: betriebswirtschaftlich sind beide in der Periode als Einheit zu bewerten. Da beim Investivlohn der Ausweg einer Kostenabwälzung auf die Güterpreise in der Regel abgeschnitten ist, vermindert sich die verbleibende **Gewinnrate**, die sonst bei gegebenem Umsatzerlös zu erwarten war. Damit können die Unternehmen ihre Investitionen nicht mehr im gleichen Ausmaß selbstfinanzieren. Zwar stehen ihnen mit der vermögenswirksamen Verwendung des Investivlohnes **insgesamt** zusätzliche Kapitalmarktmittel zur Verfügung; aber die Fremdfinanzierung ist regelmäßig teurer, so daß auch von dieser Seite her die Produktionskosten anziehen.

So stellt sich die unternehmerische **Investitionsneigung** als das eigentliche Problem heraus, mit dem die verteilungspolitische Maßnahme behaftet ist. Mit Sicherheit kommt es verstärkt zur Anwendung arbeitssparender technischer Fortschritte; Eigentümer-Unternehmer in Branchen, die im allgemeinen Produktivitätsfortschritt nachhinken, werden mit Erweiterungsinvestitionen zurückhalten, und Grenzbetriebe, die den Kostenanstieg nicht aufzufangen vermögen, müssen schließen bzw. ihre Selbständigkeit aufgeben. Ob und wie schnell die freigesetzten Arbeitskräfte anderswo eine neue Beschäftigung finden, hängt vom Wachstumstrend, der konjunkturellen Lage und dem Grad der Arbeitsmobilität ab.

Daher sind die **Gewerkschaften** auch bei der Investivlohnpolitik nach Höhe und zeitlicher Verteilung der Forderungen nicht davon entlastet, die gesamtwirtschaftliche Entwicklung, die Exportabhängigkeit der Branchen und die betriebliche Umstellungsfähigkeit im Strukturwandel zu berücksichtigen, wenn sie nicht riskieren wollen, daß der Verteilungserfolg für die Beschäftigten mit einer vermeidbaren Arbeitslosigkeit bei anderen Arbeitnehmern erkauft und zudem der Prozeß der Unternehmenskonzentration beschleunigt wird.

6. Das Interesse der Belegschaften an einer Investivlohnregelung müßte erlahmen, wenn der einzelne Arbeitnehmer nicht frei den Anlageort und die Beteiligungsform zu **wählen** vermöchte. Er kann, aber er muß sich nicht an überbetrieblichen Finanzierungsgesellschaften beteiligen.

Kollektive Zwangsüberweisungen an gewerkschaftlichen **Tariffonds** dagegen, die dann möglicherweise auch noch eine Art „Investitionslenkung“ betreiben sollen, scheiden auf jeden Fall aus. Der damit verbundene Zwang widerspricht verbrieften Grundrechten, und Machtkonzentrationen sind in der Wettbewerbswirtschaft stets von Übel.

Im übrigen besteht an freien überbetrieblichen Finanzierungsgesellschaften, von denen jedermann Anteile erwerben kann, faktisch schon heute kein Mangel. Das Argument, daß bei (offenen) Investmentfonds Probleme mit der dauerhaften Liquidität oder der täglichen Anteilsbewertung zu befürchten seien, namentlich wenn die Fonds ebenfalls in stillen Beteiligungen anlegen, ist als verfehlt erwiesen. Auch kann eine Investmentgesellschaft ebenso gut den Eigenkapitalbedarf mittlerer und kleinerer Unternehmen bedienen wie andere Finanzierungsinstitute. Und sie hat für die Sparerseite durch die Anteilsstückelung den Vorteil des für jedermann erschwinglichen Abgabepreises pro Zertifikat.

§ 141 Investive Gewinnbeteiligung

1. Eine investive Gewinnbeteiligung begünstigt ebenso wie die Investivlohnregelung die unternehmenszugehörigen Arbeitnehmer. Ihre Vorteile liegen aber darin, daß sie beim **erzielten** Gewinn ansetzt, also nicht das betriebliche Kostenniveau tangiert, und im übrigen den Schematismus vermeidet, der nun einmal mit allgemeinen lohnpolitischen Aktionen verbunden ist. Gerade daß keine einheitliche Lösung angestrebt wird, erlaubt einen breiten Erfolg trotz unterschiedlicher Struktur der einzelnen Unternehmen.

2. Allerdings kommt es für dieses vermögenspolitische Instrument auf die Einzelinitiative an. Bei demjenigen, der als angestellter Manager faktisch die **Unternehmerfunktion** wahrnimmt, ist ein positives Interesse zu vermuten, einmal weil die Beteiligungsaussicht einen verstärkten Motivations- und Identifikationsanreiz für die Mitarbeiter bietet, und zum anderen, weil sich die betriebliche Position in der Nachfrage gerade nach qualifizierten Arbeitskräften verbessert, und im übrigen anders orientierten vermögenspolitischen Alternativen vorgebeugt wird, die eine erfolgreiche Unternehmensführung erschweren. Die Frage ist jedoch, was zum jeweiligen Zeitpunkt den **Alt-Anteilseignern** zugemutet werden kann, ohne daß das Kapital zu anderen Unternehmen oder ins Ausland abwandert, soweit dort vergleichbare Regelungen fehlen.[4]

3. Bei Eigentümer-Unternehmen und Personengesellschaften sind die Möglichkeiten einer **unmittelbaren** Anteilsbeteiligung der Arbeitnehmer der Natur der Sache gemäß beschränkt. Von den zahlreichen hier verbreiteten Systemen einer Ergebnisbeteiligung fallen nur jene unter die vermögenspolitische Maßnahme, die in irgendeiner Form mit einer investiven Verwendungsbindung einhergehen.

---

[4] Der „Sozialbericht der Bundesregierung 1986“ (S. 48) spricht von mehr als 1100 Unternehmen, in denen rund 1 Million Arbeitnehmer in einer Größenordnung von 6-7 Mrd. DM am **eigenen** Produktivvermögen **beteiligt** sind.
Die Zahl der Unternehmen, die in der Bundesrepublik in irgendeiner Form eine Ergebnisbeteiligung eingeführt haben, bewegt sich in einer Größenordnung von 6000 (*Guski, H.-G., Schneider, H. J.,* Betriebliche Vermögensbeteiligung in der Bundesrepublik Deutschland, Köln 1977).

Aus der Sicht des beteiligten Unternehmens verdienen Arbeitnehmerdarlehen, stille Beteiligungen u.ä. den Vorzug.

4. Im Hinblick auf die **Basis** einer Ergebnisbeteiligung lassen sich Systeme der Kostenersparnis-, Umsatz-, Dividenden- und Reinertragsbeteiligung unterscheiden, wobei das besondere verteilungspolitische Augenmerk der letzteren gilt.

5. Die Palette der **Leistungstechniken** reicht von der Ausgabe börsengängiger Beteiligungswerte gratis oder zu Vorzugspreisen (Zusatzaktie aus Gesellschaftsmitteln, Eigenkapitalerhöhung ohne Bezugsrechte für Alt-Anteilseigner, Erwerb eigener Aktien zur Ausschüttung an die Arbeitnehmer), über das Angebot langfristiger Schuldverschreibungen, die jenseits der Mindestverzinsung eine Dividendenbeteiligung garantieren, und über Teilhabereinlagen in Personengesellschaften und bei Einzelkaufleuten, bis hin zur Barablösung, soweit die nicht-konsumtive Verwendung der Mittel sichergestellt ist. Schließlich mag sich in einer Reihe von Fällen eine „Mitarbeiteranlagengesellschaft" nach Art von Investmentfonds empfehlen, bei der mehrere kleinere Unternehmen zusammengehen können.

6. Gewinnbeteiligungsregelungen in breitem Umfang haben den **stabilitätspolitischen** Vorteil, die Gefahr einer aggressiven Lohnpolitik zu vermindern. Bei direkten Kapitalbeteiligungen der Arbeitnehmer verliert auch die Auseinandersetzung um die Mitbestimmung in den Unternehmensorganen an Schärfe.

Freilich darf nicht die stabilitäts- und wachstumspolitisch erforderliche **Arbeitsmobilität** leiden: die durch die Beteiligung zugewachsenen Ansprüche müssen zumindest nach Ablauf einer Sperrfrist prinzipiell fungibel sein, sei es, daß der einzelne Arbeitnehmer sie auch zum neuen Arbeitsplatz gleichsam mitnimmt, oder sei es auch, daß er sie verkaufen kann: in diesem Fall kann, je nach der Position des Käufers, zwar der Verteilungseffekt, nicht aber die gesamtwirtschaftliche Kapitalbildung Schaden nehmen; denn der Käufer bindet sich jeweils mit einer gleichgroßen Anteilssumme.

7. Natürlich unterliegen die Arbeitnehmerbeteiligungen nicht nur den Schwankungen in der periodischen Gewinnhöhe, sondern auch einem unternehmensspezifischen Verlustrisiko. Dies ist grundsätzlich nicht auszuschalten. Immerhin sind da, wo Arbeitsplatz- und Kapitalrisiko zusammenfallen, besondere Schutzbestimmungen im Konkursfall und gegebenenfalls Formen einer beschränkten Solidarhaftung der Branche zur Teilauszahlung von Arbeitnehmereinlagen denkbar (etwa nach dem Vorbild des „Pensionssicherungsvereins auf Gegenseitigkeit" im Fall von betrieblichen Sozialleistungen).

8. Die instrumentelle Beteiligung der **öffentlichen Hand** gleicht der bei einer Investivlohnregelung (§ 140), nur daß anstelle der steuerlichen Anerkennung der Investivlohnkosten hier eine steuerliche Begünstigung der Ergebnisbeteiligungsbeträge zu treten hat.

8. Teil: Wirtschaftspolitik in der Demokratie

§ 142 Problemstellung

1. Eine **erklärende Theorie** der Wirtschaftspolitik kann sich nicht darin erschöpfen, die von den Politikern deklarierten **Ziele** auf ihre Implikationen zu prüfen, ein angestrebtes Ziel auf die gegebene **Ausgangslage** hin zu artikulieren und schließlich eine Maßnahme oder ein **Maßnahmenbündel** zu programmieren, das die Lage auf das Ziel hin zu verändern geeignet und insofern optimal ist, als es unter Abwägung seiner prozessualen Nebenwirkungen den vergleichsweise höchsten Erfolgsgrad in der Zielrealisierung verspricht. Denn es ist nicht gesagt, daß die Wirtschaftspolitik **in praxi** dem in diesem Sinne rationalen Programm folgt. Die allgemeine Erfahrung zeigt im Gegenteil, daß das sachlich Zweckmäßige sich nur selten mit dem deckt, was politisch tatsächlich geschieht.

2. Die theoretische Wirtschaftspolitik kann also, will sie **Erfahrungswissenschaft** sein, nicht mit der Maßnahmenprogrammierung abbrechen. Um das **tatsächliche** wirtschaftspolitische Verhalten zu erklären, muß sie in einem zweiten analytischen Schritt die typischen Faktoren einbeziehen, die den Prozeß der **politischen** Willensbildung bestimmen und zu **Abweichungen** zwischen Optimalprogramm und praktischer Politik führen können. Offenbar ist das Handeln des Wirtschaftspolitikers nicht allein an Sachzusammenhängen orientiert: es unterliegt den Gesetzmäßigkeiten des demokratischen Prozesses, der im institutionellen Gefüge des repräsentativen Staates spielt (auf den wir uns im Folgenden beschränken).

Technisch gesehen, macht die Theorie bei diesem zweiten analytischen Schritt gleichsam Anleihen bei der Politologie bzw. Soziologie. Es ist aber aufschlußreich, daß sich selbst auf dieser Ebene Denkinstrumente, die in der allgemeinen Wirtschaftstheorie zu Hause sind, mit Erfolg anwenden lassen („Neue politische Ökonomie").

3. Worin aber, so mag gefragt werden, liegt der Wert der wissenschaftlichen Bemühung, den Gründen für eine Abweichung zwischen sachlichem Optimalprogramm (bei von den Politikern selbst deklarierten Zielen) und praktischer Wirtschaftspolitik nachzuspüren? Die allgemeine Antwort lautet, daß, wie jede Einsicht in die Dinge dieser Welt, auch eine Erklärung des Politikerverhaltens schon als Erkenntnis sich selbst genügt.

Eine andere Frage ist die **sozio-psychische Wirkung** der Erkenntnisvermittlung. Sie kann in unserem Fall der mehr oder minder systematischen Diskrepanz zwischen rationaler und faktischer Wirtschaftspolitik, was die Taxierung des demokratischen Entscheidungsprozesses anbelangt, ernüchternd wirken. Und das umso mehr, wenn man annehmen darf, daß in der Figur des Wirtschaftsministers die Qualität des Politikers enger als sonstwo mit der des Fachmannes verbunden zu sein pflegt. Da ist es denn auch kein Trost, daß in einer Gesellschaft mit marktwirtschaftlicher Organisation von der Wirtschaftspolitik weit weniger abhängt als etwa in den Zentralverwaltungswirtschaften des Ostens.

Indes, die wissenschaftliche Aufklärung besitzt in unserem Zusammenhang auch ihren **praktischen** Wert. **Einmal informiert** die theoretische Wirtschaftspolitik, indem sie die Politiker, was die deklarierten Ziele betrifft, gleichsam beim Wort nimmt, darüber, was rationalerweise in der Sache getan werden könnte, auf daß der politisch Handelnde weiß, was er tut. (§ 19) Diese Information hat nicht nur platonischen Charakter. Dafür sorgt die List des Umstandes, daß die Theorie in aller Öffentlichkeit und jedermann ihre Erkenntnisse zur Verfügung stellt, dem amtierenden Wirtschaftsminister genauso wie der parlamentarischen Opposition und nicht zuletzt diejenigen, die seine Maßnahmen betreffen. Soweit die Erkenntnisvermittlung Gehör findet, kann das im akuten Fall einen politischen Druck, namentlich auch von seiten des Publikums, bedeuten.

Zum anderen und mehr ins Grundsätzliche gewandt, lassen sich aus der Erklärung, woran ein rationales Verhalten „politisch" scheitert, aber auch Schlüsse darauf ziehen, was an den staatlichen Institutionen und am einschlägigen Entscheidungsprozeß möglicherweise zu **verändern** wäre, um faktisch eine bessere Wirtschaftspolitik (bei gegebenen Zielen) zu erhalten.

Kapitel 1: Träger der Wirtschaftspolitik

§ 143 Kompetenzzuordnung

1. Wenn es um den Prozeß der Produktion von politischen Entscheidungen geht, ergeben sich zunächst einmal Probleme der **institutionellen Organisation**. Die theoretische Wirtschaftspolitik pflegt bei der Ableitung des sachlichen Optimalprogrammes von der Modellannahme einer einzigen Instanz auszugehen, die die politischen Entscheidungen zu fällen hat („Wirtschaftsminister" als Figur der Theorie). In der Realität ist jedoch eine **Vielzahl** von „Trägern" beteiligt, und so man der Volksweisheit folgt, können viele Köche den Brei verderben, zumal wenn es sich um ein so diffiziles Gericht wie das einer wirtschaftspolitischen Maßnahme handelt; aus dem Nebeneinander der Träger kann leicht ein Gegeneinander werden. Für das wirtschaftspolitische Ergebnis kommt es mithin entscheidend auf die klare Durchstrukturierung und Kompetenzzuordnung im Trägerbereich an.

2. Im demokratischen Rechtsstaat mit Gewaltenteilung (§ 2) ist der oberste Entscheidungsträger das gewählte **Parlament**, das (im Rahmen der verfassungsmäßigen Schranken) das Monopol der Gesetzgebung auch in wirtschaftspolitischen Materien besitzt.

Was die Frage der Entscheidungsqualität in diesem Bereich anbelangt, sind insbesondere drei Determinanten von Bedeutung.

a) Einmal geht es um die fachlich-berufliche Zusammensetzung der gesetzgebenden Körperschaft und damit um den **Siebungsmechanismus**, nach dem die Parteiapparate ihre Wahlkandidatenlisten aufstellen (daß das Publikum selbst Kandidaten benennt, ist in der „mittelbaren" Demokratie die Ausnahme). Es liegt auf der Hand, daß jeweils ein anderer „Typ" Wirtschaftspolitik zu vermuten ist, wenn eine gesetzgebende Körperschaft sich schwergewichtig, sagen wir, aus Abgeordneten aus dem öffentlichen, dem Schul- und Gewerkschaftssektor rekrutiert oder wenn die Repräsentanten von Selbständigen-, Manager- und mittelständischen Gruppen überwiegen. Auch spielt das zahlenmäßige Verhältnis der Parteifraktionen eine Rolle, wenn für die eine Parlamentsgruppe mehr verteilungspolitische und für eine andere die mehr ordnungs- und allokationspolitischen Denkansätze oder Einstellungen im Vordergrund stehen (was sachlich nicht ganz korrekt oft in einen Gegensatz zwischen „Sozialpolitikern" und „Wirtschaftspolitikern" umgemünzt wird).

b) Zum anderen ist die Delegation der Gesetzesvorbereitung auf **Fachausschüsse** innerhalb des Parlamentes und das Ausmaß zu nennen, in dem sich das Plenum an deren Grundentwürfe hält. Auch diese Ausschüsse sind zwar nach dem Fraktionsproporz zusammengesetzt, aber die im Parlament vertretenen Parteien pflegen ihrerseits schon im wohlverstandenen Eigeninteresse jeweils fachlich versierte Spezialisten zu entsenden (und, wenn sie klug sind, entsprechende Kandidaten bereits bei der Parlamentswahl auf einem Listenplatz durchzubringen zu suchen).

Folgt die Gliederung der Parlamentsausschüsse der ministeriellen Ressortaufteilung innerhalb der Regierung, ergibt sich überdies ein Koordinationsproblem etwa zwischen dem wirtschafts-, finanz- und sozialpolitischen Ausschuß.

c) Schließlich lassen sich Schwerfälligkeit und Zeitbedarf der Parlamentsentscheidung, die gerade für akut erforderliche wirtschaftspolitische Aktionen hinderlich sein können, teilweise dadurch kompensieren, daß für bestimmte Materien der Regierung Rechtsverordnungsbefugnisse eingeräumt werden, die über die schiere Durchführung erlassener Gesetze hinausgehen. Einschlägige Beispiele sind in der Bundesrepublik die Ermächtigung der Bundesregierung zur stabilitätspolitischen Variation der Einkommen- bzw. Körperschaftsteuersätze und der Abschreibungsmodalitäten (§ 26ff. des Stabilitätsgesetzes v. 8.6.1967) oder auch die fiskalischen „Verpflichtungs- oder Bindungsermächtigungen" (§ 56).

3. Was die Institution der **Regierung** anbelangt, so gilt sie im Publikum als jener Träger, der die Wirtschaftspolitik „macht". Und in der Tat, was immer die „klassische" Lehre der Demokratie sagen mag: in unseren Zeitläuften hat sich die Gesetzgebungs(Interventions-)**initiative** ganz auf die Seite der Regierung verschoben; mit Recht spricht Schumpeter von der „unaufrichtigen" Bezeichnung „Exekutive".

Nun ist die Regierung – mit und ohne „Richtlinienkompetenz" ihres Chefs – ihrerseits wiederum ein heterogenes Gremium mit einer Vielzahl von **ministeriellen Ressorts**, deren fachliche Gliederung keineswegs Kompetenzüberschneidungen ausschließt. Nicht selten werden neue Kleinministerien darum geschaffen, um, namentlich bei Koalitionsregierungen, genügend Positionen für die Ämtervergabe zur Verfügung zu haben. Zusammenlegungen von Ressorts, auch wenn sie sachlich geboten erscheinen, sind äußerst selten; selbst ein faktisch zusammengeschrumpfter ministerieller Aufgabenbereich, wie etwa beim Wohnbauressort, läßt politisch kaum an eine Schließung denken.

Man wird sagen müssen, daß die Aufsplitterung des Regierungsapparates in immer mehr Teilbereiche gerade einer **„Wirtschaftspolitik aus einem Guß"** nicht förderlich ist, und das umso weniger, als die „Neugründungen" von Ministerien sich heute nahezu ausnahmslos auf wirtschaftspolitisch relevante Sachmaterien beziehen. Es gibt durchaus so etwas wie **Konkurrenz** und **„vested interests"** zwischen den „Häusern" und ihren Chefs.

Natürlich behält auch unter den veränderten institutionellen Bedingungen das „klassische" Finanzressort innerhalb des Regierungsapparates ein besonderes Gewicht, weil hier so oder so über die Haushaltsansätze für die übrigen Ministerien mitentschieden wird. Gleichwohl ist die Macht des **persönlichen Elementes** innerhalb der Regierungsmannschaft nicht zu unterschätzen: der Vertreter eines kleinen oder sachlich weniger bedeutenden Ressorts kann (zum Beispiel als „Parteigröße") auf die Ausrichtung der Regierungspolitik als Promotor und Bremser mehr Einfluß besitzen als ein „klassischer" Minister.

Was diese **inhaltliche** Ausrichtung betrifft, so sind Programme der regierungstragenden Parteien und selbst Parteitagsbeschlüsse eines, das faktische Regierungsverhalten ein anderes. Selbst die Absichtserklärungen des Regierungsprogrammes, das zu Beginn einer Parlamentssession verkündet wird, geben nur grobe Anhaltspunkte darüber, was in der Legislaturperiode tatsächlich geschieht. Gerade der Wirtschaftsprozeß stellt oft vor unvorhergesehene (aber darum nicht unbedingt unvorhersehbare) Probleme, die eine politische Reaktion verlangen. Auf weiten Strecken pflegt die zeitgenössische Wirtschaftspolitik ohnehin mehr prozeßaktiv als mit vorausschauender Setzung von Rahmenbedingungen zu arbeiten (§ 4).

Aber selbst dies muß nicht unbedingt von Schaden sein, wenn die Technik der Einzellösung ordnungskonform ausfällt und sich im Rahmen eines wirtschaftspolitischen Grundkonzeptes hält, das als längerfristige Leitschnur dient. Gleichwohl bleibt es erstaunlich, wie wenig die beteiligten ministeriellen Ressorts trotz ihrer reichlichen personellen Ausstattung sich offenbar des rationalisierenden Instrumentes von **„Schubladenalternativen“** bedienen, wie sie sonst jede kluge Betriebspolitik bereithält, um im Eventualfall von Datenänderungen wohlvorbereitet reagieren zu können und nicht ad hoc agieren zu müssen.

Indes, die eigentlichen Querschläger hat die regierungsamtliche Wirtschaftspolitik erfahrungsgemäß von den Aktivisten der obersten **Parteiapparate** zu erwarten, die zwar nicht in der Regierungsverantwortung stehen, denen aber gleichwohl Trägercharakter zuwachsen kann, wenn sie, „Stimmungen“ im Publikum unter dem alles beherrschenden Gedanken der Wahlprofilierung aufgreifend,[1] die eigene Regierung unter Druck setzen: abrupte Kursänderungen und Ad-hoc-Interventionen, die das wirtschaftspolitische Grundkonzept unbekümmert beiseite schieben, haben in der Regel auf dieser Funktionärsebene ihren Ursprung. Auch liegt hier ein Hauptgrund für die nicht selten zu beobachtende faktische Durchlöcherung von Absprachen („Koalitionspapieren“), auf die eine Mehrparteienregierung sich bei Amtsantritt geeinigt hat.

Allgemein läßt sich sagen, daß die Sachqualität der laufenden Wirtschaftspolitik eine positive Funktion des Grades der Regierungsunabhängigkeit von den Parteiapparaten ist.

4. „Minister kommen und gehen, Bürokratien bleiben bestehen.“ Diese Sentenz signalisiert eine weitere gewichtige Komplizierung der wirtschaftspolitischen Tätigkeit: die Regierung ist weit mehr **von der etablierten Bürokratie abhängig** als diese umgekehrt von ihr. Die Bürokratie wird darin zum Politikträger, daß Regierungsbeschlüsse vorbereitet und ausgeführt sein wollen. Das klingt nach einer dienenden Funktion der „Verwaltung“. In Wahrheit wirkt diese wie ein **Filter**: die Bürokratie fungiert als Wahrer des in der Vergangenheit akkumulierten „Wirtschaftsverwaltungsrechtes“ und der Methode: “wie es immer schon gemacht wurde“; sie verpaßt wirtschaftspolitischen Maßnahmen das Paragraphenkleid, wobei der Inhalt verwässert, unmerklich transformiert und zuweilen gar zu unbeabsichtigten Wirkungen verkehrt werden kann; und indem ihr Augenmerk der „Gerichtsfestigkeit“ von Beschlüssen gilt, haben ungewohnte Lösungen von vorneherein auf der Traktandenliste wenig Aussicht.

Gewiß kann die Regierung die Behördenspitzen auswechseln und von ihrer Weisungsbefugnis Gebrauch machen. Aber der Versuch, eine Behörde zu rationalisieren und auf eine schnellere und elastischere Arbeitsgangart zu bringen, stößt bald auf die immanente **Schwerkraft** bürokratischer Strukturen, die gleichsam ihre Energie aus der eigenen Rotation bezieht.

Verwaltungsapparate verfolgen durchaus **eigene** (auch wirtschaftspolitisch relevante) **Interessen**. Der verbissene interbehördliche Kampf um ein möglichst ho-

---

[1] Hier spielen in neuerer Zeit **„Meinungsumfragen“** eine besondere Rolle. Schon die dem Verfahren immanenten technischen Probleme zwingen jedoch, den objektivierenden Wert dieses Informationsmittels niedrig zu hängen. Davon abgesehen, gleicht eine Wirtschaftspolitik, die sich an Umfrageergebnisse bindet, einem Schießen auf bewegliche Ziele.

hes Budget und eine ebensolche Mannschaftsstärke gilt nicht zuletzt der eigenen Machtchance. Eifersüchtig wird über Ermessensspielräume gewacht. Und dem bürokratischen Immobilismus kommt die durchweg „feste" Anstellung des Personals (über alle Regierungswechsel hinaus) entgegen, dessen Ersitzungsrechte zusätzlich durch „Personalvertretungen" gestärkt zu werden pflegen; die potentielle Konkurrenz von Außenseitern ist praktisch gleich Null.

Im übrigen macht gerade die **hierarchische Struktur** in Organisation und Verfahren die Bürokratie stark. Aber unglücklicherweise wirkt sie sich vor dem aufgezeigten Hintergrund **nicht** zugunsten einer zügigen Wirtschaftspolitik aus. Die Regierung, die zu diesem Behufe ein vergleichbares Organisationsprinzip nur zu gut gebrauchen könnte, befindet sich hier in jeder Hinsicht im Hintertreffen.

Schließlich darf nicht unberücksichtigt bleiben, daß das **Publikum** mit dem, was die Regierung (bzw. das Parlament) wirtschaftspolitisch beschließt, praktisch in erster Linie am „Schalter" von **Verwaltungen** und über den Schematismus von Anträgen, Bescheiden und Kontrollen in Kontakt kommt, der dort das Feld beherrscht. Die Regierungsaktivität verliert damit, was ihre Bewertung vor Ort betrifft, zumeist viel an Glanz.

5. **Gerichte** und namentlich die einschlägigen obersten Fachgerichte sind als „dritte" Gewalt insofern den wirtschaftspolitischen Trägern zuzurechnen, als sie, indem sie die Verfassungsmäßigkeit von parlamentarischen Gesetzen und die Gesetzmäßigkeit von Regierungs- und Verwaltungsentscheidungen (auf Antrag) überprüfen, die Handlungskapazität der staatlichen Instanzen beschränken (§ 2) und diese gegebenenfalls zu Maßnahmenänderungen zwingen.

Diese wichtige rechtsstaatliche Funktion muß jedoch verkommen, wenn oberste Gerichte über die „Rechtsfortbildung" eine Art Ersatzgesetzgeber zu spielen versuchen und andererseits untere Instanzen, wie etwa Arbeitsgerichte, im Parteienstreit – Zeitströmungen folgend – selbst Partei ergreifen.

Eine wirtschaftlich bedeutsame Funktion den öffentlichen Verwaltungen gegenüber haben auch die unabhängigen **Rechnungshöfe**. Sie erreicht jedoch nicht die Wirkungen, die sie haben könnte, wenn den Höfen der organisatorische „Unterbau" fehlt, um einschlägigen Monita durch Kontrolle und notfalls Regreßverhängung Geltung zu verschaffen. Der „Übermut der Ämter" ist nicht nur dem Publikum gegenüber zu beobachten.

6. Eine besondere Stellung nimmt die regierungsunabhängige und von politischen Weisungen freie **Zentralnotenbank** im Trägerkreis der Wirtschaftspolitik ein. Ihr gesetzlicher Auftrag, über das bei ihr monopolisierte geldpolitische Instrumentarium die Stabilität der (Binnen-)Währung zu sichern (§ 49), kann einerseits als eine Entlastung der Regierungstätigkeit verstanden werden. Andererseits bedeutet die autonome Position der geldpolitischen Instanz aber auch Schranken: die Politiker in Regierung und Parlament verfügen nicht mehr, wie weiland ihre feudalistischen Vorgänger, über den bequemen Hebel der Geldmengenvermehrung.

Dies und die fachliche Zusammensetzung des Zentralbankpersonals kommen der Qualität der Stabilitätspolitik zugute.[2] Gerade weil der geldpolitische Erfolg,

---

[2] Faktisch ist in der Bundesrepublik jedoch die (historisch begründete) Zusammensetzung des Entscheidungsorgans (Zentralbankrat) aus den **Landes**zentralbankpräsidenten und dem Bundesbankdirektorium nicht ohne Probleme. Würde sich zum Beispiel die Geldpo-

was das Maßnahmen-Timing anbelangt, aus der Sache heraus auf Diskretion in der Entscheidungsbildung angewiesen ist, lassen sich Notenbankbeschlüsse nicht auf dem politischen Markt fällen. Allerdings kann die Zentralnotenbank ihren Auftrag sachlich nur voll erfüllen, wenn die Geldmengensteuerung an der außenwirtschaftlichen Flanke durch ein System **flexibler Wechselkurse** abgesichert ist (§ 72).

Im ordnungspolitischen Sektor der Wirtschaftspolitik reicht die Bedeutung einer weisungsunabhängigen **Wettbewerbsbehörde** (§ 32) an jene heran, die die Notenbank für das Gebiet der Geldwertstabilisierung besitzt. Die Behörde hat in Tuchfühlung mit den faktischen Marktentwicklungen die Einhaltung der gesetzlich fixierten Wettbewerbsregeln zu überwachen.

Sie dient als Anlaufstelle von Klagen aus dem Publikum über einschlägige Verstöße. Und sie sollte, wenn es mit rechten Dingen zugeht, auch konkurrenzschädigende Aktivitäten öffentlicher Organe auf allen Ebenen der Gebietskörperschaften (als eine Art Ombudsinstanz) dingfest machen.

Zur Erfüllung ihrer wettbewerbspolitischen Funktion ist freilich eine entsprechende Ausstattung der Behörde nicht nur mit juristisch, sondern auch wirtschaftswissenschaftlich trainiertem Personal vonnöten.

Selbstverständlich unterliegen ihre Entscheidungen, wie im Rechtsstaat bei jeder Behörde, im Beschwerdewege der fachgerichtlichen Nachprüfung (in der Bundesrepublik: Berliner Kammergericht).

An dieser Stelle sind im Kreis der Träger auch wirtschaftspolitisch relevante Sonderbehörden wie die **Aufsichtsämter** für das Bankgewerbe oder das Versicherungswesen aufzuführen: sie dienen primär dem Gläubiger- bzw. Kundenschutz in gesamtwirtschaftlich besonders empfindlichen Sektoren, haben aber bei ihren Richtlinien und Kontrollen stets darauf zu achten, daß ihre Aktivität nicht über Vereinheitlichungstendenzen den Anbieterwettbewerb in Mitleidenschaft zieht, an dem das Publikum ein nicht minder großes Interesse besitzt.

7. Unterhalb der Ebene der staatlichen Organe nehmen **Selbstverwaltungsorganisationen** wie die Industrie- und Handels-, die Handwerks- und die Landwirtschaftskammern aus der Nähe des überschaubaren Bereiches begrenzte wirtschaftspolitische Funktionen wahr, so im Berufsausbildungs-, Schieds- und Begutachtungswesen. Sie tragen öffentlich-rechtlichen Charakter, der eine Zwangsmitgliedschaft und entsprechende Finanzierungsumlagen auf die beteiligten Betriebe einschließt.

In einem gewissen Umfang selbstverwaltet ist auch die **Bundesanstalt für Arbeit** (mit dem Unterbau der Arbeitsämter), der im gesetzlichen Rahmen (Arbeitsförderungsgesetz v. 25.6.1969) als oberster Instanz die Organisation und Durchführung von Berufsberatung, Arbeitsvermittlung, Arbeitsförderung und des Sicherungsschutzes bei Arbeitslosigkeit obliegt.

8. Die **tariflohnpolitische Autonomie** der Arbeitsmarktverbände schließlich ist das gewichtigste Beispiel für die Fälle, wo der Staat Gruppenvereinbarungen als

---

litik auf das geschmeidige Instrument der Offenmarktpolitik konzentrieren (§ 52) und die sachlich nicht unproblematische Mindestreservenpflicht auflassen (§ 53), verlören die einzelnen **Landes**zentralbanken einen erheblichen Teil ihrer Geschäftsbasis und ihre Präsidenten an Einflußmöglichkeiten auf die Politik der Zentrale. So mag sich erklären, warum der Zentralbankrat bislang unverdrossen am Mindestreserveninstrument festhält.

Ausnahme von der allgemein geltenden Wettbewerbsordnung zuläßt (§ 118) und zur Basis einer einschlägigen Rechtsprechung macht. Ein anderes Beispiel gibt das „selbstgeschaffene Recht der Wirtschaft“ in Form des Erlasses Allgemeiner Geschäftsbedingungen (etwa im Bank- oder Speditionssektor) ab, das gewiß rationalisierend wirkt, aber auch die Gefahr mit sich bringen kann, daß Risiken einseitig auf Abnehmer und Kunden abgeschoben werden.

Die Position der Arbeitsmarktverbände hat ihre Besonderheit darin, daß die staatliche Wirtschaftspolitik im Konfliktfall die Tarifautonomie nicht einfach aufzuheben vermag, sondern ihr lediglich die Gegensteuerung mit anderen politischen Maßnahmen offensteht. Vor diesem Hintergrund wird die Relevanz einer (informativen) Koordinationseinrichtung mit den Trägern der Lohnpolitik etwa in Form der **Konzertierten Aktion** deutlich (§ 67).

§ 144 Koordinationsproblem

1. Nach *K. J. Arrow*[3] dürfte es für die Regierungen schwieriger geworden sein, die eigenen „Agenturen“ zu kontrollieren als etwa private Firmen. In der Tat, das komplexe Geflecht von Trägern, die auf der staatlichen Ebene direkt oder indirekt an der Entscheidungsproduktion beteiligt sind, macht selbst im Fall, daß eine klare Kompetenzzuteilung vorliegt, die **Verhaltenskoordination** zur ausschlaggebenden Frage, wenn eine halbwegs **konsistente** Wirtschaftspolitik herausspringen und namentlich durchgehalten werden soll.

Die Lösung wird üblicherweise in der Einrichtung von Koordinationsausschüssen, interministeriellen Arbeitsgemeinschaften, Lenkungsgremien, „Wirtschaftskabinetten“ u.ä. gesucht. Das Verfahren kostet natürlich Zeit und Energie und kann wiederum neue institutionelle Interessen ankristallisieren lassen, die den **Kompromißgehalt** der Entscheidung, die in der Sache schließlich zustande kommt, noch erhöhen.

Auch wächst mit dem Organon an Gremien die Versuchung, politisch zu viel auf einmal in Angriff zu nehmen und eine Vielzahl heterogener Materien nebeneinander zu verhandeln.

Schließlich bleibt es nicht aus, daß die Entscheidungsbildung selbst undurchsichtig wird. Die „wahre“ Informiertheit, die „Macht“ verleiht, droht, in informelle Kreise oder Zirkel abzuwandern, die „Absprachen“ treffen und Beratungen „vorbereiten“. Hinterher läßt sich oft nurmehr schwer ausmachen, wie und warum die Entscheidung inhaltlich just so ausfiel, wie sie tatsächlich erfolgte, was nicht gerade dem entspricht, was man normalerweise unter einem transparenten Verfahren versteht.

2. Im **förderalistisch** strukturierten Staat kommt das Problem der Abstimmung mit den Ländervertretungen auf Bundesebene, aber auch mit den **Länderregierungen** selbst hinzu, die im verfassungsmäßigen Rahmen eine eigene gebietskörperschaftliche Wirtschaftspolitik betreiben können. Ein vergleichbarer Koordinationsbedarf ergibt sich im Verhältnis der Landespolitik zum Verhalten der mehr oder minder autonomen **Kommunen**.

[3] In: Dialogue, Vol. 12 (1979), Nr. 1, S. 9.

3. Damit nicht genug, will, je nach der Form der **Wirtschaftsintegration** (§ 81ff.), die nationale Wirtschaftspolitik auch mit der der Gemeinschaftsorgane koordiniert sein, und zwar in Richtung der Beeinflussung von deren Entscheidungen wie in bezug auf die Assimilierung der übernationalen Direktiven im lokalen Durchführungsbereich.

Insgesamt gesehen, würde eine durchgängig optimale Koordination der Wirtschaftspolitik eine Arbeit nach Art eines Generalstabes erfordern, ohne daß aber die Regierung über eine vergleichbare hierarchische Befehlsstruktur verfügte.

§ 145 Verbände als Einflußträger

1. Der wirtschaftspolitische Willensbildungsprozeß hängt jedoch nicht nur von öffentlichen Entscheidungsträgern ab; auch Einflußträger wie die freien **Interessenverbände**, die über keinerlei staatliches Mandat verfügen, wirken auf ihn ein.

Das ursprüngliche Aufgabenfeld der Verbände, durch interne Hilfe zur Selbsthilfe ihrem Mitgliederkreis zu nützen, ist heute zugunsten der Aktionen nach außen, und das heißt: der Beeinflussung direkt der politischen Entscheidungsträger oder indirekt der veröffentlichten Meinung, zurückgetreten, wobei es ebenso um die Verhinderung unliebsamer staatlicher Maßnahmen wie um Forderungen namentlich nach verteilungspolitischen oder wettbewerbsbeschränkenden Vergünstigungen geht.

2. Die **Methoden** der Einflußnahme bestreichen ein weites Feld. Hervorzuheben sind die faktische Akkreditierung eines Funktionärsapparates am Sitz der Regierung mit den entsprechenden Chancen des ständigen Kontaktes mit Mitgliedern interessanter Parlamentsausschüsse, Ministerialbeamten und Parteispezialisten; informelle Versuche, auf die Besetzung öffentlicher Ämter (bis hin in die Ministerien) mit Personen des Verbandsvertrauens einzuwirken; die Unterstützung von Kandidaten bzw. politischen Gruppen, deren Einstellung oder „Programm" auf der Linie der Verbandsinteressen liegt; regelmäßige Verbandstage, die, für das politische Publikum wirksam, aktuelle Forderungskataloge verkünden; Anzeigen und Spots in den Massenmedien; Demonstrationen innerhalb der Legalität.

3. Das Gewicht dieser „intermediären Gewalten" für die Ausrichtung der konkreten Wirtschaftspolitik in oft entscheidenden Details und nicht zuletzt auch als Störfaktor für durchgreifende Reformen ist in einer Massendemokratie umso erstaunlicher, als es sich bei den großen Verbänden durchweg um eine Bündelung von **Produzenteninteressen** bzw. solcher von Faktoranbietern handelt. Die marktwirtschaftlich an sich grundlegenden Interessen von Abnehmern, privaten Haushalten und der durchschnittlichen Steuerzahler lassen sich sehr viel schwieriger entsprechend schlagkräftig organisieren.

4. Die Politiker sollten freilich die Letzten sein, um sich über den Druck von seiten der institutionalisierten Verbandsinteressen zu beklagen. Denn deren **quasifeudalstaatliches Gewicht** reflektiert lediglich die Verfassung einer Wirtschaftspolitik, die sich von der Regelsetzung auf den punktuellen Interventionismus verlegt (§ 4) und die Entscheidungen der pretialen Marktlenkung durch unablässige Subventionsaktivitäten zu konterkarieren trachtet (§ 106). Eine andere wirtschaftspolitische Marschroute, insbesondere durch Deregulierung und Zurück-

treten der eigenen staatlichen Wirtschaftstätigkeit (§ 47), würde den besagten Verbandseinfluß von selbst an Interesse verlieren lassen.

5. Was ihrerseits die **Massenmedien** als Einflußträger betrifft, so steht, ihrer Aktualitätsschlagseite entsprechend, die Kurzzeiteinwirkung auf programmierte wirtschaftspolitische Einzelmaßnahmen im Vordergrund. Indessen ist auch der mögliche Langzeiteinfluß nicht zu unterschätzen. Im öffentlich-rechtlichen Fernsehen mit seiner langjährigen Monopolstellung zum Beispiel kann eine Generation festangestellter Kommentatoren und Programmgestalter (offen oder verdeckt) durch „Problemauswahl" und permanentes Einfließenlassen persönlicher Einstellungen in wirtschafts- oder, wie es bevorzugt heißt: gesellschaftspolitischen „Anliegen" durchaus präformierend wirken, ohne daß verläßliche Fachkenntnisse oder eine intensivere Beschäftigung mit den einschlägigen wirtschaftlichen Sachfragen vorausgesetzt wäre. Gehaftet wird nicht.

Auch im Mediensektor ist zumindest jener Grad von **Konkurrenz** geboten, der unter den freien Interessenverbänden herrscht und in deren Bereich die Einflußnahme auf die staatliche Wirtschaftspolitik, in gewissem Ausmaß, sich gegenseitig neutralisieren läßt.

Kapitel 2: Phasen der Wirtschaftspolitik

§ 146 Aufgreif- und Vorbereitungsphase

1. Es ist nicht nur die Trägervielfalt, sondern auch die **Zeitdimension** der Wirtschaftspolitik, die zur Erklärung beitragen kann, warum Sachrationalität und wirtschaftspolitische Realität sich selten decken.

Schematisch gesehen, lassen sich im Produktionsprozeß von Wirtschaftspolitik mehrere **Phasen** unterscheiden.

Zunächst einmal ist nicht ausgemacht, daß ein objektiv vorhandenes oder von Gruppen der Gesellschaft subjektiv empfundenes Problem überhaupt oder zu welchem Zeitpunkt und mit welchen Mitteln wirtschaftspolitisch **aufgegriffen** wird. Amtierende Politiker denken in Legislaturperioden und Wahlterminen. Sie wählen sachlich und zeitlich nach dem aus, was „politisch" verwertbar ist, also ihnen Wählerstimmen einzubringen verspricht, wobei zu diesem Behufe zuweilen auch „Probleme" erst kreiert bzw. „hochgespielt" werden.

In diesem Sinne „angenehme", also zumeist verteilungspolitische Aktionen zielt man gerne auf das Ende der Legislaturperiode. Unangenehme Maßnahmen erfolgen allenfalls kurz nach der Wahl; am liebsten werden sie auf kommende Fristen verschoben. Und wenn sich unter dem Druck der Verhältnisse ein akutes Handeln heute nicht vermeiden läßt, kommt es immer noch auf die Wahl der Mittel an, zu denen man greift; die Meinungssuggestion, **daß** etwas geschieht, erscheint „politisch" allemal wichtiger als das, was technisch unternommen wird. Das ist nicht zuletzt darum möglich, weil das Publikum daran gewöhnt ist, daß, bis der Vollzug der Politik es tatsächlich erreicht, ohnehin erhebliche Fristen zu verstreichen pflegen.

2. Der wirtschaftspolitischen Entscheidung ist eine **Vorbereitungsphase** vorgeschaltet, während derer für aufgegriffene Probleme Maßnahmen geprüft und programmiert werden. Das ist die Stunde für Ministerialreferenten, Arbeitsgemeinschaften, Hearings, Kontaktaufnahmen und Konsultationen. Diese Phase ist regelmäßig besonders zeitextensiv; sie läßt sich so politisch auch als Aufschiebebahnhof für unliebsame Entscheidungen benutzen.

Es wäre verfehlt, davon auszugehen, daß die Vorbereitungsinstanzen, etwa wie bei einem Planspiel in einem universitären Oberseminar, sich darauf beschränkten, in systematischer Weise Entscheidungsunterlagen zu beschaffen bzw. bereitzustellen. Ministerialbürokratien haben üblicherweise in der Sache ihre eigenen Meinungen und Vorstellungen, die als Auswahlprinzip fungieren. Auch Gutachten von auswärts pflegen entsprechend verwertet (und publizistisch behandelt) zu werden. Im Zuge der Generationenfolge von „Arbeitspapieren", „Vorkonzepten" und „Entwürfen" unterliegt die zur Frage stehende Materie einem Wandlungsprozeß, bei dem gewiß auch sachliche Verbesserungen vorgenommen werden können. In der Regel überwiegen jedoch die Abstriche, die den akuten oder potentiellen Widerspruch politisch potenter Bezugsgruppen berücksichtigen.

Was die auftraggebende Entscheidungsinstanz von der Vorbereitungsarbeit erwartet, ist kaum ein systematischer Möglichkeitsvergleich, sondern im Gegenteil die Reduzierung der denkbaren Alternativen auf einen ausgearbeiteten Vorschlag, der **verhandlungsfähig** erscheint.

§ 147 Entscheidungs- und Vollzugsphase

1. Der Übergang von der Vorbereitungs- zur Entscheidungsphase ist fließend. Hat der Ressortentwurf, sagen wir, einer „Steuerreform" die gehörige Reife erreicht und gelangt er, als Eröffnungsschritt des decision-making, auf die Tagesordnung des Kabinettes, beginnen die formellen **interministeriellen Auseinandersetzungen**: mag sich der Regierungschef auch auf die Einhaltung von „Grundzügen" beschränken, die sich auf dem politischen Markt günstig verwerten lassen, suchen die Ministerkollegen die negativen Folgewirkungen der „Reform" für ihre jeweiligen „Häuser" und ihren spezifischen Anhang möglichst zu begrenzen. Mit einer einzigen Kabinettsitzung ist es da regelmäßig nicht getan. Es kommt zu Rücküberweisungen, Verschiebungen und Wiedervorlagen, und selbstverständlich nehmen auch in diesem Stadium „Dritte" auf den Entscheidungsprozeß Einfluß.

Ist schließlich der Kabinettsbeschluß gefallen und die Regierungsvorlage im **Parlament eingebracht**, beginnt eine neue Verhandlungsrunde, und zwar im Dreieck: Ausschüsse – Fraktionen – zuständiges Ministerium, wobei sich den Interessenverbänden und der veröffentlichten Meinung wiederum Ansatzpunkte der Einwirkung bieten. Die Prozedur mit drei Lesungen der Gesetzesvorlage im Plenum erfordert viel Zeit, namentlich wenn auch die zweite Kammer der Ländervertretungen und, im Konfliktfalle, Vermittlungsausschüsse in den Entscheidungsprozeß einbezogen sind. Als pace-maker fungiert letztlich der Fristablauf bis zum fixierten Neuwahltermin („politischer Konjunkturzyklus"); soll die Maßnahme beim Wähler „merklich" werden, ist auch noch der Zeitbedarf der Gesetzesdurchführung einzukalkulieren. Je knapper die Frist in der laufenden Legislaturperiode wird, desto eher muß sich die Regierung zu politischen **Kompromissen** verstehen, so sie nicht die Maßnahme vertagen will. Zuweilen kommt das sachlich einem Rückzug auf den kleinsten „gemeinsamen Nenner" gleich.

2. Zur faktischen **Durchführung** steht immer nur ein Teil der programmierten Wirtschaftspolitik an; selbst getroffene Entscheidungen werden nicht selten halbherzig vollzogen. Das **kostenträchtige** Produktionsverfahren setzt sich in der Vollzugsphase fort. Nicht nur der „Überbau" der Rechtsvorschriften muß über Verordnungen bis ins Detail angepaßt werden; auch der **bürokratische Apparat** will entsprechend umgestellt sein, soll es nicht zu Stauungen und Verzögerungen in der Anwendung des neuen Gesetzes kommen.

Eine neue Gesetzesbestimmung, namentlich wenn sie regulierenden Charakter trägt, ist eines, die Ausstattung der zuständigen Durchführungsbehörden mit einem zahlenmäßig ausreichenden, aber auch fachlich kompetenten Personal jedoch etwas anderes. In diesem Betracht glauben die Regierungen, es sich mitunter leicht machen zu können. Sie dürfen sich dann freilich nicht wundern, wenn die Regulierungsbetroffenen wegen „faktischer Undurchführbarkeit" des Gesetzes zu den entsprechenden **Rechtsmitteln** greifen (so etwa in der Bundesrepublik gelegentlich der gesetzlich verschärften Kontrolle der Medikamentenzulassung mit Bezug auf die geschäfts- und wettbewerbsschädigenden Wartefristen beim Bundesgesundheitsamt).

Ansonsten kann die Anrufung des Verfassungsgerichtes (zwar nicht die aktuelle Durchsetzung, wohl aber) die längerfristige Geltung eines Gesetzes ganz oder in Teilen in Frage stellen. Es kommt vor, daß sich die Opposition dieses Schrittes als Instrument auch der „politischen" Auseinandersetzung bedient.

§ 148 Kontrolle und Erfolgswürdigung

1. Man sollte meinen, daß bei einem derartig kostenträchtigen Produktionsprozeß mit seinen Schwund- und Ausfallquoten die wirtschaftspolitischen Entscheidungsinstanzen nach der Durchführungsphase sich die **Fehlerkontrolle** besonders angelegen sein ließen, um für kommende Vorhaben in der gleichen oder auch einer anderen Gesetzesmaterie mit Erfolg zu lernen. Umso erstaunlicher ist es, daß der Rationalisierungseffekt dieser wirtschaftspolitischen Phase regelmäßig nur unzureichend genutzt wird. Offensichtlich baut man auf den Eindruck beim Publikum, **daß** die Regierung gehandelt hat, und läßt die explizite Erfolgswürdigung der sachlichen Maßnahmenwirkungen lieber im Unbestimmten. So erklärt sich der Aktivismus immer neuer Maßnahmen, wo der Effekt der alten im Wirtschaftsprozeß noch gar nicht feststeht oder überprüft worden ist. Und so kommt es zu dem politisch eigentlich decouvrierenden Phänomen der ständigen „Reformen von Reformen".

2. Dabei hätte die **Konsistenz** der Wirtschaftspolitik gerade von diesem Ende her nur zu gewinnen. Abgesehen von aufbereiteten Tests, an welchen Hürden programmierte Regierungsaktivitäten ganz oder teilweise scheiterten und wo die Durchführung getroffener Entscheidungen auf typische Hemmfaktoren stieß, handelt es sich um die „nachgehende" Überprüfung der Politik auf **Diskrepanzen** zwischen gewollter und tatsächlicher Maßnahmenwirkung im Wirtschaftsprozeß. Dazu bieten sich im Rahmen der Wirtschaftstheorie eine Reihe denkbarer Erklärungsraster an.

So kann eine Maßnahme etwa wegen des Zeitbedarfes ihrer Produktion, wenn sie dann effektiv wird, **prozyklisch** wirken oder aufgrund einer selbsttätigen, nämlich prozeßbedingten Modifikation der Ausgangslage, auf die hin sie gezielt wurde, bereits überholt sein.

Die programmierte Regierungsaktion kann bei den Wirtschaftseinheiten ein **attentistisches** Verhalten auslösen und damit ihrerseits die Ausgangslage (nach Art einer sich selbst erfüllenden pessimistischen Prognose) faktisch verschlechtern.

Oder der bloße **Ankündigungseffekt** einer gesetzgeberischen Maßnahme kann das Verhalten der Wirtschaftseinheiten sich so ändern lassen, daß sie mehr oder minder ins Leere stößt bzw. bei einem „Leistungsgesetz" die Ansätze der Budgetbelastung weit überschreitet, weil die potentiell Begünstigten die geforderten Empfangsmerkmale bei sich schlicht herzustellen suchen.

Hinzu kommt, wie auffallend selten die Regierungen vom Sicherheitsventil der Maßnahmen**befristung** Gebrauch machen, und, wenn dies geschieht, wie häufig sie mit Prolongationen arbeiten, also einem wirtschaftspolitischen **Gewöhnungseffekt** selbst Vorschub leisten. Auch fehlt nahezu ausnahmslos die Prüfung des faktischen Ausmaßes, in dem gerade bei verteilungspolitischen Maßnahmen das „Samariter-Dilemma" wirksam ist.

Insgesamt dürfte die einschlägige Erfolgswürdigung den sachlichen Wahrheitsgehalt des „multum, non multa" auch in der Wirtschaftspolitik bestätigen.

3. Die von den Regierungen publizierten Subventions-, Agrar- oder Struktur**berichte** sind durchweg weit davon entfernt, den Anforderungen einer Wirkungsanalyse und Fehlerkontrolle zu genügen. Sie pflegen sich auf eine mehr oder minder gelungene Klassifizierung von erlassenen Maßnahmen zu beschränken und im übrigen die bloßen Ausgabengrößen schon als Erfolgskriterien zu suggerieren.

Kapitel 3: Wahl- und Abstimmungsverfahren

§ 149 Wahl der Entscheidungsmannschaften

1. Die Trägervielfalt und das Zeitelement in der politischen Willensbildung sind für die Erklärung der Diskrepanz zwischen sachrationaler und tatsächlicher Wirtschaftspolitik nicht alles. Berücksichtigung erfordern nicht zuletzt die **„mikrostrukturellen“** Verhaltensdeterminanten, nämlich die Wahl- und Abstimmungsverfahren, wie sie für die Regierungsform parlamentarischer Demokratien charakteristisch sind.

2. Was dabei die Ebene betrifft, auf der die Regierungsmannschaften bestellt werden, steht in der „mittelbaren“ Demokratie, vor allen Fragen der Wahltechnik im einzelnen, das Faktum der **Parteienherrschaft** im Vordergrund[1]: die Parteien mediatisieren die politischen Mitwirkungsrechte der Bürger; sie allein bestimmen die Alternativen, zwischen denen das Publikum überhaupt wählen kann; und politische Karrieren sind an irgendeinem Ende Parteikarrieren.

Parteien stellen Apparate dar, die personell und finanziell davon leben, daß sie kurz- oder längerfristig die Aussicht bieten, ihre Vertreter an die Regierung zu bringen, in ihr zu halten oder mindestens im Parlament als Einflußfaktor Figur machen zu lassen. Das gilt für Gesinnungsparteien ebenso wie für Interessenparteien.

Alles kommt auf die **Wählerunterstützung**, und zwar am Wahltag, an, der sich im Vier- oder Fünf-Jahresturnus wiederholt. Die Parteien stehen dabei untereinander in einer mehr oder weniger intensiven **Konkurrenz**. Das Werbemittel besteht für „passionierte“ Stammwähler im parteilichen Erscheinungsbild aus Symbolen, historischen Verdiensten und typischen Formeln (Dogmen) und sonst auf dem Wählerstimmenmarkt in einer Kombination aus (behaupteter oder tatsächlicher) „performance“ und den Absichtserklärungen eines Programms.

Die **Wahlprogramme** ihrerseits pflegen sich zu einer Vielzahl politischer Fragenkreise zu äußern, unter denen der wirtschaftspolitische gewiß ein bedeutsamer, aber eben doch nur ein Teilbereich ist. Und selbst was hier verkündet wird, unterliegt den Regeln der Propaganda: es geht nicht um analytisch abgewogene Problemlösungsdemonstrationen, sondern um wirtschaftspolitische **Konzeptionen**, die einfach und für jedermann plausibel sind (selbst wenn das der Kompliziertheit der einschlägigen Sachverhalte widerspricht), die möglichst vielen Wählergruppen etwas Positives versprechen (selbst wenn darunter die Konsistenz des Gesamtprogrammes Schaden nimmt) und die die gehörige Normsuggestion aufweisen (selbst wenn die dabei bemühte Ethik oft Sach- und namentlich Belastungskonflikte zudeckt). So gesehen, erscheint es angemessener, statt von Konzeptionen, von wirtschaftspolitischen Ideologien zu sprechen, die die Parteien präsentieren.

3. Die formellen Mitwirkungsmöglichkeiten der **Bürger** beschränken sich, in einem mehrjährigen Intervall, auf die **Wahl von Abgeordneten** für das Parlament

[1] Die Formulierung von Art. 21 des Grundgesetzes, daß „die Parteien bei der politischen Willensbildung des Volkes mitwirken“, ist ein reiner Euphemismus.

(im föderalen Staat: jeweils auf den verschiedenen gebietskörperschaftlichen Stufen), die von den Parteien aufgestellt sind. Der Unterschied zwischen Direktwahl und Listenwahl ist unter diesem Aspekt von untergeordneter Bedeutung. Faktisch wählt der Bürger eine Partei (er gibt auch im übertragenen Sinne seine Stimme ab). Dabei erschwert es die Rationalität der Entscheidung, daß für ihn eine Wahlchance nur zwischen Gesamtprogrammen besteht, obwohl ihm in Teilstücken das Angebot einer anderen Partei möglicherweise vorzugswürdig erscheint. In aller Regel läuft es praktisch auf so etwas wie die Wahl des kleineren politischen Übels hinaus, es sei denn, der Bürger reagiert mit Wahlabstinenz (bei gesetzlichem Wahlzwang: mit weißem oder ungültigem Stimmzettel), was aber die gültig abgegebenen Stimmen in ihrem Gewicht an der Urne nur aufwertet.

4. Das numerische Wahlergebnis bestimmt über die parteifraktionelle Sitzverteilung und damit die Machtchancen in der gesetzgebenden Körperschaft.

Deren hervorstechende Prärogative liegt darin, die **Regierung** zu bestellen. Dabei bestimmen die Stimmenverhältnisse innerhalb des Parlamentes darüber, welche Partei (Parteien) die Regierung bildet. Der Umfang und die personelle Zusammensetzung der Regierungsmannschaft entscheidet sich ausschließlich im Beziehungsdreieck zwischen Parlamentsfraktion, Apparatspitze und Regierungschef ein und derselben Partei (Parteien). Soweit dabei die Fachqualität der Ministerkandidaten eine Rolle spielt, ist man auf das Reservoir angewiesen, über das die regierungsbildende Partei (Parteien) zum gegebenen Zeitpunkt verfügt (nur selten wird der Ausweg zur Berufung eines parteilosen Ministers beschritten).

Daß Regierungen während der Legislaturperiode durch das Parlament gestürzt werden, kommt vor; die Möglichkeit ist jedoch in den meisten zeitgenössischen Verfassungen durch mehr oder minder komplizierte Verfahrensregeln (und bei einigem Geschick der amtierenden Mannschaft) erschwert.

5. Prinzipiell gilt als demokratische Regel, daß jeder (erwachsene) Staatsbürger **eine und zwar eine gleiche Wahlstimme** (gegebenenfalls auch eine Zweit- oder Drittstimme) besitzt. Gleichwohl differiert – bei sonst gleichen Daten, einschließlich der Wahlbeteiligung – das Wahlergebnis für die beteiligten Parteien je nach den alternativen **wahltechnischen Systemen** erheblich.

Besteht ein striktes **Mehrheitswahlrecht**, gewinnt in jedem Wahlkreis jene Partei den Parlamentssitz, die die (relative) Mehrheit der abgegebenen Stimmen auf sich vereinigt. Alle anderen Stimmen, sie mögen absolut eine noch so hohe Summe ergeben, sind für die konkurrierenden Parteien verloren.

Es leuchtet ein, daß bei diesem Wahlsystem der Abgrenzung der **Wahlkreise** eine spezifische politische Bedeutung zukommt, und das namentlich auf die längere Frist, in der sich die regionale Verteilung einer wachsenden (oder wandernden) Bevölkerung signifikant verändern kann (hier lag zum Beispiel das Grundproblem der diversen „Parlamentsreformen" in Großbritannien während des neunzehnten Jahrhunderts).

Das Mehrheitswahlrecht sorgt (gegebenenfalls mit Stichwahlen) für klare und, was die Regierungsbildung betrifft, gleichsam handliche Sitzverteilungsverhältnisse im Parlament. Freilich wird dieser Vorteil dadurch erkauft, daß eine Partei obsiegen kann, die lediglich in einer knappen Mehrheit von Wahlkreisen eine knappe Stimmenmehrheit erzielt hat.

Beim reinen **Verhältniswahlrecht** (natürlich gibt es in praxi Mischformen) wird eine gegebene Zahl an Parlamentssitzen (gegebenfalls mit „Überhangmandaten") nach der Proportion der auf die beteiligten Parteien entfallenden Stimmen aufgeteilt. Das gibt auch kleineren Parteien die Chance, im Parlament (in Fraktionsstärke) vertreten zu sein; allerdings pflegen Sperrklauseln dafür zu sorgen, daß nicht eine Vielzahl von Splitterparteien repräsentiert ist.

Beim Verhältniswahlrecht kommt es häufig vor, daß keine Fraktion die Mehrheit der Parlamentssitze erreicht, eine Regierung sich also nur im Koalitionswege durch zwei (oder mehrere) Parteien bilden läßt. Das hat seine Konsequenzen nicht zuletzt für den tatsächlichen Kurs der Wirtschaftspolitik. Da anzunehmen ist, daß sich die regierungsbildenden Parteien in ihren ideologischen Standorten unterscheiden, wird zum Beispiel das Programm einer dominierenden sozialistischen Regierungspartei durch den kleineren, sagen wir, liberalen Koalitionspartner in der Realisierung gebremst.

6. Wir haben für den Vergleich der Wahlrechtssysteme die Voraussetzung „bei sonst gleichen Daten" gemacht. In der Realität ist es jedoch so, daß eine einmal **etablierte Wahlrechtsalternative** diese „Daten" nicht unberührt läßt, sondern ihrerseits das Parteienspektrum und das typische Wählerverhalten beeinflußt.

So fördert ein reines **Mehrheitswahlrecht** die Entstehung bzw. Aufrechterhaltung eines **Zweiparteiensystems**. Anhänger einer dritten Partei müssen schon besondere Gründe haben, um dieser trotz der verschwindenden Aussicht, Regierungspartei zu werden, ihre Stimme zu geben: etwa aus akutem Protest oder um einer ideologisch nahestehenden Großpartei einen Denkzettel zu verpassen oder auch aus der strategischen Überlegung, daß heute sich im Lande erst andeutende Entwicklungstendenzen doch für eine fernere Zukunft entsprechende Erfolgschancen versprechen könnten, denen es vorzuarbeiten gilt. Wahrscheinlicher ist es jedoch, daß Wähler, die für keine der beiden Großparteien besondere Sympathien hegen, zum gegebenen Zeitpunkt unter diesen für das kleinere Übel votieren, um der in ihrer Sicht schlechtesten Alternative zu entgehen.

Was die **wirtschaftspolitischen Konzeptionen** der beiden Großparteien im Mehrheitswahlsystem anbelangt, so werden sie weit auseinanderliegen oder gar sachlich polarisiert sein, wenn die betreffende Gesellschaft über alle Wirtschaftsentwicklung hinweg ausgesprochene **Klassenstrukturen** aufweist (das Beispiel Großbritanniens). In einer offeneren und aufstiegsdurchlässigen Gesellschaft mit einem starken Mittelschichtenanteil tendieren die Konzeptionen – bei rationalem Parteiverhalten – demgegenüber in einem „mittleren" Bereich zu konvergieren,[2] ohne darum auf traditionell bestimmte oder sachlich wechselnde Unterscheidungsakzente zu verzichten (das Beispiel der Vereinigten Staaten von Amerika).

Unter den Bedingungen des reinen **Verhältniswahlrechtes** liegen die Dinge anders. Es begünstigt nicht nur ein **Mehrparteiensystem**. Hier divergieren, auch ohne ausgesprochene gesellschaftliche Klassenstrukturen, die **Partei- und Wahlprogramme** der beteiligten politischen Gruppen nach dem Muster der Produktdifferenzierung auf heterogenen polypolistischen (oder oligopolistischen) Märkten in signifikanter Weise. Neue Parteien pflegen an einseitig herausgeputzten Schwerpunktprogrammen anzukristallisieren (das Beispiel der „Grünen").

---

[2] *A. Downs* (An Economic Theory of Democracy, New York 1957, S. 115ff.) zieht zum Vergleich das **Hotelling-Smithies**-Theorem der Standorttheorie heran, nach dem bei geographisch gleichmäßiger Streuung der Nachfrager konkurrierende Anbieter, etwa zwei Warenhäuser, sich optimalerweise nicht weit voneinander im Mittelbereich des Terrains (Stadtzentrum) niederlassen werden.

Eine solche politische Landschaft kompliziert das Kalkül der **Stimmabgabe**, so es sich nicht gerade um ideologisch fixierte Wähler handelt. Besteht von vorneherein wenig Aussicht, daß eine Partei allein die Regierung zu bilden vermag, und muß mit verschiedenen Koalitionsmöglichkeiten gerechnet werden, erscheint es nicht sehr zweckmäßig, die Stimme im Sinne einer Regierungswahl zuzuteilen, etwa durch Unterstützung einer kleinen, aber koalitionsfähigen Partei, die man als Zünglein an der Waage in die Regierung wünscht, – zu schweigen von der infinitesimalen Wirkung der einzelnen Stimmabgabe und ihrem Erfolgsrisiko, wenn nicht von vorneherein sicher ist, daß sich eine genügend große Zahl von Mitwählern in der gleichen Weise entscheidet oder doch dazu bewegt werden kann. So wird die individuelle Wahl eher habituell oder nach dem Augenschein im Sinne einer Präferenzäußerung zugunsten jener Partei erfolgen, die dem dominierenden (zumeist wirtschaftlichen) Einzelinteresse am besten entspricht, unabhängig davon, was als Ausgang der Gesamtwahl zu vermuten steht.

Es soll auch Wähler geben, die für ihre Stimmabgabe den Ausschlag geben lassen, welche Partei nach Meinungsumfragen am Ende die stärkste sein dürfte: hier wird dem Gefühl, auf jeden Fall auf der Seite des Siegers zu stehen, der höchste Nutzengrad eingeräumt.

§ 150 Abstimmungen in „laufenden" Sachfragen

1. Die Wahl der Entscheidungsmannschaften in Parlament und Regierung gibt je nach deren ideologisch-konzeptionellen Standort den **Rahmen** ab, innerhalb dessen sich die in der befristeten Legislaturperiode „laufende" Wirtschaftspolitik vollzieht. Die Bezeichnung „Rahmen" ist zu unterstreichen; denn die Parteiideologien bieten den Entscheidenden in Sachfragen normalerweise einen breiten Spielraum; notfalls lassen sie sich auch, wie in einer Scholastik, dem Wähler nach Tisch so interpretieren, daß sie zu den „Erfordernissen des Tages" oder umgekehrt die getroffenen Maßnahmen zur „Tradition" passen.

Das bedeutet aber nun nicht, daß die faktische Wirtschaftspolitik von der Sachrationalität oder, wenn man so will, vom „Gemeinwohl" beherrscht würde. Der Politiker mißt sein Tun und Lassen daran, inwieweit es ihm beim Bürger Zustimmung einzubringen verspricht bzw. Reputation zu kosten droht. Unter diesem Aspekt rücken die Sachmaßnahmen, die er ergreift, auf die Stufe von **Mitteln**. Das übergeordnete Ziel ist die **Maximierung der Wählerunterstützung** bzw. eine einschlägige Verlustminimierung.

Damit handelt die Regierung auf ihre Weise, und das heißt: „politisch", durchaus rational. Denn in der Demokratie ist die Chance, an den Hebeln der Macht zu bleiben bzw. die Regierungsgewalt zu erlangen, an die höchste Stimmenzahl gebunden, die unter den politischen Konkurrenten gelegentlich der periodischen Wahl erreicht wird. Insofern ist der Politiker **objektiv**, und zwar durch seine in der gesellschaftlichen Arbeitsteilung definierte Position, gehalten, sein Verhalten auch bei Sachentscheidungen in erster Linie an der (angenommenen) Akzeptanz einer Wählermehrheit auszurichten.

Über die **subjektiven** Beweggründe, die den Einzelnen oder eine Personengruppe die Regierungsgewalt erstreben lassen und bei deren Ausübung leiten, ist damit nichts gesagt; sie können unterschiedlich sein und in vielfältiger Kombination auftreten. Aber auch das edelste Motiv dispensiert den Amtsträger nicht davon, die Verhaltensmaxime der Stimmenmaximierung zu beachten; denn, was auch sein individuelles Ziel sein mag, es läßt sich immer nur an der Macht realisieren.

Bei dem Kalkül, ob und in welcher Form eine politische Maßnahme der Wählerakzeptanz sicher sein kann, trägt der Politiker ein **Risiko**, das mit dem eines Unternehmers vergleichbar erscheint, der eine Ware auf den Markt bringt: es läßt sich trotz aller Nachfrageprognosen und Werbungsaktivitäten nicht auf Null reduzieren. Indes, es bleibt der **gravierende Unterschied**, daß der Politiker zwar seines Amtes verlustig gehen kann, nicht aber, wie der Unternehmer, persönlich für eine Maßnahme haftet.[3]

2. Im Prozeß der einzelnen Sachentscheidung sind die Politiker unter sich[4]; sie können mehr oder weniger ihre Ressourcen an Mühe und Zeit auf sie verwenden. Für das, was als inhaltlicher Beschluß herauskommt, hat jedoch das angewandte **Abstimmungsverfahren** entscheidendes Gewicht.

Als genuin demokratische Regel gilt die **Mehrheitsentscheidung**. Freilich gibt es hier eine Reihe von Abstufungen, und es liegt auf der Hand, daß, sagen wir, eine parlamentarisch zu beschließende Gesetzesvorlage in ein und derselben Materie inhaltlich anders ausfällt, je stärker die Mehrheit ist, die für den endgültigen Beschluß gefordert wird.

Das Extrem bietet die **Einstimmigkeitsregel**, wobei es noch einen Unterschied ausmacht, ob lediglich alle **anwesenden** Abgeordneten (mit gültigen Stimmzetteln) zustimmen müssen oder zusätzlich ein bestimmtes **Quorum** der Parlamentssitze insgesamt (bis hin zu möglicherweise hundert Prozent) verlangt ist. Die Regel besitzt, was die Präferenzen der Abstimmenden betrifft, den Vorteil der **Pareto-Optimalität**, hat aber den schwerwiegenden Nachteil, daß nur wenige Materien überhaupt und auch dann lediglich bei Beschränkung auf ein Gemeinsamkeitsminimum beschlußfähig sind.

Gewiß läßt sich dieser Mangel in Graden vermindern, wenn die Einstimmigkeitsregel auf die einer **qualifizierten Mehrheit**, etwa von zwei Dritteln der abgegebenen Stimmen, ermäßigt wird. Aber auch dann bleibt immer noch das Problem, daß die tatsächlichen Präferenzen in der Sache durch „strategisches" Verhalten und namentlich durch **Stimmentausch** verzerrt werden können: ein Abgeordneter stimmt entgegen dem, was er vom Inhalt der Vorlage hält, zu, weil er bei einer anderen anstehenden Beschlußfassung, an der ihm mehr oder besonders viel liegt, Vergleichbares auf seiten seines Konkurrenten erwarten kann. Das schließt nicht aus, daß **beide** Abgeordneten (Parlamentsgruppen), betrachtet man ihren längerfristigen Nutzen, am Ende sogar schlechter dastehen als ohne Stimmentausch.

Der Gewinner kann eine zahlenmäßig **kleine**, aber für die qualifizierte Mehrheit unverzichtbare (Sitzquorum!) Fraktion sein, die sich ihre „Neutralität" bzw. Zustimmung teuer mit einem inhaltlichen Entgegenkommen oder Zugeständnissen in anderen Materien bezahlen läßt.

---

[3] Das war in der abendländischen Musterdemokratie Athen, wenigstens in klassischer Zeit, anders. Vom „Ostrazismus" abgesehen, gab es das Institut des „Paranomon-Prozesses", in dem ein Politiker wegen einer Gesetzesinitiative angeklagt werden konnte, die sich als erfolglos herausstellte, – unbeschadet dessen, daß die Volksversammlung ihrerseits vorher dem Vorschlag zugestimmt hatte (Vgl. *M. J. Finley,* Antike und moderne Demokratie, Stuttgart 1980, S. 30f.).

[4] Zur Möglichkeit der Entscheidung durch ein Referendum vgl. § 151.

Und dies alles braucht im Parlament nicht einmal offen zutage zu treten: der Stimmentausch und verwandte Praktiken können schon vorweg inhaltlich in die Vorlagen zur Abstimmung eingegangen sein („impliziter" Tausch).

Gilt die Regel der **einfachen Mehrheit**, muß die Vorlage, um Gesetzeskraft zu erlangen, mehr als die Hälfte der Stimmen auf sich vereinigen.

Indessen kompliziert sich die Anlegenheit, wenn wie zumeist in der Praxis, in der gleichen Materie mehrere Vorlagen zum gegebenen Zeitpunkt zur Abstimmung stehen (bzw. Stimmenthaltungen erlaubt sind). Ist **absolute** Mehrheit gefordert, passiert jene Alternative, auf die mehr Stimmen entfallen als auf alle anderen Vorlagen zusammengenommen. Bei der **relativen** Mehrheit genügt es, daß keine einzelne andere Alternative mehr oder gleichviele Stimmen erzielt.

Die Entscheidungsregel der **relativen Mehrheit** ist in der Politik weit verbreitet. Sie erleichtert den Abstimmungsfluß, was manches an der „motorisierten" zeitgenössischen Gesetzgebung erklärt. Indes, bei ihr kann sich eine Minderheit durchsetzen, die im Vergleich zu den zersplitterten Alternativen zwar die größte Stimmenzahl aufweist, die aber ihrerseits nur einen kleinen Prozentsatz der Gesamtstimmen auf sich vereinigt. Auch wird das Ergebnis, je nach der Reihenfolge der Abstimmung bei mehreren Alternativen bzw. je nach Art ihrer Bündelung, in einem schlechten Sinne zufällig („manipuliert"). Ja, es gibt Fälle, in denen die Abstimmung nicht mit einer widerspruchsfreien Aggregation der individuellen Präferenzen einhergeht **(Condorcet-Arrow-Paradoxon)** und zu „willkürlichen" Ergebnissen führt („zyklische" Mehrheiten).

3. Auch das Verfahren einer demokratischen Wirtschaftspolitik, das auf Parteienkonkurrenz, Diskussion und Mehrheitsregel basiert, endet schließlich in einem **dezisionistischen Akt**, nämlich durch Abstimmung. Und auch diese Entscheidung hat **hierarchischen** Charakter: hinter den beschließenden Abgeordneten steht die Macht des Staatsapparates, der das betroffene Publikum notfalls mit physischer Gewalt zum Gehorsam zwingt. Das ist der harte Kern der Regierungsform.

Natürlich wäre es abwegig, für einen politischen Beschluß, nur weil er nach der Mehrheitsregel zustandegekommen ist, einen **Wahrheits- oder Richtigkeitsanspruch** in der Sache reklamieren zu wollen. Schon darum muß er reversibel bleiben. Ebenso wenig ist gesagt, daß er **„gerecht"** wäre. Im Gegenteil kann eine „stabile" Mehrheit eine Minderheit geradezu ausbeuten (Minderheitsschutzcharakter des Grundrechtkatalogs, vgl. § 2). Und schließlich schützt die Mehrheitsregel in Wahl und Abstimmung nicht vor **„Überrepräsentation"** der Interessen bestimmter Gesellschaftsgruppen.

§ 151 Verbesserungsmöglichkeiten

1. Die offensichtlichen Mängel in Wahlen und Abstimmungen auf der Grundlage der Mehrheitsregel haben auf Abhilfen sinnen lassen.

Eine erste Gruppe von Verbesserungsvorschlägen beschränkt sich auf das Problem, daß in den traditionellen Mehrheitsverfahren den Beteiligten nur die groben Alternativen der Zustimmung, Ablehnung oder Stimmenthaltung offenstehen, sie aber im Abstimmungsprozeß nicht die **Intensität** ihrer Präferenz zur Geltung bringen können.

Dem würde ein **„Rangsummenverfahren“** abhelfen, bei dem die individuellen Präferenzen dadurch zum Ausdruck kommen, daß den zur Abstimmung stehenden Alternativen unterschiedliche Punktwerte zugewiesen werden, allerdings nur innerhalb einer vorgegebenen Punktskala (etwa bei drei Alternativen: drei Punkte für die am stärksten präferierte Alternative, zwei Punkte für die an zweiter Stelle geschätzte und einen Punkt für die am wenigsten gewünschte Alternative). Diese Einschränkung hebt das **„Punktwahlverfahren“** auf, das den Beteiligten erlaubt, eine maximal zu vergebende Punktzahl nach Belieben auf die Alternativen aufzuteilen; insofern läßt sich die Intensität der individuellen Präferenzen stufenlos äußern.

Der **Nachteil** der Verfahren besteht in der verstärkten Gefahr zu „strategischem“ Verhalten, und das in besonderem Maße, wenn es sich um kleinere Abstimmungsgremien (zum Beispiel Ausschüsse) handelt.

Überdies komplizieren sie Wahlen und Abstimmungen und erhöhen deren volkswirtschaftlichen Kosten, die schon beim traditionellen Mehrheitsverfahren, was oft verdrängt wird, erheblich sind.

Das gilt verstärkt bei weiterzielenden Entscheidungstechniken wie etwa der „Zufallsauswahl auf Grundlage der Mehrheitsregel“ bzw. der „Zufallsauswahl auf Grundlage einer Punktwahl“ oder gar im Fall der „Abstimmung mittels Veto“, bei der die Menge der entscheidungsfähigen Alternativen durch eigene Vorschläge jedes Abstimmenden vermehrt werden kann. Hinzu kommt, daß solche Verfahren den Wählenden, im Vergleich zur traditionellen Mehrheitsentscheidung, ein gerütteltes Maß an Verständnis, Einsicht und Information abverlangen würden, das leicht die Lust an der gesamten Veranstaltung verderben bzw. zu „Spielergebnissen“ führen kann.

2. Am anderen Ende der Skala denkbarer Verbesserungen steht der Vorschlag *Hayeks*[5], der bei einer **institutionellen Umorganisation** ansetzt. Gedacht ist an ein Zweikammersystem, bei dem die eine Vertretungskörperschaft, sagen wir: der Senat, die Funktion hat, „echte“ Gesetze im Sinne „allgemein-abstrakter Regeln gerechten Verhaltens“ zu erlassen, und die zu diesem Zweck auch durch ein unterscheidendes Verfahren, nämlich nach dem Prinzip der „Repräsentation durch Altersgruppen“, zu wählen wäre, während der anderen Kammer – innerhalb dieser ausnahmslos anzuwendenden Regeln – der gouvernementale Vollzug durch Organisations- und Maßnahmenverordnungen obliegt. Mit dieser „Gewaltenteilung“ auf der parlamentarischen Ebene soll im gleichen Zuge der Umfang der Gesetzgebung eingedämmt wie deren diskretionärer Einsatz verhindert werden, der die Gruppen der jeweiligen Mehrheit sich wechselseitig Sondervorteile verschaffen läßt mit der Folge, daß Gesamtsteuerbelastung und Staatsbürokratie laufend zunehmen.

Das ist ein kühnes Konzept, das gerade bei Neugründungen und in jungen Staaten mit vorbeugender Absicht in Erwägung gezogen werden sollte. Aber auch hier steht und fällt sein Erfolg, wie *Hayek* selbst betont, mit einer extrem starken Verfassungsgerichtsbarkeit. Denn es ist vorauszusehen, daß sich unter einer sol-

[5] Vgl. *F. A. v. Hayek,* Economic Freedom and Representative Government, in: ders., New Studies in Philosophy, Politics, Economics, and the History of Ideas, London 1978, S. 105ff.; ders., Die Anschauungen der Mehrheit und die zeitgenössische Demokratie, in: ders., Freiburger Studien, Tübingen 1969, S. 56ff.

chen Organisationsform die politischen Auseinandersetzungen vor allem auf die Frage konzentrieren werden, ob und inwieweit ein Regierungsvorhaben jeweils in den restriktiven Kompetenzbereich des „Senates" fällt oder nicht.

In bereits etablierten Demokratien kommt die Schwierigkeit hinzu, wie die bisherigen Parlamente zu dem einschneidenden Machtverlust an eine zweite Kammer zu bewegen sind, die zwar auch gewählt, aber nach anderen als den traditionellen Parteikriterien zusammengesetzt sein soll.

3. In einem mittleren Bereich sind Vorschläge angesiedelt, die zwar die überkommenen politischen Organisationsformen unberührt lassen, aber **„strategische Stellgrößen"**, die gerade wirtschaftspolitisch besonderes Gewicht haben, neu formieren.

Das beginnt etwa damit, daß für die Einführung einer neuen Steuer oder vergleichbarer Abgaben ein **Referendum** verlangt wird; „vermutlich wissen die Politiker, weshalb sie gegenüber dieser Einrichtung eine fast immer feindliche Haltung einnehmen"[6].

Zum anderen könnte, über die strikte Wahrung der Regierungsunabhängigkeit der Notenbank und einer klaren verfassungsmäßigen Limitierung der erlaubten Staatsverschuldung hinaus, die einklagbare Regel weiterhelfen, daß **Leistungsgesetze** nur gekoppelt mit einem entsprechenden **Kostenbeitrag** angeboten werden; das würde, besser als alle anderen Verfahren, unmittelbar sichtbar machen, wie es um die **tatsächlichen** Präferenzen im Publikum steht, und ließe die Wählernachfrage nach einschlägigen Staatsleistungen mit einem Schlag sinken.

Schließlich geht es darum, die **Agenda des Staates** in den entwickelten Wohlstandsgesellschaften marktwirtschaftlicher Prägung auf ihre Rationalität zu überprüfen und neu zu bestimmen. Bei Licht betrachtet, ist nicht die Abstimmungstechnik als solche das zentrale Problem, sondern die **Begrenzung** dessen, was zweckmäßigerweise überhaupt **kollektiv entschieden** werden soll, auf daß die Instabilität, die heute vom Staatssektor ausgeht, vermindert wird. Innerhalb dieses Kreises vermag die Ausdehnung des Sachbereiches, bei dem zur Beschlußfassung eine qualifizierte Mehrheit erforderlich ist, möglicherweise die Entscheidungsqualität verbessern.

Verfehlt ist demgegenüber die Attitüde, immer mehr Gremien und Gruppen (etwa „Struktur- und Umwelträte" u.ä.) in die Entscheidungsbildung einzubeziehen. Das wäre der sicherste Weg, um die Politikmenge auf Kosten der Qualität expandieren und den „Staatsbauch" noch dicker werden zu lassen.

---

[6] *J. A. Schumpeter*, Kapitalismus, Sozialismus und Demokratie, 2. Aufl., Bern 1950, S. 420.

Anhang A

Transformation von Zentralverwaltungswirtschaften in eine Marktwirtschaft

Der üblicherweise verwendete Begriff „Transformation“ ist der Sache, die gemeint ist, nur bedingt angemessen. Er kann die Vorstellung einer „Umgestaltung“ oder „Reform“ nahelegen. In Wahrheit geht es um den **Ersatz** einer gegebenen Wirtschaftsordnung durch einen anderen Ordnungstyp. Und das ist ein wirtschaftspolitischer Akt, der grundlegender nicht gedacht werden kann.

Aber bei ihm herrscht keineswegs so etwas wie „Symmetrie“, was den Übergang zwischen den beiden in Frage kommenden Ordnungstypen betrifft: Eine Zentralverwaltungswirtschaft läßt sich technisch relativ einfach einrichten, während der Ersatz einer über Jahre etablierten kommunistischen Wirtschaft (und nur in dieser Form sind uns in der Neuzeit Zentralverwaltungswirtschaften bekannt) durch eine freie Marktwirtschaft mit gravierenden Schwierigkeiten behaftet ist. Indessen ist das auch anderswo das Geschick von institutionellen Regelungen einer höheren Kulturstufe.

A. Hinterlassenschaften

Das beginnt schon bei den „Hinterlassenschaften“ des jeweiligen Ordnungstypes. Eine Zentralverwaltungswirtschaft pflegt namentlich in der Anfangsphase von den ökonomischen Erfolgen der vorausgegangenen marktwirtschaftlichen Ordnung in erheblichem Maße zu profitieren. Das Gegenteil trifft beim Umkehrfall zu. Der Start der Marktwirtschaft hat mit einem Satz fataler Erblasten zu kämpfen, die für kommunistische Wirtschaften typisch sind.

1. Da ist zunächst die **Hypertrophie des bürokratisch-öffentlichen Sektors**, die knappe Ressourcen bindet, aber ökonomisch (abgesehen vom „Erhalt“ des Regimes) unproduktiv ist und reinen Staatskonsum darstellt. Das gilt für den aberwitzig ausgedehnten Militärkomplex ebenso wie für den nachgerade riesigen Polizei- und Kontrollapparat („Staatssicherheit“) und die überall (selbst in den Betrieben) gegenwärtigen Organisationen der Einheitspartei.

Auffällig ist, in welch desolatem Zustand sich demgegenüber oft die Bereiche der traditionellen Staatsverwaltung (etwa die Grundbuchämter) befinden, deren Funktionieren jedoch als wesentliche Rahmenbedingung für den marktwirtschaftlichen Verkehr unerläßlich ist.

2. Sodann ist da das durchgehende **Staatseigentum an den Wirtschaftsbetrieben**. Es gibt das Transportband ab für die politisch von Funktionären bestimmten Produktionsstrukturen. Bei der Schwerfälligkeit eines solchen Lenkungssystems kann es nicht ausbleiben, daß es zu permanenten allokativen Verwerfungen kommt, etwa im Verhältnis zwischen Endproduzenten und Zulieferbetrieben. Daß die Verbraucherinteressen im System nur nachrangig Berücksichtigung finden, läßt sich schon daran ablesen, daß typischerweise die Schwerindustrie über- und der Dienstleistungssektor unterrepräsentiert ist.

Andererseits liegt im Staatseigentum die entscheidende Ursache für die durchschnittlich niedrige Effizienz der Produktion. Das Band zwischen Entscheidung und Verantwortung, wie es das marktwirtschaftliche Unternehmertum charakterisiert, ist durchschnitten; es fehlt die Kostenkontrollfunktion des Wettbewerbs, und aus dem puren Selbstinteresse des Einzelbetriebes, unter allen Schwierigkeiten zur Plansollerfüllung gewappnet zu sein, wird die Belegschaft allenthalben überbesetzt.

3. Drittens ist da die im internationalen Vergleich erbarmungswürdig **zurückgebliebene Arbeitsproduktivität.** Der Kapitalstock ist (mit Ausnahme einiger Paradefabriken) veraltet, die durchschnittliche Kapitalintensität der Arbeit mäßig. Aber das ist nicht verwunderlich, wenn keine Kapitalmärkte existieren, die via Zins die Kapitalbildung anreizen und für eine Kapitalverteilung nach Produktivitätsrücksichten sorgen.

Natürlich gibt es auch in kommunistischen Wirtschaften zum Teil hervorragende technisch-wissenschaftliche Potentiale der Ingenieure, namentlich im „militärisch-industriellen Komplex". Auch wurde viel für die Wirtschaftsspionage im Westen getan. Indes, die Umsetzung technologischer Fortschritte in der Produktion auf breiter Front stößt auf gleichsam strukturelle Widerstände, die die Starrheit des Zentralplansystems entgegensetzt. Innovationen lassen das mühsame Plangleichgewicht der Ex-ante-Koordination ins Wanken geraten.

Ein Übriges tut die durchgehende Abschottung kommunistischer Wirtschaften gegenüber den Weltmärkten. Sie geht mit dem Verlust komparativer Produktionsvorteile in der internationalen Arbeitsteilung einher und läßt die Wettbewerbsfähigkeit heimischer Produkte Schaden nehmen.

4. Für manchen Beobachter erstaunlich sind die schweren (kostentreibenden) **Defizite in der Infrastruktur**, zumal im Verkehrs- und Kommunikationsbereich. Aber das ist es eben: die Omnipotenz der Staatsverwaltung garantiert keineswegs schon, daß die volkswirtschaftlich richtigen Prioriäten gesetzt werden.

5. Ein noch dunkleres Kapitel ist die ungebremste **Umweltzerstörung** in den kommunistischen Wirtschaften: sie dürfte zum Teil irreversibel oder doch nur über eine längere Frist mit massiven Investitionen (etwa zur Bodenmeliorisation) wiedergutzumachen sein. Man mag sich fragen, wie sich immerhin als sozialistisch reklamierende Regime derart rücksichtslos (und kurzsichtig) mit der Gesundheit der Arbeitskraft (etwa in Chemiegebieten) und der Lebenskultur (etwa Häuserverfall in den Städten) umspringen konnten. Die Erklärung liegt in der Kaprizierung auf Produktionsmengensteigerung, die für Zentralplanungswirtschaften typisch ist: sie gilt als Erfolgsausweis, und natürlich würde „Umweltschutz" Sozialprodukteinheiten kosten.

6. Schließlich bleibt als Transformationsbürde die **zurückgestaute Inflation** mit all ihren Folgen für Güterqualität und Angebotsmenge, die die kommunistischen Regime durch die Bank hinterlassen. Nicht zuletzt die künstlich, d.h. durch politisches Diktat niedrig gehaltenen Preise für Nahrungsmittel, öffentliche Verkehrsleistungen und Wohnungen lassen die erforderlichen Subventionen im Zuge von Kostensteigerungen eine Größenordnung erreichen, die die Staatsfinanzierung immer mehr zur Bedienung der Notenpresse zwingt – so etwas wie eine regierungsunabhängige Notenbank gibt es nicht. Der sich verstärkende Geldüberhang bei festgezurrten Preisen ist eine ökonomische Zeitbombe.

B. Strategische Stellgrößen

Sachlich ist das Manövrierfeld bei der Inauguration einer Marktwirtschaftsordnung begrenzt. Natürlich läßt sich nicht alles auf einen Schlag bewältigen. Aber es gibt einen Satz von ordnungspolitischen Essentials, die sofort und im Verbund in die Wege geleitet werden müssen, soll die längerfristige Entwicklung nicht verbaut werden. Sodann: bei einigen Maßnahmen läßt sich an eine Abstufung in der Dosierung über die Zeit denken. Aber auch hier müssen von vorneherein die politischen Gleise für jedermann sichtbar so gelegt sein, daß vom Endziel keine Abstriche erfolgen. Und schließlich läßt sich prüfen, inwieweit für einzelne Problemsektoren differenziert vorzugehen ist. Indessen kann es sich auch hier lediglich um eine Sonderbehandlung auf Zeit handeln.

Gleichwohl ist ein „Schock" für die Übergangsfrist nicht zu vermeiden. Die Ursachen liegen jedoch nicht im neuen Ordnungstyp, sondern in der voraufgegangenen Mißwirtschaft, die jetzt offengelegt wird. Das gilt auch für den temporären Beschäftigungsrückgang.

1. Der erste ordnungspolitische Schritt besteht in einem **Währungsschnitt**, der den Geldüberhang beseitigt (mit der bloßen Ausgabe eines neuen Geldes ist es nicht getan). Damit der Stabilisierungserfolg von Dauer ist, muß die Geldpolitik institutionell zur Domäne einer regierungsunabhängigen Notenbank werden.

Gleichzeitig ist, um das zentrale Inflationsloch zu stopfen, eine rigorose **Sanierung der Staatshaushalte** auf allen Ebenen in Angriff zu nehmen. Entscheidend bleibt die Seite der Ausgaben; ihre Senkung hat an den drei großen Blöcken anzusetzen: Abschmelzung der Militärausgaben, Reduzierung des Beamtenheeres und Abbau des Subventionsberges, zuvörderst im Unternehmenssektor, aber auch sukzessive im Bereich der Lebenshaltungskosten, zum Beispiel der Wohnungsmieten. Zur Schließung der Budgetdefizite an Steuererhöhungen zu denken, ist abwegig; sie wären gerade in der Startphase wachstumspolitisch schädlich. Dagegen sollte die Gunst des Neuanfangs genutzt werden, um zur mittelfristigen Wachstumsförderung eine Steuerreform anzusetzen, die die Abgaben auf drei Arten beschränkt: Einkommensteuer, Mehrwertsteuer und Erbschaftsteuer. In jedem Fall ist es angezeigt, die Möglichkeit zur Neuverschuldung der öffentlichen Hände zu begrenzen. Hier wie auch bei den Sondereinnahmen, die die Privatisierung von Staatsbesitz erwarten läßt, haben gesetzliche Vorkehrungen für den investiven Mitteleinsatz zu sorgen.

2. Der zweite grundlegende Akt der Ordnungspolitik, der unverzüglich in Angriff zu nehmen ist, gilt der **Privatisierung des Staatsvermögens**, insonderheit der Staatsbetriebe. Dabei liegt es auf der Hand, daß es mit deren bloß rechtlicher Verselbständigung und Einkleidung in eine neue Unternehmensrechtsform nicht getan sein kann. Vielmehr geht es um die Übernahme durch private Investoren, mit der modernes Know-how und erfahrene Managerqualitäten zum Zuge kommen.

Organisatorisch bietet sich für den Privatisierungsakt die Einrichtung einer staatlich beauftragten Agentur (bzw. mehrerer konkurrierender Agenturen) an, die im gesetzlichen Rahmen selbständig entscheidet und mit betriebswirtschaftlich versiertem Personal besetzt ist. Technisch kann der Verkauf der Betriebe bzw. von Teilen der entflochtenen Kombinate je nach der Objektart über ein öffentliches Auktionsverfahren, über Aktienangebote auf dem freien Markt und auch mittels Verhandlungen mit Interessenten vollzogen werden. Angesichts der schwierigen Bewertungsfragen verdienen die beiden erstgenannten Verfahren den Vorzug, da das Kalkül des Marktes zum Tragen kommt. Käufer kann jedermann sein; es wäre volkswirtschaftlich töricht, bei dem herrschenden Kapitalbedarf nicht gleichberechtigt auch Ausländer zuzulassen. Für Belegschaftsmitglieder sollte jeweils ein Teil des Unternehmenswertes nach Art einer Volksaktienausgabe angeboten werden. Um mittelständischen Unternehmen aufzuhelfen, wäre an eine teilweise Kreditierung des Kaufpreises (auch von Grundstücken) auf Zeit zu einem günstigen Zinssatz zu denken.

Alles kommt auf eine zügige Abwicklung der Privatisierung an; sie zieht dann auch die Gründung neuer privater Unternehmen nach sich. Die vielberufene „Sanierung" erfolgt durch die kaufenden Investoren. Betriebe, die sich in einer bestimmten Frist nicht verkaufen lassen, müssen schließen. Wer eine Wettbewerbsordnung mit ihren steuernden Wirkungen anstrebt, kann nicht an den planwirtschaftlich diktierten Unternehmensstrukturen festhalten wollen.

3. Zur Währungsreform und Privatisierung tritt als dritter unerläßlicher Schritt, der uno actu am Anfang des Systemwechsels zu erfolgen hat, die umfassende **Aufhebung des Preisstops**: sie steht mit den anderen Maßnahmen im Verhältnis der gegenseitigen Stützung. Nicht zuletzt ist die Preisfreigabe die Voraussetzung für die Steigerung des Angebotes.

Anders als bei den Gütern des täglichen Bedarfs ist angesichts des Zeitbedarfes für die Expansion im Falle der Problemsektoren Verkehr, Energie und Wohnungsbau ein stufenweises Vorgehen angezeigt; es muß vermieden werden, daß kurzfristig ein „Preis-Schock" bei den privaten Haushalten zu Lohnforderungen führt, die den Stabiliserungserfolg in Frage stellen können.

4. Als begleitende **institutionelle Reformen** haben hohe Dringlichkeit:

a) der Aufbau einer schlanken, funktionstüchtigen öffentlichen **Verwaltung** und der rechtsstaatlichen Organe, die wirksam das Eigentum schützen, die Vertragstreue sichern und Konkurse regeln.

b) die Einrichtung effizienter **Finanzmärkte** mit entsprechenden Informationssystemen und Bankenwettbewerb (einschließlich ausländischer Teilnehmer), ohne die der erforderliche Investitionsschub kaum denkbar ist.

c) die Liberalisierung der **Außenwirtschaft** (Außenhandel und dann auch Kapitalverkehr), um sukzessive die Eingliederung in die Weltwirtschaft zu erreichen.

Was den **Wechselkurs** betrifft, wird er in der Anfangsphase von der allgemeinen Preisfreigabe ausgenommen werden und in der Hand der Regierung bleiben. Sie wird ihn niedrig halten. Das hat seinen guten Sinn, wenn es darum geht, die Exporte zu stimulieren und die Importe zu bremsen sowie ausländische Investitionen (zusätzlich zu den relativ günstigen Lohnkosten) anzureizen. Freilich kann eine solche Abwertungsstrategie[1] nur Erfolg haben, solange die Binnenwährung stabil bleibt.

[1] Die Wirtschaft der ehemaligen DDR ist ein Sonderfall. Einerseits sind da die gigantischen Hilfsleistungen (allein Bruttotransfers von jährlich über 150 Mrd. DM) der westdeutschen Marktwirtschaft, mit der sie vereinigt wurde. Andererseits bedeutet die Währungsumstellung im Verhältnis 2:1 (Sparguthaben 1:1) eine hochgradige Aufwertung, die zusammen mit den schnell zunehmenden Lohnstückkosten die Absatzchancen im Export stranguliert, und das umso mehr, als keine Entlastung bei der Umsatzsteuer erfolgte.

5. Die Aufdeckung der versteckten Arbeitslosigkeit aus kommunistischer Zeit und der übergangsbedingte Beschäftigungsrückgang stellen hohe Anforderungen an eine aufgeklärte **Arbeitsmarktpolitik**: Ziel ist die Schaffung langfristig rentabler Arbeitsplätze. Dazu gehört eine Deregulierung der Arbeitsmärkte, die alte Zöpfe abschneidet (etwa durch niedrige Einstiegstarife, Öffnungsklauseln, Zeitverträge und Teilzeitarbeit); umfassende Maßnahmen zur Hebung der Arbeitsqualifikation und der Arbeitsmobilität, die der Staat finanziert, und eine investitionsfreundliche Lohnpolitik, die sich an der Produktivität orientiert und differenzierend vorgeht. In der Sozialpolitik ist ein **beitragsfinanziertes Sicherungssystem** anzustreben.

Angesichts der Notlagen in der Übergangsphase ist als flankierende Maßnahme des Systemwechsels eine landesweite **Fürsorgeregelung** geboten, die freilich den Abstand zu den unteren Lohnstufen hält. Sie kann in Geld- oder Sachleistungen, etwa nach der Methode der Food-stamps, bestehen und sollte aus der Nähe des überschaubaren Bereichs kommunale Differenzierungen vorsehen.

6. Neben den Blöcken der Ausgaben für die Arbeitsqualifikation und die Fürsorge hat der **öffentliche Haushalt** prinzipiell die **ökologischen** Altlasten zu übernehmen.

Für den Investitionsbedarf in der **Infrastruktur** (Verkehr, Kommunikation, Energie) wären mindestens teilweise privatwirtschaftliche Finanzierungswege (Konzessionen) zu beschreiten. Das gilt auch für das Gesundheitswesen (Krankenhäuser).

C. Politische Hindernisse

Die Durchsetzung eines derartigen strategischen Konzeptes hat in praxi mit typischen Hindernissen zu rechnen, die seine Konsistenz verwässern und zu volkswirtschaftlich kostspieligen Abweichungen führen können.

Das ist einmal die jahrzehntelange **Gewöhnung** an die alten gängelnden Verhältnisse, die nachwirkt. Gefordert ist jedoch die Umstellung auf Wettbewerbsverhalten, freie Entscheidung und Selbststand, die ihre Zeit benötigt und der die Anfangsschwierigkeiten leicht überdimensioniert erscheinen können.

Zum anderen ist nicht der Widerstand zu unterschätzen, den die vielschichtige ehemalige **Nomenklatura** und die ideologischen Meinungsbildner dem neuen Kurs entgegensetzen. Ihnen ist der Rückzug des Staates aus der Wirtschaft und die Ablösung politischer Kommandoprozesse durch wirtschaftliche Auslese ein Dorn im Auge. Und sie können die unvermeidlichen Belastungen der Übergangsphase ausnützen, um Gegenstimmung zu machen.

Schließlich: Mit den mehr oder minder friedlichen Revolutionen, die zum Ersatz der kommunistischen Wirtschaften durch eine Marktwirtschaftsordnung führen, geht in aller Regel auch ein Wechsel zur demokratischen Regierungsform einher. Anders als in der Theorie, die für die Fragen der Durchsetzung stillschweigend die Figur eines wohlwollenden, bestens informierten, ökonomisch versierten und über allen politischen Wassern schwebenden „Alleinherrschers" voraussetzt, der unbeirrt am richtigen Konzept festhält, haben wir es auf der tatsächlichen politischen Bühne mit einer parlamentarisch kontrollierten Regierung zu tun, die von Mehrheitsentscheidungen abhängig ist, im Parteienwettbewerb steht und ausgetauscht werden kann. Das kompliziert die ökonomischen Dinge. Erfahrungsgemäß kommt ein **kurzfristiger Zug** in die politischen Entscheidungen, wo doch die marktwirtschaftlich bewirkte Gesundung einen langen Atem erfordert. Staatliche Interventionen, die ungeduldigen Erwartungen dienen wollen, verlängern nur den Prozeß oder amputieren gar die Wirksamkeit des neuen Ordnungstyps. Namentlich schwebt eine unaufgeklärte **Gleichheitspolitik** in der Gefahr, den Teufel durch Beelzebub auszutreiben.

Literaturhinweise

Blanchard, O., u.a., Reform in Eastern Europe, London 1991.
Blommestein, H., Marrese M. (Hrsg.), Transformation of Planned Economies, Paris 1991.
Gahlen, B., u.a. (Hrsg.), Von der Plan- zur Marktwirtschaft, Tübingen 1992.
Schüller, A., u.a., Zur Transformation von Wirtschaftssystemen, Marburg 1991.
Sinn, G. u. H.-W., Kaltstart, Tübingen 1991.

Anhang B

„Globalisierung“

1. Ursprünglich der Marketing-Lehre zugehörig, hat sich „Globalisierung“ inzwischen zu einem allgemeinen Schlagwort ausgewachsen, das im Sinne diverser Kritikergruppen die Sache dämonisieren soll. Worum handelt es sich tatsächlich?

Es geht um die intensive weltwirtschaftliche Verflechtung und darin einbeschlossen: die vertiefte **internationale Arbeitsteilung**. Sie waren im historischen Verlauf mancherlei Schwankungen unterlegen, beispielsweise dem schweren Einbruch in der Zwischenkriegszeit 1918-1939. In unseren Tagen sind wir jedoch Zeuge einer Ausweitung der zwischenstaatlichen Vernetzung, die in Maß und Tempo ihresgleichen suchen dürfte.

2. Unter den „Ursachen“ der Globalisierung ist einmal die **institutionelle** Seite ins Auge zu fassen: der Zusammenbruch des Moskauer Imperiums, die Transformation in den kommunistischen Volkswirtschaften weltweit und überhaupt die Zunahme von Freihandel und Liberalisierung des Kapitalverkehrs.

Wie stabil immer diese Komponente sein mag – unumkehrbar ist die zweite, die **technische** „Ursache“ der Globaliserung, nämlich die rasante Entwicklung grenzüberschreitender Informations- und Kommunikationsverfahren einerseits, neuer Transporttechniken (etwa Containersystem) andererseits. Ohne Ausnutzung dieser Techniken vermöchte kein Anbieter in der Konkurrenz auf den Weltmärkten zu bestehen. Und es kann nicht verwundern, dass in der Folge ganze Berufsstände neuartiger Dienstleister entstehen (etwa Logistikfirmen), so wie im Bereich des internationalen Kapitalverkehrs eine verstärkte Professionalisierung.

Schließlich bleibt als nachhaltiger Ursachenfaktor die weltweite **Vereinheitlichung der Nachfrage** in Konsum und Dienstleistungen zu erwähnen. Um welche Weltgegend und Volkskultur es sich auch handelt: am Ende obsiegen allenthalben die modernen Zivilisationsgüter (bis hin zum Fußball).

3. Die mit der Globalisierung einhergehende Vertiefung der internationalen Arbeitsteilung beschert in den offenen Volkswirtschaften **Wohlstandsgewinne**, und das nicht nach der Art eines Nullsummenspieles, sondern auf allen Seiten. Die einschlägigen Formen sind: verbesserte Nutzung der nationalen Ressourcen, Kostensenkung durch Standortverlagerung, erhöhte Faktorproduktivität im Zuge der Produktdifferenzierung. Den Motor gibt der scharfe globale Wettbewerb ab, der nationale Monopole aufbricht und den sektoralen Strukturwandel vorwärtstreibt. Dabei ist zu berücksichtigten, dass der freie Handel keineswegs allein die Konkurrenz zwischen Industrie- und Schwellen- bzw. Entwicklungsländern betrifft, sondern mehr noch zwischen gleichentwickelten Volkswirtschaften und dort gar zwischen den gleichen Branchen.

Das Konsumenteninteresse ist in puncto funktionierender Wettbewerb natürlich darauf gerichtet, dass Kostensenkung und Produktivitätssteigerung über reduzierte Preise den jeweiligen Abnehmern zugute kommen, also letztlich realiter die Kaufkraft der Einkommen erhöht.

Damit stehen wir bei der zweiten Kategorie an Globalisierungsvorteile, nämlich dem **Gewinn an tatsächlicher Freiheit** der beteiligten Menschen. Sie haben erhöhte Wahlchancen im erweiterten Güterangebot; sie können investieren, wo immer sie wollen, und sie können „wandern“, wenn günstige Anreize winken.

4. Freilich vermag die Globalisierung ihre Wirkungen nur zu entfalten, soweit bestimmte **Bedingungen** eingehalten werden. Freihandel und Arbeitsteilung nehmen Schaden, wenn beteiligte Länder Exporte aus Steuermitteln subventionieren und/oder zu politischen Importrestriktionen greifen. Schlimme Beispiele sind die Agrarpolitik der EU und der USA sowie die langjährigen südamerikanischen Programme der Importsubstitution zur Abschottung heimischer Produktionen. Auf die Dauer erreichen derartige Praktiken ohnehin kaum je das angestrebte Ziel. Und das Fatale ist der doppelte Wohlstandsverlust, bedenkt man, was es global eingebracht hätte, wären die knappen wirtschaftlichen Kräfte, statt in die Besitzstandswahrung schrumpfender Branchen, in Zukunftsmärkten eingesetzt worden.

Ein zweiter Bedingungskomplex für den Globalisierungserfolg wird bei manchen Dritte-Welt-Ländern (und Nachfolgestaaten des Sowjetimperiums) deutlich: ohne eine zuverlässige Rechtsordnung und korruptionsfreie Administration (nebst Vermeidung kriegerischer Auseinandersetzungen) lässt sich keine Investition und kein Wachstum erwarten, die aus dem Armutskreislauf hinaus- und in die Weltmarktpartizipation hineinführten. Schuldenerlasse durch glücklichere Länder sind da kein Ersatz.

5. Globalisierung erhöht Umfang und Mobilität der grenzüberschreitenden **Kapital- und Finanzströme**. Schon relativ geringe Änderungen in Anlagerisiko und Rendite können zu erheblichen Schwankungen auf den betroffenen Märkten führen. So steigt die Nachfrage nach einer internationalen Absicherung gegen Zins- und Wechselkursrisiken und damit auch die Kreation von und der Handel mit derivativen Finanzprodukten. Insgesamt lassen die globalisierten Märkte das stets knappe Kapitalangebot effizienter nutzen. Kritiker finden es „unheimlich“, wie heutzutage „Geld- und Güterströme auseinanderdriften“. Sie verkennen indes das wachsende Gewicht von Pensions- und reinen Kapitalanlagefonds und der traditionellen Versicherungsanlagen. Im übrigen ist die wirtschaftliche Bedeutung, die das Element „Vertrauen“ unter den Marktteilnehmern besitzt, nicht zu unterschätzen. „Krisen“ gehen in aller Regel auf die mangelnde monetäre Stabilität bei den betroffenen Ländern zurück. Das gilt speziell auch für die Devisenmärkte. Die von den Globalisierungsgegnern hier bevorzugt anvisierten „Spekulationen“ sind praktisch höchst selten die eigentliche Ursache von Währungskrisen. (Ganz davon zu schweigen, dass „fachmännische“ Spekulationen den Marktteilnehmern oft nützliche Vorreiterdienste in der Risikoabnahme leisten.) Gleichwohl will man ihnen mit einer neuartigen Zusatzsteuer zuleibe rücken (**Tobin-Steuer**), die bei den politischen Akteuren leicht auf Gegenliebe stößt, da ihre Einnahmen weitere Mittel zur Entwicklungspolitik versprechen (wo hier allerdings das finanzpolitische Prinzip der Non-Affektation bleibt, steht in den Sternen). Das ändert jedoch nichts an der sachlichen Kontraproduktivität der Maßnahme. Sie steigert die Transaktionskosten auf den Devisenmärkten und trifft ebenso den Güterimport und -export wie die in den Entwicklungsländern dringend benötigten Kapitalimporte, die über jene Märk-

te finanziert werden. Der Versuch, „Spekulationen" aus dem kurzfristigen Kapitalverkehr „herauszufiltern", würde, soweit überhaupt möglich, bei den Einzelstaaten einen aufwendig-bürokratischen Überwachungsapparat erfordern.[1]

6. Globalisierung führt zu Produktwettbewerb, aber nicht minder zu **Standortwettbewerb**. Hier wollen die Kritiker einen unheilvollen **Steuersenkungswettlauf** voraussehen, in dem einzelne Staaten bestrebt sind, Unternehmensniederlassungen und Kapitalanlagen in ihren Bereich zu locken, während ihre Konkurrenten letztlich an finanzpolitischem Handlungsspielraum verlieren. Eine solche Prognose denkt freilich zu kurz. Denn gesenkt werden Steuer**sätze**, und das kann, geschickt eingesetzt, das eigene Wirtschaftswachstum nachgerade anreizen, so dass am Ende ein höheres Steuer**aufkommen** als bislang zur Verfügung steht. (Immerhin kommen die Wirtschaftsbürger in den modernen Staaten nicht häufig in den Genuss von Abgabensenkungen; amtierende Regierungen pflegen Erhöhungen vorzuziehen.) Im übrigen stößt der Druck des Steuerwettlaufs nach unten von selbst dort auf eine Bremse, wo die staatlichen Ausgabenausfälle das heimische Wachstum zu schädigen beginnen.

7. Im gleichen Spital liegt die Globalisierungskritik bezüglich der prognostizierten Abwärtsspirale in der nationalstaatlichen **Sozialpolitik** krank. Soweit die Sozialeinrichtungen unternehmensunabhängig finanziert werden, haben die Regierungen nach wie vor die Autonomie, unterschiedliche Umverteilungsprogramme zu verfolgen, wenn das den Präferenzen der Bevölkerungsmehrheit entspricht. Oft hat man den Eindruck, dass die Politiker erforderliche sozialpolitische Kürzungen dem globalen Wettbewerb als Schuldigen anzulasten suchen, wo es sich in Wirklichkeit um Konstruktionsfehler des heimischen Systems mit falschen Anreizen handelt, die zur nachhaltigen Unfinanzierbarkeit selbst unter den Bedingungen einer geschlossenen Volkswirtschaft führen würden. Die Dinge liegen eher umgekehrt. Die Globaliserung befördert nicht zuletzt einen segensreichen **Wettbewerb der Systeme**: dank des intensiven grenzüberschreitenden Informationsflusses kann eine nationale Regierung durch empirischen Vergleich Möglichkeiten entdecken, die ihr sozialpolitisches System verbessern lassen.

8. Wie auf seiten der nationalen Marktwirtschaften, bedarf auch der **Wettbewerb auf den globalisierten Märkten** der Stärkung und Sicherung. So haben sich die aufgeklärten Staaten internationale Organisationen und gemeinschaftliche Regelwerke geschaffen, die – wie sich bis auf den heutigen Tag zeigt – ausgebaut werden müssen. Es begann 1947 mit GATT (Zollsenkungen, Abbau nichttarifärer Handelsschranken, Meistbegünstigung) und setzte sich fort im Abkommen zur Welthandelsorganisation WITO (mit wachsender Mitgliederzahl). Sie verschafft den Regeln zum Schutz des Freihandels Nachdruck durch eine Art internationaler Handelsgerichtsbarkeit, namentlich in der Streitschlichtung. Bedeutsam ist in ihrem Rahmen auch die Teilvereinbarung TRIPS, die das (im weiten Sinne) geistige Eigentum schützt.

Dagegen wäre die Einrichtung von so etwas wie einem „Weltkartellamt" kontraproduktiv. Es genügt vollauf, die multilaterale Kooperation der nationalen

[1] Ein wunder Punkt im internationalen Finanzsystem mit seinen Anlagefreiheiten sind die „Regulierungsoasen" wie etwa die Kleinstaaten in der Karibik, die sich als monetärer Umschlagsplatz gerieren, aber weder über eine politisch unabhängige Notenbank noch eine hinreichende Börsenaufsicht verfügen, so zum Beispiel für Hedgefonds, die anderenorts einer Seriösitätskontrolle unterliegen.

Wettbewerbsbehörden zu verbessern, die eine schnelle Internalisierung einschlägiger praktischer Erkenntnisse erlaubt. In Frage steht nicht allein die Kontrolle von grenzüberschreitenden Fusionen und das Verhalten der sog. Multis (sie sind häufig eigentliche „Wettbewerbsveranstalter"), sondern ebenso von mittelständischen Unternehmen, die zunehmend auf die globalen Märkte drängen.

9. Im **Finanzbereich** gehören zum institutionellen **Ordnungsrahmen** der Globalisierung: einmal der Internationale Währungsfonds (IWF), der als Wächter der nationalen Wechselkurspolitiken, als Beförderer multilateraler Konsultationen bei monetären Risiken[2] und nicht zuletzt als Krisenfeuerwehr dient, und zum anderen die „Weltbank" (Internationale Bank für Wiederaufbau und Entwicklung), die sich heute schwergewichtig der Entwicklungspolitik widmet. Beide Einrichtungen arbeiten mit Länderanalysen und Prognoseurteilen; auf ihnen fußen in der Kreditvergabe die Auflagen, die bei den Nehmerländern nicht immer auf Gegenliebe stoßen und in keiner Kritik der Antibewegungen fehlen.

10. Zu den Rahmenbedingungen einer nachhaltig ersprießlichen Globalisierung zählt schließlich ein grenzüberschreitender **Umweltschutz**. Mehr und mehr wächst die Einsicht, dass der Erhalt der natürlichen Lebensgrundlagen selbst ein Wirtschaftsfaktor erster Ordnung ist. In manchen Entwicklungsländern wirkt schon die wichtige Erwerbsquelle „Tourismus" in diese Richtung.

Die Zahl der internationalen Umweltabkommen nimmt zu. Das dürfte nicht zuletzt der fortgesetzten Aufklärung und dem Druck der weltweiten Medien zu verdanken sein. Solche Faktoren haben auch ihre Bedeutung für den tatsächlichen Erfolg von Vereinbarungen vom Schlage des Kyoto-Protokolls, das als typischem Beispiel für „grenzenlose" negative Externalitäten den CO_2 Emissionen zuleibe rücken will. Indes, die probate durchschlagende Methode zum Schutz globaler Umweltgüter liegt im Preissystem zugeteilter oder versteigerter Certifikate, die handelbar sind (und nicht in irgendwelchen „Energiesteuern"). Spezielle Börsen bestehen in Leipzig und London. Erfolge verbucht auch die International Emissions-Trading Association mit ihren „Carbon"-Fachmessen, auf denen die neueste klimaschonende Energiegewinnungstechnik vorgeführt und mit Investoren über einschlägige Projekte verhandelt wird.

Dem allen steht der Vorschlag der Brüsseler Kommission gegenüber, auf jeden Fall mit einem milliardenschweren „Globalisierungsausgleichsfonds" zu reagieren.

Literaturhinweise

J. H. Donges, Außenwirtschaftspolitik und Entwicklungspolitik, Berlin u.a. 1981.

C. Ch. v. Weizsäcker, Logik der Globalisierung, 2. Aufl., Göttingen 2000.

O. Budzinski, W. Kerber, Megafusionen, Wettbewerb und Globalisierung, Stuttgart 2003.

R. Langhammer, Die Liberalisierung des internationalen Handels mit Dienstleistungen, in: Volkswirtscahftliche Korrespondenz der Adolf-Weber-Stiftung, 42. Jg., Nr. 3/03.

B. Molitor, Wirtschaftsethik, München 1989

[2] Offenbar suchen z.B. die ASEAN+3-Länder eine währungspolitische Kooperation, die dem EWS-Muster ähneln könnte.

Literaturverzeichnis

1. Allgemeines Schrifttum

Arnim, H. v., Volkswirtschaftspolitik, 5. Aufl., Frankfurt/M. 1985
Bernholz, P., Grundlagen der politischen Ökonomie, 3 Bde., Tübingen 1972, 1975, 1979
Besters, H. (Hrsg.), Theoretische und institutionelle Grundlagen der Wirtschaftspolitik, Berlin 1967
Boulding, K. E., Principles of Economic Policy, Englewood Cliffs, N. J. 1958
Braun, M. St., Theorie der staatlichen Wirtschaftspolitik, Leipzig, Wien 1929
Bresciani-Turroni, C., Einführung in die Wirtschaftspolitik, Bern 1948
Büchner, R., Grundfragen der Wirtschaftspolitik, 2. Aufl., Berlin 1973
Dobias, H., Wirtschaftspolitik, Paderborn 1980
Eucken, W., Grundsätze der Wirtschaftspolitik, Bern–Tübingen 1952
Gäfgen, G., Theorie der Wirtschaftspolitik, in: Ehrlicher, W. u.a. (Hrsg.), Kompendium der Volkswirtschaftslehre, Bd. 2, 4. Aufl., Göttingen 1975
Giersch, H., Allgemeine Wirtschaftspolitik, Bd. 1: Grundlagen, Wiesbaden 1961
Hoffmann; W. G., Allgemeine Wirtschaftspolitik, in: Handbuch der Wirtschaftswissenschaften, Bd. 2, Köln, Opladen 1966
Jöhr, W. A., *Singer, H. W.*, Die Nationalökonomie im Dienste der Wirtschaftspolitik, Göttingen 1964
Kaldor, N., Essays on Economic Policy, 2 Bde., London 1964
Kirschen, E. S., u.a. (Hrsg.), Economic Policy in our Time, Bd. 1: General Theory, Amsterdam 1964
Külp, B., Einführung in die Wirtschaftspolitik, Freiburg 1980
Küng, E., Der Interventionismus, Bern 1941
Molitor, B., Wissenschaft und Politik im Widerstreit, Hamburg 1977
Ohm, H., Allgemeine Wirtschaftspolitik, Bd. 1, 4. Aufl., Berlin 1972, Bd. 2, 3. Aufl., Berlin 1974
Ders. (Hrsg.), Methoden und Probleme der Wirtschaftspolitik, Berlin 1964
Oliver, J. M., *Webster, G. H.*, Public Policy and Economic Theory, London 1970
Preiser, E., Wirtschaftspolitik heute, München 1967
Pütz, Th., Grundlagen der Theoretischen Wirtschaftspolitik, 4. Aufl., Stuttgart–New York 1979
Schachtschabel, H. G., Allgemeine Wirtschaftspolitik, Stuttgart 1975
Schiller, K., Wirtschaftspolitik, in: Handwörterbuch der Sozialwissenschaften, Bd. 12, Stuttgart, Tübingen, Göttingen 1965
Schmidt, K. H., Wirtschaftspolitik, Stuttgart 1975
Schumpeter, J. A., Aufsätze zur Wirtschaftspolitik, Tübingen 1985
Seraphim, H.-J. (Hrsg.), Zur Grundlegung wirtschaftspolitischer Konzeptionen, Schriften des Vereins für Socialpolitik, N. F., Bd. 18, Berlin 1960
Stigler, G. J., The Citizen and the State, Essays on Regulation, Chicago, London 1975
Streit, M. E., Theorie der Wirtschaftspolitik, 2. Aufl., Düsseldorf 1982
Tinbergen, J., Wirtschaftspolitik, Freiburg 1968
Tuchtfeldt, E., Wirtschaftspolitik, in: Handwörterbuch der Wirtschaftswissenschaft, Bd. 9, Stuttgart, New York, Tübingen, Göttingen, Zürich 1982
Woll, A., Wirtschaftspolitik, 2. Aufl., München 1992

2. Periodica

Bundesregierung (Hrsg.), Jahreswirtschaftsberichte, Bonn
Dies. (Hrsg.), Subventionsberichte, Bonn
Der Bundesminister für Wirtschaft (Hrsg.), Die wirtschaftliche Lage in der Bundesrepublik Deutschland - Monatsberichte, Bonn
Bundesministerium des Inneren (Hrsg.), Umweltberichte, Stuttgart
Finanzarchiv, Tübingen

Frankfurter Institut für wirtschaftspolitische Forschung (Hrsg.), Argumente zur Wirtschaftspolitik, Frankfurt
Gemeinschaft zum Schutz der deutschen Sparer (Hrsg.), Mitteilungen und Kommentare zur Geldwertstabilität, Bonn
Wissenschaftlicher Beirat beim Bundesministerium für Wirtschaft, Gutachten, Bonn
Hamburger Jahrbuch für Wirtschafts- und Gesellschaftspolitik, Hamburg
HWWA-Institut für Wirtschaftsforschung (Hrsg.), Konjunktur von morgen, Hamburg
Institut der deutschen Wirtschaft (Hrsg.), Beiträge zur Wirtschafts- und Sozialpolitik, Köln
Dass. (Hrsg.), „iwd" – Informationsdienst, Köln
Institut für Weltwirtschaft an der Universität Kiel (Hrsg.), Kieler Diskussionsbeiträge, Kiel
Journal of Political Economy, Chicago
Kyklos, Basel
List Forum, Düsseldorf
Monopolkommission (Hrsg.), Hauptgutachten, Bonn
ORDO – Jahrbuch für die Ordnung von Wirtschaft und Gesellschaft, Stuttgart, New York
Political Science Quarterly, New York
Sachverständigenrat zur Begutachtung der gesamtwirtschaftlichen Entwicklung, Jahresgutachten, Bonn
Volkswirtschaftliche Korrespondenz der Adolf-Weber-Stiftung, München
Wirtschaftsdienst – wirtschaftspolitische Monatsschrift, Hamburg
Wirtschaftswoche, Düsseldorf
Wirtschaft und Wettbewerb, Düsseldorf
WWI-Mitteilungen, Köln
Zeitschrift für die Gesamte Staatswissenschaft, Tübingen
Zeitschrift für Wirtschaftspolitik – wirtschaftspolitische Chronik, Köln
Zeitschrift für Wirtschafts- und Sozialwissenschaften, Berlin

3. Literatur zum 1. Teil, Kapitel 1: Institution „Staat"

Albert, H., Politische Ökonomie und rationale Politik, in: ders., Aufklärung und Steuerung, Hamburg 1976
Capelle, K. H., Zur Problematik der Allgemeinen Geschäftsbedingungen, in: Hamburger Jahrbuch für Wirtschafts- und Gesellschaftspolitik, 3. Jg. (1958)
Coing, H., Die obersten Grundsätze des Rechtes, Heidelberg 1974, **hier**: S. 94
Eucken, W., Grundsätze der Wirtschaftspolitik, Hamburg 1959, **hier**: S. 174ff.
Hammacher, N., Wirtschaftsspionage, in: Zeitschrift für das Sicherheitswesen in der Wirtschaft, 3. Jg. (1981)
Hegel, G. F. W., Grundlinien der Philosophie des Rechtes, Hamburg 1955, **hier**: S. 207
Hirschman, A. O., Abwanderung und Widerspruch, Tübingen 1974
Institut für Mittelstandsforschung (Hrsg.), Zahlungsweise bei öffentlichen Aufträgen (5), Bonn 1983
Mill, J. St., A System of Logic, Buch 6, Kapitel 7, § 1, deutsch: Gesammelte Werke (Hrsg. Th. Lompez), Bd. 3, Aalen 1968
Molitor, B., Piecemeal-Engineering in der Wirtschafts- und Sozialpolitik, in: ders., Wissenschaft und Politik im Widerstreit, Hamburg 1977
Ders., Soziale Sicherung, München 1987
Montesquieu, C.-L., Vom Geist der Gesetze, (Hrsg. E. Forsthoff), 2 Bde., Tübingen 1951
Nietzsche, F., Werke, (Hrsg. K. Schlechta), Bd. 6, München, Wien 1980, **hier**: S. 845
Nozick, R., Anarchie, Staat, Utopie, München o. J.
Popper, K. R., Woran glaubt der Westen?, in: Hunold, A. (Hrsg.), Erziehung zur Freiheit, Erlenbach-Zürich 1959, **hier**: S. 251
Preiser, E., Das Rationalprinzip in der Wirtschaft und in der Wirtschaftspolitik, in: ders., Politische Ökonomie im 20. Jahrhundert, München 1970
Schmid, C., Soziale Autonomie und Staat, in: Schriften der Gesellschaft für Sozialen Fortschritt, Bd. 1, Berlin 1951

Schumpeter, J. A., Kapitalismus, Sozialismus und Demokratie, 2. Aufl., Bern 1950, **hier**: S. 407, 427
Streit, M. E., Theorie der Wirtschaftspolitik, 2. Aufl., Düsseldorf 1982
Stützel, W., Wirtschaftstheorie und Rechtspolitik, in: Hamburger Jahrbuch für Wirtschafts- und Gesellschaftspolitik, 23. Jg. (1978)
Weber, M., Wirtschaft und Gesellschaft, 3. Aufl., Tübingen 1947, **hier**: S. 26

4. Literatur zum 1. Teil, Kapitel 2: Wirtschaftsordnung

Anderson, P., Lineages of the Absolutist State, 4. Aufl., London 1979
Boulding, K. E., Volkswirtschaftslehre als Moralwissenschaft, in: Hamburger Jahrbuch für Wirtschafts- und Gesellschaftspolitik, 16. Jg. (1971)
Debreu, G., Valuation Equilibrium, in: The American Economic Association (Hrsg.), Readings in Welfare Economics, London 1969
Eckstein, H. (Hrsg.), Comparison of Economic Systems, Berkley 1971
Finley, M. I., The Ancient Economy, Berkley 1973
Gäfgen, G. (Hrsg.), Soziale Herausforderung der Marktwirtschaft, Limburg 1976
Gutmann, G., Ordnungskonformität von Wirtschaftspolitik in Marktwirtschaften und Zentralverwaltungswirtschaften, in: Hamburger Jahrbuch für Wirtschafts- und Gesellschaftspolitik, 31. Jg. (1986)
Giersch, H., Zur Ethik der Wirtschaftsfreiheit, Zürich 1986
Harbusch, P., Wiek, D., Marktwirtschaft – Eine Einführung in das Konzept der freiheitlichen Wirtschaftsordnung, Stuttgart 1975
Hayek, F. A. v., Die Verfassung der Freiheit, Tübingen 1971
Hensel, K. P., Grundformen der Wirtschaftsordnung, 3. Aufl., München 1978
Hirschman, A. O., Abwanderung und Widerspruch, Tübingen 1974
Ders., Leidenschaften und Interessen, Frankfurt 1980, **hier**: S. 95
Jöhr, W. A., Das Problem der Wirtschaftsordnung, in: ders. (Hrsg.), Individuum und Gesellschaft, St. Gallen 1949
Johansen, L., The Bargaining Society and the Inefficiency of Bargaining, in: Kyklos, Bd. 32 (1979)
Kromphardt, J., Konzeptionen und Analysen des Kapitalismus, Göttingen 1980
Meyer-Dohm, P., Konsumfreiheit, Freiburg 1965
Miksch, L., Wirtschaftsmoral und Wirtschaftsordnung, in: Wirtschaftsverwaltung, 1. Jg. (1948), Heft 14, **hier**: S. 5
Molitor, B., Die Moral der Wirtschaftsordnung, Köln 1980
Ders., Konsumkritik und die Funktionen des Handels, in: ders., Lohnt sich die Systemüberwindung?, Hamburg 1974
Müller-Armack, A., Wirtschaftslenkung und Marktwirtschaft, Hamburg 1948
Olson, M., The Rise and Decline of Nations, New Haven 1982
Rauscher, A. (Hrsg.), Selbstinteresse und Gemeinwohl, Berlin 1985
Robertson, D., What does the Economist Economize?, in: Lekachmann, R. (Hrsg.), National Policy for Economic Welfare at Home and Abroad, Garden City 1955
Röpke, W., Die Gesellschaftskrisis der Gegenwart, Erlenbach-Zürich 1942, **hier**: S. 85f.
Schoellgen, W., Grenzmoral, Düsseldorf 1946
Schumpeter, J. A., Die Krise des Steuerstaates, in: ders., Aufsätze zur Soziologie, Tübingen 1953, **hier**: S. 18ff.
Steuart, J., Inquiry into the Principles of Political Economy 1767 (Hrsg. A. S. Skinner), Chicago 1966, Bd. 1, **hier**: S. 279
Streit, M. E., Neokorporatismus und marktwirtschaftliche Ordnung, Mannheim 1987
Tinbergen, J., in: Civitas Mundi, Bd. 19 (1981), **hier**: S. 237
Tuchtfeldt, E., Gewerbefreiheit als wirtschaftspolitisches Problem, Berlin 1955
Vaubel, R., u.a. (Hrsg.), Handbuch der Marktwirtschaft, Pfullingen 1986
Watrin, Ch., Ökonomie der „Alternativen" – eine Alternative?, in: Zeitschrift für Wirtschaftspolitik, 31. Jg. (1982), **hier**: S. 149

Weber, M., Wirtschaft und Gesellschaft, 3. Aufl., Tübingen 1947
Wilson, Th., Sympathy and Self-Interest, in: ders. (Hrsg.), The Market and the State, Oxford 1976

5. Literatur zum 1. Teil, Kapitel 3: Analytischer Dreischritt: Ziel – Lage – Maßnahme

Albert, H., Wissenschaft und Politik, in: ders., Probleme der Wissenschaftstheorie, Wien 1960
Besters, H. (Hrsg.), Theoretische und institutionelle Grundlagen der Wirtschaftspolitik, Berlin 1967
Bombach, G., Über die Möglichkeit wirtschaftlicher Voraussagen, in: Kyklos, Bd. 25 (1962)
Clark, C., Welfare and Taxation, Oxford 1954, **hier**: S. 5
Gäfgen, G., Formen und Bedingungen wissenschaftlicher Beratung der Wirtschaftspolitik, Konstanz 1987
Giersch, H., Borchardt, K. (Hrsg.), Diagnose und Prognose als wirtschaftswissenschaftliche Methodenprobleme, Schriften des Vereins für Socialpolitik, N. F., Bd. 25, Berlin 1962
Haller, M., Wirtschaftspolitische Zielkonflikte, Bern 1973
Hennies, M. O. E., Das nicht so magische Polygon der Wirtschaftspolitik, Berlin 1971
Hensel, K. P., Das Verhältnis politischer Wissenschaft zur Politik, in: ORDO, Bd. 4 (1951), **hier**: S. 3ff.
Jöhr, W. A., Singer, H. W., Die Nationalökonomie im Dienste der Wirtschaftspolitik, 2. Aufl., Göttingen 1964
Kirschen, F. S., u.a., Economic Theory, in: Our Time, Bd. 1: General Theory, Amsterdam 1964
Knips, W., Die Problematik wirtschaftspolitischer Zielkonflikte, Tübingen 1970
Krüger, R., Das wirtschaftspolitische Instrumentarium, Volkswirtschaftliche Schriften, Heft 10, Berlin 1967
Lucas, R. E., jr., Rules, Discretion and the Role of the Economic Adviser, in: Fischer, St. (Hrsg.), Rational Expectations and Economic Policy, Chicago 1980
Mehler, F., Ziel-Mittel-Konflikte als Problem der Wirtschaftspolitik, Volkswirtschaftliche Schriften, Heft 149, Berlin 1970
Molitor, B., Theorie der Wirtschaftspolitik und Werturteil, in: Hamburger Jahrbuch für Wirtschafts- und Gesellschaftspolitik, 8. Jg. (1963)
Molitor, R. (Hrsg.), Zehn Jahre Sachverständigenrat, Frankfurt/M. 1973
Müller, H., Möglichkeiten und Grenzen einer Unterstützung des Politikers durch den Nationalökonom, in: Wirtschaftsfragen der freien Welt, Frankfurt 1957
Müller-Armack, A., Wirtschaftsordnung und Wirtschaftspolitik, Bern, Stuttgart 1981
Myrdal, G., Das Zweck-Mittel-Denken in der Nationalökonomie, in: Zeitschrift für Nationalökonomie, Bd. 4 (1933)
Popper, K. R., Logik der Forschung, Wien 1935
Rothschild, K. W., Wirtschaftsprognose, Berlin, Heidelberg, New York 1969
Schmitz, H. J., Normative Richtlinien der Wirtschaftspolitik, Frankfurt 1971
Schneider, E. (Hrsg.), Rationale Wirtschaftspolitik und Planung in der Wirtschaft von heute, Schriften des Vereins für Socialpolitik, N. F., Bd. 45, Berlin 1967
Schumpeter, J. A., Kapitalismus, Sozialismus und Demokratie, 2. Aufl., Bern 1950, **hier**: S. 138
Stern, K., Münch, P., Gesetz zur Förderung der Stabilität und des Wachstums in der Wirtschaft, Stuttgart 1967
Stigler, G. J., The Economist as Preacher, Oxford 1982
Topitsch, E., Über Leerformeln, in: ders., Probleme der Wissenschaftstheorie, Wien 1960
Tuchtfeldt, E., Bausteine zur Theorie der Wirtschaftspolitik, Bern, Stuttgart 1983

Weber, M., Die „Objektivität“ sozialwissenschaftlicher und sozialpolitischer Erkenntnis, in: ders., Gesammelte Aufsätze zur Wissenschaftslehre, Tübingen 1922
Weisser, G., Politik als System aus normativen Urteilen, Göttingen 1951, **hier**: S. 13f.

6. Literatur zum 2. Teil, Kapitel 1: Wettbewerbsförderung

Alsmöller, H., Wettbewerbspolitische Ziele und kooperationstheoretische Ziele im Wandel der Zeit, Tübingen 1982
Bain, J. S., Barriers to New Competition, 4. Aufl., Cambridge/Mass. 1967
Bartling, H., Leitbilder der Wettbewerbspolitik, München 1980
Bismarck, O. v., Gespräche. Von der Entlassung bis zum Tode, Bremen 1963, **hier**: S. 401
Borchardt, K., *Fikentscher, W.*, Wettbewerb, Wettbewerbsbeschränkung, Marktbeherrschung, Stuttgart 1957
Bork, R. H., The Antitrust Paradox, New York 1978
Brozen, Y. (Hrsg.), The Competitive Economy: Selected Recordings, Morristown, N. J. 1975
Galbraith, J. K., American Capitalism: The Concept of Countervailing Power, Boston 1952
Hayek, F. A. v., Strukturpolitik und Wettbewerbswirtschaft, in: Die Aussprache, 9. Jg. (1959), **hier**: S. 218
Ders., Der Wettbewerb als Entdeckungsverfahren, Kiel 1968
Herdzina, K., Wettbewerbspolitik, Stuttgart 1984
Hoppmann, E., Fusionskontrolle, Tübingen 1972
Ders., Marktmacht und Wettbewerb, Tübingen 1977, **hier**: S. 13ff.
Ders., Behinderungsmißbrauch, Tübingen 1980
Immenga, U., *Mestmäcker, E. J.* (Hrsg.), Gesetz gegen Wettbewerbsbeschränkungen, Kommentar, München 1981
Kallfass, H. H., Die Chicago School, in: Wirtschaft und Wettbewerb, Bd. 30 (1980)
Kantzenbach, E., Die Funktionsfähigkeit des Wettbewerbs, Göttingen 1966
Ders., Das Konzept der optimalen Wettbewerbsintensität, in: Jahrbuch für Nationalökonomie und Statistik, Heft 3, Bd. 181 (1967)
Leibenstein, H., Allocative Efficiency vs. „X-Efficiency“, in: The American Economic Review, Bd. 56 (1966)
Liefmann-Keil, E., Organisierte Konkurrenzpreisbildung, Darmstadt 1936
Lutz, F. F., Bemerkungen zum Monopolproblem, in: ORDO, Bd. 8 (1956), **hier**: S. 32
Mestmäcker, E. J., Verwaltung, Konzerngewalt und Rechte der Aktionäre, Karlsruhe 1958
Miksch, L., Wettbewerb als Aufgabe, 2. Aufl., Bad Godesberg 1947
Oberender, P. (Hrsg.), Marktstruktur und Wettbewerb in der Bundesrepublik Deutschland, München 1984
Poeche, J. (Hrsg.), Das Konzept der „Workable Competition“ in der angelsächsischen Literatur, Köln 1970
Posner, R. A., The Chicago School of Antitrust Analysis, in: University of Pennsylvania Law Review, Bd. 127 (1979)
Reder, M. W., Chicago Economics, in: The Journal of Economic Literature, Bd. 20 (1982)
Schlieder, W. Ch., *Schröter, H.*, Europäische Wettbewerbspolitik, in: Cox, H., u.a. (Hrsg.), Handbuch des Wettbewerbs, München 1981
Schuster, H., Wettbewerbspolitik, München 1973
Tolksdorf, M., Ruinöser Wettbewerb, Berlin 1971
Willeke, F. U., Wettbewerbspolitik, Tübingen 1980
Williamson, O. E., Markets and Hierarches, New York 1975
Zohlnhöfer, W., Wettbewerbspolitik in der Demokratie, in: Gutzler, H., u.a. (Hrsg.), Wettbewerb im Wandel, Baden-Baden 1976

7. Literatur zum 2. Teil, Kapitel 2: Patentschutz

Börlin, M., Die volkswirtschaftliche Problematik der Patentgesetzgebung, Zürich, St. Gallen 1954

Borrmann, C., Erfindungsverwertung, 4. Aufl., Bad Wörishofen 1973

Brinkmann, C., Invention, in: Encyclopaedia of the Social Sciences, Bd. 8 (1949)

Gather, G., Reform der Patentgesetzgebung, in: ORDO, Bd. 2 (1949)

Gesetz über Arbeitnehmererfindungen v. 25.7.1957 (BGBL. I S. 756)

Greipl, E., Täger, U., Wettbewerbswirkungen der unternehmerischen Patent- und Lizenzpolitik unter besonderer Berücksichtigung kleiner und mittlerer Unternehmen, Bremen, München 1983

Gutowski, A., Konstruktions- und Entwicklungsaufträge, Heidelberg 1960

Hamilton, W. H., Patents and Free Enterprise, Washington 1941

Heine, H. G., Vorzüge und Grenzen des Patentmonopols, in: Zeitschrift für handelswissenschaftliche Forschung, N.F., Bd. 2 (1950)

Ifo-Institut für Wirtschaftsforschung (Hrsg.), Patentwesen und technischer Fortschritt, Göttingen 1974

Jewkes, J. W., u.a., The Sources of Invention, London 1958

Kaufer, E., Patente, Wettbewerb und technischer Fortschritt, Bad Homburg 1970

Machlup, F., An Economic Review of the Patent System, Washington 1958

Ders., Die Finanzierung des technischen Fortschritts, in: ORDO, Bd. 11 (1959)

Maclaurin, W. R., Patents and Technological Progress, in: Journal of Political Economy, Bd. 58 (1950)

Meinhardt, P., Inventions, Patents and Monopoly, London 1947

Mellerowicz, K., Forschungs- und Entwicklungstätigkeit als betriebswirtschaftliches Problem, Freiburg 1958

Molitor, B., Der Patentschutz als volkswirtschaftliches Problem, in: Wirtschaftsdienst, 44. Jg. (1964)

Penrose, E. T., The Economics of the International Patent Systems, Baltimore 1951

Plant, A., The Economic Theory Concerning Patents for Inventions, in: Economica, Bd. 1 (1934)

Röper, B. (Hrsg.), Wettbewerbsprobleme auf dem Markt für Arzneimittel und staatliche Gesundheitspolitik, Schriften des Vereins für Socialpolitik, N.F., Bd. 118 (1981)

Rosenberg, N. (Hrsg.), The Economics of Technological Change, Harmondsworth 1971

Silberstein, M., Erfindungsschutz und merkantilistische Gewerbeprivilegien, Zürich 1961

Singer, R., Das neue europäische Patentrecht, Baden-Baden 1979

Schülte, R., Patentgesetz, 3. Aufl., Köln 1981

8. Literatur zum 2. Teil, Kapitel 3: Stärkung der Verbraucherposition

Bievert, B., u.a., Grundlagen der Verbraucherpolitik, Hamburg 1977

Dichtl, E. (Hrsg.), Verbraucherschutz in der Marktwirtschaft, Berlin 1975

Jeschke, D., Konsumentensouveränität in der Marktwirtschaft, Berlin 1975

Margen, W., Preiswettbewerb und Verbraucherpolitik, Saarbrücken 1984

Meyer-Dohm, P., Sozialökonomische Aspekte der Konsumfreiheit, in: Tuchtfeldt, E. (Hrsg.), Beiträge zur Wirtschaftspolitik, Bd. 1, Freiburg 1965

Uelson, Ph., Information and Consumer Behavior, in: Journal of Political Economy, Bd. 78 (1970)

Woll, A., Der Wettbewerb im Einzelhandel, Berlin 1964

9. Literatur zum 2. Teil, Kapitel 4: „Marktversagen"

Alchian, A. A., Demsetz, H., The Property Right Paradigm, in: The Journal of Economic History, Bd. 33 (1973)
Barton, St. E., Property Rights and Human Rights: Efficiency and Democracy as Criteria for Regulatory Reform, in: Journal of Economic Issues, Bd. 17 (1983)
Bator, F. M., The Anatomy of Market Failure, in: The Quarterly Journal of Economics, Cambridge, Bd. 72 (1958)
Baumol, W. J., Oates, W. E., The Theory of Environmental Policy, Englewood Cliffs 1975
Binswanger, H., u.a., Wirtschaft und Umwelt, Stuttgart u.a. 1981
Bödecker, W., Allokations- und Distributionsprobleme bei Kollektivgütern, Meisenheim am Glan 1972
Böhm-Bawerk, E. v., Rechte und Verhältnisse vom Standpunkte der volkswirtschaftlichen Güterlehre, in: Weiss, F. X. (Hrsg.), Böhm-Bawerk, Gesammelte Schriften, Bd. I, Wien 1924
Buchanan, J. M., The Demand and Supply of Public Goods, Chicago 1968
Buhbe, M., Ökonomische Analyse von Eigentumsrechten, Frankfurt 1980
Cansier, D., Die Förderung des umweltfreundlichen technischen Fortschritts durch die Anwendung des Verursacherprinzips, in: Jahrbuch für Sozialwissenschaft, Bd. 29 (1978)
Coase, R., The Problem of Social Costs, in: The Journal of Law and Economics, Bd. III (1969)
Elsener, W., Ökonomische Institutionsanalyse, Berlin 1968
Gutzler, H. (Hrsg.), Umweltpolitik und Wettbewerb, Baden-Baden 1981
Hanusch, H., Theorie des öffentlichen Gutes – Allokative und distributive Aspekte, Göttingen 1972
Hartkopf, G., Bohne, E., Umweltpolitik, Bd. 1, Opladen-Wiesbaden 1983
Jänicke, M. (Hrsg.), Umweltpolitik, Opladen 1978
Kaufer, E., Theorie der öffentlichen Regulierung, München 1981
Kneese, A. V., Economics and the Environment, New York 1977
Marshall, A., Principles of Economics, 8. Aufl., London 1952
Musgrave, R. A., Finanztheorie, Tübingen 1966
Neumann, M. (Hrsg.), Ansprüche, Eigentums- und Verfügungsrechte, Schriften des Vereins für Socialpolitik, N. F., Bd. 140 (1984)
Nowotny, E., Wirtschaftspolitik und Umweltschutz, Freiburg i. Br. 1974
Olson, M. jr., The Logic of Collective Action, Cambridge Mass. 1965
Randall, A., Property, Institutions and Economic Behavior, in: Journal of Economic Issues, Bd. 12 (1978)
Rat der Sachverständigen für Umweltfragen, Gutachten, Stuttgart u.a. 1974
Schüller, A. (Hrsg.), Property Rights und ökonomische Theorie, München 1983
Schumpeter, J. A., Kapitalismus, Sozialismus und Demokratie, 2. Aufl., Bern 1950, **hier**: S. 260
Siebert, H., Ökonomische Theorie der Umwelt, Tübingen 1978
Wegehenkel, L. (Hrsg.), Marktwirtschaft und Umwelt, Tübingen 1981
Weise, P., Allokations-, distributions- und organisationstheoretische Implikationen steigender Skalenerträge in der Produktion, in: Zeitschrift für die Gesamte Staatswissenschaft, Bd. 130 (1973)
Whynes, D. K., Bowles, R. A., The Economic Theory of the State, Oxford 1981
Wicke, L., Umweltökonomie, München 1982

10. Literatur zum 2. Teil, Kapitel 5: Privatisierung

Baum, H., Staatlich-administrierte Preise, in: Wirtschaftsdienst, 60. Jg. (1980)
Baumol, W. J., u.a., Contestable Markets and the Theory of Industry Structure, New York 1982
Bischof, D., Nikusch, K., Privatisierung öffentlicher Aufgaben, Berlin, New York 1977
Blankert, Ch. B., Zur ökonomischen Theorie der Bürokratie, Public Finance, Bd. 2 (1975)
Brede, H., Einige Aspekte der Privatisierung öffentlicher Betriebe, in: Zeitschrift für öffentliche und gemeinwirtschaftliche Unternehmen, Bd. 3 (1980)
Deutscher Städtetag, Privatisierung öffentlicher Aufgaben, Reihe A, DST-Beiträge zur Kommunalpolitik, Heft 2, Köln 1976
Engels, W., u.a., Mehr Mut zum Markt, Frankfurt 1983
Fuest, W., Kroker, R., Privatisierung öffentlicher Aufgaben, Beiträge zur Wirtschafts- und Sozialpolitik, Nr. 89, Köln 1981
Krelle, W., Öffentliche oder private Unternehmen? Effizienz, Nutzen und Preisbildung im Vergleich, in: Zeitschrift für öffentliche und gemeinwirtschaftliche Unternehmen, Bd. 4 (1981)
Molitor, B., Staatsversagen, Köln 1981
Ders., Freiheitliche Wirtschaftspolitik und Entstaatlichung, Krefeld 1985
Monissen, H. G., Milde, H. (Hrsg.), Rationale Wirtschaftspolitik in komplexen Gesellschaften, München 1985
Pommerehne, W., Private versus öffentliche Müllabfuhr. Ein theoretischer und empirischer Vergleich, Finanzarchiv, N. F., Bd. 35 (1976)
Recktenwald, H. C., Ursachen für die Unwirtschaftlichkeit im Staatsbereich. Elemente einer Theorie des ökonomischen Staatsversagens, in: Hanusch, H. (Hrsg.), Reform öffentlicher Leistungen, Baden-Baden 1978
Williamson, O. E., Corporate Control and Business Behavior, Englewood Cliffs 1970
Wolf, Ch. Fr., A Theory of Nonmarket Failure, in: Journal of Law and Economics, Bd. 22 (1979)

11. Literatur zum 3. Teil, Kapitel 1: Geldversorgung

Brunner, K., Targets and Indicators of Monetary Policy, San Francisco 1969
Bryant, R. C., Money and Monetary Policy in Interdependent Nations, Washington D. C. 1980
Dickertmann, D., Siedenberg, A., Instrumentarium der Geldpolitik, 3. Aufl., Düsseldorf 1979
Dürr, E. (Hrsg.), Geld- und Bankpolitik, Köln, Berlin 1969
Ders., Time lags in der Geldpolitik, in: Kredit und Kapital, 3. Jg. (1970)
Ehrlicher, W. (Hrsg.), Geld- und Währungspolitik in der Bundesrepublik Deutschland, Beihefte zu Kredit und Kapital, Nr. 7, Berlin 1982
Ders., Oberhauser, A., (Hrsg.), Probleme der Geldmengensteuerung, Berlin 1978
Emminger, O., Zwanzig Jahre deutsche Geldpolitik, Stuttgart 1968
Friedman, M., Schwartz, A., Monetary History of the United States, 1867-1960, 5. Aufl., Princeton 1971, **hier**: S. 302
Ders., The Optimum Quantity of Money and Other Essays, London 1969, **hier**: S. 249ff.
Ders., A Program for Monetary Stability, New York 1959
Friedrich, H., Stabilisierungspolitik, Wiesbaden 1978
Gahlen, B., Schneider, H. K. (Hrsg.), Grundfragen der Stabilitätspolitik, Tübingen 1974
Giersch, H., Konjunktur- und Wachstumspolitik, Allgemeine Wirtschaftspolitik, 2. Bd., Wiesbaden 1977
Haberler, G., Die Kaufkraft des Geldes und die Stabilisierung der Wirtschaft, in: Schmollers Jahrbuch, Bd. 55 (1931)
Häuser, K., Widersinn der Bundesbankgewinne, in: Koch, W. A. S., Petersen, H.-G. (Hrsg.), Staat, Steuern und Finanzausgleich, Festschrift für H. Kolms, Berlin 1984

Issing, O., Einführung in die Geldpolitik, 2. Aufl., München 1987
Jarchow, H.-J., Theorie und Politik des Geldes, 2 Bde., Göttingen 1973, 1974
Johnson, H. G., Beiträge zur Geldtheorie und Geldpolitik, Berlin 1969
Kalmbach, P. (Hrsg.), Der neue Monetarismus, München 1973
Köhler, C., Orientierungshilfen für die Kreditpolitik, Berlin 1968
Lipfert, H., Einführung in die Währungspolitik, 8. Aufl., München 1974
Metzler, L. A., Wealth, Saving, and the Rate of Interest, in: Journal of Political Economy, Bd. 59 (1951)
Oberhauser, A., Probleme der Geldversorgung in einer wachsenden Wirtschaft, in: Finanzarchiv, N.F., Bd. 25 (1966)
Preiser, E., Geldschöpfung oder Sparen?, in: Jahrbücher für Nationalökonomie und Statistik, Bd. 162 (1950)
Schmölders, G., Geldpolitik, 2. Aufl., Tübingen, Zürich 1968
Schneider, D., Monetäre Konzepte der Verstetigungspolitik, Baden-Baden 1981
Siebke, J., Willms, U., Das Geldangebot in der Bundesrepublik Deutschland, in: Zeitschrift für die Gesamte Staatswissenschaft, Bd. 126 (1970)
Starbatty, J. (Hrsg.), Geldordnung und Geldpolitik in einer freiheitlichen Gesellschaft, Tübingen 1982
Ders., Stabilitätspolitik in der freiheitlich-sozialstaatlichen Demokratie, Baden-Baden 1977
Woll, A., Vogl, G., Geldpolitik, Stuttgart 1976

12. Literatur zum 3. Teil, Kapitel 2: Staatsfinanzierung

Albers, W., Die automatische Stabilisierungswirkung der Steuern – Möglichkeiten und Problematik in der Bundesrepublik Deutschland, in: Jahrbücher für Nationalökonomie und Statistik, 180. Jg. (1967)
Ders., Haller, H. (Hrsg.), Probleme der Staatsverschuldung, Schriften des Vereins für Socialpolitik, N.F., Bd. 61, Berlin 1972
Biehl, D., u.a., Konjunkturelle Wirkungen öffentlicher Haushalte, Tübingen 1978
Brennan, G., Buchanan, J. M., Towards the Tax Constitution for Leviathan, in: Journal of Public Economics, Bd. 8 (1977)
Dies., The Power to Tax, London u.a. 1980
Buchanan, J. M., Public Principles of Public Debt, Homewood 1958
Conrad, E. A., Bürgschaften und Garantien als Mittel der Wirtschaftspolitik, Berlin 1967
Dieckheuer, G., Staatsverschuldung und wirtschaftliche Stabilisierung, Baden-Baden 1978
Dill, C.-M., Staatliche Schuldscheindarlehen, Berlin 1981
Ferguson, G. M., Public Debt and Future Generations, Chapel Hill 1964
Gandenberger, O., Ist es möglich, durch die Aufnahme von öffentlichem Kredit die Last einer öffentlichen Ausgabe in die Zukunft zu verschieben?, in: Jahrbuch für Sozialwissenschaft, Bd. 21 (1970)
Haavelmo, T., Multiplier Effects of the Balanced Budget, in: Econometrica, Bd. 13 (1945)
Haller, H., Finanzpolitik, 5. Aufl., Tübingen 1972
Ders., Neue Motivation der Staatsverschuldung?, in: ders., Recktenwald, H. C. (Hrsg.), Finanz- und Geldpolitik im Umbruch, Mainz 1969
Hansmeyer, K. H., Der öffentliche Kredit, Frankfurt 1965
Ders., Subventionen in der Bundesrepublik Deutschland, Berlin 1963
Hettlage, K. M., Wirtschaftsordnung und Finanzpolitik, Bonn 1965
Kamp, E. M., u.a., Finanzpolitik, Köln, Bonn 1974
Kath, D., Defizitfinanzierung durch Zentralbankgewinne?, in: List-Forum, Bd. 11 (1982)
Keynes, J. M., The General Theory of Employment, Interest and Money, London 1951, **hier:** S. 322
Kommunale Gemeinschaftsstelle für Verwaltungsvereinfachung, Zweckzuweisungen, KGSt Bericht 12/80, o.O. 1980
Lachmann, W., Fiskalpolitik, Berlin, Heidelberg 1987

Lehment, H., Zur Neuorientierung der staatlichen Schuldenpolitik, Kiel 1981
Lipsey, R. G., *Lancaster, K. J.*, The General Theory of Second Best, in: Review of Economic Studies, Bd. 24 (1956)
Mackscheidt, K., Budgetwirkungen und Budgetpolitik, Stuttgart, New York 1977
Milbradt, G. H., Darstellung und Analyse der Staatsverschuldung in der Bundesrepublik Deutschland, Köln 1980
Molitor, B., Bedrohliche Staatsverschuldung, in: ders., Marktwirtschaft und Wohlfahrtsstaat, Hamburg 1982
Musgrave, R. A., Finanztheorie, Tübingen 1966
Neumark, F., Grundsätze gerechter und ökonomisch rationaler Steuerpolitik, Tübingen 1970
Oberhauser, A., Stabilitätspolitik bei steigender Staatsquote, Göttingen 1975
Peacock, A., *Shaw, G. K.*, The Economic Theory of Fiscal Policy, London 1971
Schmidt, K., Die Steuerprogression, Basel, Tübingen 1960
Schmölders, G., Finanzpolitik, 3. Aufl., Berlin 1970
Ziffzer, St., Ökonomische Grenzen der staatlichen Kreditaufnahme, Berlin 1980

13. Literatur zum 3. Teil, Kapitel 3: Lohnverhandlungen

Arndt, E., Theoretische Grundlagen der Lohnpolitik, Tübingen 1957
Ders., Währungsstabilität und Lohnpolitik, Tübingen 1973
Arndt, H. (Hrsg.), Lohnpolitik und Einkommensverteilung, Schriften des Vereins für Socialpolitik, N.F., Bd. 51, Berlin 1969
Bombach, G., *Gabriel, S. L.* (Hrsg.), Löhne und Preise, Darmstadt 1957
Brems, H., Profit Sharing and a Wage Earners' Investment Fund under Steady-State Growth, Kyklos, Bd. 28 (1975)
Busch-Lüty, Ch., Gesamtwirtschaftliche Lohnpolitik, Tübingen 1964
Cassel, D., *Thieme, H. J.*, Einkommenspolitik, Kritische Analyse eines umstrittenen stabilitätspolitischen Konzepts, Köln 1977
Cramer, U., u.a., Zum Problem der „strukturellen Arbeitslosigkeit“, in: Mitteilungen aus der Arbeitsmarkt- und Berufsforschung, Heft 1 (1976)
Dall'Asta, E. R., Theorie der Lohnpolitik, Berlin 1971
Etter, C., Löhne und Beschäftigung im Konjunkturverlauf, Bern, Stuttgart 1985
Fels, G., Lohnpolitische Perspektiven nach der Aufwertung, Kiel 1969
Fiedler, H., Die 35-Stunden-Woche – Arbeitszeitverkürzung als Allheilmittel?, in: Fortschrittliche Betriebsführung/Industrial Engineering, Heft 6 (1978)
Giersch, H., Lohnpolitik und Geldwertstabilität, Kieler Vorträge, N.F., Heft 50, Kiel 1967
Ders., Probleme stabilisierungskonformer Lohnpolitik, in: Kyklos, Bd. 20 (1967)
Görgens, E., Beschäftigungspolitik, München 1981
Guski, H.-G., *Schneider, H. J.*, Betriebliche Vermögensbeteiligung in der BRD, Teil I u. II, Köln 1977, 1983
Gutmann, G., Beschäftigungsprobleme im Sozialismus, in: Wirtschaftsdienst, 59. Jg., Heft 3 (1979)
Hankel, W., Von der Einkommens- zur Arbeitsmarktpolitik, in: Mitteilungen aus der Arbeitsmarkt- und Berufsforschung, Heft 3 (1978)
Hoppmann, E. (Hrsg.), Konzertierte Aktion – Kritische Beiträge zu einem Experiment, Frankfurt a.M. 1971
Jaspers, H., Die Lohnstruktur in der Bundesrepublik Deutschland, Essen 1966
Kullmer, H. K., Produktivität, Lohn und Inflation. Vorfragen und Probleme der produktivitätsorientierten Lohnpolitik, Meisenheim am Glan 1965
Lehment, H., Der Einfluß der Lohnpolitik auf Produktion, Beschäftigung und Preise in der Bundesrepublik Deutschland seit 1973, Kiel 1982
Lutz, B., *Böhle, F.*, Kündigungsvorschriften und ihre Auswirkungen, München 1969

Molitor, B., Lohn- und Arbeitsmarktpolitik, München 1988
Ders., Verteilungspolitik in Perspektive, Hamburg 1975
Monissen, H. G., Preise, Löhne und Beschäftigung in dynamischer Betrachtung, in : Kyklos, Bd. 26 (1973)
Müller, R., Mobilitätsverhalten und Mobilitätspolitik, Freiburg 1980
Nowotny, E. (Hrsg.), Löhne, Preise, Beschäftigung. Die Phillips-Kurve und ihre Alternativen, Frankfurt 1974
Oberender, P., Okunsches Gesetz, in: WiSt, 7. Jg., Heft 6 (1978)
Rall, W., Zur Wirksamkeit der Einkommenspolitik, Tübingen 1975
Risch, B., Alternativen der Einkommenspolitik, Kieler Studien, Nr. 180, Tübingen 1983
Roth, J., Mehr Beschäftigung durch Reallohnzurückhaltung, Kiel 1982
Scheele, E., Gesamtwirtschaftlich orientierte Lohnpolitik, Stuttgart, New York 1978
Schlecht, O., Konzertierte Aktion als Instrument der Wirtschaftspolitik, Tübingen 1968
Schneider, H. J., Zander, E., Erfolgs- und Kapitalbeteiligung der Mitarbeiter in Klein- und Mittelbetrieben, 2. Aufl., Freiburg/Br. 1985
Seitenzahl, R., Einkommenspolitik durch Konzertierte Aktionen und Orientierungsdaten, Köln 1974
Soltwedel, R., Mehr Markt auf dem Arbeitsmarkt, München, Wien 1984
Streißler, E., Möglichkeiten und Grenzen einer produktivitätsorientierten Lohnpolitik, Wien 1960
Weigang, A., Lohndynamik und Arbeitsmarktstruktur, Frankfurt 1982
Weizmann, M. L., Das Beteiligungssystem – Vollbeschäftigung durch flexible Löhne, Frankfurt, New York 1987
Zöllner, W., Arbeitsrecht, 3. Aufl., München 1983

14. Literatur zum 4. Teil, Kapitel 1: Außenwährung

Aschinger, F. E., Das Währungssystem des Westens, Frankfurt 1973
Borchert, M., Außenwirtschaftslehre, Theorie und Politik, 3. Aufl., Opladen 1987
Brandes, H., Der Euro-Dollarmarkt, Wiesbaden 1968
Deutsche Bundesbank, Internationale Organisationen und Abkommen im Bereich von Währung und Wirtschaft (Sonderdruck), 2. Aufl., Frankfurt 1981
Ehrlicher, W., Simmert, D. B. (Hrsg.), Geld- und Währungspolitik in der Bundesrepublik Deutschland, Beihefte zu Kredit und Kapital, Bd. 9, Berlin 1982
Filc, W., Zinsarbitrage und Währungsspekulation, Berlin 1975
Fröhlich, H.-P., Schüle, U., Außenwirtschaftliche Anpassungsvorgänge, Köln 1987
Glastetter, W., Außenwirtschaftspolitik, 2. Aufl., Köln 1979
Heckscher, E., The Effect of Foreign Trade on the Distribution of Income (1919), abgedr. in: Readings in the Theory of International Trade, Bd. 4 (1958)
Hellmann, R., Europäische Wirtschafts- und Währungsunion, Baden-Baden 1972
Issing, O., Leitwährung und internationale Währungsordnung, in: Schriften des Instituts für das Spar-, Giro- und Kreditwesen, Bd. 28, Berlin 1965
Külp, B., Außenwirtschaftspolitik, Tübingen 1978
Liepmann, P., Geldtheoretische und geldpolitische Probleme des Eurodollarmarktes, Berlin 1971
Lipfert, H., Einführung in die Währungspolitik, 8. Aufl., München 1974
Luckenbach, H. (Hrsg.), Theorie der Außenwirtschaftspolitik, Berlin, Heidelberg, New York 1979
Möller, A., Währung und Außenpolitik, 4. Aufl., Hannover 1968
Rittershausen, H., Internationale Handels- und Devisenpolitik, 2. Aufl., Frankfurt 1955
Schneider, E., Zahlungsbilanz und Wechselkurse, Tübingen 1968
Sohmen, E., Wechselkurs und Währungsordnung, Tübingen 1973
Stratmann, G., Der Internationale Währungsfonds, Göttingen 1972

15. Literatur zum 4. Teil, Kapitel 2: Außenhandel

Bernholz, P., Außenpolitik und internationale Wirtschaftsbeziehungen, Frankfurt 1966
Borisenko, A., On the Problem of Effectiveness of Socialist Foreign Trade, in: The American Review of Soviet and Eastern European Trade, 1. Jg. (1965)
Corden, W., The Theory of Protection, Oxford 1971
Dam, K. W., The GATT – Laws and International Economic Organization, Chicago, London 1970
Damus, R., RGW – Wirtschaftliche Zusammenarbeit in Osteuropa, Opladen 1979
Gröner, H., Schüller, A. (Hrsg.), Internationale Wirtschaftsordnung, Stuttgart, New York 1978
Gutmann, G. (Hrsg.), Das Wirtschaftssystem der DDR, Stuttgart, New York 1983
Harrod, R. F., Die internationalen Wirtschaftsbeziehungen, Bern 1948
Heiduk, G., Die wirtschaftlichen Ordnungsprinzipien von GATT und UNCTAD, Baden-Baden 1973
Heuß, E., Wirtschaftssysteme und internationaler Handel, Zürich, St. Gallen 1955
Johnson, H. G., International Trade and Economic Growth, London 1961
Meade, J. E., The Theory of International Economic Policy, 2 Bde., London, New York, Toronto 1951 u. 1955
Molitor, B., Umgang mit der totalitären Macht, Köln 1984
Ohlin, B., Die Beziehungen zwischen internationalem Handel und internationalen Bewegungen von Kapital und Arbeit, in: Zeitschrift für Nationalökonomie, Bd. 2 (1931)
Predöhl, A., Außenwirtschaft, Weltwirtschaft, Handelspolitik und Währungspolitik, 2. Aufl., Göttingen 1971
Quambusch, L., Nicht-tarifäre Handelshemmnisse, Köln 1976
Schäfer, W., Der Euro-Dollarmarkt, Tübingen 1971
Schüller, A., Osthandelspolitik als Problem der Wettbewerbspolitik, Frankfurt 1973
Ders., Wagner, U. (Hrsg.), Außenwirtschaftspolitik und Stabilisierung von Wirtschaftssystemen, Stuttgart, New York 1980
Senti, R., GATT, Allgemeines Zoll- und Handelsabkommen als System der Welthandelsordnung, Zürich 1986
Smithies, A., Modern International Trade Theory and International Policy, Menasha (Wisc.) 1952
Stolper, W. F., Samuelson, P. A., Protection and Real Wages, in: Review of Economic Studies, Bd. 9 (1941)
Stützel, W., Freihandel und nationale Wirtschaftspolitik, in: Europa-Archiv, 13. Jg. (1958)

16. Literatur zum 4. Teil, Kapitel 3: Integrationsformen

Andersen, U., Das Internationale Währungssystem zwischen nationaler Souveränität und supranationaler Integration, Berlin 1977
Balassa, B., The Theory of Economic Integration, London 1962
Berg, H., Zur Funktionsfähigkeit der Europäischen Wirtschaftsgemeinschaft, Göttingen 1972
Curzon, W., The Essentials of Economic Integration, London 1974
Debeauvais, M., Die Entwicklung der Erziehung und die wirtschaftliche Entwicklung in Europa, in: Neumark, F. (Hrsg.), Probleme europäischer Wirtschaft, Berlin 1963
Deutsche Bundesbank, Internationale Organisationen und Abkommen im Bereich von Währung und Wirtschaft (Sonderdruck), 2. Aufl., Frankfurt 1981
Dorner, K., Probleme einer weltwirtschaftlichen Integration der Entwicklungsländer, 2. Aufl., Basel, Tübingen 1974
Giersch, H. (Hrsg.), Integration durch Währungsunion?, Tübingen 1971
Haberler, G., Probleme der wirtschaftlichen Integration, o.O. 1974
Harbrecht, W., Die Europäische Gemeinschaft, 2. Aufl., Stuttgart 1984

Hellmann, R., Europäische Wirtschafts- und Währungsunion, Baden-Baden 1972
Johnston, R. B., The Economics of Euro-Market, London 1983
Kasten, H., Die europäische Wirtschaftsintegration, München 1978
Meade, J. E., The Theory of Customs Unions, 3. Aufl., Amsterdam 1968
Möller, H., Internationale Wirtschaftsorganisationen, Wiesbaden 1960
Molitor, B., Die Europäische Gemeinschaft in der Bewährung, München 1985
Ders., Sozialpolitik und Wirtschaftsintegration, in: Hamburger Jahrbuch für Wirtschafts- und Gesellschaftspolitik, 10. Jg. (1965)
Nottelmann, A., Der Haushalt der Europäischen Gemeinschaften, Hamburg 1982
Pascaly, F.-J., Internationale Arbeitsteilung in EWG und COMECON, München 1970
Robson, P. (Hrsg.), International Economic Integration, Selected Readings, Harmondsworth 1972
Ders., The Economics of International Integration, London 1980
Sannwald, R., *Stohler, J.*, Wirtschaftliche Integration, Basel, Tübingen 1958
Steffens, R., Integrationsprobleme im Rat für gegenseitige Wirtschaftshilfe (RGW), Hamburg 1974
Streeten, P., Economic Integration, Leyden 1961
Tinbergen, J., International Economic Integration, Amsterdam 1954
Viner, J., The Customs Union Issue, New York 1950
Willgerodt, H., u.a., Wege und Irrwege zur Europäischen Währungsunion, Freiburg 1972

17. Literatur zum 4. Teil, Kapitel 4: Entwicklungshilfe

Bachmann, H., Zollpolitik und Entwicklungsländer, Tübingen 1965
Bauer, P. T., Entwicklungshilfe: Was steht auf dem Spiel?, Tübingen 1982
Becker, J., Die Partnerschaft von Lomé, Baden-Baden 1979
Clapham, R., Marktwirtschaft in Entwicklungsländern, Freiburg i. Br. 1973
Cosgrove-Twitchet, C., A Framework for Development, the EEC and the ACP, London 1981
Donges, J. B., Außenwirtschaftspolitik und Entwicklungspolitik, Berlin, Heidelberg, New York 1981
Görgens, E., Entwicklungshilfe und Ordnungspolitik, Bern, Stuttgart 1983
Hemmer, H.-R., Wirtschaftsprobleme der Entwicklungsländer, München 1978
Hesse, K., Das System der Entwicklungshilfe, Berlin 1969
Küng, E., Weltwirtschaftspolitik, Tübingen, Zürich 1978
Molitor, B., Entwicklungspolitik am Scheideweg, Köln 1985
Myrdal, G., The Bucks Stop Here, in: The Guardian, v. 2.7.1982
Simonis, U. E., (Hrsg.), Entwicklungsländer in der Finanzkrise, Berlin 1983
Thirlwall, A. P., Growth and Development, 3. Aufl., London 1983

18. Literatur zum 5. Teil: Wachstumspolitik

Alt, J. E., The politics of economic decline, Cambridge 1979
Arndt, H., *Swatek, D.* (Hrsg.), Grundfragen der Infrastrukturplanung in wachsenden Wirtschaften, Schriften des Vereins für Socialpolitik, N.F., Bd. 58, Berlin 1971
Barnett, H. J., *Morse, Ch.*, Scarcity and Growth, Baltimore 1963
Berking, K., Arbeitspotential und Wirtschaftswachstum, Göttingen 1968
Besters, H., u.a., Investitionslenkung – Bedrohung der Marktwirtschaft?, Köln 1975
Bombach, G., Quantitative und monetäre Aspekte des Wirtschaftswachstums, Schriften des Vereins für Socialpolitik, N.F., Bd. 15, Berlin 1959
Bombach, G., *Gahlen, B.*, *Ott, A. E.* (Hrsg.), Ausgewählte Probleme der Wachstumspolitik, Tübingen 1976
Brinkmann, Th., Wachstums- und Verteilungsspielraum 1975-1980, Köln 1975

Clark, C., Der zweite Bericht des Club of Rome, in: Hamburger Jahrbuch für Wirtschafts- und Gesellschaftspolitik, 21. Jg. (1976)
Deregulierungskommission, Marktöffnung und Wettbewerb, Stuttgart 1991
Drandakis, E. M., Phelps, E. S., A Model of Induced Invention, Growth and Distribution, in: Economic Journal, Bd. 76 (1966)
Dürr, E., Wachstumspolitik, Bern, Stuttgart 1977
Frey, R. L., Infrastruktur und Wirtschaftswachstum, in: Konjunkturpolitik, 15. Jg. (1969)
Ders., Wachstumspolitik, Stuttgart 1979
Giersch, H., Konjunktur und Wachstumspolitik in der offenen Volkswirtschaft, Wiesbaden 1977
Ders. (Hrsg.), Macroeconomic Policies for Growth and Stability, Tübingen 1981
Ders., Strategien der Wachstumspolitik, in: Zeitschrift für die Gesamte Staatswissenschaft, Bd. 119 (1963)
Ders., Wolter, F., Risiken und Chancen der künftigen Wirtschaftsentwicklung, Kieler Diskussionsbeiträge, Nr. 84, Kiel 1982
Gilder, G., Wealth and Poverty, New York 1981
Görgens, E., Wettbewerb und Wirtschaftswachstum, Freiburg i. Br. 1969
Gunzert, R. (Hrsg.), Aspekte der Stabilitäts- und Wachstumspolitik, Berlin 1969
Haberler, G., Wirtschaftswachstum und Stabilität, Zürich 1975
Harbison, F., Myers, C. A., Education, Manpower and Economic Growth, New York, Toronto, London 1964
Hill, T. P., Growth and Investment According to International Comparisons, in: Economic Journal, Bd. 74 (1964)
Höller, H. A., Staatliche Investitionsplanung und Wirtschaftswachstum, Köln, Opladen 1969
Issing, O., Investitionslenkung in der Marktwirtschaft?, Göttingen 1975
Krupp, A., Wachstumspolitik, München 1986
Külp, B., Müller, R., Alternative Verwendungsmöglichkeiten wachsender Freizeit, Göttingen 1973
Küng, E., Steuerung und Bremsung des technischen Fortschritts, Tübingen 1976
Künzel, R. (Hrsg.), Die gegenwärtige Wachstumskrise: theoretische und empirische Beiträge zu ihrer Erklärung, Regensburg 1985
Kuznets, S., Population, Capital and Growth, New York 1973
Leipert, C., Unzulänglichkeiten des Sozialproduktes in seiner Eigenschaft als Wohlstandsmaß, Tübingen 1975
Lutz, V., Central Planning for the Market Economy. An Analysis of the French Theory and Experiences, London 1969
Mishan, E. J., The Costs of Economic Growth, London 1967
Neumann, M., Innovationen, Wachstum und Freizeit, in: Kyklos, Bd. 29 (1976)
Ders., Kapitalbildung, Wettbewerb und ökonomisches Wachstum, Heidelberg 1968
Nordhaus, W. D., Tobin, J., Is Growth Obsolete?, in: Economic Research: Retrospect and Prospect, New York 1972
Rehm, G., Manpower Adaptability and Economic Growth, OECD-Observer, Heft 1 (1962)
Rüstow, H. J., Investitionsquote, Wachstum und Gleichgewicht, Berlin 1970
Schneider, H. K. (Hrsg.), Beiträge zur Wachstumspolitik, Schriften des Vereins für Socialpolitik, N. F., Bd. 55, Berlin 1970
Schumpeter, J. A., Theoretical Problems of Economic Growth, in: The Journal of Economic History, Bd. 7 (1947)
Slichter, S. H., The Economic Outlook, in: The Commercial and Financial Chronicle v. 10.11.1957
Vosgerau, H.-J., Boden und wirtschaftliches Wachstum, in: Kyklos, Bd. 25 (1972)
Woll, A., Wachstum als Ziel der Wirtschaftspolitik, Tübingen 1968
Zubeil, G., Schröder, D., Rösler, K., Wachstum und Gesellschaftspolitik, Stuttgart, Berlin, Köln, Mainz 1971

19. Literatur zum 6. Teil, Kapitel 1: Regionalstruktur

Dammroff, E., Finanzierung der Infrastruktur, Zürich 1970
Eckey, H.-F., Grundlagen der regionalen Strukturpolitik, Köln 1978
Frey, R. L., Infrastruktur. Grundlagen der Planung öffentlicher Investitionen, Tübingen, Zürich 1970
Fürst, D., Klemmer, P., Zimmermann, K., Regionale Wirtschaftspolitik, Tübingen, Düsseldorf 1976
Giersch, H., Aufgaben der Strukturpolitik, in: Hamburger Jahrbuch für Wirtschafts- und Gesellschaftspolitik, 9. Jg. (1964)
Hrote, H. v. (Hrsg.), Beiträge zur Strukturpolitik, Köln 1972
Hayek, F. A. v., Strukturpolitik und Wettbewerbswirtschaft, in: Die Aussprache, Bd. 9 (1959)
Jochimsen, R., Simonis, U. E., (Hrsg.), Theorie und Praxis der Infrastrukturpolitik, Schriften des Vereins für Socialpolitik, N.F., Bd. 54, Berlin 1970
Klaus, J., Schleicher, H., Räumliche Wirtschaftspolitik, München 1983
Lauschmann, E., Grundlagen einer Theorie der Regionalpolitik, 3. Aufl., Hannover 1976
Machlup, F., Structure and Structural Change, in: Zeitschrift für Nationalökonomie, Bd. 18 (1958)
Meinhold, H., Strukturwandlungen als Problem der Wirtschaftspolitik, in: Neumark, F. (Hrsg.), Strukturwandlungen einer wachsenden Wirtschaft, Schriften des Vereins für Socialpolitik, N.F., Bd. 30/II, Berlin 1964
Molitor, B., Das Verteilungsziel in der Regionalpolitik, in: ders., Verteilungspolitik in Perspektive, Hamburg 1975
Müller, J. H., Regionale Strukturpolitik in der Bundesrepublik, Göttingen 1973
Neck, H., Ordnungspolitische Bedeutung und Effizienz der Strukturpolitik in der Bundesrepublik Deutschland, Frankfurt/M. 1979
Schlecht, O., Strukturwandel in der Marktwirtschaft, Köln 1968
Schneider, H. K. (Hrsg.), Beiträge zur Regionalpolitik, Schriften des Vereins für Socialpolitik, N. F., Bd. 41, Berlin 1968
Simonis, U. E. (Hrsg.), Infrastruktur, Theorie und Politik, Köln 1977
Tholl, G., Strukturpolitik und Wirtschaftsordnung, Köln 1972
Voss, G., Regionale Strukturpolitik, Köln 1972
Weiss, D., Infrastrukturplanung, Ziele, Kriterien und Bewertung von Alternativen, Berlin 1971

20. Literatur zum 6. Teil, Kapitel 2: Sektoralstruktur

Bombach, G., Gahlen, B., Ott, A. E. (Hrsg.), Probleme des Strukturwandels und der Strukturpolitik, Tübingen 1977
Clasen, S., Die Flexibilität der volkswirtschaftlichen Produktionsstruktur, Göttingen 1966
Donges, J. B., Fels, G., Neu, A. D., u.a., Protektion und Branchenstruktur der westdeutschen Wirtschaft, Tübingen 1973
Ehrenberg, H., Aktuelle Aufgaben der Strukturpolitik in der Bundesrepublik Deutschland, in: Friedensburg, F. (Hrsg.), Strukturprobleme und ihre wirtschaftspolitische Bewältigung, Beihefte der Konjunkturpolitik, Nr. 16, Berlin 1969
Eickhof, N., Ansätze zur Theorie und Bekämpfung von Strukturkrisen, Tübingen 1976
Finking, G., Grundlagen der sektoralen Wirtschaftspolitik, Köln 1978
Görzing, B., Kirner, W., Konzeption einer Strukturberichterstattung für die Bundesrepublik Deutschland, Berlin 1978
Hansmeyer, K.-H., Subventionen in der Bundesrepublik Deutschland, Berlin 1963
Ipsen, H. P., Öffentliche Subventionierung Privater, Berlin, Köln 1956
Jonas, F., Staatliche Hilfe bei wirtschaftlichen Strukturänderungen, Berlin 1963

Kantzenbach, E., Einzel-, Struktur- und Niveausteuerung der Wirtschaft in einer freiheitlichen Gesellschaftsordnung, in: Hamburger Jahrbuch für Wirtschafts- und Gesellschaftspolitik, 11. Jg. (1966)
Krägenau, H., Stahlpolitik und Strukturanpassung in der EG-Stahlindustrie, Hamburg 1986
Külp, B., u.a., Sektorale Wirtschaftspolitik, Berlin, Heidelberg, New York 1984
Lenel, H. O., Das Kohleanpassungsgesetz, in: ORDO, Bd. 20 (1969)
Marbach, F., Zur Frage der wirtschaftlichen Staatsintervention, Bern 1950
Meinhold, H., Strukturwandlungen als Problem der Wirtschaftspolitik, in: Neumark, F. (Hrsg.), Strukturwandlungen einer wachsenden Wirtschaft, Schriften des Vereins für Socialpolitik, N.F., Bd. 30/II, Berlin 1964
Molitor, B., Die Europäische Gemeinschaft in der Bewährung, München 1985, **hier**: S. 39ff.
Ders., Sektorale Einkommensverteilung und Wirtschaftspolitik, in: Hamburger Jahrbuch für Wirtschafts- und Gesellschaftspolitik, 12. Jg. (1967)
Ders., Wohnbaupolitik und Subventionierung, in: Hamburger Jahrbuch für Wirtschafts- und Gesellschaftspolitik, 11. Jg. (1966)
Neck, H., Ordnungspolitische Bedeutung und Effizienz der Strukturpolitik in der Bundesrepublik Deutschland, Frankfurt/M. 1979
Neumann, K., Strukturwandel und Strukturpolitik, Köln, Frankfurt/M. 1976
Peters, H.-R., Grundzüge sektoraler Wirtschaftspolitik, 2. Aufl., Bern, Stuttgart 1975
Priebe, H., Probleme eines Preis-Beihilfe-Systems für die Landwirtschaft, Frankfurt/M. 1976
Raphael, J. S., Governmental Regulation of Business, New York, London 1966
Schlecht, O., Strukturpolitik in der Marktwirtschaft, Köln 1968
Schmidt, K.-D., Gundlach, E., Klodt, H., Im Strukturwandel vorangekommen?, Kieler Diskussionsbeiträge, Nr. 122, Kiel 1986
Schultze-Gisevius, K., Kapazitätsabbau mit Staatshilfe, Berlin 1971
Tholl, G., Strukturpolitik in der Wirtschaftsordnung, Köln 1972
Tuchtfeldt, E., Engpässe und Überkapazitäten als Problem der Strukturpolitik, in: Ohm, H. (Hrsg.), Methoden und Probleme der Wirtschaftspolitik, Berlin 1964
Ders., Gewerbefreiheit als wirtschaftspolitisches Problem, Berlin 1955
Voss, G., Neuere Ansätze der Strukturpolitik, Köln 1984
Watrin, Ch. (Hrsg.), Struktur- und stabilitätspolitische Probleme in alternativen Wirtschaftssystemen, Schriften des Vereins für Socialpolitik, N.F., Bd. 76, Berlin 1974
Welter, E., Der Staat als Kunde, Heidelberg 1960
Wilcox, C., Public Policy towards Business, 3. Aufl., Homewood, Ill. 1966

21. Literatur zum 6. Teil, Kapitel 3: Betriebsgrößenstruktur

Abel, W., Schlotter, H.-G., Mittelstandspolitik, in: Handwörterbuch der Sozialwissenschaften, Bd. 7, Stuttgart, Tübingen, Göttingen 1961
Aengenendt-Papesch, R., Die Funktion der Klein- und Mittelbetriebe in der wettbewerblichen Marktwirtschaft, Abhandlungen zur Mittelstandsforschung, Nr. 2, Köln, Opladen 1962
Allesch, J., u.a., Praxis des Innovationsmanagements, Planung, Durchführung und Kontrolle technischer Neuerungen in mittelständischen Unternehmen, Berlin 1986
Barrenstein, P. E., Der mittelständische Einzelhandel in der Bundesrepublik Deutschland, Frankfurt 1980
Blum, R. (Hrsg.), Entwicklungsprobleme mittelständischer Unternehmen, Volkswirtschaftliche Schriften, Heft 311, Berlin 1981
Commer, H., Das mittelständische Unternehmen in der EWG, Bonn 1966
Dichtl, E., Grundzüge der Binnenhandelspolitik, Stuttgart, New York 1979
Frechen, R., Mittelstandspolitik als Wettbewerbs- oder Strukturpolitik, Köln 1972

Hamer, E., Das mittelständische Unternehmen, Bedeutung, Risiken und Chancen, Stuttgart 1987
Hielscher, U., u.a., Innovationsfinanzierung mittelständischer Unternehmungen, Stuttgart 1982
Hruschka, E., Wettbewerbschancen für Klein- und Mittelbetriebe, Stuttgart 1976
Jecht, H., Zur Geschichte und Problematik mittelstandsorientierter Steuerpolitik, in: Finanzarchiv, N. F., Bd. 19 (1958/59)
Kamp, M. E., Naujoks, W., Zur Entwicklung der kleinen und mittleren Unternehmen in der Bundesrepublik Deutschland seit Beginn der 60er Jahre, Informationen zur Mittelstandsforschung, Bonn 1976
Meyer, A., Die Bedeutung von Struktur- und Wachstumseffekten für den gewerblichen Mittelstand und eine mittelstandsorientierte Wirtschaftspolitik, Beiträge zur Mittelstandsforschung, Nr. 7, Göttingen 1975
Molitor, B., Mittelstand in unserer Zeit, Würzburg 1980
Müller, J. H., Die wirtschaftlichen Auswirkungen der gesetzlichen Sozialabgaben auf die lohnintensiven Mittel- und Kleinbetriebe, in: Arndt, H. (Hrsg.), Die Konzentration in der Wirtschaft, Schriften des Vereins für Socialpolitik, N.F., Bd. 20/II, Berlin 1960
Naujoks, W., Kayser, G., Mittelstand 1983, Lage im Wettbewerb und betriebswirtschaftliche Praxis, Beiträge zur Mittelstandsforschung, Nr. 95, Göttingen 1983
Oppenländer, K. H., Die gesamtwirtschaftliche Funktion kleiner und mittlerer Unternehmen, München 1976
Reske, W., Insolvenzursachen mittelständischer Betriebe, 2. Aufl., Göttingen 1978
Röpke, W., Klein- und Mittelbetriebe in der Volkswirtschaft, in: ORDO, Bd. 1 (1948)
Schatz, K.-W., Die Bedeutung kleinerer und mittlerer Unternehmen im Strukturwandel, Kieler Diskussionsbeiträge, Nr. 103, Kiel 1984
Schillert, U., Molsberger, J., Vermögenspolitik und Eigenkapitalversorgung mittelständischer Unternehmen, Köln 1976
Schmidt, K.-H., Die Sozialabgaben von Klein- und Mittelbetrieben, Göttinger Handwerkswirtschaftliche Studien, Bd. 28, Göttingen 1976
Seitz, G., Die Bedeutung der Erbschaftsteuer für die Entwicklung mittelständischer Berufe, Abhandlungen zur Mittelstandsforschung, Nr. 19, Köln, Opladen 1966
Tietz, B., Binnenhandelspolitik, München 1986
Treis, B. (Hrsg.), Der mittelständische Einzelhandel im Wettbewerb: Größenbedingte Vor- und Nachteile, München 1981
Weddigen, W., Grundlagen der Gewerbepolitik, Berlin 1967
Willgerodt, H., Pütz, P., Mehr Beteiligungskapital, Bad Homburg v.d.H. 1983
Zeitel, G., Moderne Mittelstandspolitik – Ansatzpunkte und Lösungsvorschläge, Bonn 1979

22. Literatur zum 7. Teil, Kapitel 1: Fundament

Adam, H., Die Einkommens- und Vermögensverteilung, Berlin 1984
Fisher, A. G. B., Alternative Techniques for Promoting Equality in a Capitalist Society, in: The American Economic Review, Bd. 40 (1950), Papers and Proceedings
Friedman, M., Kapitalismus und Freiheit, München 1976
Hirsch, F., Social Limits to Growth, London 1977
Jouvenel, B. de, The Ethics of Redistribution, Cambridge 1951
Klemmer, P., Wichtige Erscheinungsformen der Lohnquote, Berlin 1967
Kowalski, L., Einkommensverwendung, Einkommensverteilung und Vermögensverteilung, Tübingen 1967
Külp, B., Verteilungspolitik, Stuttgart 1971
Meinhold, H., Die Einkommensverteilung als wirtschafts- und gesellschaftspolitisches Problem, in: Arndt, H. (Hrsg.), Lohnpolitik und Einkommensverteilung, Schriften des Vereins für Socialpolitik, N.F., Bd. 51, Berlin 1969

Molitor, B., Sozialistische Sozialpolitik, in: ders., Marktwirtschaft und Wohlfahrtsstaat, Hamburg 1982
Myrdal, A., Ungleichheit im Wohlfahrtsstaat, Hamburg 1971
Nozick, R., Anarchie, Staat, Utopia, München o.J.
Paulsen, A., Soziale Gerechtigkeit als Wertnorm der Wirtschaftsordnung, München 1948
Peter, H., Über gerechte Verteilung des Einkommens und Eigentums, in: Zeitschrift für die Gesamte Staatswissenschaft, Bd. 112 (1956)
Preiser, E., Bildung und Verteilung des Volkseinkommens, 3. Aufl., Göttingen 1963
Rawls, J., Eine Theorie der Gerechtigkeit, Frankfurt/M. 1975
Roberts, C. C., Verteilungstheorie und Verteilungspolitik, Köln 1980
Rothschild, K. W., Zur Arithmetik und Interpretation von Lohnquoten, in: Hamburger Jahrbuch für Wirtschafts- und Gesellschaftspolitik, 13. Jg. (1968)
Stackelberg, H. v., Grundlagen der theoretischen Volkswirtschaftslehre, 2. Aufl., Tübingen 1951
Tawney, R. H., Equality, 4. Aufl., London 1952
Tinbergen, J., Gedanken zu einer bestmöglichen Sozialordnung, Bremen 1971
Ders., Income Distribution – Analysis and Politics, Amsterdam 1975
Werner, J., Verteilungspolitik, Stuttgart, New York 1979
Young, M., The Rise of Meritocracy, London 1958

23. Literatur zum 7. Teil, Kapitel 2: Primärverteilung

Arndt, H. (Hrsg.), Lohnpolitik und Einkommensverteilung, Schriften des Vereins für Socialpolitik, N.F., Bd. 51, Berlin 1969
Bayerisches Staatsministerium für Wirtschaft und Verkehr (Hrsg.), Die Energieversorgung Bayerns 1985, München 1986
Bombach, G., Möglichkeiten und Grenzen einer Verteilungspolitik, in: Arndt, H. (Hrsg.), Lohnpolitik und Einkommensverteilung, Schriften des Vereins für Socialpolitik, N.F., Bd. 51, Berlin 1969
Bühler, H. H., Familienpolitik als Einkommens- und Eigentumspolitik. Diskussionen und staatliche Maßnahmen in der Bundesrepublik, Berlin 1961
Busch-Lüty, Ch., Gesamtwirtschaftliche Lohnpolitik, Tübingen 1964
Dobb, M., Der Lohn, Frankfurt/M. 1970
Ehrlicher, W., Die volkswirtschaftliche Bedeutung der Formen des Sparens, in: Voigt, F. (Hrsg.), Beiträge zur Theorie des Sparens und der wirtschaftlichen Entwicklung, Untersuchungen über das Spar-, Giro- und Kreditwesen, Bd. 1 (1958)
Gabriel, S. L., Indexlöhne – Praxis und Problematik, in: ders., Bombach, G. (Hrsg.), Löhne und Preise, Darmstadt 1957
Gerfin, H., Ausmaß und Wirkung der Lohndrift, in: Arndt, H. (Hrsg.), Lohnpolitik und Einkommensverteilung, Schriften des Vereins für Socialpolitik, N.F., Bd. 51, Berlin 1969
Kaldor, N., Essays on Value and Distribution, London 1960
Kontze, O. E., Preiskontrollen, Lohnkontrollen und Lohn-Preis-Indexbindung in den europäischen Ländern, München 1975
Krelle, W., *Shorrocks, A. J.* (Hrsg.), Personal Income Distribution, Amsterdam, u.a. 1978
Molitor, B., Verteilungswirkungen der Inflation und das Dilemma von Indexklauseln, in: ders., Verteilungspolitik in Perspektive, Hamburg 1975
Moore, O., Tarifpolitik und Einkommensentwicklung, Göttingen 1981
Okun, A. M., Equality and Efficiency, Washington D.C. 1975
Pitchford, J. D., Wage Policy and Distribution Theory, in: Economica, Bd. 34 (1967)
Scherf, H., Inflation und Einkommensverteilung, in: Weltwirtschaftliches Archiv, Bd. 100 (1968)
Schmölders, G., *Rittershausen, H.*, Moderne Investitionsfinanzierung, Essen 1959
Stigler, G., The Economics of Minimum Wage Legislation, in: American Economic Review, Bd. 36 (1946)

Tinbergen, J., Vor- und Nachteile einer staatlichen Lohnpolitik, in: Hamburger Jahrbuch für Wirtschafts- und Gesellschaftspolitik, 6. Jg. (1961)
Zerche, J., Arbeitsökonomik, Berlin, New York 1979

24. Literatur zum 7. Teil, Kapitel 3: Sekundärverteilung

Alexander-Katz, E., Öffentliche Subventionen und Zuwendungen, Finanzarchiv, N.F., Bd. 20 (1960)
Andel, N., Schneider, H. (Hrsg.), Öffentliche Finanzwirtschaft und Verteilung III, Schriften des Vereins für Socialpolitik, N.F., Bd. 75/III, Berlin 1975
Assmann, E., Formen und rechtliche Komponenten der Familienpolitik. Die familienfördernde Sozialgesetzgebung und Art. 6 Grundgesetz, o. O. 1974
Beveridge, W., Report on Social Insurance and Allied Services, London 1942
Blaich, F. (Hrsg.), Staatliche Umverteilungspolitik in historischer Perspektive, Schriften des Vereins für Socialpolitik, N.F., Bd. 109, Berlin 1980
Bünger, F. E., Familienpolitik in Deutschland, Sozialpolitische Schriften, Heft 25 (1970)
Burns, E. M., Social Security and Public Policy, New York, u.a. 1956
Dalton, H., Principles of Public Finance, 4. Aufl., London 1954
Dennerlein, R. K.-H., Die Belastungs- und Verteilungswirkungen der indirekten Steuern in der Bundesrepublik Deutschland, Berlin 1982
Fisher, A. J., The Clash of Progress and Security, Neudruck, New York 1966
Frey, R. L., Finanzpolitik und Verteilungsgerechtigkeit, in: Finanzarchiv, N.F., Bd. 31 (1972/73)
Häuser, K., Die steuerliche Beeinflussung der Einkommens- und Vermögenskonzentration in der Bundesrepublik, in: Arndt, H. (Hrsg.), Die Konzentration in der Wirtschaft, Schriften des Vereins für Socialpolitik, N.F., Bd. 20/II, Berlin 1960
Haller, H., Finanzpolitik, 5. Aufl., Tübingen 1972
Heilmann, M., Die Umverteilung der Einkommen durch den Staat in der Bundesrepublik Deutschland 1960-1972, Göttingen 1976
Jecht, H., Finanzpolitik und Kapitalbildung, Tübingen 1958
Ders., Staatliche Wirtschaftspolitik und Einkommensverteilung, in: Hoffmann, W. G. (Hrsg.), Einkommensbildung und Einkommensverteilung, Schriften des Vereins für Socialpolitik, N.F., Bd. 13, Berlin 1957
Kaufmann, F. X. (Hrsg.), Staatliche Sozialpolitik und Familie, München, Wien 1982
Kubica, J., Bestimmungsgründe der staatlichen Umverteilungstätigkeit, Bochum 1976
Lipp, E. M., Finanzpolitik und Lohnpolitik, Köln 1980
Neumark, F., Möglichkeiten einer finanzpolitischen Beeinflussung von Kapitalbildung und Kapitalverwendung, in: Albrecht, G., Arndt, H. (Hrsg.), Kapitalbildung und Kapitalverwendung, Schriften des Vereins für Socialpolitik, N.F., Bd. 5, Berlin 1953
Okun, A., Equality and Efficiency, Washington D.C. 1975
Recktenwald, H. C., Steuerüberwälzungslehre, Volkswirtschaftliche Schriften, Heft 35, 2. Aufl., Berlin 1966
Rowntree, B. S., Lavers, G. R., Poverty and the Welfare State, London, u.a. 1951
Schmidt, K., Die Steuerprogression, Basel, Tübingen 1960
Schmölders, G., Finanzpolitik, 3. Aufl., Berlin, Heidelberg, New York 1970
Transfer-Enquête-Kommission, Das Transfersystem in der Bundesrepublik Deutschland, Stuttgart, u.a. 1981
Zeppernik, R., Die Bedeutung der Finanz- und Sozialpolitik für die Einkommensverteilung, in: Finanzarchiv, N.F., Bd. 33 (1974)

25. Literatur zum 7. Teil, Kapitel 4: Vermögensverteilung

Albers, W., Vermögensbesteuerung, in: Public Finance, Bd. 15 (1960)
Andersen, U., Einführung in die Vermögenspolitik, München 1976
Barocka, E., Investmentsparen und Investmentgesellschaften, Stuttgart 1956
Berle, A. A. jr., Power Without Property, New York 1959
Bosch, W., Vermögensstreuung. Eine Betrachtung über die Grundlagen der Vermögenspolitik, Heidelberg 1965
Diehl, C., Die einmalige Vermögensabgabe, in: Herkner, H. (Hrsg.), Die Neuordnung der Finanzwirtschaft, Schriften des Vereins für Socialpolitik, Bd. 156/I, Berlin 1918
Dittmar, R., Lohn und Vermögensverteilung. Über die Lohngestaltung und ihren Zusammenhang mit der Kapital- und Vermögensbildung und der Verteilung der Vermögenszuwächse, Göttingen 1974
Engels, W., Sablotny, H., Zickler, D., Das Volksvermögen. Seine verteilungs- und wohlstandspolitische Bedeutung, Frankfurt, New York 1974
Fabri, T., Die Kleinaktie, in: Beste, T. (Hrsg.), Abhandlungen aus dem Industrieseminar der Universität zu Köln, Heft 8 (1959)
Föhl, C., Kreislaufanalytische Untersuchung der Vermögensbildung in der Bundesrepublik und der Beeinflußbarkeit ihrer Verteilung, Tübingen 1964
Forsyth, M., Property and Property Distribution Policy, London 1971
Friedrich, O. A., Gedanken zur breiteren Vermögensbildung, in: Institut für Städtebau, Wohnungswirtschaft und Bausparwesen (Hrsg.), Materialien zur Vermögensbildung in Arbeitnehmerhand – Thesen, Pläne, Gesetze, 2. Folge: 1965-1968, Bonn 1968
Giersch, H., Der Ausgleich der Kriegslasten vom Standpunkt sozialer Gerechtigkeit, Recklinghausen 1948
Guski, H.-G., Vermögenspolitik auf neuem Kurs, Köln 1984
Ders., Schneider, H. J., Betriebliche Vermögensbeteiligung in der BRD, Teil I u. II, Köln 1977, 1983
Hamm, W., Kollektiveigentum. Die Rolle der öffentlichen Unternehmen in der Marktwirtschaft, Heidelberg 1961
Herz, H., Theorie der Substanzbesteuerung, Berlin 1958
Kleps, K.-H., Lohnpolitische Konzeptionen und Vermögensbildung, Baden-Baden 1982
Kloten, N., Das Eigentum in der Wirtschaftsordnung, in: Wirtschaftsdienst, 35. Jg. (1955)
Krelle, W., Schunk, J., Siebke, J., Überbetriebliche Ertragsbeteiligung der Arbeitnehmer, Bd. I u. II, Tübingen 1968
Krelle, W., Siebke, J., Vermögensverteilung und Vermögenspolitik in der Bundesrepublik Deutschland, Zeitschrift für die Gesamte Staatswissenschaft, Bd. 129 (1973)
Lipfert, H., Gefahren der Konzentration für den Streubesitz, in: Arndt, H. (Hrsg.), Die Konzentration in der Wirtschaft, Schriften des Vereins für Socialpolitik, N.F., Bd. 20/III, Berlin 1960
Meade, J. E., Efficiency, Equality and the Ownership of Property, London 1964
Mestmäcker, E.-J., Über Mitbestimmung und Vermögensbeteiligung, Tübingen 1973
Mierheim, H., Wicke, L., Die personelle Vermögensverteilung, Tübingen 1978
Molitor, B., Vermögenspolitik, in: Handwörterbuch der Wirtschaftswissenschaft, Bd. 8, Stuttgart, New York, Tübingen, Göttingen, Zürich 1979
Ders., Verteilungspolitik in Perspektive, Hamburg 1975
Ders., Vermögensverteilung als wirtschaftspolitisches Problem, Tübingen 1965
Mückl, J., Vermögenspolitische Konzepte in der Bundesrepublik Deutschland, Göttingen 1975
Müller, J. H., Wirtschaftliche Fragen der Bildung breitgestreuten Eigentums, in: ORDO, Bd. 10 (1958)
Oberhauser, A., Finanzpolitik und Private Vermögensbildung, Köln, Opladen 1963
Ders., Erbschafts- und Vermögensbesteuerung als Mittel zur gleichmäßigeren Verteilung des Vermögensbestandes, in: Albers, W. (Hrsg.), Öffentliche Finanzwirtschaft und Verteilung I, Schriften des Vereins für Socialpolitik, N.F., Bd. 75/I, Berlin 1974

Perlo, V., People's Capitalism and Stock-Ownership, in: The American Economic Review, Bd. 48 (1958)
Preiser, E., Theoretische Grundlagen der Vermögenspolitik, in: ders., Wirtschaftspolitik heute, Grundprobleme der Marktwirtschaft, München 1967
Schlatter, R., Private Property. The History of an Idea, London 1951
Seischab, H., Investment Trusts. Versuch einer Theorie und Systematik der Kapitalversicherungsbetriebe, Stuttgart 1931
Spiegelhalter, F., Ergebnisbeteiligung, Wo und Wie? Die Beteiligungspraxis in der Bundesrepublik mit tabellarischen Bestandsaufnahmen aus über 100 Betrieben, Essen 1958
Stucken, R., Die große Vermögensabgabe und das heutige Finanzproblem, in: Finanzarchiv, N.F., Bd. 11 (1948/49)
Stützel, W., Aktienrechtsreform und Konzentration, in: Arndt, H. (Hrsg.), Die Konzentration in der Wirtschaft, Schriften des Vereins für Socialpolitik, N.F., Bd. 20/II, Berlin 1960
Timm, H., Ein vernachlässigtes Problem finanzpolitischer Sparförderung, in: Finanzarchiv, N.F., Bd. 20 (1959/60)
Winterstein, H., Der Investivlohn in der Bundesrepublik Deutschland. Eine wirtschafts- und sozialpolitische Untersuchung, Nürnberger Abhandlungen zu den Wirtschafts- und Sozialwissenschaften, Bd. 16 (1961)
Zerche, J., Gewerkschaften und private Vermögensbildung, in: Hamburger Jahrbuch für Wirtschafts- und Gesellschaftspolitik, 21. Jg. (1976)

26. Literatur zum 8. Teil: Wirtschaftspolitik in der Demokratie

Arrow, K. J., Social Choice and Individual Values, 2. Aufl., New Haven, London 1963
Besters, H. (Hrsg.), Theoretische und institutionelle Grundlagen der Wirtschaftspolitik, Festschrift für Th. Wessels, Berlin 1967
Bethusy-Huc, V. v., Demokratie und Interessenpolitik, Tübingen 1962
Brunner, K., Reflection on the Political Economy of Government. The Persistent Growth of Government, in: Schweizerische Zeitschrift für Volkswirtschaft, 114. Jg. (1978)
Buchanan, J. M., Tullock, G., The Calculus of Consent, Michigan 1962
Buchholz, E., Die Wirtschaftsverbände in der Wirtschaftsgesellschaft, Tübinger Wirtschaftswissenschaftliche Abhandlungen, Bd. 6, Tübingen 1969
Dettling, W. (Hrsg.), Macht der Verbände. Ohnmacht der Demokratie, München, Wien 1976
Dinkel, R., Der Zusammenhang zwischen der ökonomischen und politischen Entwicklung in einer Demokratie. Eine Untersuchung mit Hilfe der ökonomischen Theorie der Politik, Berlin, München 1977
Downs, A., An Economic Theory of Democracy, New York 1957
Ders., An Economic Theory of Political Action in a Democracy, in: Hamilton, E. J., u.a. (Hrsg.), Landmarks in Political Economy, Bd. 2, Chicago 1962
Drams, St. J., Game Theory and Politics, New York 1975
Ellwein, Th., Regieren und Verwalten. Eine kritische Einführung, Opladen 1976
Frey, B. S., Theorie demokratischer Wirtschaftspolitik, München 1981
Gäfgen, G., Theorie der wirtschaftlichen Entscheidung, 2. Aufl., Tübingen 1968
Hayek, F. A. v., Economic Freedom and Representative Government, in: ders., New Studies in Philosophy, Politics, and Economics and the History of Ideas, London 1978
Herder- Dorneich, Ph., Groser, M., Ökonomische Theorie des politischen Wettbewerbs, Göttingen 1977
Jochimsen, R., Strategie der wirtschaftspolitischen Entscheidung, Weltwirtschaftliches Archiv, Bd. 99 (1967)
Kaiser, J. H., Repräsentation organisierter Interessen, Berlin 1956
Kaltefleiter, W., Wirtschaft und Politik in Deutschland. Konjunktur als Bestimmungsfaktor des Parteiensystems, 2. Aufl., Köln, Opladen 1968
Kock, H., Stabilitätspolitik im förderalistischen System der Bundesrepublik Deutschland, Köln 1975

Krüger, R., Die Koordination von gesamtwirtschaftlicher, regionaler und lokaler Planung, Berlin 1969
Matz, U., Über politische Untugenden als Hemmnisse des Regierens im demokratischen Verfassungsstaat, in: Hennis, W., u.a. (Hrsg.), Regierbarkeit, Bd. 2, Stuttgart 1979
Meyer-Krahmer, F., Politische Entscheidungsprozesse und Ökonomische Theorie der Politik, Frankfurt, New York 1979
Molitor, B., Demokratische Wirtschaftspolitik, in: ders., Wirtschafts- und Sozialpolitik in der Demokratie, Hamburg 1986
Ders., Wissenschaft und Politik im Widerstreit, Hamburg 1977
Müller, D., Public Choice, Cambridge 1979
Neumann, M. J. M., Homo Oeconomicus als Wirtschaftspolitiker, in: Milde, H., Monissen, H. G. (Hrsg.), Rationale Wirtschaftspolitik in komplexen Gesellschaften, Stuttgart, Berlin, Köln, Mainz 1985
Pütz, Th., Die wirtschaftspolitische Bedeutung der Interessenverbände, in: Floretta, H., Strasser, R. (Hrsg.), Die kollektiven Mächte im Arbeitsleben, Wien 1976
Scharpf, F. W., Politische Durchsetzbarkeit innerer Reformen, Göttingen 1974
Schumpeter, J. A., Kapitalismus, Sozialismus und Demokratie, 2. Aufl., Bern 1950
Scitovsky, T., Can Capitalism Survive? An Old Question in a New Setting, in: American Economic Review, Bd. 70 (1980)
Seraphim, H.-J. (Hrsg.), Probleme der Willensbildung und der wirtschaftspolitischen Führung, Schriften des Vereins für Socialpolitik, N.F., Bd. 19, Berlin 1959
Spieker, M., Legitimationsprobleme des Sozialstaates, Bern, Stuttgart 1986
Starbatty, J., Erfolgskontrolle der Globalsteuerung. Konjunkturpolitik unter dem Einfluß der politischen Willensbildung, Frankfurt 1976
Streit, M. E., Zur politischen Ökonomie von Reformen wohlfahrtsstaatlicher Institutionen, in: Siebert, H. (Hrsg.), Perspektiven deutscher Wirtschaftspolitik, Stuttgart, Berlin, Köln, Mainz 1983
Thurow, L. C., The Zero-Sum-Society. Distribution and the Possibilities for Economic Change, New York 1980
Tuchtfeldt, E., Planung, Entscheidung und Durchführung als Phasen der Wirtschaftspolitik, in: Hodeige, F. (Hrsg.), Tätigkeit im rechten Sinne, Festschrift für H. Rombach, Freiburg 1967
Ders., Wirtschaftspolitik und Verbände, in: Hamburger Jahrbuch für Wirtschafts- und Gesellschaftspolitik, 1. Jg. (1956)
Usher, D., Die ökonomischen Grundlagen der Demokratie, Frankfurt, New York 1983
Watrin, Ch., Ökonomische Theorien und wirtschaftspolitisches Handeln, in: Albert, H. (Hrsg.), Theorie und Realität, Tübingen 1972
Ders., Zur Rolle organisierter und nicht-organisierter Interessen in der Sozialen Marktwirtschaft, in: Tuchtfeldt, E. (Hrsg.), Soziale Marktwirtschaft im Wandel, Freiburg 1973
Werner, J., Die Wirtschaftsverbände in der Marktwirtschaft, Zürich, St. Gallen 1957

Stichwortverzeichnis